U1001865

“十三五”国家重点出版物出版规划项目

国家出版基金项目
NATIONAL PUBLICATION FOUNDATION

主　编　郝振省
副主编　乔还田
　　　　范　军

中国近代编辑出版史

浙江教育出版社 · 杭州

序言

《中国近代编辑出版史》经过诸多同志的辛勤努力，付梓在即，同志们嘱我为之写序。作为本书主编，我欣然从之。

（一）

中国编辑学会确定这样一个选题，并且断断续续坚持了十年，花费了很大的气力，终于编著成书。翻阅当时的文字，明白至少有这么几个原因促成了这个选题的立项并推动其前行。

其一，中国编辑学会的宗旨使然。中国编辑学会是一个全国性、群众性的哲学社会科学学术团体。学会总的任务是通过理论和业务研究追溯编辑学的历史，分析现实，探索编辑工作的规律和科学原理，建立编辑学理论体系，培养高素质的编辑人才队伍，为发展中国特色社会主义的出版事业服务。学会的学术团体定位及高举学术旗帜的传统，促使学会确定并完成这么一个选题来履职尽责。就学术研究而言，从史入手，则是一条比较成熟的沉潜之路。

其二，中国近代编辑出版史的创新点使然。从史入手，固然是学术研究的一条比较成熟的沉潜之路，但是寻求和找到其亮点或创新点才是获得成功的重要保证。这个选题当初被认定的亮点或创新点，就在“近代编辑史”这个着力点上。我们知道，自古及今，关于“中国出版史”的著述林林总总不在少数，简史也好，通史也罢，业界同志交谈议论起来，总还能列出一张长长的单子，但关于“中国编辑史”

的著述则少之又少，很难觅得几本。这就凸显出这部《中国近代编辑出版史》的差异性特点，不只是关于出版的断代史，而是在断代史的基础上更侧重对编辑史展开探索和研究——侧重于编辑职业的形成、编辑机构的发展、编辑人物的凸现、编辑成果的梳理、编辑发展与社会变迁的相互作用等方面的探讨与研究。之所以叫作“中国近代编辑出版史”，是因为出版存在的历史非常容易确定，事实清楚，有据可查，而编辑的历史相对不确定的内容与因素则稍多一些。研究问题以相对明确、相对固定的事物为参照物或参照系，符合认识论的一般规律，尊重历史、基于历史也是创新的源头和基础。

其三，必要性与可能性结合才构成事物必然性的规律使然。凡事物之运行，凸显必要性及紧迫性的时候，要看其是否具备了可能性或曰可行性。必要性与可能性的有机结合才能构成事物的必然性。如此来考量“中国近代编辑出版史”选题，不只是学会宗旨的学术取向及选题创新点的内在本质，还有由于学会所辖的编辑史研究专委会聚集了若干长期在总编辑、骨干编辑、编辑教学科研岗位上工作，对编辑史研究颇有兴趣，且有一定积累的专家学者同仁，使得选题的可行性有了现实的人员保障。

（二）

该项目从2008年10月立项到2020年完成，历时显然不能算短，甚至应该算是很长和超长了。严格来讲，项目的推动很不顺利，在某些阶段甚至是陷入困境。主要症结有这么几个方面：首先，与其他机关和企事业单位组织机构的运行不同，学会的约束力相对较弱，其内部各组织机构间的关系比较松散，学会对各分会的可控性、服务性均显弱。学会有时也运转不畅，对所辖的分支机构的统领就不甚到位，加上各分支专委会多数同志是在繁重的本职工作之余来参与撰写的，于是这个项目的几次停摆或者裹足不前就不难理解了。其次，就作者而言，部分同志并没有完全按照原定的章节编写安排分头完成撰写任务，有的甚至是根据自己的熟悉程度和兴趣爱好来开展编撰工作的，这些看似不十分尖锐的矛盾却在事实上影响了项目的正常推进，乃至于不得不屡次停摆。再者，最关键的问题是缺乏一位能够把关、掌控整个书稿的资深专家。这种不进不退的状况延续了很久。到了中国编辑学会第五届理事会成立，按照前题后续、前规后随、承上启下、继往开来的精神，学会认为这一项目很有价值，应该克服困难，珍惜已有资料，坚定不移地向前推进。于是先申报了“十三五”国家重点出版物出版规划项目，接着又申报了2020年度国家出版基金资助项目，均获得通过。从某种意义上说，这进一步促进了项目的切实推进。在这个项目申报批准立项的过程中，完成换届工作的中国编辑学会第六届理事会又开始履新了。

新一届学会领导班子认为应该抓紧完成这部著述；学会不应只是这部著述的外在推动力量，而应进入选题和书稿内部，主导和引领这部著述较高质量地完成。于是，确定了由资深历史编辑乔还田同志担任副主编，负责书稿的统领、修改、整合、调整，乃至部分章节的重写工作。不仅如此，学会的几位副会长都对书稿做了比较认真的研读、审查、把关，体现了学会的学术追求与学术团体性质。伴随着时间的推移，一方面，该书由于属于“十三五”国家重点出版物出版规划项目，必须尽快完成；另一方面，这部著述又在中国共产党建党百年的年份——2021年前即告完成，理所当然地也融入百年党庆活动的出版物大潮中。事实上参与其中的同志，也都是以向中国共产党百年华诞献礼的追求来推进完成此项编撰任务的。

（三）

本书采取五纵四横的格局：纵向用五章的篇幅勾画中国编辑出版近代化的历史环境、发展进程、发展特征、社会作用、红色出版，横向用四章的篇幅分门别类地对纵向提到的编辑出版机构、编辑出版人物、重要编辑出版物及报刊出版等进行深度挖掘和叙述。依笔者看，至少有以下几个亮点与特点：

该书唯物辩证地揭示了近代社会变迁与出版行业变迁的逻辑关系。1840年英国发动鸦片战争，迫使中国从封建社会沦为半殖民地半封建社会。由于通商口岸和沿海一些城镇纷纷建厂、通商，对科技、商业信息不断增长的需求，催生了近代最初的报刊业；伴随着殖民主义者来华的传教士，纷纷开办教会报刊，印制教会图书以及部分科技图书等。“师夷长技”“救亡图存”的潮流引发官办书局及服务于洋务运动的同文馆等出版机构纷纷建立。科举制度的废除，“壬寅学制”“癸卯学制”的实施，公众对新式教科书的大规模需求，又引发了民营书业的急速产生。所有这些都促成了具有资本主义某些特征的中国近代编辑出版业的诞生与发展。

新式知识分子群体与中国近代编辑出版事业，可以说是相伴随而产生、相依存而成长的。最初的中国编辑出版人在教会出版机构里面求职谋业，逐渐掌握了一定的编辑出版技术与经营管理知识，其中一部分人就开始自己独立办厂办企。开始主要是承揽印制、发行等业务，慢慢地也直接办起编、印、发一条龙的书刊企业。编、印、发一条龙的利润明显高于只掌握其中一两个环节的利润。新式教育的发展和科举制度的终结，使得大批新式知识分子进入编辑出版业，这些新式知识分子有着较新的知识结构、较好的西学素养、较开阔的世界观，不再把读书作为人生价值的唯一取向，他们成为编辑出版队伍中最有近代化特征的群体。随着古代出版业向近代出版业的转型，传统书业中单纯的印制工厂也向具有编、印、发职能的现代出版企业转变。印制业务的近代化与其发行业务的邮政化，要求编辑环节集约化与职业化（专职化），于是“编辑所”制度逐步形成并不断完善。一些有远见卓识的编辑出版家，比如包天笑和夏瑞芳认为：“要扩展业务，预备自己出书，非办编印部（所）不可。应该请有学问的名人来主持。”编辑业务已经由一种劳动分工转变为社会分工，编辑这个职业已是逐步被社会认可的、体面的职业了。

尤其重要的是，中国近代编辑出版史演进至20世纪20年代后，恰恰是中国共产党诞生、成长、发展的重要历史时期。我们从中可以深层次地发现中国共产党的酝酿、产生、壮大与中国近代编辑出版事业的特殊渊源。

前面讲过，近代编辑脱胎于旧知识分子的阵营，中国近代第一批职业编辑是在西方传教士在华创办中外文报刊的过程中产生并成长起来的。中日甲午战争之后，“启蒙”“救亡”“保种护国”成为中国社会急迫的主题，维新派报刊催生了具有政治自觉的媒介知识分子群体，20世纪前后维新派的政党报刊使得报刊编辑本身的社会形象、职业地位得以提高。中国近代史的跌宕起伏，无不与报刊密切相关，重要的思想家、文学家、政治家，大都直接介入了报刊的编辑工作。如此这般，维新派的编辑出版活动，还开创了借助报刊阵地，通过言论干预现实政治的出版新气象。出版与国家兴亡有了深入关联，与开启民智有了密切关系，与科学启蒙有了坚实呼应，与民主革命有了直接瓜葛。

编辑出版人的精英化在出版机构以另外一种形式出现。以商务印书馆、中华书局、开明书店、生活书店等民营出版机构为代表，近代出版业在数十年时间内集中了大量的文化精英，他们在谋取职业、求得生存和有尊严地工作的同时，开启民智、昌明教育，为救亡图存、唤醒民众进行了不懈的努力。他们总体上表现出一种强烈的社会参与意识，勇于并善于表达自身的文化主张和政治主张。他们一方面抓住废除科举制的契机，推出能满足近代社会需要的不同层级的教科书；另一方面，在维系中华民族优秀传统文化的同时，积极引进西方先进或进步的、科学的内容为我所用，兴我中华。这个时期的新式知识分子群体不仅介绍新的思想，创造新的文化，还不断地扩充新式知识分子团队或准知识分子队伍，共同为报刊发展作贡献。

从某种程度上讲，这两条战线的新式知识分子，实际上成为中国共产党诞生的文化土壤，成为中国共产党人初心使命的精神之源。

蓬勃发展的近代出版业和职业编辑队伍为社团活动提供了基本条件，这种社团活动与职业编辑队伍相互推动，相互催生。一方面，职业的共同性、共通性、差异性与理想性促使编辑结成紧密联系的社团（学会），通过交流信息、集思广益、思想碰撞和智慧聚合，达到联络感情、提升职业能力的目标。另一方面，在这种议论、碰撞、聚合的过程中，职业编辑渐渐地意识到这种新式学会的纽带和平台作用，甚至逐步地对其有一种依赖感和获得感，新式学会进而逐渐成为中国近代各类学术社团的源头。学会、会刊与年会构成了“三位一体”的学术体制。有学会必有会刊，有会刊必有年会。创办会刊与举办年会，是中国近代学会最重要的事业和主要的活动方式。可以说，报刊和书籍是近代学会的媒介基础，而学会又是报刊编辑与书籍编辑能力提高及报刊、书籍质量提升的推进器，是报刊编辑与书籍编辑之间的共同理想和共同志向的加固器。正是这三个不可或缺、至关重要的因素——新式的先进知识分子（后来与工农相结合），有很强的传播宣传功能的书、报、刊媒介，有较强的联络组织功能的近代学会、学术社团——促进了中国共产党的诞生。中国共产党的诞生，是开天辟地的大事变。中国共产党高度重视报刊和书籍的编辑出版工作，建立起红色的编辑出版队伍，极大地推动和保证了中国新民主主义革命的成功，书写了我们党的红色出版史。

中国编辑学会会长 郝振省

2020年12月

目录

绪论

XULUN

中国出版历史源远流长，如果视简册为书籍的最早形态，那么其起源可以推至夏代。[①]此后出版事业一直薪火相传，绵延至今。“世易时移，事因于时而备适于世”，对中国出版业而言，在历史长河中发生或显或隐的行业变革是十分正常的事，如从载体材料而言，东汉蔡伦改进造纸术后，纸张逐渐取代竹（木）简成为主要书写材料，书籍装帧形式也随之发生变化；从印刷技术而言，隋唐之际雕版印刷术的逐渐成熟使得雕版印刷取代徒手抄写成为主流的复制技术；从出版体系而言，五代时期冯道运用雕版印刷术刻印儒学“九经”，开启了儒家经典大规模刊刻的先河，也标志着印刷术从民间走入官府；从书籍产量而言，明末骤然出现雕版印刷品的井喷式发展，书籍变得唾手可得，印本书正式取代抄本成为文献主流[②]，等等。

1840年鸦片战争爆发，中国社会进入“三千年来未有之大变局”，作为时代“感应器”的出版业同样开始了史无前例的变革。这场变革是以新式出版技术为基础，以社会化大生产为特征的“新式出版”取代传统出版方式的过程，同时也是与自然经济和专制政体相适应的附庸型出版行业逐步向与大工业生产和资本主义发展相适应的独立型出版产业转变的过程。对于这一历史转变，出版史研究者常以“出版现代化”“出版近代化”“出版革命”来概括之。“新式出版”与传统出版

①曹之.中国古籍编撰史.武汉:武汉大学出版社,2006:7.

②据杨绳信《中国版刻综录》统计，在从宋至明末的3094种出版书籍中，有2019种出版于嘉靖至崇祯这百余年间，约占总数的65%。

相比，拥有截然不同的元素和内容，诸如技术的新手段、经营的新方式、出版物的新内容、出版观的新调整、编辑职业的新确立、出版体制的新变迁、出版布局的新转移、出版文化的新递演等。[①]从整个历史发展进程来看，这种行业变迁只是整个中国社会变迁的细小分支，但中国近代编辑出版业作为引导舆论、开启民智的利器，与近代中国政治、经济、社会、文化等领域牵绊至深，是中国社会近代化转型过程中不可忽视的动力与推手。

一、相关概念的界定

为了行文的准确与方便，有必要先对本书所涉及的几个核心概念作一明确界定。

1.编辑。

编，《声类》云："以绳次物曰编。"张舜徽《说文解字约注》曰："编犹比也，谓相与比叙也。乃以绳次物之通名，次简特其一耳。"[②]由竹（木）简等器物之排次本义出发，渐而引申至文字、材料之收入排列，如《谷梁传·桓公元年》中有"春秋编年，四时具而后为年"。《韩诗外传》卷二："夫嫁娶者非己所自亲也，卫女何以得编于《诗》也?"辑，《说文解字》曰："车舆也。"清代段玉裁云："舆之中无所不居，无所不载，因引申为敛义。"因此，辑有搜集之义。另，古时"辑"与"集"相通，《韩非子·说林下》："左史倚相谓子期曰：'雨十日，甲辑而兵聚，吴人必至，不如备之。'"陈奇猷《韩非子集释》："辑、集同。谓因雨不战，甲胄不衣，兵器不执，皆集聚而置之。"《汉书·薛宣传》："加诋欺，辑小过成大辟，陷死刑，逢明诏，恐非法意，

①吴永贵.中国出版史(下册·近现代卷).长沙:湖南大学出版社,2008:25.

②张舜徽.说文解字约注:第四册.武汉:华中师范大学出版社,2009:3226.

不可施行。”颜师古注：“辑与集同。集，合也。”故辑也有聚集汇编之义。“编”与“辑”在汇集整理义上相同，故同义连文为“编辑”，意为对资料或作品进行搜集、整理与加工。[①]

学者对于“编辑”概念的具体内涵多有争议，20世纪90年代有关编辑概念的表述方式即有数十种之多。[②]但整体而言，除去作为职业以及职称的称呼之外，“编辑”概念主要包括两层含义：一是“收集材料，整理成书”（《辞源》），这是一种著述方式，也可称之为“著作编辑”。此种含义在中国古代出版史中最为常见，如“编辑”一词最早出现于《魏书·李琰之传》，“修撰国史……前后再居史职，无所编辑”，此处“编辑”即是此义。二是“以生产精神文化产品为目的，策划、组织、审读、选择和加工作品的专业性精神生产工作。是传媒工作的中心环节”（《辞海》）。与前述“著作编辑”不同，此种编辑是一种社会行为和专业行为，因此也有学者称之为“专业编辑”。在本书中，“编辑”一词主要采用第二种含义，即指“专业编辑”，个人出于著述目的进行组织、审读、编选、加工整理稿件等工作则不属这一范畴。需要说明的是，由于近代许多新闻出版机构往往聘有馆外编辑人员，他们受托在馆外进行相关组织、审读、编选、加工整理稿件的工作，如商务印书馆就曾聘请陈独秀、胡明复、杨铨等文化界名流担任馆外编辑，他们的某些活动也属于“编辑”的范畴。商务印书馆、中华书局、开明书店等民营机构的编译所（编辑所），人数或多或少的“专业编辑”，其实是既编又写的，往往集编辑、作者角色于一身。这种情况到20世纪30年代以后才有所改变。

2.出版。

“出版”一词并非中国原有，而是在19世纪下半叶由日本传入。

---

①黄金贵.古代汉语文化百科词典.上海:上海辞书出版社,2016:878.

②叶向荣.编辑概念诸说之辩证探析.编辑之友,1995(5):19-22.

“出版，publish，shuppan，双音节词，动宾结构，来自日语的原语汉字借词，动词。1879年黄遵宪与日本学者龟谷省轩的‘笔谈’中最先使用此词。……这是一个来自日语的原语借词。”[①] “出版”一词引入中国后其具体所指并不确定，不同的人在使用时有不同的界定[②]，时至今日也未能形成共识。“从出版学研究起步至今，关于出版概念的争论就一直没有停止过，也没有形成一个比较固定的或被大多数研究者认可的定义。”[③]综观相关学者对出版概念的界定，大致可分为以下几类[④]：第一类是“编辑、复制（印刷）”二要素说，该类定义将“编辑”和“复制（印刷）”作为出版的核心要素，例如《辞海》定义出版为“把著作物编印成为图书报刊的工作”。《汉语大字典》界定出版为“把书刊、图画等编印出来”。第二类是“复制、发行”二要素说，如《牛津英语大词典》1989年版第12卷就将出版定义为“发行或向公众提供用抄写、印刷或其他任何方法复制的书籍、地图、版画、照片、歌篇或其他作品”。第三类是“编辑、复制和发行”三要素说，如林穗芳认为作品转化为出版物应具备四个条件：“a.经过编辑，具有适于阅读或吸取的内容；b.具有一定的物质形式；c.经过复制；d.向公众发行，如出售、出租等。”阙道隆认为“出版是指出版机构根据一定的方针和计划，选择、整理人类的思维成果和资料，通过出版生产赋予它们一定的物质形态，然后向社会传播”。第四类是公之于众说，如杨晓鸣就认为出版是“指一切为了适应社会受众需要，以一定的方式将作品公之于众的活动”，并认为出版“是一种话语权力、一种文化传播、

①马西尼.现代汉语词汇的形成——十九世纪汉语外来词研究.黄河清，译.上海：汉语大词典出版社，1997：196.

②胡国祥.出版概念考辨.武汉大学学报（哲学社会科学版），2008（3）：437-442.

③仝冠军.出版概念研究中的三种倾向.出版广角，2008（11）：45-47.

④李新祥.出版定义的类型分析与出版本质的界定.浙江传媒学院学报，2006（2）：30-33.

一种文化积累，是文化信息整合，是社会性生产”。第五类是传播论，如师曾志认为“出版事业作为社会文化传播事业的重要组成部分，它在理论、方法、技术手段、传播工具、信息载体等方面与传播学有着极其密切的关系”[①]。田胜立则认为编辑基本规律涉及选择性、加工性和社会传播性，但最本质的是传播性。[②]结合以往学界对出版概念的定义情况，我们认为由于出版内涵在不同时空背景下存在显著差异，在普遍意义上确定“出版”的定义无疑是有难度的，而简单以“传播”来定性“出版”又失之宽泛。由于本书主要研究中国近代编辑出版史，在考察对比近代编辑出版活动与古代出版活动特点的基础上，我们认为只要具备“编辑、复制、发行”三要素，即属于本书所言出版之范畴。

值得一提的是，将报刊列入中国近代编辑出版史的研究范畴看似有些突兀和不合时宜，毕竟当前新闻史或报刊史已属专门的研究领域，但细究起来却是必要的。中国编辑出版史的研究对象是我国历史上作为社会文化现象的编辑、出版活动，而我国古代编辑出版的对象主要是图书，到近代则发展出了报纸和期刊这两类新品种。[③]另外，尽管“出版”有书业、报业之分，但是其范畴在近代社会却是得到普遍认可的。如民国十八年（1929年）8月23日颁布的《出版条例原则》对于出版品的解释：“凡用机械印版或化学材料印制之新闻纸类、书籍、图画、影片及其他文书出售或散布者，均视为出版品。”[④]民国十九年（1930年）12月16日颁布的《出版法》也明确规定：“本法称出版品者，谓用机械或化学之方法所印刷而供出售或散布之文书、图画。……出版品分左列三种：一、新闻纸……二、杂志……三、书籍

①师曾志．出版传播事业中把关人的地位和要求．编辑之友，1997(5)：34-35.
②田胜立．从传播看编辑基本规律．中国编辑，2003(4)：6-8.
③肖东发．中国编辑出版史．沈阳：辽宁教育出版社，1996：6.
④汪耀华．中国近现代出版法规章则大全．上海：上海书店出版社，2018：50.

及其他出版品：凡前两款以外一切出版品属之。”[①]近年来，一些出版史研究者亦尝试打破传统的研究边界，构建集书、报、刊出版于一体的出版史研究范式，如叶再生编撰的《中国近代现代出版通史》就是立足于书、报、刊的“大出版”来进行建构的，范军也提倡加强作为“出版”的中国近现代报刊史研究，均在学界引起广泛关注。

二、中国近代编辑出版史的时限问题

涉及中国近代编辑出版史的分期问题，必须参考中国近代史的分期。从整个世界范围看，资本主义社会特征的形成是近代社会的显著标志，但是中国历史上并没有形成独立的资本主义社会形态，而是在1840年后直接从封建社会沦为半殖民地半封建社会。资本主义在这一历史变革中获得发展，“外国资本主义的侵入，促进了这种发展。外国资本主义对于中国的社会经济起了很大的分解作用，一方面，破坏了中国自给自足的自然经济的基础，破坏了城市的手工业和农民的家庭手工业；另一方面，则促进了中国城乡商品经济的发展”。“这些情形，不仅对中国封建经济的基础起了解体的作用，同时又给中国资本主义生产的发展造成了某些客观的条件和可能。”[②]因此，中国史学界普遍认为中国半殖民地半封建的历史可视作“中国近代”的历史，具体时间为1840年至1949年。[③]

当然，许多编辑出版史研究者认为编辑出版史与政治史不同，当以出版行业自身发展特点为主要依据，“中国近代出版史在中国近代史

①汪耀华.中国近现代出版法规章则大全.上海：上海书店出版社，2018：51.

②毛泽东.毛泽东选集：第2卷.北京：人民出版社，1991：626.

③受苏联模式的影响，20世纪中国史学界一度将中国近代史划定为1840—1919年，但1840—1949年这一划法已成为当今史学界的一种主流观点。

中具有它自己的特点。在中国近代史框架内，根据出版史自身的特点进行分期，这可以使我们看到出版历史的全貌和事件发展的内部联系，有利于我们认识和理解中国近代出版史”[①]。其中代表性观点有三种：第一种观点是倾向于将中国近代出版史的开端追溯至19世纪初。如叶再生认为讨论划分出版史分期时应该引入“过渡时期”的概念，过渡时期是新的生产力和生产关系与旧的生产力与生产关系并存且此消彼长的时期，当新的生产技术超越旧的生产技术，过渡时期即结束，因此他认为“中国近代出版史的上限，宜定于19世纪初叶，发轫于马礼逊等基督教新教传教士来华并传入了铅活字排版、机械化印刷技术，在中国土地上出现了第一个以铅活字排中文、机械化印刷的现代概念的出版社”[②]。邓咏秋也认为：“受史学界一般历史分期方法的影响，大都强调中国古代出版业与近现代出版业以1840年鸦片战争为分界点。但是，我认为中国出版业现代化进程的开端可以追溯到19世纪初。……19世纪初至1840年是第一个阶段，即中国出版业现代化的萌芽阶段。”[③]第二种观点认为中国近代出版业起始于19世纪70年代。如汪家熔以“新出版”代替“近代出版”，他认为出版的“新”体现在出版物形式、经营目的这两个层次上，前者包括印刷方法、装订形式、开本大小等，而后者（经营目的）是本质，也是确定“新出版”诞生的标准。所以，他认为19世纪70年代初是近代出版的开始时期，更准确地说，是以1873年王韬和黄胜在香港集资开办中华印务总局，创刊《循环日报》为起点的。“最早从事新出版的当推王韬。……在人文追求的同时兼作利润追求。而后者是为前者服务的。这是与古代出版的重大

---

①叶再生.中国近代现代出版通史：第一卷.北京：华文出版社，2002：2.

②叶再生.中国近代现代出版通史：第一卷.北京：华文出版社，2002：9-10.

③邓咏秋.中国出版业现代化研究（1800—1949）.北京：北京图书馆出版社，2016：33-34.

区别。”[①]第三种观点则是明确以1843年作为中国近代出版的元年，以墨海书馆[②]的成立为标志。如陈思和认为，“现代出版”是指告别了旧式书坊刻印时代，采用现代印刷设备传播现代文化的中国出版业，其起始标志就是1843年墨海书馆创办，这是中国第一家拥有铅印设备的编辑出版机构。[③]章宏伟认为墨海书馆的成立，“是全新出版方式和出版理念的发端，是传统出版业与近代出版业的分野”[④]。邹振环认为从近代印刷技术、文献的物质新形态、新知识内容以及体制和观念四个层面考量，“新出版”的发轫可追溯到墨海书馆的成立，“第一次形成近代意义上规模出版活动的地区是在上海，而第一个具备了‘新出版’特征的机构是西方新教传教士首先在1843年上海开埠后设立的新式出版机构墨海书馆”[⑤]。

上述三种观点虽各有其道理，但细思之下却都值得推敲。第一种观点其实是将近代出版业诞生视为一个阶段，即以新式印刷技术的引入为起始标志，以近代意义的出版社出现为完成标志。如果单从新式出版技术的引入而言，据张秀民《中国印刷史》所载，早在明万历十八年（1590年），欧洲天主教会就已经在澳门用西洋活字印书，清代康熙年间西人又用铜版印刷《皇舆全览图》等图籍[⑥]，这是与传统雕版印刷术明显不同的出版技术，但是我们自然不能认为中国近代出版史的

①汪家熔.中国现代出版起源散议(一).出版发行研究,2000(4):72-74.

②墨海,在中文典籍中,原意是大砚、墨盆,作为出版印刷机构名称比较贴切。此外,创办人麦都思(Medhurst)以“墨海”命名,很可能与他的姓氏有关,Medhurst与“墨海”读音相近。

③陈思和.试论现代出版与知识分子的人文精神//陈思和.思和文存:第一卷·传统与当代立场.合肥:黄山书社,2013:322.

④章宏伟.上海开埠与中国出版新格局的确立.中国出版史研究,2016(2):69-84.

⑤邹振环.墨海书馆与中国“新出版”的发轫//唐力行.江南社会历史评论:第9期.北京:商务印书馆,2016:129.

⑥张秀民.中国印刷史.上海:上海人民出版社,1989:575.

起始时间就在明末清初。至于“在中国土地上出现了第一个以铅活字排中文、机械化印刷的现代概念的出版社”，我们也不认为其出现时间在1840年之前。虽然1840年之前，西人在中国本土即已开设印刷机构，如1814年成立的东印度公司澳门印刷所，系东印度公司资助，专为印刷《马礼逊字典》而设。①除此之外，传教士马礼逊也曾于1826年底在澳门运用石印机印制传单，并在1832年9月于澳门住宅中成立马家英式印刷所。但是，我们认为近代意义上的“出版”是指编辑、复制作品并向公众发行的活动，那么“出版社”自然也应具备编辑、复制、发行这三种功能。然而，1840年前传教士在中国所开办的各类机构显然不符合这种要求。如东印度公司澳门印刷所以印刷为主，其生产经营主要依靠东印度公司资助的“一部印刷机、一副活字和其他零件”②，马家英式印刷所亦主要利用从印刷商巴格斯特订购的英式活字印刷机和英文活字开展印刷业务③，他们都缺乏独立的编辑部门。更重要的是，他们的发行对象主要是西人，东印度公司澳门印刷所成立之初就被东印度公司董事会界定为“设于澳门并专以西方读者为对象”④，存续期间（1814—1935）出书20种，已知其中6部书主要在来华外国人社群中传播、赠予英国相关个人和机构或委托伦敦书店经销，与中国人毫无关系。⑤马家英式印刷所不仅存世时间极短，且由于只有西文活字，故只能出版少量英文传单及针对西方读者的书刊。⑥中国本土真正意义上的出版社当属1843年在上海成立的墨海书馆，它除了采

①苏精.铸以代刻：十九世纪中文印刷变局.北京：中华书局，2018：25-64.

②苏精.铸以代刻：十九世纪中文印刷变局.北京：中华书局，2018：29.

③苏精.铸以代刻：十九世纪中文印刷变局.北京：中华书局，2018：18.

④苏精.铸以代刻：十九世纪中文印刷变局.北京：中华书局，2018：30.

⑤苏精.铸以代刻：十九世纪中文印刷变局.北京：中华书局，2018：56-59.亦有说共出版了25部著作，参见：叶再生.中国近代现代出版通史：第一卷.北京：华文出版社，2002：92.

⑥苏精.铸以代刻：十九世纪中文印刷变局.北京：中华书局，2018：18.

用铅印活字、机器印刷外，还设有自己的编译部门，中国人王韬、李善兰、蒋敦复等都曾是其中的编译人员。该书馆除出版宗教书刊外，还出版了《数学启蒙》《续几何原本》《代数学》《代微积拾级》《重学》《六合丛谈》等科技书刊，不论是宗教书籍，抑或科技书刊都主要面向中国人发行。

至于第二种观点，则忽略了中国近代出版业从诞生到成熟这一段过程。早在1858年，近代第一家中文日报《中外新报》就在香港创刊，较王韬创办的《循环日报》早了16年。除印刷及纸墨由《孖剌西报》负责外，《中外新报》其他实务及费用都由办报人伍廷芳承担。[①]该报除了刊登广告、行情、新闻等内容外，“主笔政者每有论著，不直指时事，一托以寓言、劝惩之旨，往往而见”[②]。将之与《循环日报》比较，不难看出二者极其相似，虽有新闻史研究者认为前者在政论深度上远不及后者[③]，但是仅因这一差异就将《中外新报》划入“旧出版”或“传统出版”的阵营，而将《循环日报》奉为“新出版”的开端，似乎也难以说通。

至于第三种观点，虽有很强的说服力，但是同第一、二种观点一样，带有明显的“技术决定论”色彩。我们承认技术在行业变革中的重要性，但同时也认为技术变革应该是内部功能和外部环境共同作用

---

①廖苹在《1853年至1932年之香港报业》中记载：“先是，香港有伦敦传道会牧师英人罗傅烈者，按照《康熙字典》译成英文，颜曰：《汉英字典》，请《孖剌西报》排印，书中文字为汉英合璧。书成，所存汉字即等于腐物。时适伍廷芳先生由香港圣保罗书院首届毕业而出，就《孖剌西报》翻译之职，见而惜之，乃就商于该报之总理人，组织《中外新报》，所有排字派纸等事，由承批人经理。印刷及纸墨则由《孖剌西报》支出，而承批人每月纳费若干，生意盈亏承批人负责。议定，遂由伍廷芳先生承批，时在一八五七年间事也。”参见：杨光辉.中国近代报刊发展概况.北京：新华出版社，1986：191.

②麦思源.七十年来之香港报业（1864—1934）//杨光辉.中国近代报刊发展概况.北京：新华出版社，1986：214.

③方汉奇.中国新闻事业通史：第1卷.北京：中国人民大学出版社，1992：322.

的结果，应该从内外两个层面去考察。正如钱存训所言：“关于印刷术的功能和社会变革的关系，一般学者各有不同的看法。一种可称为‘技术决定论’，即科技的发明影响社会生活的改变……另外一种说法可称为‘社会决定论’，即政治、经济、社会的需要决定科学和技术的发展，而非科技影响社会。……实际上这两种意见应加调和，可假设为‘相互影响论’，即新兴的科技会影响社会和生活方式的改变，而社会的需要也可促进新兴技术的发明，或不加鼓励而保持缓慢的发展。因此，印刷术和社会的关系是彼此相互影响而产生程度不同的作用。”[①]1840年鸦片战争爆发，战后英国要求中国开放广州、厦门、福州、宁波、上海五处为通商口岸，西方现代出版技术客观上随之在中国得以应用与传播。在此之前，各类传教士兴办的出版机构还只能在南洋地区以及中国香港、澳门、广州等地出现，它们所代表的新式出版对中国社会，以及对中国出版业的影响依旧微乎其微，中国出版业持续着以雕版印刷为主要技术，以经、史、子、集为主要内容，以线装书为主要形式的业态和格局。诚如吴永贵所言：“若不是1840年的鸦片战争，古老中国在西方列强武力的冲击之下，被迫开始近代化之旅，传统的雕版印刷也许还会像往朝历代一样，波澜不惊地缓步前行。然而，历史是不能假设的。1842年8月清政府与侵略者签订的城下之盟，决定了中国社会再也不可能按照自己固有的方向继续发展，中国古老的传统出版也在中国社会的近代化进程中，开启了行业变革的历史新途。”[②]当然，对于出版行业发展来说，出版技术变革只是其中的一部分，更应看到的是，鸦片战争改变了中国社会的性质，正是这种性质的改变促使“师夷长技”“救亡图存”“争取民族独立”成为时代的主题。这一主题赋予中国近代出版业新的使命与责任，这应视为近代出

---

①钱存训．中国古代书籍纸墨及印刷术．北京：北京图书馆出版社，2002：262-263.

②吴永贵．中国出版史（下册·近现代卷）．长沙：湖南大学出版社，2008：3.

版与古代出版的最大区别之一。

综上所述，与目前国内关于中国近代史分期的主流观点一致，本书将中国近代编辑出版史的开始时间确定为1840年，结束时间为1949年。

三、20世纪以来中国近代编辑出版史的书写

如果以叶德辉的《书林清话》（成书于1911年）作为开端标志，那么学界对于中国出版史的研究不过百年。对于中国近代出版史而言，其研究历史无疑更短。仅就专门著作而言，我国迄今为止可考的最早的一部出版史是1946年由永祥印书馆出版的杨寿清的《中国出版界简史》。虽名为“中国出版界简史”，但该书实为一部“中国近代出版界简史”。全书分“古代中国的出版业”“五四时代出版业的发展”“一·二八后出版界的倾向”三章，除简要论述古代中国的书肆与雕版外，所述多属晚清以降之出版史事。《中国出版界简史》一书虽仅86页，但其学术视野、写作思路非常值得认真研究，例如该书内容兼顾点和面，既有对出版机构、出版品种这些“点”展开的个案研究，又有对出版现象这一类的“面”进行的宏观概述；既有对出版现象的描述，如“出版界的复兴与‘杂志年’”“从小书到大书”，又有从媒介环境学的角度考察社会环境与出版业的互动，如“中华民国与中华书局”“文化政策与《万有文库》”；既有对图书出版业的观照，又有对报纸、翻译等内容的考察，等等。这些都为后来的出版史书写提供了参考与借鉴。

1949年至1978年间，北京大学和武汉大学图书馆学系曾出版过一批与出版史相关联的教材或著作，其中包括北京大学图书馆学系刘国钧先生撰写的《可爱的中国书》《中国书的故事》《中国书史简编》《中国古代书籍史话》等。尤其是《中国书史简编》，作为中华人民共和国成立后第一本公开出版的书史教材，对学习者和研究者都产生过重要影响。该书以时间为经，完整勾勒了中国书籍史的历史图景，更重要

的是，书中某些观点对当下的出版文化史研究依然具有启迪意义，例如作者认为完整呈现不同性质、不同形式的图书发展历史是出版史研究的又一目标，“不要以为图书一出现就是这样地丰富多采。图书是经过一段漫长的历史才达到今天这个样子的。最初只有书籍和图画，近代才有期刊和报纸。最初只有零星的片段的记载，以后才有系统的著作。所以研究书史的第二个任务，就是要了解各类型各门类学科的图书是怎样在各个历史时期中分别产生出来的”[①]。此种思想不同于时下流行的图书史、期刊史、报业史各自为政的书写理念，可以称得上是出版文化史研究领域的“大历史观”。再如作者提醒研究者应注意形式与内容两个层面，“由于图书具有内容和形式两个方面，所以在研究书史的时候，就要同时注意到这两个方面。如果只注意内容，那我们的研究就将是思想史、科学史，而不是图书史。如果只注意书籍的形式，那我们的研究将是技术史、工艺史，而不是图书史。研究图书史必须既要研究图书在各个历史时期思想意识上所起的作用，也要研究它们物质形态的发生和发展，还要研究这两方面之间的相互联系和相互影响”[②]。这种认识对于今天的出版史研究依然具有启迪意义。

进入20世纪80年代，中国编辑出版史研究逐渐走向繁荣，各种编辑出版史教材与著作纷纷涌现。[③]其中涵盖中国近代编辑出版史内容的通史性著作就有张召奎的《中国出版史概要》，姚福申的《中国编辑史》，吉少甫的《中国出版简史》，宋原放、李白坚的《中国出版史》，张煜明的《中国出版史》，肖东发的《中国编辑出版史》，方厚枢的《中国出版史话》，黄镇伟的《中国编辑出版史》，吴永贵、李明杰的《中国出版史》等多种。尤其值得一提的是2008年出版的《中国出版通

①刘国钧.中国书史简编.郑如斯,订补.北京:书目文献出版社,1982:6.
②刘国钧.中国书史简编.郑如斯,订补.北京:书目文献出版社,1982:7.
③范军.中国出版文化史研究书录(1978—2009).开封:河南大学出版社,2011.

史》九卷本。作为迄今为止规模最大的一部中国出版通史，该书第七卷为晚清卷、第八卷为民国卷，对中国近代出版业情况的梳理十分详细。除此之外，专门的出版断代史专著也层出不穷，较早者如王余光的《中国新图书出版业初探》《中国新图书出版业的文化贡献》，后又有叶再生的《中国近代现代出版通史》、元青的《中国近代出版史稿》、吴永贵的《民国出版史》等。这些教材或著作不仅系统梳理了中国近代出版的发生、发展，揭示了出版与近代社会的互动关系，而且构建了中国近代编辑出版史研究的总体框架，为很长一段时间内的出版史研究提供了范式。

在参考之前中国近代编辑出版史教材与著作的基础上，本书希冀在写作中有所创新与突破，具体而言：

一是坚持“大编辑出版史”史观。正如刘国钧在《中国书史简编》中所阐述的那样，无论是从历史的延续性，还是从出版自身的内涵而言，中国近代出版史的书写都应将书籍、报纸、期刊、图画等不同类型的出版物的发展历史包含在内。因此，本书尝试打破以往条块分割，报纸、期刊、图书分类撰史的惯例，不仅系统描述图书编辑出版的历史，还对报纸和期刊的产生、发展历程进行详细介绍，意在全方位、系统性地展现中国近代出版业的历史风貌，整体揭示中国近代编辑出版业，特别是编辑理论、编辑实务、编辑人才职业化等方面的演进轨迹，力求提炼出内在的编辑出版规律。

二是坚持多维度研究。编辑出版是一种具有多重社会属性的活动，正如著名历史学家罗伯特·达恩顿在《启蒙运动的生意》一书中所言：“书籍联系着极其广泛的人类活动——从捡破烂到传达上帝的声音的一切事。它们是匠人的产品、经济交换的物、观念之舟以及政治和宗教冲突的要素。”[①]如果摒弃东西方书籍文化的差异不论，单就研究视角而言，编辑出版史研究起码应该包含政治、经济、思想、文化、技术五个维度。本书在书写过程中注重对出版与社会、编辑与文化等层面牵绊、关联的揭示，例如着重阐述编辑出版近代化的历程，分析编辑出版在近代社会转型过程中的作用和影响，等等。

三是突出人在编辑出版史上的主体地位。中国史学从一开始就着重于国家活动的叙事，现代史学虽然受近代以来西方的社会科学传统的影响，但是基本范式仍以国家作为历史主体，“如果我们的历史是以人为主体，那么在方法上，解释逻辑也一定是从人的行为出发，结构只有在人的行动中才有意义。人在历史中总是一个能动者，人的行为必须在既定的结构中进行，同时又改变着结构。在历史研究中，我们总是从人的活动去把握和解释规范其行为的结构，同时我们也要研究人的行为如何改变和创造新的结构”[②]。因此，本书不但重视出版与时代、编辑与文化等的关联，而且突出出版人事迹的钩沉与剖析，特辟出专门章节为生活于那个时代的编辑、报人、出版人“立传”，旨在为今人提供借鉴和参考。

四是凸显红色出版。有人说过：推动历史前进和社会发展的，既有政治伟人和科学巨匠，也有编辑家。政治家通过叱咤风云的运动弃旧迎新，科学家借助伟大发明改变世界，编辑家则往往站在潮头，洞察风云，引导文化走向，牵领时代航船。[③]众所周知，中国共产党自1921年7月诞生后，一直重视宣传党的方针、政策和奋斗纲领。党的多位早期领导人都做过编辑，如李大钊曾任《晨报》总编辑，并与陈

①罗伯特·达恩顿.启蒙运动的生意.叶桐，顾杭，译.北京：生活·读书·新知三联书店，2005：1.

②刘志伟，孙歌.在历史中寻找中国——关于区域史研究认识论的对话.上海：东方出版中心，2016：47-48.

③任文京.论编辑的价值.中国编辑，2017(6)：8-13.

独秀一起创办《每周评论》，陈独秀主编过《新青年》，毛泽东创办了《湘江评论》，周恩来编辑过《赤光》杂志，王稼祥、邓小平分别担任过《红星》报的主编，这些报刊在当时产生了广泛的影响，起到了时代导航者的作用。本书以民族独立、社会进步为主线，力求凸显中国共产党领导下的红色出版。

第一章

中国出版近代化的历史环境

ZHONGGUO
CHUBAN
JINDAIHUA
DE
LISHI
HUANJING

考察中国编辑出版近代化的来龙去脉，理应提及明代及清代中前期的出版业。明代及清代中前期是中国古代出版业的鼎盛时期，它一方面延续着古代出版的结构与内容，依然保留官刻、私刻、坊刻三大出版系统，在出书品种上以童蒙读物、日用类书、儒家经典及科举读物、医药书籍以及小说戏曲读物为主，在发行上采用固定店铺、书摊、集市、考市、负贩、货担郎、书船、政府行政和亲朋好友赠送等渠道或方式。另一方面，产生了某些新内容与新特点，以最为发达的江南地区而言，明代官方出版在江南出版业中占有重要地位，清代则是私营出版（私刻与坊刻）占绝对优势；出现了重要的技术进步，特别是活字印刷的推广和彩色印刷技术的出现与改进；明代初年政治性和教化性读物所占比重很高，明中期之后面向中下层社会民众的商业化出版日益发展，到了清代则成为江南出版业的主流；明清江南出版业出现“外向化”的趋势，即生产所需的原料（纸张等）要依赖外地供应源，而其所生产出来的产品（印刷品）则依赖外地市场。①

鸦片战争之后，中国社会性质发生了重大变化。政治方面，鸦片战争之前的中国是独立自主、领土完整的统一国家，鸦片战争之后中国的行政权、关税权、领海领土主权都遭到严重破坏。经济方面，鸦片战争之前中国是小农经济占主要地位的自给自足的国家，鸦片战争之后由于西方列强倾销商品和掠夺原料，中国的自然经济逐渐解体，

---

①李伯重.明清江南的出版印刷业.中国经济史研究,2001(3):94-107,146.

中国沦为西方国家的商品市场和原料供给地。社会主要矛盾方面，鸦片战争之前社会的主要矛盾是地主阶级和农民阶级的矛盾，鸦片战争之后变为外国资本主义和中华民族的矛盾以及封建主义和人民大众的矛盾。自此，中国社会开启了从传统社会向近代社会的转型之路，“它在经济上表现为封建自然经济解体，商品经济高度发展，以资本主义生产方式的产生与发展为主要内涵；在政治上表现为资产阶级的形成与资产阶级革命的开展，最终以资产阶级政权的建立为主要标志；在文化思想上则表现为资产阶级自由民主与资产阶级价值观念的传播与普及，以及资产阶级教育制度的兴起与建立等等”[①]。近代中国社会在政治、经济、文化、教育方面发生的种种变革，不仅深刻地映射到近代出版物的内容当中，而且扮演了催化剂的角色，推动或制约着中国近代编辑出版业的发展。

第一节　明代及清代中前期的编辑出版业

中国书籍文化源远流长，简牍、帛书作为我国图书的最早形态获得学界普遍认可，如钱存训就认为：“古代文字之刻于甲骨、金石，印于陶泥者，皆不能称之为‘书’。书籍的起源，当追溯至竹简木牍，编以书绳，聚简成篇，如同今日的书籍册页一般。”[②]李学勤也说：“简牍、帛书起源都很早，而简可能更早一些。这里应该说明，商周时期的甲骨文、金文（青铜器铭文）等，还不是严格意义上的书。甲骨是占卜的遗物，青铜器是有种种用途的器具，它们并非专门用来记录和

①凌耀伦.中国近代化与中国资本主义——凌耀伦先生论文选集.成都：四川大学出版社，2011:4.

②钱存训.书于竹帛：中国古代的文字记录.上海：上海书店出版社，2006:63.

传递思想信息的，有不少不同于严格意义的书的性质。”[①]曹之认为书具体出现的时间当在夏朝，理由有三：一是夏代已经产生文字；二是夏代已有史官；三是文献多有记载。[②]如果曹之的说法成立，那么我国书籍已有近四千年的历史，从某种意义上说，中国编辑出版史亦有近四千年之久。[③]中国古代编辑出版业发展到明代及清代中前期时到达鼎盛。在图书编纂方面，据黄虞稷《千顷堂书目》记载，明人编纂著作逾12 000种，据《清史稿艺文志》《清史稿艺文志拾遗》等资料统计，清代编纂书籍数量更是不少于74 951种。[④]在刻书方面，据杜信孚《全明分省分县刻书考》所载，明代刻书机构共有5400多家，其中，中央刻书机构21家，省府州县级刻书机构209家，藩王及宗室刻书机构66家，寺庙刻书机构及僧人刻书75家，书坊766家，私刻4374家（含难于分辨的部分）。[⑤]至于刻书总数，据缪咏禾估计，当在35 000种左右。[⑥]可见当时刻书事业之繁盛。

一、三大刻书系统

官刻、私刻和坊刻三大刻书系统自宋代正式确立以后，在元、明、

①李学勤.简牍帛书//邓广铭，田钰.中国历史研究知识手册.郑州：河南人民出版社，1990：277.

②曹之.中国古籍编撰史.武汉：武汉大学出版社，1999：6-8.

③关于出版的起源问题，时至今日学界亦未有定论，相关观点主要有三：一是依据相关版印佛经，认为起源于隋唐之际；二是以纸张的发明、书籍的传抄为依据，认为出版起源于东汉而大盛于魏晋时期；三是以刻写技术和书籍载体的产生为依据，认为中国出版的历史应从周朝或殷商时期算起。参见：张晓菲.中国出版的起源.中国出版，1994(6)：11-12.（本书赞同以刻写技术和书籍载体的产生作为判断出版起源依据的观点，但略有变化。）

④曹之.中国古籍编撰史.武汉：武汉大学出版社，1999：296.

⑤缪咏禾.中国出版通史(5)：明代卷.北京：中国书籍出版社，2008：149-150.

⑥缪咏禾.中国出版通史(5)：明代卷.北京：中国书籍出版社，2008：15.

清代都得到很好的延续和发展。

1.官刻。

明代官刻事业十分发达，袁栋《书隐丛说》就说："官刻之风至明极盛，内有南北二京，外而道学两署，无不盛行雕造。"官刻又分中央官刻及地方官刻，中央官刻以国子监、司礼监为代表。据统计，明代国子监刻书总数达619种，其中南京国子监443种，包括制书29种，经书107种，史书59种，子书41种，诗文集56种，类书政书5种，韵书13种，各类杂书133种；北京国子监176种，亦包含经史、子书、诗文集、医书、字帖等类型。[①]司礼监专门设有经厂负责刻书事宜，且规模相当可观。据《明会典》所载，嘉靖十年（1531年）时经厂拥有笺纸匠、裱褙匠、折配匠、裁历匠、刷印匠、黑墨匠、笔匠、画匠、刊字匠等匠人1275名。至于经厂具体刻书种数，迄今尚未有精确的统计，但总数当不少于177种，其刻书与政治联系十分紧密，以经史类书、小学著作以及各种诰、训、律、戒、鉴类图书居多。[②]明代地方官刻亦很兴盛，从布政司、按察司到各府州县衙无不刻书。据《古今书刻》著录，各地布政司刻书215种，按察司刻书75种，明代各府刻书800多种。地方官刻中尤以藩府刻书最具特色，据张秀民在《中国印刷史》中的统计，明代藩府中从事刻书活动者共有43家，刻书总数达359种。[③]藩府刻书多以宋元善本为底本，加之装帧精美，校雠精良，历来为学界所重。清代中前期中央官刻以内府最多、最精，其中尤以武英殿刻书最为知名，存世200多年间刻书近600种。[④]地方政府刻书主要以方志居多，因此社会影响相对有限。

---

①李明杰.中国出版史(上册·古代卷).长沙:湖南大学出版社,2008:248-249.

②李明杰.中国出版史(上册·古代卷).长沙:湖南大学出版社,2008:250.

③张秀民.中国印刷史.上海:上海人民出版社,1989:417-445.

④关于武英殿刻书种数,学界有520种、544种、595种、572种等不同说法。参见:朱赛虹.武英殿刻书数量的文献调查及辨析.故宫博物院院刊,1997(3):25-32.

2.私刻。

私刻主要目的不在营利，而旨在宣扬自己或祖上的作品，或是作为增进感情、促进交往的礼品，抑或为宗族子弟研习举业提供资料。明代私人刻书十分流行，清朝蔡澄《鸡窗丛话》云："前明书皆可私刻，刻工极廉。闻前辈何东海云，刻一部古注《十三经》，费仅百余金，故刻稿者纷纷矣。尝闻王遵岩、唐荆川两先生相谓曰：数十年读书人，能中一榜，必有一部刻稿；屠沽小儿，身衣饱暖，殁时必有一篇墓志。此等板籍幸不久即灭，假使尽存，则虽以大地为架子，亦贮不下矣。"①王、唐二人所言虽属戏谑，但却真实地反映了私人刻书在明代中晚期已成为一种社会风尚。清代中前期私刻亦有发展，特别是在考据、辑佚之风的影响下，编辑刻印了一大批丛书。仅据张之洞《书目答问》及叶德辉《书林清话》所记，清代编刻的丛书就达130余种。其中，属于清代中前期且较著名的有顾广圻的《思适斋丛书》、黄丕烈的《士礼居丛书》、鲍廷博的《知不足斋丛书》、卢文弨的《抱经堂丛书》、钱熙祚的《守山阁丛书》等。②

3.坊刻。

明代书坊众多，瞿冕良的《中国古籍版刻辞典》著录有253家，杜信孚的《明代版刻综录》著录有400多家，其中南京、北京、苏州、杭州等地数量最多。如南京地区，张秀民在《中国印刷史》中著录有93家，而缪咏禾又补充了10余家。福建建阳是明代书坊集中之地，据学者统计，明代建阳共有书坊64家，刻书家131人，刻书655种。③清代中前期书坊主要集中在北京、苏州、杭州等地。

---

①叶德辉.书林清话.上海:上海古籍出版社,2008:139.

②李明杰.中国出版史(上册·古代卷).长沙:湖南大学出版社,2008:284.

③谢水顺,李斑.福建古代刻书.福州:福建人民出版社,1997:333.

二、图书市场上的流行品种

书坊以营利为目的，出书多迎合市场需求，故而成为明代及清中前期图书市场上流行品种的主要提供者。这些流行品种主要包括童蒙读物、日用类书、儒家经典及科举读物、医药书籍、小说和戏曲类图书等。①

1.童蒙读物。

除《三字经》《百家姓》《千字文》以外，明代知识分子还编纂有《龙文鞭影》《字汇》《幼学须知》《女儿经》《小儿语》《女小儿语》《续小儿语》《幼仪杂箴》《声律启蒙》《童蒙习句》《明贤集》《小四书》《女四书》《闺范》等启蒙读物。

2.日用类书。

古代类书是分类编排各种资料以供检索之用的工具书，明代出版的类书中，除《永乐大典》《白孔六帖》《艺文类聚》《初学记》《锦绣万花谷》《事类赋》等传统经典类书外，还有主要供老百姓日常生活、文化娱乐使用的日用类书，据明人周弘祖《古今刻书》载，当时市场上畅销的日用类书有《居家必用》《启札青钱》《便民宝鉴》《百家类纂》《文林广记》《事林广记》《韵府群玉》《五车拔锦》《万用正宗不求人》《三台万用正宗》《妙锦万宝全书》《文林汇锦万书渊海》《一统路程图记》《士商类要》等。②与宋代日用类书相比，明代日用类书增加了用于民间社交应酬、签订合同、法律诉讼等方面的应用文，主要针对外出经商的商人，以介绍交通路程、经营方式、商人职业道德等相关知识为主要内容的商人书，以及两性风月及滑稽诗文等消遣书。

---

①孙文杰.明代畅销书述略.编辑之友,2016(9):93-98.

②刘天振.明代通俗类书研究.济南:齐鲁书社,2006:81-82.

3.儒家经典及科举读物。

由于明代采用八股取士，不仅“四书”“五经”通用教材及宋、明理学家们的著作、讲义、语录、注释成为学子必备工具，而且各种八股文范本逐渐流行，这类范本或是对经史要籍进行解释和提要，阐明要旨，如《四书捷解》《春秋译林选要》《性理辑要》《通鉴节要》等；或是选评前朝和本朝试卷，供学子借鉴，如《古今名文珠玑》《文章规范百家批评》《国朝名文英华》等；或是收集典故词汇，提升文章华丽程度，如《四六雕龙》《四六词坛》《四六瑶函》《天梯故事》《词府灵蛇》《百子粹言》等。①

4.医药书籍。

医药类图书成为明代图书市场上畅销的品种，明末清初人黄虞稷编纂的《千顷堂书目》收录医籍约400种。清人叶德辉撰写的《书林清话》卷五《明人私刻坊刻书》记载医书19种，《类证注释钱氏小儿方诀》《陈氏小儿病原方论》《外科备要》《针灸资生经》《新刊铜人针灸经》《脉经》《孙真人备急千金要方》等为畅销医书。

5.小说和戏曲类图书。

明代小说种类繁多，例如《两汉演义》《三国志通俗演义》《东西两晋志传》《隋唐演义》《南北两宋志传》等历史演义小说，《水浒传》《岳公传》《忠烈传》等英雄传奇小说，《西游记》《封神演义》《飞剑记》《牛郎织女传》等神魔小说，《金瓶梅词话》《剪灯新话》《绣榻野史》《欢喜冤家》等人情小说，《龙图公案》《明镜公案》《百家公案》《皇明诸司公案》等侠义公案小说，都广受社会大众欢迎。戏曲类图书在社会上也十分流行，如金陵（今南京）较有名的唐对溪富春堂刊行的戏曲畅销书有《荆钗记》《白兔记》《拜月亭》《琵琶记》《吕蒙正破窑记》《姜诗跃鲤记》《岳飞破虏东窗记》《西厢记》《红拂记》等，北

①缪咏禾.中国出版通史(5):明代卷.北京:中国书籍出版社,2008:135-136.

京图书市场上较为畅销的戏曲图书有《包龙图断乌盆传》《包龙图断白虎精传》《断曹国舅公案传》《唐薛仁贵跨海征辽故事》等。

清代中前期图书市场流行的书籍与明代大致类似。一类是教育类书籍，这是各地书市上最畅销的书，场屋之书如“四书”“五经”，启蒙读本如《三字经》《百家姓》《千字文》《弟子规》《幼学琼林》之类，以及一些诗集如《千家诗》《唐诗三百首》《声律启蒙》。另一类是实用性的使用手册，主要包括《医学三字经》《御纂医宗金鉴》等医学手册，《酬事锦囊全书》和《家礼集成》之类的家用百科全书，以及其他与算命和行运有关的书。第三类就是小说、戏曲等消遣性文学读物，如《三国演义》《水浒传》《包公案》《西厢记》《琵琶记》等。

三、图书的发行方式

在明代及清中前期，许多城市拥有相对固定的书坊街。据胡应麟《少室山房笔丛》记载，明代时“凡燕中书肆，多在大明门之右，及礼部门之外及拱宸门之西。每会试举子，则书市列于场前。每花朝后三日，则移于灯市。每朔望之下浣五日则徙于城隍庙中。”“凡武林书肆，多在镇海楼之外，及涌金门之内，及弼教坊，及清河坊，皆肆达衢也。”“凡金陵书肆，多在三山街及太学前。”“凡姑苏书肆，多在阊门内外及吴县前，书多精整，然率其地梓也。”[①]除了固定的书坊街，有的书商也进行长距离贩运。如清代福建长汀四堡的书商利用水路以及复杂的官马大路、驿站网络以及“铺”这一辅助系统进行图书贩运。有些书商的销售范围南抵雷州府，西至云贵，北及湖北武昌，东至苏州，穿越了中国南方大部分省份。另外，有些书商可能已经开展海外

①胡应麟.少室山房笔丛.上海:上海书店出版社,2001:42.

贸易，如前往爪哇和暹罗。①

其时，常见的图书销售渠道和方式包括固定店铺、书摊、集市、考市、负贩、货担郎、书船、政府行政渠道和亲朋好友赠送等。②

1.固定店铺。

这类店铺或集刻书、售书于一体，或单一售书，或只是兼营图书销售业务。其中集刻、售于一体的现象比较常见，“古代书商的一个显著特征是坊刻在经营上占有相当大的优势，出版商在刊刻生产之外，通常自身也‘前店后厂’，以店铺形式直接进行图书售卖”③。单纯进行图书零售的固定店铺亦不少见，清代小说《歧路灯》中就曾描写一新开书铺“星辉堂”，其所售书籍是“在南京发了两千多两银子的典籍”，还有一部分是“将苏家星黎阁旧存书籍兑下”，另外书铺悬挂的招牌上还写着“经史子集，法帖古砚，收买发兑”等字样，可见这是一个只发行而不刻印图书的店铺。④小说中出现这一情节也说明当时社会普遍存在这类店铺。兼售图书的店铺又叫作“星货铺”，多见于乡村。据《扬州画舫录》所载，清代扬州曾有一乞丐作《小郎儿曲》，在当时极为流行，“近日是曲翻板数十家，远及荒村僻巷之星货铺，所在皆有”⑤。

2.考市。

明清时期每逢乡试、府试，参加科举考试的士子众多，自然也吸引大量书商前来售书，也就形成了考市。陆费逵在《六十年来中国之

---

①包筠雅.文化贸易:清代至民国时期四堡的书籍交易.刘永华,译.北京:北京大学出版社,2015:133-152.

②刘大军.中国古代图书发行体系.编辑学刊,1996(4):85-92.

③周康.出版商的历史地位嬗变研究//冯志杰,范继忠,章宏伟.中国编辑出版史研究:第2卷.北京:九州出版社,2011:213.

④刘大军.中国古代图书发行体系.编辑学刊,1996(4):85-92.

⑤李斗.扬州画舫录.南京:凤凰出版社,2013:287.

出版业与印刷业》中曾介绍说："平时生意不多。大家都注意'赶考'，即某省乡试、某府院考时，各书贾赶去做临时商店，做两三个月生意。应考的人不必说了，当然多少要买点书；就是不应考的人，因为平时买书不易，也趁此时买点书。"①例如南京贡院，每次乡试时应试者往往多达两万人，因此也就形成了从东牌楼沿秦淮河东岸展开，北抵学宫贡院，南达下江考棚的大型集市。凡是考试所需物品，如书籍、笔墨、纸砚、文玩乃至土特产品，都有出售。②清初浙江著名文人吕留良就曾专程坐船赶此"考市"，以销售在浙江老家预先印刷好的《寸文程墨》等书，其在给家人的书信中记载："我月初将有金陵之行，此间需样子甚急，汝可用心为我选拟，亦省我许多气力。霜武处读本并照渠所许样子，即得人取来为妙。"③"今日始发书至坊，北客尚未到，而坊入口角，看火色颇佳云，去年秋冬北客问程墨不绝口，虽有千书来，亦早去矣。"④"此间北客陆续有到者，要等全场会墨出方买书，而金陵姑苏近地买者甚众，气色殊噪也。"⑤

3.负贩。

负贩即将书籍从出版地带到另一地区发行销售，或是出版者托人顺道将书籍运送到其他地区的发行店铺，或是商贩自己买下书籍再贩运至其他地区，抑或商旅官宦去某地时顺道带一些书籍放到当地书肆寄卖。清代这种情况十分普遍。例如福建长汀四堡的邹、马二姓书商，

①陆费逵.六十年来中国之出版业与印刷业//张静庐.中国近现代出版史料:补编.上海:上海书店出版社,2003:275.

②徐雁.金陵书肆记//齐鲁书社.藏书家:第3辑.济南:齐鲁书社,2001:36.

③吕留良.吕晚村先生家训//楼含松.中国历代家训集成:6.杭州:浙江古籍出版社,2017:3903.

④吕留良.吕晚村先生家训//楼含松.中国历代家训集成:6.杭州:浙江古籍出版社,2017:3907.

⑤吕留良.吕晚村先生家训//楼含松.中国历代家训集成:6.杭州:浙江古籍出版社,2017:3908.

据两姓族谱记载，长期在外，或沿途贩运，流动售书，或定点售书，寄籍客地者，共600多人，其足迹遍及江西、广东、广西、湖南、湖北、浙江、江苏、山东、云南、贵州、四川及福建等地。[①]其他地方虽未有像福建长汀四堡这样举族负贩的情况，但从事长途贩运图书的书商也很多。例如山东聊城当地书商，通过大运河前往出版繁荣的江浙地区采购图书，并通过大运河将本地生产的书籍发往京津地区。此外，他们利用聊城与河北接壤，且与山西、河南北部紧邻的地理优势，借助毛驴、骆驼等运力，通过大小官路，将图书运到周边众多府、县，以至张家口、绥远等更远之处进行销售。[②]

4.书船。

由于江南地区水网密布，河汊交错，因此也出现了一种具有江南特色的售书渠道——书船，其中以湖州织里书船最为有名。康熙年间郑元庆《湖录》记载："书船出乌程织里及郑港、淡港诸村落。吾湖明中叶如花林茅氏，晟舍凌氏、闵氏，汇沮潘氏，稚城臧氏，皆广储签帙。旧家子弟好事者，往往以秘册镂刻流传。于是织里诸村民，以此网利，购书于船。南至钱塘，东抵松江，北达京口；走士大夫之门，出书目袖中，低昂其值。所至每以礼接之。客之末座，号为书客。间有奇僻之书，收藏家往往资其搜访。"[③]有些书船甚至通过大运河面向山东乃至更远的地区销售书籍，《淮安关志》卷七《则例》有记载："南来书船，不纳分单。如应报正单之船，照前例报纳正单。"淮安关位于江苏省淮安市以北板闸镇，是明代在大运河上设立的八大钞关之一，从淮安关再往北即是山东临清关，再往北则可达北京。明清时期

①李瑞良.福建省志·出版志.福州:福建人民出版社,2008:351.

②张竞放.聊城:第4版.南京:金陵书社,2001:75,79-80.

③陈学文.明清时期太湖流域的商品经济与市场网络.杭州:浙江人民出版社,2000:88.

不少藏书家都有从书船购书的经历，如明代著名出版家、藏书家毛晋，据荥阳悔道人《汲古阁主人小传》记载："（毛晋）性嗜卷轴，榜于门曰：'有以宋椠本至者，门内主人计页酬钱，每页出二百；有以旧抄本至者，每页出四十；有以时下善本至者，别家出一千，主人出一千二百。'于是湖州书舶云集于七星桥毛氏之门矣。邑中为之谚曰：'三百六十行生意，不如鬻书于毛氏。'"[①]"书舶云集"足见书船这一售书渠道在江南地区之普遍。

第二节　来自外患内忧的双重挑战

近代中国面临着前所未有的危机，一方面是西方列强以坚船利炮为后盾，迫使清政府签订一系列不平等条约，从而在政治、军事、经济和文化各方面牢牢控制中国，中国面临随时沦为西方殖民地的境地。另一方面则是这一时期的清王朝百弊丛生，行政效率蜕化，官吏贪腐盛行，农民起义频繁……在外患内忧的双重刺激下，各种政治力量轮番提出并践行各自的政治主张。仅以晚清而言，洋务派提倡"师夷长技"，试图通过采用西方先进技术，创办近代军事工业、民用工业以及建立装备新式武器的陆海军以达到"自强""求富"的目的；维新派人士试图以君主立宪制代替君主专政制，推动民族资本主义的发展和资产阶级文化思想的传播；革命派则试图通过暴力手段来推翻帝制，建立以"三民主义"为核心的资产阶级民主共和国。在近代历史舞台上，各种政治力量无不重视书报刊的编辑出版，希望通过图书、报纸、期刊宣传政治主张、引领大众舆论，进而实现自己的政治目标。政治变迁对编辑出版业的影响主要体现在以下几个方面。

①叶德辉.书林清话.上海:上海古籍出版社,2008:144.

一、激发政治出版的热忱

近代亡国灭种的社会危机、层出不穷的政治事件、风起云涌的政治变革，在刺激人们政治参与热情的同时，也激发人们从事出版活动的热忱。也正是因为如此，出版业可以看作近代中国政治发展的晴雨表。为更加直观地体现政治变迁与出版业发展的契合度，我们从纸张进口金额和报刊创办数量两个指标来略作分析。选择纸张进口金额主要是因为甲午战争之后书籍多采用洋纸印刷，由此可一窥近代出版业的发展状况，尤其是不同年份出版业的表现（见图1-1）。[①]而报刊创办数量方面，叶再生曾对《全国中文期刊联合目录（1833—1949）》中收录的20 066种报刊进行分年统计，其中1833年至1937年间共有10 816种报刊创刊，在1896年前报刊的数量接近为零，1896年至1937年，报刊创办数量的变化见图1-2[②]。通过两张折线图不难看出，1896年、1906年、1912年、1919年、1925年、1928年等年份存在明显的“拐点”现象，这些年份及其后数年纸张进口金额、报刊创刊数量都迅猛增长。而这些年份对应的正是维新变法运动、清末革命运动兴起、民国肇建、五四运动、五卅运动以及南京国民政府成立等重大历史事件。例如1895年甲午战争之后全国各地兴起创办报刊的热潮，各类报刊如雨后春笋般出现。张之洞在《劝学篇》中就说：“乙未以后，志士文人创开报馆，广译洋报，参以博议，始于沪上，流衍于各省，内政、外事、学术皆有焉。”[③]据统计，1895年至1898年间全国报纸总数陡增

---

①进口洋纸种类繁多，依其性质或用途可分为纸版卡纸、印刷用纸、书写用纸、图画纸、包裹及表衬用纸、卷烟用纸、装饰用纸、有光纸、无光洋连史纸及其他杂用纸。据贺圣鼐统计，1927—1929年三年间的洋纸用途，最多者为普通印书纸（白报纸之类），占全额24.4%；油光纸（即洋毛边）占全额14.5%；上等印书纸占12.1%。

②叶再生.中国近代现代出版通史：第二卷.北京：华文出版社，2002：6.

③张之洞.劝学篇.上海：上海书店出版社，2002：47.

3.7倍，出版的中文报刊就有120种左右，其中约80%属于国人自办。[①]再如1905年至1911年间清末革命运动与立宪运动兴起，在国内出版的革命报刊或虽非革命党人所办但具有明显革命倾向的报刊有100种左右，这个数字还不包括武昌起义后蜂拥而起的一大批号外性质的革命报刊[②]，推动了第二次报刊出版高潮的到来。

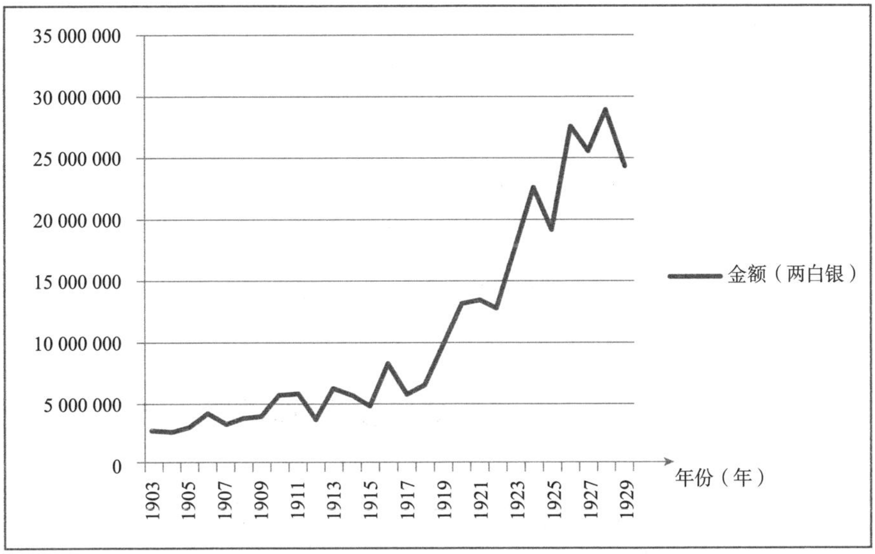

图1-1　纸张进口金额变化图（1903—1929）[③]

①方汉奇.中国新闻事业通史:第1卷.北京:中国人民大学出版社,1992:364,419.

②方汉奇.中国新闻事业通史:第1卷.北京:中国人民大学出版社,1992:610.

③李泽彰.三十五年来中国之出版业//张静庐.中国近现代出版史料:现代丁编.上海:上海书店出版社,2003:386,389-390.

图1-2　报刊创办数量变化图（1896—1937）

二、通商口岸成为近代新式出版业发展的桥头堡

据统计，自1842年签订《南京条约》到1921年止，中国共向西方开放商埠81处，其中1895年前为37处，1895年后为44处。在1895年后开埠的44处中，有22处为中国主动开放的，即所谓的“自开商埠”；22处为中国根据条约被迫开放的，即所谓的“约开商埠”。[①]这些通商口岸成为近代出版业发展的重要支点，例如1870年以前，所有的中文报刊都是在通商口岸出版的。1911年以前，全国共出版中文报刊1753种，其中有623种在第一批通商口岸——广州、上海、宁波、福州、厦门出版，占总数的35.5%。上述开埠口岸中又以上海为最多，从1857年至1911年共出版460种，“不但在五口，而且在全国也名列第一”[②]。尤其值得一提的是，开埠之前上海虽有一些传统出版机构，但是规模

①中国第二历史档案馆.1921年前中国已开商埠.历史档案,1984(2):54-63.
②张仲礼.东南沿海城市与中国近代化.上海:上海人民出版社,1996:769.

都不大，与周边地区发达的出版业不可同日而语。[①]但是自1843年开埠后，新式工商业的发展、新型知识分子的汇聚以及租界制度的约定，使得上海在20世纪之初成为中国的出版中心。特别是租界在动荡不安的晚清时期乃一块相对稳定的地区，这对于吸引各类出版人才、繁荣出版事业有着至关重要的意义。[②]

三、政治变迁直接影响出版业的兴衰

众所周知，一个时代的编辑出版活动必须服从并服务于其所属时代的意识形态、政治制度，这是编辑出版活动与其他一般经济活动的本质区别。与此同时，意识形态、政治制度发生变化，也势必会影响到编辑出版业的发展。例如中华民国创立初期，随着民主热潮的高涨和言论出版自由政策的贯彻，报刊出版业进入飞速发展期。据时人统计，民国元年（1912年）全国报纸陡增至500种，总销数达4200份。北京政府内务部公布的报告称，从1912年2月12日清帝退位到10月22日，短短8个月里在内务部注册立案的北京报纸就达89种。[③]但到袁世凯实行独裁专制，先后颁布《戒严法》《治安警察法》《报纸条例》和《出版法》，对书、报、刊的出版活动进行管制，书、报、刊被封事件层出不穷。仅以报纸而言，据统计，在1912年4月至1916年6月，全国至少有71家报社被封，49家被传讯，9家被反动军警捣毁；新闻记者24人被杀，60余人被捕入狱。被查封的期刊及其他出版物更多，全国报刊数量从500余种下降到130种；被扼杀于摇篮之中的报刊更无法

①章宏伟.上海开埠与中国出版新格局的确立.中国出版史研究,2016(2):69-84.

②熊月之.略论晚清上海新型文化人的产生与汇聚.近代史研究,1997(4):257-272.

③方汉奇.中国新闻事业通史:第1卷.北京:中国人民大学出版社,1992:688.

统计。其中上海地区尤其严重，进步和革命报刊几乎无一幸免。[①]

第三节 近代经济变迁的示范效应

出版本身也是一种经济活动，以出版产业经济活动的运转而言，无论是出版企业、个人或团体消费者、政府三大出版行为主体，还是出版产品与服务市场、资本市场、劳动市场三种类型的市场，都说明其与外部经济环境密不可分。[②]近代中国经济变迁，尤其是工商业的发展，以及与之相应的市民阶层的兴起，都为近代出版业发展奠定了良好的基础。

一、近代中国工商业的发展

鸦片战争之前，中国已经具备较高的经济发展水平。[③]农业方面，据美国学者珀金斯的统计，从清中叶到19世纪初，南方诸省的粮食亩产量除江苏有所下降、江西保持不变外，其他诸省都有大幅度提高。除了粮食生产，嘉庆、道光时期还继续推广、种植桑、棉、麻、甘蔗、染料等经济作物，并由于栽培、管理技术的改进，其产量也有大幅度提高。经济类作物的大量推广种植，改变了传统社会农业经济单一的组成结构，提高了农业经济的效益，促进了传统农业经济向多种经营方向的发展。工业方面，据李伯重对江南地区经济结构的考察，19世纪初在江南大部分地区，传统工业的地位已与农业不相上下，在经济

①马光仁.上海新闻史(1850—1949).上海:复旦大学出版社,2014:432.

②王秋林.出版经济学教程.上海:上海辞书出版社,2014:7.

③郑大华,彭平一.社会结构变迁与近代文化转型.成都:四川人民出版社,2008:38-45.

最发达的江南东部，甚至超过了农业，出现了所谓的“早期工业化”现象。[①]商业方面，除了繁荣的城市商业外，农村集市也有明显发展，既有分布密度的增加，也有开市频率的增加。华北平原区集市密度大概在每100平方千米1—2个，平均交易半径4—6千米，而经济发达的江南、珠江三角洲地区在明代中后期就已达到这一密度，清代则超过之。庞大的乡村集市网络体系，为大规模、长距离的商品流通提供了基础，使地区之间通过商品流通实现经济布局调整、资源配置优化成为可能。例如，江南地区以输入粮食、棉花，输出棉布、绸缎为主而形成的高收益型经济格局，即是建立在全国规模的粮、棉、布的流通基础上的。如果没有一个庞大的农村集市网作为基础，这一切都将无法实现。[②]

鸦片战争之后，中国传统自然经济结构受到前所未有的冲击与破坏。例如纺织业，据郑观应的观察，“棉花一项，产自沿海各区，用以织布纺纱供本地服用外，运往西北各省者络绎不绝。自洋布进口，华人贪其价廉质美，相率购用，而南省纱布之利，半为所夺。迄今通商大埠及内地市镇城乡，衣大布者十之二三，衣洋布者十之八九。……洋货销流日广，土产运售日艰”[③]。与此同时，外国资本设立的各类工商企业也在开埠城市快速兴起。仅19世纪40至60年代，外国资本在各通商口岸设立的近代工厂就达75家。[④]

洋务运动时期，洋务派创办了一大批军用工业，例如安庆内军械

---

①所谓早期工业化，指的是近代工业化之前的工业发展，使得工业在经济中的地位日益提高，甚至超过农业的地位。由于这种工业发展发生在一般所说的工业化（即以工业革命为开端的近代工业化）之前，因此又被称为“工业化前的工业化”。参见：李伯重．江南的早期工业化（1550—1850）．北京：社会科学文献出版社，2000：1.

②许檀．明清时期农村集市的发展及其意义．中国经济史研究，1996(2)：10-12.

③郑观应．盛世危言．北京：华夏出版社，2002：519.

④汪敬虞．十九世纪西方资本主义对中国的经济侵略．北京：人民出版社，1983：310-311.

所、上海洋炮局、苏州洋炮局、江南制造局[1]、金陵制造局、福州船政局、天津机器局、西安机器局、福建机器局、兰州机器局、广州机器局、广州火药局、山东机器局、湖南机器局、四川机器局、吉林机器局、金陵火药局、浙江机器局、神机营制造局、云南机器局、山西机器局、广东机器局、台湾机器局、湖北枪炮局，等等。[2]与此同时，中国社会还出现了一批民用企业，据统计，在1895年以前，出现的民用企业共有150多家，主要分布在缫丝业、棉纺织业、面粉业、火柴业、造纸业、印刷业、船舶和机器修造业以及公用事业等行业。19世纪末20世纪初，也就是戊戌变法到清末新政时期，1895年至1911年新设企业491家，资本总额10 855.6万元，其中商办企业416家，资本额8 277.7万元，占总资本额的76.3%，1906年商办工矿企业的创办达到了一个历史高峰。

辛亥革命后，中华民国政府力图振兴民族实业，颁布相关法规，极大地提升了资产阶级发展实业的热情。据农商部统计，辛亥革命前后设立的资本额在10 000元以上的民用工矿业：1911年为40家，资本额为576万元；1912年为85家，资本额1038万元；1914年为102家，资本额1486.8万元。可见，辛亥革命后设厂的总数为革命前的2.5倍。[3]

二、近代经济变迁对出版业的影响

首先，扩大了出版物需求。工商业的发展使社会对及时性商业信息的需求更加迫切，像早期的中文报纸《香港船头货价纸》《香港中外新报》《上海新报》等就只登载行情物价、航运信息和广告等内容，正

---

①江南机器制造总局简称江南制造局。

②张国辉.洋务运动与中国近代企业.北京:中国社会科学出版社,1979:24.

③章开沅.中国经济史.北京:高等教育出版社,2002:242-245.

是为了满足人们对最新商业信息的需求。可以说，正是工商业的发展促进了报纸这种新型出版物在中国的诞生和发展。当然，近代工商业发展最重要的影响在于推进近代市民阶层发展壮大，为近代出版业发展奠定了消费基础。据施坚雅估计，1843年时中国城镇人口为2072万人（不包括东三省和台湾），占当时全国总人口的5.1%。1893年时中国城镇人口为2351.3万人（不包括东三省和台湾），占当时全国总人口的6%。[①]而据其他学者的统计，到1912年时，中国的城镇人口大约是3700万人。[②]这也意味着70年间中国城镇人口增加了1600多万人。当然，这种增长是不均衡的，一些开埠通商口岸增长尤为迅速。以上海为例，1843年开埠前约有50万人，1852年有544 413人，1865年有651 919人，1910年有1 289 353人，1915年有2 006 573人，1937年有3 851 976人，到1949年3月时，已经达到5 455 007人。[③]上海城市人口在百余年间增长超过了10倍。其他开埠城市情况也类似，如1840年天津的城市人口为198 716人，1906年为35万人，1910年达到60万人，1925年为107万人，到1936年高达125万人。[④]鸦片战争前武汉三镇人口有30多万人，到1911年时城市人口约80万人，1935年达到129万人。[⑤]重庆1840年时城镇人口为8.4万人，到1900年增长为21.4万人，1937年为47.5万人，1946年为124.5万人。[⑥]快速增长的城镇人口是近代出版业发展的重要支撑，例如清末民初小说的繁荣。据陈大康的《中国近代小说编年》统计，从1840年至1911年，出版小说达2755

---

①施坚雅．中华帝国晚期的城市．叶光庭，等译．北京：中华书局，2000：264.

②黄逸平，虞宝棠．北洋政府时期经济．上海：上海社会科学院出版社，1995：324-325.

③邹依仁．旧上海人口变迁的研究．上海：上海人民出版社，1980：90-91.

④罗澍伟．近代天津城市史．北京：中国社会科学出版社，1993：455.

⑤皮明庥．近代武汉城市史．北京：中国社会科学出版社，1993：658-659.

⑥隗瀛涛．近代重庆城市史．成都：四川大学出版社，1991：394，398.

种，其中通俗小说1653种，文言小说99种，翻译小说1003种。[①]而日本学者樽木照雄在《新编增补清末民初小说目录》中收录清末民初小说书目更是多达16 014种。[②]这种出版现象的出现，除了原有士大夫转换观念，加入小说作者与读者队伍之外[③]，还有一个更为重要的原因，即以新式学生、商人为代表的近代市民阶层的兴起，扩大了小说的消费群体。例如小说家周桂笙，青年时在新式学堂学习，喜欢阅读和购买小说，自称"自束发至今，二十年来所读中国小说，合笔记、演义、传奇、弹词，一切计之，亦不过二百余种；近时新译新著小说，亦百余种。外国小说，吾只通英法二国之文，他国未及知也。统计自购，及与友人交换者，所见亦不过各三百余种。所读美国小说，亦不下二百种。其余短篇之散见诸杂志日报中者，亦数百种。盖都不过千余种也"[④]。

其次，改善了出版物的流通环境。近代中国日渐便利的交通和邮政对出版业发展的作用不容小觑。以邮政为例，1834年英国商务监督律劳卑在广州开办"英国邮局"，这是我国境内的第一个"客邮"。后在北洋大臣李鸿章的支持下，海关总税务司赫德委任天津海关税务司德璀琳在北京、天津、烟台、牛庄（营口）、上海5处海关试办近代邮政。在1896年大清国家邮政官局设立之前，海关邮政由5个发展到24个：天津、北京、牛庄、烟台、重庆、宜昌、沙市、汉口、九江、芜湖、镇江、上海、苏州、杭州、宁波、温州、福州、厦门、汕头、广州、琼州、北海、蒙自、龙州。1896年3月，在海关试办邮政的基础上，经光绪皇帝批准正式开办大清国家邮政官局，并于当年开通了信函、新闻纸、货样、印刷品邮寄业务，1898年开通了包裹业务，1905

---

①陈大康.中国近代小说编年.上海：华东师范大学出版社，2002：1.

②樽木照雄.新编增补清末民初小说目录.济南：齐鲁书社，2002：6.

③袁进.试论晚清小说读者的变化.明清小说研究，2001(1)：18-28.

④天僇生.论小说与改良风俗之关系.月月小说，1907(9).

年又开通了新闻纸挂号、立券、总包，并发行快信专票业务。到20世纪初，函购已成为报刊的主要发行手段。到1912年，邮政系统运送的报刊印刷品总量达37 163 500份[①]，邮政已经成为支撑近代报刊市场的主要流通渠道。对于图书出版业而言，邮购也成为各大书局常用的图书销售方式，如商务印书馆早在1910年时就采用邮购方式来销售图书。近代铁路、水路、公路交通事业的发展也改善了出版物长距离流通的条件。1903年，上海开明书店股东王维泰等人前往开封赶考市，售卖新书，他在《汴梁卖书记》中写道："金陵卖书后，同人相约作汴梁之游，藉开风气。于正月杪，载书二十余箱，为数计二百余种，趁轮启行。初四到汉口，留一日，初六乘火车至信阳。先是，函托南汝光道署戚友临时招待，是日车抵站，承派人来接，并预备客寓车辆，颇安适。翌日大雪，留四日，至十一日开车。十八抵汴城。"[②]从其经历中不难看出，正是轮船、铁路以及公路交通事业的发展，才使得20世纪之初的书商们能在如此短的时间里，轻松从容地远赴千里之外异地售书。与之形成对比的是成立于1868年的江南制造局翻译馆，自1871年起开始印书到1879年6月止，共销售图书31 111部，合计83 454本，地图与海道图共4774张。傅兰雅认为交通的落后和信息的闭塞是销售情况不理想的主要原因："惟中国邮递之法，尚无定章，而国家尚未安设信局，又未布置铁路，则远处不便购买。且未出示声明，又未分传寄售，则内地无由闻知，故所售之书尚为甚少。若有以上各法，则销售者必多数十倍也。"[③]傅兰雅的判断极具洞察力，由于清末铁路和邮政的迅速发展，交通联络的速度和效率大大提高，因此在1901年至

①戈公振.中国报学史.北京:生活·读书·新知三联书店,1955:230.

②张静庐.中国近现代出版史料:现代甲编.上海:上海书店出版社,2003:403.

③傅兰雅.江南制造局翻译西书事略//张静庐.中国近现代出版史料:近代初编.上海:上海书店出版社,2003:23-24.

1910年间信件、报纸和杂志的流通增长了25倍。[①]民国时期，“报纸、杂志、书籍等占有上海之流通总量的六成……从上海邮寄的新闻出版物的数量，实际上占全国总量的13%以上。从当时邮政制度的具体状况中可以知道，出版物是邮政业务的主要内容，出版机构云集的上海的邮寄量占绝对多数”[②]。

最后，推动了出版管理制度的变革。近代工商企业大多采用现代企业制度进行管理，例如采用股份制公司形式。1872年，在时任直隶总督李鸿章的支持下，我国近代史上第一家大型股份制企业轮船招商局在上海成立，并向社会公开招股集资。在其示范引领下，招股筹资的做法在19世纪80年代的工商业中逐渐流行，正如当时《申报》的评论文章中所说：“招商局开其端，一人倡之，众人和之，不数年间，风气为之大开，公司因之云集，虽其中亦有成与不成之分，然其一变从前狭隘之规则。”[③]1904年清政府商部颁布《钦定大清商律》，其中第二编《公司律》共有11节131条条文，对股份有限公司的成立、运作、监管、处罚等相关事宜都作了详细的规定，如第二节“股分”、第三节“股东权利各事宜”、第四节“董事”、第五节“查账人”、第六节“董事会议”、第七节“会议”、第八节“账目”、第九节“更改公司章程”、第十节“停闭”、第十一节“罚例”。此后，工商企业采用股份制方式者更趋普遍。据学者统计，1928年以前登记注册的公司数一共为716家，到1935年6月止增加到2682家。1928年2月至1935年6月间注册登记的就有1966家，是此前的2.7倍。其中股份有限公司又占绝对统治地位，占登记注册总数的70.4%，资本数占94.37%。[④]这些在客观上

①戴仁.上海商务印书馆(1897—1949).李桐实，译.北京：商务印书馆，2000:7.

②藤井省三.鲁迅《故乡》阅读史——现代中国的文学空间.董炳月，译.南京：南京大学出版社，2013:35.

③申报.1883-10-21.

④陈真.中国近代工业史资料：第4辑.北京：生活·读书·新知三联书店，1961:59.

对近代出版企业的经营管理具有引导和启发作用。

第四节　东西文化的交流

近代是西学东渐的重要时期，一方面，产生于西方（主要是欧美地区）的知识、思想观念、学术、宗教等经过各种途径传播到中国，并对中国的学术、知识、思想以及整个社会逐渐产生影响。另一方面，中华文化的对外传播与外来文化的涌入同时进行，虽然其传播深度和广度依然有限，但是较之以往，西方世界对中国文化的了解无疑还是显著加强了。

一、西学东渐

西学东渐自明末清初就已开始，以利玛窦、汤若望等为代表的传教士向中国传播基督教教义的同时，也传播了大量的西方自然科学知识。当时，中国一些士大夫以及皇帝接受了科学技术知识，但是在思想上基本没有受到实质影响。到了近代，西学东渐的规模和声势远超以往。近代的西学东渐，大致可以分为四个时期：第一个时期是中日甲午战争之前，这一时期主要是西方自然科学及技术知识的输入。第二个时期是甲午战争后至民国初年，国人主要注意西方的社会政治学说。第三个时期是五四运动至南京国民政府成立，主要是西方文化的引入与传播。第四个时期是南京国民政府成立后至1949年中华人民共和国成立前，这一阶段也是全面向西方学习的阶段。

传教士来到中国，不仅带来了基督教原始教义，还带来了西方近代知识和新的传播形式。如在《东西洋考每月统记传》《遐迩贯珍》《六合丛谈》等传教士早期创办的中文期刊中，对近代西方科技知识的介绍已经占据很大篇幅。以《东西洋考每月统记传》为例，除了刊登大量的介绍西方史地的文章外，还刊登诸如《论日食》《论月食》《北极星图记》《黄道十二宫》《火蒸水气所感动之机关》《火蒸车》等文章，介绍近代西方天文、地理、物理等方面的现代科技知识。[①]除此之外，基督教传教士还编写了诸如《天文略论》（合信编写）、《几何原本》（后9卷，伟烈亚力与李善兰合译）、《光论》（艾约瑟与张福僖合译）、《重学》（艾约瑟与李善兰合译）、《谈天》（伟烈亚力与李善兰合译）、《算法全书》（蒙克利编）、《植物学》（韦廉臣与李善兰合译）、《代微积拾级》（伟烈亚力与李善兰合译）、《全体新论》（合信编写）、《代数学》（伟烈亚力口译，李善兰笔记与整理）等自然科学书籍。

洋务运动兴起后，西方科学技术知识的传播进入一个新的阶段，中国人有意识地根据自身需要对西方科学技术知识进行选择，“最要为算学、化学、汽机、火药、炮法等编，固属关系制造，即如行船、防海、练军、采煤、开矿之类，亦有裨实用”[②]。在此指导方针下，诸如数学、物理学、化学、天文学、生物学、地质学、地理学、医学等西方自然科学知识，以及矿冶、造船、化工、开采、纺织、驾驶、军械、制造等应用科学知识通过翻译著作源源不断地传入我国。以江南制造局翻译馆为例，其先后翻译出版数学方面的著作包括《运规约指》三卷、《代数术》二十五卷、《微积溯源》八卷、《算式集要》四卷、《三角数理》十二卷、《数学理》九卷、《代数难题解法》十六卷、《算式别解》十四卷；物理学方面包括《声学》八卷、《光学》二卷附《视学诸器说》、《电学》十卷、《格致启蒙·格物学》一卷、《电学纲目》一卷、《格致小引》一卷、《物体遇热改易记》四卷、《通物电光》四卷图一

---

①爱汉者.东西洋考每月统记传.北京：中华书局，1997：33-49.

②李鸿章.上海机器局报销折//高时良，黄仁贤.中国近代教育史资料汇编·洋务运动时期教育.上海：上海教育出版社，2007：203.

卷、《无线电报》一卷、《物理学》三编十二卷、《电学测算》一卷；化学方面包括《化学鉴原》六卷、《化学分原》八卷、《化学鉴原续编》二十四卷、《格致启蒙·化学》一卷、《化学鉴原补编》六卷附一卷、《化学考质》八卷、《化学求数》十五卷表一卷、《化学源流论》四卷、《无机化学教科书》二卷；矿冶方面包括《金石识别》十二卷、《开煤要法》十二卷、《冶金录》三卷、《历览英国铁厂记略》一册、《造铁全法》四卷、《井矿工程》三卷、《宝藏兴焉》十二卷、《银矿指南》一卷、《炼钢要言》一卷、《开矿器法图说》十卷、《求矿指南》十卷、《探矿取金》六卷续一卷附一卷、《相地探金石法》四卷、《炼金新语》一卷、《矿学考质》十卷；等等。

甲午战争的惨败以及《马关条约》的签订，宣告了洋务运动及其理念在中国的失败。国人逐渐意识到西方的强盛不仅在于船坚炮利，更在于先进的社会政治理论和先进的政治经济制度，因此，对西方政事之书的翻译也超越传统格致之书，占据头等位置。正如梁启超在《戊戌政变记》中所言："自甲午以前，我国士大夫言西法者，以为西人之长，不过在船坚炮利，机器精奇，故学之者亦不过炮械船舰而已。此实我国致败之由也。乙未和议成后，士夫渐知泰西之强，由于学术。"[①]高凤谦在1897年《翻译泰西有用书籍议》中也认为："泰西有用之书，至蕃至备。大约不出格致政事两途。……此翻译政事之书所以较之格致为尤切也。"[②]

由于当时中国时刻面临沦为西方列强殖民地的危险，国人无暇也根本没有机会详细考究西学源流，从容翻译西学原著。再加上有现成的日本通过学习西方而至强国的例子，因此通过日译文转译被国人认

①梁启超.梁启超全集.北京:北京出版社,1999:194.

②高凤谦.翻译泰西有用书籍议//宋原放.中国出版史料·近代部分:第二卷.武汉:湖北教育出版社,2004:6.

为是最快捷也最有效的方法。梁启超在《论学日本文之益》中就说："日本自维新三十年来，广求智识于寰宇，其所译所著有用之书，不下数千种，而尤详于政治学、资生学（即理财学，日本谓之经济学）、智学（日本谓之哲学）、群学（日本谓之社会学）等，皆开民智、强国基之急务也。"特别是与英语等语种比起来，日语学习无疑会更容易，"学英文者，经五六年而始成，其初学成也，尚多窒碍，犹未必能读其政治学、资生学、智学、群学等之书也。而学日本文者，数日而小成，数月而大成，日本之学，已尽为我有矣！"[①]据顾燮光《译书经眼录》所载，1902至1904年间翻译图书共计533种，其中自然科学和应用科学类译书占31.5%，而哲学、宗教、文学、史地以及社会科学类译书占61.4%；另外，在语种上，译自日文的达321种，占到总品种数的60.2%。[②]

中华民国建立后，经历了袁世凯称帝、张勋复辟、签订"二十一条"等重大历史事件后，国人意识到亡国灭种的危险依然存在，甚至较以往更为突出。人们进一步寻找问题的症结所在，思考为什么引进西方的工业技术、移植西方的政治制度依然未能实现国家自强，最终发现西方强盛是因为其背后有一套思想文化体系，中国病弱的根源在于封建文化思想的统治地位依然没有被动摇，于是一场以民主和科学为旗帜的新文化运动蓬勃兴起。新文化运动时期对西方文化的传播无论在深度还是在广度上都远超以往任何一个时期。正如有学者所言，从引进文化所属的时间跨度上看，自古希腊、古罗马文化到20世纪初的现代西方文化，全都以不同的程度流入国内；从传入文化的所属地区来看，晚清以来文化传播的重点——欧美文化依然势头强劲，而当时涉及较少的阿拉伯文化、波斯文化、印度文化，此时也有了较多介

①梁启超.梁启超全集.北京：北京出版社，1999：324.

②钱存训.东西文化交流论丛.北京：商务印书馆，2009：18.

绍；就传播的文化性质而言，无论是马克思主义文化、苏联文化，还是西方近现代资产阶级文化以及性质各异的其他文化均纷至沓来；就文化部门种类而言，则政治、经济、军事、法律、哲学、文艺、科技、教育以及各种各样的思潮、学说，甚至各种风俗习惯、生活方式都被介绍和传播到神州大地；在输入方式上，原先从日本转运西方文化的情势继续有所发展，而直接从西方引进文化成果的工作更呈直线上升趋势。总之，西方社会从文艺复兴到20世纪初期，经历数百年时间的文化思潮嬗变过程，在中国则从五四运动之前的新文化运动到1927年就大致经历了一遍。如此规模巨大、系统全面的外国文化输入，无疑达到了中国有史以来的高峰。①

二、东学西渐

在西方文化汹涌而来的同时，中华文明向西方的传播也一刻不曾停止过。在鸦片战争之前，如《海外传教士书简集》《中华帝国全志》《北京传教士关于中国人的历史、学术、艺术、风俗习惯等论丛》等介绍中国社会的著作就曾在法国及欧洲引起轰动。鸦片战争之后，传教士、商人、冒险家等蜂拥而至，他们将有关中国历史文化与现状的信息传递到西方，让西方社会对于古老中国有了更进一步的了解。例如巴黎法兰西学院汉学讲座教授儒莲曾专注研究中国文化数十年，王韬在《法国儒莲传》中称赞道："先生于华文有癖嗜，既入院，穷昼夜之力，研摩考索，不一年遂造其奥，于是手握铅椠，日事翻译。先著腊顶字《孟子》，继译《灰阑记》《赵氏孤儿记》《白蛇精记》，虽皆曲院小说，而抉剔入微，明畅通达，人见之一览即解。旋译《太上感应篇》《蚕桑辑要》《道德经》《景德镇陶录》，钩疑抉要，擘绩条分，骎骎乎

①黄兴涛.中国文化通史:民国卷.北京:北京师范大学出版社,2009:102.

登大雅之堂、述作之林矣。咸丰癸甲以来，潜心内典，考证禅宗，所译则有《大慈恩寺三藏大法师传》《大唐西域记》，精深详博，殆罕比伦，于书中所载诸地，咸能细参梵语，证以近今地名，明其沿革，非今之缁流衲子所能道其万一也。”[①]而在英国，伦敦会传教士理雅各是向西方传播中国古典文化的关键人物。他从1843年起，一直从事中国古典名著的研究与翻译工作。在传教士湛约翰和留美学生黄胜的帮助下，理雅各首先翻译了“四书”（《论语》《孟子》《大学》与《中庸》），并以《中国经典》为名，于1861年出版。后来又在王韬的帮助下，陆续翻译了《尚书》《诗经》和《春秋左传》，分别以《中国经典》第三卷、第四卷、第五卷出版。理雅各的翻译活动前后持续25年的时间，除了上述诸书外，理雅各还相继翻译了《礼经》《孝经》《易经》《道德经》《庄子》等共28卷。“先生独不惮其难，注全力于十三经，贯穿考核，讨流溯源，别具见解，不随凡俗。其言经也，不主一家，不专一说，博采旁涉，务极其通。大抵取材于马、郑，而折衷于程、朱；于汉、宋之学，两无偏袒，译有四子书、尚书两种。书出，西儒见之，咸叹其详明该洽，率为南针。”[②]理雅各翻译的《中国经典》，成为西方人了解东方文明和中国文化的一扇窗，英国著名汉学家小翟理斯曾赞扬道：“五十余年来，使得英国读者皆能博览孔子经典者，吾人不能不感激理雅各氏不朽之作也。”[③]直到今天，该书依然被西方汉学界认为是中国传统经典的标准译本。

除儒莲、理雅各之外，还有许多传教士在传播中国文化方面取得瞩目成就。如英国伦敦会传教士伟烈亚力，除了在中国创办期刊，翻译西方科技书籍外，还于1857年出版《汉籍解显》以及于1880年翻译

①王韬.弢园文录外编.上海:上海书店出版社,2002:278.
②王韬.弢园文录外编.上海:上海书店出版社,2002:181.
③张海林.王韬评传.南京:南京大学出版社,1993:103.

出版《前汉书西域传注释》。另一位英国伦敦会传教士艾约瑟于1854年将中国数学家戴煦的数学著作《对数简法》《续对数简法》《外切率密》和《假数测圆》译成英文，合辑为《求表捷术》，在伦敦公开出版发行，影响颇大。而与理雅各齐名的法国耶稣会传教士顾赛芬，1870年来到中国，学会汉语后分别于1884年编成工具书《法华字汇》，1890年编成《汉法大字典》，此外，他还将"四书"以及《诗经》《礼记》《仪礼》《春秋左传》等翻译成法文，1894年又用拉丁文和法文翻译出版了《中国诏令奏议公文选集》。

进入民国后，中国文化在西方得到进一步的传播，如英国哲学家罗素在1920至1921年间应邀来华讲学，回国后专门撰写《中国问题》一书，书中既有对中国及中国文化的批评，也对其优点给予了高度评价。"要判断一个社会的优劣，我们必须不仅仅考虑这个社会内部有多少善与恶，也要看它在促使别的社会产生善与恶方面起何作用，还要看这个社会享有的善较之于他处的恶而言有多少。如此说来，中国要胜于我们英国。我们的繁盛以及我们努力为自己攫取的大部分东西都是依靠侵略弱国而得来的，而中国的力量不至于加害他国，他们完全是依靠自己的能力来生存的。"[①]"可以说，我们的文明的显著长处在于科学的方法；中国文明的长处则在于对人生归宿的合理理解。人们一定希望看到两者逐渐结合在一起。"[②]中国哲学思想的经典著作也开始在欧洲流行，如《道德经》《南华经》《易经》《论语》《墨子》《荀子》等都受到欧洲读者的欢迎。此外，诸如法国巴黎大学的中国学院，德国法兰克福大学的中国学院和达姆斯塔特的"东方智慧学院"等一批以研究和传播中国文化为宗旨的学术机构的出现，也推动了中国文化西传的进程。第二次世界大战期间，中国人民艰苦卓绝的抗日斗争

---

①罗素.中国问题.秦悦,译.上海:学林出版社,1996:3-4.

②罗素.中国问题.秦悦,译.上海:学林出版社,1996:153.

赢得美国、英国、苏联等欧美反法西斯国家人民的尊重与同情，例如苏联作协对外文化协会、英国的“左翼书籍俱乐部”、美国的“中国人民之友社”等欧美文化机构向民众大力宣传中国人民的抗战功绩，翻译中国作家的文学作品，对于西方世界了解中国文化起到了重要作用。与此同时，许多西方记者、作家来到中国向世界报道宣传中国的抗战情况，产生了包括美国记者斯诺的《红星照耀中国》、威尔基的《天下一家》、毛娜的长篇报道《卧龙醒了》等在内的一系列有重要影响力的著作。

中西文化间的交流传播，使得国人从封闭走向开放，有力地推动了中国社会的变革历程。对中国近代编辑出版业而言，这种影响亦是多方面的。例如以出版观念、编辑理念而言，西方的“言论自由”“出版自由”思想正是在这一时期传入中国，并逐渐成为一种社会共识，最终以法律的形式被确定。再如出版内容，西方现代知识传入中国并最终取代“四部之学”成为知识主流，彻底改变了中国近代编辑出版业的内容格局。

第五节　教育制度的革新

中国近代教育经历了一场前所未有的变革。这种变革既体现在教学内容、教育制度、教学方法、教学手段等物化层面，也反映在教育理论、教育思想，以至于教育观念、社会心理、价值取向等精神层面。[①]这一变革深刻影响着中国社会的方方面面，“数以万计的‘洋’学堂和数以百万计的‘洋’学生，出现在都市城镇，甚至穷乡僻壤，对社会产生有力撞击，强制性地改变了传统社会的结构，引起剧烈的

①何晓夏，史静寰．教会学校与中国教育近代化．广州：广东教育出版社，1996：9.

社会震动”[①]。对近代出版业而言，新式教育与新式出版二者互为支持，互相促进，在发展节奏上可谓同频共振，相得益彰。

一、近代新式教育的兴起

近代新式教育由来华传教士首开先声，在第一次鸦片战争之后，他们在中国创办了不少新式学堂，如英国“东方女子教育会”的阿尔德赛女士在宁波创办女子学塾，美国长老会在宁波设立崇信义塾，美国传教士柯林斯在福州创办主日学校，法国天主教耶稣会在上海徐家汇创设徐汇圣依纳爵公学，美国圣公会传教士格兰德女士在上海设立裨义女塾，等等。第二次鸦片战争之后，传教士创办的学校深入到京、津、长江沿岸以及内地。如美国公理会传教士柏亨利在北京设立育英学堂，美国圣公会传教士格兰德女士在北京创设贝满女学堂，美国长老会传教士狄考文与夫人邦就烈在山东登州设立蒙养学堂。据《在华基督教传教士1877年大会记录》，至1876年，在华基督教教会学校总数已达350所，学生总数5975人。[②]此后传教士所办新式教育发展更为迅猛，除了小学、中学外，教会大学也陆续出现，例如1882年由中学升为学院的登州文会馆，1888年在北京创办的北京文汇书院，1889年在通州建立的通州华北协和大学，1890年圣约翰大学开设大学课程，等等。据统计，至1918年传教士开设的教会学校共约13 000所，其中大学14所，小学约占85%，中学约占15%，学生总数约35万人。而据余日章1915年统计，当时在华教会学校计有小学5000多所，中学、师范学校2000多所，大学36所，工、艺、医学校90多所，学生总数达438 927名。[③]

①桑兵.清末兴学热潮与社会变迁.历史研究,1989(6):13-27.

②何晓夏,史静寰.教会学校与中国教育近代化.广州:广东教育出版社,1996:358.

③顾卫民.基督教与近代中国社会.上海:上海人民出版社,2010:292.

为解决当时办理洋务事业人才紧缺的问题，洋务派也开始着力发展新式教育。1862年成立的京师同文馆是近代第一所官办外语专门学校，旨在培养外语翻译及洋务人才。其后，上海广方言馆（1863年）、广州同文馆（1864年）、新疆俄文学堂（1887年）、台湾西学馆（1887年）、珲春俄文书院（1888年）、湖北自强学堂（1893年）等新式学堂相继出现。据统计，从1862年设立京师同文馆起，到1896年设立天津俄文学堂止，洋务派相继设立了34所洋务学堂。[①]此外，洋务派还陆续开办了一批专门性的军事学校和技术学校，前者如北洋水师学堂、北洋武备学堂、广东水陆师学堂、威海水师学堂、南洋水师学堂、江南陆师学堂等，后者如马尾绘事院、福州电气学塾、天津东局电气水雷局、南京水雷电学馆、天津电报学堂、广东实学堂、上海电报学堂、黄埂鱼雷学堂、广东电报学堂、天津西医学堂等。除了官方兴办外，民间亦有创办新式学堂者，如1874年徐寿和英国人傅兰雅发起，邀集中西绅商捐资在上海创设格致书院，除延聘西方学者教习化学、矿学并按期延请中西名人学士讲演格致学理外，还设有博物院、藏书楼供学生实习和阅览之用。1878年张焕纶创办正蒙书院，分设国文、舆地、经史、时务、格致、数学、诗歌等科。但民间力量创办的新式学堂数量不多，规模亦小，故影响力有限。

甲午战争之后直至辛亥革命爆发，新式教育获得突飞猛进的发展。“甲午庚子以还，内为志士所呼号，外受列强之侮辱，始知教育为中国存亡之绝大问题，于是众口一声，曰教育、教育。”[②]新式书院如雨后春笋般崛起，如1896年邢廷荚、成安等人在陕西创设格致实学书院，学习天文、地舆、吏治、兵法、格致、制造等知识；1897年廖寿丰等人在杭州创设求是书院，延请西人教授各种西学。戊戌变法期

①李长莉.先觉者的悲剧.上海:学林出版社,1993:220-222.

②钱曼倩,金林祥.中国近代学制比较研究.广州:广东教育出版社,1996:57.

间，光绪皇帝发布上谕，要求各地将书院改为兼习中学、西学之学校，“以省会之大书院为高等学，郡城之书院为中等学，州县之书院为小学……其地方自行捐办之义学、社学等，亦令一律中西兼习，以广造就”[①]。新政时期，教育制度有了较大的调整，1901年颁布《兴学诏书》、1902年颁“壬寅学制”、1904年颁“癸卯学制”、1905年废科举、1906年设学部；新式教育的活动也更为活跃，各个大学堂、中学堂、小学堂和普通学堂、师范学堂、实业学堂纷纷成立。据学者统计，1895年前全国仅有新式学堂20所，1895至1898年间增加19所，而到1903年新式学堂数量达769所，1904年猛增至4476所，1905年更是多达8277所。[②]

近代教育制度的变革还有一项重要的内容就是留学生的派遣。虽然早在1872年清政府就曾派遣30名少年赴美留学，1875年又派魏瀚、陈兆翱和陈季同赴法，刘步蟾和林泰曾赴英，1876年派7名中国留学生赴德，1877年从福州船政学堂等校选派严复等80多名青年赴英、法、德等国学习海军、制造、矿业等科目……但是留学浪潮真正兴起还是在20世纪之初，以留日生为主力。甲午战争显示了明治维新后日本的强大实力，对爱国青年及清朝政府充满了吸引力，清政府自1896年首次派出13名官费留日学生，到1898年时，向日本派遣留学生已成为固定制度。1906年前后的十余年间，赴日留学生有2万多人。第二次留学潮出现在五四运动前后，以留美、留法、留苏为中心，原有留日、留英、留德也有较大的发展。1908年，美国决定退还部分庚子赔款支持中国选派学生赴美留学，1911年又设立清华学堂作为留美学生的预备学校，加上众多自费留学生和机构、部门派遣的赴美留学生，到1925年时，在美中国留学生就已经达到2500名。赴法留学者也不

①朱寿朋.光绪朝东华录:4.北京:中华书局,1958:4126.

②王笛.清末近代学堂和学生数量.史学月刊,1986(2):107-110.

少，1921年时赴法勤工俭学者已经达到1600多人。另外，到1926年前后，在苏联学习的中国留学生也达到1600多名。到20世纪40年代，尤其是抗日战争胜利后，有相当数量的青年赴美留学，人数达5000人左右。赴英国留学者也有近千人。①

二、对教育事业发展的重要支持

近代出版界十分强调出版对于教育事业的价值与意义，声言编辑出版工作就是一种教育工作。张元济曾言“昌明教育平生愿，故向书林努力来”“以扶助教育为己任”；蒋维乔自述“商务佣书，直接间接皆不离教育，忽忽十年”②；叶圣陶认为开明书店的工作“是教育工作的一个组成部分，一个不可缺少的重要组成部分。我们做的工作就是老师们做的工作。我们跟老师们一样”③。正因为重视出版与教育的关系，庄俞在《三十五年来之商务印书馆》开篇即强调商务印书馆与三十五年来教育之关系，指出“中国之教育在过去三十五年中，自萌芽而至于积极发展与改进，本馆负荷出版界重任，对此伟大建设之工程，始终为忠实努力之公仆，一方面适应环境与潮流，供给教育材料——教科书，并复印本国及译印各国有用书籍；一方面更尽其余力直接举办教育事业以为倡导，并辅助教育之不及”④。还有从业者从出版与国民教育的关系来看待出版业的发展，“要教育普及然后人民才知有国

①李喜所.总导言//刘集林.中国留学通史：晚清卷.广州：广东教育出版社，2010：2-4.

②卞孝萱，唐文权.民国人物碑传集.北京：团结出版社，1995：392.

③叶圣陶.谈谈开明书店//宋应离，袁喜生，刘小敏.20世纪中国著名编辑出版家研究资料汇辑：第3辑.开封：河南大学出版社，2005：171.

④庄俞.三十五年来之商务印书馆//商务印书馆.商务印书馆九十五年1897—1992——我和商务印书馆.北京：商务印书馆，1992：725.

家，才知国民应有的责任。普及教育的主要工具是印刷物，须有价廉物美的书籍，使人人能以最低限度的代价，换取有益的知识。然后才能唤起一般人阅读书报的兴趣。……愿关心国民教育者，今后努力促进印刷术的发展”①。

正是在这种理念指引下，近代出版人自觉担负起襄助教育的职责，在近代教育事业发展中扮演了重要角色。仅以教育理论的传播而言，“新中国成立以前，西方教育的所有科目在中国基本上能找到，西方的各类教育理论论著总是被很及时地译成中文出版或是刊于各类杂志上”②。这虽不能完全归功于编辑出版业，但其作用是无法抹杀的。具体说来，编辑出版对近代教育事业的重要支持至少体现为两点：

1.提供教育材料，扶助教育事业。

在编纂各类教科书方面，李泽彰在《三十五年来中国之出版业》中强调，“民营的出版业在革新运动的后期，不仅在出版界居重要的地位，并且在新教育的推行上也有极大的帮助。因为学部虽然在1906年颁布了学堂章程，但借以推行新教育的教科书并未编印。在科举初废时，教科书的编制实为创举，真是一件极困难的事。当时的出版业不避艰难，毅然负此重任，实属难能”③。以商务印书馆为例，1904年时商务印书馆编译所精心筹划，反复修订，最终推出《最新教科书》，包括最新初、高等小学教科书16种，教授法10种，详解3种，中等学校用书13种。此后又考虑《最新教科书》内容稍深，因此在原有基础上组织编纂《简明教科书》，包括初等小学教科书5种，高等小学教科书1种，教授法5种，详解1种。“除将文字改浅，材料务求合于儿童心理

①陈吕蔚.印刷术.出版周刊，1936(180)：15.转引自：于翠玲.印刷文化的传播轨迹.北京：中国传媒大学出版社，2015：111.

②金林祥.20世纪中国教育学科的发展与反思.上海：上海教育出版社，2000：67.

③李泽彰.三十五年来中国之出版业//张静庐.中国近现代出版史料：现代丁编.上海：上海书店出版社，2003：385.

外，多换韵文、应用文及复习文，用者大为称善。”[①]1912年中华民国成立，商务印书馆又依据南京临时政府教育部的要求迅速推出“共和国教科书”，小学、中学、师范学校各科用书无不齐备。至1929年时，该套教科书“叠版已300余次，销售7000余万册”。之后30多年里，商务印书馆又根据政治形势与学制变化的情况，先后组织出版了《新法教科书》《新学制教科书》《新时代教科书》《基本教科书》《复兴教科书》等多套教科书。除了教科书外，字典、辞典等各类工具书以及各类报刊的出版，都为莘莘学子提供了精神食粮。

2.创办教育机构，开展教育业务。

近代出版企业不仅出版各类书刊供教育界采用，而且直接进入教育领域，开展各类教育业务。例如商务印书馆曾开办小学、小学师范讲习所、商业补习学校、艺徒学校、国语讲习所、国语师范学校、师范讲习社、平民夜校、励志夜校等多种教育机构。其于1910年7月创办的师范讲习社，以通信方式开展函授教育，被认为是“我国函授教育的起点”[②]。而其1915年7月创设的函授学社，被《教育杂志》称赞为“国内历史最久，设备最善，成绩最著之补习教育机关”[③]。1946年9月，该学社因缺乏教学管理人员而停办，办学时间长达30多年。据《申报》广告，至1937年7月时该学社“学员共五万六千余人，历年毕业于本校者，数逾万人。办理成绩，久已蜚声海内外”[④]。近代另一大出版企业中华书局，在教育领域也有诸多举措。1926年创办了中

①庄俞.谈谈我馆编辑教科书的变迁//商务印书馆.商务印书馆九十年1897—1987——我和商务印书馆.北京:商务印书馆,1987:63.

②肖永寿.中国早期函授教育的产生和发展——商务印书馆函授教育的历史回顾.四川师范学院学报:哲学社会科学版,1996(3):91-94.

③上海市教育局登记私立商务印书馆函授学校国文科、英文科招收新学员.教育杂志,1934(3).

④上海市教育局登记私立商务印书馆函授学校添设日文科、图书馆学科——联合四科、减收学费、征求新学员.申报,1937-07-04.

华函授学校，初设英文科，增办国文、算学、日文、商业、书法等科，每科均分初级、中级、高级三班。函授学校每年招收学生一两千人，在社会上颇有影响。此外，还创办了中华教育用具制造厂，制作各类科学仪器、模型标本、应用药品、三用复印机、仿宋华文打字机、日月星期时辰钟、八用日历钟等，供各类学校教育之用。

三、新式教育是近代编辑出版业发展的重要推动力

诚如陆费逵所言："吾业与教育互为表里，今日发达未盛，皆教育幼稚之故。故吾业苟欲余言之践，宜速筹教育。"[①]近代教育事业的革新与发展，对近代编辑出版业也产生了至少两方面的影响。

1.扩大图书需求。

自科举制度被废除后，新式学堂学生数量迅猛增长，据统计，1905年以前学生人数最多不过258 873人，但是到辛亥革命时国内学生数在3 000 000人左右，几乎是1905年的12倍。进入民国，教育事业获得巨大发展，1912年时初等学校（国民学校、小学、幼稚园）数为86 318所，学生为2 795 475人；中等学校（中学、师范、职业学校）为832所，学生为97 965人；高等学校（专科以上学校）为115所，学生为40 114人。到1947年时，全国专科以上学校共有207所，学生155 036人，中等学校5892所，学生1 878 523人。国民教育方面，共有国民学校及小学290 617所，在学儿童23 813 705人。社会教育方面，共有职业补习学校196所，普通补习学校1296所，民众学校17 009所。[②]新式教育的发展，以及课程种类的多样化，构成了庞大的

①陆费逵.中国书业发达预算表//吕达.陆费逵教育论著选.北京:人民教育出版社,2000:7.

②蒋致远."中华民国"教育年鉴:第三次.台北:宗青图书出版公司,1991:1.

用书需求。商务印书馆、中华书局、世界书局、大东书局、开明书店等出版企业能够发展壮大主要也是依靠教科书市场。对于这种情况，近代出版人多有论述，如陆费逵在《我国书业大概》一文中指出："我国大规模之出版、印刷事业，殆只有商务、中华两家，且均以学校教科书为主，稍高深之书，殊不易销，良著亦不多见，实可谓仍在幼稚时代。"[①]赵俊在《怀念雄才大略的出版家陆费逵先生》一文中强调，"中国除教科书和通用的工具书以外，一般都只有几千，销数差的甚至只有几百。商务、中华、世界所以能成为出版界的翘楚，唯一的基本条件是印数最多的教科书"[②]。

2.充实编辑出版力量。

许多新式教育机构本身就具备培养编辑出版人才的职能。如京师同文馆在成立之初就将人才培养模式设定为：学生第一年为识字，写字，浅解辞句，讲解浅书；第二年讲解浅书，练习句话，翻译条子；第三年就要翻译选编，同时讲授各国地图，阅读各国史略；第四年翻译公文，同时进行数理启蒙，学代数；第五到第八年都要练习译书。[③]此后存续的40年间，京师同文馆师生共翻译出版了36种图书。[④]1877年5月成立的益智书会在存续期间为我国教科书出版事业发展发挥了积极作用。据傅兰雅1890年时所作报告统计，益智书会在存续期间共出版、审定书籍图表98种189册。[⑤]其中，供给学校教学采用的、相对比

①陆费逵.我国书业大概//俞筱尧，刘彦捷.陆费逵与中华书局.北京：中华书局，2002：461.

②赵俊.怀念雄才大略的出版家陆费逵先生//俞筱尧，刘彦捷.陆费逵与中华书局.北京：中华书局，2002：20.

③叶再生.中国近代现代出版通史：第一卷.北京：华文出版社，2002：272.

④关于译书种数历来说法不一，有26种、27种、36种、98种等不同的说法，本书依照学者苏精36种说。

⑤王树槐.基督教教育会及其出版事业//陈学恂.中国近代教育史教学参考资料：下册.北京：人民教育出版社，1986：103.

较重要的教科书有数学类8种，科学类45种，历史类4种，地理类9种，道学类（包括哲学和宗教）19种，读本类1种，其他12种。[①]不仅如此，他们还就教科书编撰进行了深入的讨论，提出了许多有价值的意见。如益智书会重要成员狄考文撰文列出教科书编撰的五项具体规则：一是教科书的编写体例；二是新名词问题，每一种新科学都会创造一套新名词，新名词使用的原则要简要、适用、精确；三是教科书不应仅仅是"翻译"所有的数字图形，阐释说明都应该取自中国人熟知的事物；四是教科书内容及文字表述应该是明白朴素的；五是教科书体裁风格尽量取向生动有趣。[②]进入民国，随着高等教育的发展，大学也成为重要的出版力量。[③]民国时期的大学在机构设置中就专门设有出版委员会，足见大学管理者对编辑出版工作的重视。而大学在学校层面设立出版部，以及各院系、研究所、图书馆、教务处、教授组织的学术团体、学生自治组织、社团，组织编辑出版相关书刊是十分常见的现象。例如北京大学于1922年11月举办25周年校庆时，"出版品部"展览就展出了在校师生出版的163种学术著作、108种讲义、19种杂志、20种报纸。[④]

综上所述，近代中国社会在政治、经济、文化、教育等诸多方面都发生了巨大的变化，这些变化为中国出版业近代转型提供了必要条件。具体而言，鸦片战争及之后一系列的不平等条约将中国推向半殖民地半封建社会的深渊，外在的生存危机促使国人向西方学习，"师夷

①陈学恂.中国教育大事记.上海:上海教育出版社,1981:38.

②MATTER C W. School Books for China. The Chinese Recorder,1877:427-432.转引自:吴洪成,郝丽霞.西方传教士与近代中国早期学校教科书.教育与考试,2018(2):82-89.

③范军.略论民国时期的大学出版.河南大学学报:社会科学版,2014(2):136-144.

④钱理群.想起76年前的纪念//赵建林.解读北大.桂林:广西师范大学出版社,2004:39.

长技”“自强求富”。不论是早期先进中国人的编纂事业，还是洋务派知识分子翻译西书，抑或是维新派、革命党人积极创办报刊，均是这种外在压力刺激下的必然反应。与此同时，西方现代文明通过开埠通商在中国沿海城市及内陆传播，其中就包括以机器印刷为代表的现代出版文明。先进的机器印刷技术提升了出版行业的生产效率，改变了著述者的著述观念，影响了文学生产机制……但绝非只是这些，它的引入和传播在整个社会变革中都具有重要的意义，诚如1902年《大陆报》登载的一则广告所言：“自欧洲印刷机器之学兴，世界文明生一大变革。由是观之，机器印刷之关系其重大可知矣。中国近时渐有用机器印刷者，然简陋者多，精美者少，未足以为组织文明治具也。夫印刷之巧拙，即代表其国文明程度之阶级。泰西诸国注意于印刷之改良，倍加郑重，故所成之图画书籍精工无匹，而出版愈多，文明之程度愈增，国势亦因之以强。征诸日本，可以殷鉴，以较我国千百年来绝不以此经意者，其优劣悬殊，殆不可以道里计矣。”[①]当然，在印刷技术等物质文明之外，西方现代知识、思想等精神文明亦源源不断地输送进来，它们走进课本，走进报刊，走进一般读物，实现了出版物内容的更替。需要指出的是，如果只是出版技术、出版内容、出版制度的革新，恐怕还不能完全称之为近代出版，出版人自身的近代化是必不可少的关键要素。正如美国著名社会学家英格尔斯所指出的，判断国家、社会近代化的标志不仅在于技术、制度等外在的近代化，更在于人的近代化：“如果一个国家的人民缺乏一种能赋予这些制度以真实生命力的广泛的现代心理基础，如果执行和运用着这些现代制度的人，自身还没有从心理、思想、态度和行为方式上都经历一个向现代化的转变，失败和畸形发展的悲剧结局是不可避免的。再完美的现代制度和管理方式，再先进的技术工艺，也会在一群传统人的手中变成废纸

①宋原放，李白坚．中国出版史．北京：中国书籍出版社，1991：184.

一堆。”[①]

对于出版行业而言，同样可作如此理解。没有近代化的出版人，则没有近代化的出版业。出版人的近代化不仅包括知识、技能的近代化，还包括价值观念和思维方式的近代化，而这一转变离不开近代教育的变革。简而言之，正是新式教育的发展以及科举制度的废除，才使得大批新式知识分子进入编辑出版业中来，“这些新式知识分子有着较新的知识结构，特别是较好的西学素养；有比较相近的价值观念，不再把传统的重义轻利视为不可动摇的准则；有比较相近的人生观，不再把读书做官视为实现人生价值的唯一取向”[②]。这些新式知识分子与出版业的结合，最终完成了出版近代化过程中最重要的一次转变——人的近代化、编辑职业化，从而使近代编辑出版业具有了新的内涵与意义，这也是近代出版业与古代出版业的本质区别所在。

---

①英格尔斯.人的现代化——心理·思想·态度·行为.殷陆君，译.成都：四川人民出版社，1980:4.

②熊月之.略论晚清上海新型文化人的产生与汇聚.近代史研究，1997(4)：257-272.

第二章

中国近代出版业的发展历程

ZHONGGUO
JINDAI
CHUBANYE
DE
FAZHAN
LICHENG

中国近代出版业的发展历程可分为三个阶段。第一阶段为1840年至1894年，以鸦片战争为起点，直至中日甲午战争爆发。这一阶段的出版业具有明显的过渡特征，一方面传统出版业仍在延续，雕版印刷术依然大行其道，传统经、史、子、集是主要图书品种，官刻、坊刻、私刻齐头并进的出版结构亦未被打破；另一方面新式出版技术与新型出版内容进入中国，为近代出版业增添了新的内涵。第二阶段为1895年至1916年，以《马关条约》的签订为起点，直至新文化运动爆发。这一阶段中国出版业出现一次明显的转向，出版作为一种救亡图存的工具，成为资产阶级维新派与革命派手上的利器，报刊这种新式出版形态获得巨大发展，新式出版技术也得到全面推广与应用。第三阶段是1917年至1949年，这一时期出版业产业特征明显，以市场经济体制为基础，实现生产过程和手段现代化，以及社会化生产和专业化分工，在中国政治、经济、文化、教育各领域中发挥着重要作用。

第一节　中国近代出版业的初始期(1840—1894)

这一阶段是中国近代出版业的初始期，主要特征是传统出版方式依然占据出版业主流地位，但以西方现代出版技术运用为主要特征的新式出版开始萌芽并生长。近代新式出版的引入与传播者是来华传教士，其进行新式出版的初衷是辅助传教，但客观上却为中国近代出版业增添了新的出版内容，传播了新的出版技术，并推动全国性图书市场的形成。在来华传教士的影响下，国人紧随其后，近代出版在以“师夷长技”为宗旨的洋务运动中推广开来。

一、教会出版的兴起与影响

19世纪初，西方传教士来中国进行传教活动，但效果并不理想。究其原因，除清政府施行禁教政策外，还有以下数端：一是中国地域广阔，方言众多，沟通十分困难。1843年来华的传教士伟烈亚力在1857年还在感慨：“日与中国士民游，近沪之地，渐能相稔……然通商设教，仅在五口，足迹未至者，不知凡几，兼以言语各异，政化不同，安能使之尽明吾意哉?”①二是中国传统社会有着强烈的反基督教传统。中国反基督教传统起源很早，远可溯及唐初景教传入之后不久。其依据主要有以下四种：基督教传自外洋，图谋不轨；基督教有乱中国固有的道统，为儒术的大贼；基督教教理无据，不合天理；基督教有邪行邪术，乃属邪道。上述依据虽然未必可靠，但众口铄金，再加上封建统治者长期查禁天主教，反教的思想世代相传，已经深入人心，很难骤然转变过来。因此，即使是道光年间清政府取消了通商五口的传教禁令，官绅士民对于基督教的观念仍没有改变。②三是国人心中的华夏文明优越论。传教士郭实腊抱怨道：“当文明几乎在地球各处迅速进步并超越无知和谬误之时——即使排斥异见的印度人也已经开始用他们自己的语言出版若干种期刊——唯独中国人却一如既往，依然故我。虽

①伟烈亚力.六合丛谈小引//宋原放.中国出版史料·近代部分:第一卷.武汉:湖北教育出版社,2004:86.

②刘小枫.道与言——华夏文化与基督文化相遇.上海:上海三联书店,1995:143-144.

然我们与他们长久交往，他们仍自称为天下诸民族之首尊，并视所有其他民族为‘蛮夷’。如此狂妄尊大，严重影响到广州的外国居民的利益，以及他们与中国人的交往。”[①]正因如此，传教士的传教事业举步维艰，正如有人感叹的那样，“在美国用三四周的时间就可以使一个城镇全部皈依基督，可是在中国，改变一个城市的信仰需要三四个世纪”[②]。

1860年后，清政府被迫在全国范围内解禁基督教，西方来华传教士们也调整策略，积极创设出版机构编辑出版发行各种图书、报刊，“单纯的传教工作，是不会有多大进展的，因为传教士在各方面都要受到无知官吏的阻挠。学校可以消灭这种无知，但在一个短时期内，在这样一个地域广阔、人口众多的国家里，少数基督学校能干什么呢?我们还有一个办法，一个更迅速的办法，这就是出版书报的办法。这是基督教传教历史上最常见的办法”[③]。据《中华归主》[④]所载，1920年之前在华天主教印书馆共有13个，即香港纳匝肋静院活版、上海徐家汇土山湾印书馆、北京北堂遣使会印书馆、直隶（今河北省）献县张庄天主堂印书馆、山东兖州天主堂印书馆、四川重庆圣家印书馆、澳门无玷始胎印书馆、热河西湾子天主堂印书馆、湖北武昌天主堂印书馆、福建福州天主堂印书馆、山东济南府天主堂印书馆、直隶正定府（今河北省正定县）天主堂印书馆和湖北宜昌天主堂印书馆。而新教出版机构则包括上海美华书馆、上海墨海书馆、上海华美书局、成都加拿大监理会印书馆、广西梧州宣道书局、广州美华浸会书局、上海益智书会（学校教科书委员会）、上海中华广学会、上海中国主日学合

①宋原放.中国出版史料·近代部分:第一卷.武汉:湖北教育出版社,2004:80.

②卓南生.中国近代报业发展史(1815—1874).北京:中国社会科学出版社,2002:18.

③张奇.1840—1900新教在华出版书报活动初探//中国近代现代出版史编纂组.中国近代现代出版史学术讨论会文集.北京:中国书籍出版社,1990: 154.

④《中华归主》是一部介绍20世纪头20年里基督教在我国开展传教活动情况的书籍。

会、伦敦圣教书会、汉口中国圣教书会、上海中国圣教书会、重庆华西圣教书会、厦门闽南圣教书会、福州闽北圣教书会、广州华南圣教书会、香港圣书公会、打箭炉西藏宗教书站、司徒布道基金出版部、上海青年学会书局、上海中华全国基督教女青年会出版部、上海时兆报馆、信义会出版部、教会出版委员会、美部会出版委员会、岭南大学奈普印书馆、宁波三一学校印书局、福建兴化华美书局、上海广协书局和上海协和书局等。至1935年，基督教在华出版机构已达69个，其中最出名者有益智书会、广学会、青年协会、圣经书会、浸会书局等。它们出版的基督教丛书当时总计4000多种。另外，全国还有130多家专门销售基督教丛书的教会书局，如格致书室等。天主教在华亦设立了约26处出版所，包括1947年由田耕莘在北平创办的上智编译馆。①

传教士的出版活动对中国社会影响巨大且深远，诚如王尔敏所言："西洋教士来华传教，对中国最大贡献，实在于知识之传播，思想之启发，两者表现于兴办教育与译印书籍、发行报刊。自19世纪以来，凡承西洋教士之直接熏陶与文字启示之中国官绅，多能感悟领会而酝酿醒觉思想。同时举凡世界地理、万国史志、科学发明、工艺技术，亦多因西洋传教士的介绍而在中国推广。"②对中国近代编辑出版业而言，在华教会出版事业客观上起到了引领和推动中国编辑出版近代化进程的作用，主要涉及四个方面：

第一，为编辑出版近代化提供了技术支持。传教士首次将西方成熟的现代出版技术带到中国，如1843年英国基督教新教伦敦会在上海创设的墨海书馆是中国最早使用机器印刷的出版机构，也是当时中国

①中华文化通志编委会.中华文化通志·第九典·宗教与民俗：基督教犹太教志.上海：上海人民出版社，2010：269-270.

②王尔敏.近代中国与基督教论文集·序言//林志平.近代中国与基督教论文集.台北：宇宙光出版社，1981：1.

大陆第一个备有铅活字印刷设备的出版社。“西人设有印书局数处。墨海，其最著者。以铁制印书车床，长一丈数尺，广三尺许，旁置有齿重轮二，一旁以二人司理印事，用牛旋转，推送出入。悬大空轴二，以皮条为之经，用以递纸，每转一过，则两面皆印，甚简而速，一日可印四万余纸。字用活板，以铅浇制。墨用明胶、煤油合搅煎成。印床两头有墨槽，以铁轴转之，运墨于平板，旁则联以数墨轴，相间排列，又揩平板之墨，运于字板，自无浓淡之异。墨匀则字迹清楚，乃非麻沙之本。印书车床，重约一牛之力。其所以用牛者，乃以代水火二气之用耳。”①这些新式出版技术具有极强的示范效应，1856年郭嵩焘在日记中就记述了其在墨海书馆中看到的场景，且感慨“西人举动，务为巧妙如此”②，社会上也有不少文人雅士以诗记之：“车翻墨海转轮圜，百种奇编宇内传，忙杀老牛浑未解，不耕禾陇耕书田。”“榜题墨海起高楼，供奉神仙李邺侯。多恐秘书人未见，文章光焰借牵牛。”此外，包括以石版、珂罗版和照相平版、间接印刷的平版印刷术，以雕刻凹版和照相凹版（影写版）进行印刷的凹版印刷术，以及以誊写版印刷为主的孔版印刷等新式印刷技术，均由西方传教士引入中国。

第二，促进了出版内容的变革。虽然在华教会出版机构设立的初衷是以文字事工辅助传教，但是考虑到中国的国情，在华教会出版机构在基督教文化知识之外也加强了对西方现代知识的传播。正如传教士郭实腊在编辑《东西洋考每月统记传》时所言：“不谈政治，避免就任何主题以尖锐言词触怒他们。……编者偏向于用展示事实的手法，使中国人相信，他们仍有许多东西要学。”③另外，西方传教士传播西方科学知识也进行了深层次的考虑，即“利用西方科学的威力来支持并抬高西

①王韬．瀛壖杂志．上海：上海古籍出版社，1989：119.
②郭嵩焘．郭嵩焘日记．长沙：湖南人民出版社，1980：53.
③宋原放．中国出版史料·近代部分：第一卷．武汉：湖北教育出版社，2004：80.

方宗教的地位”，因为这里“有个暗合的逻辑”，即“这种科学发源于基督教国家……就是只有基督徒才能够发展出这样的科学”[①]。以早期教会出版而言，据钱存训先生的统计，1810至1867年基督教传教士出版译述795种，其中属于基督教内容的出版物有687种，占品种总数的86%；人文学科46种，占比6%；自然应用科学47种，占比6%。[②]虽然品种不多，但如墨海书馆出版的《续几何原本》《代数学》《代微积拾级》《重学浅说》《重学》《西国天学源流》《植物学》《大美联邦志略》《博物新编》等西学书籍，第一次将西方近代解析几何、代数、微积分、植物学及近代天文学比较系统地介绍到了中国。

第三，为近代中国出版企业提供了可资借鉴的管理和经营模式。例如1844年创办的美华书馆，设置有英文排版室、汉语排版室、印刷机室、铸字室、装订及整压室、校对室等部门，其生产流程、管理模式为中国本土出版企业提供了“范本”。而在具体经营方面，亦有许多可供日后出版企业学习和借鉴的地方，例如书籍邮购方式。虽据说早在明代中国就有了邮购业务，如江苏常熟毛氏汲古阁刻印的书可以邮售到贵州去，但这种情况只是偶尔出现，并非常态，邮购真正成为一种常态销售方式还要到清末，广学会即是较早开展这一业务的机构之一，它在20世纪初就使用邮购方式，效果很好。“该会在上海的一家日报上刊登广告，向那些对丛书有兴趣并来信函索的人寄书，这个办法为发行工作开辟了一条新的途径，要求购书的人数惊人地增多了，也为整个出版界大量发展经销宗教书籍工作开辟了美好的前景。”[③]

第四，培养了一批掌握先进技术和经营管理知识的出版人才。以王韬为例，1849年他应英国传教士麦都思之邀，进入墨海书馆从事译

①李约瑟.中国科学技术史·天学:第二分册.北京:科学出版社,1975:675.

②钱存训.东西文化交流论丛.北京:商务印书馆,2009:7.

③宋原放.中国出版史料·近代部分:第一卷.武汉:湖北教育出版社,2004:241.

述和校对工作，前后长达13年，在此期间积累了丰富的出版经验。1862年，他流亡香港期间曾创办中华印务总局和《循环日报》，1885年回到上海后又创办弢园书局，“以毗陵活字版法创设书局，排印生平著述，兼及他书”，是当之无愧的“新出版第一人”。除了王韬这样的出版名人外，还有许多出版人来自近代教会出版机构。据史料记载，1895年，仅美华书馆一家就雇用华人126名。其具体安排为：英文排版室13人，汉语排版室18人，印刷机室22人，铸字室14人，装订及整压室10人，校对员4人，店员和簿记员3人，邮寄员2人，出纳员1人，收账员1人，办公助理1人，木工2人，勤杂工4人，门卫1人，装订工30人。

二、洋务派知识分子的翻译出版事业

为巩固统治，清朝统治者自19世纪60年代开始推行一场自上而下的、以“自强”“求富”为目的的自救运动，前后持续数十年。在此期间，一些新式官办机构从事西学的传播工作，其中以京师同文馆及江南制造局翻译馆最为典型。

京师同文馆于1862年8月24日正式开办，是清末第一所官办外语专门学校。在该馆教学活动中，翻译是重要教学内容。根据有关学者的统计，京师同文馆存续期间共译书36种，包含法律、格致、算学、天文学、历史、兵学、外国语、地理、经济等门类。

表2-1　京师同文馆译书类别及数量[①]

类别	书目	数量
法律	《万国公法》《法国律例》《公法便览》《公法会通》《中国古世公法论略》《新加坡律例》《星轺指掌》《公法千章》	8
格致	《全体通考》《格物入门》《格物测算》《电理测微》《化学指南》《化学阐原》《西学考略》《鼓铸小银说略》	8
算学	《算学课艺》《弧三角阐微》《分化津梁》	3
天文学	《天文略论》《天学发轫》《星学发轫》《中西合历》《同文津梁》《坤象究原》	6
历史	《俄国史略》《各国史略》	2
兵学	《陆地战例新选》	1
外国语	《英文举隅》《汉法字汇》《法国话规》《法国话料》	4
地理	《中亚洲俄属游记》《柬埔寨北探路记》	2
经济	《富国策》《各国通商条约》	2

江南制造局翻译馆创建于1868年6月，是晚清时期由政府创办的历时最久、出书最多、影响最大的译书机构。江南制造局翻译馆自1871年正式出书至辛亥革命前期，总共翻译和出版西学著作达200种。其出书类型和数量见表2-2。

除此之外，福州船政局附属的福州船政学堂、天津机器局及北洋水师学堂都设有翻译出版机构，译刊西洋书籍，以适应教学和制造军器需要。

①长洲.同文馆出版物书目汇编//宋原放.中国出版史料·近代部分：第一卷.武汉：湖北教育出版社,2004:399-401.

表2-2　江南制造局翻译馆译书统计①

编号	类别	种数	编号	类别	种数
1	史志	10	11	医学保健	16
2	交涉	9	12	农学	11
3	学务	2	13	矿学	10
4	国政	4	14	交通（航海、铁路）	14
5	格致	2	15	冶炼工艺化工	22
6	物理学	11	16	兵政	22
7	化学	9	17	兵学	25
8	算学	17	18	测绘	6
9	天（文）学	6	19	杂类	2
10	地学	2	合计		200

从洋务运动中兴起的各种译书机构，特别是京师同文馆和江南制造局翻译馆的图书品种，可以看出，三方面知识成为这一时期翻译的主要内容：一是西方国家历史、地理知识；二是制造技术及格致之学；三是各种法律知识，特别是国际法。前两方面的知识进入翻译主题并不难理解。对于西方历史、地理知识的翻译，是力图熟悉敌情，避免战争发生期间道光皇帝闭目塞听，他曾言："英吉利距内地水程，据称有七万里，其至内地所经过者几国？""（英国）女主年甫二十二岁，何以推为一国之主？有无匹配，其夫何名何处人，在该国现居何职？"而重视制造技术及格致之学，主要是为对抗西方的船坚炮利，正如李鸿章所言："制器与练兵相为表里，练兵而不得其器，则兵为无用；制器而不得其人，则器必无成。西洋军火日新月异，不惜工费，而精利独绝，故能横行于数万里之外，中国若不认真取法，终无以自强。窃谓士大夫留心经世者，皆当以此为身心性命之学。"②而"思洋人制造机器、火器等件，以及行船、行军，无一不自天文、算学中来……讲求轮船各项，若不从根本上用着实功夫，即学习皮毛，仍无裨于实

①张增一.江南制造局的译书活动.近代史研究,1996(3):212-223.

②筹议天津机器局片//李鸿章.李鸿章全集.合肥:时代文艺出版社,1998:752.

用”[①]，因此与“制器”技术相关的格致之学也是洋务运动时期的翻译重点。至于各种法律书籍，尤其是外国交涉条例公法的翻译，也是出于现实需要。例如《万国公法》的翻译与出版，得益于总理事务衙门的支持，恭亲王奕䜣曾运用该书知识处理天津海口的扣船事件并获成功，故而后来命四位衙门章京协助丁韪良对译稿进行润色，拨白银500两资助印行，并将300本发给各省官员以资参考。

此外，一些洋务派知识分子通过出版活动宣传“自强”“求富”的思想，其中以王韬最为典型。除翻译一些宗教性书籍外，他还将《格致新学提纲》《光学图说》《重学浅说》《华英通商事略》和《西国天学源流》等书籍译成中文。避居香港期间，王韬同友人黄胜一起创办香港中华印务总局，1885年又在上海创办弢园书局，这是中国近代最早由国人创办的新型出版企业。据不完全统计，王韬曾先后编辑出版60多种图书，其中许多都是中国近代文化史上的名作，如黄遵宪的《日本杂事诗》，是近代第一部深入广泛地向中国人介绍日本，尤其是明治维新以来各方面情形的诗集，对于中国人真正认识日本有很大的帮助。诚如洪士伟在该书序言中所说：“回环雒诵，恍觉身到扶桑山谷之区，遍历三山，得以览其名胜，阅其形势，而备知其国政土风也。”再如《易言》一书，是郑观应政治改良思想的集中表达，亦是交由王韬订正出版。1871年，又将《易言》之续集分上、下本，仍名曰《易言》，寄请香港印务局的王子潜广文参校，不期亦付手民，风行日本、朝鲜。1875年遂请沈谷人太史、谢绥之直接删定，亦名《易言》。此书后来修订成《盛世危言》，流传广泛，影响较大。除此之外，王韬在报刊出版领域也是成就颇多，如他在上海墨海书馆时曾参与编辑《六合丛谈》，担任过《华字日报》主笔。在香港期间，他同友人黄胜创办大型日报

①丁韪良.同文馆记//宋原放.中国出版史料·近代部分:第一卷.武汉:湖北教育出版社,2004:365.

《循环日报》，并任主笔，而《循环日报》不仅是国人早期自办的出版时间最长、影响最大的一份报纸，还是最早宣传资产阶级改良思想的报纸。由于王韬在近代编辑出版领域建树颇多，故有学者称他为“新出版第一人”。

三、官书局的出版活动

受太平天国运动影响，江南文教事业遭受巨大破坏，曾国藩镇压太平天国运动后，同治皇帝即谕令其迅速恢复文教事业。“欲兴文教，必先讲求实学，不仅整顿书院，尤需广集群书”[①]，然而，连年战火使得南方各省官私藏书以及刻书业损毁严重。例如“江苏松、常、镇、扬诸府，向称人文极盛之地，学校中旧藏书籍荡然无存。藩署旧有恭刊钦定经史诸书，版片亦均毁失。民间藏书之家，卷帙悉成灰烬。乱后虽偶有书肆，所刻经书俱系删节之本，简陋不堪。士子有志读书无从购觅”[②]，“浙省从前尊经阁、文澜阁所存书籍均多毁失，士大夫家藏旧本，连年转徙，亦成乌有……士子虽欲讲求，无书可读。而书肆寥寥，断简残编，难资考究，无以嘉惠儒林”[③]。不但文教昌盛的江浙地区如此，即使是地处西南边陲的云贵地区也是如此。“查滇省自遭兵燹，不惟学中书籍荡然无存，即民间藏书之家，耗徙频年，均多毁失。肃清之后，坊肆虽偶有刊本，大都删节不全，难资考镜”。[④]而贵州

---

①马新怡.建复书院设局刊书以兴实学折//宋原放.中国出版史料·近代部分:第一卷.武汉:湖北教育出版社,2004:413.

②鲍源深.请购刊经史疏//宋原放.中国出版史料·近代部分:第一卷.武汉:湖北教育出版社,2004:407.

③马新怡.建复书院设局刊书以兴实学折//宋原放.中国出版史料·近代部分:第一卷.武汉:湖北教育出版社,2004:413.

④杜瑞联.滇省拟设局刊书疏//宋原放.中国出版史料·近代部分:第一卷.武汉:湖北教育出版社,2004:419.

“惟兵燹后藏书悉毁，仅余断简残编。每届考试，不过零星书贩”[①]。在此种背景下，鲍源深奏请购刊经史书籍以敷读书人之用，进而嘉惠艺林、振兴文教。同治帝很快批准其建议，并谕内阁“著各直省督抚转饬所属，将旧存学中书籍广为补购，并将列圣御钦定经史各书，先行敬谨重刊，颁发各学，并准书肆刷印，以广流传”[②]。在统治阶级的推动下，各省官书局陆续宣告成立。晚清官书局设置情况详见表2-3。[③]

表2-3　晚清官书局设置一览表

局名	地点	设置年代	创始人	备注
	武昌	咸丰九年（1859年）	胡林翼	未见局名，为晚清官设书局之最早者，设置目的为编《读史兵略》
	杭州	同治三年（1864年）	左宗棠	未见局名，仅刻有“六经”。先是设局宁波，年代不详；同治三年二月迁至杭州
金陵书局	南京	同治三年（1864年）	曾国藩	局先设安庆，未见其名。同治三年九月迁金陵（南京），后即用金陵书局名。光绪初年改名为江南书局。光绪二十七年（1901年）改为江楚编译官书局兼管
正谊堂书局	福州	同治五年（1866年）	左宗棠	为刊《正谊堂丛书》而设，次年改为正谊书院
浙江书局	杭州	同治六年（1867年）	马新贻等	宣统元年（1909年）归并浙江图书馆，改名为官书印行所
崇文书局	武昌	同治六年（1867年）	李瀚章、曾国荃	即湖北官书局，光绪三年（1877年）改为湖北官书处

①贵州拟设书局片//宋原放.中国出版史料·近代部分:第一卷.武汉:湖北教育出版社,2004:434.

②同治帝就鲍源深办书局刻书谕//宋原放.中国出版史料·近代部分:第一卷.武汉:湖北教育出版社,2004:408.

③梅宪华.晚清的官书局//宋原放.中国出版史料·近代部分:第一卷.武汉:湖北教育出版社,2004:540-543.

续表

局名	地点	设置年代	创始人	备注
聚珍书局	南京	同治六年（1867年）	李鸿章	光绪五年（1879年）裁撤
江苏书局	苏州	同治七年（1868年）	丁日昌	光绪末年（1908年）停止刊书
淮南书局	扬州	同治八年（1869年）	方濬颐	光绪三十三年（1907年）归并江楚编译官书局办理
江西书局	南昌	同治十一年（1872年）	刘坤一	
成都书局	成都	同治年间	吴棠	光绪三十年（1904年）四川总督锡良奏改官书局为官报书局，或即指此局（《德宗实录》卷五三七）
山东书局	济南	同治年间（1862—1875）	丁宝桢	光绪二十年（1894年）与通志局合并
广东书局	广州	同治年间（1862—1875）	瑞麟等	或称“粤东书局”“羊城书局”（见粤东书局刊本《通志堂经解》卷首、羊城书局刊本《牧令全书》卷首）
湖南书局				设置人、设置年代不详，郭嵩焘日记中多处提及设立书局事，或即指该局
濬文书局	太原	光绪五年（1879年）	曾国荃	即山西官书局
天津官书局	天津	光绪七年（1881年）	李鸿章	为专门发售南方各省官书局刻书而设，未见刻书
广雅书局	广州	光绪十二年（1886年）	张之洞	光绪末年停办。所刻书多为清人学术著作。为各书局中有特色者
桂垣书局	桂林	光绪十五年（1889年）	马丕瑶	
思贤书局	长沙	光绪十六年（1890年）	王先谦等	
贵州官书局	贵阳	光绪二十二年(1896年)	嵩昆	未见刻书

续表

局名	地点	设置年代	创始人	备注
云南官书局	昆明	光绪二十四年(1898年)	崧蕃	清末停办，书版归云南图书馆
保定官书局				刻书有《归钱尺牍》等，创设年月、设置者均不详
京师官书局	北京	光绪二十一年底（1896年初）		为中央直接设置之官书局，孙家鼐为管理官书局大臣。光绪二十四年（1898年）并入京师大学堂
京师编译局	北京	光绪二十四年(1898年)		同年归并京师大学堂，光绪二十七年（1901年）管学大臣张百熙奏请于京师大学堂附设译书局，据此该局或在光绪二十四年（1898年）后停办
大同译书局	上海	光绪二十三年(1897年)	梁启超	光绪二十四年（1898年）五月改为官办，八月停办
江楚编译官书局	南京	光绪二十七年(1901年)	张之洞、刘坤一	初名江鄂，后改此名。金陵（江南）、淮南书局均划归其管辖，宣统元年（1909年）改为江苏通志局

晚清时期官书局持续经营了40多年，为我国传统文化典籍的保存和流传作出了较大贡献。各省官书局依靠官方力量聚集大批优秀学者、刻印工人以及其他社会力量，大量印行各种经、史、子、集及其他图书，并通过遍设南北各地的网点进行平价销售，这使得中国传统文化典籍得以更好地保存和流通。诚如朱士嘉在《官书局书目汇编》中所言："我们不要忘记，它（官书局）确是一位传布文化、普及教育的无名英雄；少数珍藏秘笈，经它一来，便可人手一册了，通常'纸贵洛阳'的，经它一来，便'价均从廉'了。而且，那里的书籍，都经过通人达士的校勘；讲起版本来，也很可靠。"[①]除此之外，官书局对于中国出版的近代转型也在一定程度上起到了推动作用。官书局是在洋

①朱士嘉.官书局书目汇编.北平:中华图书馆协会,1933:2.

务运动中成长起来的出版机构，它与其他官办企业一样，或多或少地接受了现代经营方式，而且官书局创建之初都有相关章程，书局内部也有固定分工和工作程序，其经营方式在一定程度上已与现代出版企业较为类似。

第二节　中国近代出版业的发展期（1895—1916）

一、资产阶级维新派[①]的出版事业

1895年4月17日，清政府与日本明治政府签订《马关条约》，条约规定中国割让辽东半岛（后因“三国干涉还辽”而未能得逞）、台湾岛及其附属各岛屿、澎湖列岛给日本，赔偿日本2亿两白银。中国增开沙市、重庆、苏州、杭州为商埠，并允许日本在中国的通商口岸投资办厂。此外还有另约三款，规定中国每年贴补在中国威海暂行驻守的日军一个旅团军费50万两白银，在日军侵驻区域40华里之内不准中国军队靠近驻扎，在日本军队驻扎之地有犯关涉军务罪均归日本国军务官审断，等等。《马关条约》的签订大大加深了中国半殖民地化的程度，加剧了中华民族的生存危机，同时也激发起中华民族救亡图存的热忱，“唤起吾国四千年之大梦，实自甲午一役始也”[②]。谭嗣同自称三十年

①按照不同时期的组织形式、活动方式和政治主张，资产阶级维新派可以分为早期维新派、戊戌维新派和戊戌后维新派，早期维新派是以洋务派的理论家和思想家的面目出现，主要以冯桂芬、王韬、薛福成、容闳、伍廷芳、马建忠、汤震、郑观应、陈虬、陈炽、何启、胡礼垣等为代表，戊戌维新派则以康有为、梁启超、谭嗣同、严复为代表，戊戌后维新派主要指康梁维新派，但还包括以严复为代表的温和派，以唐才常、章太炎、杨度、章士钊等为代表的中间派，也包括以张謇为代表的立宪派及汪康年、梁鼎芬一派人物。本书主要指康梁维新派。参见：徐松荣.维新派与近代报刊.太原：山西古籍出版社，1998：1-3.

②丁文江，赵丰田.梁启超年谱长编.上海：上海人民出版社，1983：38.

以前所学均属旧学，三十年后所学则为新学，而“三十年适在甲午，地全势忽变，嗣同学术更大变”[①]。张元济曾回忆道：“我们被日本打败，大家从睡梦里醒过来，觉得不能不改革了。丙申年前后，我们一部分同官经常在陶然亭聚会，谈论朝政。”而当时还是苏州城内普通秀才的包天笑，也在回忆录中记述了甲午战争对其思想的巨大影响：“那个时候，中国和日本打起仗来，而中国却打败了，这便是中日甲午之战了。割去了台湾之后，还要求各口通商。苏州也开了日本租界。这时候，潜藏在中国人心底里的民族思想便发动起来。一班读书人，向来莫谈国事的，也要与闻国事，为什么人家比我强，而我们比人弱？为什么被挫于一个小小的日本国呢？读书人除了八股八韵之外，还有它应该研究的学问呢！”[②]

正是在此种思潮的影响下，编辑出版业不断发生变化。例如有关新学的读物受到社会欢迎，吕思勉就曾说：“余年十一，岁在甲午，而中日之战起，国蹙师熸，创深痛巨；海内士夫，使群起而谋改革。于是新书新报，日增月胜。”[③]创办已久的广学会编辑出版的相关图书，直到甲午战争后才真正畅销，“中东战后，京外大小各官，因地大十倍之中国，不能敌一蕞尔之日本也，莫不欲究其所以致此之故，求新之意，因此而起，而又惜讲求外事之书，寥寥无几。惟广学会于十年来，译著《自西徂东》《泰西新史揽要》《中东战纪本末》《格物探原》《时事新论》《列国变通兴盛记》及《万国公报》诸书。初印时，人鲜顾问，往往随处分赠，既而渐有乐购者。近三年内，几于四海风行”。鉴于报刊作为大众传播媒介，具有一般图书无法比拟的优势，因此报刊作为宣传利器受到国人的广泛重视。“以庞大之中国，败于蕞尔之日本，遗传惟我独

---

①蔡尚思，方行．谭嗣同全集：上册．北京：中华书局，1981：259.

②包天笑．钏影楼回忆录．北京：中国大百科全书出版社，2009：145.

③吕思勉．吕思勉遗文集（上）．上海：华东师范大学出版社，1997：373.

尊之梦，至斯方憬然觉悟。在野之有识者，知政治之有待改革，而又无柄可操，则不得不借报纸以发抒其意见，亦势也。”[①]从早期冯桂芬、容闳、伍廷芳、王韬、薛福成、马建忠、汤震、陈虬、陈炽、郑观应、何启、胡礼垣等，再到后期康有为、梁启超、谭嗣同、严复，莫不借报纸来表达自己的政治理想与见解。据统计，仅1895至1898年间全国出版的中文报刊就有120种左右，较之以往陡增3.7倍。[②]

资产阶级维新派知识分子中，以梁启超的出版活动影响最大，也最具代表性。胡适在1923年时曾说：“二十五年来，只有三个杂志可以代表三个时代，可以说是创造了三个新时代。一是《时务报》，一是《新民丛报》，一是《新青年》。而《民报》和《甲寅》还算不上。”[③]其中《时务报》《新民丛报》都是由梁启超主编的，其编辑出版成就可见一斑。而梁启超自1895年至1920年期间主编报刊就达到10种以上，包括《万国公报》（1895年）、《时务报》（1896年）、《清议报》（1898年）、《新中国报》（1900年）、《新民丛报》《新小说》（1902年）、《政论》（1907年）、《国风》（1910年）、《庸言》（1912年）、《大中华》（1915年）、《改造》（1920年）等，这些都是当时最有影响力的报刊。以《新民丛报》为例，该刊创刊号就印刷了4次，其后每期也都是迅速售罄，皆须补印。该报创办不到半年时间，梁启超就在致康有为的信中感叹《新民丛报》销路之旺，“现销场之旺，真不可思议，每月增加一千，现已近五千矣。似比前此《时务报》，尚有过无不及也”[④]。而在此后其销量甚至一度超过14 000份。据台湾地区学者张朋园估计，《新民丛报》每期平均发售9000余份，读者约为18万人。

---

①戈公振.中国报学史.上海:上海古籍出版社,2003:206.

②方汉奇.中国新闻事业通史:第1卷.北京:中国人民大学出版社,1992:419.

③胡适致高一涵、陶孟和等//中国社会科学院近代史研究所中华民国史研究室.胡适来往书信选:上.北京:社会科学文献出版社,2013:157.

④丁文江,赵丰田.梁启超年谱长编.上海:上海人民出版社,1983:273.

除此之外，梁启超在书籍出版方面的作为亦可圈可点。早在1895年，梁启超等就在北京组织强学书局，其主要任务是翻译出版各种中外时务图书，“同人设立此局，专主译印中外时务新书，凡中国旧有经世各图籍、中外各国地图天图、奇物奇器、新事新法，有关文治武备、国计民生者，均在讲求之列”。1897年，梁启超又邀集同人在上海创设大同译书局，正如其在《大同译书局叙例》中所言，大同译书局以翻译西书来传播变法思想：“译书真今日之急图哉，……故及今不速译书，则所谓变法者，尽成空言，而国家将不能收一法之效。……联合同志，创为此局，以东文为主，而辅以西文；以政学为先，而次以艺学。至旧译希见之本，邦人新著之书，其有精言，悉在采纳，或编为丛刻，以便购读。或分卷单行，以广流传。将以洗空言之诮，增实学之用，助有司之不逮，救燃眉之急难，其或忧天下者之乐闻也。”[①]戊戌政变后，大同译书局即被查封，存续仅一年。据学者统计，该书局前后正式刊印的书籍至少有20种，较重要的如康有为的《孔子改制考》《春秋董氏学》《日本书目志》，梁启超的《中西学门径书七种》，麦仲华的《皇朝经世文新编》等。当然，其中以史学译著最多，包括《瑞士变政记》《俄土战纪》《地球十五大战纪》《俄罗斯大彼得变政记》《日本变法由游侠义愤考》《意大利兴国侠士传》和汤叡译《英人强卖鸦片记》七种；日本森本藤吉撰《大东合邦新义》一卷；康有为撰《桂学答问》《南海先生五上书记》《南海先生七上书记》，谭济骞辑《伪经考答问·读书要论》，徐勤撰《春秋中国夷狄辨》等。计划刊印的有《英国教育制度》《万国新历史》《拿破仑战史》《美国南北战史》《英美海战史》《希腊自主战史》《英国商业史》《女权史》《波兰灭亡记》《法国变政记》等。[②]1901年广智书局成立，该书局名义上由冯镜

①梁启超.梁启超全集.北京:北京出版社,1999:132.

②邹振环.上海大同译书局及其史学译著.东方翻译,2010(5):24-32.

如全权负责，但实际上是由梁启超主持。该书局在存世的一二十年间共出版图书410种，除报刊类外，大致可以分为政法类、史传类、地理类、教育类、教材类、语文类、诗文类、小说类、财经类、哲学类、社会学类、卫生类、军事类等。[①]这些书籍的编辑出版对于新知识、新思想的传播起到了积极作用，以翻译小说为例："这些小说为国人带来了大量有关科学、法律、政治、军事等专业知识的词汇术语，在20世纪初国人尚未系统接受新式教育的读者群体中，一度起到了开拓国民视野、构造维新变法政治理想的教科书的作用。"[②]

二、资产阶级革命派的出版事业

以孙中山为代表的近代资产阶级革命派，其革命事业的兴起与成功与他们重视宣传工作有极大的关系。"庚子以后，革命报刊蓬勃创兴，以革命大义号召天下，发挥新闻事业之启导功能，使志士风偃，人心归向，社会风气因以丕变，革命风潮由是弥漫全国。"辛亥武昌起义，"肇创中华民国，论者推原功首，咸以为革命报刊宣传之力"[③]。据不完全统计，资产阶级革命派先后在日本东京和中国上海、香港、澳门地区，以及南洋、美洲等地创办了120多种报刊，编辑出版了大量的革命宣传品。[④]其中，1900年1月创办的《中国日报》是兴中会的机关报，也是资产阶级革命派的第一份报纸，被誉为"海内外各革命日报之元祖"。

---

①吴宇浩.广智书局研究.上海:复旦大学硕士学位论文,2010:44.

②邹振环.开拓国民视野、构造政治理想——广智书局的创办及其刊行的梁译小说.东方翻译,2011(3):25-33.

③赖光临.中国近代报人与报业:下册.台北:台湾商务印书馆股份有限公司,1980:315.

④方汉奇.中国近代报刊史.太原:山西教育出版社,1991:153.

在资产阶级革命刊物的创办过程中，留日学生发挥了重要作用。在《中国日报》创刊的同年，另两份资产阶级革命期刊《译书汇编》和《开智录》也在日本创刊。《译书汇编》由当时正在东京专门学校求学的戢翼翚、杨廷栋、杨荫杭、雷奋等编辑，《开智录》则由时为东京高等大同学校学生的郑贯公、冯自由、冯斯栾主持。据冯自由在《辛亥前海内外革命书报一览》所记，《译书汇编》“留学界出版之月刊，以此为最早。所译卢梭《民约论》、孟德诗鸠《万法精理》、斯宾塞《代议政治论》等，促进吾国青年之民权思想，厥功其伟”；《开智录》“是报专提倡自由平等之真理”①。此后，留日学生创办的革命刊物络绎不绝，如1901年5月10日由戢翼翚、沈翔云、秦力山、王宠惠、杨廷栋、冯自由等在东京创办的《国民报》，“留日学界公然主张革命排满及反对康梁保皇邪说者，是报实为滥觞”②。1903年前后，在留日学生中反清革命思想更加流行，诸如《游学译编》《湖北学生界》《江苏》《浙江潮》《直说》等一批思想更为激进的报刊纷纷出版。这些留日学生刊物虽然寿命大多很短，如《湘路警钟》《洞庭波》出版第一期后即停刊，存续时间较长者如《江苏》《浙江潮》也不过出了10期，但是其销量和影响力却不容小觑。《湖北学生界》第1期刊出后“风行一时，数千部均已售尽，各处投函购阅者复纷纷不绝”③，因而又再版数千部，最终销量估计至少达7000部。《浙江潮》每期也都印了5000份，有几期还重印过多次。在20世纪初年，报刊销量通常在3000份左右，能达5000份已属可观，上万份更是屈指可数。

---

①冯自由.辛亥前海内外革命书报一览//张静庐.中国近现代出版史料:近代二编.上海:上海书店出版社,2003:283.

②冯自由.辛亥前海内外革命书报一览//张静庐.中国近现代出版史料:近代二编.上海:上海书店出版社,2003:283.

③罗家伦.中华民国史料丛编·湖北学生界(汉声).台北:中国国民党中央委员会党史史料编纂委员会,1983:447.

1905年8月20日，中国同盟会在日本成立，标志着中国资产阶级民主革命有了统一的领导核心和明确的奋斗目标，中国资产阶级民主革命进入了一个新阶段。在其鼓舞下，一大批革命报刊在东京创刊，如1905年《民报》《醒狮》《新译界》《晨钟》等相继创刊，1906年《复报》《云南》《洞庭波》《革命军报》《豫报》《鹃声》等相继创刊，1907年《汉帜》《秦陇》《晋乘》《四川》《河南》等相继创刊，1908年《关陇》《国报》和《夏声》等相继创刊。除了日本，海外其他国家亦有革命报刊出版，例如新加坡有《南洋总汇报》《中兴日报》《星洲晨报》，马来西亚有《光华日报》，印度尼西亚有《泗滨日报》和《民铎报》，泰国有《华暹日报》和《同侨报》，缅甸有《仰光新报》《光华报》和《进化报》，菲律宾有《公理报》，美国有《民生日报》，加拿大有《华英日报》和《大汉报》等。与海外蓬勃兴起的革命书刊相比，国内革命报刊的编辑出版工作虽受清政府压制而稍显逊色，但是也有发展，如上海有《大陆报》《苏报》《俄事警闻》《警钟日报》《神州日报》《民呼日报》《民吁日报》《民立报》《越报》《中国公报》《民声丛报》《天铎报》等，广州有《群报》《珠江镜报》《广东白话报》和《平民日报》等。此外，香港、北京和天津等地也都新创办了多家报刊。

图书方面，早在1895年兴中会就在日本印行《扬州十日记》和《原君原臣》（黄宗羲《民夷待访录》之选本）等书籍，宣传“排满”思想。庚子事变后，又陆续出版《俄罗斯大风潮》《法兰西革命史》《革命军》《驳康有为政见书》《黄书》《黄帝魂》《孙逸仙》《陆沉丛书》《苏报案纪事》《国民日日报汇编》《攘书》《逐满歌》《猛回头》《警世钟》《最近政事之评决》等革命书籍[①]，这些书刊或抨击清政府的腐朽统治，或宣传革命，为资产阶级革命思想的传播发挥了巨大作用。以

①冯自由.辛亥前海内外革命书报一览//张静庐.中国近现代出版史料：近代二编.上海：上海书店出版社，2003：287-295.

《革命军》为例，该书以无比的热情歌颂革命，鼓吹革命。该书1903年由上海大同书局刊行后，在清末风行海内外，“自蔚丹（邹容）入狱后，所著《革命军》风行海内外，销售逾百十万册，占清季革命群书销场第一位”[①]。到辛亥革命之前，《革命军》已翻印多达20余版，有力地推动了国内外的革命思潮，“殆庚子联军破北京，同时又有邹容《革命军》一书传至外洋，争相购阅，一时人心奋兴，舆论沸腾，华侨有志之士，知非追随中山先生，不足以救祖国之危亡”[②]。孙中山曾称赞此书的鼓动之功，“其开导华侨风气，为力甚大，此则革命风潮初盛时代也”[③]。

三、民营出版业的蓬勃兴起

甲午战争后，亡国灭种的危机感深深震撼着国人的心灵，向西方学习变得愈发急迫，民营出版业也获得发展良机，整体规模逐渐扩大，并取代官书局和教会出版成为传播西学、唤醒民众的主要阵地。如上海书业公所1911年5月已有会员100余家，其中印书局58家，装订作坊72家，“凡上海一埠内关于图书业之商家，无论木板（版）、石印、铜版、铅版，庄局、坊店以及各报馆、仪器馆之兼售书籍者，皆当认为同业”[④]。除此之外，据1906年《图书月报》第1期所载，代表新书业利益的上海书业商会也有出版机构22家，其中包括商务印书馆、启文社、彪蒙书室、开明书店、点石斋书局、广智书局、文明书

①冯自由.革命逸史:第2集.北京:新星出版社,2009.

②梅乔林,李绮庵.建国前美洲华侨革命史略//丘权政,杜春和.辛亥革命史料选辑:续编.长沙:湖南人民出版社,1983:121.

③孙中山.孙中山全集:第6卷.北京:中华书局,1985:236.

④宋原放.记上海市书业公会//宋原放.中国出版史料·近代部分:第三卷.武汉:湖北教育出版社,2004:502,531.

局、有正书局等。

民营出版业的发展壮大得益于教育制度变革。清政府曾于1898年、1901年两度提出科举改制的方案，前者虽因维新运动失败旋即废止，但对社会还是产生了不小的震动，后者则在1902年补行庚子辛丑恩正并科乡试、1903年补行辛丑壬寅恩正并科会试、1903年癸卯恩科乡试与1904年甲辰恩科会试中予以施行。1901年的科举改制方案不仅变换了科考程序，更重要的是增加了新的内容，例如乡试、会试中第一场考试“中国政治史事论”5篇、第二场考试“各国政治艺学策”5道。此外，无论是岁试、科试，还是殿试、朝考，乃至考试试差、庶吉士散馆等考试，一律突出“中国政治史事论”与“各国政治艺学策”等知识内容。①科举改制不仅促进了报刊的发行，姚公鹤《上海闲话》中这样描述道：“当戊戌四五月间，朝旨废八股改试经义策论，士子多自濯磨，虽在穷乡僻壤，亦订结数人合阅沪报一分（份）。而所谓时务策论，主试者以报纸为蓝本，而命题不外乎是。应试者以报纸为兔园册子，而服习不外乎是。书贾坊刻，亦间就各报分类摘抄，刊售以侔利。”②各类译自西文或日文的“新书”大行其道，这些新书大致可以分成三种类型，其一是直接以“西学”“新学”命名的著述，如《西学三通》《新学备纂》之类；其二是“经世文编”资料；其三是以“策论”为名出版的书籍。③对于“新书”“新报”的流行，《申报》在1904年刊登的一篇论说中感慨道：“至前岁颁发明诏，大小试场改时文、试帖为策论、经义，而各处复设立学堂讲求实学，一时山陬海隅之士，骤闻改章，茫无所措，书贾之黠者于是编论策、选经义，报纸之所登

①曹南屏.“考试不足得人才”:清末科举改制与出版市场的互动及其影响.近代史研究,2018(5):105-121.

②姚公鹤.上海闲话.上海:上海古籍出版社,1989:132-133.

③章清.晚清西学“汇编”与本土回应.复旦学报(社会科学版),2009(6):48-57.

载，招帖之所铺张，名目纷纭，殊难究诘。上焉者翻印《廿四史》《九通》诸书，风声所播，呫哔之流，无不慷慨解囊，争先购买，而广学会、制造局、格致书院等所译西国诸籍，尤不胫而走，售买（卖）一空，书贾获利之赢，为数百年来所未见。”[1]

科举改制不仅为民营出版业提供了巨大的发展空间，同时也促成了出版企业机构、职能的完善。以编译所而言，它的兴起使得传统书业从单纯的印刷工场向具有编、印、发职能的现代出版企业转变，为出版近代化转型提供了坚实的支撑。民间编译事业随科举改制而迅速崛起，严复致张元济的信中即言及，“科举改弦，译纂方始，南北各局执笔之士甚多”[2]。而出版企业也意识到设置编译所是企业发展之必需，包天笑回忆1900年前后夏瑞芳经常向他询问编译所事宜：“他又常常来询问我：‘近来有许多人在办编译所，这个编译所应如何办法？’我说：‘要扩展业务，预备自己出书，非办编译部不可。应当请有学问的名人主持，你自己则专心于营业。’”[3]而在此之前包天笑已在多个编译所中工作过（他戏称自己这段经历是“游历”编译所），可见成立编译所在当时的出版界已渐渐流行。

为民营出版业发展带来更大机遇的是“壬寅学制”与“癸卯学制”的颁布。1902年8月15日，管学大臣张百熙进呈《京师大学堂章程》《考选入学章程》《高等学堂、中学堂、小学堂章程》以及《蒙学堂章程》，候旨颁行。此即《钦定学堂章程》，又称“壬寅学制”。1903年6月27日，张之洞主持学制制定工作，新学制于1904年1月13日由清政府颁行全国，史称“癸卯学制”，这是近代中国第一部以政府名义颁布并在全国实施的近代学制。以初等教育为例，“癸卯学制”规定初等教

---

[1] 书肆慨言.申报，1904-05-27.

[2] 严复.与张元济书//王栻.严复集：第3册.北京：中华书局，1986：544.

[3] 包天笑.钏影楼回忆录.北京：中国大百科全书出版社，2009：236.

育分初等小学堂和高等小学堂两个阶段，其中初等小学堂分完全科、简易科两种，完全科修业年限5年，课程分必修科与随意科。必修科为修身、读经讲经、中国文字、算术、历史、地理、格致、体操8科，随意科为图画、手工，依地方情形设一科或两科。简易科课程为修身、读经、中国文学、历史地理、格致、算术与体操等科。高等小学堂修业年限4年，课程为修身、读经讲经、中国文学、算术、中国历史、地理、格致、图画、体操9科。新学制需要新的教育材料，这自然推动了教科书市场的繁荣。清末“新政”后教科书的编纂与出版日趋兴盛，根据汪家熔先生搜集的资料，在1903年之前编辑出版课本和教育学用书的有不下40家出版单位，而“癸卯学制”实施后又新增了近20家。①

在这些出版机构中，既有官书局、教会出版机构，又有民营出版企业，最终民营出版企业占据了主导地位。如1906年学部第一次审定初等小学教科书暂用书目，最终审定教科书共计102册，而由民营出版业出版发行的有85册，“可见在光绪三十年左右出版业的重心已由教会和官书局移到民营的出版业了”②。民营出版企业之所以能够压倒教会出版机构和官书局，主要在于市场竞争的压力促使其重视出版质量与出版创新。以商务印书馆1904年出版的《最新教科书》为例，蒋维乔就回忆道：“当时之圆桌会议，惟在最新初小国文着手之时讨论最详悉。第一二册几乎每撰一课，皆讨论至无异议方定稿。至三四册以后，则由各人依据原则自行起草，草成之后，再付讨论；亦有由一二人先行讨论者。尔时不乏有趣味之资料，如余编及某课时，用一‘釜’字，而高梦旦必欲改为‘鼎’字，余曰：‘鼎字太古，不普通，不可用。’

①汪家熔.民族魂——教科书的变迁.北京：商务印书馆，2008：21，26.此处统计个别存疑，如山西大学译书院，1900年前并无山西大学，山西大学堂是1902年创办，1931年更名为山西大学。

②李泽彰.三十五年来中国之出版业//张静庐.中国近现代出版史料：现代丁编.上海：上海书店出版社，2003：385.

高曰：'鼎字乃日常所用之字，何谓不普通？'余曰：'鼎字如何是日常所用之字？'高曰：'鼎字如何不是日常所用之字？'于是二人大争，至于声色俱厉；及后细细分辨，方知闽语呼'釜'为'鼎'，而不呼为'釜'也。相与抚掌大笑。"[①]正因为如此，商务印书馆的《最新教科书》获得了读者的认可与喜爱。冰心就回忆说："我启蒙的第一本书，就是商务印书馆出版的线装的《国文教科书》第一册。我在学认'天地日月，山水土木'这几个伟大而笔划简单的字的同时，还认得了'商务印书馆'这五个很重要的字。我从《国文教科书》的第一册，一直读了下去，每一册每一课，都有中外历史人物故事，还有与国事、家事、天下事有关的课文，我觉得每天读着，都在增长着学问与知识。"[②]自商务印书馆推出《最新教科书》后，其他书局出版的教科书都渐渐不复流行，而且各书局所编之教科书及学部国定之教科书，也大都模仿此书之体裁。[③]

第三节　中国近代出版业的成熟期(1917—1949)

一、《新青年》的畅销

新文化运动中最具影响力的刊物非《新青年》莫属。该刊由陈独秀于1915年9月创办于上海，起初销行不广，影响也十分有限，郑振

①蒋维乔．编辑小学教科书之回忆//商务印书馆．商务印书馆九十年1897—1987——我和商务印书馆．北京：商务印书馆，1987：61.

②冰心．我和商务印书馆//商务印书馆．商务印书馆九十年1897—1987——我和商务印书馆．北京：商务印书馆，1987：312.

③蒋维乔．编辑小学教科书之回忆//商务印书馆．商务印书馆九十年1897—1987——我和商务印书馆．北京：商务印书馆，1987：56.

铎在《中国新文学大系·文学论争集·导论》中就说早期《新青年》“只是无殊于一般杂志用文言写作的提倡‘德智体’三育的青年读物”①。《新青年》能够成为影响全国的知名刊物，得益于1917年1月陈独秀受北京大学校长蔡元培之邀出任北京大学文科学长。这一任命不仅让许多读者把《新青年》和北京大学连在一起，无形中提升了《新青年》的知名度与可信度，也为《新青年》作者队伍的扩充提供了良好的契机。如第二卷中新增加李大钊、胡适、刘半农、杨昌济、马君武、苏曼殊、吴虞、吴稚晖等作者，第三卷作者新增加章士钊、钱玄同、蔡元培、恽代英、毛泽东、常乃德、凌霜等人，第四卷的新作者主要有周作人、沈尹默、沈兼士、陈大齐、鲁迅、林损、王星拱、俞平伯、傅斯年、罗家伦、林语堂等人。②这些名人的加入不仅保证了《新青年》的刊物质量，而且提升了《新青年》品牌的可信度与影响力。正如1918年一位读者在信中所说：“我抱了扫毒主义已有七八年了。无如帚小力微，所以收得的效果很小。先生等都是大学教授，都是大学问家，帚大力大，扫起来自然是比人家格外利害。”③

当然，尽管有北大诸教授的加入，《新青年》在很长一段时间里还是处于鲁迅所说的“仿佛不特没有人来赞同，并且也还没有人来反对”的境地。为了改变这种局面，“许是感到寂寞了”的钱玄同与刘半农上演“双簧”，引出著名文化人物林纾对《新青年》的抨击，并且发表公开信建议蔡元培予以惩戒，蔡元培亦撰文对信中观点予以反驳。林、蔡二人之间的辩驳迅速成为各大报刊的焦点内容。正是在媒体的持续关注下，《新青年》为更多人所知晓，1919年4月23日亚东图书馆老板

---

①郑振铎.中国新文学大系·文学论争集·导言//郑振铎.郑振铎文集：第四卷.北京：人民文学出版社，1985：413.

②陈万雄.五四新文化的源流.北京：生活·读书·新知三联书店，1997：7，13.

③爱真.五毒.新青年，1918，5(6).

汪孟邹在给胡适的信中就说，“近来《新潮》《新青年》《新教育》《每周评论》销路均渐兴旺，可见社会心理已转移向上，亦可喜之事也”[①]。在陈独秀等人的精心耕耘下，《新青年》在社会上声名渐著，有读者来信就说：“起视出版界，足为我青年界之良师益友者，实乏其选，迨见大志出版露布……急购而读之，不禁喜跃如得至宝。若大志者，诚我青年界之明星也！”[②]后来毛泽东在接受美国记者斯诺采访时，也谈及《新青年》对他的影响：“《新青年》是有名的新文化运动的杂志，由陈独秀主编。当我在师范学校做学生的时候，我就开始读这一本杂志。我特别爱好胡适、陈独秀的文章。他们代替了梁启超和康有为，一时成了我的模范。有很长一段时间，每天除上课、阅报以外，看书，看《新青年》；谈话，谈《新青年》；思考，也思考《新青年》上所提出的问题。”[③]

二、五四时期的出版变革

五四运动是两场“运动”的组合，一场是新文化运动，一场是学生爱国运动。学生爱国运动是突发式的，前后持续也不过一个多月；而新文化运动则是渐进性的，大致可以划分为三个阶段：1915—1918年为酝酿期，1919—1923年为鼎盛期，1924—1927年为后续期。[④]五四时期中国出版界出现了明显变化，具体而言包括以下几个方面：

首先是新刊物大量涌现。叶再生曾据《全国中文期刊联合目录》统计近代历年报刊创刊数，1915年到1918年创刊的期刊共计303种，

---

①汪孟邹致胡适(4月23日)//中国社会科学院近代史研究所中华民国史研究室.胡适来往书信选:上.北京:社会科学文献出版社,2013:30.

②通信.新青年,1916,2(1):6.

③埃德加·斯诺.西行漫记.董乐山,译.北京:解放军文艺出版社,2002:110.

④王奇生.新文化运动是如何“运动”起来的.同舟共济,2009(5):14-16.

其中1915年88种，1916年53种，1917年84种，1918年78种，年均新出期刊75.75种。1919—1923年新出期刊863种，年均172.6种；1924至1927年共计1219种，年均304.75种。[①]至于新期刊大量创办的原因，平襟亚在1944年回忆说："本人回忆三十年前，那时正值国家鼎革之际，社会一切都呈着蓬勃的新气象。尤其是文化领域中，随时随地在萌生新思潮，即定期刊物，也像雨后春笋般出版。因为在那时候，举办一种刊物，非常容易，一、不须登记；二、纸张印刷价廉；三、邮递利便，全国畅通；四、征稿不难，酬报菲薄；真可以说是出版界之黄金时代。"[②]

其次是出版物内容得到革新。五四运动之前"多数刊物内容上仍颇为古板和千篇一律。……这些期刊可以分成4大类：其中最公式化的刊物是政府每月或每周出版一次的各种官方公报，充满琐碎而不得要领的内容和官僚气息。第二类是中小学校、大学当局或学生出版的期刊，这时期已逐渐增多。内容多是课堂作业或是毫无启发性的陈旧古板的议论，辩论一些早已是陈腔滥调的题目，如《汉高祖封项伯斩丁公论》，以及其他鬼怪故事或类似的主题。第三类是适合大众口味的杂志。通常什么问题都谈，没有立场，也很少有文学价值。第四类是评论性的期刊。他们经常发表论文以支持传统，提倡'国粹'，诸如古代伦理的'三纲'——'君为臣纲，父为子纲，夫为妻纲'"[③]。不仅刊物如此，图书亦是如此，1917年胡适从美国归国时曾感叹："总而言之，上海的出版界——中国的出版界——这七年来简直没有两三部以上可看的书！不但高等学问的书一部都没有，就是要找一部轮船上火

①叶再生.中国近代现代出版通史：第二卷.北京：华文出版社，2002：6.

②秋翁.三十年前之期刊//宋原放.中国出版史料·现代部分：第一卷（上册）.济南：山东教育出版社，2001：401.

③周策纵.五四运动史.陈永明，张静，译.北京：世界图书出版公司，2016：179.

车上消遣的书，也找不出！（后来我寻来寻去，只寻得一部吴稚晖先生的《上下古今谈》，带到芜湖路上去看。）我看了这个怪现状，真可以放声大哭。”[1]五四运动后，民主和科学成为出版物的主要内容，民主自不必说，单以自然科学而言，商务印书馆1921—1930年出版的自然科学和应用科学图书就有585种，比前十年增加了80%。民智书局、中西书局等书局主要经营的农艺科技图书也有很大的发展，1923年中西书局出版发行的达四五百种。[2]

再者是出版物形式的变化。以语言形式为例，虽然晚清时期白话文报刊就已出现，但真正具有社会影响力的主流报刊都使用文言文，直到《新青年》用白话文办刊，其他刊物才群起而仿效。再如标点符号，古代书籍不标点断句，到了近代一些大型报刊稍有改进，发展为行右圈点，这种方式不便于阅读，同时也不便排版。对此，钱玄同致函陈独秀要求《新青年》进行创新：“我以前所说要把右行直下的汉文改用左行横迤，先生回答道，‘极以为然’。现在我想，这个意思先生既然赞成，何妨把《新青年》从第四卷第一号起就改为横式？……《新青年》杂志拿除旧布新做宗旨，则自己便须实行除旧布新。所有认做‘合理’的新法，说了就做得到的，总宜赶紧实行去做，以为社会先导才是。”[3]《新青年》采纳了钱玄同的意见，在第四卷第一号中采用一整套新式的标点符号。随着《新青年》影响力的扩大，新式标点符号也为各种报刊部分采用。

最后是出版格局的变化。在五四新文化运动中一大批新出版企业诞生，它们自称“新书业”。1928年12月5日，赵南公（泰东书局）、李志云（北新书局）、张静庐（光华书局）、张秉之（太平洋书店）、洪

---

①胡适.归国杂感//胡适.胡适文存:4.上海:上海三联书店,2014:5.

②张煜明.中国出版史.武汉:武汉出版社,1994:281.

③钱玄同致陈独秀.通信.新青年,1917,3(6).

雪帆（现代书局）、章锡琛（开明书店）、曾虚白（真美善书店）、陆友白（卿云图书公司）、汪孟邹（亚东图书馆）等发起成立新书业公会，创造社出版部、良友图书印刷公司、群众图书公司、新月书店、金屋书店、嘤嘤书屋、春潮书店、远东图书公司、新宇宙书店、复旦书店、第一线书店、乐群书店等皆加入其中。这些自称为“新书业”的民营出版企业不仅拥有技术上的“新”，更拥有为新文化服务的共同理念，这也是它们有别于其他出版企业的重要标志。“这些民营出版企业也不仅仅只是一个商业机构，在新文化兴起的大背景下，也同时承担了新文化使者的使命。这一切标志着中国近代民营出版业的新生，也标志着中国出版业从传统到现代转型的一个阶段的结束。”①

三、近代出版产业的成形

1927年4月18日，国民政府定都南京，并于次年完成对中国形式上的统一。此后直至1937年11月20日迁都重庆的10年时间中，中国出版业的行业规模进一步扩大，现代印刷技术进一步普及，出版内容更加丰富，出版企业管理更趋科学，行业组织纷纷建立，这些都标志着出版业成为国民经济中的独立部门，也意味着中国出版近代化转型的最终完成。

首先，出版行业规模扩大。就从业人员而言，据陈昌文的估计，上海20世纪30年代出版业为都市吸纳、消化的人数估计在8万人以上。而全上海1931至1936年间“华界”、公共租界和法租界总计每年的人口平均数为3 490 790人，出版业所吸纳、消化的人口占当时上海总人口的2.3%。如考虑到这些人在都市的消费情况和出版业所带动的纸业

①王建辉.“五四”与新出版.文史哲，2000(2)：114-119

的发展，则人数更多。[1]从出版物品种数量而言，据商务印书馆王云五对1927年至1936年间图书出版业的调查统计，1935年时全国新书品种数已达9223种，1936年达到9438种，较1927年时的2035种增长3倍有余。[2]报纸方面，据胡仲持的统计，“1927年，全国报纸为628家，到1936年总数达1763家，10年不到，便增加了近两倍”[3]。期刊方面，1935年6月底时全国出版期刊数达1518种，品种数量十分可观，其中上海398种，南京187种，北平150种，河北131种，江苏127种，浙江99种。[4]而从企业规模而言，无论是书业抑或报馆，其资产规模和员工数量都有很大提升。商务印书馆在20世纪30年代初资本总额就已达500万元，拥有员工4500人，年营业额1200万元，在国内外设有分支机构36处；而中华书局资本总额1936年达400万元，员工5000人（总公司及各地分局1000人，上海新老两厂2000人，香港印刷厂2000人）[5]，年营业额超1000万元，在全国设分局40余处；20世纪30年代初的世界书局资本总额近100万元，员工2000余人，年营业额200万元，在国内外设有分支机构40余处。

其次，现代印刷技术的普及。据不完全统计，1912年至1936年间仅商界、知识界在全国兴办的印刷企业数就达223家，其中1927至1936年为87家，这些民营印刷企业为现代印刷技术在中国出版业中的应用与普及奠定了良好基础。商务印书馆在20世纪30年代初就已拥有5个制度严密、设备完善、技术先进的印刷工厂，并拥有滚筒机、平版机、米利机、铅版机、自动装订机、自动切书机、大型照相机等机械

①陈昌文.上海近代出版业对都市人口的吸纳与整合.上海师范大学学报:哲学社会科学版,2003(4):118-124.

②张静庐.中国近现代出版史料:现代乙编.上海:上海书店出版社,2003:337-338.

③胡仲持.关于报纸的基本知识.上海:生活书店,1938:119.

④宋应离.中国期刊发展史.开封:河南大学出版社,2000:152.

⑤汪耀华.1843年开始的上海出版故事.上海:上海人民出版社,2014:31.

设备1200余台，印刷品种包括铅印、单色和彩色石印、三色铜版、珂罗版、雕刻铜版、电镀（电铸）铜版、照相锌版、凹凸印、照相凹版等，并采用自动铸字机浇筑铅字和机刻子模法。[①]中华书局在1924年6月初投资20余万元扩建厂房，添置大型国外先进印刷机器，引进先进的彩色印刷设备包括影写机、凹版机、雕刻机等，增加珂罗版、照相铜版、三色铜版、雕刻钢版设备，为承印各种彩色商业广告、编辑印制各种专业地图等创造了条件。[②]与书业相比，报业在1927年前后除少数在商业都市发行的大报外，多不自备印刷机，印刷部分完全委托其他印刷所代印，即使有的报馆具备一两架平印机，也不过粗具规模而已。到了20世纪30年代，除上海《申报》《新闻报》《时报》以及天津《大公报》《益世报》采用轮转机外，其他如《中央日报》《武汉日报》《东南日报》《世界日报》《上海晨报》《北平晨报》《神州日报》《首都新民报》《朝报》《立报》《辛报》《福建民报》等，或中途改为轮转机，或在创立时就采用轮转机。[③]

再者，企业管理的科学化。以经营体制为例，1927—1937年是民营出版业经营体制发生转型的时期，即从独资制、合伙制向公司制转变，且公司制逐渐普及，例如五大出版企业——商务印书馆、中华书局、世界书局、大东书局、开明书店——都在1936年之前完成了股份有限公司的改造。“伴随《公司法》的颁行，至20世纪30年代公司制在民营报业越来越普及，《申报》《新闻报》和《大公报》等民营大报纷纷改组为股份有限公司，法人治理结构逐步规范，公司化经营亦呈现出新的气象”[④]。

①张树栋，等.中华印刷通史.北京：印刷工业出版社，1999：554.

②左旭初.百年上海民族工业品牌.上海：上海文化出版社，2013：99-100.

③胡太春.中国报业经营管理史.太原：山西教育出版社，1999：56.

④张立勤.1927—1937年民营报业经营研究：以《申报》《新闻报》为考察中心.杭州：浙江工商大学出版社，2014：73.

除此之外，企业管理也日益制度化、正规化。20世纪初，泰勒科学管理法传入国内，在南京国民政府时期获得中国企业家的广泛响应，许多企业在科学管理思想的支配下兴起了一场颇具规模的科学管理改革，这是中国近代史上第一次大规模主动吸纳异域管理思想文明成果。[①]1930年王云五在商务印书馆实施科学管理法。泰勒的科学管理法是为适应现代社会化大工业生产的需要而提出的，意在达到“人尽其才，事适其人”“力无虚耗，物无浪费”“增加效率，减低成本”“劳资合作，均担责任”的目的。科学管理法的标志之一就是规章制度的完善，仅据《中国近现代出版法规章则大全》一书所载，1931—1936年商务印书馆制定的企业章则近70种，涉及组织、业务、股务、事务等诸多方面。在事务方面，有《按打钟片办法》《同人保证金章程》《同人押柜金章程》《因公外出津贴规则》《因公外出旅费支给章程》《因公暂借银钱规则》《人事陈述规则》《同人奖励金分配暂行章程》《同人婚丧假津贴薪工暂行章程》《女同人生产假津贴薪工暂行章程》《同人疾病补助暂行规则》《同人人寿保险暂行规则》《同人子女教育补助暂行规则》等，可谓事无巨细，无不涵盖。

最后，统一的行业公会组织形成。新式工商同业公会与传统的会馆、公所等行会组织相比，在成员构成、经济功能、活动机制三方面存在显著差异。从成员构成上看，行会是师傅、帮工、学徒混杂在一起的封闭性、排他性、专制性的封建团体，新式同业公会则是开放性、自愿性、民主性的资本家阶级的同业组织；在经济功能上，行会保护师傅的封建性垄断，限制竞争，同业公会则以维护资本家阶级的经济利益为主旨，鼓励正当竞争；在活动机制上，行会具有较大随意性、神秘性，同业公会则注重规范化和制度化建设，办事讲究公开性、效

①徐敦楷.民国时期科学管理思想在中国的传播与运用.中南财经政法大学学报，2010(2):83-89.

率性。“从行会到同业公会的转化，标志着工商同业组织近代化过程的基本完成。”[①]以上海为例，1930年以前上海地区存在3个书业同业组织，即成立于1905年的上海书业公所、上海书业商会以及1928年创办的上海新书业公会。三足鼎立局面的形成主要是由于不同类型出版企业的利益诉求不同，如上海书业公所主要代表以雕版或石印术印书之出版企业，而同年诞生的上海书业商会则代表印行新书之出版企业，上海新书业公会则是代表出版新文艺和社会科学书籍为主的中小型新书店的利益。1930年7月20日，依照《工商同业公会法》第五条规定，上海书业公所、上海书业商会以及上海新书业公会合并组建上海市书业同业公会。

综上所述，按照出版在社会经济活动中的地位与作用，中国近代编辑出版史可以分为三个阶段。虽然每个阶段的内容和特点多有不同，但是救亡与启蒙思想作为主线，始终贯穿其中。一方面，每到中华民族生死存亡的紧要关头，出版救亡都会成为出版人的共识。例如甲午战争之后，创办报刊多以救亡图存相砥砺。资产阶级革命派兴起之后，先后在国内创办了120余种报刊[②]，这些报刊除了宣传反清、反封建外，还大力揭露西方列强瓜分中国的阴谋。而到了抗日战争时期，这种氛围更为浓厚。据笔者对《1833—1949全国中文期刊联合目录》所做的粗略统计，期刊名称中含有“抗日”“抗战”“抗建（抗日建国）”“抗卫（抗日自卫）”等词汇的就有190种，含“救国”“救亡”等词汇的33种，虽然这些期刊只是抗战期刊的一部分，但从中不难体会当时出版界的救亡热忱。另一方面，近代中国所受之欺侮，促使有识之士反思国家富强之道，进而认识到开启民智的重要性。由于“出版之事

①彭南生.近代工商同业公会制度的现代性刍论.江苏社会科学,2002(2):132-138.
②方汉奇.中国新闻事业通史:第1卷.北京:中国人民大学出版社,1992:461.

可以提携多数国民，似比教育少数英才为尤要”[①]，因此社会精英多将出版作为开启民智的重要手段。以白话书刊为例，仅1899—1918年全国各地新创办的白话报刊就不下170种，遍及香港、广东、湖南、湖北、山东、山西、江西、东北、天津等全国各地及海外东京等地，此外，还包括白话文教科书，以及1500种以上白话小说刊行。[②]

与此同时，考察中国近代编辑出版史还有一条辅线，那就是近代出版的产业化趋势。近代出版的产业化趋势最明显的特征是近代资本主义出版企业的出现，这些出版企业以市场需求为导向，以机器印刷为主要方式。虽然鸦片战争之后西方传教士在开埠口岸已设立多个出版机构，如墨海书馆、美华书馆等，但其设立初衷是以文辅教，宣传教义，因此并不具备近代资本主义出版企业的性质。近代资本主义出版企业的出现是在19世纪60年代之后，1861年11月创刊的《上海新报》，系北华捷报馆创办，由字林洋行发行[③]，以小四号宋体铅字，进口瑞典新闻纸对开两面印刷，早期刊载的内容主要是商业广告、内河外海船舶航行时间表以及鸦片（洋药）和银钱的比价，“从未见有布道、传播上帝基督等宗教色彩文字”[④]。而1872年英商美查在上海创办《申报》，并先后创办申昌书局（原名申昌书画室）、点石斋书局（原名点石斋书画室）、图书集成印书局等机构，专司图书的出版、销售和印刷，组建了较为完整的编辑、印刷、发行体系。这些都意味着近代资本主义出版企业的诞生。此后更是进一步发展壮大，如石印术

①汪家熔．大变动时代的建设者．成都：四川人民出版社，1985：54.

②陈万雄．五四新文化的源流．北京：生活·读书·新知三联书店，1997：159-160.

③周德明，黄显功．典册琳琅：上海图书馆历史文献典藏图录．上海：上海古籍出版社，2012：76。亦有说由字林洋行出资创办，见：方汉奇．中国新闻事业通史：第1卷．北京：中国人民大学出版社，1992：216.

④盛巽昌．漫谈《上海新报》的档案价值//上海市档案馆．上海档案史料研究：第21辑．上海：上海三联书店，2016：160.

的普及推动了近代石印企业的发展，据《贩书偶记》《中国丛书综录》《中国通俗小说书目》等书著录，清末至民国全国采用石印技术印书者多达上百家[①]，其中徐鸿复、徐润等集股创办的同文书局，购置石印机12架，雇工500人，规模之大可想而知。商务印书馆的创建和发展显示近代资本主义出版企业日趋成熟。近代出版产业的出现和形成，彻底改变了官刻、坊刻和私刻三足鼎立的传统格局，宣告了新的出版时代的到来。

①曹之.中国古籍版本学.武汉:武汉大学出版社,2002:456.

第三章

中国编辑出版近代化的特征

ZHONGGUO
BIANJI
CHUBAN
JINDAIHUA
DE
TEZHENG

如前所述，中国出版业的近代转型是从与自然经济和专制政体相适应的附庸型行业逐步向与大工业生产和资本主义发展相适应的独立型产业转变的过程。而这一过程内涵丰富，特征明显，“所谓出版近代化，它不完全是一个历史分期层面上的概念，更多的还是寓指近代出版所产生的不同于传统出版的新质。技术的新手段，经营的新方式，出版物的新内容，出版观的新调整，出版职业的新确立，出版体制的新变迁，出版布局的新转移，出版文化的新递演等，都是出版近代化内涵中的重要元素”[①]。

第一节　出版义利观的转换

在中国传统社会，义利之辨一直是重要问题，“天下之事，唯义利而已”。数千年来中国传统义利文化形成了属于自己的思想体系，即首先阐明物质利益是人们生活的基础这一基本观点，进而指出必须制定礼义作为行为的基本准则，以此来规范人们的利欲之心，而这种基本准则就是见利思义、先义后利、以义导利，其落脚点则是计利富民。[②]然而在践行过程中，人们——尤其是知识分子——却相当一致地强调

①吴永贵.中国出版史(下册·近现代卷).长沙:湖南大学出版社,2008:25.

②曹德本,方妍.中国传统义利文化研究.清华大学学报:哲学社会科学版,2005(1):14-19.

和突出“义”的重要性，忽视甚至排斥“利”的正当性，无论是孔子“君子喻于义，小人喻于利”，董仲舒的“正其谊不谋其利，明其道不计其功”，还是朱熹的“以仁义为先，而不以功利为急”，均是如此。

以作者著述而言，古人多是从“不朽”的层面去考量其价值，正如曹丕《典论·论文》中所言：“盖文章，经国之大业，不朽之盛事，年寿有时而尽，荣乐止乎其身，二者必至之常期，未若文章之无穷。是以古之作者，寄身于翰墨，见意于篇籍，不假良史之辞，不讬飞驰之势，而声名自传于后。”正因事关不朽，所以古人著述多讲究沉潜琢磨，绝不率尔操觚，敷衍塞责。韩愈在《答李翊书》中就说：“将蕲至于古之立言者，则无望其速成，无诱于势利，养其根而俟其实，加其膏而希其光。根之茂者其实遂，膏之沃者其光晔。”我们只要注意古代典籍的编纂时长，就可看出古人著述态度是何等的审慎严肃。例如，司马迁《史记》写作时长为17年，扬雄《方言》写作时长为27年，王充《论衡》写作时长为31年，许慎《说文解字》写作时长为30年，杜佑《通典》编纂时长为35年，顾祖禹《读史方舆纪要》写作时长为21年，顾炎武《日知录》写作时长为40年。[①]

从出版者角度来说，古人整体上也强调出版活动的文化价值与道德意义。在古代三大出版体系中，官刻主要基于“文治”考虑，为维护统治而服务，旨在加强对人民的教化；家（私）刻亦不以营利为目的，刻书者或为读书而刻，或为藏书而刻，或为发表著作而刻，或为传名而刻。[②]官刻与家（私）刻都带有强烈的道德情感色彩，正如学者所观察到的：“在北京中央和省一级，皇帝都力促出版了堆积如山、制作精美的图书版本。同时，文人在相类似的‘非营利’的驱动力下，也纷至沓来。……这些人崇尚出版是社会公益事业的大众思想，他们

①曹之.中国古籍编撰史.武汉:武汉大学出版社,1999:632-635.

②曹之.中国古代图书史.武汉:武汉大学出版社,2015:87.

从事这些出版印刷活动的目的是出于热爱学问，尊重前辈，同时希望获得他人的尊敬。”[①]唯有坊刻是以销售、流通、营利为目的的，旨在“速售牟利”，不过坊刻对于主流社会影响有限：一是因其机构数量较少，以出版业鼎盛的明代为例，据缪咏禾推算，明代出版者共计4879家，其中官刻227家，坊刻409家，其余均为私家刻书，坊刻只占整体出版者的约8%，若将地方志出版者算进来，则明代的出版机构约6000家，坊刻所占比例只有约7%[②]；二是由于所刻之书以童蒙课本、科举应试用书、医药读物和日用杂书为主，且刊刻质量不高，故常为社会所轻视。

伴随近代资本主义工商业的兴起，建立在小农经济基础上的中国传统义利观发生了转变，最为突出的一点就是强调私利（个人利益）的普遍性与合理性，并且公开地将对经济利益的追求看作人生的直接目标。冯桂芬、薛福成、陈炽、何启、胡礼垣、康有为、谭嗣同、严复等维新派公开倡导功利主义，承认“私利”之正当性。[③]整个社会中持此种观点者也越来越多，例如1890年《申报》就发表时评《义利辩》，对所谓“君子不言利”的观点进行批评：“天下之攘攘而往者何为？熙熙而来者又何为？曰：为利耳。……利，时之义大矣。吾茫茫四顾，见四海之大，五洲之众，非利无以行。中外通商以后，凡环附于地球者，无一不互相交易以通有无。当今之天下实为千古未有之利场，当今之人心亦遂为千古未有之利窟。”[④]这种义利观的转变在近代出版业中亦体现得淋漓尽致：

以作者著述而言，虽仍然有人强调著述不可随意为之，如梅光迪

①里德．中国封建社会晚期印刷与出版概况．沙草，译．印刷杂志，2005(5)：75-78.

②缪咏禾．明代出版史稿．南京：江苏人民出版社，2000：62.

③左玉河．义利之辨与晚清重商思潮的兴起//王卫平，赵晓阳．近代中国的社会保障与区域社会．北京：社会科学文献出版社，2013：178-182.

④利害辨．申报，1890-07-23(1).

在新文化运动高涨之时特意强调著述的审慎——“学问家为真理而求真理，重在自信，而不在世俗之知，重在自得，而不在生前之报酬，故其毕生辛勤，守而有待，不轻出所学以问世，必审虑至当，而后发一言，言必研索至精，而后成一书”[①]，但对大多数人而言，除了追求社会的肯定外，其写作动机更多还是获得稿酬。晚清著名作家吴趼人曾以“咬文嚼字”自嘲自己的写作：“我佛山人，终日营营，以卖文为业，或劝稍节劳。时方饭，指案上曰：‘吾亦欲节劳，无奈为了这个。’或笑曰：‘不图先生吃饭，乃是咬文嚼字。’”[②]进入20世纪，利益驱使下的市场化写作更为流行，无论是清末民初的鸳鸯蝴蝶派小说，还是20世纪三四十年代的上海都市小说都是如此，因此引来诸如“古人著书为传世，今人著书为卖钱”的批评：“我国古哲著书，专究藏之名山，以待来者。窥见其书致内容，不是对于学术有特别发挥，就是对于世道有针砭功用。今日则不然。社会喜讲恋爱，就千篇一律皆在作恋爱小说，并不注意人心世道的转移……所以然者，古人著书为传世，今人著书为卖钱。”[③]不仅面向普通大众的小说写作如此，而且以小众读者为阅读对象的学术著述也如此，朱自清就曾担忧出书之滥对青年人读书产生不良影响：“从前人著述，非常谨慎。有许多大学者终生不敢著书，只写点札记就算了。印书不易，版权也不能卖钱，自然是一部分的原因；但他们学问的良心关系最大……现在我们印书方便了，版权也能卖钱了，出书不能像旧时代那样谨严，怕倒是势所必至；但

①梅光迪.评提倡新文化者//陈思和.中国当代文论选.上海：上海教育出版社，2010：113.

②吴趼人.吴趼人全集：第7卷.哈尔滨：北方文艺出版社，1998：342.

③臧启芳.出版与文化.晨报副镌，1923-08-09(1).转引自：章清.学术与社会：近代中国“社会重心”的转移与读书人新的角色.上海：上海人民出版社，2012：146.

像近些年来这样滥，总不是正当的发展。”①

从出版者角度而言，早期少有真正有功名的士大夫主动投身书、报刊的编辑出版活动。例如，19世纪70年代至90年代主持《申报》笔政的多为科举考试中不得意的文人，很少有举人以上出身的人愿意供职报业。当时社会视供职报馆为末途，正如姚公鹤所说：“盖社会普遍心理，认报纸为朝报之变相，发行报纸为卖朝报之一类，卖朝报为塘驿杂役之专业，就邸抄另印以出售于人，售时必以锣随行，其举动颇猥鄙，而所传消息亦不尽可信，故社会轻之，今乡僻尚有此等人，故每一报社之主笔、访员，均为不名誉之职业，不仅官场仇视之，即社会亦以搬弄是非轻薄之……昔日之报馆主笔，不仅社会上认为不名誉，即该主笔亦不敢以此自鸣于世。”②但是到了戊戌变法时期，报人地位迅速上升，不只是举人办报，而且进士办报、翰林办报已属平常。图书出版业的情况也与此类似，在19世纪90年代以前，从事出版业者多为不得意文人或买办。例如，开办同文书局的徐润是买办，将扫叶山房从苏州搬到上海的是传统书商，开办商务印书馆的夏瑞芳和鲍咸恩、鲍咸昌兄弟都是教会学校出身，并在西人报馆当过排字工人。但到20世纪初期，情况发生很大变化，例如，翰林蔡元培、进士张元济愿意为商务印书馆效劳，状元出身的张謇在1906年也带头发起组织中国图书有限公司，从事图书编译、印刷、发行工作。③

在中国近代编辑出版人眼中，出版首先是一种商业活动，“书店以营业为目的，与一切商店同。岂能责其只顾公益，不顾血本？苟如是，

①朱自清.论青年读书风气//朱乔森.朱自清全集：第四卷.南京：江苏教育出版社，1993：333-334.

②姚公鹤.上海闲话.上海：上海古籍出版社，1989：128，131.

③熊月之.略论晚清上海新型文化人的产生与汇聚.近代史研究，1997(4)：257-272.

彼其资本，亦不转瞬而尽耳，所能为者几何？”[①]所以“出版家不是作为某种思想传播的传播者，而首先作为其贩卖的产品——书籍这一商品的包装员和推销员而问世”[②]。不止民营书业，一些官方出版机构亦开始重视成本与产出，例如晚清学部图书局，因前期耗费巨多，且成绩不显，受到资政院批评，于是“自愿裁减经费，而又虑不足用也，于是招商承印，征印花税”，每册印花税征收至五厘之多，而日本当时每册教科书征收印花税仅为两厘，故而时人批评此举不过为政府“多一筹款之方矣”“不啻间接收子弟教育税矣”[③]。以营利为目的不应片面地被视为“堕落”，在商言商、追求合理利润正是近代出版业能够发展、繁荣的保障，就像鲁迅在《译文》复刊词中所言：“出版家虽然大抵是‘传播文化’的，而‘折本’却是‘传播文化’的致命伤。”[④]当然，重视营利并不代表可以忘却自身担负的文化使命与社会职责。作为中华书局的创办人，陆费逵就说：“我们希望国家社会进步，不能不希望教育进步；我们希望教育进步，不能不希望书业进步。我们书业虽然是较小的行业，但是与国家社会的关系，却比任何行业大些。”[⑤]而对于一线编辑而言，“他们相信，人类社会之需要智慧也正和他们之需要食粮一样的迫切；特别在今日文化落伍、知识未开的中国，拿笔杆的人们的责任，似乎比一切都更重要。一切科学知识，都未彻底的移殖进来，伟大的思想家文学家还有待于将来的出现；而百分之九十以上的不识字的民众，正嗷嗷待哺的有待于最原始的启蒙运动的进展。

①吕思勉.吕思勉遗文集(上).上海:华东师范大学出版社,1997:383.

②戴仁.上海商务印书馆1897—1949.李桐实,译.北京:商务印书馆,2000:3-4.

③江梦梅.前清学部编书状况//张静庐.中国近现代出版史料:近代初编.上海:上海书店出版社,2003:210-211.

④鲁迅.鲁迅全集:第6卷.北京:人民文学出版社,2005:509.

⑤陆费逵.《书业商会二十周年纪念册》序//俞筱尧,刘彦捷.陆费逵与中华书局.北京:中华书局,2002:440.

这都使拿笔杆的人们不能不旦夕的感到‘不足’，与发生要担负了这些启蒙运动与移殖事业的雄心的。为了人类，为了中国，他们都是不能放弃了这些明显的摆放在他们面前的责任的。”[①]正因为如此，中国近代编辑出版人希望在“文化”与“商业”之间找到一种平衡。诚如舒新城在1932年谈及中华书局出版经营方针时所言：“中华书局在形式上与性质上，虽然是一个私人企业，但对于国家的教育和文化，同时也想顾到。因为要谋公司的生存，不能不注意于营业，同时觉得过于蚀本的东西，又非营业所宜。在这‘左右为难’的境况中，我们只好两面都‘打折扣’。这就是说：凡属于营业有重大利益，而与教育或文化有妨碍者，我们弃而不作；反之，某事与教育或文化有重大关系，而公司要受较大损失者，也只得弃之。换句话说，我们只求于营业中，发展教育及文化，于发展教育文化之中，维持营业。”[②]

近代出版界义利观的转变，是整个社会价值观转换的缩影。伴随近代资本主义工商业发展、民族危机加剧以及重商思潮兴起，传统义利观在近代中国受到质疑与批判，最为突出的一点是认为追求私利（个人利益）具有合理性。这一观点在魏源、薛福成、陈炽、康有为、何启、胡礼垣、严复等人的著作当中清晰可见，并在报刊中得以广泛传播。作为深具影响力的杂志，《东方杂志》1907年曾发表《论中国儒学之误点》一文，批评“儒家言恒多误点，其大为人心风俗之害，至于今而不可救药者，则讳言利之说是也”。作者还指出“义者，利之因；利者，义之果。必能和义而后为无害之利，必能得利而后非孑孑之义。义利者，一合而不稍离，故凡真正利己之道，未有与道德相违反者”[③]。可见，在近代特殊背景下，人们对义利之辨有了新的认识，

①郑振铎.郑振铎全集：第三卷.石家庄：花山文艺出版社，1998：94-95.
②钱炳寰.中华书局大事纪要（1912—1954）.北京：中华书局，2002：112.
③蛤笑.论中国儒学之误点.东方杂志，1907，4（6）.

生活于这个时代之中的编辑出版人，自然也不例外，而出版作为一种商业行为，其参与者的义利观又会受到近代商人群体义利观的影响。按照学者朱英的说法，以张謇、周学熙为代表的晚清中国第一代新兴商人中，由于自幼受传统儒学的教育与熏陶，因此义利观在很大程度上仍受到中国传统儒家伦理的影响。不过，这一代商人所追求的义有了新的内涵，即最大的义不是恪守封建伦理道德，而在于通过发展工商实业，为救亡图存、富国利民尽自己的一份力。[①]依据其受教育情况，以张元济、蔡元培、严复等为代表的这一批出版人均属于“第一代”，故而有中国第一代新式商人的特点，即普遍具有爱国之心，并且将救国视为大义。至于第二代新式商人，由于更多地接受西方文化的教育与熏陶，较少受中国传统文化的影响，其义利观以及整个思想观念较诸西方商人虽仍有差异，但已日趋接近，表现在对利润的追求日益强烈。但是，“对利润的孜孜以求，并不意味着近代中国的商人都已经对义弃如敝屣，实际上不少商人仍然对义较为重视”[②]。考察第二代出版人的义利观自然也应作如是观。

第二节 编辑职业化的推进

与中国古代出版业相比，近代出版业的显著特征之一就是编辑职业的出现，以及编辑在整个出版行业中重要性的凸显。在中国传统社会，儒家知识分子反对职业化与专门化。“在儒家眼里，匠人即使借助他的社会功利价值也不能提高真正积极的尊严。因为，‘君子不器’，就是说，他在适应世界的独善其身的过程中，始终是终极目标，而不

①朱英.近代中国商人义利观的发展演变.开放时代,2000(11):51-55.

②朱英.近代中国商人义利观的发展演变.开放时代,2000(11):51-55.

是任何事务性目的的手段，这是至关重要的。儒家伦理的这个核心命题反对专业化，反对近代的专业科层和专业训练，尤其反对为营利而进行的经济训练。”[①]“他们是全整意义上的‘业余爱好者’，和人文文化的娴雅的继承者。他们对进步没有兴趣，对科学没有嗜好，对商业没有同情，也缺乏对功利主义的偏爱。他们之所以能参政，原因就在于他们有学问，但他们对学问本身则有一种‘非职业’的偏见，因为他们的职责是统治。”[②]这种对非职业化的推崇也导致古代知识分子从事编辑出版工作多属业余性质，少有专门从事此项事业以养家糊口者，因此他们都不是社会职业意义上的编辑。

所谓职业化，“一是职业，即个人通过该项工作获得主要生活来源。二是职业化，职业化主要是指一定群体在一定社会中共同从事同一类、同一性质的工作，这种工作不但具有普遍性和稳定性，并且具有社会职业的连续性，真正形成社会学意义上的阶层”[③]。只有到了近代，随着资本主义生产方式在出版业广泛运用，知识分子在编辑岗位上实现生存与理想的完美结合，编辑的职业化才最终真正确立。编辑职业化的萌芽出现在19世纪八九十年代，当时一些较大规模的石印书局，如点石斋印书局、同文书局、积石书局、鸿宝斋书局等，多聘请翰林出身的文士主持校订工作，分校人员也都是举人或秀才出身。陆费逵在《六十年来中国之出版业与印刷业》一文中就说：“当时的石印书局，因自己不编译，专翻印古书，所以没有什么编译所的名称。大概在发行所或印刷所另辟一室，专从事校阅。总校一人，一定要翰林或进士出身，月薪三十两白银。分校若干人，举人或秀才出身，月薪

①马克斯·韦伯．儒教与道教．王容芬，译．北京：商务印书馆，1995：298.
②列文森．儒教中国及其现代命运．郑大华，译．北京：中国社会科学出版社，2000：16.
③陈阳凤，梅莉．中国编辑职业化考．出版发行研究，2000（5）：29-30.

十两白银左右。”[①]这些石印书局所设的校阅部门虽然算不上现代意义的编辑（译）所，但是其重视编校质量却与编辑（译）所的设立初衷相同。19世纪末20世纪初，西学知识翻译出版的需求强劲，导致编译所制度出现并渐渐流行。

在创设编译所的热潮中，商务印书馆编译所起到了踵事增华的作用。1903年，商务印书馆编译所正式成立，商务印书馆创始人夏瑞芳聘请张元济担任所长，张氏为商务印书馆编译所广纳贤才，先后聘请高梦旦为国文部主任，蒋维乔、庄俞等为国文编辑，又依蔡元培的推荐，聘杜亚泉为理化数学部主任，主要从事教科书编辑。商务印书馆编译所在图书编辑方面有许多创新，如鉴于以往教科书“为教席者，以授课之暇编纂之，限于日力，不能邃密”，商务印书馆编译所决定采用“圆桌会议”的方式集思广益，进而确定编辑原则和方法，“由任何人提出一原则，共认有讨论之价值者，彼此详悉辩论，恒有为一原则讨论至半日或终日方决定者”[②]。在具体编辑过程中也十分注重编辑质量，有时甚至为一字优劣而争论不休。[③]经过职业编辑精心打造的教科书自然极受市场欢迎，如1904年出版的《最新教科书》一上市就受到读者青睐，《最新国文教科书》第一册出版后不到两周即销售了5000余册。受商务印书馆《最新教科书》成功的影响与鼓舞，当时的书业同行们纷纷跟进，仿效设立编译所，进军教科书市场。

近代知识分子担任职业编辑，不可否认有现实生计的考量。众所周知，中国传统社会中读书人的谋生之路极其有限，旧式士人的出路除了少数人做官之外，有的只能混迹于幕府和衙门，充当幕僚、书办

①陆费逵.陆费逵文选.北京:中华书局,2011:393-394.

②蒋维乔.编辑小学教科书之回忆//商务印书馆.商务印书馆九十年1897—1987——我和商务印书馆.北京:商务印书馆,1987:57.

③蒋维乔.编辑小学教科书之回忆//商务印书馆.商务印书馆九十年1897—1987——我和商务印书馆.北京:商务印书馆,1987:61.

或教职，成为政权机构的附庸；出身于富有之家的可在家乡成为乡绅，包揽钱粮、诉讼、宗族和地方事务；清寒之家的士人多数则充当教师；住在城镇的士人亦有兼营工商实业者。[①]然而，1905年科举制度废除，传统进身之路被阻断，知识分子不得不在科举体制之外寻找人生出路，除了经商或成为科学技术的专门人才（如从事现代教育事业）外，进入报馆或编译所从事职业编辑也成为其选择之一。进入民国之后，进入出版机构担任编辑的知识分子数量增加，如商务印书馆编译所从1903年至1930年的28年间共计进用编译员1362人，[②]中华书局创办后即大量招揽人才，1912年10月招考录取编辑、事务学习员等31人，[③]到1913年4月中旬时编辑人员就已经增至七八十人。[④]在当时就业困难的背景下，出版业为知识分子提供了赖以谋生的岗位以及相对良好的待遇条件。以商务印书馆编译所为例，民国初年大学生进入商务印书馆编译所，通常试用半年，合格后正式录用，起点月薪30元，此后惯例是每年增加10元。至于有过工作经验或留学经历的知识分子，商务印书馆给予的薪酬则更高，留学欧美的毕业生起薪能达到每月200—250元，留学日本的毕业生起薪可达每月120—150元。到了20世纪20年代，国内大学生进入商务印书馆，起薪也可达到每月60元，并且每年增加10元或20元。20世纪30年代，国内大学生入馆起薪上升至每月80元。这是普通编辑的薪酬水平，资深编辑或者居于管理层的编辑则工资水平更高。也正因如此，当时有许多年轻人都希望能够进入出版企业工作，如《励志杂志》曾载有1926年9月27日商务印书馆编译所招考情况："本所需添职员二三人，平时介绍及自荐者颇多……约计

①章开沅.中国近代史上的官绅商学.武汉：湖北人民出版社，2000：660.

②郑聚元.中国编辑观念的进化.出版发行研究，2003(3)：34-39.

③钱炳寰.中华书局大事纪要(1912—1954).北京：中华书局，2002：4.

④钱炳寰.中华书局大事纪要(1912—1954).北京：中华书局，2002：8.

报名人数，女生占十之七，男生占十之三，过于拟取名额不下十余倍之多云。”[①]

但我们更应看到近代职业编辑群体身上所展现的“岗位意识”[②]。正如陈思和所言，“民间岗位”具有两层含义，第一层含义就是虽然编辑出版工作只是一种谋生手段，但是近代职业编辑群体将自身的人文理想寄寓在这份工作之上，且不会为了追求物质利益而放弃此种人文理想。例如一生都在从事出版工作的张静庐就说“出版家的精神堕落，这趋势比纯以赚钱为目的更为可怕”，对于出版人而言，“‘钱’是一切商业行为的总目标。然而，出版商人似乎还有比钱更重要的意义在这上面。以出版为手段而达到赚钱的目的；和以出版为手段，而图实现其信念与目标而获得相当报酬者，其演出的方式相同，而其出发的动机完全两样。我们——一切的出版商人——都应该从这上面去体会，去领悟”[③]。而生活书店创始人邹韬奋亦言：“因为我们所共同努力的是文化事业，所以必须顾到事业性，同时因为我们是自食其力，是靠自己的收入来支持事业，来发展事业，所以必须同时顾到商业性。这两方面是应该相辅相成的，不应该对立起来。”[④]亚东图书馆在新文化运动中声名大噪，其经营者汪孟邹常常挂在口头的一句话就是——与其出版一些烂污书，宁可集资开设妓院好些。[⑤]语虽戏谑，但反映的却是近代出版人对人文精神的坚守。

近代职业编辑群体的人文理想还体现在对于社会的批评功能上。这一点在近代报刊编辑上体现得尤为明显，如梁启超在《敬告我同业

①馆事消息·招考职员.励志杂志,1926(3):99.

②陈思和.秋里拾叶录.济南:山东友谊出版社,2005:19-22.

③张静庐.在出版界二十年.南京:江苏教育出版社,2005:123,137.

④生活书店史稿编辑委员会.生活书店史稿.北京:生活书店出版有限公司,2013:63-64.

⑤汪原放.回忆亚东图书馆.上海:学林出版社,1983:207.

诸君》中就旗帜鲜明地说："某以为报馆有两大天职：一曰对于政府而为其监督者，二曰对于国民而为其向导者是也。"[①]《东方杂志》1905年刊发的《论中国书报不能发达之故》一文中说得更为直接："夫新闻为舆论之母，清议之所从出，左挈国民，右督政府。有利于社会者则鼓吹之，有害于社会者则纠正之。社会所疑，昭而析之；社会隔阂，沟而通之。有所褒，则社会荣之；有所贬，则社会羞之。此新闻纸之良知良能也。"[②]当然，近代编辑群体对批评功能的发挥，既有直接鼓吹与贬抑，亦有谲谏微讽，而后者的作用亦不能小视。例如鸳鸯蝴蝶派文人编辑群体，"锦心绣口，句香意雅，虽曰游戏文章、荒唐演述，然谲谏微讽，潜移默化于消闲之余，亦未始无感化之功也"[③]。对此，李欧梵曾给予很高的评价，他认为民国初年《申报·自由谈》作者以"游戏文章"的方式曲达民意，针砭时局，有效地发挥了对政治的批评功能。

近代职业编辑群体在编辑工作岗位上坚持人文理想，还只是"岗位意识"中最表层的部分，另一层更为深刻也更为内在的意义在于维系文化传统。以张元济为例，他在致傅增湘的一封信中就说："吾辈生当斯世，他事无可为，惟保存吾国数千年之文明不至因时势而失坠，此为应尽之责。能使古籍多流传一部，即于保存上多一份效力。吾辈炳烛余光，能有几时，不能不努力为之也。"[④]正是对传统文化的高度责任感，使得他耗尽一生精力在古籍保护和影印工作上。他先后主持编校、辑印的古籍主要有：《涵芬楼秘笈》线装80册；《四部丛刊》初

①梁启超.梁启超全集.北京:北京出版社,1999:969.

②鹤谷.论中国书报不能发达之故.东方杂志,1905:2(1).

③《眉语》宣言//魏绍昌.鸳鸯蝴蝶派研究资料:上卷·史料部分.上海:上海文艺出版社,1962:132.

④张元济.致傅增湘(1927年1月21日)//张元济.张元济全集:第3卷.北京:商务印书馆,2007:337.

编、续编及三编，线装3112册，另附书目1册；《续古逸丛书》47种；《道藏·续道藏》1476种，1120册；《百衲本二十四史》线装820册；《四库全书珍本初集》线装1960册；《丛书集成初稿》线装3467册；《国立北平图书馆善本丛书》线装70册；《影印元明善本丛书》10种；《孤本元明杂剧》线装32册；等等。[①]若无维系中国传统文化的责任感与使命感，这等卓越的成就是无论如何也难以实现的。

有了知识分子的大规模参与，出版业就有了充分的智力保障，同时也就有了可贵的出版精神和出版使命。

第一，视编辑出版为当今中国之急务。甲午战争以后，中国面临瓜分之祸，救亡图存，迫在眉睫。以康有为、梁启超为代表的维新志士，高扬立宪旗帜，推动变法维新。《上海强学会章程》中，将译印图书、刊布报纸、开大书藏、开博物馆列为“最要者四事”。他们坐而言，起而行：办报纸，从《时务报》到《知新报》，从《清议报》到《新民丛报》，屡起屡仆，屡仆屡起；开书局，于1897年建（上海）大同译书局，1902年建广智书局[②]，1902年建横滨大同译书局。维新派的编辑出版活动不啻是一种很好的示范，还形成了知识社会的一种思潮，开创了知识分子通过言论干预现实政治的出版新传统。就这样，出版与国家兴亡有了深入关联，出版与开启民智有了密切关系，出版与民主革命有了直接瓜葛，出版与科学启蒙有了坚实呼应。在清末数以百计的出版机构名单中，已无法确切分清哪些是知识分子使命感的产物，哪些仅是生意人的一时之兴，而有时这两者又确实难以判定。清末最后十余年间编辑出版界涌现的大量有关“亡国史鉴、维新宪政

①詹文君.略论近代出版家张元济在传承传统文化方面的贡献.历史教学问题，2007(1):72-73,20.

②关于广智书局的成立时间有多种说法,按照广智书局原始股票的记载,广智书局正式成立于1902年1月1日,本书认同这一说法。

史、革命史、独立与建国史”[①]的译作，虽是时代救亡图存和民主革命的需要，也可看作编辑出版人和翻译者自主选择的结果。

第二，视编辑出版为安身立命之所在。古代知识分子有余钱而投入刻书事业，多出于一种文化雅好和学问崇尚，谈不上有多少营利性目的，因而与谋生基本无涉。像明代后期冯梦龙、凌濛初那样与身坊刻市场，做职业编辑和职业出版人的文人，毕竟是少数。而到了近代，这种少数一下子变成了多数。科举路绝，知识分子谋取生存的方式正发生前所未有的改变，而投身于编辑出版或从事著译活动，在日益蓬勃的书刊商品化市场大潮中，既能发挥自己的知识优势，又不失为一个现实可行的生计选择。近代社会结构的剧变，直接孕育了新一代职业出版群体，他们或自己投资经营，或入局替人编书，用一己之长，在知识的生产与传播活动中，谋取个人和全家的生活资料。

第三，视编辑出版为实现人生价值的职业。明代冯梦龙为坊刻主编辑图书，在当时被人视为落拓文人不得已的营生。这种观念代表着传统社会的主流价值取向，沿袭多年。当初，王韬、李善兰他们在墨海书馆编书译书，同样因不被世人所重而愤世嫉俗，郁郁不得志。王韬的日记记载了他们“愁则饮酒，醉则高歌，闲则狎妓，怒则大骂，闷则长啸”的狂士形象。[②]1901年，梁启超还在感慨新闻出版“不为世所重，高才之辈，莫肯俯就”[③]。然而，随着科举制度的最终废除，传统知识分子赖以生存的学统迅速走向土崩瓦解，传统士大夫开始向现代知识分子过渡。而现代知识分子与传统士大夫的本质区别就在于，前者“并不能被垄断教化，他们来自各个阶级，虽然他们依然可能和

①邹振环.晚清西书中译及对中国文化的影响//叶再生.出版史研究：第三辑.北京：中国书籍出版社，1995：27.

②熊月之，张敏.上海通史·晚清文化：第6卷.上海：上海人民出版社，1999：121.

③梁启超.本馆第一百册祝辞并论报馆之责任及本馆之经历.清议报，1901(100).

政治有密切的关系，但他们中的大多数可以在以往‘学而优则仕’的正途之外获得生存，他们以知识、思想和文化的生产和传播作为职业”[①]。在这种情况下，社会对编辑出版的职业观念也随之发生了重大改变。由此，知识分子参与编辑出版，也变得更加普遍和自觉。编辑出版既成为他们谋生的归宿，又是他们实践理想的平台。当1898年张元济受到了“革职永不叙用”的处分，如果说他南下上海、到南洋公学译书院任职，还仅是一种不得已的权宜之计，那么他1901年加入商务印书馆，则是经过深思熟虑后的自主选择。“昌明教育平生愿，故向书林努力来”，他确实在编辑出版中，看到了规划人生取向、实现人生价值的契机与可能。

知识分子凭借职业化而形成了出版业的近代知识群落，成为近代编辑出版的主角。他们有自己的使命与责任，他们与同样职业化的商人的根本区别，不在于是否从事营利的出版业，而在于能不能够依循文化理想和学术传统对社会人生尽一种道义。[②]他们在政治激情、理想怀抱、精神追求或文化寄托中，赋予近代出版以商业之外的编辑精神价值，并最终在出版物中留下文化的痕迹。当他们中的某些人，或是有机会，或是自身有经营头脑，将商业与文化有机结合起来，就会产生一个以强大经济实力为基础的出版文化企业，进而对社会文化的发展作出更大的贡献。

①高瑞泉.近代价值观变革与晚清知识分子//高瑞泉，山口久和.中国的现代性与城市知识分子.上海:上海古籍出版社,2004:28.

②陈思和.试论现代出版与知识分子的人文精神.复旦学报(社会科学版),1993(3):44-49.

第三节 编辑部门核心地位的确立

清末十年，是现代出版分工和社会化大生产付诸实施的开创时期。编辑和发行，作为现代出版流程中的两大关键环节，逐渐从印刷中分离了出来。与此相应，出版机构的部门设置，开始按照编、印、发流程，逐渐走向细化。20世纪初期，留日大潮中的一些中国留学生成立译书汇编社、教科书译辑社等编辑出版机构，设编译处于东京，设发行所于上海，如此编、发异地分离，当然属于特殊时期的特殊情况。同期的国内出版机构亦感到分工必须细化。据包天笑《钏影楼回忆录》一书记载，当初商务印书馆经理夏瑞芳有意加大图书出版活动，曾问讯于金粟斋译书处的包天笑，包的一席建议让夏瑞芳萌生了设立编译所，并请张元济主持编译事务的具体想法。①出版部门专设编辑部（或称编译所），意味着编辑方式从传统编著合一到现代编著分离的正式过渡，在编辑史上具有标志性意义。在现实出版生产实践中，编辑部因能更好地组织新书的选题、组稿和加工工作，适应了新时期新书出版源源不绝的发展需要，而成为出版机构中不可或缺的主要部门。

到了民国时期，编辑出版分工更加细密。例如商务印书馆这样的大出版机构，在其1931年的编译所，出版物按类型分为三大部分：一般图书、工具书、期刊。上述图书组又按照学科分为不同的小组。

民国时期的出版工作，大而言之，可分为两大块，一为编辑出版，一为营业推广。如何推进营业，自然是总经理的分内之事。不少书店的总经理兼任营业部主任，有些书店甚至不设营业部主任一职，营业之事，完全由总经理总揽。而作为书店营业基础的编辑出版，虽有总经理兼任总编辑者，但大多数书店则延揽专人专任其事——大书局多称之为编译所或编辑所所长，中小书局则称为总编辑或编辑部主任。

---

①汪家熔.商务印书馆史及其他.北京:中国书籍出版社,1998:12.

一个书店大至出版方针的制定，小至图书选题的确立，均为总编辑的职责所在。总编辑的个人知识背景和兴趣喜好，往往孕育为书店的出书路数和个性化风格。在开明书店发展初期，章锡琛从《妇女杂志》的主编转为《新女性》的主编，他在妇女问题上的浓厚兴趣，使当初开明书店这方面的出版物颇见付印，而到夏丏尊主持开明书店编辑部后，夏氏原本中学教师的身份，把开明书店带入中学生读物出版新领域，以《中学生》为代表的书刊被大批中学生所捧读，开明书店借机雄起；新生命书店编辑部由陶希圣、樊仲云等先后主持，因而关于中国问题及国际政治经济的书籍出版得最多；黎明书店的孙寒冰、伍蠡甫负责编辑部多年，于是有关政治经济的书籍，尤其是大学教本与英文文学书出版了不少。正因为总编辑如此重要，各书店无不十分重视总编辑的人选，除了学识才情需要考虑外，不少总编辑或是原本就是与书店极有关系之人，或是聘用后即成为书店股东与董事。民国时期书店总经理一职常见有易手者，而总编辑的地位则相对稳定。①

总编辑分管的编辑部（所），是出版企业知识含量最高的部门，为企业运转提供最为关键的智力资源，因而也成为书店中人才最为集中的单位。民国时期成功的出版企业，无不网罗了一大批学有所专、学有所长的编译人才。商务印书馆的编译所人才中，举其大者有张元济、高梦旦、王云五、杜亚泉、陆尔奎、孟森、章锡琛、颜惠庆、胡愈之、陈叔通、沈雁冰、蒋梦麟、谢六逸、杨贤江、郑振铎、周建人、杨端六、朱经农、竺可桢、周鲠生、陶孟和、顾颉刚、叶圣陶、胡寄尘、陈翰笙、张明养等人；在中华书局编辑所内先后任事的，也有范源廉、徐元诰、缪文功、姚汉章、潘武、李廷翰、赵秉良、庄泽定、李登辉、王宠惠、杨锦森、沈步洲、沈颐、戴克敦、顾树森、屠元礼、李步青、张士一、黎锦晖、张相、王人路、沈彬、董文、吕伯攸、陆衣言、金

①李衡之.书店杂景.申报.1935-11-28.

兆梓、朱文叔、钟衡臧、郭后觉、蒋镜芙、张鹏飞、杨干青、吴启瑞、乐嗣炳、陈醉云、易作霖、黎明、沈问梅、陈启天、余家菊、左舜生、田汉、舒新城、徐志摩、武堉干、朱稣典、马润卿、钱歌川、周宪文、倪文宙、姚绍华、桂绍盱等文化精英；开明书店的编辑所名单中，曾云集夏丏尊、邵力子、范寿康、范洗人、叶圣陶、丰子恺、王伯祥、徐调孚、贾祖璋、王鲁彦、周予同、金仲华、顾均正、傅彬然、宋云彬、胡仲持、吕叔湘等专家学者。他们或是由熟人朋友引荐介绍，或是由书店直接物色聘请，或是经招考择优选拔录用等多种途径，进入到出版机构这一知识核心部门，担任着选题组稿、编辑加工，乃至著述编译等日常工作。

编辑们的平均薪水，一般高于其他部门，即便跟社会其他行业相比，也略处上风，所以才会有众多优秀人才被吸引到书店里做“为他人作嫁衣裳”的编辑工作。当然，各书店之间由于经济实力、资本性质、规章制度等方面不同，编辑人员的物质待遇颇见差别，如同为大书局，商务印书馆编辑的平均薪水就要略高于中华书局①；而吴朗西等文人合伙创办的文化生活出版社，总编辑巴金完全义务劳动，其他编辑们所拿的工资，也聊以糊口而已②；创造社大将郭沫若一度给泰东图书局操觚编书，店家与之既无合同聘约，工作报酬亦少，数目还不确定，且只能零星支取，这种毫无规章可循的“江湖式”做法③，最终导致了劳资双方的彻底决裂。另外，过去同一出版机构的编辑人员之间，由于资历出身、工作能力、背景来头等因素的差别，店家所给予的待遇亦大为悬殊。以1921年商务印书馆为例，编译所内有月薪高达350

①钱歌川．回顾五十年//中华书局编辑部．回忆中华书局：上编．北京：中华书局，1987：102.

②李济生．我所知道的文生社．出版史料，1984(3)：33-39.

③郑伯奇．忆创造社//饶鸿竞，等．创造社资料：下册．福州：福建人民出版社，1985：853.

元者，也不乏月薪30元以下者，薪金的差别在10倍以上。[①]而那些大书局聘用的兼职编辑、店外编辑和名誉编辑们，也许为书局干的实活并不多，可拿的薪酬反而比一般专职编辑要高，这是他们在学术文化界的显著号召力，或是身处政府要害部门的不寻常身份，被出版者相中而有意加以结交的结果。

通过各种途径进入出版界的编辑从业人员，在市场化的资本主义雇佣方式下，表现出自由流动的特点。合用则留，不合用则走，是资方用人的基本准则。商务印书馆自王云五掌管编译所后，因其喜用海外留学新人而将一批老编辑打发；中华书局每到年中6月和年底12月，也要按公司章程辞退不合格人员。[②]当然，若非时局紧张或大的人事变动，每年被辞退的仅占很小一部分，毕竟，培养一名熟悉业务的编辑出版人才不易，再说，工作的延续性也不宜经营者陡然间做出大动作。而那些受雇的员工同样有权反方向拣择雇主。人员流动的自主与灵活，既表现于不同行业间的此进彼出，如编辑在身份角色上往往在教师、学者，乃至政府官员等职业间频繁互换；也表现在同一行业内的你来我往——职员中朝秦暮楚者固然不乏其人，因见猎心喜或不满于现状，摇身一变而为新开张书店老板者，也所在多有。[③]

人员流动的双向选择，一方面增加了就业者的压力意识和职业危机感，有利于经营者对员工管控利用，提高效率；另一方面也培养了出版者重视人才、培养人才的风气，有利于形成人才竞争的良性循环

①胡适1921年夏间应邀考察商务印书馆时，曾对其编译所169人的月薪做过一统计，参见：胡适．胡适的日记．北京：中华书局，1985：152.

②吴铁声．解放前中华书局琐记//中华书局编辑部．回忆中华书局：上编．北京：中华书局，1987：80.

③李衡之．书店杂景．申报．1935-11-14．具体的例子如梁溪图书馆的黄济惠，群众图书公司的方东亮，光华书局的沈松泉、张静庐，儿童书局的张一渠等，均是先在泰东图书局供职，而后自办书店的。

机制。民国时期成功的出版企业，为了留住优秀编辑人才，采用了不少行之有效的应对措施。像商务印书馆、中华书局、开明书局这样的出版企业，之所以在竞争如林的环境中脱颖而出并立于不败之地，高度重视编辑人才的发展观是最为重要的因素之一。

第四节　编辑流程的重要环节

一、选题

选题是出版流程的起点，也是影响出版物质量的主要环节。决定出版者确立选题的因素是多方面的：对时代趋向的预测，对目标读者的定位，对市场需求的估计，对自身出版风格的塑造等。民国时期图书选题的操作，与现在并没有什么大的不同，既有许多追逐市场的跟风型选题，亦有在模仿基础上的改进提高型选题，同时也不乏引领潮流的创新型选题。选题的好坏，反映着编辑的学识眼光和市场嗅觉，并最终从出版物的文化价值和市场效益两个方面体现出来。

由于各书局的编辑人员素质、规模组织大小、编辑出版方针等因素不同，其选题的范围、选题的重点与选题的质量也往往有较大差别。一般而言，大书局出书综合性强，编辑力量雄厚，选题的范围既广，质量也较有保证。商务印书馆作为当时全国最大的出版机构，出书以激荡潮流自居，兼之网罗了一大批高精尖的编辑人才作为后盾，其选题的创新水平与策划含量大大高出当时的同行。商务印书馆在近代出版界能冠诸群雄而不倒，与其图书选题总体上的保持领先有着密切的关系。中华书局的编辑力量稍弱于商务印书馆，选题自主开发能力也不及商务印书馆，但它善于借鉴他人成功选题的思路，并注重进行改进提高，因而也取得了成功。例如，中华书局1936年出版的《辞海》，较之商务印书馆1914年出版的《辞源》，可谓后出转精：《辞源》用句逗，《辞海》则用新式标点符号；《辞源》引用书证只注书名，而《辞海》引用书证注篇名，从而给读者查证提供了更大方便。

近代资本主义市场经济条件下的出版竞争十分激烈，一些实力较弱、规模较小的书局为了在夹缝中求生存，往往刻意在选题上独辟蹊径，如开明书店的《开明活叶文选》，选题思路着意于选文范围的精广和装订形式的灵活多样，其"因班因人制宜"的特点，使其出版后受到广大中学生的欢迎，由此开辟了开明书店教科书编辑出版的坦途。再如，亚东图书馆的标点本白话小说，率先使用标点符号并分段，外加仔细校勘和附录考证，既符合时代潮流，又突出学术意味，成为亚东图书馆当年的畅销书和多年的长销书。一些中小书店在某一类图书选题上耕耘既久，则往往能形成自家编辑出版特色，如光华书局、现代书局的文艺类图书选题，儿童书局的少儿类图书选题，勤奋书局的体育类图书选题，竞文书局的英语类图书选题，武昌舆地学社的地图类图书选题，新文化书社、中西书局的标点书图书选题等，均形成各自的优势选题领域，所出图书受到当时读者的关注和认可。当然，也有不少书局，特别是那些没有实体的"皮包书店"，出书原本没有什么计划，选题往往见机行事，在市场跟风中分取一杯羹，在书海浪尖上载浮载沉，不为人所注意。

二、组稿

任何选题只有通过组稿才能落实。晚清和民国时期的稿件来源，主要有作者自投稿、关系推荐稿、书局征稿、书局约稿、编译所内部稿五种形式。其中，编译所内部稿是当时特有且较为普遍的出版现象。过去商务印书馆、中华书局等大书局的教科书、工具书等的编写，往往由编译所内编辑人员在职务工作时间完成。这样的稿子，时称内稿。

内稿编辑有署名权，而其他版权则归于书店。商务印书馆自1932年一·二八事变后，采用编审委员会取代原来的编译所，稿件才全部改成外稿。而中华、开明等书局的编辑所则一直保留下来，所以内稿在民国时期的著作稿件构成中，一直不曾中断过。至于民国时期的其他四种稿件来源形式，与现在的出版情形类似，只是在不同历史时期各自的比例不同而已。

有一流的作家才会有一流的出版物，有一流的出版物才会造就一流的出版社。民国编辑出版史上几个著名的编辑出版机构，无不注重联络作者，广交人才，在自己周围团结一大批站在时代前列、有真才实学的著译家队伍。中华书局总经理陆费逵明确提出“作者是衣食父母”的主张。在编辑出版实践操作中，中华书局从不拖欠作者的稿费，对作者的约稿恪守信用，稿成以后即使不能出版，也要说明理由，并酌情支付稿费。中华书局的诚信作风赢得了作者的信任，不少作者多次把书稿交给中华书局出版，大大稳定和丰富了稿件的来源，保证了书稿的质量。世界书局总经理沈知方善于用高稿酬吸引作者。20世纪20年代鸳鸯蝴蝶派当红作家严独鹤、不肖生（向恺然）、施济群、江红蕉、王西神、沈禹钟、程瞻庐、程小青、李涵秋、姚民哀、朱瘦菊、许指严、陆士谔、张恨水、赵苕狂等人，之所以源源不断地给世界书局供稿，“盖世界书局对作者所致报酬极为优厚”[①]。

民国时期的组稿活动，是在对著作权已形成社会共识的前提下进行的。出版者与作者之间，或签有书面上的合同，或达成口头上的协议。根据双方约定，作者可将书稿一次性卖给书店，版权归书店，以后印多还是印少、重印或者不印，均与作者无关；作者也可选择抽取版税的方式[②]，版权归己或与书店共有。无论是一次性卖稿还是分批性

①朱联保.关于世界书局的回忆.出版史料,1987(2):55.

②民国时期的版税率,通常在10%至20%不等。

版税，民国时期除梁启超、胡适、鲁迅和林语堂等少数大家外，真正依赖稿费即可谋生者凤毛麟角。在这种环境下，编辑出版家对作者的温情关怀常常令人难忘。有不少作者靠出版社借支稿费渡过生活难关。得到过文化生活出版社帮助的剧作家曹禺有这样的回忆：“那时穷呗，有时就跑到出版社去吃饭，‘打牙祭’嘛。”[①]孤傲固执的才子朱湘常常衣食无着，赵景深多次给予其帮助。赵景深在开明书店当编辑的时候，认识了作为作者的朱湘。朱湘投江自尽后，也是赵景深帮助朱湘的家属料理后事，整理出版朱湘的遗稿，并将版税转交给了他的遗孀，体现出一位厚道的编辑对作者的爱护和同情。[②]良友图书印刷公司编辑赵家璧出版丁玲的作品《母亲》时，丁玲正身处狱中，版税不能自取，赵家璧则将全部版税分批汇寄给丁玲的母亲，解决了丁母生活困难的问题。赵家璧策划的《一角丛书》《良友文学丛书》和《中国新文学大系》等文学丛书，之所以屡屡得到诸多名家支持，产生较大影响，正是他对作者细微体贴的结果。他曾经总结说：“得不到作家的支持，编辑将束手无策，一事无成!”[③]

在战争年代，有些编辑为了保护作者的稿件，甚至不惜冒生命危险。端木蕻良的第一部作品《科尔沁旗草原》交给开明书店出版时，正赶上八一三事变，日军炮火烧毁了开明书店的印刷厂，当时开明书店的出版部主任徐调孚冒着大火冲进印刷厂排字房，救回了部分原稿，其中就有端木蕻良的这部作品。文化生活出版社总编辑巴金，为了能够让亡友罗淑的作品传世，1938年不顾日寇飞机轰炸的危险，含泪整理、抄写罗淑的作品，终于使罗淑的著作得以付梓，在编辑出版史上留下了可歌可泣的佳话。

①纪申.记巴金及其他:感想·印象·回忆.银川:宁夏人民出版社,1994:131.
②赵景深.记朱湘//赵景深.我与文坛.上海:上海古籍出版社,1999:179-180.
③赵家璧.编辑忆旧.北京:生活·读书·新知三联书店,1984:29.

编辑与作者的宝贵情谊，还表现在对新人的发现、培养和扶持上。古人有伯乐和千里马的故事，民国编辑出版史上也有不少编坛“伯乐”的事例。如宗白华“发现”郭沫若，叶圣陶“发现”巴金、丁玲，巴金“发现”曹禺等。编辑的“发现”和赏识，给原本默默无闻的作者以莫大的精神鼓励。多年后，已成为著名作家的丁玲在回顾自己的文学道路时，对当初叶圣陶从来稿中慧眼识珠，相中了她的处女作《梦珂》，并在《小说月报》头版位置予以发表的举动表达了内心的感激：“要不是您发表我的小说，我也许就不走这条路。”①既出书又出人，体现了出版对文化发展的双重贡献。而作者的茁壮成长，又反过来哺养着出版业自身，两者相辅相成并相互促进，推动着出版文化和出版经济的协同发展。

当然，在民国时期，并不是所有出版社都能和作者建立起互信关系的，伯乐也并不常有，拖欠、克扣作者稿酬的事情时有发生。民国时期一些文人作家因不满于书商的“薄待”而自作自印或自办书店的，并不在少数。张静庐说，“一般的新书店的老板，十个老板九个穷”，出版者生存之不易，大概是作者受到“薄待”的一条客观上的原因吧。②

①徐登明.编辑出版家叶圣陶.北京:中国书籍出版社,1994:32.

②陆费逵在《六十年来中国之出版业与印刷业》一文中,也承认当时中国作者稿酬低至通常的每千字两元至四元,不利于作者安心从事著作的事实。但另一方面,他又强调了出版家的难处:“或以为薄待著作者,一定肥了发行者,但是发行者得利之书很少,蚀本者很多。每一书坊开若干年,只剩些不销之书籍和无着落之欠账,便不得不关张了。前清末年的许多书坊至今存在的差不多只有商务印书馆和广益书局几家。其余不是关门,便是出盘。即民元开办的中华书局,艰险备尝,慎重紧缩,股东在近十七年中,或无利,或得利一二,最多一年只四厘。办事人待遇也很薄,苦了二三年,总算勉强站住了。其他与中华书局先后开办的,现在一家都不存在了。试问如此情形,资本家和事业家谁肯来经营这种事业呢?”

三、装帧设计

装帧设计作为出版流程的环节之一被固定下来，是在五四运动以后。中国古代的图书装帧，从简策装到线装，经过了千余年的历史演变。到了1908年，随着石印、铅印技术的广泛应用，书籍装帧也相应发生新变化，如在线装书的书衣上舍去书名签条，改排铅字，或用书法题写书名。到20世纪初，有些书的封面上开始出现装饰花边的框线，封面纸变换不同颜色等。到清末民初之际，铅印本书刊的外在形式受到日本的多方面影响，弃线装而为平装，封面和封底出现了诸如美女肖像、文房四宝、花卉鸟兽、香炉如意、火车轮船、西洋人物等图画装饰。鸳鸯蝴蝶派的出版物多年来就保持着这种流风余韵。[①]这些虽说幼稚但却是相当可喜的变化，为现代书籍装帧艺术的建立准备了条件。

轰轰烈烈的五四运动在推动出版业迅猛发展的同时，也极大促进了书籍装帧艺术的巨大变革。鲁迅和在他引导下成长起来的青年装帧设计家们，在书刊装帧实践中勇于创新，大胆尝试，从技术手法到艺术形式，既借鉴吸收外来影响，又注意继承民族传统，从而使中国的书籍装帧艺术迈入了一个历史新纪元。从五四运动到七七事变以前这段时间，可以说是我国现代书籍装帧艺术史上人才辈出的时期。

陶元庆在鲁迅的鼓励下，以新颖手法为新文艺书籍作装帧设计。他博采众长，融国画、西画、图案于一炉，其装帧设计的《苦闷的象征》《彷徨》《坟》《朝花夕拾》等著作，幅幅见功力，幅幅具特色，深得鲁迅的赞许。丰子恺以漫画制作封面堪称首创，而且坚持到底，影响深远。陈之佛从给《东方杂志》《小说月报》《文学》设计封面起，到为天马书店作装帧，坚持采用近代几何图案和古典工艺图案，形成

①姜德明．书籍装帧的艺术魅力//姜德明．新文学版本．南京：江苏古籍出版社，2002：23.

了独特的艺术风格。钱君匋运用过各种主义、各种流派的创作方法，但始终没有忘记装帧设计中的民族化方向。[①]其他如司徒乔、孙福熙、王青士、徐悲鸿、林风眠、庞薰琹、倪贻德、关良、张光宇、叶浅予、黄苗子等人，在书刊装帧设计上都形成了各自的个性化风格。

这一时期除了画家们的努力以外，还有不少作家本人也投身到书刊的设计创作中。作家中常设计封面的，除鲁迅外，还有闻一多、叶灵凤、沈从文、胡风、巴金、艾青、卞之琳、萧红、邵洵美等人，他们主要为自己的作品设计封面，也为别人的版本做装饰，如闻一多为新月书店，叶灵凤为创造社出版部，邵洵美为时代图书公司等，都设计过多种封面。他们当中不少人曾学过美术，有的仅出于爱好，设计往往不在专业水平之下。胡风为《七月文丛》《七月诗丛》设计的封面，喜欢选用相关的外国美术作品作装饰；卞之琳则依靠铅字的组合变化来设计封面，并自称受了法兰西派装帧风格的影响。另外，如胡适、蔡元培、钱玄同、刘半农、叶圣陶、郭沫若、周作人、魏建功、郑振铎等学者名流，喜用各自的书法和名章装饰书衣[②]，显示出独有的民族化特色。作家学者们的深厚修养，给当时的书籍装帧界带来了一股浓郁的书卷气息。

随着现代书籍装帧艺术的成熟，以及人们审美水平的不断提高，装帧设计开始成为出版流程的环节之一，受到了各大小出版机构的高度重视。大书局如商务印书馆和中华书局等，都配有专门的书刊设计者。生活书店的郑川谷、莫志恒，开明书店的钱君匋，北新书局的郑慎斋等，亦成为各自书店相对固定的书刊设计者。中小书局由于人手有限，书刊装帧多假外手。丰子恺、叶灵凤、钱君匋、孙玉麟、方雪鸪、郑慎斋、杨超尘、糜文焕等人的装帧设计，在20世纪30年代初的

①姜德明.书衣百影.北京:生活·读书·新知三联书店,1999:1.
②姜德明.书衣百影.北京:生活·读书·新知三联书店,1999:1.

出版界一度享有盛名，他们成为各书店重要的购稿人选。孙玉麟甚至还与顾其城成立了“黑猫美术社”[1]，专门为各书店设计书刊。像文化生活出版社那样，由巴金、丽尼、陆圣泉、吴朗西等自家编辑自行设计封面的情况，在出版界也有一些，但并不普遍。

在书刊美术工作者和编辑的共同努力下，那个时期的出版物装帧呈现出不拘一格、百花齐放的特点。一般而言，大书局出版作风稳重，不尚冒险，表现在书刊装帧上，则偏向于严肃与规整，偶或请外面的美术工作者来设计封面时，才见有明显的变化。中小书局在市场夹缝中生存发展，出版作风相对新锐大胆，书刊装帧更趋向于新奇与变化，个性化特色鲜明——有的画风写意，不求具象，有的则手法写实，白描构图；有的以夸张的漫画，为世相写生，有的则以抒情的笔触，描人间百态；有的图案简洁而淡雅，弥漫着宁静之美，有的则色彩绚烂而生动，洋溢着生命的活力；有的以作家肖像入封面，意在凸显作家的地位，有的则取明星玉照作装饰，力图追踪时尚的风向；有的画风纤细，含蓄中浸润着书卷的气息，有的则笔墨潇洒，豪放中充满了抗争的力量；有的崇尚传统古典工艺图案，风格质朴，有的则照搬原书插图作封面，省事讨巧。正是这些手法不一、风格各异的书刊装帧艺术，把出版物百花园装点得异彩纷呈。

大小书局装帧设计风格的差异，与各自的书刊出版重点亦大有关系。社科文艺类的书刊，较之于教科书、工具书、古籍等出版物，在装帧设计上自然审美的要求更高，艺术创作的空间也更广阔。这一类书刊，恰是许多商业性中小书局的出版强项。新潮社、北新书局、开明书店、天马书店、新月书店、光华书局、现代书局、亚东图书馆、金屋书店、春潮书店、水沫书店、乐群书店、上海时代图书公司、良友图书印刷公司等这些在当时较为有名的中小书局，均以出版社科文

①小消息·封面画者一瞥.出版消息，1932(2)：23-24.

艺类书刊见长。因而那个时期许多新意迭出、可圈可点的装帧设计佳作，多出自这些中小书局之手，也就让人不觉得奇怪了。而大书局热心出版的教科书、工具书、古籍、学术著作等一类出版物，装帧风格表现出朴素与稳重的特点，亦是其内在设计思路的固有要求。类别不同，各宜其面。正是从这样的区别与划分上，我们看出那个时期的书刊装帧设计正逐渐趋向成熟。

这一时期书籍装帧的进步和成熟，还表现在整体书装设计意识的加强。不仅封面，还有封底、书脊、勒口、环衬、目录、衬页、扉页，甚至广告页等部件，都一同纳入设计者的视线范围；不仅图案，还有颜色、字体、版式，乃至材料、印刷与装订工艺等其他设计元素，均经由设计者之手组合变化，布局安排，不同的只是设计水平存在高低之别罢了。作为书籍装帧重要元素的插图，被运用得更加普遍，类型上也日渐丰富，提高了书籍内容的表现能力。除了传统的版画以外，人们在书籍中还能欣赏到照片、漫画、油画、水墨画、素描、钢笔画、碑文拓印等多种类型的插图，获得多样的视觉感受。在丛书的设计上，设计者多能顾及丛书集束性推出的特点，统一装帧，偶或有局部的变化，也是为了使整套丛书在保持醒目、大气的同时又不失灵动。

抗日战争爆发以后，随着战时形势的变化，全国实际形成了大后方、沦陷区和抗日根据地三大出版区域。战前出版机构印制封面所普遍采用的铜版和锌版技术，在战时的大西南和延安等地，因印刷设备和纸张供应大为不济，不用或用得很少。印刷条件限制了装帧的表现手法。而版画那种一块木版、一柄刻刀即可制版印刷的简单工艺，更能适应战时的恶劣环境，一时间被许多书籍设计者采用。在中华全国木刻协会等全国性版画团体组织的添砖加瓦下，木刻艺术空前繁荣，成为当时书籍装帧的一大特色。当时，版画中运用最多的艺术表现形式是漫画。漫画简单的笔触、生动的形象、讽刺的意味，为广大民众喜见。丰子恺、钱君匋、张光宇、丁聪、廖冰兄、余所亚、特伟、黄苗子、郁风、新波、梁永泰、朋弟等人，都设计过不少有特色的漫画封面。版画加漫画的表现手法，在那个战争年代里起到的战斗宣传作用，是十分引人注目的。

抗日战争结束后到中华人民共和国成立前，印刷条件较战时有明显改善，书籍装帧艺术又获得新的发展。在装帧设计者中，以钱君匋、丁聪、曹辛之等人的成就最高。老画家庞薰琹、张光宇、叶浅予、章西、池宁、黄永玉等也有作品问世。丁聪的装饰画以人物见长，曹辛之的作品则以隽逸典雅的抒情风格吸引读者。①

第五节　揭开著作权法新篇章

出版法制是影响出版业生存和发展的重要外部因素，“体现着政府对于出版赋予的自由幅度，构筑着一个时期出版业的制度空间，并且控制着出版业发展的升腾限度”②。自1906年清政府颁布《大清印刷物专律》起，我国近代新闻出版法治建设便正式拉开了序幕，具有近代色彩的出版法律法规与其他近代法律一起，构成了近代编辑出版业发展的法律环境，这是中国古代出版事业发展史上未曾有过的。

一、清末版权保护制度的确立

清末，随着新印刷技术的应用，出版成本大为下降，使得翻印更为快捷便利，也更加有利可图。傅兰雅在1898年7月1日的一封信中写

①姜德明.书衣百影.北京:生活·读书·新知三联书店,1999:1.
②汪耀华.中国近现代出版法规章则大全.上海:上海书店出版社,2018:3.

道："每一本有价值的书现在都在被人非法翻印。"[1]这种情况如果得不到及时有效的遏制，将极大损害出版者和著译者的利益。当时的出版机构不可能坐视不顾。教会出版机构广学会在光绪二十二年（1896年），民办出版机构东文学社在光绪二十五年（1899年），官办出版机构南洋公学译书院在光绪二十九年（1903年），都曾请地方官府颁布版权保护的告示。[2]这是自宋代有"禁例"以来，出版人对付翻印的老办法。传统的方式还包括在书上标明"版权所有，翻印（刻）必究"字样，这在以往各朝零星出现，而到清末则变得十分普及，几乎成了书籍通例。当报刊逐渐成为大众媒体，一些出版商借之登载自家的版权声明，或对某些造次者进行公开揭发和警诫。这是传统"版权声明"思路扩展到新兴媒体的表现，由此亦可看出清末时期出版者版权保护意识的加强。

尤为重要的是，这一时期西方近代意义上的版权观念被引进国内，并得到有效推广。最初的表现是以报刊研讨为理论先导，从学理上辨明国家版权立法的必要性，阐述版权与文明进步、版权与国家利益之间的关系。知名传教士林乐知在《万国公报》上，维新派领袖梁启超在《清议报》上，都发表了相应的文章。接着，商务印书馆在1903年11月出版《版权考》一书，介绍欧美各国的版权法要点，为版权保护制度在我国的实施宣传张目。同年，严复为其译作《社会通诠》的出版，与商务印书馆签订了我国出版史上第一份现代意义上的出版合同。该合同开中国近代版权实践之先河，第一次从法律意义上明确了作者与出版者双方的权利和义务，在我国版权史上具有里程碑的意义，它表明中国版权实践已开始了从出版商本位向著作者本位的转移，也表明了中国版权实践追随近代法治文明的潮流，终于走出封建文化专制

①费正清，刘广京.剑桥中国晚清史：上卷.北京：中国社会科学出版社，1985：632.
②李明山.中国近代版权史.开封：河南大学出版社，2003：14-18.

的铁幕，揭开了中国版权保护的新篇章。与此同时，一些民间出版组织和著作者个人还积极动用各方力量，推动清政府采取版权保护措施。著名翻译家严复、文明书局总办廉泉，都曾郑重上书清廷管学大臣张百熙，亟论版权保护对发展教育事业的巨大作用，要求政府注重版权，实施版权保护制度。

民间的呼吁和推动取得了实际成效。1902年，光绪皇帝敕令保护汪甘卿所著的《九通分类总纂》的翻印所有权；1903年5月，清政府江南分巡苏松太兵备道对南洋公学译书院译印的60余种书提出的“不许他人翻印……而保版权”的要求给予支持和保护，宣传“毋得将该书院立案各种书籍翻刻渔利，至于查究”；1903年，清政府派当时驻德国柏林的代办和商务参赞，以观察员的身份，参加了第一个国际版权公约《保护文学艺术作品的伯尔尼公约》成员国在柏林修订该公约的大会；1903年，清政府与日本政府、美国政府分别签订的《中日通商行船续议条约》和《中美续议通商行船条约》中，都有保护版权的条款。所有这些，最终促成了1910年清政府第一部著作权法《大清著作权律》的诞生，从而使我国的版权保护走上了法治新轨道。

近代意义上版权制度的确立，将版权与著作者的经济利益紧密地联系起来，从而使著译者“著书为稻粱谋”有了现实的可能。从历史上看，稿酬的合法化，带给中国近现代知识分子一种全新的生存方式，为脑力劳动及智力创作从社会分工中离析并最终职业化，提供了重要的物质保证；更为重要的是，它极大地调动了知识分子创作译述的积极性，从而为中国近现代学术文化的繁荣创造了良好的开端。从出版的角度而言，近代版权制度肯定了书稿的商品属性，正式拉开了书稿商品市场的序幕，导致了中国近代出版业在组织生产、编辑思想、经营方式等方面的深刻变化，中国出版业由此进入一个崭新的历史时期。书稿商品化在激发作者著书立说热情的同时，也激活了出版业赖以生存的潜在出版资源，从而为中国民营出版业的繁荣与发展打下了良好的根基。近代版权制度是对著作者权利的保护，也是对出版者的保护，有力遏制了当时甚嚣尘上的盗版之风，有助于出版业的健康发展。

二、民国各时期《著作权法》的颁布

中华民国成立之初，许多法律来不及重新制定，部分可以沿用的法律被暂时保留了下来，其中包括《大清著作权律》。《大清著作权律》共5章、55条。第一章为通例，第二章为权利期限，第三章为呈报义务，第四章为权利限制，第五章为附则。它首次以法律的形式明确了著作权的基本概念："凡称著作物而专有重制之利益者，曰著作权。"著作物具体指的是：文艺、图画、照片、雕刻、模型。它规定："著作权归著作者终身有之"，著作者死后，其承继人可以继续享受30年。《大清著作权律》实行注册保护制度，凡经民政部注册给照的著作物，都受该律保护，他人不得翻印、仿制、割裂、改窜、假冒而侵损著作人之权利，"准有著作者向该管审判衙门呈诉"，由审判机关"责令假冒者赔偿，且将印本刻板及专供假冒使用之器具，没收入官"，并课以罚金，等等。

1912年9月21日，北洋政府内务府发布《著作物呈请注册暂照前清著作权律分别核办通告文》，宣称"查前清著作权律，尚无与民国国体抵触之条，自应暂行援照办理"[①]。该通告后附有《大清著作权律》全文，直至1915年11月7日，北洋政府才以大总统的名义发布了新的《著作权法》。

1.北洋政府《著作权法》。

北洋政府《著作权法》，是以《大清著作权律》为模式拟定的，条文与《大清著作权律》基本相同，仅对少量条文进行了增删与合并，

①周林，李明山.中国版权史研究文献.北京：中国方正出版社，1999：133.

章目名称比《大清著作权律》更能突出著作权的保护性质，结构设计更合理，包括总纲、著作人之权利、著作权之侵害、罚则、附则5章，共45条。

第一章“总纲”中，明确将享有著作权的著作物列为5类，以归纳的方式对著作权的客体作了明确规定①，其中乐谱戏曲和其他关于学艺、美术之著作物两类，是《大清著作权律》没有规定的。第3条明文规定：“著作权得转让于他人”，这也是《大清著作权律》所没有的。

第二章“著作人之权利”中，将承继人继承著作权开始的时间改为“自著作人死亡之翌年起”，不同于《大清著作权律》中规定“呈请立案批准之日起算”，并列专条规定“著作人死亡后，若无承继人，其著作权即行消失”。在第二章最后一条即第24条中增加“依出版法之规定，不得出版之著作物，不得享有著作权”的规定，体现了北洋政府对于著作物的控制思想。

第三章“著作权之侵害”中，规定当著作权受到侵害时，享有著作权之人得提起诉讼；又规定如法院判定以假冒侵害著作权，但并非有意所为，得免处罚，但须将已获之利益归还原告。对于三种合理使用的情况，只规定了前两款需要注明原著作出处。

第四章“罚则”中，大多数违反著作权法的行为的处罚金额都相对《大清著作权律》有所提高，表现了对著作权维护日益重视。比如第36条规定：“翻印、仿制及以其他各种假冒他人之著作者，处五百元以下、五十元以上之罚金。其知情代为出售者亦同。”《大清著作权律》此处，只提到了“假冒”，而无“翻印、仿制”，罚金是四百元以下、四十元以上。再如第39条：“注册时禀报不实，或不依第17条之规定禀报者，除将著作权取消外，处二百元以下、二十元以上之罚金。”这

①张静庐.中国近代出版史料：二编.上海：群联出版社，1954.以下该法各条款均引于此书。

是《大清著作权律》中所没有的。

北洋政府还于1916年2月1日公布了《著作权法注册程序及规费施行细则》，共16条，对申请著作权注册的具体程序以及交纳规费作了详细规定。

2.国民政府的三部《著作权法》。

国民政府上台伊始，即着手制定新的《著作权法》。经过各方商讨修改，新《著作权法》于1928年5月14日公布，共5章、40条。该法充分吸取了《大清著作权律》和北洋政府《著作权法》的立法经验，基本上没有超出前两法范围，仅在著作物保护范围、登记注册生效制度、外国人作品保护等方面做了一些补充。与新《著作权法》同日生效的《著作权法施行细则》，共15条，主要规定有关注册的各项事宜。其中值得注意的是第14条，即关于外国人著作物注册的规定："外国人有专供中国人应用之著作物时，得依本法呈请注册。前项外国人，以其本国承认中国人民得在该国享有著作权者为限。依本条第一项注册之著作物，自注册之日起，享有著作权十年。"①这一条其实与1903年中国与美国、日本所续签的商约中，关于著作权的协定的原则是一致的，但在著作权法规中予以正式规定，这还是第一次。

1944年4月，国民政府公布《修正著作权法》，共5章、37条。1944年的著作权法进一步将发音片、照片和电影片列入受保护的著作物。第二章中，删除了原来对于不得享有著作权的著作物的列举，删除了对于显违党义者和其他经法律规定禁止发行者拒绝注册的规定。第三章"著作权之侵害"中，增加了对著作权执照核发前受侵害作品的保护办法，还增加了对已注册作品的使用必须取得授权的规定。第四章"罚则"中，再次提高了各项侵犯著作权行为的处罚金额。同年9

①刘哲民.近现代出版新闻法规汇编.上海:学林出版社,1992:162-166.以下该法各条款均见于此版本。

月5日，国民政府修正公布《著作权法施行细则》13条，增加了对电影片等新载体注册的规定，以及定价过高的著作物须酌减定价的规定。

1949年1月13日，当时的国民政府总统李宗仁公布了新修订的《著作权法》。1949年的《著作权法》较1944年的《修正著作权法》几乎没有什么变化，只是再次调整了原来第四章“罚则”中罚金的数量。①

3.其他著作权法。

抗日战争期间，伪中华民国维新政府曾于1938年9月3日公布《著作权法》，共5章、42条；汪伪国民政府也于1940年11月13日公布《著作权法》，共5章、40条。另外，伪华北政务委员会也公布过《著作权法》。其内容与其他《著作权法》大同小异。

三、稿酬制度的确立

古代社会虽不乏作文受谢（“润笔”）的记载，但往往是以官府赏赐或私人酬谢的方式，并没有形成制度。对近代意义上的稿酬制度，学界多以1884年为开端②，该年6月4日《点石斋画报》在《申报》刊登《招请各处名手画新闻》之《启事》:“本斋印售画报，月凡数次，业已胜行。惟外埠所有奇怪之事，除已登《申报》者外，未能绘入图者，复指不胜屈。故本斋特告海内画家，如遇本处有可惊可喜之事，以洁白纸新鲜浓墨绘成画幅，另纸书明事之原委。如果惟妙惟肖，足以列入画报者，每幅笔资两元。”不过，稿酬真正普及与流行还需等到20世纪

①辛广伟.台湾出版史.石家庄:河北教育出版社,2000:421.

②亦有学者认为1877年10月17日《申报》刊载广告“有图求说”为稿酬制度之开端,参见:王玉琦.清末民初文学传播中的稿酬制现象.江西财经大学学报,2007(5):83-86.

初，由于迅猛发展的新闻出版业需要大量稿件，因此各家新闻出版机构都以丰厚稿酬来吸引投稿，如上海《同文沪报》1901年刊登了名为“东亚益智译书局叙例”的广告，“译出之书……当酌送润笔之资或提每部售价二成相酬”。1902年梁启超在编辑《新小说》杂志时亦曾依稿给酬，对于不同等级质量的著述分别给予每千字4元、3元、2元、1.5元的酬金，不同等级质量的译作分别给予每千字2.5元、1.6元、1.2元的酬金。总体而言，“到二十世纪初，中国的‘稿费’和‘版税’以及‘作价购稿’（买断版权）这三种当时流行于欧、美、日的稿酬形式已经齐备，近代稿酬制度的建立呼之欲出”[①]。1910年，清政府综合参考东西方各国著作权法并结合中国社会现实发展情况，制定并颁行《大清著作权律》，“前此历数千年，著作多矣，固未有特认为权利，而由国家订专律以保护之者也”[②]。5年之后，北洋政府颁布《著作权法》，内容与《大清著作权律》相差无几。1928年，国民政府颁布《著作权法》，内容相较前两者更加完善。上述《大清著作权律》《著作权法》将著作权人的利益提到了法治高度，也使得近代稿酬制度正式确立。

稿酬制度对于近代出版业产生了重要影响。首先，它刺激了文人写作的热情，使其作品数量大增。仅以小说为例，日本清末小说研究会所编《新编清末民初小说目录》共收录近代创作、翻译小说10 011种，其中仅1915年就有1893种。[③]著名小说家吴趼人在1903年至1910年间共创作了19种长篇小说和大量的中短篇小说、小品及随笔，字数总计在330万字以上，他评价自己的勤奋时就说：“我佛山人，终日营营，以卖文为业。或劝稍节劳。时方饭，指案上曰：‘吾亦欲节劳，无

①吴靖.中国近现代稿酬制度流变考略——兼论稿酬制度对文学生产的影响.书屋，2013(7)：75-81.

②秦瑞玠.大清著作权律释义.北京：商务印书馆，2015：1.

③郭浩帆.近代稿酬制度的形成及其意义.山东大学学报：哲学社会科学版，1999(3)：83-89.

奈为了这个。’或笑曰：‘不图先生吃饭，乃是咬文嚼字？’”[①]可见，稿酬是许多文人高产出的重要驱动力。其次，促进了小说家的职业化，“他们（作家）勤奋努力的结果创造了一种新的职业：他们的作品在商业上的成功证明从事文学可以成为一种独立的和很可能赚钱的职业”[②]。以通俗小说家包天笑为例，1901年他从日文书中选译了《三千里寻亲记》《铁世界》两部小说交由上海文明书局出版，文明书局给其100元版税，这极大地刺激了包天笑的译述热情：“这不过是一时高兴，译着玩的，谁知竟可以换钱。而且我还有一种发表欲，任何青年文人都是有的，即使不给我稿费，但能出版，我也高兴呀！……我于是把考书院博取膏火的观念，改为投稿译书的观念了。”[③]最后，它间接推动了学术研究的职业化，繁荣了学术出版。以蔡元培为例，1907年他赴德国柏林留学，为解决妻儿四口的生活问题，他在欧洲为商务印书馆著文或编译，商务印书馆按照每千字3元（编译）和5元（著述）的标准，每月致稿酬100元。因此，有研究者称蔡元培是我国知识阶层中最早采取“爬格子”半工半读方式而获得成功的人。[④]再如朱光潜，在其英、法留学生涯中，稿费是其重要的生活支持，“在英、法留学八年之中，听课、预备考试只是我的一小部分的工作，大部分的时间都花在大英博物馆和学校的图书馆里，一边阅读，一边写作。原因是我一直在闹穷，官费经常不发，不得不靠写作来挣稿费吃饭。同时，我也发现边阅读、边写作是一个很好的学习方法。这样学习比较容易消化，容易深入些”[⑤]。不可否认，这种“为稻粱而谋”的“著述”，也在某种程度上助长了粗制滥造之风。正如时人所批评的那样，“朝脱稿而夕

---

①咬文嚼字.新小说，1903(10).

②费正清.剑桥中华民国史：上.杨品泉，译.北京：中国社会科学出版社，1994：508.

③包天笑.钏影楼回忆录.北京：中国大百科全书出版社，2009：174.

④陈明远.文化人的经济生活：增修版.西安：陕西人民出版社，2010：57.

⑤朱光潜.朱光潜全集：第1卷.合肥：安徽教育出版社，1987：4.

印行，一刹那间即已无人顾问。盖操觚之始，视为利薮，苟成一书，售诸书贾，可博数十金，于愿已足，虽明知疵累百出，亦无暇修饰，甚有草创数回即印行，此后竟不复续成者，最为可恨”[①]。

①寅半生．小说闲评·叙//阿英．晚清文学丛钞·小说戏曲研究卷．北京：中华书局，1960：467．

第四章

中国编辑出版近代化的作用

ZHONGGUO
BIANJI
CHUBAN
JINDAIHUA
DE
ZUOYONG

编辑出版活动通过对知识的甄别、组织、生产、译介、传播和储存，发挥着社会启蒙助推器和媒介桥梁的功能。编辑出版活动突出的知识传承性和生产性特征，使其在人类文明史上对近代社会大变革的作用至关重要。对于中国而言，西方传教士19世纪初来华创办的机械印刷出版机构，直接促成了中国本土新式编辑出版活动的兴起，传统编辑出版活动随之专业化和职业化。

基于中国近代化的后发模式，参与近代出版业的知识先驱们对新式编辑出版活动性质的理解，着眼点主要在引进西学、开启民智。较早"睁眼看世界"并注重研究外情的魏源主张"欲悉夷情者，必先立译馆译夷书始"[①]，后期洋务派代表张之洞则将"译印图书""刊布报纸"[②]作为上海强学会成立的主要目标之一，梁启超则有"故国家欲自强，以多翻译西书为本；学子欲自立，以多读西书为功"[③]的著名论断。时值中西文化碰撞交融、启蒙与救亡社会主题并行的大时代，知识分子这种强烈的社会责任意识，使近代中国从事编辑出版活动的主流，无论是官办还是民营主体都带有鲜明的启蒙色彩和历史使命感，因而对社会改良和革命的推动、对教育文化转型的塑造，都超越了普

①魏源.海国图志.郑州:中州古籍出版社,1999:99.

②张之洞.上海强学会章程//宋原放.中国出版史料·近代部分:第一卷.武汉:湖北教育出版社,2004:43-44.

③梁启超.西学书目表例序//宋原放.中国出版史料·近代部分:第一卷.武汉:湖北教育出版社,2004:50.

通的传播媒介功能，在中国历史上具有空前的特殊性。

从1862年同文馆附设印刷所开始，中国本土出版机构翻译西学书籍逐渐成为常规业务。19世纪80年代，石印技术传入上海，近代第一批民营书局依托石印工艺迅速崛起并扩展，出版了大量中外图书，在技术、人力和管理资源上奠定了上海作为近代新闻出版业中心的坚实基础。维新运动期间，康有为、梁启超等人呼吁广设报馆，发展书籍和报刊出版业。到20世纪初，以商务印书馆、中华书局、文明书局、小说林社等民营书局为代表的近代出版业，在编辑理念、经营模式和市场分工上日趋成熟。民国时期的出版业市场，虽然被内外战争和政权分裂所侵扰和隔离，且在出版内容结构上变化巨大，但出版制度、构架和出版地区分布都在很大程度上延续了清末奠定的发展格局。到1937年，中国的民营出版业发展至鼎盛阶段。尤其是上海，可谓近代出版业业态及印刷出版文化演变的典范。可以说，从晚清到民国，以上海为中心的近代化“编辑出版”活动概念从非职业的、笼统的“书业”概念中抽离出来，逐渐独立于印刷、发行等环节，职业编辑人开始出现在近代社会职业序列中，并在数量上不断扩大，进而在社会文化转型当中充当着话语枢纽的角色。

显而易见，编辑出版活动对中国近代社会发展的历史作用，主要体现在近代编辑实践凝练中国现代出版理念、近代编辑出版推动近代西学广泛传播、近代出版业助力新式知识分子群体形成、近代编辑出版对近代社团发展的影响、近代编辑出版引起读者群体的变化五个方面。

第一节 编辑出版理念的现代化凝练

中国传统出版中的编辑、出版者角色，在近代获得独立的职业身份，其关键期是19世纪70年代至20世纪初。在此期间，现代华文报刊迅速发育，报刊编辑出版成为编辑出版活动中异常活跃的部分，同时书籍编辑出版也与新式出版机构、新式学校、新式社团和新知识密切结合，其观念被注入新内涵。从社会变革背景和出版界知识人共同体形成角度看，近代编辑、出版人群体的职业化进程加快，人格自觉和独立编辑意识凸显。主流的近代出版理念有以下几个较为明晰的特点。

一、服务社会的总体价值取向

出版物具有精神和物质产品的双重属性，也天然存在编辑人所必然要面对的矛盾性。近代民营出版企业是近代出版机构的主干，其主流的价值追求是编辑出版活动在经济和社会领域的双重平衡。以商务印书馆、中华书局、生活书店、开明书店等为代表的近代民营出版机构，选择了以社会启蒙为终极目标的企业化经营之路，其总体编辑理念是经济理性和社会责任的有机融合。

商务印书馆作为近代标志性的民营出版社，其企业文化在商业理念和人文精神的交融方面堪称典范，成为20世纪上半叶民营出版的精神领袖。1901年，作为政治改良主义者的张元济开始主持商务印书馆馆务，曾自道其进入出版业的初衷："夏君招余入馆任编译，余与约，吾辈当以扶助教育为己任。"[①]其后，在"扶助教育"总方针的引领下，商务版各类教材的编辑秉持博采众长、推陈出新的理念，并将该理念推及西方社会科学、工具书、字典、辞书和各类丛书等图书的编辑，使得近代商务印书馆图书的编辑出版呈现出良好的规划性和系统性。到1936年，商务印书馆出版的新书，即"达到四千九百三十八册，占全国出版数量九千四百三十八册的百分之五十二强"[②]。在文化理念、

①张元济.张元济诗文·东方图书馆概况.北京:商务印书馆,1986:240.

②王学哲,方鹏程.商务印书馆百年经营史.武汉:华中师范大学出版社,2010:63.

专业人才培养上，商务印书馆对现代出版具有巨大辐射效应；其自身的改革和演变，也是中国现代民营出版业的缩影。从1902年到1948年，商务印书馆业务不断扩大，先后设立汉口分馆、北京分馆、沈阳分馆、福州分馆及新加坡分馆等，最多时达56个分馆。[①]以书籍出版为中心，同时经营东方图书馆、举办学校、制造教具、涉足广告和保险业、拍摄电影，并参与社会公益事业，最盛时员工近5000人。基于张元济的办馆宗旨，商务印书馆在核心的出版业务之外，对公益性质的平民教育事业尤其留心着力，如早期曾办“速成小学师范讲习班”、附属小学（后改名为“尚公小学”），1907年兼办平民夜校、励志夜校、养真幼稚园[②]；1909年，办商业补习学校、艺徒学校，为平民子弟提供职业教育；1915年，创办函授学校（含英文、算术、国语、国文、商业五科）；1924年，创办上海国语师范学校，旨在为国语教育提供师资。[③]商务印书馆熔铸商业理性与社会责任的实践精神，成为贯穿其编辑出版的主线索，馆务领导历经张元济、高梦旦、胡适、王云五、鲍咸昌等数任，其编辑出版主旨始终如一，正如学者公允评价：“从最初编印的《华英初阶》，到后来出版的整套的中小学教科书、大学丛书和翻译外国先进科技及政法理论书籍，都是针对社会与时代的需求，以扶助教育为己任，即使是编印文学书籍，也是顾虑到它的社会教育价值。出版知识性的好书，已经成为商务印书馆百年来的精神传统。”[④]张元济改造的商务印书馆，被公认与蔡元培（曾任商务印书馆董事）打造的北京大学并列为现代中国南北两大文化重镇，在出版、教育两个领域独步国内，“一起奠定了中国近现代新文化的基础”[⑤]。商务印

①王学哲，方鹏程．商务印书馆百年经营史．武汉：华中师范大学出版社，2010:63.
②王云五．商务印书馆与新教育年谱．台北：台湾商务印书馆股份有限公司，1973:308.
③王学哲，方鹏程．商务印书馆百年经营史．武汉：华中师范大学出版社，2010:38.
④王学哲，方鹏程．商务印书馆百年经营史．武汉：华中师范大学出版社，2010:38-39.
⑤吴永贵．民国出版史．福州：福建人民出版社，2011:196.

书馆在文化启蒙和教育普及领域的辉煌成就，是其灵魂人物张元济、王云五等固守文化目标前提下稳健的企业化经营的结果。

杰出社会活动家和出版人邹韬奋，其创办的“生活”系列出版机构，在同人出版经营领域凸显了商业与文化的成功融合，对20世纪中国出版业影响至深。在邹韬奋一生的编辑出版活动中，最重要的理念原则之一即社会效益和商业利益的统一：“事业性和商业性是要兼顾而不应该是对立的。”[①]对于事业性和商业性的关系问题，邹韬奋坚持社会效益引导商业经营；在二者发生冲突时，则选择社会正义和文化价值立场。邹韬奋在其一生的新闻出版生涯中，始终坚守媒介的经济效益服务于文化和道义目标，在“义”与“利”之间取舍有度、刚柔并济。邹韬奋所办《生活》周刊，性质为介于政党报刊和商业报刊之间的“同人报刊”，由《生活》周刊社发展而来的生活书店具有同样属性，是其践行“韬奋精神”的主要事业领地。邹韬奋的亲密搭档徐伯昕曾言，“生活书店的产生，是先有了由于同人历年劳力蓄积逐渐形成一爿书店的这样一个事实，然后再确定它的性质、经营和管理方式的”，邹韬奋的事业动力是“韬奋先生一生所身体力行并不断勉励同人为正义、为进步文化努力的服务精神和奋斗精神”。[②]所谓“同人”，即在共同的价值理念和社会目标下自发形成的事业集体。因此，作为同人出版机构的生活书店，“赢利归全体，没有剥削存在，一面为社会服务，同时也为自己工作”[③]，迥异于商业经营模式。在他的编辑出版实践中，事业性和商业性的关系也始终有清晰的原则，即事业性和商业性相辅相成。邹韬奋对同人新闻出版事业性质的理解，表述为“推动

①韬奋.事业管理与职业修养.北京:生活·读书·新知三联书店,1982:116-117.

②徐伯昕.韬奋先生的一生//宋应离,袁喜生,刘小敏.20世纪中国著名编辑出版家研究资料汇辑:第3辑.开封:河南大学出版社,2005:456-457.

③马仲扬.韬奋精神再学习//宋应离,袁喜生,刘小敏.20世纪中国著名编辑出版家研究资料汇辑:第3辑.开封:河南大学出版社,2005:457.

国家民族走上进步的大道”的“进步的文化事业”，所有的经营活动都必须服从此目标；在具体经营中把握的商业性，体现为为拓展事业而必须在经济上量入为出，于不违背事业目标的前提下尽力赚钱。这个原则紧密贴合了儒家义利观的义在利先、重义轻利本义，凸显了邹韬奋源于传统闽学的道德自律。《生活》周刊发行量最高达15万份以上，是出版企业将社会效益和经济效益和谐统一的典范，以此为基础的“韬奋精神”也成为现当代编辑职业道德的精神标杆。

在现代出版业界被广为称道的“开明风”，主要是由开明书店创办人章锡琛，后加盟的文化人夏丏尊，著名作家、编辑家叶圣陶，为同人出版机构开明书店奠定的文化风格。关于开明书店编辑出版理念的基调，可从叶圣陶1946年所作的《开明书店二十周年纪念碑辞》一诗中窥其要义：“……开明夙有风，思不出其位。朴实而无华，求进弗欲锐。唯愿文教敷，遑顾心力瘁？……堂堂开明人，俯仰两无愧。”简而言之，开明书店在事业上倡导一种笃实质朴、尊学重教的作风，在编辑个人修养上则推崇淡泊名利、无欲则刚的君子人格，开明书店因而以出版人的独特人格魅力立足于出版界，与其师者、学者的文化定位至为贴合。“有所为而有所不为”，是叶圣陶在开明书店领导编译工作时倡导的书刊编辑原则。从当时的历史语境看，“有所为”即出版人的最高目标是使读者受益；“有所不为”是指须划定作品标准，摒弃对读者无益和对读者有害的作品。叶圣陶主持出版的开明系列教科书和教辅读物，以其优质而蜚声教育界和文化界。

在强调出版公共价值目标上比开明书店走得更远的，是巴金主持的文化生活出版社。巴金1935年义务出任该社总编辑，以比其他出版人更浓厚的文学情结和人道理想苦心经营出版业务，凸显出版理念的诗性气质和平民情怀。“如果说从事文学创作是一代大师的情感表达，那么编辑出版工作尤其是在文化生活出版社辛勤工作的14年，则是巴金对价值信念的实践。”[①]巴金价值信念的核心为对社会的“付出”和“给予”，他无偿编辑出版的《文化生活丛刊》《文学丛刊》《译文丛书》《新时代小说丛刊》等大型文学丛书，共计10集、161种。“巴金恪守‘好书总是有人读的’编辑理念，靠一种理想来编好书。结果，不但没赔本，反而取得丰厚赢利。”[②]由此，他使文化生活出版社在同人出版领域，具备了更纯粹的理想主义知识分子品性，成为中国现代编辑思想和文学出版实践难以逾越的高山。

二、凸显启蒙使命和编辑主体意识

晚清、民国的政治思潮由洋务派的中体西用，到早期改良主义者、维新派的君主立宪，再到革命派的反清革命，最终到共产主义者的科学共产主义的逐级推进过程中，报刊媒介成为思想呈现、阐释和传播的第一利器。编辑职业化随之带来了编辑主体意识的觉醒，编辑在沟通作者、读者之间关系上的枢纽作用也得到充分倡扬和实践。近代编辑人的主体意识，在近代从维新到革命再到新文化运动的各阶段时政类报刊编辑实践中格外突出。一大批秉持改良、革命政治理想的思想家兼报人，将创立报刊作为宣传推广政治理论的主要手段，报刊主编一般亲任撰稿人，写作风格和编辑文本风格突出、观点犀利。

近代早期报人王韬，1874年2月在香港与黄胜合办《循环日报》[③]，开创了近代中文报史上编撰合一的传统。应英华书院院长理雅各邀请，王韬曾游历欧洲两年多，高度推崇《泰晤士报》：“英国泰晤

①胡友峰，卫婷婷．巴金与文化生活出版社．小说评论，2015(5)：46-54.

②安康．感受巴金老人内心世界的丰富与博大——现代文坛巨匠与卓越的编辑、出版家．新闻出版交流，2002(4)：43-45.

③汪家熔．新出版第一人——王韬//宋原放．中国出版史料·近代部分：第三卷．武汉：湖北教育出版社，2004：427.

士，人仰之几如泰山北斗，国家有事，皆视其所言为准则。盖主笔之持衡，人心之所趋向也。”《循环日报》的精神摹本便是英国《泰晤士报》，王韬作为主编兼主笔，以强烈的个性色彩塑造了该报文风，正如其在《弢园文录外编》的“自序”中所说：“文章所贵者在乎纪事述情，自抒胸臆，俾人人知其命意之所在而一如我怀之所欲吐，斯即佳文。”关于报刊主编的独立人格，他曾谈道：“少即好纵横辩论，留心当世之务，每及时事，往往愤慈郁勃，必尽倾吐而后快……方今言路宏开，禁网疏阔，故言之无所忌讳，知我罪我亦弗计也。”[①]香港相对宽松的舆论环境，使得王韬的人格自主意识得到充分张扬，其职业自豪感呈现了一种“绅士”型旧式知识分子所没有的精神风貌。1883年前，王韬在《循环日报》上以“天南遁叟”“遁窟废民”等笔名发表了一系列呼应洋务事业的变法雄文，如《变法》《变法自强》《重民》《洋务》《除弊》《达民情》《练水师》《制战舰》《设电线》《建铁路》等，使《循环日报》打上了王韬鲜明的个人印记。《循环日报》的办报格局与锐利文风，后来在上海《申报》舆论特点中得到部分沿承，进而通过《申报》的影响力塑造着近代中文大众报刊的整体言论风格。

以梁启超为典型的维新派报人，在20世纪初的办报生涯中，个人主体意识愈益突出。梁启超笔力雄健，创作力旺盛，在书报刊出版领域涉猎广泛，其文章直接服务于其政治理念，凡梁氏所经手的文章，皆带有鲜明的梁氏思想烙印和语言风格。他直指戊戌变法前中文报刊文章多流于低级趣味，内容苍白，“以故报馆之兴数十年，而于全国社会无纤毫之影响”[②]，倡言“报馆有益于国事”，高举“以报救国”旗

①王韬.弢园文录外编.北京:中华书局,1959:263.

②梁启超.《清议报》一百册祝词并论报馆之责任及本馆之经历//梁启超.饮冰室合集·文集之六.北京:中华书局,1989:52.

帜，办报直指立言和“新民”[①]，即以探求救亡图强之道，唤醒和教育民众为职志。梁启超曾长期为自己担任主编的《时务报》《新民丛报》《清议报》《庸言》等报刊自撰时评，文章情理交融，感染力极强，使“报章体”政论达至成熟，几成同时期启蒙思想的标志性符号。梁氏的“报章体”是其编辑主体性凸显的得力工具，晓畅易懂、情感丰沛的文本特点激发了众多读者的国家意识和政治激情，报人徐伯昕曾谈到梁启超的政论文对邹韬奋的影响：“笔锋常带情感的文字，使先生内心窃慕，备极崇仰，立志将来也要尽己之所能，为国家社会努力。”[②]

自《新青年》杂志1915年9月在上海诞生之时起，陈独秀等主编即以反封建反保守、倡扬民主和科学的鲜明政治取向，以引导中国青年树立“自主的而非奴隶的”“进步的而非保守的”“进取的而非退隐的”“世界的而非锁国的”“实利的而非虚文的”“科学的而非想象的”[③]新人格为旨归，打破陈旧的舆论场，表达了突出的编辑主体意识。《新青年》杂志以活跃开放的姿态紧跟时代变动，其编辑宗旨从民主主义、马克思主义到中国共产党理论政策宣传，步步推进，最终成为中国共产党机关报，1923年明确提出“《新青年》杂志是中国革命的产儿，中国旧社会崩坏的时候，正是《新青年》的诞辰……”，将之前宗旨发展为“社会科学的杂志”“研究中国现实的政治经济状况”“表现社会思潮之渊源”“开广中国社会之世界观，综合分析世界的社会现象”[④]。以《新青年》为旗帜的新文化运动时期的报刊，在批判旧文化、发展新文化的巨大变革中充当了关键的思想引导角色。在十月

---

①梁启超.《清议报》一百册祝词并论报馆之责任及本馆之经历//梁启超.饮冰室合集·文集之六.北京:中华书局,1989:49.

②徐伯昕.韬奋先生的一生//宋应离,袁喜生,刘小敏.20世纪中国著名编辑出版家研究资料汇辑:第3辑.开封:河南大学出版社,2006:453.

③陈独秀.敬告青年.青年杂志,1915,1(1).

④张静庐.中国近现代出版史料:现代甲编.上海:上海书店出版社,2003:17.

革命胜利的影响下，《新青年》的几位主要编辑如陈独秀、李大钊，在激烈的新旧思想碰撞和交锋中，多数时间掌握《新青年》的主导权。《新青年》在他们转为马克思主义政党领导人之时，也随之成为马克思主义政党的理论喉舌。

三、构筑编辑、读者、作者利益共同体

在近代编辑出版活动中，编辑在编辑源体和编辑用体[①]，即作者和读者之间，充当着协调稿源需求和稿源供给关系的关键角色。形成作者—编辑—读者间的良性循环，保证编辑出版活动有效展开。从主体产业模式看，编辑作为近代职业人的职业素养，在民营出版兴起的20世纪20年代后方渐成气候。在民国编辑出版史上，以上海为中心的出版机构，在逐渐多元的编辑出版实践中，探索、构建了比传统出版更丰富的关系网络。特别值得一提的是，民国时期一批专业学者和文化精英进入出版业，很多身兼学者、作家和编辑多重身份于一身的文化人，让编辑活动的文化桥梁作用得到充分显现。

在社会学认识层面上，编辑、作者和读者其实是一个出版生态范畴的利益及精神共同体。作为共同体关系中的枢纽部分，编者必须善于并乐于发现、培植新作者，尊重作者人格，构筑平等和谐的合作基调；而对于读者，编辑在广义上要有能力满足不同文化诉求的读者需求，提供价廉物美的出版物。从这个意义上说，张元济、王云五等主持的商务印书馆，为出版界提供了很多良好范例。张元济对特殊作者的礼遇和尊重，使商务印书馆长期成为众多一流作者的拥趸。林纾是清末最有名气的文学翻译家之一，一直享受着商务印书馆每千字6元的特别稿酬优待，而当时商务印书馆的平均稿酬是每千字2元，最高也只

①靳青万.编辑学基本原理.长春:东北师范大学出版社,2003:119-154.

到5元。即使林纾成名后一段时间内作品质量有所波动，商务印书馆也始终信守承诺，未改变这个稿酬标准。[①]蔡元培作为早期商务印书馆的业务参与者和重要作者，与张元济个人结下深厚的友谊。蔡元培在1906年得到商务印书馆资助，得以实现游学欧洲的夙愿。留学期间，张元济与蔡元培约定，蔡元培为商务印书馆编辑教科书，商务印书馆每月支付其100元稿酬。蔡元培依约在德国完成《中学修身教科书》第4、5册。[②]20世纪20年代，主办《新潮》杂志的罗家伦发表《今日中国之杂志界》一文，在纵论中国杂志界历史及现状，不留情面地批评商务印书馆所办系列期刊内容保守滞后，引起社会舆论呼应后，商务印书馆并未驳斥此议，反而躬身自省，做出大幅度的期刊改革。其后，罗家伦出国留学期间恰逢提供学资的穆氏基金会中断供给，以致面临半途辍学的窘境，张元济主动解囊相助，助其完成学业。罗家伦归国后，商务印书馆继续资助其渡过生活难关。

作家兼编辑大家鲁迅，从1907年筹划《新生》杂志开始，在近30年间主编或参与编辑的书籍、报刊多达70多种。在作为副业的编辑出版生涯中，“就编辑本身的学养、能力和眼界来看，鲁迅与当时最优秀的编辑相比绝对丝毫不落下风，甚至是远超同行的。用社会学家布迪厄的说法就是，鲁迅所据有的‘文化资本’根本是他人难以望其项背的”[③]。鲁迅在文学编辑生涯中发现并扶植了大批年轻作家，如曹靖华、韦素园、孙伏园、李霁野、台静农、柔石、萧红、萧军等人，在挖掘作品的同时挖掘作者几乎成为其职业本能。从对读者的态度

①东尔.林纾和商务印书馆//商务印书馆.商务印书馆九十年1897—1987——我和商务印书馆.北京:商务印书馆,1987:540-543.

②汪家熔.蔡元培和商务印书馆//商务印书馆.商务印书馆九十年1897—1987——我和商务印书馆.北京:商务印书馆,1987:482.

③李金龙,卢妙清.鲁迅编辑实践之历史评价与再认识.汕头大学学报:人文社会科学版,2018,34(8):90-93.

看，鲁迅被出版业界公认为具有“读者本位”思想，“鲁翁毕生致力于编辑极勤，主旨惟在益人”[①]。有益读者、服务读者是鲁迅从事编辑出版事业的基本原则，且因自身具有极佳的思想深度和文学鉴赏力，他对于如何引导读者的思想和审美、书刊的大众通俗化需求与文化引导责任的关系，及出版者在市场和文化自律之间的关系方面都有深入思考，早在1918年即撰写了《渡河与引路》一文[②]，提出正确引导读者的议题。

将文学出版当作纯粹文化公共事业来理解的巴金，在对待作者的态度上，更是一向持平等主义原则，并体现出真诚博大的人文情怀。巴金在文化生活出版社十几年的编辑出版生涯里，亲手扶植了一个青年作家群。青年作家曹禺的剧本《雷雨》曾遭冷遇两三年，巴金偶然得阅后马上安排在《文学季刊》杂志上发表，并以单行本形式收录于《文学丛刊》第一集，随即又发表了曹禺的《日出》，从而奠定了曹禺在中国现代话剧史上的地位。[③]此外，青年诗人何其芳的文集《画梦录》，陈荒煤的小说处女作《灾难中的人群》，以及丽尼、刘白羽、萧乾等人的处女作，皆为巴金挖掘、编辑并出版面世。“《文学丛刊》成为青年作家成长的摇篮，它不但为那些后来在文学史大放异彩的作家（如曹禺、李健吾、何其芳、吴组湘等）开辟了道路，也为一些不幸夭折如流星一般飞逝文坛的年轻人留下了宝贵的生命痕迹。”[④]对于如罗淑、宋樾、郑定文等因疾病、战争早逝的青年作者，巴金亦仔细整理其文稿，列入《文学丛刊》出版计划。

---

①赵家璧.编辑忆旧.北京:生活·读书·新知三联书店,2008:315.

②初发于1918年11月15日《新青年》第五卷第5号“通信”栏。

③吴永贵.巴金,多年不拿分文报酬的义务总编辑.光明日报,2006-11-04.

④孙晶.个人生命的开花结果——巴金与文化生活出版社.书城,2011(12):41-49.

近代报刊普遍设立类似“读者来信”[①]一类的栏目，直接沟通编辑与读者的关系，建立双方对话机制，许多编读往来密切的报刊普遍有较好的读者基础。从存世比较长或影响较大的近代报刊看——早期华文大众报刊如《申报》《商报》《新闻报》《六合丛谈》《万国公报》《瀛环志略》《格致汇编》，维新办报高潮后兴起的大量民营报刊如《时务报》《东方杂志》等综合性期刊、《地学杂志》《科学》等学术期刊、《新青年》《甲寅》等新文化时期期刊，及民国时期商务印书馆、中华书局、开明书店等出版机构所办的系列类型杂志和大量的都市报纸——普遍重视此类互动栏目，或着眼于报刊销路，或为搜集民意，或是观点交流，不同程度上具备了近代大众媒介的公共舆论空间特性。而编读往来栏目的互动功能，在20世纪二三十年代的民营出版黄金阶段体现得最为明显。典型例子如茅盾接手主编商务印书馆的《小说月报》时，在编读沟通上着力改革，先后开设了“通信”“读者文坛”“评论”“故书新评”“欧美最近出版的文学书籍”等专栏，从不同对话角度、以不同文本形式拓宽了读者与作者、编辑的意见沟通渠道，获得普遍好评。[②]此外，茅盾在构筑编辑、读者、作者三者共同体关系过程中，经常组织文学研究会成员和《小说月报》编辑进行作者、编辑和读者之间的角色互换，其做法比同行更深入且更有实验性。“茅盾在改革《小说月报》的过程中，一直贯彻作者编辑化、编辑作者化和读者作者化，这既是他主编期刊的重要举措，也是他主要的成功经验。”[③]作为创作型编辑，茅盾特别看重文艺批评在指导作家、引导读者阅读审美上的作用，经常执笔在《小说月报》的“社论”“评论”等

---

①此类栏目名称不一，即使在同一报刊中，前后名称也可能有变化，早期报刊甚至时常不定期取消。民国报刊文化相对成熟后，这类栏目方才更为正式。

②陈桂良.茅盾与《小说月报》.编辑学刊，2004(3):46-49.

③常文芳.由《小说月报》看茅盾的作者意识.安徽大学学报:哲学社会科学版，2007(5):88-91.

栏目发表创作谈和作品评论，影响比较大的有《文学和人的关系及中国古来对于文学者身份的误认》《新文学研究者的责任与努力》《社会背景与创作》《创作的前途》《春季创作坛漫评》《评四、五、六月的创作》等综合性批评文章。[①]

四、出版物审美的艺术化及现代性思维

19世纪四五十年代，传教士出版将机印书刊的工艺与中国传统线装书元素结合，开启了中国出版物形制、装帧设计元素的中西结合和审美渐变过程。到20世纪前夕，无论是传教士、官方还是民营的出版机构，如早期的同文馆、江南制造局翻译馆、墨海书馆、美华书馆、土山湾印书馆等，出版的书刊均呈现出中外书籍设计元素混杂的情况：保留传统书籍的线装、文字竖排、软纸装订形式，甚至采用卷分法基本要素；适应铅印机制技术，书刊在视觉上多了机械印制特有的异质感，“铅字字体及机械印刷的技术语言正在视觉上自然而然地替代掉了雕版版面的视觉语言”，与变化后的字体相适应，“乌丝栏线、鱼尾纹等标志性的传统形式被机械语言的铅条、铅印花纹所替代”[②]。

19世纪80年代左右，以上海为中心，石印技术逐渐在图书印刷中大量使用。石印工艺吸收了照相技术，使图文印刷质量大幅提升，除大量用于古籍、画册的影印技术，石印术也使一般出版物的形制特征逐渐西化。20世纪前后十几年，以石印术和铅活字技术印刷，在外观上带有更明显西书特征的新学书刊被称作“洋装书”（即后来的“平装本”），如《点石斋画报》《时务报》《国粹学报》《革命军》等。“洋装

①陈桂良.茅盾与《小说月报》.编辑学刊，2004(3):46-49.

②赵健.范式革命：中国现代书籍设计的发端(1862—1937).北京：人民美术出版社，2011:84.

书”的内文排版仍沿用传统版面形式，“洋”主要体现在外观上：书页两面印刷，文字本偶有插图页；封面为包背装的黏连整纸，封面有花纹、边框和文字的简单设计因素；书芯为三眼线钉或骑马钉。“中国‘洋装书’并不是传统范式演化的必然，它通过另一种范式把前范式变成了另一种东西。这种新的书籍范式即将成为一种革命的力量，使得传统社会的书籍范式发生转移。”[①]“洋装书”封面和插页的微弱设计成分，正是近代出版物艺术化、现代化审美的初启因素，到20世纪初留学人才大量归国、外来文化思潮持续冲击文化界时，出版物审美理念方真正走向现代化。

新文化运动时期，中国各类出版物的印制材料、外观样式、编排方式开始更全面地模仿、吸取西方和日本出版物设计风格，而前述“洋装书”形式在20年代初，才普遍运用在小学教材这样的大众读物印制中，“不再用手工纸线装，而用新闻纸两面印洋装”[②]；作为文化商品的出版物艺术设计概念开始被普遍接受，书籍的封面、插图设计成为编辑工作的重要部分[③]。现代机印出版物的形式直接体现作品审美内涵，出版物的优劣必然从内容和形式两个要素体现。从西方设计思潮的实际影响看，20世纪后欧洲包豪斯的现代设计思想及新艺术运动、装饰运动理念，现代派、未来派、立体派等美术流派思想，苏联和东欧版画作品的设计理念和艺术元素，愈来愈多地体现在日渐多元化的中文出版物装帧风格中。民国初年白话文学的迅速兴起，及西方舶来商品设计风格的耳濡目染，也成为书刊艺术发展的大众基础。[④]因此，

①赵健.范式革命：中国现代书籍设计的发端(1862—1937).北京：人民美术出版社，2011:96.

②汪家熔.中国出版通史(7)：清代卷(下).北京：中国书籍出版社，2008:126.

③姜德明.书衣百影.北京：生活·读书·新知三联书店，1999:1.

④相关书封设计作品参见姜德明.书衣百影续编：中国现代书籍装帧选(1901—1949).北京：生活·读书·新知三联书店，2001.

出版物形式审美与内容质量的和谐统一，在20世纪上半叶成为出版界的主流观念。一批具备深厚艺术修养，并因各种机缘跨界出版领域的职业学者、作家、诗人、画家，以一流的审美和创作功底，成为在后五四时代最具文化创新性的现代书刊艺术设计者。

20世纪20年代，鲁迅在北洋政府教育部和女子师范大学任职期间，对图书设计和装帧艺术做了大量探索。作为新文化运动中心和五四运动发源地，北京得益于文化先锋性和人才聚集优势，新文学的创作和出版发展迅速。新潮社、北新书局、未名书局、海音书局、晨报社等一批以文学社团为基础的出版机构，陆续编辑出版五四一代作家的白话文学作品。在20世纪20年代，中国新文学创作、翻译和理论研究都可圈可点，鲁迅作品《呐喊》《中国小说史略》《华盖集》《彷徨》《坟》《朝花夕拾》《野草》也先后在北京出版。未名书社由鲁迅自创自办，编辑出版了鲁迅创作的杂文、小说、翻译作品、评论等20多种书籍。其间，鲁迅全方位参与了新文学的写作、编辑和出版，除在文学上扩大影响外，在出版物审美领域也达到了一定高度。鲁迅的很多经典设计，明确传达出新文学的开放性和现代艺术取向，又留存大量传统元素，与后来京派文学古雅、厚重又不失灵动趣味的艺术风格甚为和谐，体现了后五四时期图书装帧艺术的时代特点。第一，鲁迅在封面设计上不自设藩篱，图案取材丰富多元，涉及油画、版画、装饰画、浮世绘，以及中国传统石刻、汉画像砖等图案资源。[①]第二，将文字作为封面设计的重要元素，创造立体多变的视觉语言。鲁迅将各种文字字体通过组合变化、色彩对比、位置变形及移动，充分融汇中国传统书法、绘画艺术和西方艺术多种风格，如他为《呐喊》《坟》《华盖集》《小彼得》《而已集》《木刻纪程》(一)、《艺术论》等书籍，及《奔流》

①刘运峰.鲁迅书衣百影.北京:人民文学出版社,2008:48,55,96,37,39,65.

《萌芽月刊》等杂志设计的封面[①]，采用篆书、隶书或宋体字体的变形重组，或沉凝古朴，或深邃庄重，或活泼优美。第三，注重书刊出版物作为文化载体的整体艺术意蕴。鲁迅对书籍装帧的封面、扉页、目录页、版权页及内文版式、纸张使用、印制方法，不仅能透彻研究和论述，且是实际设计中的高手。[②]其题写的书名、绘制的装饰图和页面插图，将古典和现代风格巧妙融合，他还长于控驭各种图案的空间关系，尤其注重图案、页面的留白和“余裕”，并在美学上将其升华到民族精神层面。“我于书的形式上有一种偏见，就是在书的开头和每个题目前后，总喜欢留些空白……而近来中国的排印的新书则大抵没有副页，天地头又都很短”，“人们到了失去余裕心，或不自觉地满抱了不留余地心时，这民族的将来恐怕就可虑”[③]。因此，鲁迅的书籍设计作品，大多整体视觉效果内敛而雅重，充溢着书卷气。

文学家、史学家、出版活动家郭沫若，在编辑实践中对书刊的整体和谐也体现了他执着的专业精神。1922年，郭沫若翻译的《少年维特之烦恼》在上海泰东图书局出版，因印制粗糙，加之发现了很多误译，所以被决定重新编辑出版。重编后特请叶灵凤精心设计装帧，请周全平精心校对，新书出版后，郭沫若感慨“死了四年的《维特》今又复活起来，我们从书贾的手里把它救活了”[④]。郭沫若也常用毛笔书写书名、作者名作为自己文学作品的封面，风格简洁并富于书卷气。

诗人和学者闻一多，曾在西方受过专业美术教育，且有篆刻功底，因而对书籍封面设计独具创见。1920年4月，他在《清华周刊》上发表《出版物底封面》一文，被很多人看作近代第一篇专门探讨书籍设

---

①刘运峰.鲁迅书衣百影.北京:人民文学出版社,2008:1,7,5,47,11,76,51,87,89.

②杨永德.鲁迅·现代书籍装帧艺术·贡献//宋原放.中国出版史料·现代部分:第二卷.济南:山东教育出版社,2001:705.

③鲁迅.鲁迅全集:第3卷.北京:人民文学出版社,1982:15-16.

④廖传江,黄永一.论郭沫若的编辑出版精神.乐山师范学院学报,2001(2):79-82.

计的文章。[1]此文主要从一个艺术家的角度阐述“美的封面”对书籍的价值主要是吸引买者、提高收藏价值、助力吸收内容、辅助教育、传播美术；同时分析中国封面设计不发达原因是艺术不精、印刷不良、购买力低下、缺少传统。1925年至20世纪30年代初期，闻一多为《落叶》《巴黎的鳞爪》《玛丽、玛丽》《浪漫的与古典的》《玉君》《猛虎集》等书刊设计的封面陆续面世，其中为徐志摩诗集《猛虎集》所设计的封面图案，以单线条虎纹排列贯穿正背两面，画风简洁奇特，含有传统画写意意蕴，堪称民国书封的个性之作。[2]闻一多虽未专文探讨书籍整体设计问题，但上述文章中提到的作品装帧不单指图案构造，字的体裁、位置、写法，还有封面尺寸，都包含在封面图案的主题中。这个观点虽然局限于封面，但已包含书籍整体审美的内涵。

陈之佛是近代著名的花鸟画家，也是中国最早的书刊平面设计师，曾留学欧洲，回国后创办“尚美图案馆”，一生设计了200余种书刊封面。和同时代很多书刊设计者一样，陈之佛也极擅长融汇中国古典装饰风格和西方抽象装饰语言，并在古今中外元素的融合度和宏观艺术表现力上更为突出。他为商务印书馆设计的《东方杂志》和《小说月刊》封面系列视觉效果强烈，极具艺术代表性。《东方杂志》的封面图案要素是人物、车马、动物，三者通过自然合理的设计理念有机排列组合，突出厚重的传统审美元素，凸显了《东方杂志》作为综合性文化期刊所倡导的多样、统一的价值观和宏大、包容的文化格局，如当代设计名家蔡仕伟所言：“陈之佛的图案观是注重文化多元性的，他所赋予《东方杂志》的‘全球视野、中国气质’不仅体现了自创刊以来的办刊宗旨，又深化了《东方杂志》是随着时代而求新求变的思想内

①赵健.范式革命:中国现代书籍设计的发端(1862—1937).北京:人民美术出版社,2011:179.

②张泽贤.书之五叶:民国版本知见录.上海:上海远东出版社,2005.

涵，并最终以独特的图案风格将其展现得淋漓尽致。”[①]《小说月报》封面的设计则多采用西方风格的构图及手法，主要以体现唯美主义风格的多变女性形象作为封面主图，以形象语言凸显《小说月报》的读者定位：追求浪漫、现代和欧洲风的青年新文学杂志。陈之佛的书籍封面设计，则多为先秦文化意象、鼎彝与几何形体纹饰混搭后的变形，配合文字的不同编排，强调古雅、简朴而不乏现代气息的艺术风格，如《鲁迅自选集》《苏联短篇小说集》《恋爱日记三种》的封面设计都较为典型。

现代漫画大家丰子恺，是开明书店最早和影响力最大的专职图书装帧设计者，其创作生涯与图书设计密不可分。丰子恺的图书设计作品同样是注重整体性审美、多元统一的范例，如书籍封面题字偏爱手写毛笔字，并将西方装饰风格与中国古典元素有机杂糅；在书籍平面设计中大量使用写意漫画，也是丰子恺的创造。丰氏的作品风格，以其写意漫画为代表，经常运用“柳树”“红心”“箭”“泛舟”“星月”“海”“荷花”“儿童”等纯净静谧的艺术元素，叙事题材平实，格调清新，线条流畅，意境悠然，富于道家淡泊平和的气韵和难得的童真之气，与开明书店以编辑出版青少年读物为主的整体风格十分和谐。

出版业近代化和西方艺术思潮的东传，共同推动了近代书刊装帧艺术的发展，其中关涉的造纸、活字、印刷技术变革是艺术设计理念发展的前提。一批既有深厚传统艺术底蕴，又具备开放的文化视野的跨界出版人，对东方和西方艺术元素的创造性取舍与个性化融合，引领了近代出版物审美变革的潮流，既符合历史发展的逻辑，也给后来者提供了丰富的文化资源。

---

①蔡仕伟.再探陈之佛装帧设计.中国艺术,2018(11):20-27.

第二节　推动新知识译介、生产与传播

近代西学东渐的历程起于英美传教士在华书刊出版活动；近代民营出版企业的崛起和兴旺，也直接得益于维新运动中的新式教材出版需求。近代编辑出版活动，是译介西学知识，进而通过新式学校教育推动本土新学科体系更新和新知识生产，并向大众广泛传播的最主要载体和途径。[①]

一、来华传教士出版开启近代西学东渐历程

到19世纪晚期，西方传教士出版机构一直是中国西学翻译出版的主要力量。据统计，19世纪40年代至甲午战争之前，先后有17家西方基督教出版机构在华从事出版事业，其中以墨海书馆、广学会、美华书馆、益智书会等出版机构的成果最为丰硕。

墨海书馆编译出版的主要出版物为宗教类图书，但在中国最具影响力的却是西方科技著作，如具有学科传播开创意义的《几何原本》《光论》《地理全志》《谈天》等。据熊月之统计，1844—1860年，墨海书馆共出版书刊171种，其中33种为西学各科知识[②]，客观上培养了近代中国系统翻译出版西学书刊的第一批编辑出版人。

广学会的宗旨为“……译著传播基督教福音之文字，推销振作人

---

①学者张剑认为：“晚清西方科学的输入传播载体与途径，主要有西书翻译、报刊、新式教育(包括教会学堂、新学堂与留学教育)、新式工业企业等。西书翻译和报刊多的是文字和纸面的功夫，教育将希望的种子种下，各类新式工业企业直接将技术的力量呈现，呈现出不同传输载体与途径的不同功效。”参见：张剑.中国近代科学与科学体制化.成都：四川人民出版社，2008：24.

②熊月之.西学东渐与晚清社会.上海：上海人民出版社，1994：188.

民、提高道德之书籍”“用文字扩充上帝的工业，配合时世所必需”[①]，即将切合中国社会改革的新知识作为编辑出版重点。广学会编印图书中，影响最大的是《泰西新史揽要》《列国变通兴盛记》和《日本政变考》三本著作。其他较为重要的译著还有《万国通史》《中东战纪本末》《文学兴国策》《自西徂东》《七国新学备要》《全地五大洲女俗通考》等。广学会主要通过广泛的社会赠书及各处设立经销点售书两种渠道推广图书。根据1888—1900年的《广学会年报》的不完全统计，广学会无偿赠送社会各界的书刊达30余万册，1897年一年即达12余万册[②]；而赠书的广告效应明显促进了广学会图书销售，据王树槐《清季的广学会》一文统计，1902年广学会西书达到年销量49 306本的高峰。[③]广学会编辑出版的作品洋洋大观，广涉国际公法、世界历史和地理、西洋教育、西洋哲学、邮电通讯、动植物学、工矿业、数学、物理、天文等领域。广学会还办有《万国公报》《孩提画报》《成童画报》《大同报》等报刊，其中《万国公报》成为维新变法前后中国知识分子寻求西学知识的最重要综合性期刊媒介。

美华书馆与墨海书馆相似，西学出版物占其出版总量比例不大，共出版图书40万册，“其中24万册为传教功世文”[④]，但是其编译印制的科学图书如《格致质学》《代形合参》《八线备旨》，西学普及图书如《国际法》《地理全志》《万国药方》《造洋饭书》《英字指南》，教会学校教科书如《心算启蒙》《五大洲图说》《地理略说》等，曾风行一时。

益智书会旨在为在华教会学校编辑统一教科书，建立统一译名。编辑出版的较为标准的教科书有《形学备旨》《天文揭要》《光学揭要》

①转引自：宋原放，李白坚.中国出版史.北京：中国书籍出版社，1991：205.

②熊月之.西学东渐与晚清社会.上海：上海人民出版社，1994：555-556.

③转引自：邹振环.20世纪上海翻译出版与文化变迁.南宁：广西教育出版社，2000：27.

④朱念，朱建国，朱果扣.美华书馆开办纵横谈.印刷杂志，1999(2)：37-39.

《西国乐法启蒙》《中西四大政》《治心免病法》《化学卫生论》《声学揭要》《地学指略》《植物学》《代数备旨》等。益智书会也很关注普及读物的编写。以图文本形式编辑出版的《幼学操身图说》《植物图说》《水学图说》《热学图说》《光学图说》《电学图说》《天文图说》《百兽图说》《百鸟图说》等，对图文科普书出版具有示范意义。1904年狄考文查理完成《术语词汇》的编撰出版，收录科技术语12 000余个，含50种科目；书会先后编纂出版的《益智书会拟著各种书目录》《寓华西人自译各书目录》《益智书会书目》，为其后中国图书文献分类和近代新学科的形成提供了重要参考[①]，也为近代西学知识传播的规范化作出了贡献。

在洋务运动兴起和发展的大半个世纪里，在华外国传教士以教会出版机构名义，先后在华创办了近170种中外文报刊，约占同期中国报刊的90%。据戈公振考证，其间中文杂志主要有《察世俗每月统纪传》（1815—1821）、《天下新闻》（1828—1829）、《遐迩贯珍》（1853—1856）、《六合丛谈》（1857—1858）、《中外新报》（1854—1860）、《中外杂志》（1862—1868）、《中外新闻七日录》（1865—？）、《教会新闻》（1868—1904，出至300期时改名《万国公报》）、《中西闻见录》（1872—1890，1876年更名为《格致汇编》）、《小孩月报》（1875—1915）、《益闻录》（1877—1936，后改名《格致益闻汇报》《圣教杂志》）、《图画新报》（1880—1913）、《大同报》（1906—1917）等。[②]西方人主办的中文日报主要有《中外新报》（1854—1861）[③]、《上海新报》（1862—1872）、《申报》（1872—1949）、《沪报》（1883—1908，后改名《字林沪报》《同文沪报》）、《时报》（1886—1891）、《新闻报》

①丁西省．益智书会与中国近代教科书的出版．兰台世界，2013(6)：31.
②戈公振．中国报学史．上海：上海古籍出版社，2003：74-83.
③赵晓兰．论《中外新报》．浙江社会科学，2010(8)：89-92.

(1893—1949)、《诚报》《协和报》等。当时这些报刊的主编是一批兼通中外语言的传教士或文化人，他们将西学知识进行编译和重组，在报刊形式上迎合中国人的阅读习惯，采用浅近文言，汲取传统图书的排版方式和编辑体例，通过大众媒介直接向中国人传播西学知识。但诚如戈公振分析的那样，"最初发行之报纸，其材料之大部分，舍宗教外，即为声光化电之学"，因传教士知识积累所限和报纸文本的浅显零碎特点，"虽有印刷发行之便利，而迄不能发展我国之科学思想"[①]，意即传教士报纸在传播知识的系统性和科学思维方式养成上不足为道，报刊传播西学知识天然受限。当然，传教士报刊作为近代大众传媒，开始向最基层的阅读者输入近代科学与学科概念，对20世纪后近代科学的大规模传入具有启蒙作用。

二、洋务派官办出版机构推动西方科技知识传播

晚清官办出版机构中译介西方科技知识贡献最显著者，是作为早期洋务事业附属的同文馆和江南制造局翻译馆。

综合20世纪80年代以来学者们多方考察的成果，可知同文馆从1862年成立后30多年间，以本馆教习和学员为编译主体，编译出版了

①戈公振．中国报学史．上海：上海古籍出版社，2003：136.

约54种图书（含同文馆印书或关系同文馆之书）[①]，涉及近代国际法、天文、数学、物理、地理、化学、医学、政治、历史、军事等学科门类，主要供本馆师生使用和赠送京内外各级官吏。同文馆出版物的编译内容，基本奠定了晚清西学译介的话语方式和学科结构。

江南制造局翻译馆则直接服务于洋务军工制造企业。翻译馆由华人工程师和翻译家徐寿主事，傅兰雅、林乐知、金楷理、伟烈亚力等英美传教士负责口译，笔述则由中国学者李善兰、华蘅芳、徐寿、徐建寅、贾步纬、李凤苞、赵元益、舒高弟等担任。这些中国学者同时也独立翻译或编译西书。翻译馆翻译出版的书籍大部分与江南制造局的军事工业性质相合，主要围绕航海、开矿、武器制造等军工生产，涉及工程测量、机械、化学、电气、光学、算学、天文、商业、农业、矿业、地理、海军等领域，绝大部分为科技、军事类题材。这些西方科技读物的编译出版，在20世纪初新式学堂建立、成熟之前，成为现代科学知识系统在中国传播的先声。

此外，上海广方言馆、福州船政学堂、天津水师学堂、天津机械局、金陵制造局等洋务机构和海关总税务司，都先后翻译出版过西学书籍，在西方科技知识的传播上也有添砖加瓦的作用。

---

①长洲.同文馆出版物书目汇编//宋原放.中国出版史料·近代部分:第一卷.武汉:湖北教育出版社,2004:399-402.文中所辑图书依序为《万国公法》《格物入门》《化学指南》《法国律例》《星轺指掌》《公法遍览》《英文举隅》《富国策》《俄国史略》《各国史略》《化学阐原》《格物测算》《全体通考》《中西合历(5部)》《公法会通》《算学课艺》《中国古世公法论略》《天学发轫》《新加坡律例》《汉法字汇》《星学发轫》《坤象究原》《电理测微》《弧三角微阐》《分化津梁》《同文津梁》《药材通考》《离地战例新选》《西学考略》《中亚洲俄属游记》《法国话规》《法国话料》《柬埔寨北路探记》《天文略论》《各国通商条约》《鼓铸小银说略》《欧洲国际法研究所》《同文馆题名录(第七次)》《日本地理兵要》《钟表图说》《同文算学课艺》《劝学篇》《日本杂事诗》《防海纪略》《四述奇》《同文馆章程及续增条规》《同文馆题名录》《同文馆题名录(第四次)》《钦定同文馆章程》《京师同文馆学友会第一次报告书》。

晚清时期官方设置的书局分为官书局和译书局两大系列，前者指1894年前由各地洋务督抚主办的金陵书局、浙江书局、崇文书局、广雅书局、湖南书局、淮南书局、江西书局、山东书局、云南书局等十几个官书局，以刊刻传统经史书籍为职志。译书局（翻译官书局）之始应为1895年京师官书局的建立，后有上海的译书官局（后和京师官书局一起并入京师大学堂），及京师编译局、河北译书局、南洋官书局等一些省级译书局成立。中央和各地译书局的主要编译出版物为新式教科书，如江楚编译局出版的所有70种书目中，有60种为教科书。[①]无疑，清末官办编译局教科书在西学知识传播上更趋体系化。

纵观1860至1900年间全国图书出版的内容结构，此间全国共编译出版西书555种，其中自然科学162种，占29%；应用科学225种，占41%；两者合计占总数的70%；而社会科学类西书123种，占22%；其他45种，占8%。[②]由此可知，晚清时期引进翻译（含编译教材）的西学图书，以西方科技知识为主，只有少量社会科学图书，社会科学图书中又以政法、史地书籍为多。西学知识内容的种类变迁与近代中国社会由洋务到改良的政治主题转型密切相关。

曾对近代观念史做过系统考察的学者金观涛、刘青峰概括了1895年前（以洋务出版机构为主）西方科技知识在华传播的三个特点：第一，经世致用推动“格致”再度兴起之初，仍残留着“博物”的痕迹；第二，主要是与军事现代化直接相关的船炮制造技术的原理及知识；第三，以“格致”观念为基础的西方科技知识引进体系，没有纳入近

①晚清地方官书局书目//宋原放.中国出版史料·近代部分:补卷(上册).武汉:湖北教育出版社,2011:368-370.

②吴莎,屠国元.论中国近代翻译选材与意识形态的关系(1840—1919).外语与外语教学,2007(11):38-40.

代意义上的社会科学知识。[①]对于西学完整体系和相关学术制度的引进及“科学”观念的深入阐释，是近代出版传播本土化以后才得以全面完成的。

三、20世纪后民营出版机构全方位传播西学

“进入20世纪后，中国引进西学已不再需要借助传教士之手。传教士角色和地位的变化注定了他们永远也不会再有19世纪在传播西学方面的‘辉煌业绩’。”[②]启于维新变法运动、大兴于20世纪初的中国近代民营出版机构，成为全方位、大规模地引进、传播西学的主干力量。

之前的教会出版机构和官办书局及译书局，限于其本身的政治文化定位，编辑活动主要局限于宗教、自然科学和工程技术领域，且与传统出版尚有较密切联系，未完成出版的全面近代化转型。而1872年《申报》的创立和点石斋书局的设立，带动了上海如同文书局、中西五彩书局、鸿宝斋书局等数十家民营书局的建立，标志着资本主义经营因素开始进入近代民营出版；1897年商务印书馆的建立，方标志着近代民营出版机构成为以新式教科书编辑为主要载体、全面系统传播西学的主力。据汪家熔先生《清末西学出版者概览》一文所述，清末面世的西学图书明确著录的出版机构多达541家[③]，其余未加著录的若干。

时风之下，19世纪末广学会的译书书目中，社会科学著作已达80%。而1898年商务印书馆出版严复翻译的《天演论》，更带动起民营出版界译介西方社会科学的热潮，一大批西方社会科学名著陆续翻译

①金观涛，刘青峰.观念史研究：中国现代重要政治术语的形成.北京：法律出版社，2009：334-336.

②王立新.晚清在华传教士教育团体述评.近代史研究，1995(3)：24-38.

③清末西学出版者概览//宋原放.中国出版史料·近代部分：补卷(下册).武汉：湖北教育出版社，2011：187-400.

出版。从顾燮光的《译书经眼录》（韩学会点校标注版）[1]中可知，1900—1904年全国翻译书籍491部，其中社会科学书籍327部，占66.6%；自然科学书籍164部，占33.4%。1902年，商务印书馆开始编辑国文、历史、地理等小学教科书。在1903年9月商务印书馆的新书广告中，共有《华英字典》《英文教科书》《政学丛书》《历史丛书》《财政丛书》《帝国丛书》《战史丛书》《普通学问答书》《舆图》《商业丛书》等15个图书系列，共计136种书，其中与广义的“西学”有关联的书约126种，而多数属于社会科学知识领域。[2]窥斑见豹，可知20世纪后各科西学知识，尤其是社会科学知识开始通过近代国民教育改变传统教育的知识结构。

1902至1908年，民营的中文报刊以每年20种至40种的速度递增[3]，在维新思潮中应运而生的《时务报》《湘报》《湘学新报》《知新报》《国闻报》《庸言》《中国日报》等著名的近代维新社团报刊，还有《申报》《新闻报》《商报》《东方杂志》等商业性综合报刊，也是获取、学习西学，接受西学概念启蒙的主要媒介。有学者考证，1997年11月15日的旬刊《实学报》（第9册）刊登的《长洲程起鹏》译自日文的《台湾植物之盛》一文，出现了三次“科学”的提法，是“国内第一个从科学的本义上正式使用‘科学’词汇”[4]的出版物。1915年创立的科学社，主办了近代科学传播史上至关重要的《科学》杂志，除刊登专业论文外，还以普及科学通识和科学精神为职志，基本达到“科学有

---

①顾燮光.译书经眼录//宋原放.中国出版史料·近代部分:补卷(下册).武汉:湖北教育出版社,2011:1-151.

②上海商务印书馆1903年新书广告书目//宋原放.中国出版史料·近代部分:补卷(下册).武汉:湖北教育出版社,2011:470-478.

③王先明.中国近代社会文化史论.北京:人民出版社,2000:353.

④李益顺,阳征雄.国内谁最早使用“科学”词汇考辨——兼与樊洪业先生、汪晖先生商榷.湖南工程学院学报(社会科学版),2016(4):42-45.

广狭之分，自然科学并非科学内涵之唯一”及科学精神内核是“寻求真理”的共识。[①]

1899年，林纾与王寿昌合译的《巴黎茶花女遗事》出版，标志着近代大规模西方文学翻译出版的开始。日本学者樽本照雄在《新编增补清末民初小说目录》中，收录小说16 014种，其中晚清小说2632种，大约与同期自然科学、社会科学译书的总和数量相同。而在这部分晚清小说中，翻译小说占1003种。[②]这些小说类型丰富，含侦探、政治、科学、历史、社会等主题，使西学的传播进一步扩展到文学领域。

四、民国出版以人文社科为中心力推西学本土化

1919年到1949年的30年间，经新文化运动的洗礼，白话文学迅速发展；1912年民国政府进行“壬子学制”改革，现代大学初步发展，由1915年的10所增加到1926年的51所[③]，现代学科体系在现代大学制度基础上建立并逐渐本土化，“嫁接”式的西学知识逐渐内化于新兴的现代学科知识框架；同时，中国社会面临内乱、外侮的双重危机，各阶层民众对国家、民族和个人道路的思考成为时代焦点，情感的集体诉求和表达，人性、国民性、文化和历史的深度探索，社会科学理论的构建等，皆外化于图书编辑出版活动中。由此，以商务印书馆、中华书局、开明书局、世界书局、大东书局、生活书店、文化生活书店等著名民营出版机构为主，包括国统区的官方出版社、解放区中国共产党领导的出版机构在内的全国各类出版机构，普遍偏重文学艺术图书及对应于现代学科体系的社会科学图书出版。

①范铁权.近代中国科学社团研究.北京:人民出版社,2011:91-93.

②李家驹.商务印书馆与近代知识文化的传播.北京:商务印书馆,2005:73.

③张剑.中国近代科学与科学体制化.成都:四川人民出版社,2008:123.

据北京图书馆20世纪90年代编辑的《民国时期总书目》不完全统计（不含线装书和外国在华机构出版的中文图书），整个民国时期，全国约出版了124 040种新图书。基于这个书目和具体数字，邱崇丙以中图分类法做了总体梳理，共分为18个图书大类、165个小类，其中每单数量过万的有“文学”“政治·法律”“经济”“教育·体育”“历史·地理”5类图书，这几类图书数量占全部图书的65.68%，凸显了人文社会科学图书的核心地位；而覆盖科技工程类图书的“自然科学”“医药卫生”“农业科学”“工业技术”“交通运输”类合计只有13 659种，占总图书量的11.01%；文学类图书以总量21 023种雄踞民国出版图书总量的16.95%。[①]

民国时期商务印书馆的五大出版类型（即教科书出版、现代文化普及丛书出版、各类古籍丛书出版、工具书出版、期刊出版）中，如以社会影响和出版数量总和考察，又以教科书出版、现代文化普及丛书出版、工具书出版分量最重，而王云五主编的文库本丛书集中体现了社科出版的现代知识启蒙作用。其中《万有文库》在1929年4月创刊，1933年出齐初集1010种200册[②]，1939年出齐第二集700种2000册[③]，是对商务印书馆之前在现代知识人视野下已出版的《国学小丛书》《新时代史地丛书》《自然科学小丛书》《汉译世界名著》和《现代问题丛书》《大学丛书》等单行丛书的超大型整理汇编，内容包罗万象，强调前沿、通俗和系统性三个要素，可视为商务印书馆与中国现代精英文化人在推动西学传播和现代思想启蒙领域的成功合作：“在内战频仍的时代，现代知识分子与出版机构之间的合作，出现了一次名

①基础数据参见：吴永贵.民国出版史.福州：福建人民出版社，2011：77-84.

②王学哲，方鹏程.商务印书馆百年经营史.武汉：华中师范大学出版社，2010：52.

③王云五.印行万有文库第一二集简编缘起//王云五.万有文库第一二集简编目录.上海：商务印书馆，1939：1-2.

副其实的‘书籍爆炸’，这些书籍所涉及的领域与选题范围无疑是空前的。”[①]另一部文库本丛书为“东方文库”，收录《东方杂志》上的主要文章和其他未刊稿，包括大约24个主题，共128个标题，按图书数量排序依次为人文（文学和哲学）、自然和社科类图书，作者“都赫赫有名，包括学院和非学院的知识分子，这一长串的名单代表了不同的背景和立场”[②]。

王云五作为现代知识人群体的一员，在推动《万有文库》面世过程中，其思想便渗透了源自近代西方民权思想的文化启蒙“七端”说：“人各有对世界对人类对国家三种义务，故国际的社会的政治的知识为不可缺。人各有对精神对物质二种关系，故哲学的科学的知识为不可缺。他如生存所必需者为衣食，则经济的知识尚焉；进化所必需者为发展，则教育的知识尚焉。凡此七端，有一或缺，则为人之道不备，而在一国中，亦不得谓为公民。”[③]王云五将国际、政治、社会、哲学、科学、经济和教育知识的传播作为其出版生涯的几大重要领域，明确的学科意识成为他搭建出版计划的逻辑基础：“对他来说，每一门学科都提供了一个契机，可以出版数十种包含特定主题的书籍，所有学科领域与主题，都成为潜在的印刷商品，王云五提出，商务印书馆应当为充满求知欲望的中国读者，提供接触与了解现代西学知识的途径。”[④]

以上所述七大知识领域，基本涵盖西方近代学科体系传入中国后

①高哲一.为普通读者群体创造“知识世界”——商务印书馆与中国学术精英的合作.史林,2014(3):92-108.

②李欧梵.上海摩登——一种新都市文化在中国(1930—1945).毛尖,译.北京:北京大学出版社,2001:64.

③王云五,王学哲.岫庐八十自述:节录本.上海:上海人民出版社,2007:52.

④高哲一.为普通读者群体创造“知识世界”——商务印书馆与中国学术精英的合作.史林,2014(3):82-108.

的“七科之学”知识主干，因此商务印书馆在民国时期的七大板块图书出版内容，可视为广义上的西学知识，同时渗透了用中国话语再建构外来知识的意图。正如李欧梵先生所说，商务印书馆从教科书出版到杂志、文库出版，“一起构成了某种现代的时空轨道线：引介新知识无疑是受让中国跟上世界这种欲望的激励，而同时，它们也通过为国家和‘国民’提供知识资源而支持了民族建构”[①]。

第三节　助力新型知识共同体的形成

近代出版业的崛起，使得编辑活动在传播知识、联络不同知识群体方面的功能得以凸显。围绕大量书、报、刊的编辑出版，知识分子本身通过为编辑出版机构提供文本、甄选文本和阅读文本，以不同的方式重新聚合和蜕变，形成“洋场文人”—维新报人—新文化运动宣传家—民国出版人群体这一近代传统知识分子群体分化和重组的历史脉络。近代编辑活动是催生媒介知识分子文化特质形成、锤炼近代知识分子共同价值观的重要内驱力。

一、近代编辑脱胎于旧知识分子阵营

近代以来，在1840至1890年的50年间，西方传教士在中国创办了170余种中外文报刊，中国近代第一批职业编辑便在此过程中产生，成为晚清传统知识群体中的下层主动剥离、身份蜕变的典型人群。从19世纪60年代开始，一批主要来自江浙、广东地区的旧式文人开始在

①李欧梵.上海摩登——一种新都市文化在中国(1930—1945).毛尖，译.北京：北京大学出版社，2001：71.

上海应聘传教士出版机构的编辑职位，如墨海书馆的王韬、主编香港《中外新报》并与王韬创办《循环日报》的黄胜、主笔《字林沪报》和《新闻报》的蔡尔康，及背景相似的邹弢、李伯元、孙玉声、吴趼人、欧阳钜源、周桂笙、包天笑、陈景韩、徐枕亚、李定夷、吴双热、陈蝶仙、李涵秋、向恺然、程小青等。19世纪晚期的梁启超、汪康年等维新报人，也曾长期在沪专注笔耕。这些生活在上海租界的职业报人和书局编辑，通常被笼统称为"洋场才子"或被西方学者称为"条约口岸知识分子"（Intellectuals In Treaty Port Cities）。[①]

"条约口岸知识分子"多来自文化或经济较发达的江浙和广东地区，且受过正规的旧学教育，多曾汲汲于科考，甚至取得过功名，如：王韬18岁中秀才；梁启超17岁中举人；汪康年32岁中进士；钱昕伯早年中秀才；宋育仁29岁中进士并授翰林院庶吉士，沈毓桂、陈霭亭精于传统学术。按照张仲礼先生的划分，这些人属于传统"绅士"群体上层。[②]19世纪50年代太平天国运动兴起后，清廷大开捐纳，增设科名，绅士总数猛增。"'异途'绅士的比例上升，并有力地渗透到绅士集团中去……绅士人数和品质的变化，不仅侵蚀了政府，也导致原由这个阶层统治的社会的分崩离析。"[③]面对上升通道遽然拥塞，上层绅士中一部分主动或被动地从"绅士"阶层剥离，到口岸城市寻求新的

①美国学者柯文首创的概念，"指生活在最早开埠的通商口岸、与西方文化发生密切接触且在中外文化关系的思考方面心有所得的中国士人，如李善兰、华衡芳、管嗣复、蒋敦复、张福僖、沈毓桂、洪仁玕等人，而冯桂芬、王韬、郑观应则是其中尤具代表性的人物"。参见：何晓明．略论晚清"条约口岸知识分子"．郑州大学学报：哲学社会科学版，2008，41(1)：105-110.

②张仲礼认为上层绅士包括在职官员和有虚衔者（贡生以上），下层绅士包括生员、监生和例贡生。参见：张仲礼．中国绅士——关于其在19世纪中国社会中作用的研究．上海：上海社会科学院出版社，1991：114-136.

③张仲礼．中国绅士——关于其在19世纪中国社会中作用的研究．上海：上海社会科学院出版社，1991：139.

生存空间，“从帝国和家族秩序中游离出来，成为下移到民间的游士”[①]。直至1905年科举制度被彻底废除，这个有自由人特征的群体人数快速增加。作为上海“条约口岸知识分子”主要来源之一的苏州绅士阶层，在1905年之后主要有四大职业流向——商人、自由职业者、留学型新式知识分子、学习新知的地方新政办理人。其中，自由职业者主要包括“小说家、撰稿人、报刊发行人、记者、出版商、杂志编辑、教师、翻译、社团书记员”[②]等，报馆、书局一直是分化后的绅士群体（含有新旧双重教育背景者）重要的生存出路之一。

脱离了原有文化轨迹的近代早期报馆、书局编辑出版从业者，身经近代第一次知识群体的裂变过程，相对于传统士人，具有突破旧思维的开放性；而相对于后来留学日、欧的新式报人和出版人，其价值观和文化视野则偏于守旧和边缘化。从近代早期进入上海的“条约口岸知识分子”来看，其审美意趣和生活习惯带有明显旧文人特性，如流连诗酒、行为不羁。王韬的个人杂记及日记中，记载与好友李善兰、蒋敦复等“持螯置酒，剪灯夜话”“共游教坊”“酒楼小饮”“勾栏访艳”[③]的类似字样频繁出现，而蒋敦复作为文章高手，同时也是一个无法自拔的瘾君子，英国传教士艾约瑟曾在《北华捷报》上刊文提到蒋敦复的悲剧：“他被吸食鸦片毁了，却又是一个聪颖的作家……他与我们一同工作并非因其热爱基督教，而是为了能维持他的烟瘾。”[④]美国学者柯文曾概括王韬及友人的形象：“他们许多都曾深受儒学经典训

---

①许纪霖，等.近代中国知识分子的公共交往(1895—1949).上海:上海人民出版社,2008:3.

②徐茂明.江南士绅与江南社会(1368—1911年).北京:商务印书馆,2006:324.

③散见于王韬的《瀛壖杂记》《瀛壖日志》《蘅华馆日记》,转引自:柯文.在传统与现代性之间——王韬与晚清革命.雷颐,罗检秋,译.南京:江苏人民出版社,1998:17.

④见1891年9月18日《北华捷报》,转引自:柯文.在传统与现代性之间——王韬与晚清革命.雷颐,罗检秋,译.南京:江苏人民出版社,1998:19.

练，取得秀才资格……作为个人而言，他们颇不寻常，甚或有些古怪，有时才华横溢。就整体而言，他们代表了中国大地上一种新的现象——条约口岸知识分子。”[①]在维新变法之前的很长一段时期，全国风气未开，“洋场文人”群体文化处境曾颇尴尬，很多人都是由于生活潦倒或科举不顺，被迫到上海求职，“他们摒弃传统社会（不承认或不完全承认这个社会），却又没有在萌芽状态的新社会里找到自己应有的位置”[②]；其时的报馆主笔，“不仅社会上认为不名誉，即该主笔亦不敢以此自鸣于世”[③]。此时，以康有为、梁启超二人为代表的思想异端型报人和出版人尚未进入沪上，报界编辑人群体也尚未网罗到更多文化精英，甚至集体被士大夫阶层鄙视：“然文襄（笔者注：左宗棠）闻有反对者，即大怒不止，故其与友人书，有‘江浙无赖文人，以报馆为末路’之语。其轻视报界为何如！惟当时并不以左之诋斥为非者，盖社会普通心理，认报纸为朝报之变相，发行报纸为卖朝报之一类……故每一报社之主笔、访员，均为不名誉之职业，不仅官场仇视之，即社会亦以搬弄是非轻薄之……”[④]这个过渡性群体尚未完成价值观和知识结构的蜕变，其政治姿态最多靠近温和改良主义，并无太大思想建设性，报纸“内容所辑材料，非燕京春色，即歇浦秋潮……大多数均《西学原本中国考》《中国亟宜自强策》等类文字，为中国新闻事业幼稚之证明”[⑤]。但从近代城市社会发育角度看，近代报人、出版人已较早走上了一条独立的职业道路，从根本上脱离了传统绅士的身

①柯文.在传统与现代性之间——王韬与晚清革命.雷颐，罗检秋，译.南京：江苏人民出版社，1998：17-18.

②白吉尔.中国资产阶级的黄金时代（1911—1937）.许世芬，译.上海：上海人民出版社，1994：44.

③姚公鹤.上海闲话.上海：上海古籍出版社，1989：131.

④姚公鹤.上海闲话.上海：上海古籍出版社，1989：128.

⑤姚公鹤.上海闲话.上海：上海古籍出版社，1989：126.

份束缚，为近代出版业打下了观念和人才方面的基础。

二、维新报刊催生具有政治自觉的媒介知识分子群体

甲午战争后，“启蒙”“救亡”成为中国社会的急迫主题，康有为、梁启超等人的一系列变法努力，掀起了近代国人第一次办报高潮，进入类似于西方近代新闻史上被称为“政党报刊”的发展阶段。戊戌政变后，“上海报纸已能一致指斥旧派……”①，对义和团和东南互保等事件，表现了较为理性的公共舆论基调，初显现代媒介知识人的群体自觉。20世纪前后的维新派政党报刊使得报刊编辑本身的社会形象、职业地位无形中得到提高，“迨梁启超出而办报，社会对记者之眼光，乃稍稍变异”②。梁启超本人的才华和政治影响，提升了整个报刊出版界的社会声誉，这种良性促动如有学者所说，从此“中国近代历史的跌宕起伏，无不与报刊密切相关，几乎所有重要的思想家、文学家、政治家，都直接介入了报刊的编辑出版工作”③。

戊戌变法前，报刊出版从业者大都将工作当谋生手段，“好一点的就是克尽厥职，敬业乐业，差一点的就是得过且过，或以名士自居，更差一点的是以洋人为护身符而藉报营私”④。维新报刊及其之后的报刊从业者，除康有为、梁启超等维新派核心人物之外，还多了一批借从事新式报刊业实现思想、知识启蒙的文化理想主义者，如民国初年在北京主办《启蒙画报》《京报》等报刊的彭仲翼，为办报不计功利，倾家荡产。从旧式绅士群体中分化出的一批社会层级更高、更具言论

①姚公鹤.上海闲话.上海:上海古籍出版社,1989:129.

②字林西报.1898-10-10.

③林溪声,张耐冬.邵飘萍与《京报》.北京:中华书局,2008:52.

④雷瑨.《申报》过去的现状//马光仁.上海新闻史.上海:复旦大学出版社,1993.

公信度的文化及政治精英，逐渐进入报刊出版主流空间，如天津《国闻报》创办者中有曾任北洋水师学堂总监的严复、创办水师学堂的王修植和著名学者夏曾佑（同为进士出身）；进士晋身的晚清名臣李盛铎拟办《公论报》；新旧学兼修的前翰林编修张元济，先办过《外交报》，后进入商务印书馆；20世纪初活跃于同盟会组织、革命派报刊和高等教育界等不同领域的章士钊、陈独秀，曾合办《国民日报》和《甲寅》杂志等，后陈独秀再创办《新青年》。

新文化运动兴起前后，具有理想主义色彩和政治批判锐气的现代报人黄远庸、邵飘萍、林白水等报人逐渐走入北洋时期的新闻舆论中心，言论活跃而犀利，报刊开始真正成为引导大众舆论的媒介工具。一部分报刊记者、编辑逐渐与优秀的知识分子群融为一体，职业威望快速提升，总体上摆脱了国人心目中操弄“烂朝报”的商贩和鼓弄口舌的鄙陋“访员”形象。姚公鹤生动描述这种新风气：“前此贱视新闻业因而设种种限制之惯习，复悉数革除……而往者文人学子所不屑问津之主笔、访事，至是亦美其名曰新闻记者，曰特约通讯员，主之者亦殷殷延聘，受之者亦唯唯不辞。”①

由此，一个充满文化底蕴和思想锐气的新报刊编辑知识人群体，不仅带动了整个报刊业的革新，也以其强大的文化感召力，使一大批新式学堂的青年学生通过阅读新报刊而接受启蒙思想，成为其后社会革命和文化改造的后备人才。

三、20世纪20年代后编辑群体的知识精英化

20世纪20年代后，近代书籍和报刊出版业进入稳步发展的成熟阶段。据估算，20世纪20年代末全国报刊数量达到2000种，如果按照每

①姚公鹤.上海闲话.上海:上海古籍出版社,1989:131-132.

家报馆有10人推算，全国编辑、记者达到2万多人[①]；再加上所有的出版社和通讯社，全国编辑、记者总人数在4万以上。这个时期编辑出版队伍的专业化及其与文化界、学术界的互动，体现了编辑群体社会身份精英化的趋势。

编辑出版人的专业化，在报刊出版领域表现得最为典型。20世纪20年代，中国的新闻报刊从逆境和混乱中走向秩序和成熟，1926年被称为“中国现代新闻事业的肇始之年”[②]，以1926年张季鸾进入《大公报》担任总编辑为标志。20世纪20年代以后，中国报人的组成结构发生较大变化。第一，终身从事报业的职业报人出现，如“以‘文章报国’自期的一代报人”[③]张季鸾，从1926年进入《大公报》，直到1941年去世，终身供职于《大公报》。王芸生1929年进入《大公报》，终身服务于报业。成舍我从1924年4月开始，先后创办《世界晚报》《世界日报》，长期打造“世界”报系，直到1949年转到台湾地区继续办报，终身未离报刊业。吴范寰在《世界日报》任总经理达15年之久。狄楚青1904年6月创办《时报》，和其后历任主编罗孝高、陈景韩、雷继兴、包天笑、戈公振，被称为上海著名的《时报》新闻家群体。《新民报》有“三张一赵”（张恨水、张慧剑、张友鸾、赵超构）的说法，象征着终身从事新闻工作的老报人群体组合。第二，最重要的变化是报刊新一代从业者大多数受过正规高等教育，甚至出现了新闻专业毕业生，报刊编辑开始往专业知识分子加职业新闻编辑的角色发展。如邵飘萍在1906中学毕业后考进浙江省立高等学堂（今浙江大学前身），1909年毕业后不久成为《申报》特约通讯员，而后辗转多个报刊社任职，逐渐磨砺为优秀报人。林白水早年毕业于早稻田大学政法系，戊

---

①李明伟.清末民初的城市知识阶层.北京:社会科学文献出版社,2005:308.

②王润泽.张季鸾与《大公报》.北京:中华书局,2008.

③方汉奇,等.《大公报》百年史.北京:中国人民大学出版社,2004:261.

戊变法期间回国，进入报刊业。成舍我则以中学肄业的身份，被北京大学文科学长陈独秀特许参加北大文科选读生考试，后被录取入学。吴范寰也毕业于北京大学。龚德柏自日本留学回国，曾任北京法政专门学校讲师。著名报人兼报史学者戈公振，早年曾在东台高等学堂学习，考取南通师范学堂而因贫未入学，后到上海一书局工作，再任《时报》编辑、总编辑。《大公报》主编张季鸾早年师从古文大师刘古愚，1905年留学日本，攻读政治经济学，1925年回国后进北京《世界日报》做编辑，同时读平民大学新闻系课程，后升任总编辑。作为第一代新闻系本科毕业生，张季鸾在报刊招聘中看重编辑和记者的专业化和新闻经验，直接从大学毕业生中聘用记者；报社管理层招聘也趋向高学历和受过正规教育的文化精英人才，如"世界日报录用人员，无论编辑、职员、练习生，很长时间内是采取招聘招考办法。一九三〇年后，报纸发展了，还不断延揽有经验的编辑记者，很希望有更大发展"[①]。《世界日报》这些"有经验"的编辑记者中，包括先后主持副刊"明珠版"的作家张恨水、左笑鸿、周作人，还有曾主持经济版的经济学者方秋苇、主持"国语周刊"的留法女学人肖宗让等。由此，多数报刊从业者，虽然少了戊戌时期高扬的理想主义色彩，但其新闻职业素养更趋稳定和全面。

编辑出版人的精英化在出版机构以另一种形式呈现。以商务印书馆、中华书局、开明书店、生活书店等民营出版机构为代表，近代出版业在数十年时间中集中了大量文化精英人才。从20世纪20年代开始，商务印书馆聚集了高汉卿、恽铁樵、胡愈之、陈叔通、沈雁冰、蒋梦麟、吴研因、高梦旦、杨贤江、郑振铎、周建人、周予同、王云五、杨端六、朱经农、竺可桢、任鸿隽、陶孟和、范寿康、叶圣陶、

①中国社会科学院新闻研究所《新闻研究资料》编辑部.新闻研究资料(总第六辑).北京:新华出版社,1981:48.

向达、冯定等一批学有专长的名编辑；中华书局则集中了范源濂、舒新城、金兆梓、张相、高野侯、郑午昌、丁辅之、陈乃乾、田汉等名人；张静庐、郭沫若、成仿吾、曹靖华、赵南公等20世纪20年代在泰东图书局任编辑；作家周瘦鹃、包天笑等曾在大东书局任职。[①]在社会变革特定背景下，出版机构内部的出版人和编辑的岗位角色常互换与互通，如曾做商务印书馆编辑的陆费逵、王云五，都以编辑的身份成功创办或主管近代出版企业，继而转型为出版企业掌门人；张元济作为商务印书馆的管理者，在数十年中长期兼任商务印书馆的古籍丛书总编；邹韬奋则长期身兼生活书店总编辑和管理人，一身二任，随时调换角色。另外，近代的海外留学运动到清末规模更大，民国初年大量留学生回国遭遇就业困难，进入出版行业是较佳选择，大型出版社普遍吸收新归国留学生就业，以商务印书馆吸纳的留学生最多。“从1897年到1930年，商务编译所一共进用了海外留学生75人，包括：留法者2人，留英者3人，留美者18人，留日者49人。（国名不详者3人）若以编译所的人数约300人计算，留学生的比例约为25%。”[②]海外留学生大量进入出版机构编辑岗位，也对出版界知识分子的精英化具有助推之功。

编辑出版人群体与文化界的积极互动关系，也即出版界和文化界的互渗和共生，亦在民国时期的商务印书馆体现得最为典型。第一，商务出版人借学术环境而取得文化意义上的成就。商务印书馆藏书丰厚，鼓励学习和创新，对于职员具有职场和大学的双重意义，如张元济经古籍整理生涯而成为文史研究和古籍校勘大家，陆费逵、王云五则通过在商务印书馆任职的实际历练和文化熏陶，成为崇尚社会启蒙

①李明伟.清末民初的城市知识阶层.北京:社会科学文献出版社,2005:312-313.

②周越然.我与商务印书馆//商务印书馆.商务印书馆九十五年1897—1992——我和商务印书馆.北京:商务印书馆,1992:167.

的顶尖出版家；而沈雁冰、周建人、胡愈之等人则以普通编辑身份，长期浸淫于东方图书馆藏书和浓厚研究氛围中，分别在小说创作、科普写作和广义的书刊出版活动领域取得突出成就。第二，学人借商务印书馆出版品牌而成就学术事业。商务印书馆的文化启蒙定位、严谨的学风和高效的管理，对国内一流的学者、作家和文化人有着强大吸引力，商务印书馆的丛书、古籍和期刊出版因而得以聚合国内最好的作者群，如严复、鲁迅、蔡元培、王国维、罗振玉、陈独秀、胡适等人都在不同时期由商务印书馆出版其作品，或参与商务印书馆的编辑策划活动。高梦旦曾把胡适比作商务印书馆的“眼睛”，并于1921年建议胡适正式辞去北京大学的职务而到商务印书馆任职，胡适虽未采纳，但推荐王云五上任，并以“编外身份为商务印书馆做了若干策划”[①]。民国时期的商务印书馆，实际上成为除北京大学、中央研究院、北平研究院、故宫博物院等大型文化研究机构之外最重要的出版界学术传播平台。第三，商务印书馆早期成立的编译所，受益于张元济的人才战略，先后招揽到不少知名学者，其中不乏学术专精的自然科学家，包括朱经农、唐钺、竺可桢、段育华、胡明复、杨杏佛、秉志等，这些人很多曾留学欧美，且都是知名大学的博士，或曾在大学担任教授。如：朱经农是北京大学的教授；唐钺是留美的心理学博士，曾任东南大学教授；段育华留美，曾任北京大学教授；胡明复、杨杏佛、秉志也是上海、南京两地有名的学者兼大学教授。他们无疑是商务印书馆其后规模庞大的学术出版的编辑人才基础。从这个意义上说，商务印书馆不仅是吸引优秀知识人的文化实体，也是造就优秀知识人的文化摇篮。

---

①王晓渔.知识分子的内战——现代上海的文化场域(1929—1930).上海:上海人民出版社,2007:80.

四、编辑作为现代知识分子共同体成员的文化个性

近代进入出版行业的精英知识分子，尤其是维新变法后进入图书出版行业的知识分子，在清末民初的文化和政治空间，总体表现出一种强烈的社会参与意识，勇于并善于表达自身的文化主张和政治立场，并有明确的编辑理念，往往身兼严谨的文字工作者和活跃的社会批评家两个角色。陆费逵“一面主编《教育杂志》，一面发表自己的主张”[①]；邹韬奋一贯关注社会政治领域，具有近代公共知识分子的所有特征，邹韬奋参加的“民权保障同盟”是主张争取民主权利的一种泛自由主义松散联盟，而他本人在呼吁中明确指向新闻出版基本的舆论和出版自由。这些出版界的职业化知识分子，通过自己的笔和媒体资源表达自身思想和立场，并以此影响社会，因掌握传播媒介的便利，出版人群体是近代社会不可小觑的言论力量。

20世纪20年代后，出版行业的职业化使知识分子有了更宽广、自主性更强的职业平台，选择出版职业即是对近代出版的职业认同，体现的价值取向就是“出版业既是知识分子谋士的归宿，也是实践理想的平台”。可以认为，知识分子个体通过职业化而聚合为出版业的近代知识群体，成为推动和引导近代编辑传播活动的主角。身为知识分子的文化特质，使得他们与同样职业化的一般商人的根本区别“不在于是否从事营利的出版事业，而在于能不能依循学术文化的传统对社会对人生尽一种道义的责任”[②]。这种共同的道义理想和对职业的自觉认同，使新式知识分子中的近代编辑出版知识人群体，兼备理想主义情怀和脚踏实地的实践能力。

---

①陆费逵.我青年时代的自修//中华书局.陆费逵先生年谱.北京:中华书局,1977.

②陈思和.试论现代出版与知识分子的人文精神.复旦学报(社会科学版),1993(3):44-49.

近代编辑出版活动对新式知识分子群体形成的意义重在两点：其一，编辑群体本身文化自觉意识的进化和身份蜕变，为新型知识分子共同体的形成提供了局部标本；其二，编辑出版活动在新知识、新理念传播过程中，对新型知识分子共同体的成型具有孵化之功。

第四节　对近代社团发展的多维影响

近代编辑出版活动的职业化、大众化历程，伴随着近代中国社会的现代化演进过程。现代社会的突出特征之一，是社团和政党组织的发育。近代出版业和编辑职业队伍，是社团活动的文化酵母，二者的互动是近代文化生态的重要一环。

一、近代出版业的行业组织、职业圈层及作用

清初书商为调停版权纠纷，于1650年在苏州成立了中国出版史上第一个同业议事机构——崇德公所，可视为书业商会组织的前身。

随着近代民营出版的发育，出版业内部形成了新型行业组织——书业商会。书业商会在北京、上海等多地先后建立。1904年清政府宣布废除科举、兴学校的“新政”后，国内新出版业获得编印出版教科书的极好发展契机，实力大增。《印刷物专律》的颁布，促使新型出版业联合起来，保障行业利益。北京书业商会于1905年成立。同年上海书业公所亦成立，后呈清政府民政部注册，席子佩、夏颂来、夏瑞芳为董事，有会员100余家，其中印书局58家，装订作坊72家。上海另一个行会组织——书业商会也在同时成立，会员单位有商务印书馆、文明书局、开明书店、广智书局、昌明公司等10余家新式出版社，选俞复为会董，夏颂来、席子佩为副会董，夏瑞芳等为评议员，陆费逵

为书记。至此，上海的新式出版业已经掌控了出版行业的话语权。书业行会为新式出版企业长期呼吁版权保护，促使清政府在1910年颁布了中国第一部版权法——《大清著作权律》。

20世纪前后，近代编辑出版人逐渐形成了一个个类似学术共同体的行业文化圈，介于松散的同事关系和组织严密的行业社团之间。这些圈子无形而有韧性，成员一般同处在一个特定出版机构中，因工作而由同事关系逐渐成为好友，促使圈子内部向心力更强。在同一机构中，除了职业合作之外，学术和文化志趣常常是编辑们联络感情的纽带。跨不同出版机构形成的行业圈子也同时存在。清末民初，《申报》报馆编辑和《申报》附属书局的编辑们，在紧密的业务合作之余，便形成了一个志趣相投、往来频繁的私人社交圈。这个社交圈的重要标志之一是相约定期“到张园喝茶”①，倾谈时事，赏戏吟诗，筹划馆务。1885年向公众开放的上海张园，是典型的“晚清上海公共活动空间”，也是沪上新闻出版界青睐的聚议清谈之所，最常去的报人和出版人有“王韬、钱昕伯、何桂笙、黄式权、袁祖志、汪康年、梁启超、李伯元、吴趼人、狄楚青、叶瀚、蒋智由、高梦旦、蔡元培、张元济、马相伯、严复”②等近代上海乃至中国各大报纸和出版机构的著名掌门人及名编辑。“商务印书馆是一个培养人才的大学校。商务印书馆编译所拥有一支很强的编辑队伍，许多老编辑是各门学科中学有专长的著名学者，在他们的传、帮、带下，不少年轻人得到了锻炼和提高。”③

---

①这段轶事笔者曾从与中国人民大学新闻学院方汉奇先生的谈话中偶得，谈话时间是2000年夏天，地点在方先生家中。方先生为国内报史泰斗，其岳父为民国时期《申报》的资深老报人，了解许多民国报界生动鲜活的掌故轶闻。

②熊月之.张园与晚清上海社会//苏智良.近代新文明的形态.上海：上海辞书出版社，2004:49.

③张明养.怀念和感激——纪念商务印书馆建馆85周年//商务印书馆.商务印书馆九十五年1897—1992——我和商务印书馆.北京：商务印书馆，1992:292.

由同事而兼成私人好友的情况，在同一出版机构中比比皆是，围绕学术、文化或出版的话语中心，这个职业群体比其他企业职业群体更有价值观意义上的趋同性，而淡化了利益共同体的功利因素。张元济与商务印书馆的领导层经常主动发起各种名目的饭局和业余聚会，在家中或餐馆设宴招待馆内编辑同人或到访学者、友人。从其日记中可知，这些饭局上经常出现的馆内人有高梦旦、蒋维乔、庄俞、夏瑞芳等骨干编辑和管理人员。商务印书馆的编辑也会主动宴请张元济及其他领导，如张元济游欧回国后，编译所编辑虞含章和杜亚泉发起晚餐会，邀请他演说环游见闻，与会者多达40余人。从业界影响力角度看，商务印书馆内部这种较为融洽平等的人际关系氛围，在近代出版文化圈应有很强的辐射示范效应。

在20世纪20年代，以《新月》杂志为中心的“新月”系同人社交圈兼具文学、出版两种文化角色。“1928、1929年之际，‘新月’每星期几乎都有饭局，每次两桌”[①]，聚合着胡适、徐志摩、叶公超、潘光旦、罗隆基、闻一多、梁实秋、余上沅、饶孟侃、张禹九、刘英士等普遍有英美国家留学背景的文人学者和出版同人。

二、报刊和书籍出版是近代学会的媒介基础

关于近代学会的概念，台湾地区学者张玉法曾提出广义狭义二分法：广义学会，指知识分子为某些共同兴趣而组织的团体；狭义学会，指知识分子为研究学术所组织的团体。“一般说来，戊戌时期名为‘学会’的团体，多属广义的学会；1900年以后名为‘学会’的团体，具

①王晓渔.知识分子的内战——现代上海的文化场域(1929—1930).上海:上海人民出版社,2007:90.

狭义性质者渐多。”[①]左玉河则更为清晰地界定了近代新式学会及其与学会期刊的关系，“近代新式学会是学术研究者根据兴趣、爱好及共同理想而组织的现代学术共同体”，它的基本功能是增进本学科或相关学科学者间的学术交流，主要活动为召开学术年会、发行专业杂志，“学会、期刊与年会，构成了‘三位一体’的学术体制：有学会必有会刊，有会刊必有年会。创办会刊与举办年会，是中国近代学会最重要之事业及主要活动方式”[②]。

1895年以前，中国人主办的近代学会尚未出现，学会基本上都是英美传教士所办。伟烈亚力1858年在上海创办文理学会，出版会报《上海文理学会会报》。狄考文、丁韪良等1877年在上海创办益智书会（1916年改名中国基督教教育会），主要编译和审定教科书，1877至1890年间该会共出版书籍50种，审定书籍48种。韦廉臣1887年在上海创办同文书会（1894年改为广学会），出版《万国公报》和《大同报》等期刊，到1911年共出版约400种，其中非宗教性书籍约184种。[③]19世纪中期后西方传教士在中国所办的学会及其具有的出版经验，成为中国人能够直接利用的历史与文化资源。

1.维新变法时期学会与报刊出版的渊源。

维新变法思潮是近代学会兴起的核心动力。1895年8月，康有为、梁启超在北京成立的“强学会”，一开国人建立近代学会之先河。同年10月，康有为联络张之洞等原洋务大员和维新人士，成立上海强学会。京、沪的强学会虽很快被封或被解散，但维新领袖结社宣传新知的做法却广被效仿，对“结党营私”“君子不党”等传统政治禁忌的顾虑被救亡激情涤荡一空，各地“一年之间，设会数百，学者不复以此为大

①张玉法.戊戌时期的学会运动.历史研究,1998(4):5-26.

②左玉河.学科、学会与学术:中国现代学术共同体之建构.安徽史学,2014(5):37-48.

③张玉法.戊戌时期的学会运动.历史研究,1998(4):5-26.

戒矣”[①]，“风气渐开，已有不可抑压之势”[②]。这种被唐才常形容为“学会林立，万众沸腾”[③]的局面，为其后学会组织的社会常态化打下了坚实的基础。据张玉法考证，从1895年到1898年之间的戊戌变法时期，全国大约建立学会68个[④]，分布在30多个城市中，对打破中国传统社会封闭的公共空间具有开拓之功。这些学会是整个近代社团类型的基础，主要有政治类学会、知识与学术类学会、崇孔保教类学会、风俗改良类学会四大类，这些学会中规模较大的学会大都将编辑出版活动作为观念、知识传播的手段。

（1）政治类学会。以传播维新思想和从事推动变法的活动为主，如强学会、保国会、保川会、保浙会、保滇会、南学会等。强学会“专为中国自强而立”[⑤]，随创著名的《强学报》。保国会由御史李盛铎和康有为于1898年4月联合发起，宗旨是“为保全国家之政权土地，为保人民种类之自立，为保圣教之不失，为讲内治变法之宜，为讲外交之故”[⑥]。保国会章程对组织、权限、会员的权利和义务、纪律、入会手续、领导及职员的职责等项都有详细规定，但因成员复杂，实际上的组织比较涣散。保国会虽没有自己的会刊，但在《会讲例》中规定设专人记录演讲内容，或“汇登时务报”，“并译登外国报以告天下”，即借助《时务报》和外国报刊刊登本会演讲内容。由谭嗣同、唐才常、陈宝箴等人于1898年在长沙创办的南学会，以废八股、兴学校、修商政、饬农工为目标，办有《湘报》日刊；较早创刊的《湘学新报》

①梁启超.康有为传//中国史学会.戊戌变法:四.上海:神州国光社,1953:172.

②梁启超.强学会封禁后之学会学堂报馆//中国史学会.戊戌变法:四.上海:神州国光社,1953:172.

③李文海.戊戌维新运动时期的学会组织//龚书铎.近代中国与近代文化.长沙:湖南人民出版社,1988:407.

④张玉法.戊戌时期的学会运动.历史研究,1998(4):5-26.

⑤王其榘.上海强学会章程//中国史学会.戊戌变法:四.上海:神州国光社,1953:122.

⑥康有为.保国会章程//中国史学会.戊戌变法:四.上海:神州国光社,1953:69.

旬刊成为该会机关报，共出12期。此外蜀学会办有《蜀学报》，其他地方政治类学会所办报刊亦零星可考。

（2）知识与学术类学会。这类学会主要是仿效西方近代学会组织方式，研究专门知识或新学常识，力图在知识传播领域促进社会的近代启蒙，涵盖内容较广。如上海的务农会、地图公会、医学善会、新学会、算学会、译书公会，江苏的测量会、劝益学会、白话学会，浙江的化学公会、树艺会、务农会，湖南的法律学会、算学会、舆算学会、公法学会，福建的算学会，四川的农学会，等等。上海务农会以农学为宗旨，宣传购置洋农具和用新法种植，会报为著名的《农学报》半月刊，基于以农富国的思想，主要介绍西方及日本的近代农业科技知识，共出315期，此期间译印农学书籍百余种。地图公会“似为时务报馆的关系事业，名为学会，似为书局”[①]，全名“译印西文地图公会”，公会中收藏大量新旧地图，计划3年内出版国内外地图600幅；实际上到1897年初编辑完成全图94张，运到日本，用铜版纸印出后发售。上海的新学会出版《新学报》半月刊，刊登算学、政学、医学、博物四大类内容。上海的算学会也办了《算学报》，出版《算学报》12期及算学书籍。上海的实学会也出版会报《实学报》。武昌质学会办有会报，因讲习科目达到14门，包括经学、史学、法律、算学、图学、天文、地学、农学、矿学、工学、商学等，所以会报文章内容在当时学会会报中涉猎最广。章太炎、董祖寿等办的兴浙会，以经世学说、方舆之学为讲求重点，并提倡和推广体操，每月出会刊《兴浙学会文编》1册。恽积勋、陶湘、董康等1897年创办的译书公会，选择政治、学校、律例、天文、地理、光化、电气、矿物、商务、农学、军制各类书籍，创办《译书公会报》周刊，出版至少20期。汪大钧于1898年创立的工商学会（沪南商学会），是工商学报社的附设学会。

①张玉法.戊戌时期的学会运动.历史研究,1998(4):5-26.

（3）崇孔保教类学会。以崇尚孔学保圣教为旨趣的学会。这类学会并非简单地尊儒保教（即孔教），而是从保国保种的高度来昌明孔学。康有为、唐景崧等在桂林“开设圣学会崇奉孔子……会中拟购置书籍，刻刊报纸，广设学塾，翻译西书各事。凡入会者，不论名位学业，皆以尊孔教救中国为宗旨”①，曾办《广仁报》半月刊及广仁学堂。

（4）风俗改良类学会。叶瀚、曾广铨在上海创办的蒙学公会，旨在提倡幼童教育，计划先办书报，后办学堂和蒙学会。1897年10月创《蒙学报》周刊，又设蒙学书局，编印儿童读物，一直到1902年仍有出版活动。黄谨娱、沈瑛在上海创办的中国女学会，提倡妇女教育，办有女学堂及《女学报》。江苏无锡创办的白话学会，提倡白话文，以白话文为维新之本，创办《无锡白话报》《中国官音白话报》，设白话书局出版白话书籍。

以上学会，因其应时而起，且中国当时尚无现代大学和学术机构，并无西方学会中作为骨干的真正专业学者，所以在研究和传播内容上，其多数会报或会刊知识界限模糊，常常流于泛泛而谈，其中心还是围绕“强国保种”“挽救危亡”的宏大政治主题展开。有些学会侧重教育，成为“书院式”的学会；有的学会着力于书刊出版，成为“出版社式”的学会；有些学会侧重演讲集会，成为“讲学式”的学会。“大概说来，学会是运动的中心，书刊是宣传的媒介，学堂为讲学育才之地，宣讲则为结合志士、开通风气的门径。”②由此，近代早期的学会编辑出版活动，是早期学会发育和成熟的重要媒介手段，甚或成为某些学会（如编译公会）本身的主要职能和目标。

2. 20世纪学会报刊的专业化促进学会的专业化。

20世纪初，戊戌思潮的冲击和清末新政自上而下的社会改革，使

①王其榘．圣学开会//中国史学会．戊戌变法：四．上海：神州国光社，1953：122.
②张玉法．戊戌时期的学会运动．历史研究，1998(4)：5-26.

得整个社会对西学的认识渐趋深入，新式教育逐渐走向规范，大量留学生学成回国，使学会在人才储备和知识基础上有了更高起点。清政府实行新政，鼓励设立行会性社团（如商会、农会、教育会等），统一制定章程，鼓励地方政府推动，一般社团和学会数量迅速增长，且学会逐渐从一般社团中独立出来；1910年制定学会章程，使得学会发展更有序，与一般社团的区别更清楚，学术专业分工意义上的专业学会越来越多。据张玉法初步统计，从1899年到辛亥革命之前，全国公开性的结社有600余个，其中具有学会性质的有地方自治研究会16个，商业类学会2个，蚕桑学会1个，教育类学会9个，语言文化类学会6个，医学类学会6个，其他工程类、佛学类、矿务类、地理类、算学类各1个。①这些学会多半都出版会刊。其他一般政治外交类社团、商会、农会、教育会，以及青年类、风俗类、文艺类、慈善类、宗教类、工业类的一般结社，以及非专业性的学术团体，很多也有社团报刊。

民国初年的学会发生明显分流：政治色彩强的学会逐渐演变为近代政党组织，以学术为职志的部分学会逐渐演变成专业学会。后者多由近代专业学者主持，与政治保持距离，秉持学术立场，成为知识人进行学术交流的学术共同体。民国初年学会发展以创办专业性学会为主流，基本上移植了西方近代学会的组织和管理，逐渐形成近代学会制度。

伴随中国近代学术的分科化发展，几乎每个现代学科门类都建立了自己的学会组织，同时无一例外创办学报，以聚集同人、切磋学术。

1912年，詹天佑在广州创立的广东中华工程师会，是近代中国第一个专业化新学会，1915年该会更名为中华工程师学会，创办《中华工程师学会会报》。

1922年中国天文学会在北京成立，学会旨在组织学术活动、编辑天文学书刊、开展国际学术交流、普及天文知识，先后出版过《观象

①张玉法.戊戌时期的学会运动.历史研究,1998(4):5-26.

丛报》《观象汇刊》《中国天文学会会报》《宇宙》《大众天文》《会员通讯》等刊，并编译了大量天文学图书，对天文学著作进行奖励。

1922年北京的化学学者成立中华化学工业会，出版《中华化学工业会会志》（《化学工业》前身），上海化学会亦新成立，并编辑会刊[1]，由在上海的中外化学家共同组织而成。1932年，由王箴、曾昭抡等人发起成立的中国化学会，有些类似于全国化学学会联盟，1935年出版了《中国化学会会志》与《化学》两种季刊。《中国化学会会志》创刊后第一年只登载了24篇论文，第二年增为54篇，第三年为51篇，到第四年（1936年）增为72篇，论文数量迅速增长，使化学学科成为中国学术界发展速度较快的学科。越来越多的本行学术精英聚集于中国化学会，到1949年，该会已有会员3000多人。

1932年8月，梅贻琦等在北平成立中国物理学会，成立之初即设立学报委员会。次年，《中国物理学报》创刊，以英、法、德文印行，附中文摘要；年会论文大多在学报上刊登，学报很快在国际上建立了良好口碑。

中国地质学会的学报最具国际化和纯学术色彩，其会报《中国地质学会志》从1922年起出版英文季刊作为会刊，1936年后出版中文《地质评论》用于国内交流。1934年翁文灏、竺可桢等发起成立中国地理学会，出版《地理学报》，专载地理论文，并附西文摘要，与前述地质学报形成地学领域的学术互补。

人文社会科学学科的学会和会刊则如1930年在上海成立的中国社会学社，出版了会刊《中国社会学社》，由著名社会学家孙本文任主编。

近代大学中成立的各科学会，如北京大学、清华大学、中央大学、辅仁大学等校的各种学会，均按照近代学科门类组建。北京大学仅1919年成立的学术团体就有国文学会、史学会、数学会、心理学会、

①曾昭抡.二十年来中国化学之进展.北京：中国科学社，1937：110.

教育学会、新文学研究会、俄罗斯研究会、画法研究会、马克思学说研究会、哲学研究会等。凡在大学设有学科的，都有相应之学会组织。这些学会当中规模较大者，如北京大学史学会以“联络同志研究史学”为宗旨，“本会为便于发表研究心得，及与国内外同志交换知识起见，得发刊杂志或各种单册及丛书，其编辑细则另定之”[①]。1920年成立的北京大学地质学会，除编辑出版北京大学地质丛书外，还约请李四光、翁文灏、何杰等教授编著地质学、古生物学领域的专论，并出版《国立北京大学地质研究会年刊》。

据《第二次中国教育年鉴》统计，1912—1925年在教育部备案登记的学术团体有44家；1927—1933年在教育部备案的达80余家。[②]到20世纪30年代期刊发展的高峰期，这些学会已形成良好制度，皆以举办学术年会为主，兼筹图书馆和研究机构，编辑出版专业图书，创办学术期刊。编辑出版活动不仅成为学者之间交流的中介，也增强了以学会为中心的学科共同体成员间的凝聚力。

三、编辑出版是近代文学社团推进文学传播的主要手段

五四运动后，数量繁多的文学社团迅速崛起，这是近代文学发展的突出特点。文学社团直接促进了近代文学的变革，其中的关键是文学社团的出版功能。

五四运动后第一个现代性的文学社团，被公认为是郑振铎在1921年成立的文学研究会。文学研究会成立后，相继催生了北京的中国新诗社、新月社、语丝社、浅草—沉钟社、未名社，上海的民众剧社、戏剧协社、弥洒社、狂飙社、南国社，杭州的湖畔诗社，长沙的湖光

①北京大学史学会.北京大学史学会启事.北京大学日刊,1922:11-31.

②教育部教育年鉴编纂委员会.第二次中国教育年鉴·第六编学术文化//沈云龙.近代中国史料丛刊:第3编第11辑.台北:文海出版社,1978:796.

文学社，武汉的艺林社，天津的绿波社，南京的学衡社，以及在日本成立的创造社等著名的活跃社团。其间许多旋起旋落的小文学社团因无法具体统计而未算在内。茅盾曾做过考察，从1922年到1925年，先后出现的文学社团及刊物“不下一百余”[①]。1925年后产生的重要文学社团及流派组织，主要有太阳社、创造社、中国左翼作家联盟、现代创作社、论语派、中国诗歌会、七月诗派、中华全国文艺界抗敌协会、九叶诗派、战国策派、文聚社、大众文艺社、延安新诗歌派等。这些文学社团的成员不受地域限制，以相似的文学理念而结社聚集，创办了大量刊物，很多期刊社还兼有书籍出版社功能，出版了大量文学作品，构成了中国现代文学的主要内容。如1921年成立的创造社，1926年建立创造社出版部北京分部，同年成立出版部广州分部[②]，所出版的文学图书不仅能扩大文学影响力，还可以增加经济收入以自养。

民国时期几乎所有的文学期刊都有特定文学社团的背景，如李欧梵所说，“当时几乎所有的文学期刊的实际操纵者都是‘小党派’——在一个文学社团里的几个志同道合的朋友，持他们自己所提倡的文学和意识形态立场。甚至最大的文学刊物《小说月报》据说也是文学研究会的喉舌，并由文研会的一个创始人茅盾主编”[③]。在影响较大的民国文学期刊中，只有施蛰存编的《现代杂志》刻意回避意识形态倾向，强调期刊非同人杂志的特性。

1.涵养文学流派的重要园地。

由《新青年》发起的文学革命的主要标志之一，便是普及白话文，提倡新文学。北洋政府教育部1920年承认白话为“国语”，通令全国学

①茅盾.小说一集导言//赵家璧.中国新文学大系.上海：良友图书印刷公司，1935：1.

②王晓渔.知识分子的内战——现代上海的文化场域（1929—1930）.上海：上海人民出版社，2007：56.

③李欧梵.上海摩登——一种新都市文化在中国（1930—1945）.毛尖，译.北京：北京大学出版社，2001：151.

校采用。众多文学社团正是诞生于这个全国性的白话文普及运动之初，应时而生，成为引领全民开拓新文学的处女地。近代文学社团大多在创立之初便自办刊物或报纸，少数借助别家报纸或刊物，部分社团编辑出版文学丛书或单行本作品。后五四运动时期的现代文学社团则几乎与社团报刊共始终，大多数社团将办刊写在社团成立章程中，报刊出版实质上成为社团文学活动的核心内容，颇具符号性。

特别值得一提的是，文学社团期刊无论是印刷业务，还是人员构成，都与图书出版机构有多方面的联系。“上海是近代以来的新闻和出版中心，所以知识分子多与出版社和报纸杂志社有关。民厚北里的国家主义派成员主要在中华书局任职，而民厚南里的创造社成员则主要在泰东书局任职。”早期创造社成员主要以东京第一高等学校预科生和东京帝国大学的留日归国学生为主，多数人在泰东书局任编辑，泰东书局“不仅承担了《创造》季刊、《创造》周报等刊物的出版，还编辑了‘创造社丛书’，以至于被称作‘创造社的摇篮’”①。而文学研究会成员很多仅有中学学历，且大多是商务印书馆编辑。

一些社团甚至应文学报刊的需要而生，也有一些社团成立后与特定报刊建立长期合作关系。文学报刊是文学社团存在和发展的最基本前提。五四运动后，新文学的理念层出不穷，白话文作品的大量出现，使旧有报刊无法快速消化和适应这一文化运动；而文学社团一旦拥有自己的文学自主空间，便可以有系统、有计划地自由表达文学观念，易形成风格独特的文学流派，因此绝大多数近代文学流派酝酿、产生于文学社团的自办报刊园地。

文学研究会主张文学“为人生”，提倡写实主义，在成立宣言中宣告“将文艺当作高兴时的游戏或失意时的消遣的时候，现在已经过

①王晓渔.知识分子的内战——现代上海的文化场域(1929—1930).上海:上海人民出版社,2007:54.

去了。我们相信文学是一种工作，而且又是于人生很切要的一种工作”，对文学的社会功能有了全新的解读。文学研究会自办《小说月报》为会刊，后又增办《文学旬刊》《诗》等刊物，陆续出版了近百种文学丛书。

1930年7月中国左翼作家联盟（简称“左联”）成立，宣称“我们的艺术是反封建阶级的，反资产阶级的”。因政治主张鲜明，“左联”所办期刊基本处于地下出版状态，前后共出过46种期刊，只出刊过1期的就有16种。这些期刊主要有《文学》（半月刊）、《文学月报》、《文化月报》、《文学杂志》、《文艺月报》和《文学》月刊等。《文学月报》创刊于1932年6月，由上海光华书局发行，虽全部只有6期，但标志着带有左翼色彩的文学流派初步形成，作者主要有鲁迅、茅盾、巴金、瞿秋白、丁玲、蓬子、冰莹、周起应、田汉、白薇、洪深、张天翼、沈端先、叶圣陶、钱杏邨、穆木天、楼适夷、沙汀、胡风、冯雪峰、沈起予、艾芜等作家。《文学》月刊是“左联”领导的文艺运动走向成熟的标志性刊物，1933年7月到1937年11月左右出版，由上海文学社编辑、生活书店发行。《文学》月刊调整文学策略，以抗战为主题，面向更广泛的文学受众，作者群囊括了上海乃至全国的大量进步作家，曾发表过茅盾的《残冬》和《牯岭之秋》、叶圣陶的《多收了三五斗》、艾芜的《咆哮的许家屯》、洪深的剧本《农村三部曲》、沈从文的小说《八骏图》等；臧克家的农村题材系列诗作；朱自清的《哀互生》、丰子恺的《作父亲》和《缘缘堂随笔》、巴金的《旅途随笔》、丁玲的《不算情书》、吴组缃的《黄昏》、沈从文的《湘行散记》、郁达夫的《南游日记》、李健吾的《罗马游简》等风格多样的作品。

新月社的《新月》杂志和图书由新月书店出版。被公认为新月社“领袖”的胡适和新月社“灵魂”的徐志摩，在新月书店的经营上都十分认真。胡适在20世纪30年代后刻意扶持新月书店，减少和亚东图书馆合作，将自己的著作《白话文学史》在此付梓。[①]

其他如创造社、语丝社、南国社、中华全国文艺界抗敌协会、中国诗歌会、七月等文学社团的刊物也推出风格各异的大量作品，在五四运动后的新文学史上谱写出新的篇章。鲁迅、茅盾、叶圣陶、冰心、朱自清、沈从文等著名作家的作品多数刊登在文学社团刊物上，可看作社团期刊文学的代表。

在发表文学作品的同时，社团期刊也是宣传文艺流派主张、展开文学批评的媒介空间。创造社和文学研究会就创作方法等问题曾经展开论争，创造社成员“本着我们内心的要求，从事于文学的活动”[②]，代表了浪漫主义的文学倾向；文学研究会则主张“于材料上最注重精密严肃，描写一定要忠实”[③]，为现实主义文学代言。成员们就两种创作方法在双方期刊上平等讨论，促进了现代文学创作理论和文学创作的深化。“左联”同“自由人”“第三种人”“论语派”“京派”等流派作家的论争也主要通过相关的文学期刊进行，无产阶级革命文学理论在论战中得以完善和成熟。“左联”内部关于文学大众化问题的讨论，“文协”关于“民族形式”问题、歌颂与暴露问题、现实主义和“主观”问题的理论争鸣等都在期刊理论版块上展开。

2.沟通中西文学的主要渠道。

民国时期文学社团在文学领域的编译出版活动，是这个时期中国文学编译出版的主干力量之一。文学社团基于本身文学审美和理论的多元化，所引进的国外作品流派亦呈现出多元开放的特征，为近代中西方文化的交融作出较大贡献。近代中国文学流派的理论源头，多数

①王晓渔.知识分子的内战——现代上海的文化场域(1929—1930).上海:上海人民出版社,2007:81-86.

②郭沫若.编辑余谈.创造季刊,1923,1(2).

③茅盾.什么是文学//赵家璧.中国新文学大系·文学论争集.上海:良友图书印刷公司,1935:1.

可以溯源至西方近代文学流派和日本近代文学，文学社团对西方及日本文学的编译出版活动，本身即是对文学主张的探索和传播。

文学研究会是20世纪20年代文学社团中译介外国文学作品最多的社团。文学研究会的翻译活动围绕现实主义文学，以人生、现实为中心，重点翻译俄国（包括后来的苏联）、法国、北欧及东欧诸国，以及日本、印度等东方国家的现实主义名著，包括普希金、托尔斯泰、屠格涅夫、契诃夫、高尔基、莫泊桑、罗曼·罗兰、易卜生、显克维支、拜伦、泰戈尔、安徒生、萧伯纳、王尔德等人的作品。《小说月报》刊出过“俄国文学研究”“法国文学研究”等专号和“被损害民族的文学”专号、“泰戈尔号”、“拜伦号”、“安徒生号”等专辑。茅盾作为文学研究会的主力，翻译了很多短篇小说，且偏爱写实派、自然派作品，主张翻译突出文学的“神韵”。郑振铎则坚持一贯的文学现实主义立场，翻译作品时着重于印度泰戈尔作品和俄国文学作品。郑振铎非常重视俄国批判现实主义文学传统对中国文学的重大借鉴意义，主张系统译介俄国批判现实主义文学；在翻译思想上，倡导以“存真”为根本，保证译文的流畅性，在各种语言中“移植”文学风格。作为严谨的学者型作家，郑振铎对文学翻译中的普遍性问题都做过较为系统和完整的探讨。

创造社则着重译介西方浪漫主义作家的作品。创造社主要翻译了歌德、雪莱、海涅、济慈、拜伦、惠特曼、雨果、罗曼·罗兰、泰戈尔、波德莱尔、王尔德等浪漫主义名家的作品，另外还翻译了柏格森、尼采、斯宾诺莎等在文学界影响深远的哲学家的作品。创造社多数成员曾留学西方，在文学理论和审美倾向上相对其他流派更加西化，对浪漫主义思潮在中国的引进和传播具有开创性意义。郭沫若一生共翻译300多万字的作品，是创造社翻译成就的标志，也影响着整个中国现代翻译文学。他翻译了《浮士德》《少年维特之烦恼》《鲁拜集》《华伦斯坦》《雪莱诗选》《战争与和平》《血路》《政治经济学批评》《茵梦湖》等名著，其中以《少年维特之烦恼》的影响为最大。郭沫若强调译者在翻译时要投入感情，融入原作意境；对诗歌翻译主张“以诗译诗”，尽力保持诗歌的“风韵”，是现代翻译思想史上十分经典的理论。

新月社的主要成员徐志摩、胡适、闻一多、陈西滢、林徽因等都有欧美留学的经历，大部分都是有专业学养的学者型作家，大多兼善创作和翻译，且翻译成果显著。徐志摩作为新月派的代表人物，翻译文学作品的成就仅次于其现代诗歌创作。他的翻译作品主要是诗歌和散文，一生译诗约80首，兼及小说、戏剧。现代文学史上有颇多对徐志摩翻译文风中“翻译腔”的批评，但他作为诗人而提出的诗歌翻译“神韵说”卓有创见，即强调“形”与“神”的高度统一，在诗歌翻译史上占有一席之地。

和其他社团相比，位于北京的未名社规模较小，但它在中国文学翻译史上占有重要地位。未名社成立之初，即以翻译外国文学为主旨，其成员都是专业文学翻译工作者，以翻译工作为主，兼及文学创作。鲁迅作为发起人和左翼文学的标志性人物，在文学翻译上自成一大家。据统计，鲁迅一生的译文达到300多万字，超越了其创作文字的总和。鲁迅从反抗当时政治压迫的理念出发，翻译对象很多是北欧和东欧弱小民族的作品，有些是从日语转译为汉语的。其中，影响最大的作品是《域外小说集》，收录了短篇小说16篇，童话、寓言若干。在翻译思想上，鲁迅强调作品的教化、启蒙意义和改良社会的作用，因而主张直译，反对过分修饰，但在实际翻译中因过于强调思想传达而有文字不符原意的情况，且译笔较为生涩。

近代文学社团的文学翻译活动，作为近代文学翻译史上的重要组成部分，有不同于一般编辑出版机构翻译活动的特点。其一，策划和翻译者皆为创作能力一流的作家、诗人或学者，有自己所属流派的独特文学理念和翻译主张，所翻译作品有突出的个性色彩，并融汇了翻译者本人的文学风格。其二，四大文学社团的文学翻译方向代表了中国现代文学现实主义、浪漫主义、唯美主义和左翼文学四大方向，具有鲜明的文学理想主义特征，其翻译作品亦带有对应的文学审美特点，并产生了较大的社会影响，避免了一般出版机构在翻译作品时过多的市场考量和从众因素，使得近代翻译文学能够保持较高的文学品位和审美格调，同时使得文学社团本身的创作实践更为开放和健康。

第五节　读者群体的显著变化

近代以前的读者群体，一种是以文人、知识分子、富商大贾为主，其消费品种主要是传统经、史、子、集；另一种则是略识文字的社会民众，主要消费品种是通俗性书刊以及科场考试用的辅助读物。[①]至于其规模，可以根据识字率大致推测。[②]所谓识字率，"是从'实用性'（functional literacy）的标准出发，即指一个人的识字水平大致能应付相应于他所生活的历史时期的一般社会要求……我们可以说一个识字的人应该具有例如记账、在契约文书上签名或读懂官府简短文告等能力"[③]。依此标准，美国学者罗友枝估计出19世纪80年代（清光绪初年）的识字率水平："男人为30%至45%，女人为2%至10%。如果以低限论之（男人30%，女人2%），则平均识字率为16.6%至20.5%；以高限论之（男人45%，女人10%），则平均识字率为24%至

①李家驹.商务印书馆与近代知识文化的传播.北京：商务印书馆，2005：210.

②识字率问题颇为复杂，对于中国近代以前识字率的考察，最重要的成果当属美国学者罗友枝的《清代教育与大众识字率》，但是学界对于该书中得出的结论也有质疑。参见：张朋园.知识分子与近代中国的现代化.天津：百花洲文艺出版社，2002：202-211.

③包伟民.中国九到十三世纪社会识字率提高的几个问题.杭州大学学报：哲学社会科学版，1992(4)：79-87.

28%。”[①]但是这个结论是值得商榷的，例如光绪三十三年（1907年）清政府推行九年预备立宪，其中项目之一就是推广识字。预备立宪清单中规定：“第二年颁布简易识字课本，创设厅州县简易识字学塾，颁布国民必读课本；第四年创设乡镇简易识字学塾；第七年人民识字义者须得一百分之一；第八年须得五十分之一；第九年得二十分之一。”[②]可见在统治者的眼中，当时全国识字率连1%都不到。而孟昭常在1907年也撰文说：“（人民）大半不识字，书不足以记名姓，数不足以计米盐，目不识图册版串为何物，耳不辨权利义务为何等名词，见官府示谕，茫然不知赤文录字竟作何语。若是者，何为耶!”[③]从上述记载可见当时全国民众的识字率远没有罗友枝估计的那么高。识字率如此之低，却仍不能认为识字率乘以人口总数就是读者的规模，因为这种建立在“实用性”标准之上的“识字”离出版意义上的阅读还有很大的差距。

除识字率的问题外，古代高昂的书价也将许多清贫之人排除在读者范围之外。南宋叶梦得在《石林燕语》中就说“唐以前，凡书籍写本，未有模印之法，人以藏书为贵”。唐代以后直到明清，尽管雕版印刷术的普及使得图书价格有所下降，但是图书也不是普通百姓能够消费得起的。[④]以明清时期的通俗小说为例，明朝万历乙卯年（1615年）

---

①张朋园.知识分子与近代中国的现代化.天津:百花洲文艺出版社,2002:203.

②候补四品京堂劳乃宣奏请于简易学塾内附设简字一科并变通地方自治选民资格折.政治官报,1909-1-16.转引自:张朋园.知识分子与近代中国的现代化.天津:百花洲文艺出版社,2002:203.

③孟昭常.广设公民学堂议.东方杂志,1907,4(2):41.

④明朝万历年间平均书价大致为每册0.28两白银左右,如一部《封神演义》标价2两白银,而当时北京一个刻书工人的月工资仅1.5两白银。清代书价也大致与明代持平,平均每册均在0.3两白银左右,当时一个普通的政府文书人员(抄书贡生)月薪1.8两白银,七品知县的薪俸也不过每月8两白银,可见书价之昂贵。参见:袁逸.中国古代的书价.图书馆杂志,1991(4):53.

姑苏龚绍山刊行的《新镌陈眉公先生评点春秋列国志传》，标价每部纹银1两。根据明朝万历二十一年（1593年）出版的沈榜《宛署杂记》，我们可知道万历二十年（1592年）前后的物价水平，“鸡的价格为每只4分银子，狗每只5分银子，白布每匹2钱银子，红枣每斤1分3厘银子，若按此计算，一套《封神演义》就相当于50只鸡、40只狗、10匹白布、154斤红枣”。到了清中前期，通俗小说的价格依然较高，以《红楼梦》为例，“乾隆八百旬盛典后，京板《红楼梦》流行江浙，每部数十金”。[①]即使是晚清，传统刻书的价格依然昂贵，诗人陈衍曾写诗道：“一函升册价百万，辄以送遗吾将贫。街坊书贾为我卖，抬价数倍良可嗔。”[②]高昂的书价极大地限制了读者的数量，有能力购书者只能是官宦、商贾及其家人。

虽然上述两方面的考虑对于理解近代以前读者数量有所帮助，但是想要给出一个相对合理的数值，或者估算出读者在社会人口中的比重，仍然需要更多探讨。值得庆幸的是，张仲礼对中国绅士所做的全面研究对这一问题的探讨具有重要启示性[③]，因为绅士阶层是科举制度的受益者，买书、读书是他们获得功名的必需。另外，绅士都有较为稳定的收入来源，经济上普遍富裕，也正好满足对读者购买能力的要求。在古代中国，绅士主要来源有“正途”和“异途”两类，所谓“正途”就是通过科举考试获得功名，这一类人员包括生员（秀才）、举人、贡生、进士和官吏；而“异途”主要是指通过捐纳而获得功名，这一类中，较低层次的为监生和例贡生，较高级别的为官吏。两者相

①潘建国.明清时期通俗小说的读者与传播方式.复旦学报(社会科学版),2001(1):118-124,130.

②转引自:汪家熔.近代出版人的文化追求.南宁:广西教育出版社,2003:29.

③张仲礼主要研究太平天国运动前后中国绅士的数量,考虑到当时科举制度正常进行,新式教育亦未推广,因此认为太平天国运动前的绅士数量约等同于1840年以前的绅士数量。

加可得到绅士的总数。张仲礼的研究主要针对太平天国运动前（人口数据以1842年为基准）和太平天国运动后（人口数据以1885年为基准）的中国绅士阶层情况，经过统计得出结论如下：太平天国前（1842年）绅士总数约为110万人（生员739 199人，监生355 535人），约占全国人口的0.27%；太平天国后（1885年）绅士总数约为144万人（生员910 597人，监生534 000人），约占全国人口的0.38%。[①]另外，考虑到一般绅士家庭的平均规模为5人[②]，所以太平天国运动前包括家属成员在内的绅士阶层总共约550万人，约占全国总人口的1.37%，太平天国运动后包括家属成员在内的绅士阶层总共约720万人，约占全国人口的1.91%。因此，笔者以为近代以前的核心读者规模不会超过全国总人口的0.5%，读者总体规模也不到全国总人口的2%[③]。

经过清末新政，国民识字率渐有提高，有学者认为清末能识字的人数大概在4000万左右，社会识字率不超过10%。但是进入民国时期，由于政府对于教育的重视，社会识字率有了明显提升。据美国农业经济学家和教育家卜凯在20世纪30年代初期对22个省308个县进行的抽样调查显示，在87 000人中已有45.2%的男性和2.2%的女性曾上过几年学，识字率达到30%左右。[④]当然不同的省份和地区存在差异，如有调查显示，20世纪30年代江苏、江西和陕北三地的识字率分别为40%、21.9%和31%。而吉林省达到55.8%，河北冀县则是40%左

①张仲礼.中国绅士研究.上海:上海人民出版社,2008:83.

②张仲礼.中国绅士研究.上海:上海人民出版社,2008:92.

③需要指出的是,读者人数问题十分复杂,例如上述考察忽视了将近200万的童生(没有取得功名,所以不属于绅士阶层),而绅士阶层中的监生,主要是依靠捐纳得来,也不能保证人人都有读书能力和购买欲望,所以本文取2%应该是能接受的。童生人数参见:张仲礼.中国绅士研究.上海:上海人民出版社,2008:75.

④BUCK J L. Land Utilization in China, 1929-1933. New York: Paragon Book Reprint Corp., 1964:373-375.转引自:陈德军.南京政府初期的“青年问题”:从国民识字率角度的一个分析.江苏社会科学,2012(1):114-118.

右。[①]虽然差异明显，但是将以上数据同卜凯的调查结果进行比较，我们会发现两者之间的差异并不悬殊，20世纪30年代的中国社会有30%左右的识字率是比较合理的推断。以当时人口总数为4.5亿来计算，识字人数应当在1.3亿左右。虽然这个识字人数并不能直接转换成读者规模，但是总体而言，随着识字人数的大幅度提升，读者规模的扩大是毋庸置疑的。

近代读者群体规模的扩大主要应归功于新式教育的施行，特别是“壬寅学制”“癸卯学制”的颁行以及1905年科举制度的废止，导致学堂与学生数逐年增加。据统计，1906至1907年在校学生为468 220人，1907至1908年为883 218人，1908至1909年为1 144 299人，1909至1910年为1 553 690人，1911至1912年为2 933 387人，1912至1913年为3 643 206人，1913至1914年为4 075 338人。而五四运动后该数量增长更快。[②]另据1934年出版的《全国教育年鉴》统计，到1930年时全国在校学生总数达1150万人左右，其中专科以上学生44 130人，中等学校学生514 609人，小学(初级、高级)学生达10 918 979人。[③]如果考虑到学堂每年培养的大批毕业生走上社会，经过近20年的积累，数量自然颇为可观。[④]加上清末准备考科举的各种有儒家学术背景的文人大致有500万—600万人，两个群体的总数能够达2000万至3000万

①陈德军.南京政府初期的“青年问题”:从国民识字率角度的一个分析.江苏社会科学,2012(1):114-118.

②中国第二历史档案馆.中华民国史档案资料汇编·第三辑·教育.南京:江苏古籍出版社,1991:928-929.

③教育部教育年鉴编纂委员会.第一次教育年鉴.上海:开明书店,1934:19,124,161.

④以小学生为例,1922年人数为6 601 802人,1929年达到8 882 077人,1922年采用“壬戌学制”(六三三制),小学6年,其中初小4年,高小2年。我们假设1922年各个年级人数均等,即每个年级110万人左右,那么经过7年的时间,累积毕业学生近800万人。这尚未考虑许多人初小读完即辍学的情况。

人。[1]这个数目虽在全国人口中比例不大，但是其绝对数量十分可观，为近代出版业提供了广阔的市场空间。

除了绝对数量外，读者类型亦有突破，典型之处是妇女、儿童成为中国近代读者群体的重要组成部分。以儿童读者群体为例，古代儿童是没有独立地位的，周作人就曾在《儿童的文学》中说过："以前的人对于儿童多不能正当理解，不是将他当作缩小的成人，拿'圣贤经传'尽量地灌下去，便是将他看作不完全的小人，说小孩懂得甚么，一笔抹杀，不去理他。"正因如此，古代出版界始终未能真正将儿童看作独立的读者群体，为他们提供的阅读产品也少之又少，《三字经》《百家姓》《千字文》《幼学琼林》是古代儿童的主要精神食粮。到了近代，西方传教士给中国儿童带来了新的阅读产品。1874年，《小孩月报》创刊，这是近代第一份专为儿童创办的报刊。除《小孩月报》之外，基督教传教士还创办了其他少年儿童报刊，这些报刊往往考虑儿童的年龄特点与阅读兴趣，图文结合，内容程度适宜，自然很受当时儿童读者的欢迎，年销量最多时达35 000多册。19世纪末20世纪初，少年儿童的重要性为国人所推崇，正如梁启超在《少年中国说》中所言："少年强则国强，少年独立则国独立，少年自由则国自由，少年进步则国进步，少年胜于欧洲，则国胜于欧洲，少年雄于地球，则国雄于地球。"一时间，各类儿童报刊如雨后春笋般创立，如创刊于1897年的《蒙学报》，除了介绍文学、算学、史事、舆地、格致等方面的知识外，并配有插图以辅助阅读。同时该刊还分5—7岁、8—12岁、13—18岁和18岁以上四个年龄段编辑，开创了我国儿童刊物分年龄出刊的先例。此后，《启蒙画报》(1902年)、《童子世界》(1903年)、《香港少

①高哲一.为普通的读者群体创造"知识世界"——商务印书馆与中国学术精英的合作//张仲民，章可.近代中国的知识生产与文化政治——以教科书为中心.上海：复旦大学出版社，2014：81-82.

年报》（1906年）、《少年报》（1907年）、《儿童教育画》（1909年）、《少年杂志》（1911年）、《学生杂志》（1914年）、《中华儿童画报》（1914年）、《中华童子界》（1914年）、《中华学生界》（1915年）等儿童报刊也都应时而生。新文化运动时期，伴随“儿童的发现”，儿童报刊发展进入繁荣期。先是各种报纸纷纷在副刊开辟儿童园地，随后专门供儿童阅读的儿童杂志也纷纷诞生，其中最具代表性的就是商务印书馆的《儿童世界》和中华书局的《小朋友》。《儿童世界》自1922年1月7日创刊，1953年停刊，前后延续了30多年。《小朋友》则在1922年4月6日创刊，黎锦晖、吕伯攸、吴翰云、陈醉云、陆衣言、王人路、黎明等人既是该刊作者又是该刊编辑。《儿童世界》与《小朋友》可谓民国时期儿童杂志界的“双子星座”，其诞生与发展标志着中国近代儿童报刊的成熟。近代儿童书刊的出现与繁荣，意味着儿童作为独立且重要的读者群体走上中国近代出版史的舞台。

综上所述，在近代编辑出版业百余年的孕育、融合与发展过程中，中国以古代刻书技术和制度为基础的出版文化得以汲取欧美、日本出版业的现代因素，形成了义在利先、服务社会的总体价值取向，尤其在党派报刊、社团报刊，甚至商业性综合报刊编辑领域，体现了鲜明的启蒙使命感和编辑主体意识。进入20世纪后，商务印书馆、开明书店、三联书店等出版机构着力构建编者、读者、作者三位一体的编辑制度，使得民国时期的主要出版机构与作者、读者呈现出一种文化共生、互为激励的良好社会生态。在中西交汇的时代氛围中，大开大合的出版理念也使得出版物整体设计的艺术化和现代化至为凸显。百余年编辑出版活动对中国近代化的重要贡献，在于对舶来新知识的吸收、译介、组织、改造和传播。在此期间，以英、美新教传教士为主的西方出版人客观上成为西学东渐、现代知识启蒙的推手；洋务出版机构作为洋务军工企业的附属事业，对西方科技知识体系进入中国发挥了重要促进作用；20世纪后本土民营出版机构则成为学校、研究机构、文化团体、政府、民间社会之间规范知识、辅助教育、联络阶层和组织学术批评的枢纽性机构。长期的职业流动和文化聚合，使得职业编辑群体在价值取向、话语方式和社会诉求上愈来愈具有近代文化共同体的特征，在20世纪初实际形成了一个卓有个性的中国“媒介知识分子群体”。这个群体以其强烈的政治自觉、文化使命感和对于出版市场的成熟认知，在继续推动知识启蒙、民主政治上影响巨大，促使编辑群体的整体知识素养迅速提升，主流出版机构具备了某些知识精英的色彩。编辑出版人群体借助与出版传播媒介的特殊关系，围绕出版机构、报刊社，将古代结社和现代文化社团活动的日常社交、文化创造功能融为一体，成为近代中国知识分子中最为活跃的一部分。与此同时，著名学者、作家如邹韬奋、鲁迅、巴金、胡适、郭沫若等，也主要通过创建、参与以编辑出版活动为纽带的各类社团来实现其传播价值，文化社团精英和编辑出版人可看作许多民国文化人身份的一体两面。此前的读者群体主要是旧式文人、知识分子、富商大贾和略识文字的社会民众；由于新式教育的施行，除了此前的“老读者”，妇女、儿童成为中国近代读者群体的重要组成部分。由于近代读者群体规模不断扩大，数量十分可观，近代编辑出版业有了广阔的市场空间。显而易见，近代的编辑出版活动通过全方位参与知识生产和大众启蒙，成为社会转型的思想助燃剂和媒介表征。

第五章

中国共产党从1921年建党到1949年成立中华人民共和国，在28年的时间里，曾经在各地建立了众多的编辑出版机构，或大或小，或隐秘，或公开，形态各异，特征不同，其表现出来的目标诉求和编辑出版策略，亦有相当大的差异。中国共产党直接领导下的苏区、根据地和解放区的编辑出版事业，与在国民党政权统治下的中国共产党领导的编辑出版活动，以及中国共产党领导和影响下的进步出版事业，构成了民国时期中国共产党编辑出版事业的总体格局。

中国共产党领导的1921年至1949年的编辑出版事业，既是民国时期编辑出版活动的重要组成部分，也是新中国出版事业的重要源头，特别是以延安为代表的根据地和解放区的编辑出版事业，凝聚成一种独特的编辑出版传统，对中华人民共和国成立后的编辑出版事业，产生了十分深远的影响。

第一节　中国共产党领导的早期图书编辑出版活动

作为一种政治学说，马克思主义在中国共产党成立以前，就已在中国传播。辛亥革命以前，传教士创办的《万国公报》、梁启超主编的《新民丛报》、资产阶级革命派所办的《民报》等报刊，都曾陆续介绍过马克思主义学说，但总的来看，这些介绍是零星的、片断的。1917年，以俄国十月社会主义革命胜利为契机，以李大钊为代表的一批长期思考中国国家前途命运的知识分子，选择并接受了马克思主义。一些研究和宣传马克思主义学说的文章，开始较频繁地出现在《新青年》《每周评论》等新文化刊物上。李大钊主编的《新青年》第6卷第5号，更是成为马克思主义专号。由此，马克思主义在中国的传播，揭开了历史新页。1920年3月，李大钊倡导成立北京大学马克思学说研究会。同年夏天，以陈独秀为首的马克思主义研究会在上海成立，马克思主义经典著作和相关书籍的翻译出版工作受到重视。

1920年8月，《共产党宣言》第一个完整的中文全译本在上海正式刊行。该书由上海马克思主义研究会发起人之一的陈望道翻译，上海又新印刷所印刷，新青年社发行。全书为竖排平装本，开本略小于32开，56页，封面印有水红色的马克思坐像，上端从右到左模印有"社会主义研究小丛书第一种"字样，并有"马格斯、安格尔斯合著，陈望道译"的署名，但遗憾的是，书名错印为"共党产宣言"。这本被称为"红色中华第一书"的小册子首版刊印1000册，很快赠送和销售一空。1920年9—10月，上海共产主义发起组又将其重印，书名更正为"共产党宣言"，并将封面由红色改为蓝色，开本、页数、印数照旧。这本书后来又有人民出版社、平民书社、上海书店、国光书店、春江书店、新文化书房等出版的各种排印本，书名亦有改用"马克思恩格斯宣言"及"宣言"的。[①]

《共产党宣言》中文全译本的编辑出版，深入宣传了马克思主义学说，培养了一代无产阶级革命家，同时也推动了众多知识分子对马克思主义的关注。北京的《今日》、上海的《国民日报》副刊《觉悟》，以及以周恩来为主的共产主义青年团旅欧支部在巴黎创办的《少年》杂志等，都纷纷发表马克思、恩格斯著作的译文。与此同时，列宁及其学说同样被介绍及翻译进来。北京创刊的《解放与改造》和《新中

①叶再生.中国近代现代出版通史：第二卷.北京：华文出版社，2002：521-524.

国》杂志上，先后刊载了列宁的《俄国的政党和无产阶级的任务》一文，这也是我国最早发表的列宁著作。

1921年中国共产党成立以后，在艰难的情况下创办专门的编辑出版机构，有组织、有计划地编辑出版马克思主义及相关著作，宣传中国共产党的政治纲领。先后创办的编辑出版机构有新青年社、人民出版社、上海书店、华兴书局、汉口的长江书店等。

1915年9月15日，陈独秀在上海创办《青年杂志》。陈独秀在发刊词《敬告青年》中开宗明义地指出："人权说""生物进化论""社会主义"这三事是近代文明的特征，要实现社会改革的这三事，关键在于新一代青年的自身觉悟和观念更新。他勉励青年崇尚自由、进步、科学，要有世界眼光，要讲求实行和进取。他总结近代欧洲强盛的原因，认为人权和科学是推动社会历史前进的两个车轮。《青年杂志》首先在中国高举起科学与民主两面大旗，自第2卷起，刊名改为《新青年》。陈独秀在改刊后的《新青年》第1期上发表《新青年》一文，号召青年做"新青年"。他提出"新青年"的标准是：生理上身体强壮；心理上是"斩尽涤绝做官发财思想"，而"内图个性之发展，外图贡献于其群"；以自力创造幸福，而"不以个人幸福损害国家社会"。李大钊发表《青春》一文，在文中揭露封建制度给中国带来的危害，并强调要寄希望于"青春中国之再生"；号召青年"冲决过去历史之网罗，破坏陈腐学说之囹圄"，"本其理性，加以努力，进前而勿顾后，背黑暗而向光明，为世界进文明，为人类造幸福"。1917年初，《新青年》编辑部迁到北京。在新文化运动中，《新青年》发挥了巨大的号召力，但因"问题与主义"之争和"色彩过于鲜明"，导致编辑部内部发生了分化。1920年2月，陈独秀离开北京时，把《新青年》一同南迁到上海。同年9月，《新青年》从第8卷第1号起脱离群益书社，"由编辑部同人自行组织新青年社，直接办理编辑印刷发行一切事务”[①]，总发行所设在法大马路（今金陵东路）279号，编辑部设在法租界环龙路老渔阳里2号（今南昌路100号2弄）。这是陈独秀的住处，也是中国共产党发起组的诞生地。当陈独秀将编辑工作交给陈望道、李达、李汉俊等倾向共产主义的知识分子后，这个杂志便成为中共上海发起组的机关刊物。

1921年2月11日，在《新青年》刚独立出版后不久，新青年社就因门市出售《阶级斗争到自由之路》等书籍及画片，遭到法租界巡捕房的查封，罪名是“言辞激烈，有违租界章程”[②]。法租界巡捕房不准《新青年》在上海印刷，刚付排的《新青年》第8卷第6号的全部稿件亦被抄走。新青年社只好移至广州。之所以选择广州，一方面考虑广州的出版政治环境可能要宽松些，另一方面也因为此时陈独秀正在广州任职。新青年社在广州存在了两年多的时间，随着党的上海书店的创办，1923年10月，广州的新青年社停业。《新青年》改由广州平民书社继续编辑出版，1926年7月停刊。[③]

新青年社的出版物中，除了《新青年》外，还有《劳动界》《伙友》等工人刊物，刊印了《新青年丛书》及其他单行本多种。《新青年丛书》由陈独秀担任主编，包括8种图书，内容涉及政治、哲学、经济等领域。其中，《社会主义史》和《社会主义讨论集》是介绍社会主义运动的书籍。[④]

人民出版社于1921年9月1日在上海正式创建。同年7月，全国各地的共产主义小组推派代表来上海，出席中国共产党第一次代表大会，会上宣布了中国共产党的成立。作为“一大”决议内容之一，人民出

①新青年社.本志特别启事.新青年,1920,8(1).

②申报.1921-02-12.

③《上海出版志》编纂委员会.上海出版志.上海:上海社会科学院出版社,2001:244.

④姚福申.中国编辑史.上海:复旦大学出版社,2004:335.

版社由中央局宣传主任李达负责，社址在成都南路辅德里625号（今成都北路7弄30号）李达的寓所，为免遭当局的查封，把发行地址印为“广州昌兴新街26号”“广州人民出版社”。人民出版社主要编辑出版马克思、列宁的理论著作和其他理论书籍，其在《新青年》上有一篇《通告》[①]，说明其出版宗旨和任务：“近年来新主义新学说盛行，研究的人渐渐多了，本社同人为供给此项要求起见，特刊行各种重要书籍，以资同志诸君之研究。本社出版品的性质，在指示新潮底趋向，测定潮势底迟速，一面为信仰不坚者袪除根本上的疑惑，一面和海内外同志图谋精神上的团结。各书或编或译，都经严加选择，内容务求确实，文章务求畅达，这一点同人相信必能满足读者底要求，特在这里慎重声明。”

人民出版社曾经规划过一个相当宏大的出书计划，拟编辑出版《马克思全书》（15种）、《列宁全书》（14种）、《康民尼斯特[②]丛书》（11种）和其他理论书籍9种。[③]终因各种条件不许，计划未能全部实现。根据张静庐辑注的《中国现代出版史料（甲编）》中《第一次国内革命战争时期出版物简目》所列，人民出版社编辑出版的新书仅15种，分别为《马克思全书》（3种）：《共产党宣言》《资本论入门》《工钱劳动与资本》，《列宁全书》（4种）：《列宁传》《共产党礼拜六》《讨论进行计划书》《劳农会之建设》，《康民尼斯特丛书》（4种）：《共产党底计划》《俄国共产党党纲》《国际劳动运动中之重要时事问题》《第三国际议案及宣言》，以及《李卜克内西纪念》《两个工人谈话》《太平洋会议与吾人之态度》《俄国革命纪实》（4种）临时性宣传小册子。这些出版物，印刷质量高，政治倾向突出，但图书售价低廉，像《马克思全书》

①李达.通告，新青年，1921，9(5).

②康民尼斯特是“共产主义”之英文音译。

③《新青年》第9卷第5号上刊有人民出版社的书目预告。

和《康民尼斯特丛书》更以赠阅为主，导致出版社因财政困难不能维持。1923年秋，人民出版社与广州新青年社合并。①

上海书店于1923年11月1日在上海成立，店址设在南市小北门民国路（今人民路）振业里11号。此前，共产党的公开编辑出版机构——新青年社已迁至广州，随后的人民出版社又与广州新青年社合并。上海没有一个公开的编辑出版发行机构，工作起来很不方便，于是决定新建上海书店，并将广州新青年社停业。新青年社的所有存书、账务和善后工作，都转归上海书店接管。上海书店由中共中央直接投资，中共上海地方兼区执委委员徐白民任经理，1925年12月由毛泽民负责。②

上海书店成立时，在《前锋》《新青年》《新建设》等杂志上刊登了开幕启事："我们要想在中国文化运动史上尽一分责任，所以开设这一个小小的书铺子。我们不愿吹牛，我们也不敢自薄，我们只有竭我们的力，设法搜求全国出版界关于这个运动的各种出版物，以最廉价格供献于读者之前，这是我们所愿负而能负的责任。现已于民国十二年十一月一日起先行交易，待筹备完竣后，再正式开幕。"瞿秋白等成为这几个刊物的主要撰稿人。

为了掩人耳目，上海书店的橱窗里摆满了民智书局、亚东图书馆、新文化书社以及商务印书馆、中华书局的出版物，同时还兼售文具用品，确像一个商业性的"书铺子"。但事实上，《向导》《新青年》《前锋》《中国青年》等共产党对外宣传刊物，都归它出版发行，只是发行的方式很隐蔽，或晚上秘密发行，或另租房子转移目标。在两年多的时间里，上海书店重印了新青年社、人民出版社的一些出版物，从1924年起，开始编辑出版新书，如瞿秋白等著的《社会科学讲义》《社

①高信成.中国图书发行史.上海:复旦大学出版社,2005:271.

②高信成.中国图书发行史.上海:复旦大学出版社,2005:272.

会科学概论》《国外游记汇刊》《新社会观》，恽代英等著的《反基督教运动》《平民千字课》，李求实编的《革命歌声》，沈泽民译的《恋爱与道德》，杨明斋著的《评中西文化观》，以及蒋光赤的诗集《新梦》等。编辑出版的丛书有：《中国青年社丛书》（6种），分别为《将来之妇女》《唯物史观》《马克思主义浅说》《关税问题与特别会议》《青年工人问题》《显微镜下的醒狮派》；《向导丛书》（4种），分别为《不平等条约》《中国关税问题》《反戴季陶主义国民革命观》《论北伐》。上海书店前后出书共30多种。①

为了方便读者购书，书店另设沪西、沪东、沪北分销处。另外，又先后在长沙、湘潭、广州、潮州、太原、安庆、青岛、重庆、宁波、海参崴等地设立了分支点和代办处，在巴黎、中国香港也有代售处。上海书店已成为当时中国共产党出版物的总发行所，同时也是中共中央的一个联络机关。1926年2月4日，孙传芳以“印刷过激书报，词句不正、煽动工团，妨害治安”的罪名，封闭了上海书店。②

上海书店被封后，出版发行工作被迫转入地下，党的宣传工作一度受阻。好在此时国民革命军正挥师北伐，南方地区及长江一带革命形势日益高涨，给党中央创建新的编辑出版机构提供了良好条件。1926年7月，北伐军攻克长沙，10月占领武汉，12月1日，汉口长江书店正式宣告成立。这是继上海书店之后共产党的又一个公开出版发行机构。同月7日的《申报》上，刊登了长江书店开幕的广告：“继续上海书店营业。店址设在汉口后城马路下首长江书店便是，已于十二月一日正式开幕，特此广告，祈各界注意。附设向导周报社、新青年社、中国青年社总发行所，批发零售一切革命书报。所有上海书店从前对外账目概由本店全权清理。”

---

①《上海出版志》编纂委员会.上海出版志.上海:上海社会科学院出版社,2001:245.
②曹予庭.党在早期建立的出版发行机构.出版史料,1982(1):64-71.

汉口长江书店由负责中共中央宣传工作的瞿秋白直接领导，苏新甫等主持具体工作。在蓬勃发展的大革命形势下，革命书刊大销特销，汉口长江书店甚至一度出现无货营业的局面。长江书店抓住机会，重印了新青年社、人民出版社和上海书店的一部分书刊，并编辑出版了一些新书。从1926年10月至1927年7月不到一年的时间里，长江书店出版新书和重印图书多达47种。其中既有普及读物，如《马克思主义浅说》《资本主义浅说》等；也有理论专著，如《无产阶级之哲学——唯物论》《社会科学讲义》等；还有文艺读物，如《革命歌曲》《哀中国》等。①

1927年2月，当北伐军占领杭州、嘉兴一带，直逼南京、上海时，中国共产党决定在上海恢复公开的出版发行机构。考虑到《向导》《新青年》《中国青年》三个刊物在上海的影响，就暂时先用其名义成立三个刊物的总发行所，地址设在宝山路。北伐军占领上海后不久，宝山路的总发行所正式易名为上海长江书店。1927年3月31日的《民国日报》上，刊登了上海长江书店“正式开幕廉价启事”，告知上海长江书店于4月10日正式营业，并开列了几十种可售书目。②然而，随之而来的四一二反革命政变，使这个书店很快夭折。3个月后，上海长江书店的命运同样降临到了汉口长江书店。汪精卫发动七一五反革命政变后半个月，也就是7月30日晚，汉口长江书店被查抄，并被禁止出售一切出版物。8月4日，汉口长江书店在《民国日报》上刊登了停业启事。

后来，中国共产党又相继建立了南昌的文化书社、明星书店，广东的国光书店，哈尔滨的哈尔滨书店，长沙的真理书店，湘潭的湘潭

---

①湖北省地方志编纂委员会.湖北省志·新闻出版：下.武汉：湖北人民出版社，1995:44.

②曹予庭.党在早期建立的出版发行机构.出版史料，1982(1):64-71.

书店，太原的明星书店，安庆的新皖书店，重庆的新曙书店，潮州的韩江书店，苍梧的苍梧书店，宁波的宁波书店，保定的北方人民出版社，等等。

这些党的编辑出版机构都带有鲜明的政治色彩，出版物内容围绕中国共产党的政治主张，宣扬马列主义，倡导工人运动，推动革命斗争，因而经常遭到北京政府和各地军阀的打压，禁书禁刊事件屡有发生。在这样的政治环境下，中国共产党编辑出版机构可谓在斗争中求生存，在夹缝中出版书刊，屡扑屡起，运用更换社名、秘密发行和地下活动等多种方式，千方百计地开展编辑出版工作。虽然，书刊编辑出版的数量与同时期其他商业编辑出版机构相比不算多，一些编辑出版机构存世的时间也不算长，但在革命群众中产生了一定的影响，较好地发挥了党的舆论宣传作用。另外，早期的不少革命书店，不是单纯承担书刊出版发行的任务，往往还是共产党组织进行革命活动的据点和开展革命斗争的联络机关。

第二节　图书编辑出版必须坚持党性和政治性

1927年10月，毛泽东率领秋收起义部队到达井冈山，开展游击斗争，进行土地革命，建立了第一个农村革命根据地。在随后近10年的时间里，中国共产党领导的工农红军在南方各省先后建立了以赣南为中心的中央革命根据地，以及鄂豫皖、闽浙赣、湘赣、赣东北等几十个地方革命根据地。这些根据地随着苏维埃政权的建立，亦称“苏区”。中国共产党领导的编辑出版事业在苏区红色政权的保护下，进入了一个新的发展阶段，它直接服务于党的政治斗争、军事斗争和工农兵大众的需要，在“围剿”和反“围剿”的艰苦环境中曲折前行。

闽西是中央苏区出版业的发祥地。在这里，中国共产党创办了中央苏区的第一家编辑出版发行机构——闽西列宁书局。该书局前身为长汀县“毛铭新印刷所”。1928年3月，毛泽东、朱德、陈毅等率领红军入闽，占领长汀县城，指示当地党组织将该印刷所完整保存，并予以财政、物资支持，利用地下党员和该厂工人进行出版印刷工作，起初主要编辑出版介绍党的方针、政策的小册子，还有各种布告、传单、宣言、文件、文化教育图书，后编辑出版革命报纸刊物如《红旗报》《战线报》等，再后则编辑出版了《闽西红旗》《红色福建》《红色闽赣》等报刊。列宁书局的创办，因陋就简，注重效益，管理有章，为后来临时中央政府成立后创建的中央出版局、中央印刷厂、中央发行部以及工农红军书局等编辑出版发行机构，积累了宝贵的经验。

1929年12月古田会议召开，强调了党内教育的重要性，从而推进了红色政权的宣传出版工作。会议规定各军及各纵队均应办壁报，主要内容是报道国际国内政治消息、游击地区群众斗争及红军工作情况，一般是每周编写张贴一次，并将之统一命名为《时事简报》。在这一时期的出版物中，现有实物证据①的有：《中国工农红军告国民党士兵书》《为反对军阀混战告工农兵群众书》《共产主义与共产党》《闽西第一次工农兵代表大会决议案》《红军第十二军布告》《阶级斗争》《训练材料》第一期、《宣传员工作大纲》等几十种，比较早的报刊有1929年9月20日创刊的《工农兵》，其他如《红军报》《战士报》《前进》《福建红旗》等均在1930年创刊。由此可见，红军在建军与建立根据地初期，就十分重视出版宣传工作。②

1931年，中华苏维埃共和国临时中央政府在瑞金正式宣告成立。

①苏区出版物因为限于条件，纸张印刷等多很粗糙，不易保存；兼之红军撤出苏区后，国民政府禁止和焚毁了不少苏区的出版物，因而当时苏区出版物的详细情况，现在已很难确知了。

②毛赣萍.苏区出版业管窥.求实，2001(12)：47-49.

在中国共产党和苏维埃政府的领导下，苏区编辑出版事业呈现出空前繁荣的景象。1931年底，中央政府机关报《红色中华》、红军军委机关报《红星》等报刊相继创刊发行，中央出版局、中央印刷局、中央印刷厂、中央总发行部等出版发行机构相继建立。中央出版局管理苏区新闻出版和发行事业，负责军事、政治和理论书籍的出版以及翻译出版苏联等国家的军事论著。中央政府总务厅下也设有出版处。团中央、教育部、财政部、少共中央局都有自己的编辑出版机构和发行网。除中央一级的编辑出版发行机构外，各地方党政机关、群众团体和军事院校等均创办了报刊，建立了各种新闻、出版、印刷、发行机构和其他配套设施，逐步形成了一个从中央到地方的较完整的编辑出版发行系统和网络。

中央出版局成立于1931年底，隶属于临时中央政府，初期设于瑞金叶坪，其主要职责是检查和审批书、报、刊的出版与发行。出版局下设编审部、发行部等部门，同时编辑出版部分图书，因而又是兼管理与出版于一身的编辑出版机构。现能见到的署名为“中央出版局出版”的书籍有《农民问题》《布尔什维克的三十年》《论清党》《政治经济学》等。[①]

1932年1月，中央革命军事委员会在瑞金叶坪洋溪村（后迁驻瑞金沙洲坝）设立了中央革命军事委员会出版局（简称“中革军委出版局”），行政上隶属于总政治部。出版局既是红军系统的出版管理机构，又是军事政治读物的编辑出版机构。它编辑出版了一批军事、政治和理论书籍，并附设了一个印刷所。在出版局成立的当月，就编辑出版了《游击队怎样动作》一书，随后又编辑出版了《中国的军队》《战术讲授录》《步兵、侦探、传令、联络兵勤务之参考》《红军中党的

①有关苏区出版机构的资料，除特别标明的外，均来自：《中国共产党江西出版史》编写组.中国共产党江西出版史.南昌：江西人民出版社，1994：172-178.

工作》《赤卫军事训练教材》《架桥教范草案》等书，都标有“中革军委出版局出版”字样。其中《架桥教范草案》出版于1934年8月5日，可见中革军委出版局一直坚持工作到1934年八九月间，即红军主力长征的前夕。

为了有计划地翻译出版外国军事著作，提高红军指战员的军事素质，中央革命军事委员会抽调一些懂外语的干部，于1932年底成立了中央革命军事委员会编译委员会，翻译出版了《战术讲授录》《联合兵种之指挥与战斗》《军队的参谋工作》《中国的军队》《战术与战略》等。

马克思共产主义学校创办于1933年3月13日，任弼时为校长，董必武为副校长，校址在瑞金叶坪洋溪村。该校设编审处，有7名工作人员，开办不久即编辑出版了《列宁主义问题》《共产党宣言》《论清党》《中国革命基本问题》《政治常识讲义》等书。

附设于马克思共产主义学校的马克思主义研究会亦设立编译部，作为该会的编译出版机构，其主要任务是：“编辑总会《通讯》，编纂和翻译出版总会各项材料，管理文库事项。”由该会编译出版的主要书籍有《共产党宣言（附雇佣劳动与资本）》《中国经济之性质问题的研究》等。

中国工农红军学校1931年10月成立于瑞金县城，前身是中华苏维埃中央军事政治学校。中国工农红军学校设立出版科，出版科下设发行所、印刷所、编辑室等机构，编辑出版了比较多的军事、政治、文化等方面的书籍和教材。这些书籍在供给军校学员使用之外，也公开向各地发行销售。现发现由工农红军学校出版科编辑出版的书籍有：《政治工作讲授提纲》《马克思主义政治经济学》《世界革命简史》《列宁室工作》《革命领袖传略》，以及《步兵教程》（4卷）、《政治问答》（3册）等。学校为了扩大书籍发行，经常在报刊上刊登启事，如1932年11月1日在《红色中华》上刊登“工农红军学校出版科发行所启事”，就是为了扩大推销各类书籍。①

中国工农红军卫生学校成立于1932年春，初设于兴国县山区，1933年8月7日由兴国茶岭迁入瑞金，并在《红色中华》发表了启事。这所学校由红军总卫生部领导，是培养红军和地方医务卫生人员的专业学校。学校政治部设立了编审出版科，作为学校教材的编审出版机构。卫生学校是当时苏区编辑出版书籍较多的单位之一。它编辑出版的书籍主要以医药学通俗知识和临床实践经验著作为多。见存有《实用内科学》《简明药物学》《医学摘要（卷一、卷二）》《实用外科药物学》《医学知识课本》《简单绷带学》《中药之研究》《药物学》等书籍，按印刷方式来分，有石印的、铅印的，也有油印的。②

工农美术社正式成立于1933年12月11日，是中华苏维埃共和国第一个美术出版、展览和创作研究机构，直属中央教育人民委员会，社址设于瑞金县城天后宫，初期有美术专业人员十余人，由蔡乾任负责人。1934年5月以前，工农美术社先后编辑出版了《苏联社会主义建设画集》《革命画集》《苏联的青年》等书籍。

工农剧社编审委员会于1933年3月5日成立于瑞金叶坪，沙可夫兼主任。其主要任务是：“除编著剧本、歌曲、朗诵诗外，须审查各地俱乐部现有剧本及歌曲，以便甄别好坏，决定取舍。”创作和编审出版的剧本见存有：《我——红军》《工作在箱子里》《东洋人照相》《滚出去》《谁之罪》《胜利》《武装保护秋收》《战斗的夏天》等。

从时间段看，1932—1934年是苏区编辑出版活动中成绩最显著的3年。从1935年起，由于长征途中战斗生活紧张，正常的编辑出版活动受到影响，出版物大为减少。据叶再生编制的《苏维埃出版物通览（1927—1937）》中对有明确出版年份的苏区书、报、刊进行统计：

①严帆.中央革命根据地新闻出版史.南昌:江西高校出版社,1991:59-60.

②严帆.中央革命根据地新闻出版史.南昌:江西高校出版社,1991:60.

1932年为196种，1933年为199种，1934年为148种，三年合计543种，占十年间755种全部苏区出版物的72%。其中出版图书408种，占全部524种图书的78%。[①]

苏区出版物类型多样，涵盖布告、宣言、传单、标语、简报、文件、壁报、书籍、报纸、期刊等多种出版物形式，其中报刊的影响最大。这是因为苏区一直处于紧张的反“围剿”斗争环境中，不具备集会传达的条件，且当时苏区尚未完全掌握无线电通信技术，苏区各级组织传达方针政策，传播新闻言论，宣传革命，联系群众，教育干部战士，传授斗争经验，主要依靠报刊进行。因此，苏区对报刊的编辑出版给予非常高的重视，组织专门的党报委员会，由领导人直接主编和掌握。据目前保存的史料统计，1927—1937年苏区创办的报刊有近300种。[②]影响较大的有中共苏区中央局创办的最早的机关报《战斗》，中华苏维埃共和国临时中央政府机关报《红色中华》，红军军委机关报《红星》，中国共产主义青年团苏区中央局机关报《青年实话》，中共苏区中央局机关刊《斗争》，少先队中央总队部机关报《少年先锋》，中华全国总工会机关报《苏区工人》等中央一级报刊，以及《省委通讯》《红色闽赣》《晨光》《火炉》等各级报刊。另外，还有各革命根据地编辑出版的《红军日报》《右江日报》《红旗日报》《工农日报》《湘赣红旗》《鄂豫皖苏维埃报》《红色东北》，等等。这些报刊适应了当时严峻的战争形势，以通俗易懂的文字、生动活泼的内容、灵活多变的编辑出版形式进行革命宣传，深受广大工农群众和战士的欢迎。据报道，1933—1934年《红色中华》发行量从3000份增长到四五万份，《青年

①叶再生.略论十年内战时期苏维埃区出版物及其特点//叶再生.出版史研究:第三辑.北京:中国书籍出版社,1995:30-111.

②叶再生.略论十年内战时期苏维埃区出版物及其特点//叶再生.出版史研究:第三辑.北京:中国书籍出版社,1995:30-111.

实话》发行量2.8万份，《斗争》发行量也超过了2.7万份。《红星》报尽管仅限于军队中阅读，发行量也超过1.7万份。①

苏区出版物的编辑方针具有明确的目的性和鲜明的政治立场，旨在大力宣传共产党的主张，与党的纲领相一致。出版物的内容往往结合当时中心任务进行宣传，有很强的现实针对性。以图书编辑出版为例，1930—1931年是苏区初创时期，主要编辑出版以宣传马列主义理论和党的基本政策为主的图书、小册子，如《马克思主义浅说》《社会主义浅说》《列宁主义概论》《共产党和共产党员》等。1932年是暂时稳定时期，主要编辑出版培养教育军政干部的高等学校教材，如《阶级斗争讲义》《政治问题》《武装拥护苏联》等。1933—1934年是反"围剿"斗争剧烈阶段，为动员一切力量保卫苏维埃政权，主要编辑出版政策宣传的小册子和鼓动性的革命歌曲，如《劳动问题讲授提纲》《财政问题讲授提纲》《土地问题讲授提纲》《革命歌舞》《苏区新调》《苏区新歌舞》，等等。苏区出版物为工农兵大众服务，文字通俗易懂，语言活泼生动，群众喜闻乐见，因此宣传效果好，有利于红色政权的巩固。②

苏区出版活动原本在文化基础较为落后的地区进行，且受到国民党政权严密封锁，出版条件十分艰苦。印刷以油印为主，石印、铅印为辅，个别还有木刻和手抄的。瑞金就曾木版印刷了《共产党宣言》。1930年前的早期出版物，由于条件限制，主要是油印，某些劳动券或重要著作才采用石印。后来印刷条件有所改善，铅印、石印逐步增加。但铅印一般还限于印制马列主义经典著作、苏区中央政府法规条例章程、重要的政纲文献、中共中央主要领导人的重要文章、重要而且印数较大的著作，以及中央党政军群机关办的机关报等。在人手少、条

①李龙牧.中国新闻事业史稿.上海:上海人民出版社,1985:150.

②毛赣萍.苏区出版业管窥.求实,2001(12):47-49.

件差，还要突破敌人封锁的情况下，苏区编辑出版人自己动手，努力克服纸张、器材、印刷、发行等方面的种种困难，保证了中共宣传工作的顺利进行。

1935年10月，中国工农红军经万里长征到达陕北。1936年12月，西安事变和平解决，实现了第二次国共合作。七七事变发生后，全国人民奋起全面抗日。由于战争初期敌我军事力量悬殊，华北、华东、华中等大片国土相继沦陷。经国共双方协商，中国工农红军及其在南方各省留下的游击队，分别改编为八路军、新四军。此后，这两支军队挺进敌后，开展游击战争，先后创建了陕甘宁、晋察冀、晋冀鲁豫、晋绥、华中、山东等多块敌后抗日根据地。出于政治斗争和军事斗争的需要，中国共产党领导的编辑出版事业，在国统区先后编辑出版了《群众》周刊和《新华日报》，在武汉设立中国出版社，在重庆设立新华日报馆，既出报又出书，对桂林、香港的出版工作亦有精心布置；在根据地，以延安为中心的编辑出版事业，更是在中共中央的直接领导下，设立主管机构①，创建出版社，重建印刷厂，筹办新华书店，开辟发行路线，编、印、发共进，书、报、刊并举，在筚路蓝缕的艰辛创业中蓬勃发展起来，从而与国统区党领导的出版业形成呼应，在共同促进中构建起全国范围的宣传工作网络，扩大了共产党在人民群众中的影响。

党中央进驻陕北以后，吸引一大批热血青年和专家学者从四面八方涌向以延安为中心的各抗日根据地。特别是延安，各种干部学校、培训班林立。延安的中国人民抗日军政大学，仅1938年1月至8月间，就有来自全国各地的8000余名青年在这里学习。延安抗大及其12所分

①中央负责管理出版的组织领导机构，几经变化，开始为中央党报委员会，后来成立中央出版发行部，又改制为中央出版局，最后并入中央宣传部。

校，先后培养军政干部10万余名。[①]在延安抗大之外，尚有陕北公学、延安大学、鲁迅艺术文学院、马列学院、延安抗日战争研究会、延安时事问题研究会、社会科学研究会、中国现代史研究会、历史研究会、民族问题研究会、国防教育研究会、日本问题研究会等各个门类的文化教育机构和学术研究团体。一时间，延安成为人才济济的文化城。在中共中央的高度重视下，延安的编辑出版事业和文教事业迅速发展。

然而，在艰苦异常的黄土高原上办出版，困难重重。内忧物资匮乏、技术落后，外患经济封锁、交通不便。这些横亘在出版者面前的困难，都需要一一面对和解决。边区纸张供应存在较大缺口，造纸工人就用马兰草土法生产的纸张来代替，不得已时甚至减少书籍的印数。油墨来源出现断绝，就以松树自烧烟灰，轧制油墨。印刷设备陈旧落后，就因陋就简地以油印、石印，甚至传统木刻的方法印书，同时派人前往西安和上海，通过各种关系，设法购买铅印及其他现代印刷器材，一步步向前改进。发行工作在革命书刊常被封锁、根据地又遭分割的情况下，更是显得任重而道远。中共中央于1939年3月22日，为此专门下达《关于建立发行部的通知》，要求从中央起到县委止，一律设立发行部，并要求建立运输掩护部队，以保证发行工作的安全。自1939年6月，新华书店从解放周刊社分离，独立建制，于1939年9月1日在延安北门外设立第一个门市部，各抗日根据地门市也随之遍地开花地发展起来。新华书店会同其他书店一起，以门市、邮购、送书下乡、流动供应、设代销点等多种多样的发行方式[②]，把党报党刊和各类图书、杂志发行到陕甘宁边区各分区各县，发行到各敌后抗日根据地

①郑士德.中国图书发行史.北京:高等教育出版社,2000:685.

②需要说明的是,边区实行供给制,大部分的出版物由内部分配,供给首长、机关、部队和学校,以及分配到各根据地和国统区党的组织,只有很少一部分供门市销售和邮购之所需。

及敌伪沦陷区，发行到大后方以及南洋等地，使千千万万的干部群众及时了解共产党的方针政策和抗日主张。

从1936年中共中央进驻延安到1947年3月撤离的共10年时间里，延安先后编辑出版了20多种报刊和400多种书籍。[①]品种虽然不多，但在当时特别艰难的出版环境下，成果已十分难得。在抗日战争时期，延安共有72家单位从事过图书的编辑出版，分别是：解放社、新华书店、陕西延安书店、陕甘宁边区新华书店、华北书店、民族解放青年社、解放同志出版社、江淮出版社、前进出版社、新华书社、延安书局、延安大同出版社、延安新华书店、延安文明书局、延安陕北书店、延安抗战书店、延安青年出版社、中国工人社、中国青年出版社、中国青年社、八路军总政治部、八路军总政治部敌工部日本问题研究会、八路军联防政治部、八路军联防司令部、八路军联防卫生部、八路军留守兵团司令部、八路军留守兵团政治部、八路军留守兵团宣传部、八路军留守兵团政治部宣传部、第十八集团军留守兵团卫生部、第十八集团军总政治部宣传部、第十八集团军野战政治部、第十八集团军政治部卫生部、留守兵团、第十八集团军政治部、第十八集团军总司令部、边区政府、边区政府秘书处、边区政府印刷局、党建论文集编辑委员会、联政、联政宣传部、陕甘宁边区政府办公厅、陕甘宁边区民政厅、陕甘宁边区总工会、陕甘宁边区第二届参议会常驻会、陕甘宁边区政府农业厅、陕甘宁边区政府教育厅、陕甘宁边区政府财政厅、中央总学委、中共西北中央局调查研究室、中共西北中央局宣传部、中共中央书记处、中共书记处办公厅、中共西北局、八路军军政杂志社、陕西战时论坛社、解放日报社、晋察冀日报社、新华社、延安解放周刊社、鲁艺出版社、鲁迅艺术文学院、延安新文字运动委员会、延安平剧研究院、抗大政治部、延安大学教育处、中国人民抗日军政

①赵晓恩.延安出版的光辉.北京:中国书籍出版社,2002:223.

大学总校教材编审委员会、中华全国文艺界抗敌协会、八路军印刷厂、印工合作社、在华日本人反战同盟延安支部。①

在延安从事编辑出版活动，确有许多其他抗日根据地难以比肩的优势。作为中共中央所在地，这里机构云集，人才济济，形成了一支庞大的优秀作者队伍，为延安编辑出版活动提供了源源不断的书稿。中共中央领导人毛泽东、张闻天不仅自己著书立说，还组织人员编书、译书，审阅校样，为书刊写序、题词等。领导者的正言立言，有力地指引了延安编辑出版工作的方向。在延安，印刷条件也相对优越，这里有抗日根据地中规模最大、印刷质量最高的中央印刷厂，另外还有八路军印刷厂、光华印刷厂和机要印刷厂，分担着部分印刷任务，从而为延安的编辑出版活动提供了坚强的印制后援。②延安在各边区出版中心的地位由此得以确立。

较之于延安，其他敌后抗日根据地的编辑出版事业起步相对要晚。在敌后游击区域不断扩大，敌伪在占领区内强力推行奴化教育，敌我双方在思想政治领域里斗争十分激烈，而延安的出版物又因交通困难，难以有效运输，远不能满足需要的背景下，中共中央决定加大各根据地自身的出版能力。一方面下达“各根据地都要建立印刷厂，出版书报，组织发行和运输机关”的指示，另一方面则派出几批出版、印刷、发行等专业的综合工作组，到晋绥、晋冀鲁豫、晋察冀、山东等抗日根据地，予以协同和支援。③在此情况下，各根据地的编辑出版事业才从无到有、从弱到强地发展起来。其发展过程，各根据地大致趋同：

①这72家机构的名称，是根据中国国家图书馆、重庆图书馆、上海图书馆、南京图书馆、中国科学院国家图书馆、孔夫子旧书网、古籍网等相关资料，将曾经出书的单位辑录出来，整理编排而成的。

②曹国辉．延安时期的出版工作概述//宋原放．中国出版史料·现代部分：第二卷．济南：山东教育出版社，2001：306.

③赵晓恩．延安出版的光辉．北京：中国书籍出版社，2002：29-30.

大多先在报社里附设出版发行部门，到一定规模后分立出来，单独建制，向出版、印刷、发行综合经营的方式发展。所印行的书刊，多以翻印延安的出版物为主[①]，另外自己也组织编印部分书刊，有些书刊是专门针对敌占区的宣传而编印的。相比较而言，晋察冀、晋冀鲁豫、晋绥、华中、山东、东北等根据地的编辑出版工作，开展得较为顺利，且成效显著。

以延安为中心的各抗日根据地的编辑出版活动，是在中共中央的统一领导下开展起来的，因而表现在出版物上，承接了苏区出版物注重政治的特点，带有鲜明的党性特征，党报与党刊、党的领导人著作、党的政策文件、党的历史文献、马列主义著作，作为编辑出版的首要任务，成为根据地出版物的重中之重。为现实政治服务，为军事斗争和思想文化斗争需要服务，贯穿于各抗日根据地编辑出版活动的全过程。那些体现时代精神的抗战文艺作品，那些为适应整风运动而编辑出版的书刊，那些为人民军队建设而印制的教材，那些为打击、分化日寇、汉奸、伪军的宣传品，那些关于解放区政权建设的论述，以及那些为促进生产、保障供给和传播生产经验的通俗性作品，无不体现了那个战争年代，在复杂的斗争环境中，党的出版物所具有的品质和特性。正是其蕴藏的强烈的时代政治精神，使之与大后方出版业和敌占区出版业区别开来。

延安的编辑出版机构大致可以分为三大类：以编辑出版图书为主的机构，如解放社、新华书店等；以编辑出版报刊兼营图书出版的机构，如解放日报社、八路军军政杂志社等；机关团体兼营书刊编辑出

①由于受延安印刷和纸张的限制，加上运输不便，延安出版书籍的印数有所节制，一般初版书印2000册，有的甚至只印几百册，因而，对敌后抗日根据地和国民党统治区，只有少量的直接供应。为了扩大宣传，冲破封锁，党中央鼓励各地就近翻印，延安提供样本，或者打好纸型和清样。

版的机构，如第十八集团军、八路军总政治部、八路军留守兵团政治部等。

解放社的前身是解放周刊社，从1938年1月起，中共中央党报委员会主持编印的书刊，均改用该社名义编辑出版。1939年9月，中共中央成立出版发行部（后改为中央出版局）后，党报委员会的出版科、发行科均并入该部，其编辑、印刷的书刊亦由解放社出版发行。解放社在抗战时期编辑出版图书125种，其中包括7套丛书——《马恩丛书》（9种）、《抗日战争丛书》（6种）、《真理小丛书》（4种）、《学习丛书》（3种）、《时事问题丛书》（1种）、《前线丛书》（1种）、《抗战中的中国丛刊》（1种），以及99种单行本著作，是延安乃至整个抗日根据地出书最多的编辑出版机构。作为中共中央直接领导下的编辑出版机构，解放社的编辑出版活动紧密围绕着共产党政权建设的现实需要，体现了高度的党性和政治性。

新华书店于1937年4月24日成立于延安清凉山，当日，发行科以新华书局（1937年10月改称新华书店）的名义发行书、报、杂志。当时，延安编辑出版的中共中央机关刊物《解放》周刊以及《列宁丛书》《抗战丛书》等，都由新华书店发行。从1938年1月起，中央党报委员会编译的书刊，一律用“解放社”的名义编辑出版，由新华书店发行或总经销。1939年9月1日，新华书店单独建制，由新成立的中共中央出版发行部（后改名为中央出版局）直接领导。店址由清凉山迁至北门外云梯山麓，书店内部也健全了机构，充实了干部，逐步建立了与晋绥、晋察冀、晋冀鲁豫等根据地的发行网点的联系。当时，《中国妇女》《中国工人》《中国青年》《中国文化》等刊物，以及《新文字报》《边区群众报》等报纸，都以新华书店的名义编辑出版。书店还编辑出版多种图书，丛书有《大众文艺小丛书》《时事丛刊》《大众科学丛书》《文化教育丛书》《鲁艺丛书》《反攻阶段重要文选》《群众大生产知识小丛书》等，单行本著作见存有40余种。

陕甘宁边区新华书店于1942年5月1日在延安成立，成为新华书店总店的下属单位，由中共中央西北局宣传部领导，店址设在东关。张良、李文、陶信镛先后任经理。1943年，华北书店（韬奋书店）合并到边区新华书店。编辑出版《陕甘宁边区生产运动丛书》及毛泽东的《中国革命与中国共产党》等其他单行本著作。

《八路军军政杂志》创刊于1939年1月15日，终刊于1942年3月25日，是八路军总政治部机关刊物。该杂志社在出刊之余，还编辑出版了30余种与战争主题有关的图书。其中包括3套丛书，分别是《抗日战争丛书》《抗日战争参考丛书》《中国军事思想丛书》。

延安华北书店是华北书店的分支机构。1940年秋，由重庆的生活书店、读书生活出版社、新知书店三家在山西辽县（1942年改名为左权县）开办了华北书店。1941年8月，三店派人在延安创办延安华北书店，编辑出版了《鲁艺丛书》《鲁迅作品选注》《文化教育丛书》及其他单行本著作20余种。

印工合作社在延安的出书时间，最早见存于1943年9月，编辑出版有《文艺读物选丛》《苏德战争报告文艺作品》及爱伦堡著、戈宝权译的《六月在顿河》等著作。

其他敌后抗日根据地的编辑出版机构中影响较大的有：

晋察冀日报社：晋察冀日报社除了发行晋察冀边区的机关报《晋察冀日报》外，还编辑出版了大量的马列著作和毛泽东著作，印刷出版了大批军事、政治、社会科学、文学艺术、医学、文化课本以及对敌宣传等内容的图书和期刊。晋察冀日报社编辑出版的第一本书，是以“七七出版社”的名义编辑出版的毛泽东的《论持久战》。此后凡是有毛泽东的论著发表，在日报刊载后，都印成单行本发售。随着报社规模的扩大，印刷条件的改善，报社编辑出版的书籍、期刊数也迅速增加。从1938年到1942年5月，报社共编辑出版图书156种，总计1 113 207册，平均每年出书40余种。

晋察冀日报社一直把编辑出版马列主义和毛泽东的著作放在首要位置。第一部《毛泽东选集》，就是由邓拓编定，1944年7月由晋察冀日报社编辑出版的。报社也十分重视大众化、通俗化政治普及读物的编辑出版工作，《通俗大众自学丛书》《通俗社会科学丛书》《儿童丛书》《青年儿童文艺丛书》《小学教师丛书》《时事丛刊》等丛书，均属此类。另外，报社还编辑出版过不少配合扫盲运动的识字课本和进行时事政治宣传的通俗读本，如《冬学课本》《民众识字课本》和《新宪政读本》等。①

前卫出版社：前身是晋察冀边区所属的晋察冀边区五专区（四分区）的前卫印刷所。1940年前后，印刷所曾翻印过陕甘宁边区政府教育厅编印出版的小学教员参考读物，如《常识》（上、下册）等，也印刷小学课本。1940年底，印刷所编辑出版的图书渐多，遂发展为前卫出版社。据《晋察冀日报》1941年12月26日报道："五专区前卫出版社，成立至今已一周年。在这一年中，出版刊物、书籍、图表，分销至全边区。晋东北、晋东南各地亦纷纷函购。其出版物均切合实际，故颇受各界读者赞誉。"

点滴社：1939年4月，晋察冀边区行政委员会教育处创办《边区教育》月刊。约在1941年初，由《边区教育》部分人员成立了"点滴社"。点滴社编印出版的有高小、初小学生用课本《算术》《国语》《常识》等，有中级干部使用的《算术》《民校识字课本》《小学教育法》等。还编辑出版了部分政策性、理论性的读物。1944年1月，点滴社并入新成立的边区教育出版社。②

教育阵地社：1943年1月1日，《边区教育》改出《教育阵地》后，以《教育阵地》的名义编印出版了大量学生课本、教学参考书，还编

①齐峰，李雪枫.山西革命根据地出版史.太原：山西教育出版社，2010:50-51.
②保定历史文化丛书编辑委员会.保定抗战文化.北京：方志出版社，2005:80.

印出版了《新教育丛书》《群众读物丛书》，编辑出版的群众通俗文艺读物有童话、鼓词、故事、话剧、歌曲集等。[①]

边区文化供应社：1941年6月18日，晋察冀边区文化界抗日救国会成立，其工作纲领的第八条提道："大量生产大众文化食粮，有计划地建设印刷出版事业，加强文化供应工作。"其后，成立了边区文化供应社。文化供应社在1942年和1943年，除编辑出版边区文协主编的《晋察冀文艺》、边区剧协主编的《晋察冀戏剧》、边区音协主编的《晋察冀音乐》、边区美协主编的《晋察冀美术》外，还编辑出版《新文字讲话》《新文字方案》《世界名诗选》《文学与生活漫谈》《高尔基书简》《雷雨》《素描画述要》《整顿文风参考资料》等图书。[②]

黄河出版社：筹办于1938年12月，地点在山西吉县，除编辑出版刊物《黄河战旗》（前身为《政治周刊》）和《黄河文艺》外，编辑出版的图书主要有：《黄河丛书》《晋察冀边区丛书》《民族革命丛书》，以及《抗战歌曲（第一、二集）》《抗战游戏》等其他通俗读物。

晋绥日报社：《晋绥日报》是中共中央晋绥分局机关报，原名《抗战日报》，1940年9月18日在山西兴县创刊，1946年1月改名为《晋绥日报》，后因晋绥分省，于1949年5月1日停刊。晋绥日报社除编辑出版《晋绥日报》《人民时代》《半月文摘》等刊物外，还编印、翻印图书，如《通俗宪政运动小丛书》《时论丛刊》等，单行本政治理论和时事读物有《驳蒋介石》等，文化教育读物有《新闻业务文选》等，另外还油印、石印了《德国形势图》《西太平洋图》《远东战场图》等挂图。[③]

晋绥新华书店：1940年3月晋西北新华书店成立，这是继延安新

---

①保定历史文化丛书编辑委员会.保定抗战文化.北京:方志出版社,2005:80-81.

②保定历史文化丛书编辑委员会.保定抗战文化.北京:方志出版社,2005:81.

③齐峰,李雪枫.山西革命根据地出版史.太原:山西教育出版社,2010:109-119.

华书店之后成立的第二个新华书店，也是延安新华书店总店的第一个分店。1942年8月，中共中央晋绥分局成立，晋西北新华书店正式更名为晋绥新华书店。1945年后，晋绥新华书店相继建立并完善了出版、发行合一的三大分店：吕梁新华书店（汾阳）、晋南新华书店（临汾）和晋中新华书店（榆次）。晋绥新华书店编辑出版的图书主要为时事政治读物，并且翻译、重印了大量陕甘宁革命根据地出版的图书。《晋绥解放区鸟瞰》一书写道：晋绥新华书店“从1940年到1945年，在边区发行的马恩列斯著作和毛泽东同志著作有66种，编印出版的政治、军事、经济、文艺等各种读物123种，发行总数达100余万册”①。

吕梁文化教育出版社：筹办时间为1940年3月，当时中共晋西北党委（即后来的晋绥分局）宣传部为开展晋西北的文化运动，决定设立一个专门编辑出版通俗书报的机关，定名为吕梁文化教育出版社。在筹办出版社的过程中，为了配合当时促进国内政治民主化的宪政运动，编辑了《通俗宪政运动小丛书》（8种），一种一个小题目，大约数千字，用油印套色刊行，受到人们的重视。1940年9月，吕梁印刷厂正式开工，吕梁文化教育出版社亦宣告正式成立。吕梁文化教育出版社与晋西大众报社是两个招牌一套机构，以编报为主，编书为辅。据1942年统计，共编辑出版《甲种通俗丛书》（5种）、《乙种通俗丛书》（3种）、冬学教材2种、剧本3种、挂图4种、翻印2种。1945年5月1日，《晋绥日报》停刊，吕梁文化教育出版社连同印刷厂搬到兴县城东程家沟底村，编辑出版过《谁害的》《文摘》《儿童作文选》等书。1949年9月，吕梁文化教育出版社停办，历时9年。②

太行文化教育出版社：由中共中央北方局于1938年5月在长治创

①齐峰，李雪枫.山西革命根据地出版史.太原：山西教育出版社，2010：109-110.

②张友.吕梁文化教育出版社简介//中国人民政治协商会议山西省委员会文史资料研究委员会.山西文史资料·第二十七辑.太原：山西省政协文史资料服务部，1983：103-108.

办，在太行文化教育出版社存在的一年半中，编辑出版各种书刊50余种，其中《战时读本》在社会上有较大影响。1939年2月出版的《论〈持久战〉浅说》一书，采用一问一答的形式编写，是根据地最早用通俗语言宣传毛泽东持久战战略思想的图书。

华北新华日报社：由中共中央北方局创办的机关报《新华日报》（华北版）于1939年元旦发行，是华北敌后最大、最有影响的抗日报纸。华北新华日报社自建立起，就十分注重书刊编辑出版。1940年太行文化教育出版社并入后，专门成立了丛书编辑部，当年即发行图书45万余册。1940年7月，抗战学院成立研究室，丛书编辑部人员大部分调往抗战学院，丛书编辑部亦随之解散。此后，华北新华日报社以翻印延安及各根据地的图书为主，所出图书多系马列的经典著作，以及政治读物等。[①]

抗日战争胜利后，国共两党从最初的和谈走向了最终的破裂，国内革命战争全面爆发。随着战场上双方军事力量的此消彼长和解放区范围的日趋扩大，共产党领导的解放区编辑出版事业获得了巨大的发展，各地的新华书店充当了解放区出版业发展的主力军。

东北是最先获得解放的地区，也是诸多解放区中编辑出版成绩最好的地区。抗日战争胜利后，中国共产党即派干部和军队挺进东北，开辟根据地。面对当时纷繁复杂的政治形势，中国共产党领导的文化、宣传组织，通过出版物对广大群众进行“打倒蒋介石，解放全中国”的宣传教育，积极配合建立巩固的东北根据地和支援全国解放战争。这一时期东北地区的编辑出版机构主要有东北书店、光华书店、鲁迅文化出版社、兆麟书店等。

东北书店于1945年11月在沈阳成立，由东北日报社领导。东北书店成立之初的主要任务是发行《东北日报》，同时编辑出版图书。东北

①齐峰，李雪枫.山西革命根据地出版史.太原：山西教育出版社，2010：176.

书店除了翻印部分延安解放社和各解放区的出版物外，还结合当时的东北地区形势，编辑出版了许多新书。一方面，中央文件、领袖论著、马列主义的理论著作以及有关论著大量出版，既宣传了党的路线、方针、政策，组织和教育了群众，又配合了干部理论学习的需要。另一方面，随着农村土地改革运动的开展，与之相关的政策文献、手册、歌曲、小说、剧本等先后问世。此外，东北解放区中小学课本的出版发行工作，亦由东北书店承担。随着东北解放区的扩大，教科书的发行量越来越大，1948年课本总印数为600余万册，占书籍出版用纸的一半。尤其值得一提的是，1948年5月东北书店编辑出版的《毛泽东选集》，是当时历史条件下，收入篇章最全、印刷装帧最好的精装本，也是当时东北书店出版的图书中最突出的大型巨著。

光华书店是解放战争时期生活、读书、新知三家书店共同投资在东北各地建立的、以民间面貌出现的、中国共产党领导的编辑出版发行机构。1947年10月，书店设编辑部，主要重印三家出版机构的版权书，特别是一些理论名著，所印尤多。《资本论》和《鲁迅全集》这两部巨著的再版，是光华书店重印的大作。①

鲁迅文化出版社创设于1946年11月，是重返哈尔滨的现代作家萧军在中共中央东北局的资助下自行筹建的，宗旨是宣传鲁迅的文化思想。该社于1948年8月停办。在此期间，先后编辑出版了《鲁迅研究丛刊》、鲁迅的部分杂文、萧军自己的著作、一些军事教材和传单、宣传小册子等。

同东北书店一样，山东新华书店也是编、印、发三种业务合一的出版发行机构。山东新华书店建于抗日战争后期，成立初与大众日报社出版部为一套机构，1946年1月建立编辑部，并正式脱离报社，归

①黑龙江省地方志编纂委员会.黑龙江省志·出版志.哈尔滨:黑龙江人民出版社,1996:73.

中共中央华东局宣传部领导。同年2月华中新华书店北撤山东，并入山东新华书店总店。1947年7月，山东新华书店总店改称华东新华书店总店。1949年2月，华东新华书店总店进入省会济南，一部分人员南下，建立华东新华书店，一部分人员留在山东，仍称山东新华书店。[①]据不完全统计，山东新华书店编辑部在不稳定的3年中，共编辑出版《新华文摘》和《文化翻身》（后期改名为《群众文化》）2种期刊，484种图书。其中，翻印的和自己组稿的各占一半。[②]山东（华东）新华书店出版物品种丰富，有中小学教科书，有通俗的文艺作品，有知识性和实用性的读物，有解放军指战员编写的作品，能适应当时干部群众的需要，同时装帧比较考究，印刷质量较好。

其时，山东地区的书店还有渤海新华书店、胶东新华书店、冀鲁豫新华书店等。

渤海新华书店成立于1945年1月的垦利县八大组，初属渤海日报社，1946年10月脱离渤海日报社，成为由中共渤海区党委宣传部直接领导的、独立的出版发行单位。渤海新华书店的图书出版工作主要是翻印各抗日根据地编辑出版的图书，著名的有：1947年翻印解放社出版的《毛泽东选集》；1948年翻印《新党员读本》，印刷8次，发行21万册。该店自己组编出版的图书，除各类学校教材外，主要是通俗政治读物，如《王佃农识破美人计》等。该店出版的图书，目前已查到的有338种。

胶东新华书店成立于1945年10月的莱阳沐浴店村，由中共胶东区党委宣传部领导。下设编辑科、出版科、发行科和会计室。该店编辑

①山东省地方史志编纂委员会.山东省志·出版志.济南：山东人民出版社，1993：42-43.

②王益.解放战争时期的山东新华书店//宋原放.中国出版史料·现代部分：第二卷.济南：山东教育出版社，2001：395.

出版的图书总计337种。1949年冬，该店停止图书出版业务。[①]

华北新华书店总店则是1948年6月根据上级决定由晋察冀新华书店和晋冀鲁豫新华书店合并而成，直属华北局。合并前的晋察冀边区和晋冀鲁豫边区，是抗日战争时期继延安之后较早成立新华书店并开展出版发行活动的地区，编辑出版基础较好。抗日战争胜利后，为适应新的形势，中共中央决定撤销北方局，建立晋察冀中央局和晋冀鲁豫中央局。在华北局辖区内，比较重要的编辑出版机构有华北书店、华北新华书店总店、晋察冀新华书店、冀南新华书店、太岳新华书店等。

华北书店创办于1941年1月1日，由生活书店、读书出版社、新知书店三家书店在辽县桐峪镇联合创建。该书店编辑出版的大都是中外文学名著，如鲁迅的《阿Q正传》《狂人日记》《朝花夕拾》《故乡》和高尔基的《鹰之歌》《我和列宁相处的日子》等。刘大明不仅刻印技术高超，而且为每本名著都写了“跋”，详细地介绍了作者和作品，作了恰当的评价。[②]1943年9月，华北书店与华北新华书店合并。合并后，书店在出版方面进行了分工，政治理论书籍以华北新华书店名义编辑出版，文艺、自然科学图书则以华北书店名义编辑出版。邹韬奋去世后，又改用“韬奋书店”名称编辑出版文学作品，以示纪念。[③]

1941年中共中央北方局宣传部发布《关于开办书店的决定》，华北新华书店便在《新华日报》华北分馆新华书店门市部的基础上，于1942年元旦在辽县宣告成立。据不完全统计，华北新华书店在1943至1948年间，出版发行了《卫生》《时代文摘》《新大众》《儿童杂志》《大众科学》等刊物，出版图书330余种。其中文艺读物113种，包括

---

①山东省地方史志编纂委员会.山东省志·出版志.济南:山东人民出版社,43-45.

②孙玉祥.晋冀鲁豫边区出版概述//叶再生.出版史研究:第六辑.北京:中国书籍出版社,1998:214-227.

③齐峰,李雪枫.山西革命根据地出版史.太原:山西教育出版社,2010:177.

《晋冀鲁豫边区文艺创作小丛书》《大众文艺小丛书》《新大众丛刊》等。1948年编辑出版的两卷集《毛泽东选集》，共收录61篇文章，约95万字，16开本，分上、下两卷，红布面精装，封面字烫金，十分庄重大方。①

晋察冀新华书店成立于1941年5月5日，业务上受延安新华书店总店的指导，行政上受晋察冀日报社领导。抗日战争时期和解放战争前期，书店主要是经售报社印刷出版的报刊和图书。1945年9月，晋察冀新华书店随晋察冀边区领导机关迁往华北重镇张家口市，在冀晋、冀中、冀东、察哈尔、热河等省区建立支店，专区设办事处，县设总销处，区设分销处。在随后的一年时间里，晋察冀新华书店共计编辑出版新书96种，57万册，其中自编的占36%。1947年编辑出版图书、课本105种，杂志7种，总印数达60万册。而冀晋、冀中、冀东等分店编辑出版的一大批图书，尚未统计在内。②1947年3月，书店和新华印刷局合并，仍用新华书店晋察冀分店的名义出书。不久，冀南、冀中新华书店也先后并入新华书店晋察冀分店，分店也改称晋察冀新华书店，并以此名义编辑出版图书。

冀南新华书店成立于1946年3月，店址在河北威县县城，设有编辑部、经理部、发行部，有印刷厂和广泛的发行网点，是一个综合性的编辑出版机构。编辑出版的图书除大量的政治、文艺读物外，还有一套《工农兵丛书》，包括《翻身歌谣》《万事不求人》《生产发家》等。1947年夏以后，又编辑出版了《王朝柱的故事》《顺熹翻身》《苦尽甜来》《神婆的故事》《杨发贵摔子》《王三翻身》《桥》《红军长征》

①孙玉祥.晋冀鲁豫边区出版概述//叶再生.出版史研究:第六辑.北京:中国书籍出版社,1998:214-227.

②三晋烽火创新业——山西省新华书店简史//郑士德.新华书店五十春秋.北京:新华书店总店,1987:62.

等各种体裁的通俗读物。[①]

太岳新华书店原名太岳书店，1941年在山西省沁源城成立，对内是《太岳日报》发行科，对外是太岳书店。1944年，太岳书店加强图书编辑出版，成立了由《太岳日报》社副社长梁涛然任丛书编辑部部长的太岳新华书店编辑部。1941年至1949年间，共编辑出版图书600余种，其中，1944年以后编辑出版图书191种。[②]

在中原地区，较有影响的出版机构分别是：冀鲁豫书店、华中新华书店总管理处、中原新华书店、太行新华书店。

冀鲁豫书店于1944年在河南省信阳县成立，由冀鲁豫日报社发行部与冀鲁豫行署所办的文化出版社合并而成，为编、印、发综合机构。1945年和1949年曾两次迁入山东菏泽城内。1949年改称冀鲁豫新华书店。该店编辑出版的图书，目前已查到的有187种。

华中新华书店总管理处于1945年12月底在淮阴创建，是华中分局为了加强和推动苏北解放区的图书出版工作而成立的。原苏北解放区的各书店，成为其支店和分店。华中新华书店总管理处从成立到1946年12月的一年时间里，虽然局势艰难，但编辑出版成绩较好。据不完全统计，累计出书167种，共648 500册。解放战争开始后，总管理处并入山东新华书店。1947年12月，为统一和加强华中出版事业，华中工委会宣传部特决定将苏中韬奋书店和苏北新华书店合并，重新成立华中新华书店总店（全华中各分区所有书店，在业务上均受华中总店的指导）；并规定了书刊出版的总体结构——40%的力量出版区以上干部读物，60%的力量出版大众读物（各分店如有印刷条件，则以出版

---

①孙玉祥.晋冀鲁豫边区出版概述//叶再生.出版史研究：第六辑.北京：中国书籍出版社，1998：214-227.

②孙玉祥.晋冀鲁豫边区出版概述//叶再生.出版史研究：第六辑.北京：中国书籍出版社，1998：214-227.

大众读物为主；各县支店及某些分店，则应以营业发行为主）。[①]

中原新华书店1948年9月1日诞生于中原解放区的河南省宝丰县大韩庄，是在中共中央中原局领导下创办起来的，后随分支机构的建立发展，改称中原新华书店总店。中原新华书店成立后，立即筹划编审、出版工作，成立了编辑部和出版科。起初，主要是翻印马克思、恩格斯、列宁、斯大林、毛泽东的著作，以及党的建设、方针、政策、时事等方面的书籍，后来则发展到自己组稿出书。至1948年底，共出书27种，9.3万册。1949年编辑出版书刊384种，384.1万册。[②]

太行新华书店的前身是太行群众书店，1945年成立。对内是《新华日报》太行版发行科，对外是新华书店。从1945年至1949年10月，共编辑出版各类图书近百种，以地方文艺作品居多，如秧歌剧本、童谣、山歌、快板、小调等。[③]

1949年初，随着天津、南京、太原、武汉、西安、上海等全国各大中城市的纷纷解放，全国解放区逐渐连成一片。以往各大区新华书店编辑出版工作独立发展的状况，已经不适应新形势的需要。1949年2月23日，中共中央宣传部成立出版委员会，着手研究全国新华书店的集中统一问题。1949年7月，东北全区203个东北书店，统一改名为东北新华书店。同月，华北新华书店在北平召开华北区新华书店分店经理会议，统一华北区各地新华书店，省成立分店，县成立支店，统称新华书店。至中华人民共和国成立前夕，全国已建立新华书店分支店735处，有职工8100余人。1949年12月，中央人民政府出版总署成立，任胡愈之为署长，任叶圣陶、周建人为副署长。全国新华书店统一由

①张宪文，穆纬铭.江苏民国时期出版史.南京：江苏人民出版社，1993：437-438.

②《中原——中南新华书店史》编辑委员会.中原——中南新华书店史.武汉：湖北人民出版社，1991：34-36.

③孙玉祥.晋冀鲁豫边区出版概述//叶再生.出版史研究：第六辑.北京：中国书籍出版社，1998：214-227.

出版总署领导。[①]

解放战争时期的新华书店，在枪林弹雨的洗礼下，在人民的辉煌战果中，从偏僻乡村到中心城市，从区域之地到全国范围，最终发展成为中华人民共和国编辑出版事业的重要组织基础。物质条件的改善，明显提高了解放区出版物的印刷质量，原先的油印、石印和土造纸，被铅印、彩印和新闻纸与道林纸替代。旧貌换新颜，改变的只是出版物的形式，不变的是出版物所蕴含的价值取向——服务于战争，服务于宣传，服务于人民政权的革命传统。这一传统沿承着苏维埃政权时期和抗日根据地时期的编辑出版道路，也引领了中华人民共和国成立后的编辑出版方向。

共产党在国民党统治区的编辑出版活动，是共产党编辑出版事业的重要组成部分，与苏区、抗日根据地和解放区共产党的编辑出版事业，构成了同时并存又在一定程度上互为支持的两条出版主线。

1927年，蒋介石和汪精卫实行“清党”和“分共”政策，国共关系走向破裂。在随后10年，有“赤化嫌疑”或文化内容左翼的书刊，均在国民党政府打击之列，国民党统治区内的禁书、禁刊事件层出不穷。这一方面反映了国民党政府的文化专制，另一方面也说明了共产党善于在困难的环境中，既坚持不懈又讲究策略地开展编辑出版活动，除了直接创办诸如无产阶级书店、华兴书局、北方人民出版社等地下或半地下的书店外，更具影响的是秘密领导了生活书店、读书出版社和新知书店等一些以民营书店面目存在、因而可以公开出现的编辑出版机构。

无产阶级书店是1928年前后由中共中央出版发行部和江苏省委在上海建立的第一个地下出版发行机构。该书店先后编辑出版了约30种书刊，如《国家与革命》等，此外，还编辑出版了《共产国际》月刊

---

①《新华书店五十年》编辑组.新华书店五十年.北京:新华书店总店,1987:6.

（中文版）。1929年，该店被国民政府查封，所出图书也大多被查禁。[1]

华兴书局成立于1929年，是继无产阶级书店之后，党在上海建立的又一个编辑出版发行机构，主要编辑出版马列主义理论著作和介绍苏联革命的图书。编辑出版的丛书有：《上海社会科学研究会丛书》《中外研究会丛书》《尚武学会全书》等。还编辑出版《俄国革命画史》《共产党宣言》《世界职工运动概况》等单行本著作。编辑出版的刊物有《共产国际》月刊和《瀛寰》半月刊。华兴书局仅在1930至1931年间，被国民党当局查禁的出版物就达49种，于1931年被查封后，曾用春阳书店、启阳书店、浦江书店等名义出书。[2]

北方人民出版社成立于1931年，是中国共产党保定党组织办的一家出版社，编审、校对、发行、联络等具体工作由王辛民一人负责，办公地点设在保定师范院内。北方人民出版社出版的图书有“人民文化丛书”和“左翼文化丛书”两大类。绝大部分是重印人民出版社、新青年社、上海书店、华兴书局、无产阶级书店等编辑出版的读物，有些经重新校订和编排，另外也编辑出版了一些新书。该社书籍多用伪装，书名常常是假名，出版社名字也常署名人民书店、新生书店、新光书店等。1932年7月，国民政府镇压保定师范学潮，北方人民出版社出版工作也随之结束。[3]

当20世纪30年代左翼文化运动风起云涌的时候，共产党也积极地参与并予以引导。中国左翼作家联盟（左联）、左翼社会科学家联盟（社联）、左翼戏剧家联盟（剧联），以及后来的中国左翼文化总同盟（简称文总）等左翼团体，都有自己的编辑出版阵地，先后编辑出版了

---

①高信成.中国图书发行史.上海:复旦大学出版社,2005:291-292.

②《上海出版志》编纂委员会.上海出版志.上海:上海社会科学院出版社,2001:245.

③河北省地方志编纂委员会.河北省志·第83卷·出版志.石家庄:河北人民出版社,1996:428.

《萌芽月刊》《前哨》《北斗》《拓荒者》《文学杂报》《现代小说》《大众文艺》《文艺新闻》等刊物。

全面抗战爆发后，国共实现第二次合作。抗战初期，“全国各方面是欣欣向荣的，政治上有民主化的趋势，文化上有较普遍的动员”①。各种政治理论读物，包括马克思、恩格斯、列宁、斯大林著作以及毛泽东等中共领导人的著作，在抗战初期都曾有相当数量的编辑出版，虽然后来随着形势的变化，这些著作受到了国民党当局的限制与查禁，但始终不曾在大后方禁绝。②1938年1月11日，共产党创办的新华日报馆是党在国统区公开合法的新闻机构，也是党在大后方编辑出版书刊的重要阵地。新华日报馆不仅刊行《新华日报》，编印《群众》周刊，还编辑出版图书。《新华日报》创刊的第二个月，即开始编辑出版《新群丛书》。这套丛书在汉口与重庆期间，共出版了42种。新华日报馆编辑出版的丛书还有《马恩丛书》《新华丛书》《现代论丛》《青年生活》《新华文艺丛书》等，另外，编辑出版了单行本著作近20种。新华日报馆（图书科）除发行本版书刊外，还销售延安解放社和重庆本地一些出版机构的书刊，以及莫斯科外文局的中、俄、英、法、德等各种版本的马列著作，政治、经济书刊。报馆于1947年2月28日被国民党当局查封。③

其时，生活书店、读书出版社、新知书店等共产党领导的民营编辑出版机构，在抗战初期相对宽松的政治环境中，一度在国统区快速发展，后来虽受国民党当局的打压和摧残，但依然顽强生存，并用实际行动支持着抗日根据地的编辑出版活动。

---

①毛泽东．毛泽东选集：第2卷．北京：人民出版社，1991：703.

②张定华，等．中国抗日战争时期大后方出版史．重庆：重庆出版社，1999：105.

③四川省地方志编纂委员会．四川省志·出版志：上册．成都：四川人民出版社，2001：38.

抗日战争胜利后不久，虽因国内革命战争爆发，党在国统区领导的编辑出版环境日趋恶劣，但依然以生活、读书、新知三家机构为主体，并通过创建多家副牌店的方式编辑出版进步书刊。另外，国统区其他一些地方的共产党组织，根据当时形势，一面把革命出版发行机构转入地下，一面新建党领导下的地下出版发行机构，如天津的知识书店、读者书店，江西的文山书店，湖南的立文书局等①，开展秘密的出版活动。

第三节　创建党刊宣传马克思学说和建党思想

1920年中国共产党上海发起组成立后，为了加强马克思学说和建党思想的宣传，将《新青年》从第8卷第1号起改为上海发起组的机关刊物。1920年11月7日，又在上海创办《共产党》月刊。到1921年7月停刊，前后共出版7期，主编为李达。该刊栏目大致分为三类：一为“短言”，主要刊载社论性质的文章；二是论文；三是“信息”，包括“国内消息”和“世界消息”两种。作为中国共产党建党准备时期宣传马克思主义、开展党的基本知识教育的理论刊物，《共产党》明确“我们共产党在中国有二大使命：一是经济的使命，一是政治的使命”②，提出“共产党底根本主义，是主张用革命的手段改造经济制度，换句话说，就是用共产主义的生产制度来代替资本主义的生产制度”③。为此，《共产党》集中刊载了《国家与革命》第一章、《俄罗斯的新问题》、《俄国共产党的历史》和《列宁的历史》等介绍俄国共产党经验和列宁建党

①高信成.中国图书发行史.上海:复旦大学出版社,2005:438.

②短言.共产党,1921(5).

③短言.共产党,1921(4).

学说的文章，反复阐明共产党是无产阶级政党，宗旨“就是实行马克思的共产主义，即革命的社会主义，由公然的群众运动，断行革命；至于实现的手段，就是采用无产阶级专政”。同时，该刊还发起对无政府主义、议会政治等错误思潮的批判，发表《将死的第二国际和将兴的第三国际》《无政府主义之解剖》《我们为什么主张共产主义?》《我们要怎么样干社会革命?》等文章，明确指出“共产主义也好，团体主义也好，都不能成为无政府主义”①。较之《新青年》，《共产党》更加直接地推动了中国共产党建党方面的思想准备。毛泽东在长沙组织共产主义者学习这份月刊，还把其中的《俄国共产党的历史》等文章推荐到长沙《大公报》发表。1921年1月21日，毛泽东在写给蔡和森的信中，高度赞扬《共产党》月刊“颇不愧‘旗帜鲜明’四字”②。

1922年召开的中共“二大”制定了反帝反封建的民主革命纲领。同年8月，中共中央执委会在杭州西湖举行会议，对中央宣传工作加以研究，决定创办日报来“宣传国民革命”，后接受马林的意见，决定创办周刊。9月13日，中共中央在上海创办《向导》周报，陈独秀题写刊头。这是中共中央第一个公开发行的机关刊物。先后由蔡和森、彭述之、瞿秋白主编，高君宇、张太雷、向警予、罗章龙、郑超麟等任编辑。《向导》周报为16开本，开始出版时每期8页，从第142期起增加到12页，到第144期又增加到16页。1927年7月停刊，共出版201期。《向导》周报创刊时不分栏目，自第7期开始设置栏目，开辟“时事短评”专栏，将短评和长篇文章分开。从第7期起，不再刊登长篇文章，时事述评性质的文章分别刊载在“中国一周”“世界一周”两栏。第77期开辟“寸铁”专栏，又将“中国一周”“世界一周”两栏合并为

①短言.共产党,1921(4).

②毛泽东.毛泽东书信选集.北京:人民出版社,1983:15.

时事评论一栏，恢复刊登比较长的文章。[①]《向导》周报的创办“完全是根据第二次大会的政治宣言，口号是打倒帝国主义和军阀，实行民主革命”[②]。其创刊号《本报宣言》亦表明这一点：“本报同人依据以上全国真正的民意及政治经济的事实所要求，谨以统一、和平、自由、独立四个标语呼号于国民之前！”认为军阀、帝国主义是破坏和平、统一等的主要元凶，号召“为了要和平统一而推倒为和平统一障碍的军阀，乃是中国最大多数人的真正民意”；“我中华民族为被压迫的民族自卫计，势不得不起来反抗国际帝国主义的侵略，努力把中国造成一个完全的真正独立的国家”[③]。蔡和森在总结《向导》周报对于工人阶级的影响时指出：“以前工人运动的口号是打倒资本家，但工人能看报的说不上政治，他理解不了整个观念，而且还受军阀的影响，还没有共产党的政治观念，此报发出后，才把同志们的地方观念打破，非党观念改变过来，所以《向导》周报是统一我党的思想工具。总起来在第二次大会后党始有政治的策略，并且实际上做了许多成绩，在社会上有很大的影响，在思想界上亦有很大的影响。在党的本身说，不但统一了思想，而且作了组织的工具。”[④]

1923年7月1日，由瞿秋白主编的《前锋》在广州创刊，主要撰稿人有陈独秀、向警予、张太雷等人。原定为月刊，1924年2月出完第3期后停刊。作为第一次国内革命战争时期中共中央机关刊物，该刊在创刊词中宣称：“我们认定国民运动是中国国家生命之救星，是备受压迫过困苦生活的全中国人民之救星；我们在此运动中，不敢说是领袖，更不敢说是先觉，只愿当前锋，只顾打头阵；这头阵也许大失败，但

①姜中卫.中共中央机关报刊历史沿革考述.党的文献，2013(1):84-89.
②蔡和森.蔡和森文集:下册.北京:人民出版社，2013:819.
③本报宣言.向导.1922,9(13).
④蔡和森.蔡和森文集:下册.北京:人民出版社，2013:820.

我们并不怕失败，我们只希望无数量的爱国同胞，不断的踏着失败的血迹前进！”[①]其主要内容侧重政论性文章，一是介绍国际形势，着重于列强对中国的侵略，发表有瞿秋白的《帝国主义侵略中国之各种方式》、陈独秀的《一九二三年列强对华之回顾》等；二是介绍、研究和推广国民运动，如马林的《中国国民运动之过去及将来》、陈独秀的《中国国民革命与社会各阶级》；三是介绍苏俄经验，如署名为泽民翻译的《五年来苏俄之外交》等。这些文章侧重于对中国革命的一些专门问题进行系统的分析研究，以详细的统计数字和实际资料为根据，阐述自己的观点，体现了党刊注重理论联系实际的作风。[②]

其时，中国共产党还编辑了一大批向劳动者进行马克思主义通俗教育和宣传的刊物，影响较大的有《劳动界》《劳动者》《劳动音》《劳动与妇女》等。《劳动界》由上海共产主义小组于1920年8月15日创刊，周刊，每期16页，32开本。陈独秀、李汉俊任主编，编辑有沈玄庐、郑佩刚等。撰稿人有陈望道、袁振英、李达、邵力子等。常设栏目有“演说”“国内劳动界”“国外劳动界”“国内时事”“国外时事”“调查”“闲谈”“读者投稿”“小说”“趣闻”等。作为较早向工人进行马克思主义宣传的期刊，该刊指出：“工人在世界上已经是最苦的，而我们中国的工人比外国的工人还要苦。这是甚么道理呢？就因为外国工人略微晓得他们应该晓得的事情，我们中国工人不晓得他们应该晓得的事情。我们印这个报，就是要教我们中国工人晓得他们应该晓得的事情了，或者将来要苦得比现在好一点。”[③]

中国共产党还很重视妇女期刊，直接推动了中国现代妇女期刊的

①宋原放.中国出版史料·现代部分:第一卷(上册).济南:山东教育出版社,2001:44-45.

②方克.中共中央党刊史稿(上).北京:红旗出版社,1999:12.

③汉俊.为什么要印这个报？——《劳动界》发刊词//宋原放.中国出版史料·现代部分:第一卷(上册).济南:山东教育出版社,2001:36.

发展。1921年12月在上海出版的《妇女声》半月刊是中国共产党中央领导创办的第一本妇女期刊，它把妇女解放与革命运动结合起来，为妇女运动指明了新方向。《妇女声》开辟了“评论”“译述”“通讯”“杂感”“谈话”等栏目，语言以白话为主，并用新式标点，更新了妇女期刊的出版形式和编辑方法。此外，中国共产党领导的广东妇女解放协会机关刊《光明》杂志、中共湖北区委领导的湖北妇女协会主办的《湖北妇女》也及时宣传了党关于妇女运动的方针、政策。1926年，中共中央创办了《中国妇女》，但不久后停刊。直到1939年，《中国妇女》在延安复刊，才结束了十年国内革命战争时期中国共产党没有妇女期刊的历史。

大革命失败后，为打破新闻封锁，中国共产党从中央到地方的各级组织秘密出版发行各种时政与政党期刊。据不完全统计，上海、江苏和浙江地区有53种；广东、广西两地有30种；福建有41种；安徽、河南和湖北有34种；四川、贵州和云南有16种；山东有26种；北平、天津、河北、山西地区有49种；东北地区有29种；陕西有10种。中国共产主义青年团各级组织创办的报刊约51种；工人、农民和妇女报刊约42种。[①]其中，最具影响力的刊物是《布尔塞维克》《红旗》等。

《布尔塞维克》于1927年10月24日在上海创刊，是中国共产党中央委员会在大革命失败后创办的理论机关刊物，前16期为周刊，逐步改为半月刊、月刊、双月刊。1932年7月出版至第5卷第1期停刊，共出52期。该刊在国民党白色恐怖下出版，曾采用《中央半月刊》《新时代国语教授书》《中国古史考》《经济月刊》《少女怀春》《平民》《虹》等多种伪装封面做掩护。创刊时的主编是瞿秋白，中共“六大”以后，编辑委员会主任先后由李立三、沈泽民、张闻天担任。该刊的宗旨，据1927年10月中共中央常委会的决议，“布尔塞维克报当为建立中国无产

①钱承军.建国前中国共产党报刊研究.北京:中国文联出版社,2009:81.

阶级的革命的思想之机关，当为反对资产阶级思想及一切反动妥协思想之战斗机关。布尔塞维克报并且要是中国革命新道路的指针——反对帝国主义军阀豪绅资产阶级的革命斗争的领导者，他应当做工农群众革命行动的前锋"[①]。作为中国共产党中央机关的一本综合性刊物，《布尔塞维克》设有"社论""国内政治""外交问题""国际状况""职工运动""农民运动""国民党""中国革命问题""党内问题""理论问题""经济与财政""妇女问题""青年问题""地方通讯""寸铁"和"读者之声"等栏目。为了悼念革命烈士，自第11期起开辟"我们的死者"一栏。其编辑特色主要有：一是以中国共产党独立的政治面貌出现，二是注重中国革命道路的研究探讨。尽管该刊一度因受"左"倾影响而宣传了一些错误观点，但仍不失为一份对中国革命起过重要作用的刊物。

《红旗》创刊于1928年11月20日，由中共中央宣传部主办，谢觉哉主编，主要撰稿人有李立三、向忠发、恽代英等。初为周刊，从第24期起改为3日刊，1930年8月15日与《上海报》合并，改出《红旗日报》，作为中共中央的机关报。次年3月9日，中共中央又决定恢复出版《红旗》周报，出至第59期改为半月刊，1934年3月停刊。其间，《红旗》共出126期，《红旗日报》共出182期，而《红旗》周报共出64期。这3个刊物的风格不尽相同，《红旗》理论色彩较浓，《红旗日报》政治综合性较强，《红旗》周报则是纯粹的理论刊物。刊载的文章内容相当广泛，涉及共产国际的指示、中共中央的宣传和决议、各省委给中共中央的信、各地反帝反封建斗争情况、中国工农红军发展情况、国际革命的情况，等等。开设有"寸铁""悼我们的死者""一周新闻""问题与回答""组织理论""短斧头""红旗俱乐部""我们的字典"等

①中国社会科学院新闻研究所．中国共产党新闻工作文件汇编：上卷（1921—1949）．北京：新华出版社，1980：25.

栏目。[1]为掩护发行，封面书名曾用“平民”“光明之路”“大众文艺”等作为伪装。

随着中央革命根据地的开辟和苏维埃政权的建立，中央苏区创办了160余种报刊，目前已发现实物的有130余种。其中，中共中央、中共苏区中央局及其所属部门出版6种；中华苏维埃共和国临时中央政府及其所属部门出版13种；中央群众团体出版11种；省委、省级苏维埃政府及其所属部门出版27种；地级（特委）报刊23种；县级报刊20种；中国工农红军及各级部队（各省军区列入省级报刊部分）出版28种，合计有130余种。[2]这其中，影响较大的是《红色中华》《斗争》等。

《斗争》有三个版本，苏区版于1933年2月创刊于江西瑞金[3]，是中共苏区中央局的机关报，1934年9月出至第73期，由于主力红军和中央机关开始长征而被迫停刊。前身是中央苏区的《实话》和《党的建设》，合刊后改为《斗争》，由张闻天任主要负责人。主要刊载中央的重要决议、指示、条例和中央负责人阐述这些文件的文章。其中，毛泽东的《查田运动的初步总结》《查田运动的群众工作》《兴国长冈乡的苏维埃工作》和《上杭才溪乡的苏维埃工作》，刘少奇的《论国家工厂的管理》《农业工会十二县查田大会总结》，张闻天的《关于我们的报纸》《论我们的宣传鼓动工作》等就在该报发表。此外，还刊有共产国际有关会议的决议、总结和重要报告；马克思、恩格斯、列宁、斯大林关于中国问题的论述；有关党政军建设、经济建设以及苏区工运、农运、青运、妇运等方面的文章；对苏联经验的介绍，以及反“围剿”斗争的相关文章等。1935年11月中共中央机关到达陕北瓦窑

---

①方克.中共中央党刊史稿(上).北京:红旗出版社,1999:265.

②严帆.中央革命根据地新闻出版史.南昌:江西高校出版社,1991:79-80.

③方克.中共中央党刊史稿(上).北京:红旗出版社.1999:316.

堡，恢复出版《斗争》。从第74期始，出至1937年3月19日第127期停刊，共出54期。

除了中央苏区外，中国共产党领导的其他革命根据地也创办了不少报刊，据不完全统计，这一时期（不含军队报刊），湘赣革命根据地出版《湘赣斗争》《红色湘赣》《湘赣红旗》等17种，湘鄂赣革命根据地出版《工农兵》《新浏阳》等24种，湘鄂西革命根据地出版《列宁青年》等28种，鄂豫皖革命根据地出版《红色战士》《鄂豫皖红旗报》等33种，川陕革命根据地出版《干部必读》《〈战场日报〉苏维埃》等12种，闽浙赣（赣东北）革命根据地出版《工农报》《红色东北》等16种，广西左右江革命根据地出版《左江红旗》等3种，琼崖革命根据地出版《布尔什维克的生活》《团的生活》等5种。①

第四节　宣传中共中央方针政策是党刊的灵魂

全面抗战开始后，共同抗日以挽救民族危亡的大局，促成了国共两党第二次合作和抗日民族统一战线的形成。自此，中国共产党党刊摆脱了过去主要处在秘密状态和流动作战、辗转迁移状态下艰难生存的困境。据不完全统计，抗战时期陕甘宁边区共出版各类报刊约90种，其中主要刊物有《解放》周刊、《八路军军政杂志》、《共产党人》、《中国青年》、《中国妇女》、《中国工人》等。从报刊种类看，涉及政治、经济、军事、文化、艺术、教育以及新闻业务等各个方面，构成从中央到地方的五级报刊宣传网络。从影响范围看，报刊宣传以延安为中心，辐射到离延安较远的陇东、神府、三边、富县等地，覆盖了整个

①钱承军.建国前中国共产党报刊研究.北京:中国文联出版社,2009:90-91.

陕甘宁革命根据地。[①]

1939年10月，中国共产党中央在延安创办党内理论刊物《共产党人》月刊，负责人洛甫（张闻天），编辑部主任罗迈（李维汉），工作人员有陶希晋、马洪等。毛泽东为该刊题写刊头，撰写《发刊词》，提出党领导中国革命制胜三大法宝的著名论断，明确该刊的任务是以党的建设为中心开展工作，“帮助建设一个全国的、广大群众性的、思想上政治上组织上完全巩固的布尔什维克化的中国共产党”。该报从创刊到1941年8月，共出版19期。后因日军封锁陕甘宁边区，经济日益困难，纸张供应紧张，中共中央停止了《共产党人》《解放》《八路军军政杂志》和《中国文化》等一批期刊的出版。《共产党人》杂志设有“论著”“转载”“支部通讯”“乡村通讯”“学习通讯”等栏目，经常刊载党中央的指示和决定，以及有关理论问题、党的思想建设与组织建设问题的文章，其中包括毛泽东的《没有调查就没有发言权》《中国革命与中国共产党》等。

1939年1月创办的《八路军军政杂志》，是八路军总政治部的机关刊物，1942年3月25日出至第4卷第3期后停刊，共出版39期。《八路军军政杂志》旨在宣传抗日游击战争，报道八路军、新四军的抗战情形，宣传八路军的思想政治工作和对敌工作，向八路军官兵进行系统的军事知识和军事技术教育，即毛泽东所说的“当抗日战争向着新阶段发展的时候，八路军同人出版这个《军政杂志》，其意义是明显的：为了提高八路军的抗战力量，同时也为了供给抗战友军与抗战人民关于八路军抗战经验的参考资料”[②]。该刊由毛泽东、王稼祥等5人组成

---

①李文.试论陕甘宁革命根据地新闻事业的群众性//中国社会科学院新闻研究所《新闻研究资料》编辑部.新闻研究资料(总第60辑).北京:中国社会科学出版社,1993:145-151.

②毛泽东.毛泽东选集:第2卷.北京:人民出版社,1991:139.

编辑委员会，萧向荣任主编，设有“抗战言论”“实战经验与战术研究”“战斗总结”“政治工作”“对敌研究”“近古战争与古代战术研究”“译丛”“通讯”等栏目，内容涉及中共中央和八路军总部的电文、宣言、决定和指示，研究军事理论、军队建设的论文，介绍各抗日根据地的建设与发展情况，刊录战斗总结、军队政治工作以及我国古代、近代军事方面的文章等。

《解放》周刊是西安事变和平解决后在延安创办的中共中央政治理论刊物，1937年4月24日创刊，1941年8月31日停刊，共出版134期。创刊初期为周刊，由解放周刊社负责编辑。后因无法保证按周出版，从1938年1月第28期起改为半月刊，去掉“周刊”二字，改称《解放》，解放周刊社随之改称解放社。该刊先后开辟“时评”“论著”“翻译”“通讯”“文艺”“学习指导”“理论增刊”“党内教育”“学术研究”等主要栏目，刊登各类文献、新闻通讯、经验介绍和署名文章等。第一，及时传达和宣传中共中央决策、主张、对时局的意见与建议，刊载中共中央的文件、决议、宣言、通电、指示等，如《中国共产党中央委员会致国民党三中全会通电》《中国共产党中央委员会对沈章诸氏被起诉宣言》《中国共产党为日军进攻卢沟桥通电》《中共中央关于目前形势与党的任务的决定》《论新阶段》《中共中央政治局召集七次大会决议》等。第二，刊登大量文章著作，分为：（1）中央主要领导人的创作占很大比重，“中共中央在本报所公布的文件及中共中央诸位负责同志在本报所发表的文章，乃是本报一切主张和言论的灵魂”[①]；（2）传播和普及马列主义理论，刊登《论联共党史课本》《马克思与中国》《马克思学说的历史命运》等译著；（3）以通讯的形式刊登基层工作总结和经验介绍，涵盖政权建设、军队工作、群众工作、除奸工作、青年工作、社会工作、劳动政策等方面。第三，关注日本、西班牙、

①解放二周年纪念.解放，1939(70).

英国、法国、德国、美国、苏联等国政治、经济、军事、社会形势的发展变化，注重分析这些变化对中国革命运动的影响。[①]

全面抗战开始后，中国共产党在国统区的出版工作开始从地下重新回到地面，公开出版了一大批刊物。其中，《群众》周刊于1937年12月在武汉创刊，是中共中央在国统区公开出版的机关理论刊物，由潘梓年任社长，许涤新、乔冠华、戈宝权等先后任主编，周而复、郑新如、李仲和等任编辑。1938年12月，因日寇侵占武汉，《群众》周刊自第2卷第12期起在重庆出版。抗战胜利后，《群众》周刊从1946年6月3日第11卷第5期起迁至上海出版。1947年3月出至第14卷第9期被迫停刊。在此之前，中共中央于1947年1月在香港出版《群众》周刊，1949年出版到第3卷第43期时停刊。《群众》周刊从创刊至停刊，共出版17卷405期，是党在民主革命时期出版时间最长的一个刊物。该刊旨在为“自救危亡”开展宣传斗争，“本刊至今为止的宗旨是一贯的，很简单，和全国人民一样，是自救危亡”[②]。围绕着这一宗旨，《群众》周刊坚持团结民众，“与《新华日报》及《解放》，同为中国共产党的机关报。本刊的使命就是在广播中共所一贯主张的坚持抗战到底，巩固国内团结，力求进步反对倒退的正确路线”[③]。同时，也收集各地抗日救亡的新闻：“同人出版本刊，固然是愿意把自己救亡所见贡献于国家，但更大的希望，是在于收集一些各地救亡的实际情形，供给全国救亡工作人员作参考与研究的资料”[④]。为了巩固和发展抗日民族统一战线，对抗战时期出现的各种错误言论和反动谬论进行批判，树立民众的抗战必胜信心，也是《群众》周刊的重要内容：“《群众》

①王峰.延安时期前期中共中央机关报《解放》周刊考述.延安大学学报：社会科学版，2013，35(6)：42-47.

②纪念本刊九周年.群众，1946，13(9).

③本刊出版二周年.群众，1939，3(24).

④群众周刊启事.群众，1937，1(1).

是党刊，是理论性刊物，要更多地从马克思列宁主义出发，更多地从理论角度出发，帮助广大读者理解抗日战争的正义性和抗战胜利的必然性，同时，还要从理论的角度出发，去评判当时的一切不利于抗战一直破坏抗战的各种反动谬论"[①]。1942年，《群众》周刊根据延安整风运动的精神调整了编辑方针："本刊是比较偏重于理论研究的刊物，但所研究的是理论与实际的联系而不是单纯的理论，因此，不能不着重到思想意识上与思想方法上的斗争方面去"；"研究可有两方面，即历史实际的研究和革命实际的研究。前者以农民战争和近百年史为研究中心。……后者则以时事和现实问题为研究对象。时事不以政治形势为限，同时也涉及思想上文化上的各种问题。现实问题则包括军事问题、经济问题、国际问题等在内。凡不能做系统的完整的探讨者则以时论出之，专门研究则以专论出之"[②]。按照党中央整风要求，该刊积极推进理论工作为现实服务，为推动马克思主义中国化作出了贡献。而在解放战争时期，香港创刊的《群众》周刊则别具特色，据许涤新回忆说："恩来同志对香港《群众》的编辑方针是揭发国民党的法西斯统治，揭发它的破坏'停战协定'、破坏'政协'决议，进攻各个在抗战中的敌后建立起来的解放区；揭发国民党为了打内战，不惜向美帝出卖民族利益，使中国的殖民地化危机越来越严重；揭发国民党官僚资本的掠夺，苛捐杂税，恶性通货膨胀等等。"[③]

此外，在晋察冀抗日根据地、晋冀鲁豫抗日根据地、太岳抗日根据地、太行抗日根据地等创办的100余种各类报刊中，影响较大的有：(1)《战线》。中共中央晋察冀分局和晋察冀中央局党刊，1938年2月创刊，半月刊，1945年6月停刊，1947年12月复刊，1948年4月停刊，

①《群众周刊大事记》编写组.群众周刊大事记.北京:红旗出版社,1987:3.

②送1942年寄读者.群众,1942,7(24).

③许涤新.风狂霜峭录.北京:生活·读书·新知三联书店,1989:346-347.

共出版130余期。《战线》主要刊登根据地党委主要负责人的重要文章，转载中共中央领导人的文章，是指导根据地建设的理论阵地。(2)《抗敌》杂志。新四军政治部主办的综合性刊物，于1939年2月创刊，不定期出版，李一氓任主编，冯达飞、薛暮桥、夏征农、朱镜我等任编委会成员，其宗旨是交流作战体会，总结建军经验，1941年皖南事变后停刊。(3)《晋察冀画报》。晋察冀军区政治部出版，1942年7月创刊，1948年5月与《人民画报》合并，共出版13期，是中国共产党创办的第一个以刊载新闻照片为主的大型摄影画报。其宗旨在于"把边区抗日军民的英勇斗争、光辉事迹反映出来，以鼓舞人民更勇敢地斗争"，同时，将根据地的情况"如实地记载下来，及时地传播出去"[①]，向国统区及海外提供了解根据地的窗口。

全面抗战开始后，在中国共产党的领导下，国统区一些进步团体和进步人士以"同人"形式创办了一系列时政刊物，包括：(1)《抗战》。1937年8月创刊于上海，3日刊，邹韬奋为编辑，胡愈之、金仲华、张仲实、柳湜、钱俊瑞、沈志远、胡绳、艾思奇等为撰稿人，同年9月迫于租界当局的压力改名为《抵抗》，11月底第25号起恢复原名，迁往武汉出版，1938年7月与《全民》周刊合并，改名为《全民抗战》，不久迁往重庆出版。(2)《东南战线》。1939年1月在浙江金华创刊，半月刊，中共党员邵荃麟、骆耕漠主编，同年3月停刊，共出6期，设有"社论""半月政治报告""国际之页""义卖专栏""台湾义勇队特页""孤岛特页""战时大学""工作讨论""短评""地方通讯""书报展览""时论选辑""文艺园地""读者信箱"等栏目。(3)《国民公论》。1938年9月创刊于汉口，救国会会刊，编辑人员多为以救国会名义开展活动的中共秘密党员，发行人胡愈之，主编张仲实，主要撰稿人有钱俊瑞、张志让、胡风等人，1941年2月停刊。

---

①发刊词.晋察冀画报时事专刊,1942(3).

解放战争时期，解放区的出版业经历了发展、收缩、再发展的阶段。[①]日本刚宣布投降不久，党在解放区的新闻出版事业即获得巨大发展，仅从抗战胜利到1946年上半年就新增了220余种报刊，到1946年6月内战全面爆发后，解放区报刊事业开始收缩，1947年随着人民解放军在战场上的节节胜利，报刊事业又获得新的发展。在这期间，比较有代表性的期刊有：（1）《北方文化》。1946年3月在张家口创刊，是晋察冀解放区出版的综合性文化刊物。成仿吾、张如心任主编，陈企霞为编辑，编委会成员有周扬、萧三、艾青、何干之、丁玲、沙可夫、杨献珍、萧军、邓拓等。设有“专论”“讲座”“报告”“通讯”“文学艺术”等栏目，以“巩固国内和平”和实现“国内各方面的民主改革”为宗旨，在华北各解放区有较大影响。（2）《知识》。1946年6月在沈阳创刊，由中共中央东北局主办。主编舒群，副主编高铁、纪云龙，以辅导青年学习、提高其思想文化修养及政治素质为主旨，设有“半月时评”“作家与作品”“短评”“思想修养讲话”“学习指导”等栏目。1949年8月停刊，共出版12卷68期。（3）《学习》。1949年9月在北平创刊，为中共中央宣传部主办的全国性理论刊物。初为月刊，1957年起改为半月刊。主要编辑和撰稿人有于光远、胡绳、艾思奇等。设有“问题商讨”“名著解题”“读者笔谈”“学习经验”“辅导学习”等栏目，其任务是宣传介绍马克思列宁主义基本理论知识、毛泽东著作和有关文件，宣传中国共产党的方针政策，对干部群众进行理论学习指导。[②]

---

①钱承军.建国前中国共产党报刊研究.北京:中国文联出版社,2009:274.

②钱承军.建国前中国共产党报刊研究.北京:中国文联出版社,2009:331-332.

第五节　重视运用报刊宣传党的思想和主张

中国共产党自成立之日起就高度重视运用报刊媒介宣传自己的思想和主张，在错综复杂的政治环境和波澜壮阔的革命斗争中不断加强党报工作，在参与并忠实报道一系列重大历史事件的同时，宣传马克思主义，配合中国革命形势，开展了卓有成效的政党形象传播。

1921年7月，中国共产党第一次全国代表大会通过的第一个决议就对出版党报的原则性问题作出规定。党的第二次全国代表大会就党报宣传问题开展专门讨论。1922年8月，中共中央在杭州西湖会议上，决定创办全国性政治机关报《向导》周报。1922年9月13日，《向导》在上海创刊。作为中共中央第一份政治机关报，《向导》集中宣传党的民主革命纲领和统一战线政策，明确民主革命方向，被誉为“黑暗中的中国社会的一盏明灯”[①]。

1925年五卅运动中，中共中央为配合当时革命运动形势，更好地领导人民的反帝斗争，决定出版一份日报。当年6月4日，《热血日报》创办于上海，是中共中央创办的第一份日报。由瞿秋白任主编，郑超麟、沈泽民、何味辛等参与编辑工作。该报4开4版，设有“社论”“本埠要闻”“国内新闻”“国际要闻”“紧要消息”“舆论之裁判”“外人铁蹄下的上海”等栏目。除了副刊“呼声”通过短评、小言、歌曲等反映广大市民意见外，该报以新闻报道为主，具有强烈的政治鼓动性和鲜明的革命态度。该报《发刊词》说：“现在全上海市民的热血，已被外人的枪弹烧得沸腾到顶点了，民族自由的争斗是一个普遍的长期的争斗，不但上海市民的热血要持续地沸腾着，并且空间上要用上海市民的热血，引起全国人民的热血，时间上要用现在人的热血，引起继起者的热血。”在五卅运动期间，该报大量报道工商学各界的群众

①以上参见：丁淦林，陈巧云．中国共产党党报史略．新闻记者，2001(7)：6-9.

斗争，揭露帝国主义的暴行，传播国际无产阶级支持中国人民的消息，表现出彻底反帝爱国的革命精神，获得工人群众和市民的欢迎，也震撼了反动军阀政府的统治。1925年6月28日，该报被强行查封。

1927年蒋介石发动四一二反革命政变，《向导》等革命报刊被迫停刊。1927年10月24日，新的中共中央机关报《布尔塞维克》在上海秘密创刊。1930年8月15日，中共中央又在《红旗》3日刊和《上海报》的基础上创办了《红旗日报》，第一任主编为李求实，主要撰稿人有李立三、关向应、张闻天、周恩来、瞿秋白等。每日出对开四版一大张，设有“社论”“专论”“专载”“各地通讯”“革命根据地来信”“莫斯科通讯”“欧洲通讯”“国际消息”等栏目。第四版下半版辟有“红旗俱乐部”，以及“我们的字典”“短斧头”“小说”等专栏。报头左侧印有“中国共产党中央委员会机关报”字样，明确自己的党报属性。在创刊号上刊登的《〈红旗日报〉发刊词——我们的任务》一文中提出：“本报是中国共产党的机关报，同时在目前革命阶段中必然要成为全国广大工农群众之反帝国主义与反国民党的喉舌”，“本报出版的任务，不仅是登载每日的全国的政治事变，传达各地的革命活动，并且要根据着马克思列宁主义的原则，发布中国共产党对革命斗争中各个问题的观点与主张”①。在同年9月30日的《红旗日报》宣言中指出：“我们揭起了中华苏维埃的旗帜，号召了全国反帝国主义及反军阀战争的革命运动，宣布了中国共产党在现在革命中之一切政纲与主张，发布了中国广大群众在目前时局中的斗争要求与战略，更鼓励了全中国之广大工农劳苦群众的阶级斗争。”按照这一编辑思想，该报通过对国内重要政治事件和革命活动的报道，向读者介绍中国共产党对时局的主张，高举起反帝反封建的革命旗帜。10月30日，增出独立副刊《实话》，主要刊载论述党的路线和革命策略的文章，4开单张，每5日出刊一

①我们的任务.红旗日报,1930-08-15.

期，随报发行，共出13期。自1931年2月14日第162期起，《红旗日报》改为中共中央和中共江苏省委机关报，以党报社论代表中央政治局作政治上的分析和策略上的指导，成为直接指导工作和斗争的工具。因出版环境恶劣，该报开本变化较大，曾出过4开、8开等多种版式。由于国民党当局的迫害和领导上的“左”倾错误，该报于1931年3月8日停刊。

大革命失败后，中国共产党决定创建工农红军，开辟革命根据地。《红色中华》就是党在革命根据地创办的第一份中央机关报。该报1931年12月11日创刊于江西瑞金，初创时为周刊，1933年2月7日起，改出3日刊，同时也是中共苏区中央局、中华苏维埃临时中央政府、中华全国总工会、中国共产主义青年团的联合机关报，至第148期改为双日刊。由中央印刷厂铅字印刷，中央发行部负责发行，4开报式，每期一般出4至8版，最多时10版。周以栗、王观澜、李一氓、沙可夫、任质斌、谢然之等先后主持编辑工作。周恩来、任弼时、陈潭秋、张闻天、秦邦宪、项英等中共中央和中华苏维埃临时中央政府各部门负责人都为该报写过社论。设有“社论”“要闻”“专电”“小时评”“红色区域建设”“中央革命根据地消息”“党的生活”“赤色战士通讯”“工农通讯”“红色小辞典”“工农民主法庭”“突击队”等栏目。根据苏区群众文化水平低的实际情况，该报还刊载大量宣传画。《红色中华》围绕“发挥中央政府对于中国苏维埃运动的积极领导作用，达到建立巩固而广大的苏维埃根据地，创造大规模的红军，组织大规模的革命战争，以推翻帝国主义国民党的统治，使革命在一省或几省首先胜利，以达到全国的胜利”[①]的中心任务，大量刊登中华苏维埃临时中央政府的重要文件和讲话，报道中共苏区建设和红军的发展，揭露日本帝国主义侵略我国的种种罪行，遣责国民党政府对外卖国和对内压迫人民的反

①发刊词.红色中华:创刊号,1931-12-11.

动政策，宣传中共抗日救国和建立统一战线的政治主张，在政权建设、扩大红军、查田运动等方面做了大量宣传、鼓动和组织工作。1934年10月中央主力红军开始长征后，在瞿秋白的领导下，该报继续坚持宣传阵地。随着环境日趋恶化，由每周出版三次逐步改为每周出版一次。1935年2月停刊[①]。中央红军长征胜利到达陕北后，1935年11月25日在瓦窑堡复刊，4开油印出版，初为5日刊，1936年1月9日第247期起，改为3日刊，向仲华任主编。为这一时期中共中央在国内出版的唯一报纸，在宣传抗日民族统一战线方面发挥了积极作用。在编辑业务方面，该报逐步增加国际消息，并开始发表国际问题方面的社论和时评。1936年12月西安事变和平解决，国共合作初步形成，为促使抗日民族统一战线早日确立，1937年1月29日，该报改名为《新中华报》，编辑部随党中央迁到延安，依然沿用《红色中华》的期号，油印出版，仍由向仲华负责，明确提出反对“左”的倾向，积极推动建立抗日民族统一战线。卢沟桥事变爆发后，苏维埃中央政府更名为陕甘宁边区政府，9月9日，《新中华报》改为陕甘宁边区政府机关报，并开始铅字印刷。1938年12月25日停刊，共出版474期。[②]1939年2月7日，《新中华报》（刷新版）创刊，由陕甘宁边区政府机关报改组为中国共产党中央委员会机关报，1941年5月15日出至第230号停刊，次日改出《解放日报》。

中国共产党领导下的人民军队的第一份中央级报纸，是1931年12月11日在江西瑞金出版的《红星》报。该报是中华苏维埃共和国中央革命军事委员会机关报，为铅印4开4版，初定为5日刊，后因出版周期难以保证，实际上不定期出版。1933年3月第31期始改为油印，32

①叶再生.中国近现代出版通史：第二卷.北京：华文出版社.2002.906-907.

②参见：卢文斌.中共中央机关报历史沿革(1922.9.13—1949.8.1).中国报业，2011(6)：9-14.

开本。同年8月恢复原来4开的报纸版式，同时恢复使用铅印，并重新编期号，至1934年9月长征开始前，共出版66期。1934年10月至1935年8月长征途中继续出版28期，1937年初停刊，前后共出版124期[①]。该报创刊后由张如心主编，1933年8月起由邓小平主编，1935年1月遵义会议后由陆定一主编。朱德、周恩来、王稼祥、贺昌、博古等都为该报撰写过署名社论或专论。罗荣桓、袁国平、彭加伦、罗瑞卿、肖华、张爱萍、向仲华、张际春、舒同等都是《红星》报的通讯员。该报的宗旨在于“加强红军里的一切政治工作（党的、战斗员群众的、地方工农的），提高红军的政治水平线、文化水平线，实现中国共产党苏区代表大会的决议，完成使红军成为铁军的任务”。邓小平主编《红星》报期间，除了“社论”“要闻”“专电”“前线通讯”“国际时事”等常规栏目外，还先后开设了“党的生活”“列宁室工作”“卫生常识”“俱乐部”“诗歌”等知识性和娱乐性栏目。在报纸业务方面，针对战士的特点，《红星》报的评论、新闻等文章常配有木刻漫画或绘画以增强宣传效果。由于刊载的文章内容丰富、针对性强，在提高红军战斗力、指导红军建设方面发挥了重要作用。

第二次国内革命战争时期，中国共产党还在国外创办了《先锋报》和《救国时报》两份报纸。《先锋报》1927年底创办于美国旧金山，为不定期油印出版，作为美洲华侨反帝大同盟的机关刊物，1930年4月迁往纽约，改为铅印出版、周报，每期8开8页。该报以在美国卖苦力的华侨为主要读者对象，初创时以大量篇幅揭露蒋介石、汪精卫等叛变革命的罪行，刊载中国工农红军和国内革命斗争的消息。后期转入宣传抗日救国，大量刊载国内救亡刊物上的重要文章，在国内读者和海外侨胞中都有一定影响力。《救国时报》初名《救国报》，1935年5月15日在巴黎出版，初为半月刊，从第11期改为周报，对开4版一大

①叶再生.中国近代现代出版通史：第二卷.北京：华文出版社，2002：924.

张，同年12月9日改为《救国时报》。该报为中共驻共产国际代表团创办的海外报纸，编辑部设在莫斯科，先后由廖焕星、李立三、陈潭秋任主编，在巴黎出版发行，印刷发行先后由吴玉章、吴克坚、饶漱石负责。该报以海外华侨和国内民众为读者对象，以宣传反蒋抗日为宗旨，开辟有“祖国消息”专栏，是第一家把中共中央的“八一宣言”公之于众并首倡“第二次国共合作”的媒体，对中央苏区的情况和红军长征壮举做过详细报道。该报每期各版的内容，都以头条的社论为中心展开，并利用国外良好的技术条件，刊载大量精美插图，深受国内外读者欢迎，曾发行至40多个国家。①全面抗战开始后，法国也面临法西斯军队的威胁，该报于1938年8月迁至美国纽约，与《先锋报》合并，仍以原名出版，由饶漱石负责，以美国华侨为读者对象，以宣传抗战为宗旨。1939年10月因饶漱石等人回国停刊。

1936年12月西安事变爆发，经过中国共产党等多方力量的努力，西安事变和平解决，为实现第二次国共合作、建立抗日民族统一战线创造了必要条件。迫于国际国内形势，国民党于1937年9月下旬正式承认中国共产党的合法地位，并公布国共合作宣言，国共进入第二次合作期。在周恩来与中共南方局的领导下，于1937年10月，在南京正式筹办《新华日报》。由于日军占领南京，《新华日报（创刊号）》于1938年1月11日在武汉出版发行，成为抗日战争时期中国共产党在国统区唯一公开出版发行的机关报。该报4开一大张，由中共中央长江局直接领导，社长为潘梓年；1938年10月武汉沦陷后迁至重庆，由中共南方局领导；1945年9月，根据中共中央指示，报社决定在上海设总馆，在南京、重庆设分馆，其中，重庆分馆出版报纸改为中共四川省委机关报。后因国民党当局阻挠，上海、南京两版的出版计划未能实现。为加强领导，专门成立由周恩来、陈绍禹、秦邦宪、华岗、何伟、

①吴玉章.关于救国时报的回忆.社会科学战线，1978(4):1–5.

潘梓年、黄文杰等组成的党报委员会，由董必武、邓颖超等组成的董事会，华岗、吴克坚、章汉夫、夏衍、张友渔等先后任报社总编辑。明确“以报道新闻、发扬文化、巩固抗日统一战线为宗旨”，表示“愿在争取民族生存独立的伟大战斗中，作一个鼓励前进的号角”，“为一切可歌可泣的伟大的史迹的报道者、记载者”，“为受残暴的贼寇蹂躏践踏的同胞之痛苦的呼吁者、描述者”，“为一切为后方民众支持抗战参加抗战之鼓动者、倡导者”①。

在内容上，该报大量揭露日本侵略者的罪行，报道分析抗日战争的形势，刊载毛泽东、周恩来等中共领导人的文章，引导读者认清中国人民争取胜利的道路。在编辑业务上，该报面向国统区的民众及知识分子，为增强中共形象宣传与塑造效果，结合国内时局与读者意见，前后进行3次改版，变综合编辑为分类编辑，形成一种用白话文对国内事件进行综合报道的新闻形式，通过版式设计强化社论的重要地位，并按照版面突出、容纳面广的设计理念，加强中共重要方针、政策的宣传。②按照群众办报的思路，在原有“青年生活”“妇女之路”“工人生活”等专栏基础上，开设“团结”专栏，以“促进团结，维护抗战”为任务，对国民党的重大活动进行及时报道，注重加强新闻界内部的团结合作；同时增辟“读者信箱”，加强与读者的联系，提高报纸的吸引力与战斗力。《新华日报》也曾经出现过右倾等失误，但作为一份服务于政治斗争的机关报，始终代表党的声音，为人民利益呼吁，为抗战呐喊，针对国统区的实际情况，正确宣传了中国共产党的纲领路线和方针政策，为党在国统区赢得了民心，在我党新闻史上写下了光辉

①新华日报发刊词.新华日报，1938-1-11.

②刘兴旺.1938—1947年《新华日报》发展的历史考察.福建党史月刊，2017(1)：60-63.

的一页。[①]《新华日报》还相继在山西、重庆、广州、西安设立分馆，在黄陂、宜昌、郑州、洛阳、许昌、南昌、潼关设立代销处。抗战胜利后，与《解放日报》一起同国民党《中央日报》以及被国民党收买的《大公报》就和平和内战问题开展政治论战，使广大人民群众认清了国民党破坏和平民主、实行独裁统治的真面目。1947年2月国共谈判破裂，《新华日报》遭到国民党查封而停刊。毛泽东高度赞扬《新华日报》，称其为八路军、新四军以外的“另一方面军”[②]。

抗日战争进入相持阶段后，中国共产党在抗日根据地出版了第一份大型中央机关报《解放日报》。该报1941年5月16日创刊于延安，由原来的《新中华报》和新华社电讯小报《今日新闻》合并改版而来，由中央党报委员会领导，首任社长秦邦宪，总编辑先后为杨松、陆定一；抗战胜利后由余光生接任总编辑，艾思奇任副总编辑。毛泽东题写报头并撰写发刊词，提出《解放日报》的根本任务是宣传党的总路线以及关于内政外交政策的主张：“本报之使命为何？团结全国人民战胜日本帝国主义一语足以尽之……我们主张是国共团结，是消灭摩擦，是一个战争。”[③]该报除了新闻报道外，还设有“社论”“专论”“评论”“特讯”“通讯”“读者信箱”“文艺”等专栏，以及副刊《学习》，负责刊登中共中央文件。在版面编排上，初期为4开2版：一版基本为国际新闻，间或少量国内新闻；二版为国际新闻和国内新闻混合编排。同年9月16日改为对开4版：一版以刊载国际新闻特别是苏德战场的消息和战况为主，同时刊登国内新闻及社论；二版全部为国际新闻，主要是远东、太平洋战场的消息和战况，以及国际问题的专论；三版为国

①丁淦林，林巧云.中国共产党党报史略.新闻记者，2001(7):6-9.

②郑保卫.马克思主义新闻观中国化的历史进程及其理论贡献.新闻与传播研究，2018(2):5-19.

③发刊词.解放日报，1941-5-16.

内新闻，主要刊载大后方的消息，有关边区政治、经济、思想的理论文章、调查报告，以及国内问题的专论；四版分上下半版，上半版为边区版，下半版为副刊。[①]从内容来看，该报涉及对苏德战场的报道，对敌后抗日游击战和敌占区人民斗争、陕甘宁边区建设成就的报道，以及对日本帝国主义的暴行和国民党反共阴谋的揭露。因这一时期党内王明路线尚未彻底肃清，《解放日报》也存在对党的中心工作宣传不力，脱离群众生活和实际运动的问题。

延安整风运动开始以后，1942年4月1日，《解放日报》发表社论《致读者》，宣布正式改版："从今天起，报纸的版面加以彻底的改革"，"贯彻党的路线，反映群众情况，加强思想斗争，帮助全党工作的改进"，以期"成为真正战斗的党的机关报"。社论还提出了党报必须具备的"四性"：一是党性，使报纸成为实现党的一切政策、号召的尖兵和倡导者；二是群众性，不仅要充实群众的知识，扩大他们的视野，启发他们的觉悟，而且要反映群众的情绪和生活需求；三是战斗性，根据现实的政治需要进行动员，揭露黑暗和腐败，打击有害于抗日团结的阴谋和企图，在思想战线上反对反动、复古、黑暗和愚昧；四是组织性，成为各种群众运动的组织者和倡导者。在版面安排上，由原来的"一国际、二国内、三边区、四本市"的版式，改为"一边区、二解放区、三全国、四国际"，由以国际问题为主变为以国内为主，国内又以中国共产党、八路军和新四军以及解放区为主，扩充了报道陕甘宁边区和各解放区的内容。同时，把第四版改为综合副刊版，由偏重文艺逐步扩大到经济、政治、教育、哲学、历史、美术、音乐等多个方面。在文风上，改变了社论脱离党的工作、脱离群众的大而空倾向，把社论与新闻报道、理论文章紧密结合起来；在新闻报道上，在加强对重大事件和党的重要方针政策宣传报道的同时，

①叶再生.中国近现代出版通史:第三卷.北京:华文出版社,2002:789.

突出整风、大生产和各解放区的抗敌斗争，使劳动群众和英雄模范也有了上头版头条新闻的机会。经过近两年的改革，到1944年2月，《解放日报》从编辑思想到编辑业务都有很大提高，成为具有党性、群众性、战斗性、组织性的“真正的党报”①，在宣传战线上为民族解放和人民民主革命的胜利作出了贡献，积累了典型人物报道等一系列宝贵的党报业务经验。1947年3月，中共中央撤出延安，《解放日报》出版至3月27日停刊。

第六节　形成中国化的马克思主义党报理论

中国共产党在不断加强党报工作的过程中，积累了丰富的党报经验与传统，形成了以党性原则、全党办报、新闻定义、新闻本源、新闻真实性、文风、新闻工作者修养等为主要内容的一套中国化的马克思主义的党报理论。②

中国共产党先办中央报刊，然后在加强中央报刊的同时，再创办一些省级报刊。第一次国共合作时期，陆续创办的省级报刊有：北京地委的《政治生活》周刊创刊于1924年4月27日，赵世炎主编；广东区委的《人民周刊》1926年2月7日创刊于广州，张太雷主编；豫陕区委的《中州评论》1925年8月创刊于开封，萧楚女主编；湖南区委的《战士》周报1925年12月创刊于长沙，夏曦主编；湖北区委的《群众周刊》1926年10月创刊于武汉；浙江、江西、福建等省的党组织也在此间创办有自己的机关报。这些省级党报的形式和宣传主旨多仿照

①中国社会科学院新闻研究所．中国共产党新闻工作文件汇编：上卷（1921—1949）．北京：新华出版社，1980：126.

②丁淦林，陈巧云．中国共产党党报史略．新闻记者，2001（7）：6-9.

《向导》，且大多于1927年蒋介石发动四一二反革命政变后被迫停刊。

第二次国内革命战争时期，随着中国共产党各地党组织的重建，在国民党统治区出现了一批宣传革命的秘密报刊，如中共广东省委的《红旗》（半月刊）等。在各革命根据地，先后创办了一批地方党报，如中共湘赣省委的《湘赣红旗》、闽浙赣省委的《突击》、湘鄂西省委的《红旗日报》《布尔塞维克》、鄂豫皖省委的《列宁报》、川陕省委的《共产党》等。这批报刊大多在战火中被毁或散失。①

抗日战争时期，中国共产党领导抗日武装深入敌后开展游击战争，建立敌后抗日根据地，各根据地在艰苦的环境下都创办了自己的报纸，在动员广大群众武装起来、抗击日本侵略者方面起了重要作用。

晋察冀根据地的《抗敌报》于1937年12月11日在河北阜平创刊，为了适应敌后抗日根据地发展的需要，1940年11月7日改为《晋察冀日报》，是中共中央晋察冀分局机关报，也是中共在华北各敌后根据地中创办时间最早和办报时间最长的党报。在该报创刊号头版头条位置发表的《革新启事》中指出："为适应抗战新形势的要求，本报实行全面的革新，改为日报，并更名为《晋察冀日报》，俾能反映与推动晋察冀边区全面的斗争。"邓拓任该报社长、总编辑。该报坚持游击办报，积极宣传党的抗日主张和抗日根据地建设的各项方针政策，宣传马列主义；同时加强对晋察冀根据地和对敌斗争的报道，突出地方性，"成为全边区人民最忠实的喉舌和我们思想战线上的正规的党军"②。在编辑思想和编辑业务方面，该报贯彻"全党办报"方针，依靠党的领导办报，加强报纸与通讯工作，开设丰富多彩的副刊和"读者信箱"专栏，受到工农兵和各界人士欢迎，发行量最高达到2万多份。抗战胜利后，晋察冀日报社迁至张家口，成为解放区内第一份在城市出版的大

①丁淦林，陈巧云．中国共产党党报史略．新闻记者，2001(7)：6-9.

②彭真．军区三周年、十月革命二十三周年与晋察冀日报．晋察冀日报，1940-11-07.

型日报，[①]由邓拓任社长、总编辑，对开4版（有时6版）。1946年10月，国民党军傅作义部偷袭张家口，报社随军撤离，回到阜平继续出报，至1948年6月14日终刊，与晋冀鲁豫《人民日报》合并，改组出版中共华北中央局机关报《人民日报》。

山东根据地的《大众日报》1939年1月1日创刊于山东沂水县，为中共中央山东分局机关报，首任社长刘导生，总编辑匡亚明。初为石印，有时油印，后改为铅印。初为3日刊，后改为日刊，4开4版。该报的办报方针，一是广泛开展统一战线，二是大力开展群众运动，三是坚持宣传党的抗日战争的方针政策。[②]该报《发刊词》明确提出“为大众服务”，做大众喉舌，以期“巩固与扩大抗日民族统一战线，国共两党及一切抗日党派精诚合作，共同领导，绝对捐弃成见，避免摩擦，绝不削弱及分散抗战力量”。1942年，《大众日报》明确“全党办报”和“群众办报”的方针原则，有些重要的社论和文章，均由区党委和各单位负责人亲自撰写；上级的指示和区党委的决定都及时地传达到报社。对于国际反法西斯战争的宣传报道，特别是苏联红军的反攻、国内减租减息、反“扫荡”反“蚕食”、大生产运动、反“投降”斗争等各方面的宣传报道，区党委都及时给予指示，并撰写文章发表。抗战胜利后，《大众日报》成为中共中央华东局机关报，特别重视党委对报纸的政治领导，建立和健全编辑委员会，大力开展通讯员工作，加强报纸与人民群众的联系，[③]根据中央和华东局的方针对华东地区的解放战争进行宣传报道。当时区党委负责人经常为之撰写消息和其他稿件，保证了“在报纸上正确地宣传党的方针政策，通过报纸加强党和

①黄瑚.中国新闻事业发展史.上海:复旦大学出版社,2001:263.
②匡亚明.发刊词.大众日报,1939-01-01.
③朱民.《大众日报》五十年.济南:山东人民出版社,1993:35.

群众的联系”[①]，起到了“笔杆子”配合“枪杆子”的作用。1949年4月1日，《大众日报》迁往济南，成为中共中央山东省委机关报。

抗日战争胜利后，各解放区报业迅速发展，除了华北解放区的《晋察冀日报》《大众日报》之外，还有华中解放区的《新华日报》（华中版），东北解放区的《吉林日报》《东北日报》等。其中，《晋绥日报》曾经发起过影响深远的反对“客里空”运动，在推动解放区报纸业务改进方面产生了重大影响。《晋绥日报》创刊于1946年1月，是中共中央晋绥分局机关报，原名《抗战日报》，1940年9月18日创刊于山西省兴县，创办人及总编辑为赵石宾。该报为铅印4开4版，原为3日刊，后改为日刊，是晋绥边区第一份铅印报纸。1949年5月1日终刊。在为更名而发表的社论《本报今后的任务》中指出：“本报今后将一本初衷，无条件地为我晋绥人民服务，晋绥人民的利益就是本报的利益，晋绥人民的疾苦就是本报的疾苦，使之真正成为晋绥人民的喉舌。”在版面编排上，该报以《解放日报》为学习对象，一版为以刊登地方重要新闻和社论为主的要闻版，二版刊登地方新闻，三版为国内、国际混合版，四版刊登与地方有关的文章和反映地方工作与对敌斗争的文艺作品等。1947年6月15日，该报第四版刊出苏联作家科涅楚克的剧本《前线》中主要人物戈尔洛夫和客里空接触的片段，并加了编者按语，借用典型故事揭露不真实新闻、反对弄虚作假的报道作风，号召广大读者、编者和记者共同揭发和检查“客里空”式的报道。6月25日至27日，又发表了以编辑名义写的《不真实新闻与“客里空”之揭露》一文，对一批失实的新闻报道予以公开，受到中共中央高度重视，由此在各个解放区开展了一场以维护新闻真实性原则为内容的反对“客里空”运动，推动解放区报纸业务得到极大改进。1948年4月2日，毛泽东同志接见了该报编辑部人员，并发表了著名的《对〈晋绥日报〉编辑人员的谈话》，

①毛泽东.毛泽东选集:第4卷.北京:人民出版社,1991:1319.

对中国共产党党报的办报原则做出了全面的指示，丰富了马克思列宁主义新闻理论，对于当时党领导的新闻出版工作实践发挥了指导作用。[①]

①方汉奇.中国新闻事业通史:第2卷.北京:中国人民大学出版社,1996:1132.

第六章

中国近代重要编辑出版机构

ZHONGGUO
JINDAI
ZHONGYAO
BIANJI
CHUBAN
JIGOU

第一节　晚清时期的西方教会编辑出版机构

早在19世纪前期，西方传教士出于传教的需要，在中国沿海及附近地区，就已开办了一些中文教会出版机构，但由于当时清政府的禁教政策，中文教会出版机构还只是处于萌芽状态。鸦片战争以后，随着不平等条约的订立，被拒之门外已久的西方教会势力纷纷派遣传教士涌入中国，开始活跃于通商口岸，并以这些较为开放的沿海、沿江城市为桥头堡，向中国广大内地宣扬基督、布道福音，进行宗教传播。但是面对地域广阔、人口众多的中国，单凭传教士们深入民间聚会演讲，对其而言，收效甚微。长期的闭关锁国，形成了中国社会对外国人天然的抵拒心理，儒家文化也是一道坚厚的屏障。

针对这一情况，传教士开始调整传教策略。具体措施包括：办报纸，出书籍，建学校，设医院，等等。传教士将建立编辑出版机构作为打开传教局面、征服中国人思想的重要手段。美国传教士玛卡雷·布朗说："单纯的传教工作是不会有多大进展的，我们还有一个办法，一个更迅速的办法，这就是出版书报的办法。"[①]传教士们认为，通过出版物可以最大限度地影响中国人的思想，"别的方法可以使成千的人改变头脑，而文字宣传则可以使成百万的人改变头脑"。"介绍福音知

①江文汉.广学会是怎样的一个机构.出版史料,1988(2):32-37.

识的最好手段，乃是印好的传单和书籍。”[①]

据不完全统计，西方传教士在1895年以前先后成立的编辑出版机构有18家，到20世纪初，在全国各地增至70余处。[②]其中，以墨海书馆、美华书馆、土山湾印书馆、广学会这四家编辑出版机构最为有名。

最早在中国设立的教会编辑出版机构是上海的墨海书馆。墨海书馆由英国传教士麦都思创办，英国伦敦教会资助。其前身是设在爪哇巴达维亚（今雅加达）的印刷所，1843年迁至上海，先后由麦都思、伟烈亚力和艾约瑟主持。墨海书馆的印刷设备，由麦都思从南洋带来，使用中文活字，初用手摇，到了1849年，改用机器印刷，以牛拉代替蒸汽动力，效率较手摇大为提高，几小时能印几千页纸。机器印书，已属奇事，用牛拉转机器，更为新鲜。上海文人以诗咏之：“车翻墨海转轮圆，百种奇编宇内传。忙杀老牛浑未解，不耕禾陇种书田。”[③]

该馆起初主要印刷《圣经》和其他宗教小册子，自1850年开始印刷部分科学书刊。1844—1860年，墨海书馆共编辑出版171种书刊，其中宗教书刊占80.7%，各种科学书刊占19.3%。出版的数学书籍有：1853年出版伟烈亚力主译的《数学启蒙》2卷，1857年出版伟烈亚力与李善兰合译的《续几何原本》，1859年出版伟烈亚力与李善兰合译的《代数学》13卷、《代微积拾级》18卷，其中，《代微积拾级》是近代中国第一套高等数学译著。在物理学方面，1858年出版的伟烈亚力与王韬合译的《重学浅说》是近代中国第一本介绍西方力学的书籍；第二年又出版了艾约瑟与李善兰合译的《重学》，比较系统地介绍了西方力学的内容。在天文学方面，1859年出版了伟烈亚力与李善兰合译的

①顾长声.从马礼逊到司徒雷登.上海：上海人民出版社，1981：22.

②周其厚.传教士与中国近代出版.东岳论丛，2004(1)：141-146.

③孙次公.洋泾浜杂诗//熊月之，张敏.上海通史·晚清文化：第6卷.上海：上海人民出版社，1999：114.

《谈天》18卷，这部关于西方天文学的学术著作在近代中国学术界有很大影响，梁启超曾评价该书“不可不急读”。[①]在植物学方面，有1859年出版的《植物学》8卷，是中国第一部介绍西方近代植物学的著作，奠定了中国近代植物学产生和发展的知识基础。在医学方面，有1857至1858年间出版的英国医生合信著、管嗣复译的《西医略谈》《妇婴新说》和《内科新说》。1857年1月，该馆创办《六合丛谈》月刊，由伟烈亚力任主编，内容涵盖科学、文学、新闻和宗教等领域，是近代上海第一份综合性中文杂志，也是中国最早铅印出版的杂志之一。

美华书馆的前身是1844年美国基督教（新教）长老会在澳门开设的花华圣经书房，1845年迁往宁波，1860年迁至上海，更名为美华书馆。该书馆主要编辑出版《圣经》和宗教书刊及供教会学校用的教科书，还编辑出版了几十种自然科学书籍。1879年出版的《英字指南》是中国近代最早的英语读本，1886年出版的《万国药方》是中国最早介绍西洋医药的译本，1898年出版的《格物质学》是自然科学常识教科书，《代形合参》《八线备旨》则是数学教科书。还有《心算启蒙》《五大洲图说》《地理略说》等被教会学校用作教科书。

由于美华书馆在印刷技术上运用了姜别利的两项发明，大大提高了印刷质量和效率，迅速发展成为当时上海规模最大、最先进的活字排版、机械化印刷的机构。书馆从宁波迁到上海时有5台印刷机，到1895年已有滚筒印刷机4台、平台印刷机1台、大型手动印刷机4台、汽轮机1台。1902—1903年，美华书馆在北四川路又扩建了一所印刷厂，设有排字、印刷、装订、浇铸和照相制版等车间。该厂创立时只有2名印刷工人和1名排字工，1917年发展到200名工人。1923年，美

①梁启超.饮冰室合集集外文(下册).夏晓虹，辑.北京:北京大学出版社,2005:1161.

华书馆出盘给商务印书馆。[①]

土山湾印书馆19世纪60年代开办于上海徐家汇，至1869年时已拥有70多种宗教类书籍的木版，先后编辑出版了《益闻录》《格致益闻汇报》《圣心录》《圣教杂志》等刊物。1875年开始引进珂罗版，印刷圣母像等图片。1894年，成立照相制版部，最先把照相铜锌版设备和技术引入上海。工人最多至130人，每年编辑出版中西文书刊百余种，是中国天主教最早、最大的编辑出版机构。[②]

该馆主要编辑出版宗教书刊、经本、图像、年历、教科书以及其他中、英、法、拉丁文书籍。此外，还承印法租界工部局的文件、报表、通告等，印制一些附有地图和照片的有关中国气象、地质、水文、风俗民情的资料。编辑出版的有关西方科学的书籍主要是《形性学要》《西学关键》《几何探要》《透物电光机图说》《五洲图考》《公额小志》《墨澳觅地记》《物理推原》等。该馆还编辑出版了《中国学丛书》《扬子江上游图》《江苏省份图》等，不公开出售，制成后寄往国外有关机构。

广学会创立于1887年的上海，初名同文书会，1894年易名为广学会。韦廉臣、李提摩太先后任广学会总干事，其成员主要有林乐知、慕维廉、艾约瑟、丁韪良、李佳白等人。

广学会存续70年，在不同时期的工作宗旨、活动特点、社会影响差别很大。介绍西学最多、对中国社会影响最大的时期是1900年以前。据学者王树槐估算，1887—1900年，广学会共编辑出版书籍约176种；至1911年，共出版461种。这些书籍中，纯宗教书籍约138种，占总数

①《上海出版志》编纂委员会．上海出版志．上海：上海社会科学院出版社，2001：222-223.

②《上海出版志》编纂委员会．上海出版志．上海：上海社会科学院出版社，2001：224.

的29.93%；非宗教性书籍约238种，占总数的51.63%[①]；含有宗教意味同时也含有其他内容的书籍约85种，占总数的18.44%。

广学会编印了《万国公报》《中西教会报》《大同报》等多种报刊，其中最有名的是《万国公报》。广学会编印的《孩提画报》《训蒙画报》《成童画报》均为儿童读物，这些画报内容浅显有趣，图文结合，颇受读者欢迎，年销量最多的有35 000多份。广学会编辑出版的图书，也有很多畅销全国。譬如，《泰西新史揽要》1895年首印30 000部，仍供不应求，只得一版再版。1898年增出普通版，初印5000本，在刚面世的两星期里就卖出4000本。各地书商见有利可图，纷起翻刻盗印。据称，在杭州，有6种翻版；在四川，至1898年就有19种翻版。其他如《中东战纪本末》《格物探原》《自西徂东》和《文学兴国策》等，都有相当大的销量。

这些书刊在内容选题上，结合中国实际，介绍世界历史、地理、国际交往常识、各国教育概况、近代文明发展状况；提出诸多变法建议，如兴学、办报、游历、采煤、冶金、兴建铁路、开办银行、改进税收、奖励工商、开设议院等；注意从价值观、历史观、生活方式、伦理道德方面讨论中国文化。广学会的出版物以研讨问题的广博性和视角独特的新颖感受到中国读者的欢迎，在中国近代思想界产生了广泛的影响。王韬、孙中山都是《万国公报》的作者，康有为在出名前便参加过广学会的有奖征文活动，梁启超曾担任李提摩太的秘书，光绪皇帝订购广学会书刊多种……这些都是人们熟知的事实。我们在名目繁多的时务通考、新学汇编以及经世文续编、三编、四编、五编、新编中，在灿若群星的维新思想家的危言、庸言、通议、平议的变法

①王树槐.清季的广学会//林治平.近代中国与基督教论文集.台北:宇宙光出版社.1989:256.

著作中，随处可见广学会出版物的影响。[1]

传教士的编辑出版活动，其最终目的都是为传教服务，但从取得的客观效果来看，却成为中国出版走向近代化的一种推动力。第一，教会出版业在近代中国的建立，带来了中文出版印刷技术的巨大变革，从而为中国出版从传统向近代化过渡，提供了物质技术基础。第二，教会出版物因以全域性教区为服务对象，在具体编辑出版运作中，既考虑到出版物选题的针对性，也追求流通效果的广泛性，从而为改变传统出版狭窄的生产与流通形态，提供了向全国大市场转变的契机和可能。第三，传教士因要将西文宗教和其他著作译成中文，不得不在出版机构中聘用一批学有所长的中国人承担译述和编辑工作，从而为作者和编辑角色职业化的形成，促成出版的社会化分工，培育了初始的文化土壤。第四，传教士为了赢得中国知识分子对基督教的好感，除了用新技术印刷宗教宣传品外，还翻译出版了一批传播西方科学文化知识的中文书刊，从而拉开了近代出版物内容结构调整的序幕。另外，传教士创办的编辑出版机构，作为新式出版的第一代"母机"，其哺育人才和出版示范的作用，同样不容忽视。这些机构所出书刊的结构体例和编写形式，为后来国人编辑出版机构所效法，其雇用的中国编辑出版人员，也被培养和训练出来，成为后来民营出版业的首批职业骨干。商务印书馆创办者夏瑞芳等人，早年便在教会编辑出版机构供职，后来才另立门户。

传教士主导的新式编辑出版机构，主要活跃在20世纪以前。1900年以后，随着民营编辑出版机构的崛起及国内翻译人才的涌现，教会编辑出版机构西学导入和启蒙的工作基本完成，一些机构虽然继续存在，但所出书刊越来越限于宗教范围，社会影响逐渐式微。

广学会一直到中华人民共和国成立后的第三年，才终止活动。其

---

①熊月之，张敏．上海通史·晚清文化：第6卷．上海：上海人民出版社，1999：163-165.

在1912年以后共编辑出版图书1650种，数量不算少，但只有10%的图书属于非宗教类普通科目。[①]另外，较为知名的宗教编辑出版机构还有青年协会书局、圣经公会、圣教书会等。青年协会书局是由中国基督教青年会1903年成立的书报部发展而来的，1914年改名为青年协会书局，一直到1951年才解散，其间共编辑出版图书534种，多以丛书的形式出版发行，出版物的读者对象主要是大、中学生，有一部分出版物内容涉及宗教信仰与生活实践，还有一部分出版物专事介绍现代科技知识，以便那些从事教会和青年会工作的青年学生更好地在各自组织机构中开展工作。[②]

第二节　晚清时期的洋务派官办编辑出版机构

第一次鸦片战争，尤其是第二次鸦片战争以后，中国的贫弱落后与西方的富强先进，日益明显地暴露在人们面前。曾国藩、李鸿章等人在长期作战过程中，目睹了西方列强火器枪械的威力，也目睹了中国社会内部持续的动荡，在国难不已的严峻时刻，师法洋人的长技，改变中国积弱的局面，已成为一批开明官绅的共识。从19世纪60年代起，曾国藩、李鸿章、左宗棠等人在沿海和内地陆续兴办了一批近代企业，史称“洋务运动”。在办洋务的过程中，洋务派逐渐清醒地认识到翻译出版对办理外交事务，以及制器、用器方面的重要作用。1868年，曾国藩在给清朝政府的奏折中写道：“盖翻译一事，系制造之根

①何凯立.基督教在华出版事业(1912—1949).陈建明，王再兴，译.成都：四川大学出版社，2004：91.

②何凯立.基督教在华出版事业(1912—1949).陈建明，王再兴，译.成都：四川大学出版社，2004：108-109.

本。洋人制器出于算学，其中奥妙，皆有图说可寻。特以彼此文义扞格不通，故虽日习其器，究不明夫用器与制器之所以然。”[①]假手于洋人西书，推动翻译出版，便成为学习西方科学技术，发展近代化工业的重要手段，京师同文馆、江南制造局翻译馆等西书翻译出版机构，就是在这种情况下创设起来的。

在洋务运动中，洋务派创建的译书机构与新学学堂有31所之多[②]，新学学堂也多有译书之举。北京的京师同文馆、上海的江南制造局翻译馆、天津机器局、天津武备学堂、北京海关税务司、福州船政学堂、金陵制造局等都有译书问世。其中以京师同文馆和江南制造局翻译馆的成绩最为显著。

京师同文馆是清末最早的洋务学堂，1862年由恭亲王奕䜣提议设立，旨在培养本国的翻译人才。同文馆附设于总理衙门，初设英文馆，于1863年至1897年间先后增设法文、俄文、算学、化学、德文、天文、格致、日文等馆。学制分五年、八年两种。八年制又分前馆、后馆。后馆学有成效者升入前馆，兼学算学、天文、化学、格物、医学、机器制造、外国史地和万国公法等科。聘请过包括丁韪良、包尔腾、傅兰雅、欧礼斐、马士等在内的54名外国人，先后在馆担任各科教习；聘请过包括李善兰、徐寿等在内的32名中国学者，担任中文和算学教习。

课程中设有译书一项。京师同文馆共译西书30多种。[③]这些书的翻译工作，多由西洋教习承担，学生参与，翻译本是学生的一门功课。书译出以后，交付馆内专设的印刷所，以木活字方式刊印。所译西书可以分为三类，一是国际知识，如《万国公法》《各国史略》；二是科

①中国史学会.洋务运动：第四册.上海：上海人民出版社，1961：18.

②邹振环.晚清西书中译及对中国文化的影响//叶再生.出版史研究：第二辑.北京：中国书籍出版社，1994：23.

③邹振环.晚清西书中译及对中国文化的影响//叶再生.出版史研究：第二辑.北京：中国书籍出版社，1994：23.

学知识，如《格物入门》《化学阐原》；三是学习外文工具书，如《汉法字汇》《英文举隅》。由于京师同文馆是清朝政府所办的第一所新式学校，无现成教科书，这些西书多充教科书之用。[①]

江南制造局1865年由曾国藩、李鸿章奏准在上海兴办，是晚清最重要的军事企业。1868年，徐寿、华蘅芳等人建议成立翻译馆，经两江总督曾国藩奏请获准开办，附设于江南制造局，是中国近代第一个由政府创办的西书翻译出版机构。

翻译馆译员队伍由中外学者共同组成。外国学者不精通中文，中国学者不熟悉外文，两相结合，产生了那个时代特有的译书方法：西译中述。口译的外国译员主要由传教士组成，参加笔述、润色的中国学者，可考者有50人，著名者如徐寿、华蘅芳等。

根据1909年翻译馆所编《江南制造局译书提要》统计，该馆先后译书160种，译成之书即交付馆内刻书处，雕版刊印，后期也有用木活字印刷的，均属于传统的印刷方式，所用纸张也是传统的连史纸、赛连纸。

晚清时期洋务派的翻译出版活动，使得这一时期成为中国出版业近代化转型过程中的重要历史阶段。其在编辑出版史上的重要意义，至少表现在以下四个方面：第一，洋务派的翻译出版活动，由清政府直接组织，这种官书局类型的出版主体，既不同于此前及同期宗教团体组织的教会出版，也不同于戊戌时期逐渐兴起的民营出版，是近代新式出版的三大主体之一。第二，洋务派的翻译出版活动，伴随着洋务运动的需要而产生，为洋务运动的开展提供了重要的知识基础与技术支持。第三，洋务派的翻译出版活动，是清政府在被动开放的形势下，做出的顺应时代潮流的举措，是国人开始大规模主动吸收西学的标志。第四，洋务派在翻译出版实践中积累了许多宝贵的编辑出版经验，特别是其时确

①熊月之.西学东渐与晚清社会.上海:上海人民出版社,1994:317.

立的一般翻译原则，为后世中国翻译界和出版界所遵循。

第三节　晚清时期民营编辑出版机构的崛起

在古代刻书系统中，私刻和坊刻都属于民间刻书范畴。民营力量作为一种古已有之的出版主体，在近代的传统出版活动中，依然延续其传统。只是面对初入国门的新式出版，民办商业出版机构反应迟钝，步履缓慢。在19世纪70年代以前，除少数外国商人办的报纸外，民营机构基本上在新式出版中缺席。

1872年，英国商人美查在上海创立了中国近代报史上存世期最长的报刊《申报》。美查为了将其家业“盘大”，利用申报馆的印刷能力，由报而刊、而书，使得申报馆在中国近代编辑出版史上占据重要一席。申报馆先创办《瀛寰琐记》等刊物，后成立点石斋书局石印书刊，其间为了扩大发行，又成立申昌书画室（后改名为申昌书局）专事销售，并在北京、南京、汉口、杭州等地广设申昌分号。

点石斋书局是中国第一家通过商业手段，把石印出版做大做强的编辑出版企业。19世纪80年代初，同文书局和拜石山房，成为与点石斋书局齐名的三大石印书局。在三家大书局的带动下，石印技术由上海而全国，迅速地得以传播和应用。据《贩书偶记》《中国丛书综录》《中国通俗小说书目》等书著录，从清末到民国，全国各地采用石印技术印书者多达上百家。[①]各地石印书局所印书籍种类繁多，包括常用古籍、通俗小说、唱本、地图，乃至报刊及新著之书等，但印得最多的还是各种科举用书。

以技术革新为特征的民营石印书局，虽然也利用石印的便利，翻

①曹之.中国古籍版本学.武汉：武汉大学出版社，2002:456.

印了一些西学书籍，编成诸如《西学自强丛书》《西政丛书》《质学丛书》《西学大成》之类的丛书[1]，但总的来说，出版物内容还是集中在传统读物和举业用书上。即便是西学书籍，也主要是翻印少量新刊。新瓶装旧酒，其作用更多地表现为对旧传统出版的挤压和替代，而少有新出版市场的拓展与创新。这种情况到19世纪末的最后几年，发生了一个重大转变。

1894年甲午中日战争的惨败、民族危机的刺激，直接引发了随后数年以变法维新为主题的宣传与组织活动。在这场如火如荼的社会运动中，维新志士以报纸、期刊、图书为宣传工具，鼓荡民气，输入西学，启蒙新知，由此拓展的新书刊编辑出版市场，是民营出版业得以迅速崛起的重要商业根基。1987年第4期《出版史料》上刊登了一份书业公会档案，该档案乃当时上海书业公所总董席裕福的禀稿附件，附件详细罗列了1911年5月以前上海出版业的名单。名单中出版机构共计116家，所涉书局也不纯粹是民营的，而是既有独立商办的，也有附属于学校、学会和报社的。但从名录上看，大多数属于民营性质。清末民营编辑出版的崛起，从这些数字上可见一斑。

随着民营书局数量的增多，出版业各书局之间，有了加强行业联络的需求。1905年成立的上海书业公所和随后成立的上海商民书业公会，都是上海新式出版的行业协会组织。这也从一个侧面说明了民营出版业力量的增强，和随之而来的出版主体地位的正式确立。商务印书馆、中华印务总局、广益书局、神州国光社、广智书局、文明书局、小说林社，都是那一时期涌现出来的编辑出版机构中的荦荦大者。特别是商务印书馆，论其历史之悠久，经营之成功，书刊之众多，影响之广泛，在近代编辑出版史上，无出其右者。

商务印书馆1897年2月11日成立于上海。最初的7位发起人中，

---

①张秀民.中国印刷史.上海:上海人民出版社,1989:591.

夏瑞芳、鲍咸恩、鲍咸昌等，均是印刷出身。商务印书馆最初开展的业务，便是从事商业印件的印刷，故而名为商务印书馆。行家里手做印刷本行，确实稳妥，但不免利薄单一。后来夏瑞芳把商务印书馆渐次转入出版，在摸着石头过河中，透出一种经营上的冒险精神和商业上的灵敏意识。夏瑞芳虽然学识不太高，但印刷行业的特性，使他有机会与知识文化界多有接触。他预感到随着时代的变化，书刊出版的市场需求将会快速增长。出版高于印刷的商业利润，也吸引他朝出版方向积极迈进。他虚心地向委托他们印书的人请教，适时搭印一些图书试探销路，进而自己找人编写自主版权的图书。尤其是在编辑出版《华英初阶》尝到了甜头之后，夏瑞芳更坚定了从事出版的经营路线。后来，夏瑞芳结识了从戊戌变法政治旋涡中抽身而出、时任南洋公学译书院院长的张元济。夏与张从结识到合作，可看成夏抓住机遇、在出版业大展宏图的一个重要标志。张元济1901年加盟商务印书馆之后，大力推进编写适应新时代的教科书，从而使商务印书馆进一步抓住机遇，开创了出版业发展的全新格局。

张元济入主商务印书馆编译所后，大力引进人才，高梦旦、杜亚泉、蒋维乔、庄俞、伍光建、孟森、夏曾佑等学识渊博之士被邀请进入商务印书馆。商务印书馆出版新式教科书一举成功，正是这批得风气之先的学人通力合作的结果。1903年以后，商务印书馆与日本金港堂的原亮三郎等人合资。曾任日本文部省读物监督和监学的加藤驹二，曾任日本高等师范学校教授的长尾槙太郎以及小谷重等人，也被引进商务印书馆教科书的编译队伍中。这些日本学者和编辑为新式教科书的编写提供了来自域外的成熟而丰富的经验。人才引进，大抵是张元济一手操办，夏瑞芳并不干涉，而是予以充分信任和积极支持，这给人才的引进铺就了一条宽阔的绿色通道，进而为商务印书馆早期的快速崛起，提供了人才储备和智力支持。

经过努力经营，商务印书馆发展速度十分惊人。1897年成立时资金不过3750元，1901年添招新股，扩大规模，资本增加为5万元。1903年商务印书馆与日本金港堂合作，吸收日资10万元，成为资本20万元的合资有限公司，两年后资本额增至100万元。1907年，商务印书馆在闸北宝山路建成占地80余亩的总厂，包括四个印刷所和编译所等。到1911年，营业额达1 676 052元。①

商务印书馆在1912年以前编辑出版的图书数量，现已难以确知。据1910年《商务印书馆图书汇报》第1期所列书目，共收书865种，可见1912年前商务印书馆的出版物数量至少不低于这个数目，很多出版物在当时产生了重大的社会影响。

1873年，王韬和黄胜在香港地区合办中华印务总局，次年，利用中华印务总局的印刷器材，创办了《循环日报》。王韬在《循环日报》时，以"韬园"名义出版铅印书籍；1884年回到上海后，次年开设韬园书局，以木活字印书，也有一些交由美华印书馆用铅印。他还用"淞隐阁""淞隐庐"的名义出书。在港、沪两地，他前后编辑出版的图书可查考到的有60多种。其中，除了他自己的著作外，最有名的要算黄遵宪的《日本杂事诗》和郑观应的《易言》。②王韬以其出书之多，兼带有经营性质，被称为"新出版第一人"③。

1900年，广益书局由魏天生、杜鸣雁、萧伯润、李东生等人合伙在上海创办，初名广益书室，出版科举考试用书和童蒙读物，后因经营不善濒临破产。1904年改名为广益书局，邀魏炳荣担任经理，周菊亭为协理，聘胡寄尘、陆保璿为编辑主任，出版古籍、医卜和村塾用书。1917年受盘彪蒙书室，1925年与世界书局共同受盘广智书局。早

①商务印书馆.商务印书馆九十五年1897—1992——我和商务印书馆.北京：商务印书馆，1992：752.

②后来，郑观应对该书有所增补，即著名的《盛世危言》。

③汪家熔.新出版第一人——王韬//宋原放.中国出版史料·近代部分：第三卷.武汉：湖北教育出版社，2004：427.

期出版物中较有影响的有《天则百话》《神州光复志演义》《俗语典》等。其时，总店设于河南中路137号，分店设于福州路338号世界里。

神州国光社1901年由黄宾虹、邓秋枚创办，社址先在上海河南路136号，后迁至福州路378号，不久又迁至福州路384弄4号，最初以珂罗版影印书画、字帖、金石、印谱等。编辑出版了黄宾虹主编的古今名画集《神州国光集》，还有《神州大观》，精选古今名画、书法、印谱等200多种。1911年编辑出版黄宾虹、邓秋枚合编的《美术丛书》，分30辑，共120本，内容以书画为主。还兼营印刻、装潢、琉璃、陶瓷、茶艺、文房四宝等。

广智书局是1901年梁启超游澳大利亚时，与该地维新会志士谈及在国内创办文化事业的计划，并得到多数志士赞同，随后梁启超与康有为商量，用股份制方式，向中国港澳同胞以及北美洲、大洋洲华侨出售股票，创办于上海。该书局设在上海英租界南京路同乐里（后迁至棋盘街，再迁至江西路），一切筹划均由梁启超幕后主持，而名义上是由华侨冯镜如全权负责，担任发行人。主要股东黄慧之任总经理，驻日本横滨，主管财务；梁荫南驻上海，负责实际经营。广智书局开创不久，形势颇好，于是又在北京和广州设立分局。广智书局编辑出版各类文史著作，以及小说、教学参考书等。其出版物特色鲜明，社会影响也较大，但因经营不善，尤其财务管理不得其人，加上受到盗版的侵扰，除第一年稍有盈余外，以后均呈亏损状态，靠康有为的接济和熊希龄的暗中扶助，才勉强得以维持。[①]直至1925年停业，出盘给世界、广益两书局。

文明书局于1902年由廉泉、俞复、丁宝书等集股在上海创办，俞复任经理，初设在南京路，后迁至福州路，与商务印书馆比邻。开办之初即编辑出版《蒙学课本》七编，由丁宝书执笔，赵鸿雪绘图，杜

①邹振环.20世纪上海翻译出版与文化变迁.南宁:广西教育出版社,2000:58-67.

嗣程缮写，有书、画、文三绝之称，是中国最早有插图的小学教科书。该局编辑出版的蒙学教科书闻名于时，所出笔记小说丛书《说库》（60册）、《清代笔记丛刊》（160册）、《笔记小说大观》（500册）等亦颇具影响。其时国内尚无照相铜版技术，赵鸿雪在廉泉的支持下试制成功，编辑出版的名人书画碑帖《百花图长卷》《潇湘八景图》《黄山胜迹图册》《兰亭序十二种》《黄庭经五种》等，印刷精美，颇为畅销。①

小说林社于1904年由曾朴、徐念慈、丁芝孙、朱远生等合资创办。先于上海棋盘街（今河南中路）设立发行所，旋又买下东亚印书馆为印刷所，并于对门赁屋，设立编辑部。由曾朴任经理，徐念慈任编辑部主任，广罗人才，编译小说。1907年7月增设宏文馆、美术馆，合称为“小说林宏文馆有限合资社”。自此，专以小说林社名义编辑出版文艺书刊，而以宏文馆、美术馆名义编辑出版学校参考用书、工具书，并兼售文具等。编辑出版有《风洞山传奇》《冷眼观》《黄金世界》《海天啸传奇》《侠奴血》《孤儿记》《苏格兰独立记》等文艺小说，是我国第一家以出版小说为主的近代出版机构。1907年创刊《小说林》。以宏文馆名义编辑出版有《物理大辞典》《博物大辞典》《法律大辞典》等工具书。辛亥革命前后因销路不畅而停业，存书以3000元盘给有正书局。

由此可见，近代民营编辑出版业的崛起，对中国近代编辑出版发展的意义绝不可低估。

第一，它意味着自西方传教士引入国门的新式出版业，再一次经历了出版主体的变更，从当初教会出版机构的独大，到洋务运动时期教会与官办新式出版的并辔而行，再到清末新政时期出版主体多元化格局下民营出版主导地位的正式确立，并被最终定格下来，延续到了整个民国时期。这种宏观出版格局的新一轮布局，也意味着出版生产

①1915年，文明书局并入中华书局。存货、生财、房地产均转入，牌号保留，加“新记”识别，仍由俞复经理，继续印行新旧杂书小说及医药技艺等书。

关系的新一轮调整，编辑出版活力借助民间文化力量的参与和民间资本的运作，得到了很大程度的释放。

第二，民营出版机构从商业经营的角度出发，积极利用新出版技术，提高出版生产力；密切关注市场需求动态，编辑出版大量推动时代变革的新知识读物；努力扩大生产规模，全面推进资本主义经营方式发展。如此种种，都在不同方面加强了新式出版的新特质。民营出版取得的巨大成绩，标志着出版业近代化转型的初步完成。

第三，民营出版唱主角，是编辑出版业发展自然选择的结果，它适应了资本主义的生产特征，显示了强大的经济活力，出版行业由此走上产业化的发展方向，成为近代国民经济中的一个重要门类。

第四，清末的民营编辑出版活动，不仅催生了一种近代新的实业，而且它本身即是时代政治、文化潮流的感应器。在民族矛盾日益加深、政治斗争日益复杂的形势下，各种政治力量以及关心国计民生的人士，都纷纷以出版作武器，或为救亡呼吁，或为启蒙呐喊，或为政治建言，或为生民请命，不同的出版目的和追求，演绎了近代编辑出版文化的多彩多姿。出版既被纳入中国思想文化的变局之中，又影响国民生活的知识获取、文化休闲和思想启蒙等方方面面，从而成为近代文化事业中不可或缺的重要组成部分。

第四节 民国时期官办编辑出版机构

1912年进入民国以后，初期的南京临时政府及后来的北洋政府，都有一些官方的编辑出版活动，但影响不大。1923年国民革命运动开展以后，广州因为是全国革命运动的中心，在革命宣传需要的推动下，不少政府机关、团体纷纷出书，形成当时广州出版业的一大特色。陆海军大元帅宣传委员会设置专门机构，负责编辑出版业务活动。黄埔军校因机构齐全、出书量大、发行网广，在当时的广州出版业中尤为突出。

1927年北伐战争胜利后，南京被定为国民政府首都，南京的官办编辑出版业迅猛发展。南京的官办出版，涉及报纸、期刊、图书等领域。在图书编辑出版方面，有1931年由陈立夫等人创办的正中书局，有成立于1932年由国民党复兴社控制的拔提书店，有成立于1928年、地址设于南京国府路大狮子巷的军用图书社，有成立于1932年6月隶属于教育部的国立编译馆等。此外，南京国民政府党政机关的出版物亦不少，如国民党中央宣传部、行政院实业部、行政院内政部、行政院财政部、国民政府文官处、国民政府建设委员会、铁道部、外交部等机构都编辑出版了相关的期刊和图书，数量众多。[①]官办出版，资金多有保障，又挟政府之威，往往做得不差。

全面抗战爆发不久，原先南京的官办出版机构如正中书局、拔提书店等纷纷迁入重庆，在重庆形成新的官书局系统，青年书店、独立出版社、中国文化服务社、国民出版社、中央文化驿站、中山文化教育馆、国立编译馆、国民图书出版社、黄埔出版社、军学编译社、军事图书社、中央陆军军官学校、中央训练团、中央组织部、中央教育部、军事委员会政治部、宪兵司令部等官办或政府附属编辑出版机构，代表着抗战时期重庆的官办出版力量。

正中书局的前身是时事月报社。《时事月报》1929年11月创刊于南京，陈民耿任编辑，吴大钧任经理兼发行人，并于南京租赁一门面，作发行办公之用。为弥补开支，书局也代售书刊和文具。后来因为门市生意兴隆，吴大钧便将门市改为正中书店，取“扶风正俗，以兴中

①张宪文，穆纬铭.江苏民国时期出版史.南京：江苏人民出版社，1993：199-203.本节有关南京出版业的材料均取自该书，未予一一注释。

华”之意。[①]国民党中央党部拨给5000元充作书店开办费。[②]不久，正中书店又改名为正中书局。据陈立夫《正中书局是怎样创立的》一文记载，正中书局的开张时间是1931年10月10日。[③]

正中书局成立后，按公司方式组织，成立董事会，叶楚伧为董事长，陈立夫等为副董事长，董事下设总管理处，吴大钧为总经理，叶楚伧为出版委员长。扩大后的正中书局，总局设于南京杨公井，设营业、编辑、印务三所，并在上海、北平、天津、汉口、杭州等城市设有分局、发行所。1937年机构调整，设经理室、编审处、业务处，撤销出版委员会。在印刷方面，正中书局在成立初期，即自设印刷厂。1936年，正中书局接收了上海新民印刷厂的机器，筹设上海印刷厂。1937年又将南京三民印务局并入，改称第一印刷厂；上海印刷厂则改称第二印刷厂。此时的正中书局，编、印、发齐备，兼之官方背景得到的诸多支持，发展迅速，号称全国六大书局之一。

全面抗战开始后，正中书局随国民政府一起西迁，先迁往汉口，后迁往重庆。抗战时期，国民政府加强文化控制，强化官办书局的力量，正中书局由此沾溉良多。较之商务、中华、开明等民营编辑出版机构在抗战时期业务的相对萎缩，正中书局的编辑出版业务不降反升。抗战中期，正中书局一直是重庆最大的编辑出版机构。1943年，国民政府教育部为推行国定本教科书，成立国定中小学教科书七家联合供应处，七家分配比例：正中书局与商务印书馆列为头等，各占17.5%，高于中华书局的16%。这样的分配比例，多少得力于其官办书局的地位。在出版物选题方面，正中书局也有某种政治上的优势，如战前蒋介石著的《西安

①黎刁遗.概说国民党正中书局//全国政协文史资料委员会.文史资料存稿选编·23·文化.北京:中国文史出版社,2002:405.

②傅荣恩.有关正中书局的几点回忆//全国政协文史资料委员会.文史资料存稿选编·23·文化.北京:中国文史出版社,2002:418.

③张定华,等.中国抗日战争时期大后方出版史.重庆:重庆出版社,1999:23.

半月记》、宋美龄著的《西安事变回忆录》，战时蒋介石著的《中国之命运》，均交给正中书局编辑出版，前两书销量在50万册以上[①]，《中国之命运》再版多次，正中书局也从中获利不菲。抗战胜利后，国民党最高当局特准将“各地区接收之敌伪出版机构，拨交正中，以为补偿战时损失”[②]，这样的待遇，是一般民营书局不敢望其项背的。

正中书局建立初期，以编辑出版中学教科书及课外读物为主，后来随着业务的发展，出书范围逐渐扩大，学术专著、民众读物、儿童读物、字典等各类图书开始相继出版，不少有关社会科学、教育与新生活运动等方面内容的丛书也先后问世。《当代名人传记丛书》《国学丛书》《童子军丛书》《师范丛书》《中国文艺社丛书》《卫生教育丛书》《正中科学知识丛书》《外交丛书》《时代丛书》《国防教育丛书》等，都是在短短三四年间编辑出版的。1935年正中书局新出版物为139种，到1936年即剧增为392种[③]，出版物增长速度是相当之快的。在教科书编辑出版领域，正中书局凭借其官办书局的优势，成绩不俗。据1937年《国立编译馆工作计划成绩报告》，当年1至9月正中书局先后送呈国立编译馆审查的教科书计达192种。[④]正中书局编印的初中、高中、师范、简易师范等各科教科书各两套，在教科书出版市场，形成与商务、中华、世界、大东、开明五大书局并立的格局。

正中书局还适应形势的需要，编印出版了大量战时读物，如《中等学校特种教材防空篇》《战时民众训练小丛书》《抗战丛书》《非常时

---

①蒋建白.正中书局三十年来的出版工作.新时代,1961(10).

②正中书局六十年.台北:正中书局,1991.转引自,张定华,等.中国抗日战争时期大后方出版史.重庆:重庆出版社,1999:23.

③王云五.十年来的中国出版事业//宋原放.中国出版史料·现代部分:第一卷(下册).济南:山东教育出版社,2001:426.

④转引自:张定华,等.中国抗日战争时期大后方出版史.重庆:重庆出版社,1999:25.

期民众丛书》《抗战事迹》《战时国民义务》《现代战争》《战时的日本》《战时社会教育》《民众教育与青年训练》《抗战与生活》，等等。抗战期间，正中书局仍以编辑出版教科书及参考读物、自然科学、三民主义及国民党党政要人著作为主。主要的出版物有《大学国文选》《大学英文选》《欧美经济学史》《相对论》《国际私法纲要》《书学》《宋元学案》等。根据《正中书局抗战后出版图书总目》统计，截至1944年9月10日，正中书局抗战期间编辑出版各类图书636种。[①]战后几年，正中书局出书数达千种。编辑出版的图书，除大学用书、中小学教科书外，主要还有《思想与时代丛刊》《社会科学丛刊》《儿童科学读物丛书》《生活修养与心理卫生丛书》《地理知识丛书》等。

抗战胜利后，正中书局迁回南京，另在上海设分处，办理购纸及印销等工作，全国的27家分支机构也先后恢复了营业。由于国内革命战争的爆发，国民政府日暮途穷，正中书局的复兴局面也仅维持了很短一段时间。1949年，正中书局迁往台湾省。

第五节　民国时期的五大民营编辑出版机构

在民国时期的书业界，有五大、六大、七大书局之说。这里的所谓“大”，是根据当时各书局在全国教科书的市场份额来排名的。商务印书馆、中华书局、世界书局、大东书局、开明书店，是20世纪30年代初、中期的五大教科书编辑出版商。

①出版界，1944，1(8/9).

一、商务印书馆

如前所述，商务印书馆在清末很短时间内，迅速崛起为一个庞大的出版机构。数十年后一直以全国第一大编辑出版机构的地位，贯穿于整个民国时期。民国时期政局的动荡，曾让它与之一起沉浮，甚或面临生死存亡的考验；思潮的起伏，也曾把它推到了选择的十字路口；同业的竞争，让它总是作为被人追赶和力图超越的目标；自身的改革，也曾阻力重重。然而，在内外交困的局面中，商务印书馆显示了它的韧性、智慧和勇气，为后人树立了在市场竞争激烈的出版环境下，一个大书局如何保持活力的典范。

1.政局动荡下的载沉载浮。

民国时期内战外战不断，与国内别的编辑出版企业相比，商务印书馆与日本出版业的联系要多一些。

首先，从1903年开始，商务印书馆与日本的另一大教科书出版商——金港堂曾有十年时间的合资历史。虽然合资的主权在我，且让商务印书馆一度受益匪浅，但民国建立前后，随着国人民族情绪的高涨，同行们便经常拿此说事，教学界也对此颇有微词。这就将商务印书馆的发展置于十分不利的位置。鉴于此，商务印书馆清退日资就显得十分必要，也很迫切。总经理夏瑞芳亲往日本，谈判十数次，终于在1914年初收回日股。

其次，日本发动的对华侵略战争，几乎将商务印书馆多年建立的成果毁于一旦。抗战以来，商务印书馆与其他同业一起，不可避免地遭遇战争的摧残，出版严重萎缩。1932年，一·二八事变爆发，日军不宣而战，进攻上海闸北，商务印书馆损失最大，共达1633万元①，

①有关资产损失的清点，可参见：王云五．商务印书馆与新教育年谱．台北：台湾商务印书馆股份有限公司，1973：341-345.

遭受的打击可以说是致命的。然而十分难得的是，商务印书馆在劫难之后不改其志，从废墟中东山再起，重铸辉煌，用实际行动表现了中华民族不屈不挠的大无畏气概。经过半年紧张而艰苦的善后及筹备工作，在当年8月1日就宣布复业了。由于措施得力，编辑出版业务迅速恢复并获得长足发展，商务印书馆由此化危机为转机，1933年以后出书量逐年增加。

2.思潮起伏下的去向选择。

民国时期最有影响力的文化事件，当属五四新文化运动。在五四时期的编辑出版领域中，商务印书馆无疑是重镇。然而，这一责任承当的社会效应，是经过痛苦的角色转换而得来的。此前，商务印书馆经过十几年的发展，已成为具有雄厚实力的大型编辑出版机构，但在新文化运动兴起的时候，商务印书馆却无动于衷，因而遭到罗家伦、宗白华等人的尖锐批评。面对批评，以张元济、高梦旦为首的高层领导，越来越迫切地感受到任用新人的必要。他们数次前往新文化运动中心的北京，访问学术界和思想文化界，“极思”在京城知识界“借重长才”。①高梦旦相中了胡适做他的接棒人。他这样对胡适说道：“我们那边缺少一只眼睛，我们盼望你来做我们的眼睛。”②高梦旦的诚意感动了胡适，于是便有了1921年7月至9月胡适对商务印书馆的造访，和后来他引荐王云五到商务印书馆就职。王云五到任后，在张元济和高梦旦的大力支持下，实施撤换杂志主编、改组编译所、扶持学术团体和学术刊物、注重新知识读物出版等一系列措施，对商务印书馆进行了大幅度的改革。由此，这个当时中国最大的编辑出版机构，终于在外力的冲击下艰难转型，实现了自身经营理念的新跨越。

3.组织管理上的居安思变。

①张树年，张人凤.张元济书札：增订本(中册).北京：商务印书馆，1998：820.

②胡适.胡适的日记.北京：中华书局，1985：23-24.

随着规模和业务的不断扩大，商务印书馆各种管理上的问题也逐渐暴露出来。无论是前期的张元济，还是后来的王云五，都表现出强烈的改革精神，在用人、财政、组织等方面，不断进行革新调整，剪除弊端。1912年，夏瑞芳挪用商务印书馆资本炒股失败。同年，日本股东对于董事及经理权限不清，特别是财务出入问题提出猛烈的批评。为此，张元济在1916年间多次提出改革方案，引入新式会计方法，其中包括：着手调查账房簿记改革，拟订各部门、各分馆办事章程和预算制度，改进账房办法等。

1922年王云五主理编译所后，第一项主要工作就是改革编译所，将原设各部加以调整，分为总编译部、编译评议会和事务部。总编译部细分为21个组别，另设各专项出版的委员会、杂志社和函授学社。这不仅有利于编译事业分门专业发展，也改变了昔日各组工作范围重叠、事权不清的现象。在用人上，王云五同样表现了他大刀阔斧的作风，旧员被大量裁撤，大批新式知识分子，多位拥有高级学位、身负大学教职的才俊被引进。据说在1922年被淘汰的职工达266人。1925年10月，9个专业部长中7位是新人。据庄俞统计，至1932年为止，商务印书馆职工年资满10年以上者（即1922年前进馆），剩下不足24%，若扣除满10年者，比例更少至10%以下。[①]

1929年鲍咸昌病逝，张元济、高凤池推荐王云五任总经理。王云五接受聘任的条件之一，就是准许他公费出洋考察海外出版机构情况。从1930年3月至9月，王云开始环球访问，对当时海外流行的“科学管理法”甚为折服，认为其既可以大大提高员工的工作效率，又能有效解决曾经让商务印书馆资方一直头疼不已的劳资冲突问题。于是，他回国后即起草改革计划大纲，将这套管理办法引进商务印书馆。一·二八事变爆发后，为了复业大计，董事局重委王云五为总经

①李家驹.商务印书馆与近代知识文化的传播.北京:商务印书馆,2005:69.

理，并给予他更大的权力。在机构重组上，首先是新设总管理处，负责全馆行政工作，撤销1902年起创设的编译所，将商务印书馆的主要编译工作由外间包办，所有来稿均交编审委员会会议讨论，再送总经理审决。其次是颁布《总管理处重要事务暂行规则》，规定职工进用、款项开支、进货、购买外币、出版造货之委托、购买版权、工作检查等具体执行方案。[①]此次改革成效显著，使商务印书馆很快重新崛起。

4.同业竞争中的取精用弘。

商务印书馆虽然实力超群，但在激烈的市场竞争中，并非安枕无忧。在民国建立之初，商务印书馆即遇到了强有力的教科书竞争对手——中华书局。到1921年，世界书局成立，不久亦涉足教科书编辑出版，进而成为民国第三大书局。为了在竞争中立于不败之地，商务印书馆注意各种商业手段的运用。商务印书馆是一个大企业，它也确实善于利用其家大业大的特点，完成了许多中小书局无法完成的大出版项目。以《四部丛刊》为代表的大型古籍丛书，以《万有文库》为代表的大型现代丛书，以《辞源》为代表的大型汉语词典，以《中国古今地名大辞典》为代表的各种专科辞典，以及各级各学科配套的大、中、小学教科书等的相继编辑出版，让其他编辑出版机构望尘莫及。以大取胜，未尝不是一种高明的编辑出版竞争策略。

从长远看来，出版竞争终究还是出版物质量和企业品牌的竞争。商务印书馆有自己明确的经营理念，一方面坦陈自己是“在商言商”，另一方面又竭力强调“文化本位”。前者是目的，后者是基础。离开了文化基础，商业目的也就不能实现。因此，出版竞争就不仅仅只是经营手段上的角力，同时还是文化境界上的较量。商务印书馆有了经济实力，便有意识地在编辑出版之外的其他文化领域开拓，如附设各种学校，增设博物部，特意斥巨资兴建东方图书馆馆舍，向社会开放其40

①李家驹.商务印书馆与近代知识文化的传播.北京:商务印书馆,2005:79-80.

余万册的馆藏，体现出商务印书馆不同流俗的企业品牌意识和高瞻远瞩的出版境界。

5.文化贡献上的彰人耳目。

商务印书馆50年的兴衰起伏，见证了文化发展的时代变迁，也是出版沧海桑田的行业缩影。它作为全国最大的编辑出版机构，对文化的影响和贡献，对出版业的示范和推动，都彰彰在人耳目，为后人反复咏叹。在民国时期，总计编辑出版图书14 885种，约占全国同期出版总量的12%。[①]多种学科的第一部著作、许多作者的第一部作品，都是商务印书馆率先编辑出版的。商务印书馆旗下或编辑或发行的杂志种类前后多达80余种，涵盖教育、文化、历史、文学、科学、经济、时政、妇女、儿童等多个领域。《东方杂志》《教育杂志》《小说月报》《妇女杂志》《儿童世界》都堪称同期全国同类刊物的翘楚，刊印时间既长，历史影响亦大。

商务印书馆是一个真正的综合性编辑出版机构，既大力引进西学，热心西学名著的翻译；又注重保存国粹，从事大规模古籍的刊印。旧学新知并重，既出于对多方面市场奋力掘进的需要，同时也是决策者文化高度、编辑理念与时俱进的表现。因为其大而综合，所以吸纳了来自东西南北、拥有不同背景专长的知识分子加入进来，从事文化知识的传播工作；也因为其大而综合，所以它联络了不同学科领域、不同价值倾向的知识分子，围绕其左右，源源不断地供应书稿。如此多的知识分子与商务印书馆发生联系，难怪胡适、包天笑等人曾把商务印书馆形容为一股文化的大势力。有论者指出，正是这个大势力，在重塑近代文化的组成结构与形态，促进近代知识分子群体的孕育与发展，影响图书市场与阅读风尚的形成等方面发挥着核心力量。[②]

①李家驹.商务印书馆与近代知识文化的传播.北京:商务印书馆,2005:156.
②李家驹.商务印书馆与近代知识文化的传播.北京:商务印书馆,2005:327-330.

二、中华书局

中华书局由陆费逵、戴克敦、陈寅、沈颐、沈继方五人在上海创办。1913年，中华书局改组为股份有限公司，成立董事局，公司下设编辑、事务、营业、印刷四所，组织机构大致确立下来。中华书局的崛起，打破了商务印书馆在清末出版物市场上，尤其是教科书编辑出版市场渐成的垄断局面。编辑出版领域从商务印书馆的一枝独秀，发展到两家的分庭抗礼，意味着近代编辑出版业竞争机制的正式形成，中国的出版格局为之一变。也正因有了巨大的商业竞争，出版者经营的手段才更加灵活，彼此间应对的措施才更富有策略，由此而形成的近代编辑出版史才更异彩纷呈。进而言之，那个时代之所以有大批高质量的出版物面世，一方面固然出自一些有责任感的编辑出版家的文化自觉，另一方面也与这种激烈竞争的出版格局下，出版者为了获得社会声誉和长期发展所做的长远打算有关。

中华书局同商务印书馆一样，是一个股份制企业，营利是企业经营的主要目标，甚至可以说是首要目标。但难能可贵的是，中华书局也同商务印书馆一样，在获取商业利益的过程中，认真地考虑编辑出版的文化价值。民国期间，中华书局共出书5908种，12 702册。[①]虽不能说中华书局出的每本书都质量优良，但确实不难从中感到文化的、教育的、思想的、科学的、学术的气息。中华书局通过编辑出版活动对我国的学术文化建设作出了重大贡献。概括而言，主要体现在五大方面：

1.在教科书及教育类图书编辑出版方面。

中华书局编写出版的教科书，涉及学科门类广——凡政府颁布的

①此统计数据援引自武汉大学王启的学士学位论文《中华书局出版物计量研究1912—1992》。

课程标准中所罗列的几乎所有课程，中华书局都编写有相应的教科书；涉及教育层次多——从小学到中学、大学，从师范学校到专科学校，中华书局都有教科书供应，据统计，民国期间中华书局一共编写了10套小学教科书、8套中学教科书、8套师范用书、1套中等农业教科书、1套中等商科教科书和1套大学用书[①]；出版印刷数量大——过去全国各学校使用的教科书中，有30%是中华书局供应的。[②]这些教科书以其与时俱进的精神风貌、严肃认真的编辑作风、一以贯之的服务宗旨，适应了不同时期不同教学对象的不同教学需要。它们在承载知识传播重任的同时，也将社会思想、价值观念、思维方式、语言规范等文化因子，潜移默化地融入受教育者的血脉深处，并最终影响一个时代的发展。从这个角度说，近代被广为使用的中华书局教科书，其意义就超出了单纯的知识教育范畴，同时还肩负着人生教育、社会教育的重任。

中华书局对我国近代教育的影响，绝不仅限于教科书一项。从中华书局的出版物目录中可见，与教育有关的出版物还有：（1）教师及教育研究人员参考用的教育理论书籍342种；（2）儿童课外阅读用的儿童读物近2000种；（3）成人补习知识用的平民课本、民众课本14套，以及专门为民众策划的民众通俗读物丛书11套；（4）英语学习者学习语言用的英语读物347种；（5）普及国语教育用的国语图书93种。[③]

2.在学术图书编辑出版方面。

学术图书的编辑出版，是一个时代学术发展水平的见证，同时又为那个时代的学术建设服务。中华书局历年编辑出版的学术性图书，

---

①吴永贵.中华书局与中国近代教育(1912—1949).武汉:武汉大学博士学位论文,2002:50-51.

②陆费逵.六十年来中国之出版业与印刷业//张静庐.中国近现代出版史料:补编.上海:上海书店出版社,2003:275.

③吴永贵.中华书局与中国近代教育(1912—1949).武汉:武汉大学博士学位论文,2002:59-85.

涉及学科门类既广，数量品种亦多，而且在编辑出版方式上多以丛书的形式刊行，主要有：《新文化丛书》43种、《新中华丛书》72种、《少年中国学会丛书》24种、《中华学艺社学艺文库》4种、《哲学丛书》4种、《佛学丛书》2种、《社会科学丛书》29种、《国际丛书》26种、《国防丛书》10种、《合作丛书》4种、《新中学会经济丛书》2种、《中华学艺社丛书》1种、《音乐丛刊》13种、《中等算学研究会丛书》2种、《算学丛书》5种、《科学丛书》6种、《农业丛书》26种、《中国计政学会丛书》6种、《史地丛书》4种、《史学丛书》6种、《新世纪丛书》5种等。[①]另外，《大学用书》91种，既可视为教材，也可视作学术性丛书。

3.在工具书编辑出版方面。

工具书一贯被人称为"案头顾问""无声老师"，备受读书人重视。过去中华书局编辑出版了数百种语文词典和专科词典，以及一些其他类型的工具书，是我国近现代辞书编辑与出版的一支主要生力军。中华书局编辑出版的工具书中，尤以1915年编辑出版的《中华大字典》和1936年、1937年编辑出版的《辞海》最为有名。这些工具书在便利当时学者的查考与检索上发挥了重要作用，有的工具书甚至至今还有参考价值。

4.在古籍编辑出版方面。

我国近代编辑出版史上，古籍的出版蔚为大观。中华书局排印的《四部备要》和影印的《古今图书集成》，堪称古籍出版的大手笔，对古籍文献的保存和传统文化的传播都有着十分重要的意义。除了这两部大书外，中华书局还编辑出版了标点本《二十四史》《中国文学精华》《袖珍古书读本》等其他一些古籍，在当时的学术文化界有相当大的影响。

①上海图书馆.中国近代现代丛书目录:总目.上海:上海图书馆,1979.

5.在杂志编辑出版方面。

中华书局素来重视杂志的编印与发行。在长达38年的民国时期，中华书局或由自己编印，或代他人发行的杂志种数约有40种。民国初年发行了《中华教育界》《中华小说界》《中华实业界》《中华妇女界》《中华学生界》《中华童子界》《中华儿童画报》《大中华》等杂志，在当时号称“八大杂志”。其中以《中华教育界》和《大中华》最为著名。1917年中华书局发生“民六危机”后，中华书局的“八大杂志”除《中华教育界》外，都先后停刊。1919年4月《中华英文周报》创刊，3年后《小朋友》创刊。这两份刊物的刊行时间都在20年以上，前者是英语学习者的良师益友，后者是10岁左右儿童的知识乐园，两份刊物都因质量优良而拥有很高的发行量。20世纪20年代，中华书局代为发行的杂志有十几种，其中著名的有《教育丛刊》《教育汇刊》《中等教育》《心理》《国语月刊》等教育类杂志，《诗》《戏剧》等文学类杂志，《解放与改造》《少年中国》《学衡》等综合性杂志。这些杂志在教育、学术、文学等领域都有各自的一席之地。而中华书局在20世纪30年代创刊的杂志中，以《新中华》半月刊最为有名。《新中华》以“灌输时代知识，发扬民族精神”为宗旨，约请薛暮桥、胡乔木、千家驹、于光远、李石岑、耿如淡、钱亦石、何思敬、郁达夫、巴金、丰子恺等名家撰稿，是我国20世纪30年代与《东方杂志》《申报月刊》齐名的三大综合性杂志之一。

三、世界书局

世界书局成立于1917年，创办人为沈知方。1921年，沈知方得友人之助，筹得股金25 000元，将世界书局从独资企业改组为股份有限公司，地址设在上海福州路山东路西首怀远里，并在怀远里口租下一门面作为发行所。为了吸引人们注意，沈知方特地将发行所房屋漆成夸张的红色，对外以“红屋”称名。“红屋”即以后的世界书局，果然经营得红红火火，很快跃居全国第三大书局。

前十年的世界书局由沈知方总揽全局，发展极为迅速。而到了1934年前后，沈知方因投资房地产失利，兼之出版物销路日狭，教科书课程标准变更导致存货积压，局内用人既多，开支又大，内虚外露，世界书局办的世界商业储蓄银行发生挤兑风潮，致使资金周转不灵，最后虽经吴蕴斋、钱新之等斡旋后引入李石曾的世界社资本①，帮助世界书局渡过了难关，但沈知方也被迫退居二线，总经理一职改由陆高谊接任。②据统计，陆高谊管理期间的世界书局总共出书2095种。这样的成绩应该说是相当不错的。

抗战胜利后，李石曾为编辑出版《世界学典》，于1946年到上海，开始接收世界书局，并扩充股额，招收新股，改选董事、监事。推选杜月笙为董事长，李石曾为常务董事代理董事长和总经理，杨家骆为常务董事，李清悚为监事，李鸿球为副总经理，实际总管书局经营。③李石曾任总经理的4年间，国内战事频仍，书局出书不多，总计才292种。④1949年5月上海解放后，成立临时管理委员会，1949年8月6日世界书局因涉及官僚资本，由上海市人民政府军管，1950年2月开始办理结束事宜。

作为与商务印书馆、中华书局并驾齐驱的全国第三大编辑出版机构，世界书局在组织结构、经营管理与出书范围等方面，都对前两家

---

①当时李石曾用世界社预备投资代表团的名义，与世界书局订立了投资50万元的合同，但前期只投入5万元，并提出占有董事、监事半数席位，及沈知方辞去总经理职，改由陆高谊担任的要求。剩下的45万元，世界社最终未投入。世界社后来仅派驻一名会计人员监督书局财务收支状况。

②朱联保.关于世界书局的回忆.出版史料，1987(2):55.

③李清悚.我所知道的世界书局与世界社//全国政协文史资料委员会.中华文史资料文库：第十六卷.北京：中国文史出版社，1996.

④朱联保.关于世界书局的回忆.出版史料，1987(2):55.

有所模仿和继承。比如，股份制的企业组织，一处三所（总管理处及编辑所、印刷所、发行所）的机构模式，集编、印、发于一身的出版格局，一业为主、多种经营的经营思路，以及出版范围广的综合性风格，等等，三家均不无相似之处。但世界书局也有与众不同的地方，比如，世界书局改组为股份公司的前两三年，曾设有信托部，专为顾客代购各种物品；约在第二次国内革命战争初期，世界书局又设有读书储蓄部，吸收社会游资达一百数十万元，进而于20世纪30年代初，成立了专为书局融资的世界商业储蓄银行。后来，世界书局利用这些存款，购买了好几处房屋地皮不动产，成立专门的房地产部，做房地产生意。①世界书局的上述部门，因业务内容与出版关联不大，而在同业中显得相当特别。②

就出版物整体内容而言，世界书局也比商务印书局、中华书局要显得更加商业化，特别是沈知方主持期间，沈的书业学徒背景和敏锐的市场嗅觉，使得世界书局的出版物选题十分注意走大众化道路。20世纪20年代初、中期，正是鸳鸯蝴蝶派作品大行其道之时，世界书局或是将旧说部加以整理，用新式标点排印后廉价发售；或是许以高稿酬，特约张恨水、不肖生（向恺然）、程小青等名流作家，进行创作和翻译，出版了一些影响面大、行销范围广的通俗性畅销书。另外，世界书局采用书刊互动的编辑出版策略，在出书的同时又出版相关杂志。李涵秋和张云石主编的《快活》、严独鹤和施济群主编的《红杂志》、严独鹤和赵苕狂主编的《红玫瑰》、江红蕉主编的《家庭杂志》、施济群和程小青主编的《侦探世界》，均在世界书局的强大宣传攻势下，一时风行海内外。世界书局也因此成为当时最为主要的鸳鸯蝴蝶派编辑出版阵地，获得了不少经济效益。

---

①朱联保.关于世界书局的回忆.出版史料,1987(2):55.

②朱联保.近现代上海出版业印象记.上海:学林出版社,1993:139.

五四运动之后，白话文学习一时成为社会风气，世界书局迎合时代潮流，编辑出版了许多文白对照的作文、尺牍等书，供人学习模仿，受到学生的极大欢迎。20世纪20年代末，经新文化运动科学观洗礼的国人，已深感科学知识于现实人生的重要性。正当商务印书馆瞅准时机，忙于编印各种学科普及小丛书时，世界书局也看到了这种现实阅读需要，特约徐蔚南主编了一套《ABC丛书》，前后共150余种，于1928年6月陆续编辑出版。这套丛书较商务印书馆《万有文库》早一年出版，以其学科范围综合、内容通俗浅显、作者阵容强大、适合读者需要，而获得巨大商业成功。与此同时，在读者心目中，世界书局也一改过去专出鸳鸯蝴蝶派书刊的低级书局形象，这正是20世纪20年代中期跻身教科书领域的世界书局所希望得到的结果。当很多教科书出版者为了树立好的品牌形象，均把发展文化教育作为出版宗旨时，世界书局也不例外。世界书局后来编辑出版的许多学术文化性书刊，均是其有意调整出版策略，提升自身出版形象的结果。那些通俗小说之类，虽还在继续印制，但已悄然改用副牌——广文书局、普益书局等名义编辑出版。世界书局只是名义上居于经销地位，以此向社会表明自己是编辑出版教科书的正派书商。①

据朱联保统计，世界书局在29年时间里一共出书5580种。②这些出版物中，固然有追逐商业利益而昙花一现的糟粕，但也有许多产生影响而载入史册的文化精品。即便是它早期印制的通俗性书刊，也不能简单地一概加以否定，一些艺术性较强的作品，如张恨水、程小青等人的作品至今仍在重印，说明其依然有穿越时空的阅读和研究价值。在世界书局发展的中后期，更是以商务印书馆、中华书局为竞争对象，在教科书、工具书、古籍、儿童读物、哲学社科、自然科学、文学艺

---

①朱联保．近现代上海出版业印象记．上海：学林出版社，1993：141．

②朱联保．关于世界书局的回忆．出版史料，1987(2)：55．

术等主要编辑出版领域，均有不凡的文化建树，值得后人追述。在书业经营上，世界书局以其锐意进取的姿态、大胆有为的作风和极具商业化的运作，把更加激烈的市场竞争带入出版界，对提高整个书业的经营水平作出了不容忽视的贡献。

四、大东书局

大东书局成立于1916年，由吕子泉、王幼堂、王均卿、沈骏声4人合资3万元，在上海福州路昼锦里口租了一间单开铺面作为门市部，并延聘编辑从事图书的编纂出版。大东书局的发展较为顺利，年营业额逐年上升。1931年的大东书局，设有总厂、总务处、编译所、印刷所和货栈五大机构，这样一种集编、印、发于一体的方式，走的正是当时大出版社综合经营的路子。编译方面，当时大东书局的编译所下设教科、法制、国学、字典、英文、丛书、艺术、儿童8个部，以及东方舆地学社、法律函授学社两个附设机构。①据统计，大东书局自创立到1930年，共编辑出版图书1245种。

大东书局素来重视期刊的编印发行，早期有《游戏世界》《半月》《星期》《紫罗兰》《紫兰花片》等，20世纪30年代初则有《现代学生》《学生文艺丛刊》《科学月刊》《社会科学杂志》《新家庭》《现代女学生》等。《游戏世界》《半月》《紫罗兰》《紫兰花片》均为周瘦鹃主编，《星期》则为包天笑主编。周瘦鹃和包天笑是鸳鸯蝴蝶派主将，杂志销路自然不俗。大东书局后来将杂志上的作品结集成书，分门别类以侦探小说、社会小说、言情小说、家庭小说、武侠小说、教育小说、滑

①东方舆地学社创建于1925年，舆地专家洪懋熙担任社长，李长傅为编辑主任。法律函授学社创设于1931年，聘请法学名家20余人为教授，汪瀚章任社长，董康任教务主干，专门培养法律人才。

稽小说、理想小说、短篇名作汇编等名目号召读者，以广招徕。这些鸳鸯蝴蝶派书刊的编辑出版，构成大东书局早期出版物的一大特色。

在大东书局的出版物中，较为人关注的还有各种儿童读物，如《儿童故事》《儿童诗歌》《儿童谜语》《新剧本》《新博物》《新手工》之类。大东书局还常常登报征集学生文艺作品，请专家评点，并以“评点小学（中学）国文成绩精华”之名结集出版。另外，由于东方舆地学社和法律函授学社的关系，大东书局编辑出版的地图地理和法律法规方面的书也颇有特色。东方舆地学社编著的《最新中华形势一览图》《世界形势一览图》，每年重版10余次，行销10万册以上，编辑出版的《袖珍中国地图》《中华大地图》以及南京、杭州、上海各分区图等，在当时都有较大影响。法律书刊中著名者有抗战期间在重庆编辑出版的《法学杂志》《法令周报》《司法判例》等。

20世纪30年代初，大东书局开始涉足教科书出版领域，先行编写的是一套初中教材，1931年开始编印高中教材，1932年又编印一套《新生活小学教科书》，到1933年8月，大东书局已在报上公开宣称“小学中学大学各科用书全部出齐”①，以表明自己的教科书编辑出版实力。也正因为如此，大东书局在抗战时期成为国定本教科书“七联处”组织成员之一，享有8%的分配比例。

抗战胜利回上海后，大东书局继续参加“十一联”②组织，编印中小学教科书，独家编辑出版《司法判例》《司法院解释要旨分类汇编》等法律书刊。尤为突出的是，以“日出一新书”为号召，大肆宣传，并大量编辑出版科技书和儿童读物。印刷厂印钞和印票证所获得的高额利润，支撑着战后几年大东书局的经营运转。1949年5月上海解放，

①申报.1933-08-21.

②“十一联”：成立于重庆的“七联处”在抗战胜利迁至上海后又有四家参加，分别是儿童书局、中国文化服务社、独立出版社、胜利出版公司，合称“十一联”。

翌年大东书局奉命停印钞票，大部分人员被裁，1955年初并入科技出版社，从此，大东书局之名在出版界不复存在。[①]

五、开明书店

开明书店创立于1926年8月，创办人为章锡琛、章锡珊兄弟，其前身为新女性杂志社。开明书店创建初期，资金缺乏，除章氏兄弟外，吴觉农、郑振铎、周建人等人尽力襄助，共筹得资金5000元；人员亦很少，一共不过四五个人。到了1928年，由夏丏尊、杜海生、丰子恺、吴仲盐、胡仲持等共同发起，将开明书店改组为股份有限公司，资本总额为5万元。1929年公司正式成立，1930年增资5万元，1931年增资10万元，1933年增资5万元，1936年增资5万元，共计股本30万元。

开明书店改组为股份有限公司后，业务发展迅速，规模日益壮大，编辑机构迁至虹口梧州路，发行所从宝山路迁至上海书业集中的望平街。1932年1月，又搬到福州路，成立门市部，与中华书局毗邻。1934年，总公司参照商务印书馆、中华书局的组织体系，设有3个处所、1个室、18个部、33个课和4个委员会，员工100多人，俨然已是一家大书店。在当时的书业界，其规模仅次于商务、中华、世界和大东，排行第五，并在出版业界和读书界享有良好的口碑。而做到这些，开明书店只用了10余年的时间，在民国书业竞争十分激烈的情况下，这些成绩相当不俗。其中有很多经验和做法，值得人们去总结。比如说，凝练自身出版特色，追求出版物质量，注意培养编辑和作者队伍，讲究出版物内容与形式的创新，追求从管理中求效益，等等。

开明书店作为一个后起出版社，在大书局林立的情况下，注意发挥自己的特长，凝练自身的出版特色，把书刊编辑出版的重点集中在

①沈鹤松，张翔生．大东书局印刷厂前前后后．出版史料，1990(4)：17-18.

青少年读物、古籍图书和教科书等领域。据老开明人王知伊统计，开明书店的青少年读物数量占其出版物总数的四分之三左右。[①]这是因为开明书店的主持人和编译著作人，不少是上虞白马湖春晖中学、江苏立达学园以及江苏、浙江两省省立中学、师范学校的教师，有着丰富的教学实践经验，了解青少年的心理[②]，编印青少年读物正是他们擅长的领域。开明书店的青少年读物，主要着力于两个方向的选题：其一是配合中小学各学科学习用的辅导性书籍，其二是新文艺小说。由青少年读物到中小学教科书，既可看作一种自然而然的过程，也是小书局晋升为大书局必不可少的步骤和条件，开明书店从当初的活页文选开始，到后来全套的中小学教科书，做得有声有色。又由于开明书店的编辑如夏丏尊、叶圣陶、王伯祥、宋云彬等，本身即是学者，国学根底深厚，当20世纪30年代古籍出版热潮兴起之时，开明书店同步编辑出版了一些重要古籍和相关工具书，既可获得经济上的收益，又不失行家编辑的本分。

正是开明人的文化人本色，使他们素来注重出版对社会的文化贡献，强调出版物质量，不苟且，不滑头。从开明书店的出版物目录中，几乎找不出一本不够“格”的书，相反，一批又一批的好书在读者中产生广泛的影响。夏丏尊的译作《爱的教育》和林语堂的《开明英文读本》是最畅销的两本书。开明书店的中小学课本经久不衰，发行量很大，还有新文学作品，如《子夜》《家》《春》《秋》等，发行量也很大。古籍类图书中，《辞通》《六十种曲》《二十五史》《二十五史补编》《十三经索引》等十分引人注目。自然科学读物中，其科普读物影响了整整一代人，有顾均正的《科学趣味》、郑贞文的《化学与我们》、周建人的《花鸟虫鱼》、陶秉珍的《植物的生活》、祝仲芳等人的《昆虫

①王知伊.开明书店纪事.出版史料,1985(4):3-24.

②朱联保.近现代上海出版业印象记.上海:学林出版社,1993:76.

的生活》、高士其的《细菌与人》、贾祖璋的《生物素描》、索非的《疾病图书馆》等。还翻译出版了伊林的《五年计划的故事》《十万个为什么》，法布尔的《化学奇谈》《家畜的故事》，等等。开明书店创刊于1930年以中学生为对象的《中学生》杂志，影响很大，发行量最大时达2万册之多。当时很多青少年都是在《中学生》的陪伴下，度过他们的人生花季。

开明书店的出版物质量高，与它团结和培养了一批高素质的编辑和作者队伍有很大关系。开明最初聘请的赵景深、王蔼史、索非、夏丏尊、叶圣陶等几位，都是很有才干的人物。章锡琛非常注意从“文化人”的朋友中物色人才，一旦发现他们有加入开明书店的意愿，便立即加以聘请。先后来开明书店或为开明书店做事的有胡愈之、钱经宇、周建人、孙伏园、谢六逸、赵景深、刘权琴、刘薰宇、方光焘、丰子恺、夏衍、王伯祥、周予同、顾均正、徐调孚、宋云彬、傅彬然、贾祖璋、朱光潜、唐锡光、周振甫等。更值得称道的是，开明书店能不遗余力地提携无名作家和年轻作者，如20世纪30年代尚无名气的黎锦明、罗黑芷、贺玉波等人，其作品都是开明书店首先为他们编辑出版的。

开明的编辑方针和出书目的十分明确，为了方便读者，他们千方百计从内容到形式不断进行革新，以满足读者的需求。开明书店首创《开明活叶文选》就是典型例子。当时中学的语文教材大都由任课教师自己选定，由学校刻写、油印成讲义分发给学生。刻写、油印费时费力，又多错字脱句。章锡琛在中学当过国文教师，深知油印讲义的缺点，为此设计出版活页文选，广选历代名篇，从古文到白话文，各种文体具备，校对精细，详加注释，行款清楚，根据选目配售，可代为装订成册。由于活页文选极便于教师使用，因而在当时比商务印书馆、中华书局的课本更受国文教师的欢迎。[①]正是活页文选的创新，为开明书店后来的教科书编辑出版，开辟了一条新路。

开明书店出版的图书，其装帧设计、校对和标点，在当时都很有特色。钱君匋、丰子恺等大家为开明书店设计装帧的图书，大胆创新、新颖别致、恰到好处，大开风气之先。而开明书店沿袭已久、功效显著的“编校合一”工作制度[②]，增强了编校人员的责任心，培养和提高了编校人员的工作能力，既有利于消除编辑和校对人员的隔阂，又有利于出好书，快出书。在标点上，当时主持出版部的唐锡光建议把原来直排书排在文字中间的标点符号，改排在文字的右下角，使读者看起来更舒服，后来的开明书店版图书一直沿用，同行们称之为“开明标点”。[③]

开明书店精于管理，在出版界有口皆碑。在开明书店，有一支业务过硬，办事效率高，事业心强，认同开明书店的目标，且为开明书店发展着想的精干队伍。各部门负责人都事必躬亲，认真管理，使最少的人发挥最大的效率。开明书店认真吸取商务印书馆、中华书局在经营管理方面的经验，竭力压缩一切非生产性开支，把资金用在生产和扩大再生产方面。开明书店资本不雄厚，因此十分注意开源节流，如不大规模建房买房，而是租房修缮，因陋就简；货运用手推车，不置汽车，必要时才租用卡车；不在外地广开分店，外地发行也多委托

---

①唐锡光.开明的历程//中国出版工作者协会.我与开明.北京:中国青年出版社,1985:294.

②开明书店的“编校合一”制度,是指编辑和校对的职责既“分”又“合”。“分”,是指编辑和校对的职责明确,分工清楚;“合”,是指编辑不仅要通读清样,同样也负有一部分校阅校样的责任,但他所看的校样,一般不是他责任编辑的书稿,而校对,有时候也会分一些书稿,请他们审读后提出初审意见。“编校合一”在机构设置上表现为编校人员合室办公。

③吴世灯.论“开明精神”//中国出版科学研究所科研办公室.近现代中国出版优良传统研究.北京:中国书籍出版社,1994:417-424.

书业同业代销，等等。正是这种求精精神，使开明书店在竞争激烈的出版业中始终立于不败之地。

1937年，抗日战争全面爆发，在上海八一三事变炮火中，开明书店惨遭劫难，资产损失80%以上。在极其困难的情况下，开明书店同人没有气馁，相信“出版之业，实未穷途”[①]。1939年，《中学生》在桂林复刊，改名为《中学生战时半月刊》，由叶圣陶主编。1941年前后，范洗人、叶圣陶、章锡舟去内地寻求发展，先将开明书店的总管理处设在桂林，然后立足重庆分店，寻求复兴开明书店之路。为进一步开展工作，决定明确范洗人为开明书店的总经理，并重组董事会。在艰难的条件下，开明书店仍编辑出版了不少新书，如朱东润的《张居正大传》、吴祖光的《风雪夜归人》、胡绳的《二千年间》等，维持了《中学生》和《开明少年》两种刊物的出版，参加了教科书“七联”，重版了开明书店的教科书，赚取了不少利润，增加了资金量。抗战胜利后，1946年1月下旬，在叶圣陶的率领下，开明书店在渝同人迁回上海，重整旗鼓，继续奋斗。2月下旬，召开特别业务会议，议定编辑出版方针，编制营业概算，确定全国营业网。随后，在台北、开封、南昌、福州、沈阳等地设立分店、办事处。开明书店的分店一度达到16个。然而，好景不长，国民党发动内战，使开明书店同大多数书局一样，陷入危机。1949年上海解放，1950年开明书店向国家提出公私合营，1954年与青年出版社合并，正式成立中国青年出版社。

---

①此为叶圣陶复函夏丏尊、王伯祥信上的话。转引自：王知伊．开明书店纪事．出版史料，1985(4)：3-24.

第六节　生活书店、读书出版社与新知书店

生活·读书·新知三联书店，其前身是生活书店、读书出版社和新知书店。较早诞生的是生活书店，成立于1932年7月1日。读书出版社和新知书店分别成立于1936年和1935年，从建立之初，就在中国共产党的领导下开展编辑出版工作。生活书店原无任何政党背景，因刊布左翼文化，主张抗日救亡，而被国民党政府压制。后由于胡愈之等人的影响，加入了中国共产党领导的出版阵营。三店经过10多年的独立经营，于1948年10月实行全面合并，成立生活·读书·新知三联书店，一直延续至今。这三家书店在中国近代编辑出版史上产生过巨大影响。

一、前期的生活书店

生活书店由邹韬奋、徐伯昕等人创办，前身是生活周刊社。《生活》周刊原隶属于中华职业教育社，于1925年10月创刊。《生活》周刊创办初期，是一个不起眼的职业教育刊物，每期印数只有2000多份。邹韬奋接任主编后，革新刊物内容，调整刊物栏目，提倡大众化文风，重视文章可读性，使得刊物的影响日益扩大，发行最多时达到155 000份，成为当时全国销量最大的刊物。[①]《生活》周刊除了在内容和形式上精益求精外，还十分强调竭诚为读者服务，从而得到读者的大力支持。负责刊物经营的徐伯昕，以不断创新的精神兴办各种服务项目。随着委托买书读者人数的不断增加，1930年春，邹韬奋和徐伯昕商量决定，在生活周刊社中设立“书报代办部”，进而于1932年7月成立了

①徐伯昕.战斗到最后一息——纪念邹韬奋同志逝世三十五周年//中国民主促进会,中国出版工作者协会.怀念出版家徐伯昕.太原:书海出版社,1988:131.

生活书店。

在《生活》周刊成功基础上建立的同名书店——生活书店，很快在20世纪30年代的上海书业界脱颖而出，备受时人瞩目。这固然得益于《生活》周刊的先行影响，但最终能迅速崛起，还是依靠书店大胆的出版作风和别具一格的经营特色。从书店成立后所刊印的诸多出版物来看，尽管内容多门，但其编辑方针、基本的价值取向却与《生活》周刊一脉相通：或者为救亡而呐喊，或者为启蒙而低吟，或者为民主而搏击，无不关切时代的脉搏与痛痒。1933年底，《生活》周刊以“言论反动、思想偏激、诽谤党国”的“罪名”遭禁。[①]寻绎这一“罪名”之背后，正可看出生活书店直面黑暗现实，勇于抨击时弊，以及激荡思想潮流的编辑理念和大胆的出版作风。

1935年8月底，从海外流亡回来的邹韬奋对他出国两年间生活书店的快速发展相当满意：杂志的种类、本版书的数量、邮购户的数量等，均有大幅度的增加，书店租赁了门市房屋，而且还是开在上海书业繁华集中的四马路上，职工人数亦由他走之前的20人，发展到六七十人。邹韬奋回国后，生活书店继续发展，到1937年，生活书店共出书400种，期刊10余种，职工人数近100人，大有向大书局奋起直追的势头。在竞争激烈、强手如林的20世纪30年代的编辑出版界，这是很不容易的。

1937年7月，抗日战争全面爆发，原本就把抗日救亡作为编辑出版主要方针之一的生活书店，在全民抗日热情高涨的形势之下，业务突飞猛进，分支店从抗战前的2处发展到50余处，工作人员更是增加到300多人。图书出版数量明显增长，1937年生活书店出书150种，比1936年增加50%；1938年出书200余种，重版书近200种；1939年出

①徐伯昕.国统区革命出版工作//中国民主促进会，中国出版工作者协会.怀念出版家徐伯昕.太原：书海出版社，1988：96.

书240种。这是生活书店出版记录上最高峰的三年。[①]然而，到了抗战相持阶段，国共合作出现裂痕，生活书店再一次受到国民党当局的摧残，国民政府采用禁书、没收、封店、捕人等手段多管齐下，至1941年2月，曾一度遍布大后方的56个生活书店分店，被砍杀得只剩下重庆一个店。1940年至1944年，是生活书店遭受全面压迫、最为困难的时期。为了保存余留的力量和培养新生的力量，生活书店不得不采取守势，以待时机。1941年春，生活书店总管理处从全国出版中心——重庆迁往香港[②]，既是躲避打击的锋芒，也便于继续领导内地的业务和筹建新的编辑出版阵地。在香港，生活书店复刊了《大众生活》，发行了茅盾主编的文艺小品《笔谈》，直至香港沦陷时停刊。留在内地的，公开的工作此时已很难保存，只有转入地下，并从集中转为分散，以合作经营、主副业并举等新的经营方式，继续在国民党统治区内苦撑。[③]

二、前期的读书出版社

从当初办出版的历程来看，生活、读书、新知三家书店，十分相似，皆先刊而后书。就像生活书店之先有《生活》周刊一样，读书出版社先有《读书生活》半月刊作基础，新知书店也是先有《中国经济

①生活书店史稿编辑委员会.生活书店史稿.北京:生活·读书·新知三联书店,1995:123.

②生活书店创建于上海,1937年11月上海沦陷后,将总店迁往汉口,上海设为分店,并改名为远东图书杂志公司。1938年7月,生活书店决定正式成立总管理处,同年8月,总管理处从汉口迁往重庆。

③1942年留在重庆的生活书店同人,用5家出版社名义出书。分别是生活出版社、文林出版社、峨嵋出版社、国讯书店、立信会计图书用品社。在桂林建立自营或合营机构8个,挂了10个牌子,分别为三户图书社、三户印刷厂、建华印刷厂、学艺出版社、文学出版社、自学书店和新少年出版社(属学艺出版社的副牌)、光华行、立信会计图书用品社桂林分社、裕中行衡阳办事处。

情报》周刊和《中国农村》月刊打前阵。

《读书生活》半月刊创刊于1934年11月，李公朴任主编，柳湜、夏征农、艾思奇任编辑，初由上海杂志公司总经销，第三卷起由读书生活社自己发行，每期销量一万多份，有时多达两万份。1936年，读书生活社首次将《读书生活》上的文字结集成书，编辑出版时则用“读书生活出版社”名义，读书生活出版社由此正式创建。[①]

读书生活出版社刊印的第一本书是艾思奇的《哲学讲话》，发行不久便被查禁，后经过一些修改，改名为《大众哲学》继续编辑出版。《大众哲学》以深入浅出的文字，通俗易懂地讲解唯物主义辩证法，介绍当时人们知之甚少却又很想了解的马克思主义哲学，获得了读者的极大认同，到1948年12月底，共印行32版[②]，成为支撑读书生活出版社的一本重要畅销书。数以万计的读者由于这本书的影响，接受了马克思主义思想，走上了中国共产党领导的革命道路。

继《哲学讲话》之后，读书生活出版社又陆续将《读书生活》半月刊上的文章辑录出版，随后编辑出版了一套《角半小丛书》，一套儿童读物《少年的书》，翻译出版了苏联的一些文艺理论和文艺作品，以及其他一些单行本著作。至1936年，读书生活出版社出书数量为四五十种。

1936年11月，发生了“七君子事件”，李公朴被捕，《读书生活》也被查禁。读书生活出版社原本少有本钱，一两千元的开办经费，还是靠艾思奇等人向朋友、熟人筹借的，好在纸行和印刷厂可以欠款，书卖出了收回钱再还账。这时，书发不出去，账收不回来，顿时周转不灵，难以维持。艾思奇找郑易里商量，郑易里找他二哥郑一斋出资3000元，帮助读书生活出版社渡过了难关。为读书生活出版社今后发

---

①读书生活出版社迁到重庆以后，改名为读书出版社。

②徐丽芳，吴永贵．中国百年畅销书．西安：陕西师范大学出版社，2001：220.

展计，艾思奇、郑易里请来黄洛峰出任读书生活出版社经理。黄洛峰上任后，克服困难，重振社务，采取了一系列举措：成立新的董事会，进行机构和人事调整，建立新的规章制度和会计制度，向读者公开征求入股，等等，读书生活出版社的面貌为之一新。在编辑出版方面，明确了编辑出版方针，商定了编辑出版的长远规划，把分期、逐步出版“马克思恩格斯全集”作为规划当中的重要部分之一。也正因为如此，当郭大力、王亚南开始合译《资本论》，几度与几个大书局接洽出版不果后，读书生活出版社欣然应允。对于《资本论》的编辑出版，读书生活出版社给予高度重视，与译者签订约稿合同，按月支付译者版税，额度为每人每月80元，以支持译者顺利完成翻译工作。为了确保译者的稿费支付不受正常业务资金的影响，读书生活出版社还特意提出2000元，在银行单立账户，这在当时读书生活出版社资金困难、政治形势又不容乐观的情况下，是需要极大勇气和胆略的，但这也恰恰体现了共产党领导之下编辑出版者的高度政治觉悟。

读书生活出版社新出版规划实施未久，七七事变爆发。随着八一三事变的爆发，在上海从事编辑出版已变得困难重重，黄洛峰毅然做出迁往汉口的决定。1937年10月下旬，黄洛峰率领几个同事带了一批书籍和纸型，坐民船由内河到镇江，再改乘去武汉的轮船。大约在读书生活出版社迁往汉口的一个月以后，新知书店也从上海迁至武汉，时为1937年12月。

三、前期的新知书店

新知书店的历史，比读书生活出版社略长半年，成立于1935年秋。1935年夏天，发生了“新生事件”，《中国农村》和《中国经济情报》面临被迫停刊的危险。摆在刊物同人面前的有两种选择：要么任其停刊，要么逆风而上。经过反复讨论与分析，他们选择了后者，集资合作办起了新知书店。钱俊瑞任理事长，徐雪寒与华应申负责业务，姜君辰主持编辑工作。

新知书店从创立到八一三事变爆发，一共编辑出版了20多种书，均为社会科学方面的书籍，其中以系统介绍有关马克思主义的政治经济学理论和有关现实经济问题的书籍最为显著。书店虽然资金短缺，时有捉襟见肘之感，但由于所出之书多数受到读者欢迎而一再重版，遂在上海书业界站稳了脚跟。期刊方面，除编辑出版《中国农村》月刊外，还刊发了《语文》《新世纪》《阅读与写作》等。上海弃守以后，新知书店根据党的决定，西迁战时中心——武汉，1937年底在武汉恢复编辑出版业务。①

四、三家书店逐渐走向联合

差不多同时从上海迁到武汉的生活书店、读书生活出版社和新知书店，在战争岁月中有着许多共同的经历，并在共产党的领导下，逐渐走向团结与合作。西安事变后政治环境的相对宽松和弥漫全国的抗战情绪，促成了三家书店在这一时期的共同飞跃。然而，随着国共关系的再度紧张，共产党领导的读书和新知两家书店，便无可避免地遭遇到与生活书店同样的厄运，在国民党政府的蓄意打击和破坏下奄奄一息。一时兴起的众多分支店，或加以封闭，或限期停业，最后三家书店都各只留一个重庆分店。分布在大后方各处的三家书店及分支店，或更改名称，化名自营；或变化方式，实行投资合营；或从事副业，以丰补歉，策略性地做着化整为零的工作。而在雾都重庆，书店一日不封，营业照常进行，同时还积极开展出版界统战工作。1943年12月，三家书店作为核心力量，在重庆组织了20余家中小书店，成立新

①徐雪寒.新知书店的战斗历程.出版史料,1982(1):41-51.

出版业联合总处，进而又有联营书店重庆总店及成都、西安分店的设立。读书出版社的黄洛峰任联营书店总店董事长。

在抗战期间，生活、读书、新知三家书店，在政治上保持一致，在业务上有分有合。1945年8月，抗日战争取得了最后的胜利，三家书店也开始在党的指示下，分步骤地走向全面联合。重庆三家书店的门市部首先实行合并，人事方面完全组成一个班子。1945年11月，三家书店在重庆的各门市部，均改挂起“生活书店·读书出版社·新知书店三联书店”的招牌。三家在重庆新收到的书稿，统一由联合出版部以人民出版社的名义出版，总店总管理处则跟随书店复员大潮，迁返到上海。

在上海，遵照重庆时既定的方案，依然各开门市①，各挂各牌，分别经营，目的是为了多占领发行阵地，多出、快出书刊以飨读者。生活书店在编辑出版众多单行本图书之外，还新编和重印了《青年自学丛书》《汉译世界名著》《生活丛书》《百科小丛书》等丛书，发行了《理论与现实》《读书与出版》《民主》等刊物。读书出版社的重头戏是重印了抗战时期出版的《资本论》。②新知书店将抗战初期、中期的出版物，以《新知丛书》重行再版，又接受党的指示，编辑出版了《国际现势丛书》和《新认识丛书》等。三家除了用自身的名字出书外，各自在上海还有一些副牌店，如华夏书店、骆驼书店、峨嵋出版社、

①返回上海后的生活书店门市，设在吕班路，新知书店的门市开在四川路。读书出版社也有在四川北路开设门市的准备，后因形势的变化而作罢。

②《资本论》第一卷译竣后，上海已沦为“孤岛”。读书出版社利用上海当时印刷成本低廉的有利条件，采用译排校印流水作业的方式，加速《资本论》的出版。三卷本全译本于1938年9月在上海正式问世。《资本论》初印3000部，1000部留沪分发，另2000部用轮船发往广州转内地，广州沦陷时，在兵荒马乱中，2000部书不幸全部沉入海底。痛惜之余，又加速赶印2000部。抗战胜利后，读书出版社在上海修订再版《资本论》，并把发售预订广告刊登在1947年2月20日国民党《中央日报》的头版头条，成了著名的“广告事件”。该广告由范用精心设计。

致用书店、士林书店、新生图书服务社、自由出版社等。

在上海之外，继重庆三家合并成“三联书店”之后，又陆续在国统区的一些重大城市开设了“三联书店”分店，只不过为了避免遭到打击，在不同的地方用不同的店名而已。1946年6月底，国民党对解放区发动全面进攻。为保存力量，防患于未然，1947年秋季，三店领导人先后从上海转移到香港。上海方面，经营者在得知国民党上海市执行委员会发出查封三家书店的密令后，于1948年10月公开宣告歇业，自行停止了门市。几天之后，三家书店在香港最终完全合并。1949年四、五月间，三联书店总管理处迁到北京，原来在东北的光华书店和在华北的新中国书局，都统一改称“生活·读书·新知三联书店”。

第七节　其他有影响的中小民营编辑出版机构

民国时期长期实行的出版登记制度，造就了出版业进入的低门槛，形成了出版主体的多元化和出版机构的复杂化。有人在统计的基础上做过估计，在1912年至1949年的38年时间里，总共出现过的图书编辑出版机构，其数量多达1万家。[①]这些形形色色的编辑出版机构，可以从多种不同的角度进行划分：或按机构规模，划分成大、中、小各级书店；或按资本构成，划分为独资、合伙和股份制；或按出版品种结构，划分为综合性和专业性；或按书店性质，划分为政治性、宗教性和商业性。这些编辑出版机构在书海沉浮中，绝大多数旋起旋灭，市场“成活率”极低。到中华人民共和国成立之初，出版登记者仅百余家而已。从历史上看，民国时期能维持10年以上的编辑出版机构，基

①汪家熔.商务印书馆史及其他.北京:中国书籍出版社,1998:334.

本上是那些走市场化路线的民营书店。这些书店[①]一方面历史较为悠久，出书较多，影响较大；另一方面，能在激烈的市场竞争中生存和发展下来，在经营上亦有供后人借鉴的地方。

一、新潮社

1918年岁末，在北京大学红楼图书馆的一个房间里，北京大学一些受新文化运动影响的青年学生傅斯年、罗家伦、徐彦之、顾颉刚、俞平伯等人，在蔡元培、陈独秀、胡适、钱玄同、李大钊等师长的直接指导与帮助下，发起成立了北京大学的第一个学生社团——“新潮社”。社团与期刊共生，是五四时期的一个重要文化现象。新潮社最初的组织形式，就是新潮杂志社。《新潮》一共编辑出版了12期，历时2年零5个月。新潮社还编辑出版图书。1919年11月19日，新潮社举行全体社员大会，决议将该社从杂志社改变为学会，并正式启动丛书的编辑出版工作，先后编辑出版了《新潮丛书》(6种）和《文艺丛书》(11种)。

新潮社从创办到结束，一共编辑出版了1种期刊、2套丛书。出版物数量虽然不多，但相比于同时期的其他文化社团，这样的成绩已是相当突出了。新潮社作为一个以学生为主的社团，在资助无多、经验不足，学生又一茬茬毕业，人员变换频繁的情况下，能把编辑出版做到如此地步，更是十分难得。重要的是，新潮社的同人们在从事编辑出版活动过程中，熔铸了强烈的时代感和文化使命意识，“批评的精神”“科学的主义”和“革新的文词”，被确定为出版物应采用的三

①民国时期出版机构在称呼上不尽统一，名之为书局、书店、出版社、印书馆、图书馆等各种情况的都有，本书行文中往往以“书局”或“书店”笼统地概称这些机构，这是需要向读者诸君特别交代的。

“原素”。在此目标下编辑出版的书刊，自然出手不凡。《新潮》杂志一直站在时代变革的最前沿，提倡白话文学，翻译西洋文字，介绍国外思潮，批评国内问题，为文学革命呐喊助威，为思想革命鸣锣开道。它是《新青年》最坚实的同盟军，与《新青年》一道，共同擎起了新文化运动的大旗，扩大了新文化运动的影响，成为新文化运动的重要阵地。而继《新潮》杂志之后的《新潮丛书》和《文艺丛书》，虽然编辑出版形式上与《新潮》有别，但在编辑出版理念和编辑出版精神上却是前后统贯，一脉相承。这两套丛书，不管是撰述文字，还是翻译作品；不管是名家名篇，还是新人新作，都以原创和革新的面目，探索和进取的精神，在那一时期的出版物中占据着重要的地位。鲁迅的《呐喊》、孙福熙的《山野掇拾》、冯文炳的《竹林的故事》、李金发的《微雨》皆为作者的处女作，极具艺术风采。这些作者后来都有重大的发展，他们的艺术风格产生了社会影响，甚至还形成了流派，在现代文学的奠基和发展中具有不可低估的历史意义。

二、北新书局

北新书局与北京大学新潮社在历史渊源上有着前接后续的关系。北新书局自1925年创办，一直延续到中华人民共和国成立初期。在旧时书局“成活率”不高的情况下，北新书局算得上一家历史比较悠久的出版社了。其历史，若从编辑出版活动之中心来划分，大致可分为北京时期和上海时期。北新书局初成立时的地点设在靠近北京大学的翠花胡同，本是李小峰自己的住宅，室内挂一块牌子，置备几只装书的木箱子和一个陈列出售书籍的书架子，便成为书局办公及对外联络之所在，确乎因陋而就简。工作人员也只有李小峰一家人——大哥李志云和妻子蔡漱六。[①]北新书局在北京从事书刊编辑出版的历史，有3年多的时间。1927年春，张作霖入关进驻北京城。北新书局以宣传共产主义的罪名被查封，李小峰遭通缉，随后南下上海，北新书局也随之南迁，将原来在上海的分店改为总店，而原来在北京的总店则改为分店。

南迁后的北新书局并没有改变其出书方向，文艺书刊直到20世纪30年代初依然是重头戏。鲁迅、周作人、郁达夫、冰心、林语堂、柳亚子、章衣萍等作家的新作，依然源源不断地经北新书局送往读者手中。原来在北京被张作霖查封的《语丝》杂志，在书局的请求及在沪作家的支持下，也于1927年12月17日在上海复刊后重归北新书局发行。另外，孙福熙主编的《北新》周刊[②]，鲁迅与郁达夫合编的《奔流》月刊等，都是以文学为主的刊物。在刊物周围，聚集了一大批与北新书局发生过或大或小关系的作家队伍。在新文学的山地水田里，北新书局耕耘既早，收获也大。一时间，在上海的新书出版业中，北新书局享有“新文艺书店的老大哥”这一美名。然而，到了1930年前后，掌舵人有意识地把编辑出版航向从原来声成名就的文艺领域，转向儿童读物和教科书的编辑出版。虽然，在以后的出版岁月中，北新还时有文艺书籍面世，但渐失原来的锐气和锋芒。因而，北新书局的历史，又可以根据前后出版物重点之不同，分为文艺书刊编辑出版时期和儿童读物与教科书编辑出版时期。

1930年以后，北新书局编辑出版的教科书品种多，范围也相当广，涵盖小学、初中、高中、大学等多个层次，内容包括国语、算术（含代数、几何、三角等）、自然、公民、英语、历史、物理、化学、生物、生理卫生、乐理、图画、美术等多个学科。《民国时期总书目·中

①李小峰.鲁迅先生和北新书局.出版史料，1987(2).
②1927年11月，该刊改为半月刊，由潘梓年主编。

小学教材卷》中，收录了62种由北新书局编印或发行的教科书、教辅书，由于《民国时期总书目》本身收录不全，故实际数字肯定还要多。

北新书局的儿童读物，在当时的出版文化界亦有相当大的声名。1930年，赵景深在李小峰的盛情邀请下，出任北新书局总编辑，同年12月，陈伯吹也加盟北新书局，出任儿童编辑室主任。有此两位儿童文学创作家和研究者的主持和擘画，原本有些基础的儿童读物出版，跃上了一个新台阶，最为明显的一点是，北新书局的儿童读物开始走向规模化和系列化。从1933年8月18日的《申报》图书广告可以看出，北新书局的儿童读物已覆盖小学生读者的各层次年龄段，既有适合低年级学生阅读的《连续图画故事》60册，也有适合中年级学生翻看的《常识丛书》100册，为中高年级学生准备的《小朋友丛书》也达到了100册的庞大规模。这三套丛书在当时十分畅销，为北新书局赚了不少钱。[①]从1926年开始，北新书局还从全国各地来稿中征集民间传说故事，到了20世纪30年代仍在赓续出版，前后编辑出版总数近40种，编入其中的各种民间故事近千篇。像这样大规模地搜集、编辑、出版中国民间故事的举动，在当时是空前的，影响也是巨大的。

若仅就书业经营的角度来说，北新书局从1930年开始将编辑出版重点从文艺读物向儿童读物和教科书转移，商业上固然不失成功；但倘若从文化贡献的角度而论，曾对北新书局给予极大帮助的鲁迅很不以为然，“先生以为这是大大的失策。如果他（指北新书局）坚持早先立场，倒是一个为文化服务、令人敬佩的书店。”[②]言下不无惋惜之意。不过，好在北新书局失之东隅，收之桑榆，在后来锐意经营的教育出版方向上，为我国的中小学生课内和课外教育也贡献了自己的力量。

①车锡伦.“林兰”与赵景深.新文学史料，2002(1):36-37.

②许广平.鲁迅和青年们.转引自：宋原放.中国出版史料·现代部分：第一卷(上册).济南：山东教育出版社，2001:340.

三、亚东图书馆

亚东图书馆成立于1913年，创办者是汪孟邹，安徽绩溪人。汪孟邹在上海创办亚东图书馆之前，曾在安徽芜湖经营一家以贩卖新书为主的书店——芜湖科学图书社。辛亥革命时期著名的白话刊物——《安徽俗话报》，便是由芜湖科学图书社发行的。辛亥革命以后，汪孟邹在好友陈独秀的鼓动与促成之下，在上海惠福里（四马路）租下房屋，挂起亚东图书馆的招牌，正式开始了他近40年的出版生涯。[①]

亚东的名字为众人所知，是在五四运动期间。从1919年到1928年这十年，既是亚东经营最为蓬勃兴旺的十年，也是亚东对中国现代文化建设贡献最大的十年。特别是1919年至1922年，在新文化运动高歌猛进的年代，亚东率先编辑出版的新诗集、白话文存以及标点旧小说等，可视为新文化运动成果的直接反映，也是一个出版者对时代潮流积极响应和出版支持的表现。在新诗编辑出版方面，胡适的《尝试集》、康白情的《草儿》、汪静之的《蕙的风》、俞平伯的《冬夜》等，均是我国新诗史上的早期代表作；在文存文集编辑出版方面，新文化运动领袖胡适、陈独秀等人的《文存》，被青年人奉为“白话文的模范，新知识的渊泉”[②]；在翻印白话小说方面，亚东图书馆对《水浒传》《红楼梦》《西游记》《三国演义》等古典白话小说的标点分段，是我国第一次将新式标点用于古籍整理，对当时标点符号的普及和国语教育的推行，起到积极的推动作用。这三类作品的及时编辑出版，因为顺应时代潮流而被大批读者追捧，印量大，销路广，一直是亚东图书馆多年的扛鼎之作。亚东图书馆凭借这些著作的印行，在竞争激烈的上海书业界赢得了重要的一席之地。

---

①汪原放.亚东图书馆简史.出版史料.1988(3、4).

②《水浒续集》再版附页广告//罗贯中，陈忱.水浒续集，上海：亚东图书馆，1925.

五四时期的亚东图书馆，不仅在出版选题上引领时代前进的潮流，而且出版作风上更是不见得有半点的浮躁与马虎。亚东图书校对谨严，错别字少，是当时出版界公认的事实。胡适在亚东图书馆出版的作品或文集的自序中，多次对亚东图书馆编辑汪原放、章希吕、汪乃刚、余昌之等人的精细作风表示感激。标点本古典白话小说是亚东图书馆多年的拳头产品，其校勘之仔细，标点之认真，既被鲁迅这样的文人学者所赞赏，写信叮嘱他人指定代购[①]，也使张静庐这样的书业同行折服，在文章中誉称为“铅粒的亚东版”[②]。亚东图书馆对出版物品质的较真劲，使当时的亚东图书馆在读者心目中树立了良好形象，也为后来的亚东图书馆在编辑出版文化史上留下了美名。

四、泰东图书局

在五四时期的上海中小书局中，与亚东图书馆同样知名的还有泰东图书局。泰东图书局成立于1914年，起初是当时政学系的出版机关，其股东与政学系多有关联，编辑出版的计划亦注重政治方面的内容。“讨袁之役”胜利以后，泰东图书局的股东们都到北京做官去了，泰东图书局就交由经理赵南公一手操持。民国初期，鸳鸯蝴蝶派小说正在市场上大行其道，赵南公也跟着出了好几种“礼拜六派”的消遣作品。而当1919年新文化运动风起云涌的时候，泰东图书局跟着在出版上做好了蹚新路的准备。1920年至1921年初的这一年多的时间里，泰东图书局编辑了两本杂志——《新的小说》和《新人》，承担了《民铎》《评论之评论》《家庭研究》《国民》等期刊的发行工作，开发了“新人丛书”“新潮丛书”“小本小说”三个系列的图书选题，编辑出版了胡

①鲁迅.鲁迅全集:第12卷.北京:人民文学出版社,1981:85.
②张静庐.在出版界二十年.上海:上海书店,1984:103.

寄尘编的《〈尝试集〉批评与讨论》、陶乐勤译的《政治经济学》、邵飘萍著的《失业者问题》、邹敬芳译的《劳动总同盟之研究》、蔡晓舟著的《国语组织法》、覃寿公译述的《近世社会学》，以及杜威的三个演讲集《教育哲学》《哲学史》和《实验论理学》等单本图书。泰东图书局编辑出版的这些书刊，均属于“新潮”范围。然而，泰东图书局编辑出版的这些新书刊，学术味较浓，销路并不理想。1921年2月至4月，赵南公准备改组泰东图书局编辑部。他请来湖南人李凤亭，并聘请了李凤亭推荐的、尚在日本留学的成仿吾。1921年4月，成仿吾抵达上海，与成仿吾同行的还有郭沫若。成、郭二人原本为他们的同人刊物寻找出版单位而来，急需用人的泰东图书局恰好给了他们一个接触出版界和施展才华的机会。

被泰东图书局收留的郭沫若，在1921年4月3日至5月27日一个半月的时间里为泰东图书局编定了自己的新诗集《女神》，改译了德国小说《茵湖梦》，标点了元代著名杂剧《西厢记》。这三本书都称得上出手不凡。仅一年时间里，《女神》便印了3版，《茵湖梦》印了6版，《西厢记》也印了3版。[①]郭沫若富有成效的出色工作，赢得了赵南公的首肯，同意为其出版同人刊物。以此为基础，1921年6月8日，五四新文学时期最为著名的社团之一——创造社宣告成立。

从创造社在日本东京成立，至《创造周报》1924年5月9日停刊，前期创造社的活动时间近3年。这3年的“创造”历程是与泰东图书局紧紧联系在一起的。在这3年时间里，泰东图书局编辑出版的创造社书刊主要有《创造》季刊、《创造周报》《创造社丛书》《世界名家小说》《世界少年文学选集》《辛夷小丛书》。就是凭借这些书刊，郭沫若、郁达夫、成仿吾等创造社同人“异军苍头突起”，掀起了中国新文学界的阵阵波涛。也就是凭借这些书刊，泰东图书局实现了质的飞跃，从原

①刘纳.创造社与泰东图书局.南宁:广西教育出版社,1999:97.

来的默默无闻到备受瞩目。出版与文学，出版与社团，如此紧密地联系在一起。文学因出版而兴盛，出版借文学而繁荣。泰东图书局和创造社的密切合作，提供了一个中国近代文学和编辑出版相结合并共赢的典范。

五、良友图书印刷公司

良友图书印刷公司是由广东人伍联德集资创办的一家编辑出版机构，起初开展的业务是印刷。1926年2月15日，在印刷所开办7个月之后，一本连伍联德自己也承认是冒险的新型画报面世了。[①]画报取名为《良友画报》，与公司的名字相一致。画报以它别具匠心的开本、图文并茂的形式和包罗万象、丰富多彩的内容，吸引了广大的读者，行销海内外，取得了莫大的成功。正是这份画报使当时的广大读者熟悉了良友图书印刷公司，也正是这份画报在商业上的巨大成功，使良友图书印刷公司的经营重点完成了从印刷向编辑出版的转移，并由此跻身当时的名社之林。

以《良友画报》的良好开端为基础，良友图书印刷公司首先在期刊编辑出版领域开疆拓土，形成自己出版物的第一大特色。《良友画报》出版一年左右，良友公司便推出了《艺术界》《现代妇女》《体育世界》和《良友银星》四种定期刊物。《中国学生》《健美月刊》《小世界》等期刊在良友的期刊编辑出版史上也占有一席之地。良友公司编辑出版的杂志中，除了《美术杂志》和《音乐杂志》专业性强、读者面相对狭窄以外，绝大多数走的是雅俗共赏的大众期刊的路线，其中不少刊物受到了读者的欢迎。尤其是《良友画报》，1929年的销量为每

①马国亮．良友忆旧：一家画报与一个时代．北京：生活·读书·新知三联书店，2002：14.

期3万册[①]，1933年的销量更是达到每期4万册[②]，为全国少有的几个大销量月刊之一。

《良友画报》作为一种以反映都市休闲生活为主要内容取向的刊物，非常注意对新潮生活方式的介绍。出于编辑画报的需要，良友公司收集了许多中外电影明星的彩色图片，而将这些图片印制出来并大量出售，则可视为良友公司在画报出版上的自然延伸。20世纪二三十年代，随着有声电影的兴起，一些好莱坞歌舞片中的歌曲和国产电影中的插曲风靡一时，良友公司紧握时机，预先收罗到这些歌曲，翻印就绪，待电影放映时及时推出，借风而行船，销量之大，往往每天在一二百套以上。良友公司前后印行的图片有100多种，各种歌曲600多种。[③]这些歌曲和图片，构成了良友出版物的第二大特色。

良友出版物的第三大块则是各种文艺书籍的编辑出版。主持良友文艺书籍出版的灵魂人物，是从上海光华大学毕业不久的年轻编辑赵家璧。赵家璧担任良友文艺书籍出版部主任以后，大胆开拓丛书选题，注重名家名稿的约写，先后为良友公司编辑出版了至今还为人称道的，包括有鲁迅、老舍、巴金、徐志摩等名人作品在内的《一角丛书》《良友文学丛书》《良友文库》《中国新文学大系》等。尤其是《中国新文学大系》，500万字选材，20万字导言，布面精装10大部，收集了中国新文学运动第一个10年（1917—1927）的主要资料。全书由蔡元培作总序，胡适、郑振铎、茅盾、鲁迅、郑伯奇、周作人、郁达夫、朱自清、洪深、阿英等在文艺界各个领域具有权威性的人物担任各集的编选。直到今天，这套丛书以它不可替代的史料价值，依然在重印。良

①马国亮.良友忆旧:一家画报与一个时代.北京:生活·读书·新知三联书店,2002:47.

②申报.1933-02-02.

③马国亮.良友忆旧:一家画报与一个时代.北京:生活·读书·新知三联书店,2002:49-51.

友公司前后编辑出版的文艺书籍，其数量不下120种。[①]

六、文化生活出版社

文化生活出版社是由吴朗西和伍禅发起创办的。创建时，巴金正寓居日本，但吴朗西等人认为，巴金是国内知名作家，拥有大量读者，且有做编辑的经验，便邀他回国主编《文化生活丛刊》。1935年5月，文化生活出版社的第一套丛书《文化生活丛刊》正式问世，文化生活出版社也随之对外宣告成立，其时社名为“文化生活社”。同年8月，巴金归国，在上海昆明路德安里20号租得一间房屋，正式成立编辑部，负责全部业务。[②]9月，出版社正式改名为“文化生活出版社”。

此时，文化生活出版社已编辑出版《文化生活丛刊》《文学丛刊》《译文丛刊》3套系列丛书和1个文学刊物——《文丛》月刊。[③]到了1937年，在接编以前3套丛书的基础上，又新增《新时代小说丛刊》《战时经济丛书》《综合史地丛书》《现代日本文学丛刊》《新艺术丛书》5套丛书，业务蒸蒸日上。然而未久，八一三战役爆发，使得文化生活出版社如日中天的业务几陷停顿，辗转于西南各地的同人，在艰难的条件下，一边重印旧书，一边出版新书。《呐喊小丛书》《烽火小丛书》《烽火文丛》《剧作家选集丛书》《现代长篇小说丛书》《文季丛书》《文学小丛书》《翻译小文库》等，都是抗战期间编印出来的。抗战取得胜利后，和大多数书店一样，文化生活出版社返回上海，以

①在1937年良友出版的《二十人所选短篇佳作集》书中，刊登了120种良友版文艺书籍的内容简介。

②李济生.巴金与文化生活出版社.上海:上海文艺出版社,2003:16.

③《文丛》月刊，是由《文季月刊》改版而来。《文季月刊》创刊于1935年，巴金、靳以任主编，由良友图书印刷公司发行，遭禁后，文化生活出版社为满足读者需要，毅然另创新刊《文丛》以替代，仍请靳以为主编。

前编印的丛书陆续出版，组织上则改为股份有限公司，生物学家朱洗被推为董事长。[①]2集7本的《现代生物学丛书》就是由朱洗主编出版的。1954年，文化生活出版社并入公私合营的新文艺出版社，结束了它近20年的历史。

从1935年创办到1954年公私合营，文化生活出版社编辑出版了28种丛刊、专集、选集，计226部作品。出版物的数量与大书局相比，自然不能算多，但对当时及后世的影响却很大。作为一家风格独特的文学编辑出版机构，其在近代文化史上的意义至少表现在三个方面：其一，文化生活出版社诞生于文学出版的低落时期，它的创办，对于20世纪30年代中期我国文学的创作与出版，起到了振衰起弊的作用。其二，在巴金的主持下，文化生活出版社唯文学艺术是举、包容百家的出书宗旨，使其出版物别具一种恢弘博大的非凡气度和穿越时空的历史生命力。其三，作为一个同人性质的出版社，文化生活出版社所追求的出版理想，在多年的编辑出版实践中凝结成一种精神，在近代编辑出版史上具有典型性代表意义。

文化生活出版社一直以图书质量高、定价低、装帧精美，在读者中享有盛誉，而把读者和作家看作出版社的"衣食父母"，更是主持人巴金一贯的风格和常挂在嘴边的口头禅。文化生活出版社的同人们，均是为了理想而献身出版，无论是总经理吴朗西，还是总编辑巴金，都是义务劳动，从未从社中领过分文薪水。职工们所拿的工资，也十分微薄，仅够糊口而已。[②]对此，巴金的解释颇具代表性，他说："我在文化生活出版社工作了十四年，写稿、看稿、编辑、校对，甚至补书，不是为了报酬，是因为人活着需要多做工作，需要发散、消耗自己的精力。我一生始终保持着这样一个信念：生命的意义在于付出，

①朱联保.近现代上海出版业印象记.上海:学林出版社,1993:115.

②李济生.我所知道的文生社.出版史料,1984(3):33-39.

在于给予，而不是在于接受，也不是在于争取，所以做补书的工作我也感到乐趣，能够拿几本新出的书送给朋友，献给读者，我认为是莫大的快乐。”①正是这样的信念，使该社成员保持着一种可贵的理想，并且为了实现这样的理想而忘我地工作着，精心地经营着这一方虽不是很大却卓尔不群的出版天地。即便在战争困难面前，也依然不气馁，不失初心，奋斗前进，坚持到底。文化生活出版社的实践和贡献，就像一个标识牌，为中国近代编辑出版业树立了一种类型典范。

七、上海杂志公司

在中国近代书业活动中，杂志往往由书店兼卖。专门贩卖杂志的书店，在我国出现较晚。1934年5月1日，上海第一家也是中国出版史上第一家专门贩卖杂志的书店——张静庐创办的上海杂志公司开门营业。狭小的门面，老板伙计共计3个人，只有20元的创办费，居然大获成功，半年经营下来，赚了好几千元钱。“比较任何有历史有地位有号召力的书店相差无几；有的更可以超过它。——专靠门市一部分零星贩卖的话。”对此，连张静庐本人也感到意外。他事后将其经营成功的经验总结为三个字——快、齐、廉。所谓“快”，就是尽早让杂志与读者见面，力图做到杂志甫一出版，店里即有现货可卖。所谓“齐”，就是广事搜罗各种杂志，陈列在一起，相当于一个品种繁多的“杂志市场”。所谓“廉”，就是尽可能地让利给读者，采用两天生意一天做、多打折多销售的薄利多销模式。

公司有了钱，便不再满足于单一的杂志销售，开始涉足杂志的代理发行，进而自己编辑出版杂志和图书。《大陆画报》《大上海画报》《健美》《印象》《东流文艺》《皇后》《电影世界》《先路》《健康生活》

①李济生.巴金与文化生活出版社.上海:上海文艺出版社,2003:5.

《现代文艺》《现象》《生生月刊》等[①]，均在上海杂志公司的名义下，经销到全国。在代理发行杂志的过程中，公司同样积累了许多至为宝贵的经验，张静庐后来把这些经验写成心得文字，附在他的自传中。在编辑出版方面，上海杂志公司最先刊行的杂志是李公朴主编的《读书生活》半月刊，接着又陆续刊印了《文艺画报》月刊、《青青电影》半月刊、《译文》月刊、《作家》月刊、《中流》半月刊、《自修大学》两周刊等其他刊物。其中的许多刊物，因由名家主编，在当时产生了较大影响。[②]公司编辑出版的图书中，以《中国文学珍本丛书》较受时人关注。该丛书的出版运作，充分演绎了该公司所固有的“杂志”元素，以“珍本大众化”（即在价格上一如杂志的低廉）和“丛书杂志化”（即在编辑出版方式上一如杂志的定期连续）[③]作为两大主题，从而把图书出版和杂志业务有机联系和衔接起来。这样一种编辑出版策略，从创意的角度而言，应该说是相当高明的。遗憾的是，由于当初计划做得不够严密，兼之印刷技术等方面的限制，这套丛书在编校质量上不尽如人意，只编辑出版了计划中的第一辑，共50种。

全面抗战爆发后，1938年春，上海杂志公司从上海迁往汉口，后又徙转于长沙、桂林和重庆，并先后在广州、金华等地设立了12处分支机构。其间，公司陆续编辑出版的各种书刊数量在百种以上，其中以配合抗战宣传为内容的占大多数，如舒群主编的《战地》半月刊、胡风主编的《七月》半月刊、中国作家协会主编的《抗战文艺》、刘群主编的《当代青年丛书》、郑伯奇主编的《每月文库》丛书、刘白羽著

---

①上海杂志公司代为发行上述杂志。参见：上海杂志公司将迁新屋.申报，1934-11-18.

②《译文》为黄源主编，《作家》为孟十还主编，《中流》为黎烈文主编，《自修大学》为平心主编。

③《中国文学珍本丛书》规定，每周六出版一本，或诗词，或文曲，间隔调剂开来，其情形类似于定期出版而又口味错杂的周刊杂志。

的《八路军七将领》《游击中间》、舒群著的《西线随征记》、姚雪垠著的《战地书简》、碧野著的《北方的原野》等，对宣扬民族抗战起到了积极的作用。抗战胜利后，公司迁回上海，1951年，和几家书店组成文艺联合出版社，1955年公私合营后，并入新文艺出版社。

第七章

中国近代重要编辑家

ZHONGGUO
JINDAI
ZHONGYAO
BIANJIJIA

在中国近代特殊的历史背景下，优秀的编辑出版人拿起手中的笔，用智慧和激情推动了编辑出版事业的发展。他们或为宣传政治思想，或为普及民智，或为国家兴亡计，抑或兼而有之，为我们展示了一幅多姿多彩的近代编辑群英图。

第一节　晚清重要编辑家（一）

一、徐寿——译书编书为兴国

徐寿（1818—1884），江苏无锡人。他自幼喜好读书，从青少年时代就开始接触西方科学，并对此产生了浓厚的兴趣。1861年，徐寿被曾国藩招进安庆内军械所，并在华蘅芳等人的帮助下于1862年制造出中国第一台蒸汽机，1865年又制成中国第一艘蒸汽轮船“黄鹄”号。

1868年，江南制造局翻译馆在徐寿的建议下成立。徐寿主持翻译馆的译书工作，也参与具体书籍的翻译。同在翻译馆的英国人傅兰雅曾写道：“成此一举，藉无锡徐、华二君之力为多。”[①]其中“徐”即徐寿。

1874年，徐寿与傅兰雅在上海筹建格致书院，于1876年建成。此

①傅兰雅.江南制造总局翻译西书事略//张静庐.中国近代出版史料：初编.北京：中华书局，1957：9.

为中国第一所新式科技学校，课程内容为西方的近代科学。同年，徐寿开始参与编辑中国最早的科技期刊《格致汇编》。《格致汇编》在当时产生了广泛的文化影响。期刊主编是傅兰雅，而具体负责编辑工作的是徐寿，[①]他不仅为《格致汇编》作序，阐述办刊宗旨，还撰写和编辑了大量稿件。《格致汇编》择要摘译与格物学有关的书籍和近事新闻，方便人传阅。刊物的内容适应时代要求，注重与读者交流并给予指导。徐寿经常在《格致汇编》的“相互问答”一栏中，为读者解答日常生活现象、普及科学知识，拉近了读者与编者的距离，促进了近代科技知识的传播。

徐寿坚持编译西书长达17年，一共翻译了《西艺知新》《西艺知新续编》《化学鉴原》《化学鉴原续编》《化学鉴原补编》《化学考质》《化学求数》《物体遇热改易说》《汽机发轫》《营阵揭要》《测地绘图》《宝藏兴焉》和《法律医学》13种书籍[②]，其中大多为化学图书，由傅兰雅和徐寿合作译成。其译书方法是：先由外国人将书籍的内容用汉语讲出来、徐寿笔录，就意义不明的地方进行商议和探讨，确定用词与用语。然后将翻译的初稿进行编辑加工，使其文通字顺，符合中国人的阅读习惯。印刷之前再将重要部分通读一遍，无差错后才可定稿。这样的翻译方式虽然比较耗时，但是翻译质量很高。

纵观徐寿的编译生涯，他有一个鲜明的主张，那就是将“译书”视为造福后人的知识整合与传播活动，并将科技的振兴与国家的发展联系起来。徐寿将编译西书作为开民智、兴天下的重要途径，并将西方自然科学知识的传播当作影响深远的大事。徐寿上书李鸿章建议设翻译馆时强调：“治平之学格物为先，而制造之方致知尤赖。所以格致

①王治浩.格致书院与《格致汇编》//杨根.徐寿和中国近代化学史.北京：科学技术文献出版社，1986：148.

②赵尔巽，等.清史稿（第四十六册）.北京：中华书局，1977.

一门尽人所宜讲求，亦今日所为急务者也。”[①]他认为，将西方重要的科学著作进行翻译整理并印行传播，不仅可以弥补当时格致之学书籍甚少的现状，也可以让国人都能接触和学习先进的西方科学知识。他对于所选所译之书，均注重是否可以对后世产生有益影响。在编辑《格致汇编》时，也尽量采用通俗易懂的讲述方式，希望为国民破除迷信、普及科学。由此可见，徐寿的编辑活动与其强烈的社会责任感是分不开的。

二、李善兰——译本内容新，质量高，适合国人阅读

李善兰（1811—1882），浙江海宁人。他自幼聪颖好学，酷爱钻研中国古代数学名著。在嘉兴任教期间，撰写了《对数探源》《四元解》等著作，声名鹊起。

1852年至1859年，李善兰受聘于上海墨海书馆，与伟烈亚力、麦都思、艾约瑟、韦廉臣等外国传教士合作，编译了许多西方数学及自然科学著作，如《几何原本》后9卷、《植物学》8卷、《代微积拾级》18卷、《代数学》13卷、《谈天》18卷、《重学》20卷、《圆锥曲线说》3卷、《奈端数理》未完稿等。[②]其编译的科技著作主要是数学方面的。在编译过程中，李善兰采用当时普遍的译书方法，即“外国人口述、中国人笔录”，这一过程看似轻松，实则费心费力。译者必须对所译内容有深入的理解，才能删改错讹、厘正文字、加工再造。李善兰凭借其扎实的数学功底，在翻译过程中将直译的内容与自己的研究融为一体，出色地完成了翻译工作。

---

①徐寿.上李制宪李中堂禀稿//汪广仁.中国近代科学先驱徐寿父子研究.北京：清华大学出版社，1998.

②李迪.十九世纪中国数学家李善兰.中国科技史杂志，1982(3)：15-21.

1868年，经广东巡抚郭嵩焘推荐，李善兰进入京师同文馆担任算学总教习。其时，编译科技图书的潮流刚刚兴起，没有先例可循。李善兰在外国人口译的基础上，仔细斟酌，创造性地译出了一大批科学名词，例如代数、常数、变数、函数、系数、指数、单项式、多项式、微分、积分、轴、切线、光行差、月行差、月角差、星等、变星、双星、植物、细胞，等等。这些科学名词，有的是借用我国古代已有的词汇，有的为创新译出，大多比较恰当，其中许多名词沿用至今。它们不仅为我国科学界所采用，还流传到了日本等国。[①]

李善兰对于所译书籍的选择是本着"求知尚学"的原则进行的。尽管他所在的墨海书馆是由英国传教士创建的，书馆的活动大部分都是为了传教，所翻译的科学类书籍也是为了能向中国人传播西方思想，但细数李善兰所翻译的图书，大部分为他所擅长的数学知识，其他还有涉及天文学、物理学和植物学方面的书籍，他并没有帮助传教士翻译宗教图书。

李善兰在选择西书时，不仅注重书中所含知识的重要程度及其在西方的影响力，还经常联系当时的社会现状进行综合考虑。他曾在《重学》的序言中写道："今欧罗巴各国日益强盛，为中国边患，推原其故，制器精也；推原制器之精，算学明也。曾李二公，有见于此，亟以此付梓。上好之下必有甚焉者，异日人人习算，制器日精，以威海外各国，令震摄奉朝贡，则是书之刻，其功岂浅鲜哉？"[②]可见，李善兰当初翻译《几何原本》和《重学》两部著作时，是将数学等科学知识的普及与"兴邦土、扬国威"联系在一起的。爱国思想不仅是李善兰从事译书的动力，也是其组织选题的重要原则。

①王渝生.李善兰：中国近代科学的先驱者.自然辩证法通讯，1983(5)：59-72，80.

②李善兰.《重学》自序//陈亚兰.李善兰华蘅芳詹天佑诗文选译.成都：巴蜀书社，1997：12.

秉持着严谨的翻译态度，李善兰对所译书稿质量有着强烈的责任感，尤其对于科学名词的翻译花费了很多心血。在翻译《植物学》时，他参照中国传统知识，把“Botany”一词第一次译为“植物学”，还创造了“科”和“细胞”等植物学术语。在翻译《几何原本》时，李善兰考虑到中国读者的阅读习惯，把原书中的一些符号改为国人所熟悉的汉字，用天、地表示未知数x、y，还用天干、地支和天、地、人、物合起来表示英文中的26个字母。李善兰对其所译书籍的翻译标准可归纳为：内容新，质量高，适合国人阅读。

三、王韬——刊发的文章要直抒胸臆

王韬（1828—1897），出身于江苏苏州甫里的一个塾师家庭，祖上为明朝望族，受过正统的文化教育。王韬自幼聪慧，18岁就考取秀才，但次年赴南京乡试不中，加上家境贫寒，只得弃学谋生。

1849年，王韬应英国传教士麦都思之邀，到墨海书馆负责中文编校工作。他是上海墨海书馆里做编辑的第一个中国人，在书馆供职13年。这段时间里，他协助麦都思翻译《圣经》，还与西方传教士伟烈亚力、艾约瑟等合作，编译了《西国天学源流》《格致新学提要》《重学浅说》《光学图说》《泰西著述考》《华英通商事略》六种书籍。[①]在翻译这些书的过程中，有的采取“外国人口述、华人笔录”的编译方法，如《重学浅说》为伟烈亚力口述、王韬笔录；有的是对已有译本的再编辑，如《光学图说》由艾约瑟原译，王韬重新编辑又屡加增辑。对于书籍的翻译，王韬没有选题的主动权，只是按传教士的授意来进行词句的编辑。[②]

---

①姚福申.中国编辑史.上海:复旦大学出版社,2004:237.

②李明山.中国近代编辑家评传.开封:河南大学出版社,1993:8.

王韬由于上书太平天国获罪而逃亡香港，随后在英华书院帮助理雅各翻译中国典籍，先后将《尚书》《诗经》《左传》《礼记》《易经》等译成英文。由于他有深厚的国学功底和多年的译书经验，所译著作均文笔通达、文采华美。[1]在中西文化交流上，王韬通过译书、编书，将先进的西方知识引入中国，又将古老的中华文明带给世界，作出了不可磨灭的贡献。

1874年，王韬在香港创办了《循环日报》。这是中国近代第一份由中国人创办的报纸，也是中国人办的第一份政论报纸。王韬游历西方国家，认识到西方科技发达、社会制度先进、社会风气良好，这与他内心强烈的爱国主义精神产生了猛烈的碰撞。于是，王韬以“强中以攘外，诹远以师长，变法以自强”为办报宗旨，希望中国能学习西方，走上富强之路。这份报纸也是“专为裨益我华人而设”[2]。

《循环日报》以政论为主要特色，每期的头条位置都刊载一篇政论文章，大多由王韬撰写。作为主编，王韬纵论中外形势，针砭时弊，建言进策，在宣传其社会改良主张的同时，也抨击西方列强的侵略行径。另外，王韬还大胆进行报纸文体改革，使政论文章深入浅出、雄辩激昂，对后来报章文体的形成作出了开拓性贡献。

《循环日报》有三分之一的版面刊载新闻，设三个栏目：“京报选录”“羊城新闻”“中外新闻”，每月又另选重要新闻和评论汇编成月报一册，单独发行。报纸的内容也丰富多样。王韬曾撰文指出：“本局是用博采群言，兼收并蓄，凡民生之休戚，敌国之机宜，制造之工能，舟车之来往，及山川风土祸福灾祥，无不朗若列眉。”[3]主编《循环日报》的日子无疑是王韬编辑生涯中最得意的时光，该报在中国报业史

①张顺昌.近代中国探路者的思想轨迹.贵阳:贵州人民出版社,2008:118.

②王韬.弢园老民自传.南京:江苏人民出版社,1999:177.

②王韬.弢园老民自传.南京:江苏人民出版社,1999:177.

上也占有重要的一席之地。

除了译书和办报，王韬还是一个编著合一的学者。他的著作多为自著、自编、自出版。1880年，王韬自撰自编《弢园老民自传》，回顾自己的一生，后又将其一生所著诗作汇集成《蘅华馆诗录》，付印出版。1885年，王韬在上海创办木刻活字印书局，取名“弢园书局”，刊刻自撰著作。[①]

王韬的编辑思想和编辑主张，可归纳为以下两个方面：

在编辑图书方面，王韬认为翻译西书对当时宣传西学既重要又十分迫切。他曾给时任福建巡抚的丁日昌写信，建议专门设立翻译馆，强调“于西国各科典籍，著有成书，尽探阃奥。使阅者尽知西人，尽知制作之精具有来历，非徒以空言构造，而枪炮船舶军法营制，俱可得其门径。所在寻流溯源，以至深造有得，于讲求西学大有所裨。故翻译一端，人或视为不急之务，而不知收效之远，著功之广，足以转移人心，实有不可少缓者也”[②]。王韬还多次指出编译过程中的“雅驯”问题，即译文的文辞修饰和措辞允当，使之达到典雅而不离典则。王韬在墨海书馆译书期间，采取的是外国人口译、华人笔录的翻译方法，同时将“雅驯”作为翻译标准，不仅独到，而且允当。这也是王韬在编译活动中所努力实践与追求的原则与目标。[③]

在编辑报刊方面，王韬的理念和主张是：其一，编辑目的应强中攘外、诹远师长。他认为，报纸是宣传政治主张、倡导变法自强的重要工具。他就是在这一理念的指导下创办的《循环日报》。王韬曾在《上潘伟如中丞》中论述了他的编辑目的：“韬虽身在南天，而心乎北阙，每思熟次外事，宣扬国威。日报立言，义切尊王，纪事裁笔，情

①王韬.弢园老民自传.南京:江苏人民出版社,1999:212.
②王韬.上丁中丞书//王韬.弢园尺牍.北京:中华书局,1959:123-124.
③李明山.中国近代编辑家评传.开封:河南大学出版社,1993:16.

殷敌忾，强中以攘外，诹远以师长，区区素志，如是而已。”[①]他在《循环日报》上发表诸多言论，刊载大量新闻，就是对其编辑主张的实践。其二，刊发的文章要直抒胸臆。王韬曾进行报刊文体改革，使其言论深入浅出，明白晓畅，反对当时盛行于文坛的桐城派古文。王韬说：“知文章所贵，在乎纪事述情，直抒胸臆。俾人人知其命意之所在，而一如我怀之所欲吐，斯即佳文。至其工拙，抑末也。”[②]其三，编辑人员需仔细遴选。王韬十分重视报纸编辑人员的素养，认为应当挑选那些知识广博的人才来担任。王韬曾说：“顾秉笔之人，不可不慎加遴选。其间或非通才，未免识小而遗大，然犹其细焉者也；至其挟私讦人，自快其忿，则品斯下矣，士君子当摈之而不齿。至于采访失实，纪载多夸，此亦近时日报之通弊，或并有之，均不得免，惟所冀者，始终持之以慎而已。”[③]王韬特别看重报纸主笔的素养，认为主笔能力必须超群绝伦，能够进行公平述论。

第二节　晚清重要编辑家（二）

一、康有为——报纸是党派的舆论工具

康有为（1858—1927），出身于广东南海官宦之家，从小接受严格的儒家正统教育。1879年，他第一次游历香港，意识到“西人治国有法度”，开始研读《海国图志》等书，并萌生了学习西方的意愿。1882年，康有为进京参加乡试落第，南归时途经上海，有感于租界的繁盛，

①王韬．上丁中丞书//王韬．弢园尺牍．北京：中华书局，1959：206.

②王韬．弢园文录外编自序//王韬．弢园文集外编．沈阳：辽宁人民出版社，1994：1.

③王韬．论日报渐行于中土//王韬．弢园文集外编．沈阳：辽宁人民出版社，1994：301.

大量购买并阅读江南制造局和西方教会所翻译出版的各种西书。1895年，中日甲午战争中国战败，清政府签订了丧权辱国的《马关条约》，正在北京参加科举考试的康有为发动各省1300余名举人，发起了闻名中外的“公车上书”。康有为的代表性著作《新学伪经考》于1891年由万木草堂印行，《孔子改制考》于1898年由上海大同译书局出版，这给当时的思想界带来了极大的震动。

康有为是清末民初报业活动的先驱之一。作为资产阶级维新派的领袖人物，他将办报、办刊作为其政治活动的重要组成部分。他一生创办的报刊达7种以上，而受他控制和指挥的报刊则有数十种之多。戊戌变法前，他是维新运动的实际领导者；戊戌变法后，他是保皇会的会长，几乎所有资产阶级改良派的报刊都跟他有关系。[①]

康有为的第一个办报活动是1895年8月于北京创办《万国公报》，该报两天出版一期，活字印刷，由各报房在递送《京报》时免费附送给各级官绅阅读，主要围绕“公车上书”的主旨进行宣传。康有为曾评价：“报开两月，舆论渐明，初则骇之，继亦渐知新法之益。”[②]同年11月，康有为等人在北京成立了维新派的政治组织——强学会。《万国公报》就成为强学会的机关报，并于12月改名为《中外纪闻》，日出一册，木刻本，其形式与《京报》相似，由康有为、梁启超等撰稿，每日印一至两千份，分送朝官贵人。[③]刊载的内容有论说、外电、外报选译、国内各报摘录、上谕等。

由于康有为的活动引起了封建顽固派的注意，他在1895年末离开了北京，南下游说，并在上海成立了强学会，遂于1896年1月创办了

---

①《新闻界人物》编辑委员会.新闻界人物：六.北京：新华出版社，1985：3.
②康有为.康南海自编年谱(外二种).北京：中华书局，1992：30.
③张静庐.中国近代出版史料：初编.北京：中华书局，1957：177.

《强学报》。该报由康有为作序，铅字排印，每日出一小册子。[①]《强学报》比之前两份报刊更为激进，采用孔子纪年，创刊号上标明“孔子卒后二千三百七十三年”，表明了康有为“托古改制”的思想。但由于张之洞的阻挠，该报只存在了14天就停刊了。

1897年2月，康有为在澳门参与创办《知新报》，撰稿人均为其亲戚或弟子。康有为十分推崇孔子思想，他到桂林讲学时，看到那里基督教盛行，于是激发了振兴孔子教义的决心。1897年，康有为在广西成立圣学会，并创立《广仁报》，内容有论著、时事新闻、地方要闻、中西评述等。离开广西后，康有为时常写信，指导《广仁报》的编辑和管理工作，在广西宣传维新变法。

辛亥革命后，袁世凯篡夺了革命果实，康有为感慨国内之时局，于1913年创办了《不忍》杂志。该杂志前后共出版10册，刊载了康有为批判时政、反对革命、反对共和政体的言论。

康有为的报刊编辑思想可归纳为以下两个方面。

其一，报纸是党派的舆论工具，要宣传其纲领、方针及主张。康有为公开承认报纸的党派性，他的报刊活动始终与其政治活动紧密相连。他每建立一个协会，必设立一份机关报，以宣传其政治主张。他所办的维新派报刊，为其宣传变法和后期的保皇思想起到了宣传作用。康有为明确提出，报刊的任务就是要“广人才、保疆土、助变法、增学问、除舞弊、达民隐”。在《奏改时务报为官报折》中，他较为系统地论述了报刊的作用：“首列论说，指陈时事，常是以匡政府所不逮，备朝廷之采择，其善一也；访陈各省利弊，民隐得以上达，其善二也；翻译万国近事，借鉴敌情，其善三也；或每日一出，或间日一出，或

①张静庐.中国近代出版史料：初编.北京：中华书局，1957：177.

旬日一出，所载皆新政之事，其善四也。”[①]由此可见，康有为的编辑思想与其维新变法的思想是紧密联系在一起的。他对于报刊选题、内容、栏目设置的要求，以及其为报纸所撰写的文章，都是为维新派的政治宣传服务的。

其二，视编辑人才为办报的“第一义”。康有为培养了大批编辑人才，梁启超的编辑生涯就是在他的带领下开始的；上海强学会机关报《强学报》的主编是康有为的高徒徐勤、何树龄；《知新报》则由何廷光、康广仁担任经理。康有为一直重视编辑人才在报刊编辑实务活动中的作用，他在给广西圣学会领导人的信中提出“会中报必须多请一二人相助为理”，并认为人才建设“是为第一义，当速行”。中国近代报刊编辑出版高潮的形成，与康有为培养大批编辑人才有着密切的联系。

二、梁启超——提出报刊编辑四原则

梁启超（1873—1929），广东新会人。他自幼在家中接受传统教育，喜爱读书，《史记》之文能成诵八九。1890年，梁启超结识康有为并投其门下，在万木草堂求学，与康有为一起发动“公车上书”，并帮助其创建了强学会。

梁启超的报刊编辑生涯始于《万国公报》。《万国公报》改名为《中外纪闻》后，梁启超继续担任主笔，为变法自强而疾呼。

1896年8月9日，维新派人士黄遵宪、汪康年、梁启超等在上海创办《时务报》，由梁启超任主笔，汪康年任总经理。该报为旬刊，每期20余页。[②]梁启超确定了编辑体例：“广译五洲近事，详录各省新政，

①康有为.奏改时务报为官报折//汤志钧.康有为政论集：上册.北京：中华书局，1981：322.

②张静庐.中国近代出版史料：初编.北京：中华书局，1957：78.

博搜交涉要案，旁载政治学艺要书。”[①]在创办初期，只有梁启超一人负责编撰工作，十分辛苦，每期要负责撰写4000多字的言论文字；从其他各报刊搜集来的20 000多字的资料，由他进行筛选和润色；报纸的排版、校对等工作也都由他负责。后来麦孟华、徐勤等人加入，才分担了梁启超的工作。但也正是这份刊物的编撰，让梁启超得以在清末社会初露锋芒、名重一时。他刊载的文章直击清廷弊政，宣传民主思想。他继承了王韬的政论传统，突破了文言文的写作形式，开创了一种通俗、自由、充满感情的评论文风和文章体式，被称为“时务文体”。而这种文体的形成，与资产阶级维新派的政治需求也是分不开的。

由于忍受不了张之洞和汪康年等守旧势力的排挤，梁启超在《时务报》工作近一年零三个月之后离开了上海，来到湖南长沙就任时务学堂总教习。他支持《湘学报》和《湘报》的出版，并为其撰稿。

随着戊戌变法的失败，梁启超逃往日本，1898年12月在横滨出刊《清议报》，并担任主编。《清议报》以“主持清议，开发民智”为办报宗旨，旬刊，每期40页，分“论说”“名家著述”“新书译著”“外论翻译”“群报拾华”等栏目，出版达3年。梁启超认为，这份报纸的编辑特色为“倡民权，衍哲理，明政局，厉国耻”“此四者，实惟我《清议报》之脉络之精髓，一言以蔽之曰：广民智，振民气而矣”[②]。而这四点，既是梁启超的编辑方针，也是他的审稿标准。梁启超用饮冰子、哀时客、饮冰室主人等笔名，在《清议报》上发表了多篇政论、多部专著和大量诗文，[③]撰写和刊发了大量抨击慈禧等“乱臣贼子”、拥护光绪帝的言论，并且刊载许多介绍西方资产阶级社会政治学说和科学

①梁启超．论报馆有益于国事//宋应离，袁喜生，刘小敏．20世纪中国著名编辑出版家研究资料汇辑：第1辑．开封：河南大学出版社，2005：218.

②梁启超．本馆一百册祝辞并论报馆之责任及本馆之经历//宋应离，袁喜生，刘小敏．20世纪中国著名编辑出版家研究资料汇辑：第1辑．开封：河南大学出版社，2005：225.

③李明山．中国近代编辑家评传．开封：河南大学出版社，1993：25.

文化知识的文章。1901年，报馆被大火焚毁，《清议报》也因此停刊。

1902年，梁启超又创办了另一份保皇派刊物——《新民丛报》半月刊，并担任主编。他仿效西方大型综合杂志的编辑体例办刊，内容分为25个栏目，如“图画”“论说”“学说”“财政”“法律”“名家谈丛”“舆论一斑”“杂俎”“问答”“小说”“文苑”等，选用一幅彩色的中国地图作为封面图。该刊物内容之丰富、编辑之严谨、印刷之精美，确实是“中国报界前此未有”过的。[①]梁启超在论述《新民丛报》的编辑宗旨时说道：“中国所以不振，由于国民公德缺乏，智慧不开，故本报专对此病而药治之，务采合中西道德以为德育之方针，广罗政学理论，以为智育之原本。本报以教育为主脑，以政论为附从，但今日世界所趋重在国家主义之教育，故于政治亦不得不详。惟所论务在养吾人国家思想，故于目前政府一二事之得失，不暇沾沾词费。本报为我国前途起见，一为国民公利公益为目的，持论务极公平，不偏于一党派，不为灌夫骂坐之语，以败坏中国者，咎非专在一人也。不为危险激烈之言，以导中国进步当以渐也。”由此看出，梁启超在编辑时仍以“开民智”为重，兼论时政国事，为国家前途而进言。但至1903年，梁启超从美国回来后宣布不再谈革命，与共和告别，《新民丛报》的风格大变，渐渐失去读者。加上在与革命派刊物《民报》的论战中失败，《新民丛报》于1907年8月停刊。

除上述几种报刊外，梁启超还创办或参与编辑《新小说》月刊、《新中国报》、《政论》月刊、《国风报》旬刊、《时报》《国民公报》、《庸言报》半月刊、《大中华》杂志、《改造》杂志等。从1895年开始编报办报，到1922年结束报馆生涯，梁启超与报刊业结缘27载。他丰富的编辑实践活动在中国近代报刊编辑史上留下了浓重的一笔。他的编辑思想和主张，直到现在仍具有一定的借鉴作用。

---

①方汉奇.中国新闻传播史.北京：中国人民大学出版社，2001：117.

第一，提出报刊编辑四原则。梁启超在《本馆一百册祝辞并论报馆之责任及本馆之经历》一文中，提出了报刊编辑四原则，即一份质量上乘的报刊所必须具备的条件："一曰宗旨定而高，二曰思想新而正，三曰材料富而当，四曰报事确而速。"①这四条原则，是其报刊编辑思想的核心内容。所谓"宗旨定而高"，即每份报刊都要树立一个办报办刊的宗旨，指导报刊活动，同时，所设宗旨还要"能以国民最多数之公益为目的"②，这样才是"真善良之宗旨"③。"思想新而正"，即报刊要向国民输入各国新思想，这些新思想不是对外国思想的照搬照抄，而是要挑选那些有利于中国社会和中国人民的内容。"材料富而当"，即报刊的内容要广博而丰富。梁启超对外国报刊编辑内容的搜罗广博、门类极繁十分欣赏。"报事确而速"，即报纸不能只注重主笔和言论，还要重视时事、访问、通讯、电报。这体现了梁启超对报纸的新闻功能的重视，以及对新闻时效性、真实性的追求。

第二，强调有益于国事的编辑方针。梁启超认为，国家的强弱在于"通塞"，通则强、塞则弱。中国积贫积弱多年，就是因上下不通、内外不通而导致的，而报刊在"去塞求通"方面起着决定性的作用。所以报刊应当成为国家走向强盛的助推器，以有益于国事为编辑方针。对于报纸的选题与组稿，梁启超主张多刊登那些有关国家大事、民族命运、救亡图强、教育民众的内容，并且要包罗万象，朝廷政事、外国新闻、西方著作、法律案例、知识常识、文艺作品等均可刊载，这样才能有助于国家"去塞求通"。

①梁启超.本馆一百册祝辞并论报馆之责任及本馆之经历//宋应离，袁喜生，刘小敏.20世纪中国著名编辑出版家研究资料汇辑:第1辑.开封:河南大学出版社,2005:225.

②梁启超.本馆一百册祝辞并论报馆之责任及本馆之经历//宋应离，袁喜生，刘小敏.20世纪中国著名编辑出版家研究资料汇辑:第1辑.开封:河南大学出版社,2005:225.

③梁启超.本馆一百册祝辞并论报馆之责任及本馆之经历//宋应离，袁喜生，刘小敏.20世纪中国著名编辑出版家研究资料汇辑:第1辑.开封:河南大学出版社,2005:225.

从梁启超的报业实践来看，他继承了中国文人“以天下为己任”的政治倾向，办报编刊都是与其政治活动和政治追求分不开的。1902年梁启超创办《新小说》月刊，刊登新体小说，却是“专欲鼓吹革命”[①]。他以“救亡图存、唤醒民众”为导向的编辑方针在当时的社会极具指导意义。虽然在现今社会中，政治功能只是报刊的众多功能之一，但梁启超高度的社会责任感仍值得当今新闻界借鉴。

第三，积极倡导编辑体例与版式的创新。在创办《新民丛报》时，梁启超充分吸取了西洋书编页的长处，改进编页方式，采用每页两个号码的编码方式，即每篇文章单独编页和整本期刊总编页两种方法相结合，突破了之前因没有总编页而造成的检索困难。[②]在栏目的设置上，梁启超在编辑《中外纪闻》时就开创了“一事一议”的短评栏。他还创造了各种短评和杂文栏目，《新民丛报》的“国闻短评”是第一个时评栏目。其他报刊纷纷仿效，因此当时报刊上出现了各式各样的短评。[③]

梁启超注重编辑业务的创新，这与他重视读者需要的理念是分不开的。他在《时报》发刊例中说：“本报编排，务求秩序。如论说、谕旨、电报及紧要新闻，皆有一定之位置，使读者开卷即见，不劳探索。……本报编排，务求显醒。故一号、二号、三号、四号、五号、六号字模及各种圈点符号，俱有置备。其最要紧之事则用大字，次者中字，寻常新闻用小字。用大字者，所以醒目也；用小字者，求内容之丰富也。论说批评中之主眼，新闻中之标题，皆加圈点以为识别。凡以省读者

①崔志海.梁启超自述.郑州:河南人民出版社,2004:47.

②袁新洁.梁启超以“完美报章”理想为核心的报刊编辑观刍议.中国编辑,2009(3):89-92.

③袁新洁.梁启超以“完美报章”理想为核心的报刊编辑观刍议.中国编辑,2009(3):89-92.

之目力而已。”[①]他提倡用秩序、醒目的编排来方便和吸引读者，这不仅体现了他的编辑思想，也是报刊编辑工作的一大改革和进步。

第四，要注重编辑人员的道德修养。梁启超在《国风报》叙例中明确提出的“五本”“八德”，既是对报刊健全舆论的要求，更是对报刊编辑活动和编辑人员道德准则的要求。“五本”，即常识、真诚、直道、公心、节制。梁启超认为，“此五者实为健全舆论不可缺之要素，故名之曰本。而前三者则其成全之要素，后二者则其保健之要素。……欲使舆论之性质具此五者，亦曰造舆论之人先以此五者自勉”[②]。而欲尽报馆之制造舆论之天职者，还应具备“八德”：忠告、浸润、向导、强聒、见大、主一、旁通、下逮。梁启超认为“五本”“八德”对于编辑人员和报刊舆论工作十分重要：“吾窃尝怀此理想，谓国中苟有多数报馆，能谨彼‘五本’而修此‘八德’者，则必能造成一国健全之舆论，使上而政府大臣及一切官吏，下而有参政权之国民，皆得所相助，得所指导。”[③]梁启超针对当时现实情况提出的这些编辑理念，对提升当今编辑人才的道德修养和道德规范仍具有一定的借鉴作用。

三、严复——坚持“先醒民遂救国”的编译原则

严复（1854—1921），出身于福建的一个名医世家，受过系统的中国传统文化教育。1866年，他考入福州船政学堂，毕业后被公派到英国留学，回国后受聘于天津北洋水师学堂，历任总教习及总办。1895

①梁启超.《时报》发刊例//戈公振.中国报学史.北京：中国新闻出版社，1985：126.

②梁启超.《国风报》叙例//梁启超.梁启超政论选.北京：新华出版社，1994：145-146.

③梁启超.《国风报》叙例//梁启超.梁启超政论选.北京：新华出版社，1994：149.

年甲午海战失败，作为海军成员的严复在《直报》上发表了一系列反对列强侵略和抨击封建专制的文章，引起强烈反响。

严复是中国近代史上最早系统地向国人介绍西方资产阶级文化思想的学者之一。在此之前，国内有关社会科学的译著很少，只有少量外国传教士翻译引进的书籍，还往往被随意篡改。严复所翻译的西方名著理论性强、编译质量高，不仅帮助国人打开了眼界，还推动了国人的思想觉醒和中国文化的近代化进程。

严复先后翻译了赫胥黎的《天演论》、亚当·斯密的《原富》、斯宾塞的《群学肄言》、约翰·穆勒的《群己权界论》、甄克思的《社会通诠》、孟德斯鸠的《法意》、约翰·穆勒的《穆勒名学》、耶方斯的《名学浅说》等社会科学著作。严复译著的选题标准，在于翻译西方社会科学之精髓，有助于改变中国的贫弱现状。他所精选的最具影响力的八大著作，涉及政治学、经济学、社会学、法学、哲学等诸多方面，均为该领域的代表作品，希望使国人了解西学的强势之所在，引导人们反思中国社会的现状。严复在选择译书原本时，通常博采相关版本及有关著作，详加甄别、精心研究，然后确定最佳版本，再开始翻译工作。

严复的翻译不是词句直译，他还融入了自己的思考和见解。以最负盛名的译著《天演论》为例，严复虽然是根据英国生物学家赫胥黎的论文集《进化论与伦理学》中前两篇译述的，但在编译时他把达尔文、斯宾塞、赫胥黎的思想融为一体，进而形成著作的中译本。

严复还在译著中撰写了大量按语。有学者统计，严复著作中所加按语几乎占译文总字数的十分之一，仅就《天演论》来看，原文共33 814字，就加了17 704字的按语。[①]严复以按语的形式，结合当时的中国社会现状，慷慨陈词、旁征博引，阐述自己的政治主张。

①高惠群，乌传衮.翻译家严复传论.上海：上海外语教育出版社，1992.

以《社会通诠》中的一处为例。严复的翻译原文为："古之社会，义由人起，所谓一人所宜守之法度，必其种与族之所常行者，无自作之理也。此义之行，而为欧人所严重者最久。一人之身，无论所居为何国土，必挟其旧法与偕。……"在此，严复加了按语："中国社会，宗法而兼军国者也。故言法也，亦以种不以国……东西人之曰居吾土者，则听其有治外之法权，而寄籍外国之华人，则自为风气，而不与他种相入，可以见矣。……盖民族主义，乃吾人种智之所固有者，而无待于外铄，特遇事而显耳。虽然，民族主义将遂足以强吾种呼？愚有以决其必不能者矣。"[①]这些按语与译著内容融会贯通，既介绍了西学，又切中社会时弊。而严复的译著之所以引起轰动，并不主要因为其翻译作品中优美的辞藻，而是因其内容适应当时社会的需要。

1897年，严复在天津创办《国闻报》，成为戊戌变法时期维新派在华北的重要舆论阵地。这份报纸仿效英国《泰晤士报》的编辑体例，以"通上下之情、通中外之故"[②]为办报宗旨。报纸设有"电报""上谕恭录""论说""国文录要""路透电讯""本埠新闻""国内新闻""国外新闻"等栏目，社论大多由严复撰写。严复认为，报纸的编辑特色"一曰翻译、二曰采访"[③]，即重视俄、英、法、德、美、日等国外报的选择和翻译，以及新闻采访工作。《国闻报》在当时出版的维新派报刊中独树一帜，它详细而迅速地刊载国内外重要时事，还帮助读者学习西学。它曾经大篇幅地刊登康有为和梁启超等维新派人员的活动、"百日维新"期间光绪帝的诏书，还大胆报道了"戊戌六君子"殉难的过程。同时，严复创办了《国闻汇编》旬刊。"凡寻常之事，无论内地外地，中国外国，义取观览明晓者皆登之。每日续印之报，至重要之

①王栻.严复集:第4册.北京:中华书局,1986:926.

②严复.《国闻报》缘起//王栻.严复集:第2册.北京:中华书局,1986:453.

③严复.《国闻报》缘起//王栻.严复集:第2册.北京:中华书局,1986:455.

事，亦无论内地边地，中国外国，苟足备留存考订者皆登之。”[①]严复还把其翻译的《天演论》和《群学肄言》的部分书稿，刊登在《国闻汇编》上，在当时起到了巨大的思想启蒙作用。

严复还是第一个把西洋新式标点运用到汉文书籍上的学者。他于1904年交由商务印书馆出版的《英文汉诂》，便是第一本应用新式标点的中文出版物。[②]

无论是译书还是办报，严复始终坚持着“醒民救国”的理念。当时，中国渐渐形成了以“中学为体、西学为用”为原则的西书翻译热潮，在图书的选题方面更多地注重自然科学等“格致之学”。而严复认为，中国要富强，不能仅仅学习西方的船坚炮利，更要引进西方的社会政治学说和学术思想。他在《天演论》的自序中说道：“风气渐通，士知弃陋为耻，西学之事，问途日多。然亦有一二巨子，訑然谓彼之所精，不外象数形下之末；彼之所务，不越功利之间，逞臆为谈，不咨其实。讨论国闻，审敌自镜之道，又断断乎不如是也。”而近代中国积贫积弱的社会现实，也增强了严复的爱国救亡之心。所以严复认为，译书应宣传西方资产阶级的学术思想和民主自由原则，或者说“自由为体、民主为用”，试图让国人学习西方，打开眼界。

严复编辑《国闻报》和《国闻汇编》时，也延续这一原则和主张。报刊刊登国内大事、翻译西方报纸，就是为了能够使人们不耳目闭塞、不盲目，学习西方，了解社会。

严复一直坚持社会发展的缓进观。他虽然支持维新，但是批评戊戌变法的激烈变革，他认为循序渐进是天演之自然，不能以人力来强求。辛亥革命后，他更加强调“缓进”，提出了其三“民”主义的社会重建之纲领——鼓民力、开民智、新民德。严复认为，国家是可以顺

①严复.《国闻报》缘起//王栻.严复集：第2册.北京：中华书局，1986：455.

②姚福申.中国编辑史.上海：复旦大学出版社，2004：289.

应“自我进化”的规律的，所要做的应是尽可能警醒国民，推动国家演变的速度。因此，他一生恪守“先醒民、遂救国”的原则挑选西书、翻译西书。

严复对编辑出版业另一个贡献就是提出了“信、达、雅”的翻译标准。他在《天演论》译例言的开篇提出：“译事三难：信、达、雅。”[①]这三个字不仅是严复翻译经验的提炼，也成为此后中国翻译界的重要原则之一。“信”，即译文要忠实原著；“达”，即内容要明白畅达、表述清楚；“雅”，即语言讲究文采。这一翻译标准直到现在仍对编辑审读翻译类书稿有着指导意义。

第三节　民国重要编辑家（一）

一、张元济——为新式学校编辑出版优秀教材

张元济（1867—1959），浙江海盐人，1892年考取进士。因参加变法维新运动，被革职后离京去上海，担任南洋公学译书院院长，致力于文化事业。1902年应夏瑞芳之邀，进入商务印书馆，投身出版事业。他先后任商务印书馆编译所所长、总经理、监理、董事、董事长等职。

张元济晚年写过一首七绝赠给商务印书馆同人，诗曰：“昌明教育平生愿，故向书林努力来。此是良田好耕植，有秋收获仗群才。”前两句实为张元济的夫子自道。张元济走上出版这条道路，与他心中的教育梦想有着密切的关系。20世纪初期中国仍奉行“学而优则仕”，张元济针砭时弊，指出社会上办学堂“勿存培植人才之见。非谓不足以育人才。然念念在育才，则所操者狭而所及者浅”，提出“设学堂当以使

①严复.《天演论》译例言//王栻.严复集：第5册.北京：中华书局，1986：1321.

人明白为第一义”的教育思想。他认为，使教育从读书为做官的轨道上转至读书为明理，就要普及普通教育，并且要做到“无良无贱、无智无愚、无长无少、无城无乡”[①]。

商务印书馆成立的时候，规模很小，很多方面都处于落后水平。张元济加盟后，网罗社会各界人才，并设立编译所，确定编译方针，革新印刷技术，在较短时间使商务印书馆成为中国乃至亚洲极负盛名的出版机构。

张元济刚进入商务印书馆时，科举制度被废除，各类学校开始兴办，新式教材供不应求。他的主要精力都放在教材出版方面，主持出版了《最新小学教科书》，随即又出版《最新修身教科书》，并组织出版了《辞源》等一系列影响深远的工具书。

这类新式教材打破了以往教材乏味、守旧的传统，清晰易懂，也传播了一些新思想。以《初小修身教科书》为例，该书共10册，每册20课，没有一处提及“忠”字、“君”字，并且打破了传统文化中三纲五常等守旧思想，强调人伦的互助关系，否定人与人之间的隶属关系。

这两套教材的出版，不仅受当时学生喜爱，也开创了中国教科书编辑出版的新纪元。这些教科书所传播的平等、博爱、勤奋、自立的思想，对当时的社会发展起着积极的作用，属于进步的社会力量。

历史上，中国学术不分科，辛亥革命后，中国现代科学已具备一定水平，学术专著开始出现，当时著名的有蔡元培的《中国伦理学史》。作为革新派人物，张元济主张学习欧洲先进文化，并且注重学术著作的编辑和出版。

1918年6月，张元济前往北京和相关作者签订合同，商讨手续、技术问题，筹划出版《北京大学丛书》。从同年10月到北伐期间，一共出版10余种，这是中国学者所著的第一批社会科学名著。从欧美国家

①张元济.张元济诗文.北京：商务印书馆，1986：17.

考察回国后，张元济又组织出版了《汉译世界名著》丛书，向中国读者介绍了大批国外社会科学名著、文学作品等。

作为一位兼具中学和西学造诣的出版家，张元济在努力介绍西学时，也非常注重保存和传播传统文化，他主持影印的古籍为后世留下了宝贵的文化遗产。尤其是《四部丛刊》《续古逸丛书》《百衲本二十四史》三种大型丛书，共600多种，近2万卷，其选择标准之严、版本价值之高、校勘质量之精，堪称前无古人，后无来者，至今还在发挥着重要作用。鲁迅、胡适、陈寅恪、林语堂等都是《百衲本二十四史》的忠实读者，胡适曾致信张元济道："今早细看，欢喜赞叹，不能自已。此书之出，嘉惠学史者真不可计量！惟先生的校勘记，功力最勤，功用最大，千万不可不早日发刊。若能以每种校勘记附刊于每一史之后，则此书之功用可以增加不止百倍。盖普通学者很少能得殿本者，即有之亦很少能细细用此百衲本互校。校勘之学是专门事业，非人人所能为，专家以其所得嘉惠学者，则一人之功力可供无穷人之用，然后可望后来学者能超过校史的工作而作进一步的事业。"①

此外，张元济在报刊出版方面的努力也卓有成效。1901年开始，他主编《外交报》长达数年，并且主持创办了《东方杂志》和《小说月报》等20多种刊物。

在个人著作方面，张元济著有《校史随笔》《涵芬楼烬余书录》《涉园序跋书录》《张元济日记》《张元济书札》《张元济诗文》《中华民族的人格》等。其全部著作结集为《张元济全集》10卷本。

在长达近60年的编辑出版生涯中，张元济为中国近代的编辑出版事业和思想文化传播作出了重要的贡献，其编辑主张和编辑思想，不仅在近现代编辑史上留下了辉煌一笔，也为后世留下了宝贵的精神财富。

第一，张元济注重文化的影响力，致力于普及优秀的文化知识，

①耿云志，欧阳哲生．胡适书信集．北京：北京大学出版社，1996：505.

志在振兴中华。张元济曾为清政府效力，亲身经历了清政府日落西山以及中国遭到列强入侵的屈辱过程。作为一名有着深刻忧患意识的进步人士，其内心的焦虑和痛苦激励他开始寻找救国救民之道。张元济意识到单纯的变法之路行不通，因看到启迪民智、提高中华民族整体文化水平的重要性，便走上了编辑出版这条路。

第二，注重教育，致力于提高民族教育水平。办教育是张元济内心的梦想，他在商务印书馆任职的时候，非常注重教材的编辑，为当时的新式学校提供了为数众多的优秀教材。

第三，注重西学，着力传播西方先进的思想文化。张元济主持编辑出版了大量西方的经典读物，并且认为中学和西学应该“相为调剂”。从主持传播严复翻译的西方学术著作，到出版林纾翻译的欧美小说，再到《汉译世界名著》丛书，张元济一直不遗余力地介绍西方先进思想。

第四，注重人才，精心培育文化精英。张元济既善于提拔人才，也善于培养编辑出版方面的人才。商务印书馆一直以出版高质量的图书闻名，这跟其拥有一支高素质的编辑人才队伍密不可分。负有盛名的商务印书馆编译所是张元济一手创办的，编译所内人才济济，如高梦旦、杜亚泉、邝富灼，等等。此外，张元济还吸引了当时在全国具有重要影响力、留学归来的人才，以及茅盾、叶圣陶、胡愈之、郑振铎等在文化界颇有影响的人物。可以说，张元济主持时期的商务印书馆，其综合社会科学方面的学术力量超过当时的任何一所大学。

张元济一生以传播先进文化为己任，深深影响了后代编辑出版者。他不仅是一位功勋卓著的中国近代编辑出版事业的开拓者，也是进步、爱国的社会楷模。早年曾供职于商务印书馆的茅盾在晚年回忆中写道：“在中国的新式出版事业中，张菊生（张元济号菊生）确实是开辟草莱的人。他不但是个有远见、有魄力的企业家，同时又是一个学贯中西、博古通今的人。”[①]陈原这样评价张元济：“他和其他先行者一起创设了一个在当时显得无足轻重的机构，为积累文化奋斗了一生：无怨无悔，无取无求。他不以文传世，却以他所创办的事业，造福世世代代。”[②]

二、王云五——坚持教育普及和学术独立的编辑理念

王云五（1888—1979），生于上海。14岁时受父命在上海一家金店当学徒，入夜校学英文，后任中国新公学英文教员，是一位自学成才的编辑出版家。

1920年，王云五为公民书局主编《公民丛书》，其中第一部作品就是他自己翻译的英国哲学家罗素的《社会改造原理》。1921年9月，王云五进入商务印书馆，开始他在商务印书馆长达数十年的编辑生涯。同年12月，王云五任商务印书馆编译所所长。任职之后，除善本影印工作和古籍流通工作由张元济主持以外，其他书籍的编辑出版均由王云五管理。王云五先后主持编辑出版了大量丛书，包括《百种小丛书》《国学小丛书》《新时代史地丛书》《农业小丛书》《工业小丛书》《商业小丛书》《师范小丛书》《算学小丛书》《医学小丛书》《体育小丛书》等。在不到7年的时间内编辑出版了100多种图书，为后来编辑出版《万有文库》奠定了基础。

1929年，商务印书馆总经理鲍咸昌去世。1930年2月，王云五出任总经理兼编审部部长。王云五对百科全书很有兴趣，自称通读过英国百科全书。早在1928年1月，他就提出编印一种名为“千种丛书”的丛书，意为综合各种门类的丛书，后来改名为“万有文库”。经过一

①茅盾.商务印书馆编译所的生活//北京出版社.编辑杂谈.北京：北京出版社，1981：8.

②陈原.陈原出版文集.北京：中国书籍出版社，1995：389.

年多时间的准备，编印计划于1929年初完成。原计划精选1010种图书，印数2000册，并附参考书10巨册，后考虑到销售问题，最终定为初版印行5000部。《万有文库》面世后，初期销售效果不佳，后经大力宣传，最终得到文化界、学术界好评，1934年，《万有文库》第2辑出版。由于《万有文库》第1辑出版后销路不佳，以及百科全书的编辑出版成效甚微，王云五辞去编译所所长一职。

《万有文库》出版后，王云五又主持编辑《丛书集成》。《丛书集成》选定宋、元、明、清著名丛书100部，以实用、罕见为标准，以各类齐备为范围，从100部丛书6000多种书中挑选出4107种。这套大型丛书从1935年开始陆续印出，后因上海局势紧张复杂，出书速度减缓，至1937年八一三事变爆发，共出书7期，3062种，3467册。还有1045种，共533册书未出版。

抗日战争全面爆发后，商务印书馆受到重创。为确保商务印书馆仍有相当规模的出版能力，王云五对商务印书馆采取了一系列的整治措施。

王云五作为一位著名的编辑出版家，继承了张元济注重教育的思想，既是一位长于编辑出版的大家，也是一位擅长经营管理、有敏锐商业头脑的管理者。他在弘扬中国文化遗产、普及现代科学知识方面作出了突出的贡献。他的编辑主张和编辑理念可圈可点：

第一，始终坚持“教育普及”和“学术独立”的编辑方针。王云五主持编辑出版的图书包括学术名著、大型辞典、百科全书、知识普及读物等，始终没有为了营利而出版格调低下的书籍。他的这一编辑主张成为商务印书馆的优良传统，使商务的出版物保持了学术性、知识性和有益于文化教育的特色。

第二，善于发掘、重用人才。王云五担任商务印书馆编译所所长期间，聘用在美国攻读教育学的朱经农、留美地理学博士竺可桢、留美归国的段育华，还有胡明复、杨杏佛等。除此之外，王云五还善于发掘新人的作品，例如出版了老舍的第一部小说《老张的哲学》。

第三，编辑、出版书籍时不拘一格，乐于发掘各种门类知识新丛书。王云五刚到商务印书馆编译所，就把编辑出版学术性、通俗性兼顾的现代丛书列为重点，前后出版的重要丛书有《农业小丛书》《商业小丛书》《万有文库》《中国文化丛书》等，对中国文化的发展作出了不可磨灭的贡献。

三、陆费逵——提出“用教科书革命”，重视传播中国传统文化

陆费逵（1886—1941），生于陕西汉中。1904年在武昌开办新学界书店，销售《革命军》《警世钟》《猛回头》等革命书籍。1905年任武昌革命团体日知会评议员、《楚报》主笔。因抨击时政，1906年逃亡上海。曾发起组织上海书业商会，担任评议员兼书记、《图书月报》主编。

1908年，陆费逵入职商务印书馆担任国文部编辑，第二年春任出版部部长兼《教育杂志》主编及师范讲义部主任。

1911年秋，武昌起义胜利，陆费逵与戴克敦、陈协恭等筹集资金，暗中加紧编写新教科书，并进行新书局的筹设，1912年1月1日，在上海创立中华书局。

创办中华书局后，陆费逵提出“用教科书革命”和“完全华商自办”两个口号与同业竞争，并首先发行中华小学及中学教科书。1913年出版了《新学制教科书》《新编国民教育教科书》。中华书局出版的新教科书体例新颖，风行一时，占据了大部分教材市场。1913年，陆费逵将中华书局资本增至100万元，在北京、天津、广州、汉口、南京等地设立分局，同时又增加印刷业务、扩充编辑部。1914年，中华书局继续在全国各地增设分局，至1916年，中华书局总资本增至160万元，分局40多处，职工千余人，成为国内第二家华商大书局。

由于扩充过快，竞争激烈，1917年6月，中华书局到了停业的边缘。经历一段艰难时期之后，1919年至1921年，中华书局继续发展，陆费逵担任总经理。在陆费逵的主持下，中华书局创办了《中华英文周报》，出版了《新教材教科书》《新文化丛书》等书籍。1922年至1926年，又创办《学衡》《国语》《少年中国》《小朋友》等杂志，印行《少年中国学会丛书》《儿童文学丛书》。1925年开始，陆费逵兼任中华书局编辑所所长，并继续扩充分局，资本增加到200万元，1927年在香港设分局。

1937年春，中华书局资本扩充至400万元，年营业额约1000万元，全国各地有分局40多处，仅上海、香港两地工厂职工就有3000多人，彩印业务量居全国第一，中华书局进入全盛时期。30多年的时间里，在陆费逵的主持下，中华书局先后编辑出版《聚珍仿宋版二十四史》《中华大字典》《辞海》，刊印《四部备要》《古今图书集成》等大型图书，总计出版各种图书达2万册。

中华书局出版的辞书中影响最大的当属《辞海》。该书收录单字10 000余条，复词10余条，全书约700万字，这是以部首编排、以字带词、兼有语义辞典和百科全书性质的综合性大辞典。《辞海》于1936年12月出版上册，第二年6月出版下册，这对于中华文化传承来说，无疑是一个巨大的贡献。

《辞海》的编纂工作始于1915年秋，陆费逵和当时的编辑所所长范源廉非常热心支持这个计划，但不久编辑主力相继离开，编纂计划也屡遭搁浅。直到1928年，在陆费逵的屡次邀请下，舒新城与中华书局签订合约，主持《辞海》的编纂工作。在整个编纂过程中，作为决策者的陆费逵一直对编纂工作给予大力支持。可以说，如果没有他的支持，这一庞大的文化工程是无法完成的。

陆费逵作为中华书局的创始人之一，在海内外享有盛名，他不仅给后世留下了珍贵的文化宝藏，也留下了宝贵的精神财富。他的编辑实务活动和编辑主张可归纳为：

第一，主张编辑出版图书与创办刊物并重。他在筹办中华书局的同时，也在积极准备编辑出版《中华教育界》（月刊），于1912年3月25日创刊。次年，他在日本考察之后深知办杂志的重要性，归国之后便邀约专家先后编辑出版《大中华》《中华小说界》《中华实业界》《中华妇女界》《中华童子界》《中华儿童画报》《中华学生界》等月刊。此后，他还主持编辑出版了《新中华》《小朋友》等具有相当影响力的刊物。

第二，注重古籍出版，重视传统文化。整理和编辑出版古籍是陆费逵以及中华书局对积累和传播中国传统文化的一大贡献。他主持编辑影印的聚珍仿宋版《四部备要》和《古今图书集成》尤为重要。

第三，重视文艺事业，编辑出版众多文学名著、新文艺作品以及各种书画作品。小说方面，代表作品有托尔斯泰的《心狱》（即《复活》）、《婀娜小史》（即《安娜·卡列尼娜》），安德森（安徒生）的《十之九》，丁玲的《一个女人》，等等。书画方面，代表作品有《宋拓十七贴》、徐悲鸿珍藏《八十七神仙卷》《世界名画集》等。

第四，重视知识和善用人才。陆费逵对作者十分尊重，约稿恪守信用。稿件只要出版，就会按合同支付版税，从不拖欠。即使不能出版，也会说明理由，并支付一定报酬。同时，陆费逵也善于发掘、任用以及培养人才。

1941年8月10日，王云五在悼念陆费逵时，将他的优良品行概括为：“一、强毅——他在中华书局草创时期，遭到不少困难，竟能坚持下去。”“二、前进——他遇事不甘后人，他独树一帜后，在营业上和商务竞争剧烈。商务印书馆本以教科书起家，其后出版范围渐广，伯鸿先生都不肯放过：商务印书馆印行《四部丛刊》，中华书局便辑印《四部备要》；商务印书馆编印《辞源》，中华书局就出版《辞海》……”“三、专一——先生三十年来，主持中华书局，一心一志，不他务他求。”[1]中华书局同人、语文学家金兆梓评道，中华书局“首创之者先生，扩大之者先生，中经蹉跌而复兴者亦先生”。

四、章锡琛——注重新文化的传播

章锡琛（1889—1969），浙江绍兴人。1909年毕业于绍兴山会师范学堂，后任中小学教师。1912年1月，章锡琛赴上海，入职商务印书馆编译所，担任《东方杂志》编辑。当时除了编辑工作以外，他还在杂志上发表文章。1921年1月，章锡琛被任命为《妇女杂志》主编。担任主编后，章锡琛开始了大刀阔斧的改革，着力宣传妇女解放运动。他还应上海《民国日报》《时事新报》的邀请，编辑《妇女周刊》《现代妇女》两种副刊。1925年，《妇女杂志》的《新性道德号》发表了章锡琛的《新性道德是什么》和周建人的《性道德之科学的标准》两篇文章，遭到北京大学心理系教授陈大齐的猛烈抨击。商务印书馆以此为由干涉《妇女杂志》的出版工作，章锡琛以辞职表示抗议，年底被商务印书馆借故辞退。

1926年1月，在商务印书馆编译所同事和朋友们的帮助下，章锡琛独自编印的《新女性》月刊创刊，受到读者欢迎，一再重版。在胡愈之、郑振铎、吴觉农等众多朋友的帮助下，章锡琛开办开明书店，于1926年8月开张。

开明书店创立之后，得到很多作家和学校教师的欢迎与支持。1926年9月创刊的《一般》杂志选择开明书店印行，北京编印的《语丝》《文学周报》《国学门周报》委托开明书店发行，文学研究会的丛书也交由开明书店出版，有不少开明书店出版的文艺类书籍被学校当作教材。1931年1月，开明书店创办《中学生》杂志，以中等学校学

①王云五.悼念陆费伯鸿.出版史料,1992(3).

生为主要对象。自此，中国出版界才有了认真为学生着想的读物。

1928年，章锡琛创办《开明活叶文选》，深受教师和一般读者的欢迎。由于质量要求高，装订烦琐，一般印刷厂不大愿意承担印刷业务。章锡琛经过四处集资，于1929年组成美成印刷所，专门为开明书店印刷书刊。1937年，开明书店位于上海的办事处遭到日军袭击，财产损失十之八九，其运营进入困难时期，但仍有办事人员在上海开展工作。在此期间，章锡琛摆脱繁杂的工作事务，着手校注《助字辨略》《马氏文通》，后来又进行《经传释词》的汇纂工作。

抗日战争胜利后，章锡琛同叶圣陶等人根据周恩来对国统区出版工作的布局，将开明书店及编辑出版的《中学生》杂志一直办到1949年。1949年9月，章锡琛从上海来到北京，撰写了《中国出版业之过去、现在和将来改进的途径》一文，供业界参考。

章锡琛创办和主持的开明书店，和商务印书馆、中华书局并列，是民国时期的六大书店之一。他的编辑理念和编辑方针值得总结、继承。

第一，注重新文化的传播。1919年五四运动兴起后，一股知识新风吹到了每一位追求进步的知识分子身上。章锡琛处在时代的潮头，投身新文化事业，在接编《妇女杂志》后，努力宣传妇女解放思想。创办开明书店后，更是大力宣传新思想。

第二，真心实意为读者着想。章锡琛初创开明书店，是为了读者。他在1931年一篇自序里写道："我们起初计划开办开明书店的时候，本来只想集两千块的资本，转印朋友里面比较好一点的书……希望一方面可以维持自己的生活，一方面可以有点兴趣，并且可以使读者不致失望。"在实际行动中也是如此，他对当时一些书商的唯利是图和出版物的粗制滥造很不满意。

第三，注重人才的作用，善于凝聚人的力量。在朋友的眼里，章锡琛是一个爽朗乐观的人，虽然自己的经济并不富裕，却总能自奉节俭，待人热情，对作者、出版界同仁慷慨相助；在选用人才方面，章锡琛并不迷信学历、头衔，而是讲究真才实学。这样一种为人处世的风格，使得章锡琛身边聚集了一大批人才，也为开明书店后来的辉煌创造了条件。

作为开明书店的创始人，章锡琛和他的出版社为读者提供了丰富的知识，鼓舞了一代又一代青年人。他的编辑实务活动在中国近代编辑出版史上留下了深深的印迹，值得后来者追忆。

第四节　民国重要编辑家（二）

一、叶圣陶——我的职业是编辑

叶圣陶（1894—1988），江苏省苏州人。早在中学时期，叶圣陶就热爱文学事业并组织诗社，1911年冬中学毕业后，因家境困难无法继续学业，翌年春开始从事小学教育工作。五四运动前他参加李大钊、鲁迅支持的新潮社，1921年，与茅盾、郑振铎等人发起成立文学研究会，提倡“为人生”文学主张，并从事多种形式的文学创作活动。

1923年初，叶圣陶进入商务印书馆正式当编辑。此前，他和朋友一起编辑的中国第一种新诗刊物——《诗》已经问世。此后，叶圣陶在商务印书馆工作了8年，主要在国文部任职，编辑小学国语课本、中学国语课本，以及学生国学丛书。曾代替郑振铎编辑过一年半《小说月报》，后被调任编辑《妇女杂志》。在业余时间，叶圣陶负责文学研究会部分书刊的编辑工作；五卅运动中，和朋友一起编辑《公理日报》；大革命之前，受中国济难会委托编辑《光明》半月刊。

1931年初，叶圣陶入职开明书店编辑部工作，主要编辑《中学生》杂志，也参与其他书刊的编辑。他曾和朋友们一起编辑数部国文课本，还独自编辑了一部小学国语课本。他还创办了《新少年》半月刊；《月报》创刊后，他担任文艺栏的主编。在业余时间，叶圣陶与家人一起编辑了一部《十三经索引》。

抗日战争全面爆发后，开明书店和上海的许多出版业一样，受到很大的损失，暂时处于停业状态。叶圣陶离开开明书店，携家人前往四川。1940年，他接受四川省教育科学馆的聘请，负责编写语文教学辅助读物。在业余时间，他给成都当地书店编写课本和刊物，并担任中国文艺界抗战后援会成都分会机关刊物《笔阵》的主编。

1942年，开明书店在成都设立编辑部办事处，叶圣陶重回开明书店，主持办事处工作。除了继续编辑《中学生》杂志，其他图书的编辑工作也全部由他管理。抗日战争胜利后，叶圣陶回到上海。开明书店恢复了战前的整体规模，但人员比抗战前精简了许多，编辑部包括专业校对在内不足20人，叶圣陶担任编辑部主任，负责终审《中学生》《开明少年》《国文月刊》的稿件，审读大部分书稿，并且和朋友们一同编写数套国文课本，以试验中学语文教学改革。

1949年，叶圣陶接受中共中央邀请，离开上海，绕道香港，前往北平参加新政治协商会议，从此脱离开明书店。

叶圣陶之子叶至善在《叶圣陶和编辑工作》一文中写道："他（叶圣陶）在晚年说：如果有人问他的职业，他就回答说，他的职业是编辑。在长长的一生中，他做编辑工作时间最长，超过了60年。"[①]而这60年的编辑历程，也为中国编辑出版史留下了宝贵的遗产。

第一，在编辑出版工作的目的性方面，叶圣陶主张根据社会需要，对读者有所帮助。在开明书店创办20周年的时候，叶圣陶写过一篇纪念文章，他说："我们自问并无专家之学，不过有些够得上水准的常

①叶至善.叶圣陶和编辑工作//叶圣陶.叶圣陶出版文集.北京:中国书籍出版社,1996:1.

识，编选些普通书刊，似乎能胜任愉快。”“我们也知道教育不是孤立的事项，要改革教育必须其他种种方面都改革，但是改革教育的意识不能不从早唤起，改革教育的工具不能不从早准备。”[①]叶圣陶在另一篇文章中谈到开明书店的出版宗旨时说：“我们有所为有所不为：有所为，就是出书出刊物，一定要考虑如何有益于读者；有所不为，就是明知对读者没有好处甚至有害的东西，我们一定不出。这样做，现在叫做考虑到社会效益。我们绝不为了追求经济效益而不顾社会效益，我们决不肯辜负读者。”[②]叶圣陶认为编辑出版应该担负起唤起读者、改革社会的责任。这也是他作为编辑选择作品的标准。他曾猛烈抨击《礼拜六》把文艺作品作为纯消遣对象的游戏态度。

第二，主张编辑出版同样是教育工作，编辑所从事的就是教师的工作。叶圣陶在《谈谈开明书店》一文中说：“开明书店的读者主要是青年和少年，因而我们认为，我们的工作是教育工作的一个组成部分，一个不可缺少的重要的组成部分。我们做的工作就是老师们的工作。我们跟老师一样，待人接物都得以身作则，我们要诚恳地以平等的态度对待我们的读者，给他们必要的条件，让他们成长为有益于社会的人。”[③]他认为儿童文学的教育作用在于感染，不应该采取教训甚至恫吓的手段。认为社会改革要从基础教育做起，要帮助学生树立正确的人生观，使他们得到全面的发展，成为自觉进取、能为社会作出贡献的合格公民。在叶圣陶看来，出版工作也是教育工作，对编辑青少年读物来说尤其如此。

第三，独具慧眼，善于发现优秀作者。他对茅盾、巴金、丁玲等人，有知遇之恩。茅盾的小说《幻灭》首先在叶圣陶主编的《小说月

---

①叶圣陶.叶圣陶出版文集.北京:中国书籍出版社,1996:57.

②叶圣陶.叶圣陶出版文集.北京:中国书籍出版社,1996:57.

③叶圣陶.叶圣陶出版文集.北京:中国书籍出版社,1996:57.

报》发表，此后的《动摇》《追求》均发表在《小说月报》上。丁玲通过发表小说《梦珂》《莎菲女士的日记》走上文坛，成为一位引人注目的女作家。追忆自己走上文学之路，丁玲总忘不了叶圣陶对她的帮助："要不是您（叶圣陶）发表我的小说，我也许就不走这条路。"

叶圣陶去世后，吕叔湘撰有挽联：交情兼师友，四十八年，立身治事，长仰楷式；道德寓文章，一千万字，直言曲喻，永溉后生。

二、夏丏尊——注重编辑出版与教育的结合

夏丏尊（1886—1946），浙江绍兴人。早年就读于绍兴学堂，1905年赴日本留学，1907年回国后从事教育工作。新文化运动中，夏丏尊在家乡与志同道合的朋友创办了著名的春晖中学，以学校为基地，宣传进步文化。其间，先后在上海《民国日报·觉悟》副刊和《小说月报》发表小说、诗歌、译文。他翻译的意大利作家亚米契斯的《爱的教育》，在教育界和文学界产生了重大的影响。

1926年，章锡琛和几位朋友创办开明书店，第二年邀请夏丏尊入职开明书店主持编辑部工作。在夏丏尊的影响下，开明书店组织起一支跟自己的出版方针相适应的精干的编辑队伍，并团结了一大批志趣相投又乐于合作的作者。经过两年多的摸索和准备，开明书店选定了以青年为主要服务对象的出版方针，于1930年创办《中学生》杂志作为联系读者和作者的桥梁，表明自己的态度，宣传自己的主张，并借以组织和积攒书稿。夏丏尊把他对教育的理想贯穿在编辑工作中。在《中学生》创刊号上，他直截了当地提醒青年学生，不要以为自己上了学读了书就有什么与人不同的地方，进学校混资格，靠文凭吃饭，那种方法是"因袭的封建的恶根性"的表现。在第二期《中学生》上，夏丏尊又提醒青年学生，进学校不是为了受教材，而是为了受教育，为了培养生活和工作所必需的各种基本能力。虽然《中学生》后来换

过几任主编，但从未背离夏丏尊的教育思想。

由《中学生》的出版而逐渐发展出来的《开明青年丛书》也继承了夏丏尊的教育思想，这套丛书内容广博，社会科学、自然科学、文学艺术、品德修养……各种门类无所不包，大大超过了当时中学的课程设置。虽然自己写的很少，但夏丏尊非常重视《开明青年丛书》的编辑出版，通过约朋友写，给朋友出题目，帮助朋友设计编写方法，修改和整理稿件，夏丏尊为这套丛书倾注了大量心血。在夏丏尊教育思想的影响下，开明书店还陆续出版了中学各门课程的教科书，这些教科书的编写任务都由具有丰富经验，并且对教育有见地的教师完成，加强启发性，注重培养学生的学习兴趣和实际能力。

1937年，抗日战争全面爆发，位于上海的开明书店大部分被毁，大多数员工只能被遣散，夏丏尊和一部分同人留在上海。1938年，夏丏尊参加抗日后援会，编辑出版《阅读与写作》《文章讲话》，与叶圣陶等人合作编写《开明国文讲义》《国文百八课》《文章作法》等指导青年写作的书籍。1943年冬，夏丏尊被日本宪兵司令部逮捕，经过日本友人内山完造的营救，10天后获释，但健康受到摧残，而且得不到起码的营养补充，身体状况从此每况愈下。抗日战争胜利后，夏丏尊对中国的出版事业仍然十分关心，撰写《中国书业的新途径》，提出了编辑出版部门和发行部门分开的设想。1946年4月23日，夏丏尊与世长辞。

夏丏尊的编辑思想主要体现在两个方面：

其一，注重编辑出版与教育的结合，把他对教育的理想贯穿于编辑工作中。夏丏尊进入开明书店，最先创办的就是《中学生》杂志。在《中学生》发刊词中，他说《中学生》的使命是“替中学生诸君补校课的不足；供给多方面的趣味与知识；指导前途；解答疑问；且作便利的发表机关”。在后来编辑出版的一系列教科书中，夏丏尊也非常注重书中知识的丰富性。

其二，提出编辑工作与发行工作分开的理念。这一理念不仅体现在夏丏尊平时的工作当中，在其文章中也作过专门阐述。他在抗战后发表的《中国书业的新途径》一文中，对中国当时的出版业状况和需要展开的工作进行了评价和总结，提出了诸多建设性的意见，他在文中建议的设立联合书店专管发行事宜，与1949年之后中国的编辑出版事业改革脉络基本一致。

夏丏尊对编辑出版事业以及对书的热爱，体现在他的一言一行中。他在《我之于书》一文中写道："二十年来，我生活费中至少十分之一二是消耗在书上的，我的房子里比较贵重的东西就是书。"夏丏尊去世后，《新华日报》曾发表社论《悼夏丏尊先生》，称赞他"数十年来，努力文化运动和民主运动，曾建树不可磨灭的功绩"。

三、鲁迅——以革命需求为导向

鲁迅（1881—1936），浙江绍兴人。1898年5月到南京求学。1902年东渡日本留学，先入仙台医学专门学校学医，后弃医从文，1909年回国。1912年应蔡元培邀请，赴南京中华民国临时政府教育部任职，同年5月随教育部迁至北京。1918年4月，参加《新青年》的编辑活动，并在该刊发表了白话小说《狂人日记》。随后，创作了《孔乙己》《祝福》《阿Q正传》《药》等作品，并结集为《呐喊》《彷徨》。除小说之外，鲁迅还创作了散文诗、散文，分别结集为《野草》和《朝花夕拾》。进入20世纪20年代后，鲁迅开始走上自办出版社、编辑刊物的道路，并且取得了丰硕的成果。

鲁迅一生共创办过7家出版社，其中著名的有未名社、朝华社以及三闲书屋等。1924年12月，鲁迅和另外5人共同组建未名社，由鲁迅担任主编。任职期间，鲁迅主编了《未名丛刊》，专收译文，所译的主要是俄国和日本的作品以及文艺批评。鲁迅在《未名丛刊与乌合丛书》

中指出了这套丛书的编辑方针："这也并非学者们精选的宝书，凡国民都非看不可。只要有稿子，有印费，便即付印，想使萧索的读者，作者，译者，大家都稍微感到一点热闹。内容自然是很庞杂的，因为希图在这庞杂中略见一致，所以又一括而为相近的形式，而名之曰《未名丛刊》。"此外，鲁迅还编有《未名新集》，专收创作，先后共出6种，作者都是未名社成员，鲁迅的《朝花夕拾》也编在里面。在鲁迅的支持下，未名社还编辑出版了《未名》半月刊，主要发表同人作品。

未名社之后，鲁迅又于1928年底创办朝华社，成员还包括柔石、王方仁、崔真吾、许广平，创办之初由大家共同投资合办。朝华社出版有《朝华周刊》，由鲁迅、柔石合编，编排格式、刊头图案、插画等由鲁迅设计。该刊创作、译文兼收，译文中有相当一部分为东欧、北欧"弱小民族"的文学作品。1929年1月起，该刊出副刊《艺苑朝华》画刊，主要介绍欧洲的版画作品，意在引入清新、刚健质朴的文艺。《朝华周刊》共出20期，于1929年5月停刊；《艺苑朝华》共出5期。除了刊物，朝华社还出版有《朝华小集》丛书，但只出版了两种书。此外，还有其他的一些出版计划，但并未完成。由于资金耗尽，朝华社只办了不到一年就关闭了。

1931年，鲁迅创办三闲书屋。三闲书屋既没有编辑部，也没有出版部和市场部，实际上只是鲁迅自费印书的一家出版社。三闲书屋先后出版6种图书，包括苏联长篇小说《毁灭》《铁流》等；7种版画，包括《引玉集》等，还出版有文艺连丛《坏孩子和别的奇闻》。在三闲书屋资金不断减少的情况下，鲁迅还以野草书屋的名义，出资印了瞿秋白编译、鲁迅作序的《萧伯纳在上海》和文艺连丛中的《不走正路的安得伦》。鲁迅还以铁木艺术社的名义自费印书，出版了专门收录中国青年木刻家作品的《木刻纪程》。

除了自办出版社，鲁迅还先后编辑过9种刊物。1925年4月，鲁迅创办周刊《莽原》，每期4开一张，随《京报》附送，至同年11月底出版32期后停刊。1926年1月改为半月刊复刊，32开本，并且脱离《京报》，改由韦素园接编，至1927年停刊。鲁迅在《莽原》上主要发表政论、杂文和散文，例如他的著名政论文章《论“费厄泼赖”应该缓行》，杂文《春末闲谈》《灯下漫谈》等，还有散文《朝花夕拾》中的10篇文章都曾在该刊发表。

1924年11月，鲁迅在北京参与创办周刊《语丝》，并且是该刊的主要支持者和撰稿者。1927年12月，鲁迅在上海接编该刊。在转换多任编辑后，《语丝》于1930年3月停刊。此外，鲁迅还创办《奔流》《萌芽月刊》《文艺研究》《前哨》《十字街头》《译文》等刊物。1936年10月19日，鲁迅病逝于上海，其著作结集为《鲁迅全集》。

鲁迅既是一位杰出的文学家，也是一位著名的编辑出版家。他的编辑思想和编辑主张在中国近代编辑出版史上产生了巨大影响，是一笔丰富的精神财富。

第一，主张以革命需求为导向。鲁迅创办三闲书屋，翻译并编辑出版《毁灭》《铁流》等小说，其目的在于激发民众的斗志。他在《答国际文学社问》一文中说：“我看苏维埃文学，是大半因为想绍介给中国，而对于中国，现在也还是战斗的作品更为紧要。”①之所以编辑出版东欧、北欧等“弱小民族”的作品，则是因为中国和那些民族的境遇相似，“读其诗歌，即易于心心相印”②。

第二，以满足文化事业发展为目的。鲁迅引进国外的文学作品，出版中外美术作品，其目的在于保存和传承中华民族优秀传统文化，尤其是为青年作家、青年美术家提供借鉴和参考。他除了编印《艺苑朝华》《凯绥·珂勒惠支版画选集》《引玉集》等，还自掏印费，和郑振铎编印了《北平笺谱》，复刻了《十竹斋笺谱》。鲁迅认为：“采用外

①鲁迅.鲁迅全集：第6卷.北京：人民文学出版社，2005：19-20.
②鲁迅.鲁迅全集：第6卷.北京：人民文学出版社，2005：368.

国的良规，加以发挥，使我们的作品更加丰满是一条路；择取中国的遗产，融合新机，使将来的作品别开生面也是一条路。”①

第三，注重图书的评价、推荐工作。鲁迅编辑、校阅过后的图书，常常会加上前言、小引、序或者后记、跋。书出版之前或是出版后，鲁迅还会亲自撰写广告，向读者推介这些图书。这些工作既是对所编辑出版图书的评价，也是给读者提供更多的方便。编辑刊物时，鲁迅也会亲自动手写发刊词、编辑例言、编后记等，使读者更加了解刊物的宗旨。

显而易见，他是一位以文学创作和文学批评为职业的文学家，而且尤以文学成就最高。但鲁迅的一生，也是编辑的一生，他的文学活动也与其编辑出版工作紧密相连。为了做好编辑工作，他经常“弄得终日忙碌”“费去生命不少”，直到去世的前几天，还在关注几种书刊的编辑出版。鲁迅为编辑书刊所耗费的心血、所取得的功绩，很难用言语形容，也很难有人能够超越。正如毛泽东在《新民主主义论》中所指出：“鲁迅是中国文化革命的主将，他不但是伟大的文学家，而且是伟大的思想家和伟大的革命家。……鲁迅是在文化战线上，代表全民族的大多数，向着敌人冲锋陷阵的最正确、最勇敢、最坚决、最忠实、最热忱的空前的民族英雄。”②他在编辑工作中表现出的无私奉献、热情扶持新人的崇高精神，永远值得继承和发扬光大。

四、茅盾——编辑工作既编又写

茅盾（1896—1981），浙江桐乡人。1916年北京大学预科毕业后进商务印书馆工作，并参加文学活动。其时，《新青年》倡导的新文化运

---

①鲁迅.鲁迅全集:第6卷.北京:人民文学出版社,2005:50.

②毛泽东.毛泽东选集:第2卷.北京:人民出版社,1991:698.

动正在兴起，商务印书馆为适应改革潮流，首先从《学生杂志》开始，进行一系列改革。一方面表明向《新青年》学习，另一方面是想借此争取更多的读者。茅盾刚进入商务印书馆就被调派至《学生杂志》做助理编辑，从写社论开始。

担任助理编辑后，茅盾接连写了两篇社论《学生与社会》《一九一八之学生》，高举“革命、创造、奋斗”的旗帜。五四运动之后，商务印书馆的《小说月报》失去不少读者，面对这一趋势，商务印书馆决定进行部分革新，开辟“小说新潮”专栏，邀请茅盾担任这一栏目的编务。茅盾担任编务一年以后，杂志仍不能满足读者需求，商务印书馆决定对《小说月报》进行彻底的革新，并由茅盾担任主编。1921年1月，第12卷第1号《小说月报》便以彻底革新的面貌与读者见面了。革新后的《小说月报》出版后，其新颖而充实的内容受到文艺界的好评。

1926年初，茅盾和恽代英等人到广州出席国共合作的国民党第二次全国代表大会，会后茅盾受命留在广州，到国民党中央宣传部工作，任代理宣传部长毛泽东的秘书，主要任务是编辑毛泽东已经编了4期的《政治周报》。1927年4月初，茅盾担任《汉口民国日报》总主笔，负责审定编辑们编好的稿件，加上标题，确定版面，撰写社论。

中国左翼作家联盟成立后，出版过多种刊物，但大都只出几期就被禁止了。1930年底，《前哨》问世，由鲁迅、冯雪峰、茅盾三人共同编辑。第一期“纪念战死者专号”，刊登文章揭露和控诉反动派杀害柔石等5位青年作家的滔天罪行，引起社会各界强烈反响。此后，茅盾对国民党“民族主义文学”进行了批判，维护了无产阶级文学的地位，这也是茅盾在编辑工作中与鲁迅、瞿秋白等人相互配合、协同作战取得的重大胜利。

抗日战争和国内革命战争前期，茅盾曾三次前往香港编辑了5种期刊。利用香港的特殊条件，为革命文艺作出了重大贡献。

1938年2月，茅盾辗转至香港，主编《立报》副刊《言林》和《文艺阵地》。4月1日，原来在上海出版的《立报》在香港复刊，茅盾为该报副刊写了《言林献辞》，说明《言林》的宗旨，同时开始发表长篇连载小说《你往哪里跑》。《言林》是当时香港报纸副刊中最为严肃的，是茅盾在香港所建立的虽然是小小的但却是重要的抗日“文艺阵地”。《文艺阵地》创刊号于1938年4月16日出版，茅盾在发刊词中说，在这个阵地上，“立一面大旗，大书‘拥护抗战到底，巩固抗战的统一战线’”，表明了刊物的基本主张。

1938年底，茅盾曾去新疆讲学。皖南事变后，在周恩来的建议下，茅盾再次赴港，不久创办杂文刊物《笔谈》（半月刊），创刊号出版后，受到读者的热烈欢迎。1948年，茅盾和巴人、周而复等人创办的《小说》月刊出版，茅盾担任编委。同年9月9日，茅盾又担任了在香港复刊的《文汇报》副刊《文艺周刊》主编。

中华人民共和国成立后，茅盾担任中国文化和文学艺术部门的领导职务，但仍没有放弃编辑活动。1949年10月，《人民文学》创刊，这是当时唯一的全国性大型文学刊物，茅盾担任主编一直持续到1953年6月。1953年，茅盾又担任专门介绍外国文学的刊物——《译文》的主编。

茅盾不仅是一位伟大的文学家，也是一位出色的编辑出版家。他从1921年接办主编并改革《小说月报》，直至中华人民共和国成立后创办主持《文学》《文艺阵地》《人民文学》，始终战斗在文学期刊的第一线。茅盾的编辑思想和编辑主张可归纳为三点：

第一，茅盾主编的文艺刊物，方向明确，坚持现实主义传统。就发表的作品看，取材广泛，风格多样，能够满足不同层次的读者需求；其社会功能则有的像大炮，有的像匕首、投枪，有的像显微镜，在社会上起到了多种作用。

第二，茅盾从事编辑工作，十分注意广泛团结作家队伍，培养新生力量。他主编《小说月报》既注意联络已有成就的作家，又重视培养青年作家，对壮大作家队伍起到了重要作用。

第三，茅盾从事编辑工作，主张既要编又要写。茅盾本人是理论批评家、作家、翻译家，是学贯中西、博古通今的学者。1927年，他完成了《蚀》三部曲（《幻灭》《动摇》《追求》）的创作；1932年前后创作了长篇小说《子夜》。他是以学者的身份从事编辑工作的，因此，他的视野开阔、目光深邃。在创办刊物的过程中，从确定编辑方针、规划栏目，到约稿、审稿，他都能高瞻远瞩，独辟蹊径，使刊物既具有自己的个性又能够顺应时代潮流，向着正确的方向发展。

五、郑振铎——要熟练运用各种编辑方法

郑振铎（1898—1958），生于浙江永嘉。1919年五四运动后，他与一群同样爱好文学的青年相识，大家都因没有一个供他们探讨和阐述社会问题、社会改革的刊物而苦恼。经过协商，郑振铎与瞿秋白、耿济之、许地山、瞿世英等人组成编委会，共同出版《新社会》刊物，郑振铎负责编辑校对等具体事宜。

《新社会》很有特色，主要谈论当时青年人所关注的切中时弊的社会问题以及怎样改造社会，有时也谈些青年修养、介绍科学常识，有诗有文，不显枯燥。后来，《新社会》开始鼓吹社会革命，不到半年时间，《新社会》就被北洋政府的京师警察厅查禁。之后，郑振铎和朋友们又于1920年8月创办《人道》月刊，但只出了1期便停刊。

1922年进入商务印书馆后，郑振铎首先从主编《儿童世界》开始，这也是由他创办的中国第一个儿童文学刊物。他在主编刊物时，尽量通过诗歌、童话、图画故事、科学游戏等形式，潜移默化地使儿童懂得什么是真善美，什么是假恶丑，培养他们从小对科学、对文化艺术的兴趣。《儿童世界》是32开的周刊，每期都选用一幅精美的彩色插图

做封面，讲述的都是儿童喜欢的故事。郑振铎特别注意自己编写或者重述童话故事和儿歌等，也善于“拉稿”，很多原本不是搞儿童文学创作的作者也被郑振铎动员加入，例如许地山、叶圣陶、周建人等。

1923年，茅盾离开《小说月报》后，由郑振铎接替主编。郑振铎开始主编《小说月报》，直到1931年离开商务印书馆。他担任主编时，恰逢文学研究会与鸳鸯蝴蝶派斗争最激烈的时期。郑振铎坚持了茅盾的编辑方针，坚决不给鸳鸯蝴蝶派以及“学衡”派等复旧保守的文学流派以插足之地。在《小说月报》发表作品的，绝大多数是文学研究会的人。和茅盾一样，郑振铎也非常注重翻译介绍外国文学作品。他历来认为，发展中国文学，除了继承发扬本国优秀的文学遗产外，还应广泛地从外国文学中吸取营养。

1925年五卅运动时期，为了抗议英、日帝国主义杀害中国工人，上海各阶层展开“三罢”（罢工、罢课、罢市）运动。对于当局的血腥镇压，上海的报纸都没有据实报道，引起郑振铎极大的愤慨。这时，上海各学术团体成立了一个联合对外组织，叫“上海学术界对外联合会”，郑振铎、茅盾都属于这个组织。经过组织同意，郑振铎等人以“上海学术界对外联合会”的名义，于1925年6月3日创办了《公理日报》。

《公理日报》发行所和编辑部就设在郑振铎家楼下，这份报纸不畏强暴，敢于说话，道出了上海爱国民众的心声，和瞿秋白主编的《热血日报》一起，成了上海最受欢迎、销路最佳的报纸。直到6月24日，由于当局的压力和经费的问题，《公理日报》被迫停刊。虽然只存在了22天，但却在上海轰动一时。

1927年国民党四一二反革命政变后，郑振铎因抗议国民党罪行被迫逃亡英、法等国。1928年回国后，仍在商务印书馆工作。1931年到北平燕京大学中文系任教，同时主编《文学》月刊和《文学季刊》。1934年赴上海，任暨南大学文学院院长，并创办大型文学丛刊《世界文库》。抗日战争时期，郑振铎留在“孤岛”上海，与胡愈之、周建人、许广平等人组织复社，筹措出版《鲁迅全集》。抗战胜利后，郑振铎投入民主运动，主编《民主》周刊和文艺杂志《文艺复兴》。

值得一提的还有郑振铎参与编辑出版的《美国文学丛书》。1945年初秋，时任美国驻华文化参赞费正清提出编辑计划，并且得到了中国共产党的支持。抗战胜利后，已调任美新总处处长的费正清再次对郑振铎提出了编辑这套丛书的打算，后来经过各方讨论，通过了这项计划，郑振铎成为翻译这套丛书的中方主持人。虽然国内战事不断，但丛书编辑活动并没有终止，《美国文学丛书》终于在1949年正式出版。

郑振铎对编辑工作的重视和严肃认真的态度，不仅对当时的社会产生了深刻的影响，对于后来者来说，更是一笔宝贵的精神财产。他的编辑主张有四点值得嘉许。

第一，编辑出版活动应以改造社会为目的。1919年，郑振铎在《新社会》的发刊词中写道："总括起来说，我们的改造的目的和手段就是：考察旧社会的坏处，以和平的、实践的方法，从事于改造的运动，以期实现民主的新社会。"他对1919年中国出版界中存在的谈鬼神、"未卜先知术"、黑幕类图书大行其道，出版业之间的恶性竞争极为反感，认为"把出版界看作一种投机、牟利的机关，实在有些危险"。"总而言之，1919年的中国出版界，虽然很热闹，但可以总评一句话，就是浅薄，无科学的研究。""希望他们能够去了投机牟利的心理，做真正的新文化运动，希望他们能够多多出版些关于哲学科学的译著；希望他们能够把出版'黑幕''奇书'的纸张油墨，来印刷打破迷信、提倡人道的著作；希望他们不再费劳力来译（前）人已经做过的工作，最后我更希望能够有创造力的著作出版。"①

第二，熟练运用各种编辑方法。郑振铎从一个未接受过任何编辑技能训练的新人，逐渐成长为一个善于利用各种编辑技巧来完成编辑

①郑振铎.郑振铎全集:第三卷.石家庄:花山文艺出版社,1998:386-387.

工作的优秀编辑，并且形成了自己的风格。例如在编辑过程中注意图文并茂，精心设计封面，选择插图以配合刊物的内容；注意刊物栏目设置和版面的编排，如《小说月报》设立“卷首语”“海外文坛消息”“最后一页”（相当于“编者的话”）等，其目的在于增强刊物的可读性。此外，郑振铎还善于出版期刊的专号和特大号，以扩大刊物的影响。在图书编辑工作中，郑振铎首先注重选题要立意高远，别具特色；其次注重丛书的编辑出版，形成规模和品牌。

第三，将出版物的质量作为重中之重。郑振铎在编辑出版过程中，态度严肃认真，一丝不苟，严格选择撰稿人，以保证稿件的质量。同时，以稿件质量作为取舍标准，不搞因人而异，不存门户之见。

第四，注重图书的宣传推广。郑振铎善于利用报纸、杂志以及图书的广告页，通过撰写书评，刊登广告，发售精美样本及限定版、签名本等方式宣传推广图书，收效明显。这些手段，至今仍被图书营销部门所采用。

郑振铎不仅是一位杰出的编辑出版家，更是一位著名的作家、社会活动家和爱国人士。中华人民共和国成立后，他先后担任全国政协委员、全国人大代表、国家文物局局长、文化部副部长，当选中国科学院哲学社会科学部学部委员，并任文学研究所所长。他勤于笔耕，涉猎广泛，在文学创作、文学史研究、考古、艺术、收藏等领域也取得了可观成就，其主要著作有《文学大纲》《插图本中国文学史》《中国俗文学史》《中国版画史图录》《伟大的艺术传统图录》等，有《郑振铎全集》行世。他一生追求真理，忠于祖国和人民，叶圣陶在祝贺郑振铎50岁生日的一首词里所写的“精修笃学长无懈，伟绩他年讵易量”，是对其人生和价值的真实写照。

第五节　民国重要编辑家（三）

一、胡愈之——办刊要担负起强烈的社会使命

胡愈之（1896—1986），浙江上虞人。18岁时，他考入上海商务印书馆，在编译所当练习生，开始从事编辑工作，为《东方杂志》翻译一些外文资料，参加编写《动植物大辞典》索引，同时还写文章向报纸、杂志投稿。后来担任《东方杂志》的编辑，在《东方杂志》上发表了许多文章和翻译作品。1925年，五卅惨案发生，商务印书馆的郑振铎等人以“上海学术界对外联合会”的名义创办《公理日报》，声援上海各阶层爱国群众的反帝斗争，抗议帝国主义的暴行。胡愈之主要负责与新闻界联系，别的报纸不敢发表的文章，就放在《公理日报》发表。除了参与出版《公理日报》之外，他还出版了《东方杂志》“五卅”事件的临时增刊，写了长文《五卅事件纪实》。

1928年，胡愈之赴法国巴黎大学学习国际法，研究国际问题，1930年冬天，他从法国经苏联回国，途中在苏联参观访问了7天。1931年初，他回到上海，仍在商务印书馆任《东方杂志》的编辑。1932年1月28日，日本侵略军进犯上海闸北，遭到中国军队的坚决抵抗，商务印书馆毁于战火，总经理王云五宣布停业，职工一律解雇，胡愈之也随之失业。随后，胡愈之开始帮助邹韬奋编辑《生活》周刊，宣传抗日。后来，胡愈之建议创办生活书店，以出版书籍和其他刊物扩大宣传阵地。1933年，他协助邹韬奋进一步把生活书店改组为生活出版合作社。此后不久，法国在上海创办了哈瓦斯新闻通讯社，胡愈之被聘为中文编辑。在邹韬奋出国之后，胡愈之、艾寒松负责《生活》周刊的工作，继续坚持抗日主张，最终触怒蒋介石，《生活》周刊于1933年12月被宣布查禁停刊，胡愈之等人随即在1934年2月出版了《新生》周刊。

邹韬奋出国期间，生活书店发展迅速，胡愈之邀请郑振铎、陈望道等进步作家出版了好几种杂志。1933年7月创办大型刊物《文学》月刊，胡愈之任编委；1934年创办《世界知识》半月刊，胡愈之任主编；出版了鲁迅、茅盾等人发起创刊的《译文》，陈望道主编的《太白》半月刊，还有《妇女生活》《生活教育》《光明》半月刊等杂志。

1937年11月，上海被日军占领，英、法租界当局宣布中立，租界成了日寇四面包围下的孤岛，胡愈之没有立即撤离，而是继续留在上海战斗。当时美国记者埃德加·斯诺送给胡愈之刚刚出版的英文本《红星照耀中国》，胡愈之决定设法尽快翻译出版，介绍给国内外读者，随后组织数位翻译家分工翻译，改书名为《西行漫记》。该书出版之后，立即引起国内外的巨大反响。有了出版《西行漫记》的经验和积累的一定资金，胡愈之又和许广平、王任叔等人密切合作，出版了20巨册的《鲁迅全集》。这部大书，对鲁迅的创作、学术、翻译、辑校古籍等作品做了最大限度的搜集，对于鲁迅著作的传承和鲁迅研究的开展，发挥了巨大的作用，产生了广泛的影响。离开上海后，胡愈之先后赴武汉、长沙，然后至桂林，一路继续着他的编辑出版事业。

1941年元旦，胡愈之正式接任新加坡《南洋商报》主编一职，按照中国共产党的指示，开辟海外宣传阵地。在胡愈之的领导下，《南洋商报》销路大增，一时跃居各报之首，为推动南洋侨胞抗日救亡运动的发展起到了重要作用。1945年8月，日本宣布无条件投降，胡愈之立即赶到棉兰，联络当地华侨，创办了《民主日报》。9月，胡愈之回到新加坡，创办新南洋出版社，出版了沈兹九主编的《新妇女》杂志，又出版《民主》周刊、《南侨日报》和《南侨晚报》。直到1948年，胡愈之才回国，辗转到达西柏坡。1949年6月15日，《光明日报》正式出版，胡愈之任社长兼主编。

胡愈之长期从事进步文化活动，编辑了多种报刊和进步图书，在编辑主张和编辑思想方面有许多独到的见解。他强调，编辑出版人要具有强烈的读者意识，全心全意为读者服务。他非常重视书刊的教育功能，曾在《中国的报纸文学》《国民外交与国际时事》等文章中一再呼吁：办刊要担负起强烈的社会使命，以教育民众、传播知识。1946年，他在南洋为了解决当地教育资源匮乏的问题，利用《风下》周刊编辑青年《自学辅导读本》，并依托编辑部，创办青年自学辅导社，请名家对青年进行辅导，产生了很大的影响。无论撰文，还是办刊，胡愈之都追求语言的通俗易懂、形式的朴素生动、内容的丰富实用，以合乎民众的文化水平为基准，切实达到普及知识、教育民众的目的。他在20世纪30年代就说过："出书和办杂志，首先要考虑读者的需要和他们的接受水平，一定要心平气和地说理，切不可居高临下地训人。"①在编辑出版过程中，胡愈之非常重视读者的反应，注意吸引读者参与办刊活动，最为明显的标志就是设置编读往来式的栏目，接受读者的批评与意见，对读者的要求及时做出回应。1937年4月，他在《月报》的结尾处写道："我们尤其欢迎的，是阅读本刊和其他刊物杂志所发生的见地、感想和疑问，即使是零星的三言两语都好。"②

胡愈之不仅是一位出色的编辑出版家，也是一位杰出的政治家、社会活动家。中华人民共和国成立之后，他曾任《光明日报》总编辑，《新华月报》主编，国家出版总署署长，中国文字改革委员会副主任，文化部副部长，中国人民外交学会副会长，中华全国世界语协会理事长，第一届至第五届全国人大常委会委员，第六届全国人大常委会副委员长，第二、三、四届全国政协委员，第五届全国政协副主席，中国民主同盟中央委员会副主席、代理主席等职。

---

①胡愈之.胡愈之文集：第3卷.北京：生活·读书·新知三联书店，1996：329.

②周予同.忆教育杂志.东方杂志，1932，29(4)：1–2.

二、赵家璧——编辑工作是一种创造性的劳动

赵家璧（1908—1997），出生于江苏松江（今属上海市）。在学生时代就参与或者主持校刊编辑工作。1928年高中毕业后，上海良友图书印刷公司总经理伍联德委任他主编《中国学生》月刊。1931年，九一八事变后，赵家璧建议停出月刊，编写一套综合性廉价丛书——《一角丛书》，得到胡愈之、罗隆基等学者的支持，并组约到作家周扬、林柏修、丁玲、郑伯奇、夏衍等人的文稿，共出书80种，行销数十万册。

1932年大学毕业后，赵家璧在以出版画报画册为专业的上海良友图书印刷公司担任出版部主任，负责组织编辑出版新文艺书籍，作者阵容有鲁迅、茅盾、老舍、巴金、沈从文、张天翼等。起初编辑《良友文学丛书》，出版了40余种；后编辑《良友文库》，出版了近20种。此外还有《中篇创作新集》10种和《苏联童话丛书》等。1935年，为了总结新文化运动以来中国新文学的成果，赵家璧主编了《中国新文学大系（1917—1927）》。该书分为10卷，由蔡元培作总序，其中《建设理论集》由胡适编选，《文学论争集》由郑振铎编选，《小说一集》由茅盾编选，《小说二集》由鲁迅编选，《小说三集》由郑伯奇编选，《散文一集》由周作人编选，《散文二集》由郁达夫编选，《诗集》由朱自清编选，《戏剧集》由洪深编选，《史料·索引》由钱杏邨编选，前9卷还分别请各编选者撰写长篇导言。这部《中国新文学大系（1917—1927）》，堪称中国近代文学史和中国近代编辑出版史上的里程碑。其编者阵容之强大，文学体裁之齐全，编辑体例之科学，收录内容之丰富，选择篇目之严谨，可谓空前绝后。这部大书的编辑出版，充分显示了赵家璧的图书策划水平和组稿协调能力。这部大书，是对中国新文学第一个十年的总结，为学术界的研究提供了极大的便利，因此很快风行海内，呈供不应求之势。

本来，赵家璧还计划主编一套10卷本的《世界短篇小说大系》，总

结五四运动以来翻译的成果，同样请专家编选，但因八一三事变爆发而未能实现。

1935年，赵家璧又帮助陆小曼编成《志摩全集》8卷本，因胡适反对未能出版；1936年，赵家璧主编了《二十人所选短篇佳作集》，但只出了一集，因全面抗战而中止。

全面抗战爆发后，良友复兴图书印刷公司在上海成立，赵家璧任副总经理兼总编辑，出版了郑振铎编印的《中国版画史图录》5函20卷；耿济之译《俄国文学名著译丛》原计划出10部，但仅出版了2部，后来太平洋战争爆发，良友复兴图书印刷公司遭到日军查封。1943年，赵家璧在桂林将良友图书印刷公司复业，除用土纸重印图书外，又创编了《双鹅丛书》，出版金仲华、萨空了、马国亮等的译著。1945年日军逼近湘桂，赵家璧转移到重庆，再度重振良友图书印刷公司，出版了茅盾的新书《时间的记录》等。

1946年夏，旅美讲学的老舍以《骆驼祥子》英译版所得的部分美元稿酬，与赵家璧在上海创办了晨光出版公司，由赵家璧任总经理兼总编辑。赵家璧仍按《良友文学丛书》的传统，主编纸面平装本《晨光文学丛书》，共出40余种，包括老舍的《四世同堂》《骆驼祥子》《离婚》等16种，巴金的《寒夜》《第四病室》，钱锺书的《围城》，师陀的《结婚》等驰名国际的文艺作品，此外又主编《晨光世界文学丛书》，先出《美国文学丛书》18种20册，译者有冯亦代、楚图南、徐迟、焦菊隐、马彦祥等，后来又翻译出版了几种苏联文学作品。

赵家璧作为中国近代编辑出版史上一位重要的编辑家，其编辑思想和编辑主张值得传承、发扬。

第一，突出选题的创造性，强调创新性发展。赵家璧曾说："编辑工作有两种，一是把别人已有的作品集起来，编到丛书中，这要在选稿、选作品的过程中看出编辑的水平；而另一种编辑，要从无到有，带有创造性地劳动。本来没有这套书，通过编辑的头脑，有了一个编辑意图，然后组织许多作者来实现你的意图，完成你的编辑计划，这可以说是创造性的编辑工作。”①

第二，注重图书的选题完整，力求品种齐全，成龙配套。在谈到自己的编辑理念时，赵家璧说：“我喜欢成套的文学书，早在大学读书时代就已心向往之，把将来也编成几套文学丛书作为自己一生的奋斗目标。”②从技术层面上来说，赵家璧编辑的丛书、套书，大都有如下几个特点：定价一律，如《一角丛书》；开本独特，如《良友文库》《万有画库》等；装帧别具一格，如《良友文学丛书》。这些别具匠心之处，都贯穿着赵家璧追求系统完整的编辑主张。

第三，向优秀作者组稿，以质量求生存。当《一角丛书》问世后没有达到预期效果时，赵家璧说：“我开始认识到必须大胆地冲向社会，向具有影响的作家组稿，得不到作家的支持，编辑将束手无策，一事无成。”在组稿过程中，赵家璧也积累了丰富的经验，他曾说：“作者要为编辑服务。”这句话的意思是：组稿时要强调编辑的主体作用，一切围绕选题计划来进行，以保证出版工作的顺利进行。在这种主张的引导下，赵家璧尤其善于瞄准优秀作者，以质量求生存，对作者以诚相待，时刻交流；同时注重扶植青年作者，既出书又出人；也重视群体合作，发挥群体优势。

赵家璧从事编辑出版工作长达70年。1949年，他作为华东区作家协会代表，赴北平参加首届全国文学艺术界代表大会。1953年4月，晨光出版公司并入上海文艺出版社。同年5月，赵家璧担任上海人民美术出版社副总编辑兼摄影画册编辑室主任。1960年，赵家璧调入上海文艺出版社任副总编辑。1981年出版《编辑生涯忆鲁迅》，1984年出版《编

①华水.赵家璧的书橱——一位老编辑的过去和现在//山西人民出版社.无名集.太原：山西人民出版社，1985：12.

②赵家璧.话说《中国新文学大系》.新文学史料.1984(1)：162-195.

辑忆旧》，1990年获第二届韬奋出版奖，1991年出版《文坛故旧录——编辑忆旧续编》。诚如有学者所言：研读中国近代文学史的专家学子，有一部书不能不读，那就是《中国新文学大系（1917—1927）》；研读中国近代编辑史的人，有一个人不能不了解，他就是该书的编辑——赵家璧。①

三、邹韬奋——决不作反革命开倒车的代言人

邹韬奋（1895—1944），出生于福建永安。“韬奋”是他1918年11月18日在《生活》周刊第4卷第1期上发表《喂，阿二哥吃饭》时使用的笔名。他曾对人说过，“韬”是韬光养晦的“韬”，“奋”是奋斗不懈的“奋”，他就是要以此自勉。②

邹韬奋的编辑之路始于1919年7月，当时他就读于上海圣约翰大学，参与了上海学生联合会主办的《学生联合会日刊》的编辑工作，被称为“客串编辑”。邹韬奋正式开始编辑职业生涯，要从1921年进入中华职业教育社算起。作为编辑部主任，他主要负责“职业教育丛书”的编译和《教育与职业》月刊的编辑工作，同时还兼任中国职业教育学校的英文教员，并做过科学名词审查会的编辑审查工作。这一时期，邹韬奋还在《时事新报》任秘书主任一职，这段工作经历对他以后的编辑生涯有着重要的影响。

1925年10月，《生活》周刊创刊。1926年10月，王志莘离职，邹韬奋义不容辞地接过《生活》周刊主编一职。他对《生活》周刊进行了一系列重大改革。首先是变换内容，《生活》周刊以前偏重于职业教育与修养，读者面比较窄，邹韬奋接办之后，大大扩展了题材范围，

①张志强.赵家璧编辑思想初探.编辑学刊,1992(2):85-90.

②钱小柏,雷群明.韬奋与出版.上海:学林出版社,1983:1.

使之逐渐面向全社会的读者。其次是形式上的不断创新。邹韬奋认为，办好刊物，除了注意时代的特点之外，最重要的是要有创新精神。他的改革措施获得了明显的效果，《生活》周刊从一个印刷几千份尚卖不出去的小刊物很快变成了在全国有影响力的大杂志，1927年印数达2万份，次年即达到4万份，1929年猛增至8万份，到了1932年，已经达到15.5万份。1932年，国民党政府以“言论反动，毁谤党国”的罪名先后下令《生活》周刊不准邮寄。同年底，《生活》周刊被迫停刊。

1932年7月，邹韬奋在上海创办生活书店，被推举为理事长。1933年7月因受国民党当局迫害，被迫流亡海外。流亡期间，他如饥似渴地学习马克思主义理论，在大英博物馆里大量阅读马克思、恩格斯、列宁的著作。他还特别注意到巴黎《时报》的办报特点，《晨报》的分工详密和高效率，以及《巴黎晚报》“社会新闻特详，插图佳妙，编法又能引人入胜”的优点，都给他留下了深刻印象。在德国，邹韬奋看到了那里先进的印刷设备。

1935年，“《新生》事件”发生，邹韬奋提前回国，肩负起了领导发展中的生活书店的重任，并在很短的时间内，筹办出版了《大众生活》周刊，由他担任主编。该刊以“力求民族解放的实现，封建残余的铲除，个人主义的克服”为宗旨，其发行量曾达到创纪录的20万份，但出至第16期时，该刊被查封。

抗日战争全面爆发后，邹韬奋以极大的热情投入到抗战中，他领导的生活书店大量出版反映和宣传抗日的书刊，除出版杂志、书籍外，还为一般民众编印《战时读本》及“大众读物”，发行量达数百万册。与此同时，他仅用了两周时间，又筹备出版了《抗战》3日刊（后改名为《全民抗战》周刊）。另外，还编印《抗战画报》。在此期间，邹韬奋利用担任国民参政会参政员的身份，为改善编辑出版的条件做了极大的努力。

1941年开始，国民党政府对生活书店的压迫空前加剧，生活书店的50多个分支书店只剩下1个。邹韬奋本人也处在特务的监控之下，不得不再次流亡香港，并在那里复刊《大众生活》周刊，后因太平洋战争爆发而停刊。这是他主编的最后一个刊物，也基本上是他编辑生涯的结束。

邹韬奋是杰出的报刊业巨子，他的编辑理念、编辑思想主要包括：

第一，始终坚持进步的出版方向。1949年，周恩来在纪念邹韬奋逝世五周年的题词中写道："邹韬奋同志经历的道路是中国知识分子走向进步、走向革命的道路。"邹韬奋在接办《生活》周刊之后，就把追求进步作为办刊的目标之一。要"常站在社会的前一步，引着社会向着进步的路上走"。1932年12月，他在《生活》周刊第7卷第5期上答复读者时就表示："我是做报馆主笔吗？我便要把正确的思想灌输给儿童与青少年，决不作反革命开倒车者的代言人。"1935年，他在《大众生活》上答复读者来信时表示，"我们不是为本刊而办本刊，只不过把本刊作为努力于我们的大目标的一种工具"，就是"要借本刊对民族解放前途，对大众解放前途，尽一部分的贡献"。

第二，坚持为最大多数群众服务的原则。邹韬奋主张报刊内容要适合读者的要求，要有益于读者。这是邹韬奋编辑思想的核心。他曾指出，"关于推进大众文化的刊物，便须顾到一般大众读者的需要……要用敏锐的眼光、深切的注意和诚挚的同情，研究当前一般大众读者所需要的是怎样的'精神食粮'，这是主持大众刊物的编者所必须负起的责任"①。

第三，出版者要有个性。在办刊实践中，邹韬奋始终强调办刊要坚持真理，坚持报德和人格，也就是在人民大众的立场上办报，为了人民大众的利益，"刀锯鼎镬非所敢避"，决不向黑暗势力低头。在病情危重之时，邹韬奋曾归纳了生活书店最为宝贵的八种传统精神，即

---

①邹韬奋．韬奋文集：第3卷．北京：生活·读书·新知三联书店，1955：80.

坚定、虚心、公正、负责、刻苦、耐劳、服务、友爱，这些优秀品质，是生活书店立于不败之地的根本，也是邹韬奋编辑主张的集中体现。

第四，主张报刊的“创造精神”和个性特色。要求图书、期刊、报纸必须适应读者、时代和自身发展的需要，其文字要浅显易懂，形式要多样，使读者喜闻乐见。

正如周恩来同志所说：“韬奋先生的功业在中国人民心目中永垂不朽，他的名字将永远是引导中国人民前进的旗帜。”邹韬奋先生坚持新闻工作者的职业道德，对读者负责，对社会负责，紧跟时代脉搏，为了人民的事业、为了正义事业而“不为不义屈”“宁为玉碎，不为瓦全”的精神永远值得每位新闻工作者学习。

四、邓拓——社论是表明报纸的政治面貌的旗帜

邓拓（1912—1966），出身于福州的一个知识分子家庭，自小酷爱文学。18岁参加中国左翼社会科学家联盟，加入中国共产党。1929年考入上海光华大学，后转入河南大学学习。

1937年，邓拓赴山西五台山参加抗日。1938年4月，邓拓担任中共晋察冀省委机关报《抗敌报》的编辑部主任，从此开始了其新闻工作生涯。他曾在《〈抗敌报〉五十期的回顾与展望》《这一年来》等文章中，记述了这段艰苦的办报经历：“《抗敌报》的产生是有它的任务的，它要成为边区群众抗日救亡运动的宣传者与组织者，它要代表广大群众的要求，反映和传达广大群众斗争的实际情形与经验，推动各方面的工作，教育群众自己。但同时，它又从广大群众的推动与帮助中，得到本身的进步。”[①]本着对抗战的热情支持和扎根于群众的办报宗旨，邓拓带领报社同志，克服了人力物力短缺、工作地点不固定等

①邓拓．邓拓文集：第1卷．北京：北京出版社，1986：235-236.

困难，坚持按时出刊。他坚持探索和改进报纸的编排，希望尽可能将最好的报纸呈献给读者。自第12期开始，《抗敌报》在新闻材料的选择、整理和编排方式上进行了革新，还采用了新闻纸印刷、双面四版式的排印。在编辑工作中，邓拓时刻保持着高昂的革命激情，将笔杆子作为战斗的武器。他曾作诗与报社同志共勉："笔阵开边塞，长年钩剪风。启明星在望，抗敌气如虹。发奋挥毛剑，奔腾起万雄。文旗随战鼓，浩荡入关东！"①

1940年，《抗敌报》改名为《晋察冀日报》，邓拓担任社长兼总编辑。当时，日军集结了大量兵力向晋察冀边区进犯。邓拓顶住压力、坚持编报出报，还改装了印刷设备，使得所有物资用八头骡子就能驮完，留下了"八头骡子办报"的佳话。

邓拓始终是马列主义和毛泽东思想的忠实传播者。他于1944年主持编印了我国第一部《毛泽东选集》，为毛泽东思想的传播作出了贡献。当时，中共中央书记处做出了学习毛泽东思想的指示，晋察冀分局为了系统地宣传毛泽东思想，决定由时任《晋察冀日报》社长和总编辑邓拓主持出版一部《毛泽东选集》。邓拓十分重视这项任务，夜以继日地工作，只用了半年多的时间，就出版了五卷本的《毛泽东选集》。②这部选集选录了毛泽东从抗战开始到1944年的25篇公开发表过的著作，共46万字。选集分为两种版本，一种是分开装订的平装五卷本，一种是精装的合订本。邓拓在"编者的话"里明确地表述："中国共产党与中国工人阶级，中国革命的人民，在长期曲折复杂的斗争中，终于找到了天才的领袖毛泽东同志。……过去革命斗争的经验教训了我们：要保证中国革命的胜利，全党同志必须彻底的团结在毛泽东思

①邓拓.邓拓诗词选.北京：人民文学出版社，1979：8.

②胡善美.邓拓主编的中国第一部《毛泽东选集》.炎黄纵横.2006(3)：8-9.

想指导之下。”[①]

在长期的编辑实务活动中，邓拓形成了自己的编辑思想和编辑主张。

第一，与群众有无联系是报纸好坏的基本标志。加强和群众的联系，是邓拓在长期实践中得出的重要编辑思想。他提出：“我们的报纸是组织群众、教育群众而为群众服务的，因此，报纸办的好坏，其基本标志就看它与群众有无联系以及联系程度如何。”[②]

邓拓曾对战争年代报纸与群众的联系不够、描写群众的笔墨不多等现象提出了批评，认为“实际生活与斗争中的主人公是广大的人民群众，因此反映到报纸上，我们的主人公照理也应该是人民群众。我们的笔，它有神圣的职责或义务，就是它必须用来写群众，而且还必须写得真实，写得深刻”[③]。

对于如何将报纸办得“群众化”，邓拓坚持这样一些方法：“我们必须完全根据群众的意见来办报，群众需要各种科学知识与参考材料，群众有许多疑难问题要求解答，有许多兴利除弊的意见要求发表，我们都要用可能的篇幅来满足他们的需要。”[④]“写群众要写得好，还要老老实实的去学群众。不但要学群众的创造经验，学群众的英勇诚实，而且要学群众的习惯语言，使我们的报道真正能够体现广大群众自己的生活与斗争，而为广大群众所喜见乐闻。要建立报纸与群众之间的最密切的联系，而彻底的与最完善的方法还要靠群众写、群众办。”[⑤]

为了使报纸能够肩负起“反映现实，交流经验，教育群众，指导工作”的重任，邓拓认为，必须让报社的工作人员广泛地参与实践，

---

①邓拓.邓拓文集:第1卷.北京:北京出版社,1986:48.

②邓拓.邓拓文集:第1卷.北京:北京出版社,1986:276.

③邓拓.邓拓文集:第1卷.北京:北京出版社,1986:277.

④邓拓.邓拓文集:第1卷.北京:北京出版社,1986:279.

⑤邓拓.邓拓文集:第1卷.北京:北京出版社,1986:278.

“必须强调编辑、记者、通讯员及一切领导机关、领导干部共同动员起来，进行深入的采访、调查与研究的工作，以毛泽东同志的思想为指导，向实际进行系统的深刻的调查研究，深入到实际工作的里面去进行采访”[①]。

第二，社论是表明报纸的政治面貌的旗帜。邓拓十分重视社论在报纸中的地位。无论是战争年代还是过渡时期，他都将社论视为思想工作的重要表现形式。邓拓认为，“一个报纸有没有社论，是不是经常有社论，广大读者对社论阅读的情况怎样，这些都是重要的政治问题。我们有理由认为：社论是表明报纸的政治面貌的旗帜，报纸必须有了社论才具有完全的政治价值”[②]。

第三，要当“小毛驴”，不做“新闻官”。邓拓提倡“毛驴精神”，鼓励编辑记者为了人民的事业，为了办好党的刊物，像一头负重的毛驴一样，不怕苦累，一路前行。[③]他认为，只有勤勤恳恳、安安心心地专注于工作，才能完成好编辑任务；只有踏踏实实地专注于选题、约稿、改稿、编排、校对这些苦差，才能办出高质量的报刊。

邓拓反对编辑持有“官本位”的思想，并多次说道：“总编辑也是个编辑，不过是总其成的编辑。”“记者不论担任了什么行政领导职务，组长、部主任也好，编委、总编辑也好，对报纸来说，他都是本报记者，都应该不断地采访和写东西。”“把新闻工作的岗位当作‘官儿’来做，光坐在屋里开会，动动嘴，而不写文章，这是要不得的。”[④]邓拓认为，一份报纸的总编辑只有不脱离新闻实践，才能保持与群众、与现实的密切联系，那些只坐在办公室里当“官”的领导，是不能称

---

①邓拓.邓拓文集：第1卷.北京：北京出版社，1986：270.

②邓拓.邓拓文集：第1卷.北京：北京出版社，1986：308.

③林小波.邓拓“教”我们如何做编辑.前线，2010(5)：69-71.

④林小波.邓拓“教”我们如何做编辑.前线，2010(5)：69-71.

为总编辑、编委的。无论官位大小、资历深浅，都是做着一样的工作——编辑。

综上所述，从徐寿到严复，为晚清时期的编辑家；从张元济到邓拓，为民国时期的编辑家。由于所处时代不同，他们的追求、抱负、使命感，以及编辑思想、编辑理念、编辑方针既有相同点也有不同点。

晚清时期的编辑家处在一个内忧外患的时代，在他们身上，具有强烈的危机意识和忧患意识，这些人大多出身于封建士大夫阶层，同时又具有较为宽广的视野和变革精神。他们认识到了清王朝的腐朽落后，看到了西方列强不但船坚炮利，而且思想、观念、制度都远远走在了中国的前面，因此，他们的主要精力在于通过编辑出版活动介绍和传播西方的先进文化与先进制度，为国人打开了解世界的窗口。概而言之，他们的工作主要集中在三个方面：第一，不遗余力地翻译出版西方论著。在这些编辑家看来，只有了解西方，学习西方，才能“以夷制夷”，为我所用，从而改变落后和挨打的局面。第二，不遗余力地创办报刊，宣传先进思想和变革主张。他们充分认识到社会舆论、大众传媒在西方发展变革中的巨大力量，因此下大力气进行舆论宣传。第三，不遗余力地培养人才，扩大思想变革、社会变革的中坚力量。由于客观社会条件和他们自身的局限性，这些编辑家所发挥的作用毕竟是有限的，但是，他们在社会面临巨大危机之时为了开启民智、变法图强所做的努力却是功不可没。

民国时期的编辑家虽然人生经历不同，专业领域各异，但是，在很大程度上，他们具有共同的特点，给后人留下了深刻的启示。第一，这些编辑家都具有崇高的编辑理想。“昌明教育平生愿，故向书林努力来。”这虽然是张元济的话，但却道出了那个时代优秀编辑家们的共同心声。他们投身编辑出版事业，不是为了名垂青史，也不是为了腰缠万贯，而是具有共同的理想，那就是开启民智，提高全民族的知识水平、文化水平，为改造社会奠定理论基础、科学基础、文化基础。第二，这些编辑家都具有独特的人格魅力。为了编辑出版好的作品，他们甘于寂寞，甘于贫困，勇于担当，“事不避难，义不逃责”，不惧怕当局和反动势力的压迫，坚持真理，坚持斗争，有的受到通缉，有的被绑架，有的被投入监狱甚至献出生命，但他们都无怨无悔。人格决定书格，书格就是人格。尽管风云激荡，内忧外患，但在那个时期，依然涌现出了大量的名刊好书，这在很大程度得益于编辑家的人格。第三，这些编辑家都具有广博的学识和严谨的作风。回首百年，民国时期的编辑出版物无论是选题水平还是编校质量，都达到了很高的水准，有的甚至至今难以企及。原因在于，这些编辑家都是饱读诗书、学富五车之士，他们登高望远，学贯中西，对于编辑出版过程具有极强的把控能力，从而能够保证出版物的质量。此外，作为时代精英，他们做事极为负责，态度认真，一丝不苟，对于稿件的思想性、知识性、学术性、科学性、艺术性严格把关，为编辑出版工作树立了标杆。

第八章

中国近代重要图书的编辑出版

ZHONGGUO
JINDAI
ZHONGYAO
TUSHU
DE
BIANJI
CHUBAN

如前所述，中国进入近代以来，由于政治事件的不断出现和西方势力的不断影响，社会的变化从部分而扩及各方。当广大知识分子日益频繁地接受西方文化并谋与本土文化结合的时候，编辑出版事业也被人们置于视野之中，大批维新派人物组织学会、读书会等，以充分发挥图书宣传、启蒙的社会功能，使图书的种别与数量大大增加。辛亥革命的爆发，结束了中国两千多年的封建专制制度，社会的各个领域都受到冲击，特别是五四运动前后，新思想的传播和各种思潮的纷纷兴起，给中国近代编辑出版事业注入了新的血液，赋予其新的使命，使其成为新事物滋生的沃土。中国近代编辑出版事业的发展过程经历了传统文化和西方文化的影响、破土而出的新生气息和无端肆虐的血与火，成为一幅引人深思、发人猛醒的历史图卷。它不仅保存历史的真实，也为未来提供从一个特定角度论述的借鉴。

显而易见，从1840年到1949年的百余年时间里，中国近代出版物，从单纯引用新技术翻印古籍到形成自己的编辑特色，完整地展现了起步、发展、成熟的过程。而在所有出版物中，尤以丛书、工具书和教育类图书的影响最大。

第一节　重要丛书的编辑出版

丛书是汇辑两种以至数千种图书并冠以总名的一套书的统称。

“丛”就是聚集的意思。丛书，又名“丛刻”“丛钞”“丛刊”“丛稿”。

丛书的编辑出版在我国有着悠久的传统，按照《中国大百科全书·新闻出版》中“丛书”条目的说法，通常认为中国丛书始于南宋，宋嘉泰年间（1201—1204）俞鼎孙、俞经所编的《儒学警悟》是第一部汇辑的丛书，宋咸淳九年（1273年）左圭编刊的《百川学海》是第一部刊刻的丛书。此后，各种丛书层出不穷，为众人所熟知的《四库全书》就是一套规模庞大的丛书。

近代以来，随着西方文明的传入，中国丛书的编辑出版也出现了新的变化和发展。

第一，新技术的传入使得丛书的编辑出版变得方便快捷，如由美查创立的图书集成局用特制的扁体铅活字印制了《古今图书集成》，被时人称为“美查体”或“集成体”。在此基础上，一些出版机构也通过编印丛书的方式，对中国古代典籍进行整理和出版，对于保存和传承中华文化有着极其重要的作用。如商务印书馆先后出版的《涵芬楼秘笈》、《续古逸丛书》、《四部丛刊》（初编、二编、三编）、《学津讨原》《百衲本二十四史》、《四库全书珍本》、《国学基本丛书》、《丛书集成》、《元明善本丛书》等。

第二，随着西学东渐，中西文明的交融为近代中国丛书的编辑出版提供了新的方向和内容。如商务印书馆出版的林纾的《林译小说丛刊》《汉译世界名著》等。

第三，近代的各种成果层出不穷，对这些成果的汇总和整理成为近代中国编辑出版的又一重要领域，如赵家璧主编《中国新文学大系（1917—1927）》，1932年中华书局出版的《现代文学丛刊》，等等。

中国近代丛书凸显出综合化和专门化两个方向。综合性丛书大多卷帙浩繁，在编辑出版过程中需要投入较高成本。所以综合性图书一般由经济实力雄厚的大书局进行编辑出版。如商务印书馆编辑出版的《万有文库》第一集和第二集以及《百衲本二十四史》，中华书局编辑出版的《四部备要》《新中华丛书》和《中华百科丛书》，世界书局编辑出版的《ABC丛书》，文化生活出版社编辑出版的《文学丛刊》，生活书店编辑出版的《世界文库》，等等。

而专门化丛书则呈现出百花齐放、百家争鸣的景象。各书局、出版社、学术团体、机构和个人编辑出版了各种各样的专科性丛书，几乎涵盖各种学科，涉及多个领域。比如，哲学类的有世界书局编辑出版的《哲学丛书》，宗教类的有佛学书局编辑出版的《佛学小丛书》，青少年读物类的有开明书店编辑出版的《开明青少年丛书》，政治类的有中华书局编辑出版的《现代政治丛书》，法律类的有大东书局编辑出版的《暨南大学法律丛书》，文化类的有商务印书馆编辑出版的《中国文化史丛书》，教育类的有商务印书馆编辑出版的《国民教育文库》，文学资料类的有上海良友图书印刷公司编辑出版的《中国新文学大系（1917—1927）》，等等。

较为重要的中国近代丛书编辑出版物有以下7种：

一、《百子全书》

1875年，湖北崇文书局辑印《百子全书》（又名《子书百家》）。全书分9类，计儒家类23种、兵家类10种、法家类6种、农家类1种、术数家2种、杂家类28种、小说家杂事类3种、小说家异闻类13种、道家类15种，共收书101种。自先秦迄于明代，基本上包括中国历史上主要子书，有许多少见之书，如《尸子》《计然子》《子华子》《于陵子》。[1]19世纪80年代起，扫叶山房用石印技术重印《百子全书》。[2]

①李瑞良.中国出版编年史.福州:福建人民出版社,2005:718-719.

②肖东发,于文.中外出版史.北京:中国人民大学出版社,2010:107.

二、《古逸丛书》

《古逸丛书》是一部综合性丛书。分为初编、续编和三编。初编于1884年，由黎庶昌刊行于日本东京使署。在日本期间，黎庶昌见到不少在中国已经亡佚和稀见的宋元刻本及旧抄本古籍，为了保存和传播这些珍本古籍，便辑刻了《古逸丛书》。丛书由黎庶昌的随员、精通版本目录之学的杨守敬任校勘。校刻工作始于1882年，完成于1884年。每刻一书，先选择日本技艺精湛的刻工示范笔法，而后动工，有时对某个字修改补刻几次才满意。

黎庶昌在《古逸丛书·叙目》中解释了丛书的命名："书凡二百卷，二十六种。……以其文古本逸篇，遂命之曰《古逸丛书》。"

丛书的开头是黎庶昌自序，阐明选辑的缘由和宗旨，继以26种影刻本的叙目，即每一种书的解题，述其源流，考其版本。根据贵州省图书馆馆藏《古逸丛书》，其所辑书目按丛书序列如下：影宋蜀大字本《尔雅》3卷，宋绍光本《谷梁传》12卷，覆正平本《论语集解》10卷，覆元至正《易程传》6卷，《系辞精义》2卷，覆旧钞卷子本唐开元御注《孝经》1卷，集唐字《老子注》2卷，影宋台州本《荀子》20卷，影宋本《庄子注疏》10卷，覆元本《楚辞集注》8卷、《辩证》2卷和《后语》6卷，影旧钞卷子本《玉篇》零本3卷半，覆宋本重修《广韵》5卷，覆元泰定本《广韵》5卷，覆旧钞卷子本《玉烛宝典》11卷，影旧钞卷子本《文馆词林》13卷半，影旧钞卷子本《琱玉集》2卷，影北宋本《姓解》3卷，覆永录本《韵镜》1卷，影旧钞卷子本《日本见在书目》1卷，影宋本《史略》6卷，影唐写本《汉书·食货志》1卷，仿唐石经写本《急就篇》1卷，覆麻沙本《草堂诗笺》40卷，另《外集》1卷、《补遗》10卷、《传序碑铭》1卷、《目录》2卷和《年谱》2卷及《诗话》2卷，影宋本《太平寰宇记补阙》5卷半，影宋蜀大字本《尚书释音》1卷，影旧钞卷子本《碣石调幽兰》，影旧钞卷子本《天台小记》。

张元济在主持商务印书馆时，仿照黎庶昌之例，遍访罕传珍本，辑成《续古逸丛书》，共收书47种，由商务印书馆影印出版。其中46种是在中华民国年间印行的，第一种影宋本《孟子》，印于1919年，后因抗日战争而中辍，最后一种影宋本《杜工部集》1957年问世，首尾相距38年。

中华人民共和国成立后，为便于珍贵版本古籍的保存和流传，国务院古籍整理规划小组决定辑编《古逸丛书三编》，将汇集宋元旧刊的精品、孤本，陆续由中华书局印行。为保存原书面貌，三编全部采用影印线装，每书均附有出版说明，对版本的流传和学术价值加以考证和评估。第一种影印宋本《忘忧清乐集》于1982年问世。到1988年底已出版35种，1992年出齐三编的全部37种（原计划为50种）。

三、《ABC丛书》

《ABC丛书》由徐蔚南主编，共计150余种，于1928年6月由世界书局陆续出版。在丛书发刊旨趣中，徐蔚南说明了《ABC丛书》的编印缘起："西文ABC一语的解释，就是各种学术的阶梯和纲领。……就是我们要把各种学术通俗起来，普遍起来，使人人都有获得各种学术的机会，使人人都能找到各种学术的门径。……第二，我们要使中学生、大学生得到一部有系统的优良的教科书或参考书。……这部《ABC丛书》，每册都写得非常浅显而且有味，青年们看时，绝不会感到一点疲倦，所以不特可以启发他们的知识欲，并且可以使他们于极经济的时间内收到很大的效果。"（该丛书的发刊旨趣刊载于各子书的首页）[1]

---

①王余光，吴永贵．中国出版通史(8)：民国卷．北京：中国书籍出版社，2008：61.

四、《四部丛刊》

《四部丛刊》是一部大型综合性古籍影印丛书，由张元济主持辑录，商务印书馆1919—1936年出版。张元济在《印行〈四部丛刊〉启》里说："自咸同以来，神州几多变故，旧籍日就沦亡，盖求书之难，国学之微，未有甚于此者。"而《四部丛刊》所收"皆四部中家弦户诵之书，如布帛菽粟，四民不可一日缺者"[①]。这说明整理编辑《四部丛刊》的一大缘由就是为了解决读者求书之难，满足阅读的需要。

《四部丛刊》计收书504种，分为三编。初编刊行于1919—1922年，收书350种，共8548卷，线装2100册。1926—1929年重印，收书总数、版式装潢与原印相同，但调整了部分版本，再版计为8573卷，2112册。重印时还增补了某些残缺的卷页和序跋，补录名家校语，或比勘旧刻辑成校记附在书后。1936年曾缩印成平装本出版。续编刊行于1934年，收书81种共1910卷，线装500册。三编刊行于1935—1936年，收书73种共1910卷，线装500册。

《四部丛刊》依《四库全书》的分类次序，编排成经、史、子、集四部分。经部多收汉唐经注和字书原本；史部除正史、编年、地理之外，取最古的别史、杂史、传记、载记；子部取九流十家的著作中言辞古雅、流传有绪的，以及算学、兵书、医经中主要的数种；集部则采录有影响的别集与总集。丛刊对唐以前的著作收录较多，宋元以后的书籍则取舍较严。

《四部丛刊》所用底本以商务印书馆附设涵芬楼收藏的古籍善本为主，遍访南北各图书馆，并到日本访求，反复比较，择优付印。如果古本已经卷帙不全，编者就补以后出善本。

《四部丛刊》初编有《书录》可供查找，《书录》按经、史、子、

①张元济，张人凤.张元济古籍书目序跋汇编：下册.北京：商务印书馆，2003:857.

集编排，每书除著录书名、卷数、撰人外，还涉及版本和收藏图记，可视作一种善本书目。续编、三编书后多附题跋，陈述版本，兼及内容，亦可资参考。上海书店曾重新影印《四部丛刊》，合订为精装500册，并编有《四部丛刊初、续、三编总目》。

《四部丛刊》有两个版本，四种定价，具体是“连史纸印”版本预约一次交足为500元，四次分交各150元；较逊纸质“毛边纸印”版本预约一次交足为400元，四次分交则各付120元。

《四部丛刊》采用当时先进的照相石印法，将大小不一的古籍印制成统一的规格，使字体清晰，便于阅览。此外《四部丛刊》发行之初曾在《大公报》上发布广告，其广告标题为“四部丛刊与书目答问”。①

五、《四部备要》

《四部备要》由陆费逵、高野侯等辑校，中华书局1920年起排印出版。共5集，计收经、史、子、集各种古籍351种，11 305卷，线装2500册。后为便于普及，降低成本，又出版了平装本。经部“十三经”分古注、唐宋注疏、清代注疏三类，囊括“十三经”之重要研究成果；史部收《四部丛刊》少有的表谱考证；集部多收清代名注和词曲。1935年印行西装16开点句本。次年又印行缩印本，同时编印《四部备要书目提要》。②

《四部备要》有意仿效于敏中等所辑《摛藻堂四库荟要》，但选目更注重实用。全书用聚珍仿宋活字排印，字画清晰，精美古雅。先以6开线装出版，重版时放大版面，5开线装，仍为2500册。1934年又出版布面精装16开本100册，纸面平装16开本280册，将原4页缩成1

①李家驹.商务印书馆与近代知识文化的传播.北京:商务印书馆,2005:309.

②李瑞良.中国出版编年史.福州:福建人民出版社,2005:916.

页，正文注释都加句读，按张之洞《书目答问》次序重新编排。此外，《四部备要》有《书目提要》4卷，列各书著者小传、提要、卷目，可供检索和参考。

《四部备要》因选书实用，字体清晰，很适合中小图书馆和文史研究者使用，流传极广。缺点是有些书底本选择不精，又经排印，不免有脱字误字，使用时遇到问题，仍须核对原书。

《四部备要》采用铅印平装，字体秀美。出版后，中华书局在报纸上刊登广告，重金征求读者意见，凡能指出《四部备要》排印错误的，每一字酬一元。读者纷纷来信，中华书局为此付出数千元。后来重印时将错误一一纠正，使质量更为完善。[①]

《四部备要》原计划分8集出齐，但在中华人民共和国成立之前只出了7集。1955年补出第8集时抽去集部所收《曾文正公诗集》3卷、《文集》3卷，增入《养一斋文集》20卷，《李养一先生诗集》4卷、《赋》1卷，《诗余》1卷，因此前后略有不同。

六、《万有文库》

1928年，商务印书馆在编译所所长王云五策划下，开始出版大型百科全书《万有文库》，至次年出齐第一集。计收入图书1010种、2000册，另附参考书10巨册。《万有文库》就是把已经出版的《汉译世界名著》第一集和《国学基本丛书》第一集，连同《百科小丛书》《商业小丛书》《工业小丛书》《新时代史地丛书》《算学小丛书》《医学小丛书》《体育小丛书》等汇编而成，被称为“丛书的丛书”。初印5000部，通过预约销售和大力宣传，许多内地城市都以一部《万有文库》成立一个小型图书馆。1934年编印《万有文库》第二集。两集共达800—1000

①李瑞良.中国出版编年史.福州:福建人民出版社,2005:885.

种[1]，字数接近3亿，合共4000多册。[2]

王云五曾这样解释编印的缘起："质言之，我的理想便是协助各地方、各学校、各机关，甚至各家庭，以极低的代价，创办具体而微的图书馆，并使这些图书馆次分类索引及其他管理工作极度简单化。因而以微小的开办费成立一个小规模图书馆后，其管理费用降至几等于零。……我初时拟为该丛书名为'千种图书'，即并合各科丛书1000种，为一部综合的大丛书。后细加考虑，尤以为不足，因我的想象中，曾寓以有10 000册同样大小的有用图书，分期供应图书馆；如以千种为名，便已自定限制，将来陆续出者，即未能括入。最后考虑的结果，始定名为'万有文库'，隐寓以10 000册为最终目标之意，而不以千种为限。"[3]

依王云五在《万有文库第一集一千种目录》的编辑凡例中的说明，编辑出版的原则有以下四个："（甲）以人生必要的学识，灌输于一般读书界；（乙）所收书籍以必要者为准；（丙）全书系统分明，各科完备，有互相发明之效，无彼此重复之嫌；（丁）以最廉之价格将各科必备之书，供给于图书馆或私人藏书者。凡中等以下学校或中等学生、小学教师等购买此文库全部，即成立一规模初备之图书馆。"[4]

具体而言，《万有文库》中各书的编排秩序，颇具独创性。据王云五在《万有文库第一集印行缘起》中说："按拙作中外图书统一分类法，刊类号于书脊；每种复附书名片，依拙作四角号码检字法注明号码，故由文库而成立之小图书馆，只需认识号码之人管理之，已觉措

①李瑞良．中国出版编年史．福州：福建人民出版社，2005：942.

②李家驹．商务印书馆与近代知识文化的传播．北京：商务印书馆，2005：243.

③王云五．商务印书馆与新教育年谱：上册．南昌：江西教育出版社，2008：111.

④王云五．万有文库编译凡例//王云五．万有文库第一集一千种目录．上海：商务印书馆，1929：1.

置裕如，其节省管理之费不下十之七八。”①其中《中外图书统一分类法》原本是王云五为商务印书馆的东方图书馆而编制的。

在定价方面，王云五务求“最经济与适用之排列方法，俾前此二三千元所不能致之图书，今可三四百元致之”②。为了弥补资金不足，王云五在《万有文库》的发行上也是花样翻新，如特价预订、分组发售、分期付款等，甚至动员政府部门采购。《万有文库》第一集出版后销路不畅，大量积压。王云五通过关系使内政部、教育部以充实地方图书馆设备的名义，通令全国地方政府一律购置，其中浙江、山东、湖南、广西等各汇购了数百部，从而打开了销路。③

表8-1　《万有文库》收录各种丛书一览表④

名称	种数
万有文库	240
工业小丛书	47
百科小丛书	93
自然科学小丛书	157
科学小丛书	1
师范小丛书	26
商业小丛书	3
商学小丛书	34
国民基本丛书	1
国字基本丛书	1
国学小丛书	18
国学基本丛书	236
现代问题丛书	20
新时代史地丛书	26
农学小丛书	10

①王余光，吴永贵．中国出版通史(8)：民国卷．北京：中国书籍出版社，2008：377.

②王云五．王云五文集·伍(上册)．南昌：江西教育出版社，2008：252.

③肖东发，于文．中外出版史．北京：中国人民大学出版社，2010：123.

④李家驹．商务印书馆与近代知识文化的传播．北京：商务印书馆，2005：246.

续表

名称	种数
汉译世界名著	76
算学小丛书	17
学生国学丛书	19
医学小丛书	15
体育小丛书	1
简编国学基本丛书	1
简编百科小丛书	1
总数	1043

表8-2 《万有文库》内容分类一览表①

项目	种数
自然科学	191
中国文学	155
经济	107
哲学	95
历史	74
工业科技	54
外国文学	53
农业科学	46
教育	38
传记	38
医药卫生	32
语言文字	30
政治	28
地理	24
法律	18
艺术	14
社会科学	11
心理学	10
综合性图书	8

①李家驹.商务印书馆与近代知识文化的传播.北京:商务印书馆,2005:246.

续表

项目	种数
交通运输	5
文化科学	4
体育	4
文物考古	3
军事	1
总计	1043

《万有文库》第二集的总编纂人仍是王云五，分编纂人则为何炳松、傅纬平、周昌寿、张天泽等。第二集正编700种，分装2000册，规模与第一集相当，合计页码也是大约12万页。大本参考书2部，分装26册，附索引2巨册，共约1.4万页。从内容上看，《万有文库》第二集是第一集的继承与发展，王云五在《岫庐八十述》中说“相同者原以竟未竟之功，相异者自以弥以往之阙”。在第二集中，加大了《国学基本丛书》和《汉译世界名著》的分量，分别由100种增至300种和由100种增至150种。此外，以《自然科学小丛书》和《现代问题丛书》取代第一集中的农、商、医等11种小丛书，具体内容构成见表8-3。

表8-3　《万有书库》第二集内容构成[①]

	丛书名	种数	册数
正编	《国学基本丛书》二集	300	1200
	《汉译世界名著》二集	150	450
	《自然科学小丛书》初级	200	300
	《现代问题丛书》初级	50	50
参考书	《十通》	21巨册	
	《佩文韵府》	7巨册	

在抗日战争期间，善于利用原有出版资源的王云五，曾从《万有文库》两集中，精选图书500种，计1200册，编辑了《万有文库简

①王余光，吴永贵.中国出版通史(8)：民国卷.北京：中国书籍出版社，2008：380.

编》，并出版发行。但是，在战时环境下，销量并不是十分理想。[①]

七、《丛书集成》

《丛书集成》是一套大型综合性古籍丛书，由王云五主编，商务印书馆1935年开始分批出版。

关于《丛书集成》的编辑缘起，王云五说，《万有文库》“二集计划甫就，张菊生君勉余以同一意旨。进而整理此无数量之中国古籍丛书，并出示其未竟之功以为模式。余受而读之，退而思之，确认是举为必要，于是决定编一部‘丛书之丛书’——丛书集成”[②]。在《丛书集成初编目录》中王云五又说：“综计所选丛书百部，原约六千种，今去其重出者千数百种，实存约四千一百种。原二万七千余卷，今减为约两万卷。以种数言，多于《四库全书》著录者十之二；以字数言，约当《四库全书》著录者三之一。命名《丛书集成》，纪其实也。”

王云五在《四库全书·凡例》中写道：“我国丛书号称数千部，个人诗文集居其半，而内容割裂琐碎实际不合丛书体例者，又居其余之半。其名实相符者，不过数百部。兹就此数百部中，选其最有价值者百部为初编。”

据《丛书集成初编目录》所述，《丛书集成》的选择标准是“去取之际，以实用与罕见二者为标准，而以各类具备为范围。别为普通丛书、专科丛书、地方丛书三类，各分为若干目”。其中普通丛书中，宋代占2部，明代21部，清代57部。专科丛书中，经学、小学、史地、目录、医学、艺术、军事诸目合12部。地方丛书中，省区、郡邑二目

---

①王余光，吴永贵．中国出版通史(8)：民国卷．北京：中国书籍出版社，2008：380.

②商务印书馆．商务印书馆九十年1897—1987——我和商务印书馆．北京：商务印书馆，1987：263.

各4部。

《丛书集成》原计划分订4000册，每册1号，共4000号，已出了3467册，不幸遇上抗日战争全面爆发，出书中断，成为功亏一篑的未完工程。就是这样一部没有出齐的丛书，在50年内也起了很大的作用，原来许多罕见的书都可以在《丛书集成》里找到。“其间罕见者如元刊之《济生拔萃》，明刊之《范氏奇书》《今献汇言》《百陵学山》《两京遗编》《三代遗书》《夷门广牍》《纪录汇编》《天都阁藏书》等，清刊之《学海类编》《学津讨原》等。虽其中间有删节，微留遗憾，要皆为海内仅存之本，残圭断璧，世知宝贵，今各图书馆藏书家斥巨资求之而不得者也。至若清代巨制，如武英殿聚珍版，知不足斋、粤雅堂、海山仙馆、墨海金壶、借月山房、史学、畿辅、金华等，原刻本每部多至数百册，内容丰富精审，皆研究国学者当读之书，所谓合乎实用者，其信然矣。”①

值得注意的是，目录前有一个《丛书百部提要》，对每一部丛书都作了精当概括的解题。虽然只有100篇，但学术性很强，完全具有独立存在的价值，至今还是一部重要的丛书总目提要。

《丛书集成》实际出版了3062种，3467册；尚有1045种，533册未及出版。《丛书集成》以排印为主，开本较小，间有不宜排印的，改为影印。以一书一册为主，篇幅多者分为数册，少者数种合订1册。各书前注明所据底本，并标出册数顺序号码。全书依王云五所编《中外图书统一分类法》编排，是较早用现代分类法编排古籍的范例。

《丛书集成》将保留在古籍丛书里的大量笔记、丛抄、杂说以及稀见文集、零星著作汇成一集，内容丰富，很受文史研究者欢迎。但由于当时急于求成，也造成了一些标校失误或排印错误，而其中影印本据善本印刷，反较排印本优良。

①转引自：郑逸梅.书报话旧.上海：学林出版社，1983：14.

1983年，中华书局在征得商务印书馆的同意后，重印了已出的部分。接着，又陆续补印了未出的533册，使《丛书集成》终成全璧。为了经济实用，绝大部分以五号字排印，并加了断句。有不宜排印者则改为影印。各书顺序，按《中外图书统一分类法》编了目录，便于检索。

综上所述，可以清晰地看出，中国近代丛书的编纂继承了中国传统，同时也借鉴了西方近代丛书出版的经验，在编纂内容的选择和编辑方法的革新上都有了明显的进步。可以说，这些丛书的编辑者是以改革者的姿态，运用科学的方法来进行编辑的。第一，这些丛书不是对原有图书的汇集，而是注重对版本的选择，对文字的校勘，如商务印书馆的《四部丛刊》《百衲本二十四史》等，其版本价值后来居上；第二，有利于传统文化的传播，如中华书局的《四部备要》，经过重新校勘、排印，更便于一般读者阅读；第三，不仅仅停留在对传统经、史、子、集的汇集，而是注重对新知识的普及与传播，如商务印书馆的《万有文库》可谓包罗万象，其中加入了许多西方的社会科学、人文科学的内容，对于开启民智、普及教育发挥了重要作用。

第二节　重要工具书的编辑出版

按照《中国大百科全书·新闻出版》“工具书”条目的解释，工具书是指比较完备地汇集资料，按照字序、分类、主题、年代、地区等特定的方法编排，以供解难释疑时查考之用的图书。

在我国，工具书的编辑出版也有很长的历史。根据班固《汉书·艺文志》记载，早在周宣王时，就产生了《史籀篇》，以教幼童识字。此后，随着时代的发展，根据不同的社会需要，我国历代都相继编纂了具有工具书性质的书籍。如东汉时期许慎编著的字书《说文解字》，十三经中的《尔雅》，唐代欧阳询主持编纂的类书《艺文类聚》，清代为配合使用《四库全书》的书目《四库全书总目》等，都具有工具书的性质。清康熙年间编印的《佩文韵府》《康熙字典》则完全是成熟的工具书。

据不完全统计，从两汉到明清，我国工具书的总数为597种。[①]到了近代，工具书作为一种重要的出版物类型，受到出版界和学术文化界的高度重视，出版物数量明显增多，包括百科全书、字典、词典、年鉴、书目、索引等各个类型。[②]

中国近代比较著名的百科全书有《日用百科全书》《中华百科辞典》《少年百科全书》等。

辞书有商务印书馆编辑出版的《新字典》《辞源》，中华书局先后编辑出版的《中华大字典》《辞海》。除此之外，当时比较有影响的辞书还有黎锦熙主编的《国语辞典》、朱起凤的《辞通》、符定一的《联绵字典》、杨树达的《词诠》、张相的《诗词曲语辞汇释》。

专科辞典有商务印书馆编辑出版的《中国植物学大辞典》《中国医学大辞典》《中国人名大辞典》《哲学辞典》《教育大辞书》《中国古今地名大辞典》，中华书局编辑出版的《外交大辞典》《经济学辞典》《中外地名辞典》《地理辞典》。此外还有丁福保编辑的《佛学大辞典》，文献学家杨家骆编辑的《四库大辞典》《丛书大辞典》，谭正璧编辑的《中国文学家大辞典》，等等。

双语词典的编译涉及世界上的各主要语种。英语的有传教士马礼逊编的《华英字典》，李玉汶编、伍光建校订的《汉英新辞典》，郭秉文、张世鎏编的《英汉双解韦氏大学字典》等；法语的有谢寿昌编的《模范法华字典》等；德语的有马君武编的《德华字典》；世界语的有孙国璋

①何华连.我国中文工具书编纂出版分期概观.浙江师范大学学报:社会科学版,1995(1):38-42.

②王余光,吴永贵.中国出版通史(8):民国卷.北京:中国书籍出版社,2008:423.

编的《世界语高等文典》和周庄萍编的《现代中文世界语辞典》等。①

在年鉴方面，大致可分为综合性的年鉴、地方性的年鉴、专科性的年鉴三类。综合性的年鉴，如上海神州编译社的《世界年鉴》、商务印书馆的《中国年鉴》、申报馆的《申报年鉴》、上海大东书局的《世界年鉴》、上海新亚书店的《新国民年鉴》等；地方性的年鉴，如无锡县政府编的《无锡年鉴》、东北文化社编印的《东北年鉴》、华东通讯社编的《上海年鉴》等；专科性的年鉴，如商务印书馆的《中国经济年鉴》等。②

在书目索引方面，主要包括：商务印书馆在《丛书集成》初编中收录的各种史志目录、官私藏书目录等古典目录44种；朱士嘉的《中国地方志综录》、孙毓修的《四部丛刊书录》、钱亚新的《太平御览索引》、叶绍钧的《十三经索引》、孙殿起的《贩书偶记》、上海鸿英图书馆编印的《中国近代史书目初编》，等等。③

中国近代编辑出版的较有代表性的工具书有以下几种：

一、《新字典》

商务印书馆编辑陆尔奎、蔡文森、方毅、沈秉钧、傅运森、高梦旦（名凤谦，字梦旦）等人将所编辞书即后来《辞源》稿件中的单字，先抽出编成字书，名《新字典》，于1912年出版。④

《新字典》在预售广告中宣称“凡字典（指《康熙字典》）所有之字无一不备：其通俗之字（如炸、礁等）、新制之字（如钙、镍

①王余光，吴永贵.中国出版通史(8)：民国卷.北京：中国书籍出版社，2008：423.

②王余光，吴永贵.中国出版通史(8)：民国卷.北京：中国书籍出版社，2008：423.

③王余光，吴永贵.中国出版通史(8)：民国卷.北京：中国书籍出版社，2008：423.

④汪家熔.中国出版通史(7)：清代卷(下).北京：中国书籍出版社，2008：312.

等）……无不补入”。蔡元培在《新字典·序》中赞扬该书“于吾前举《康熙字典》诸缺点，既皆矫正”[①]。

1912年9月，《新字典》分精装和线装两种出版。线装分为六卷，前四卷为正编，按地支分为12集，后两卷为检字表、附录等。1914年2月，《新字典》64开缩印本出版。其中按照部首和笔画编制了检字表，创立了检字表、难检字表的编制体例和方法。[②]

二、《中华大字典》

《中华大字典》由徐元诰、欧阳溥存、汪长禄主编，参订者包括陆费逵、范源濂、戴克敦。校对20余次，与其事者三四十人，前后6年完成。收单字48 000余个，多于《康熙字典》，并校正错误2000余条。编排条例尤注意于本义、转义、假借义之次第，分条排列。所引诸例，于书名还注出篇名。[③]

据《中华大字典·凡例》可知，《中华大字典》的编辑体例极为科学：其一，每字诸义，分条例证，不相混含，每义只证一条，间有未晰，兼及笺疏。或别引加按，然惟以证明本义为止。其一义有异说宜两存者，亦一一箸之。其二，古今字义，搜罗详尽，近世法律、政治、经济、实业、理科、哲学、宗教、外国地名、日韩新字，无不收入。原于泰西者，并附英文。正如林纾在《中华大字典·序二》中所说，本着“备事物之遗亡，求知识之增广”的原则，“合旧有者、新增者、输入者，下至俗字，亦罔所不括，俾稗贩之夫，亦得按部数画，向书而求”。其三，今叙合诸文，本从形体，更用韵府百六十部目，题识各

①商务印书馆.商务印书馆百年大事记(1897—1997).北京:商务印书馆,1997.

②史建桥,乔永,徐从权.《辞源》研究论文集.北京:商务印书馆,2009:332.

③李瑞良.中国出版编年史.福州:福建人民出版社,2005:849.

字之下，藉以通其沟径，利彼学人。其字为韵府所未列者，依所音字补，所音字又为韵府所无，或有切无音者，以叠韵收。其四，凡古今中外之地名，悉详沿革，标明今地，依字采辑。其不可考者，则详所出何书。山川之名，亦仿乎此。[①]

相比较之前使用最为广泛的《康熙字典》，《中华大字典》成就尤为突出。因为《康熙字典》只收47 000余字，《中华大字典》却收48 000多字，凡《康熙字典》所没有的字，可以在《中华大字典》中检得。且近代的方言、翻译的新字也都录入，内容比《康熙字典》更为广泛。对清人的文字训诂，如段玉裁《说文解字注》、桂未谷《说文义证》、王念孙《广雅疏证》诸书的说法，也多采用，纠正了《康熙字典》中的一些错误。解说文字，先注音，后释义。在注音方面，以宋丁度等的《集韵》的音切为主，《集韵》没有的字，兼采《广韵》和其他韵书的音。每个音只用一个反切，加注直音，并标明该字的韵部。这比《康照字典》的一个音并列几个反切简明一些，删去以前字书中叶韵的音，更为切合实际。在释义方面，分条解说，一条只注一义，只列一个书证。对每个字，大都先说本义，次及引申假借的用法。这又比《康熙字典》更有条理。此外，对于形体虽同，而音义并异的字，便另作一个字头，排在本字之次，也比《康熙字典》眉目清朗。它还在单字之下附列一些由这个字组成的词或人物名称，使字书兼具词典之用，也颇可取。[②]

三、《辞源》

《辞源》于1908年由高梦旦与陆尔奎、方毅等开始编纂，参与编写

①周其厚.中华书局与近代文化.北京：中华书局，2007：146.
②郑逸梅.书报话旧.上海：学林出版社，1983：41.

的从几个人逐渐增加到50多人。历时8年，于1915年编成出版。1931年又出版了方毅主编的续编本，1939年出版正续合订本。

陆尔奎在《〈辞源〉说略》中阐述了编纂此书之缘起："友人有久居欧美，周知四国者，尝与言教育事。因纵论及辞书，谓一国之文化，常与其辞书成比例。吾国博物馆图书馆未能遍设，所以补充知识者，莫急于此。且言人之智力，因蓄疑而不得其解，则必疲钝萎缩。甚至穿凿附会，养成似是而非之学术。古以好问为美德，安得好学之士，有疑必问；又安得宏雅之儒，有问必答。国无辞书，无文化之可言也。其语至为明切。戊申之春，遂决意编纂此书。"①

《辞源》开创了近代大型辞书的体例，不仅销行甚广，而且影响很大。全书收词目98 994条，其中单字11 204条，复词87 790条，共约680万字。此书以中国旧式字书、类书、韵书为基础，兼取外国辞书的长处，打破了旧辞书按内容分类的框框，摆脱了经传注疏的束缚，开创了以单字为词头、下列词语的新体例。为了适应"钻研旧学，博采新知"的要求，既收古语，也录新词，体现了内容上的革新。在字音标注方面，《辞源》采用清代李光地《音韵阐微》的反切。②

《辞源》内容以语词为主，兼收百科；以常见为主，结合书证，释文重在溯源。全书按部首排列，同部首的字按笔画为序。以甲、乙、丙、丁、戊5种版本出版。③

《辞源》的编纂，原计划五六人花两年功夫，不久增至二三十人，历时8年才出版。前后参加者近50人，使用的资料10万多卷，耗资13万元。《辞源》在编纂过程中有过两次大返工。辞书编纂都从收集词汇开始，按其首字汇总，编写者分头包干，分别释义。《辞源》是部

①史建桥，乔永，徐从权.《辞源》研究论文集.北京：商务印书馆，2009：3.

②李瑞良.中国出版编年史.福州：福建人民出版社，2005：807.

③李瑞良.中国出版编年史.福州：福建人民出版社，2005：845.

百科性语词词典，古今中外、数理、技术、历史、地理、人物无所不包，释义者不能门门都通，所以写出的词条质量不高。于是第一次决定进行返工，将词条按类交熟悉该学科的编辑校订或重写。至辛亥下半年，全书基本完稿，各类词目再按首字汇总，并请熟悉该科目的编辑审查。如在《蒋维乔日记》中可见到下列记录："辛亥年，七月初五，阅词典部初篇普通词典样本。""七月初八日，陆炜翁（陆尔奎）以词典样本中关于动植物字，嘱为修改。余允之。""十月十一日，是日校词典。"①

古代辞书一直辑录字的训诂，到《辞源》才开始以词为单位，并以科学知识释字、词。如"水"字，自《说文解字》开始说"准也"；经过一千多年，到《康熙字典》仍是"准也"。又过了两百年，《辞源》才说"水：氢气氧气化合之液体，无色无臭，在摄氏表百度而沸，冷至零度，则凝为冰"。又如"火"字，《说文解字》开始说"毁也"，经过三国、两晋、南北朝、隋、唐、宋、元、明历代，到清代康熙年间时还说，"火，毁也"，仍然从事物的现象解释。直到《辞源》才解释说："火：物在空气中，与氧气化合而燃烧，所生光与热之现象。"②

1931年出版的《辞源》续编相对于1915年版《辞源》的体例和内容做了部分调整。正如方毅在《〈辞源〉续编说例》中所说，"将正续两编性质比较。一则注重古言，一则广收新名。正书为研究书学之渊薮，此编（续编）为融贯新旧之津梁，正可互救其偏"③。

具体而言，续编对正编做了以下五方面的调整和补充：

一是增补单字。凡与辞类有关系之单字而正篇所无者，均尽量补入。唯辞章家习用之骈语仅取形声。无独立之意义者则在本条下注明

①汪家熔.蒋维乔日记选.出版史料,1992(2):61-62.
②汪家熔.中国出版通史(7):清代卷(下).北京:中国书籍出版社,2008:312.
③史建桥,乔永,徐从权.《辞源》研究论文集.北京:商务印书馆,2009:6.

读音，不另立单字。

二是补充意义。正编原有各条，意义尚未完备者，续编重新列入，而且用阴文以下之数码注明。

三是审慎译名。西文译为汉文者，凡正编原有者，仍依照正编译名。正编所无者，均以商务印书馆所出外国人名、地名译音表为标准，保持一致。其他常见译名则补注于后。如地名“维丹”补注“凡尔登”。

四是正续编互见。正编中两辞类相互有联系者，多于行末注明参看某条或详见某条等字样。续编延续这种体例。如果有与正编各条有关者，则在条目右上角加星号以指明。

五是增改附录。正编所附各表，其中有与时代不合者，续编进行了修改。如行政区域重编最新行政区域表；正编中世界大事表止于民国四年（1915年），续编重编民国纪元以来大事年表；其他如商埠表、铁路表、度量衡币表、化学元素表等，皆重新改编。

四、《辞海》

1936年版《辞海》载有中华书局创办人和当时的总经理陆费逵亲自撰写的《编印缘起》，开头一段说：“民国四年（1915年）秋，《中华大字典》既杀青，主编者徐鹤仙先生元诰欲续编大辞典，时范静生先生源廉长编辑所亟赞成之，遂商讨体例，从事进行，定名曰《辞海》。”①

《辞海》先期由徐元诰、范源廉主其事，后由舒新城、张相、沈颐等续其成，前后历经20年。1936年底，《辞海》出版，收字约13 000个，复词10万余条，内容包括历史上重要的名物制度、成语典故、农工商用语、古今地名、人名、名著、文艺及科学术语等。该辞典出版

①中华书局编辑部.回忆中华书局.北京:中华书局,1987:149.

后颇受欢迎，一版再版，分印甲种（16开圣书纸本）、乙种（16开道林纸本）、丙种（32开圣书纸本）、丁种（32开道林纸本）和戊种（32开报纸本），抗战期间还有重庆版南平毛边纸本，1947年出版32开精装合订本。各种版本行销数在100万部以上。[①]

《辞海》参照英文《韦氏大字典》的收词标准与编写方法，规定收词范围为："一、旧籍中恒见之词类；二、历史上重要之名物制度；三、流行较广之新词；四、行文时习用之成语典故；五、社会上农工商各业之重要用语；六、行文时常用之古今地名；七、最重要之名人名著；八、科学文艺上习见习用之术语等。此外，凡有关于修学操业之所需，不能归入上列各纲者，也时时兼筹兼顾，至其不烦解释者与过高过僻者，概所不录。"[②]

《辞海》分为子丑寅卯等12集，附录及索引有：检字表、韵目表、中外历代大事年表、中华民国行政区域表、中华民国商埠表、中外度量衡币制表、化学元素表、译文西文索引、国音常用字读音表、五笔检字法单字索引表等10种。[③]

对《辞海》中涉及日本侵略的政治性条目，舒新城坚持站在爱国立场，不同意删除，保持民族气节，深为后人称道。1944年，留守上海的舒新城在极其困难的条件下，又主持了《辞海》缩印合订本的出版工作。该合订本以剪贴代替排字，既便于读者检索，又可节省纸张，降低定价，适合当时普通读者收入微薄的购买力。[④]

---

①王余光，吴永贵.中国出版通史(8):民国卷.北京:中国书籍出版社,2008:425.
②中华书局编辑部.回忆中华书局.北京:中华书局,1987:159.
③中华书局编辑部.回忆中华书局.北京:中华书局,1987:165.
④王余光，吴永贵.中国出版通史(8):民国卷.北京:中国书籍出版社,2008:254.

五、《辞通》

大型通假词专书《辞通》1934年由上海开明书店出版，朱起凤编纂。全书共24卷，分上下册。章太炎、胡适、钱玄同、林语堂等作序。此书采集古籍中双音词语，把音同和音近通假、义同通用、形近而讹的词语排在一起，博举例证以明其用法。全书按平水韵编排。林语堂序云："此书在今日实为我国文字学之宝藏。"①

此书草创于1896年，初名《蠡测编》，取《汉书·东方朔传》"以管窥天，以蠡测海"之意。1918年撰就此稿，据此书性质，定名《读书通》。后经作者友人程学川告知，明人已有同名的书，遂改名为《新读书通》。

《辞通》的最大特点，是从声音的通假上去寻求文字训诂。它把古书中各种类型的两个字的合成词，排比整理，按平、上、去、入四声，分部编次，而以常见的词列在前面，把和这词意义相同而形体相异的词，一一排列于下，说明某词始用于何时，见于何书，并且指出某词是某词的音近假借，某词是某词的义同通用，某词是某词的字形讹误。

六、《中国古今地名大辞典》

《中国古今地名大辞典》刊行于1931年5月，精装一大册，凡300余万言，编辑者有谢寿昌、陈镐基、傅运森、殷惟赫、方宾观、谭廉、张塱、臧励龢诸人，由陆尔奎、方毅校订。②

臧励龢编辑《辞源》时，感到《辞源》虽收录地名7000余条，但由于体裁所限，不能把全国古今地名一一收入。而阅读书报，遇到地

①李瑞良.中国出版编年史.福州:福建人民出版社,2005:1003.

②参见:郑逸梅.书报话旧.上海:学林出版社,1983:71.

名，往往在《辞源》上无从查得，很不方便，因此他很想把《辞源》收录的7000余条作为基础扩充。加之他少年时，爱好考古学，后又到处游历，东至榆关，西至巴蜀，南逾岭桥，北历燕赵，游踪所至，凡有形势扼塞，郡国利病，无不随时记录，这为他编勘地名打下很好的基础。过了一段时间，陆尔奎提议编《中国地名辞典》，由谢冠生主其事。一半尚未完成，谢就离职游欧，停顿了一年，臧便自告奋勇，晨抄暝写，经过3年才得以成书。书成，臧也有事他去，校勘增订由馆中其他编辑担任。中间商榷审核，邮书往还殆无虚日，这样又经过了4年，附入《行政区域表》《全国铁路表》《全国商埠表》《县异名表》。付印后，因政治区域有所变更，新置及新改诸地名未经列入，又增刊《地名大辞典补遗》，共100多条，这在当时来说，内容是比较完备的。[①]

这部工具书以搜罗广博见长，举凡群经正史，《国语》、《国策》、《通鉴》、诸子及各种古籍有诠释的，无不采取。又地以人传，凡有名于世的名胜寺观、园亭台榭，即使已经零落湮没，也仍列旧名。其他如群山脉络，水道变迁，名城要塞，铁路交通，矿山商港，村镇墟集，无不新旧毕备。至于《元和郡县叙》《太平寰宇记》《舆地记胜》《读史方舆纪要》《清一通叙》及各省通志等，更采辑周详，足资考证。

综上所述，中国近代工具书的编纂主要借鉴了西方的科学方法，其内容和类别都取得了新的突破：一是编辑出版了大型的具有百科全书性质的综合性工具书，如《辞源》《辞海》；二是编辑出版了大型的语词类工具书，如《中华大字典》《辞通》；三是编辑出版了反映近代科学技术成果的专门性工具书，如《中国植物学大辞典》《中国医学大辞典》《经济学辞典》《地理辞典》等。所有这些，对于近代科学知识的普及和传播，对于推动近代科学研究都发挥了积极的作用。

①参见：郑逸梅.书报话旧.上海：学林出版社，1983：71.

第三节　教育类编辑出版物

中国近代社会的新陈代谢，各级各类学校教育的蓬勃发展，带动了近代教育类编辑出版物的繁荣。教育类编辑出版物主要包括中小学教科书、大学教材、教育图书和教学参考书。

一、中小学教科书

中小学教科书在近代中国长期销行，被当时风起云涌的新式学堂广为采用，成为开发民智、振兴中华的重要手段；同时，中小学教科书也是出版界创造再生产资金的重要手段，为出版业务大规模发展提供了财力支撑。

清末新式学堂兴起以前，我国的教材主要有两类：一是蒙学教材，如《三字经》《百家姓》《千字文》《千家诗》之类；二是为应付科举考试而编写的经学教材，如“四书”“五经”之类。鸦片战争以来，教会学校非常注意编纂出版教科书。教会学校编印的教科书种类较多，但用于宗教教学的教科书最受重视。传教士还编译了一些自然科学教科书。教会学校教材的编纂，受到国内知识界和教育界人士的广泛关注，当时的一些新式学堂也有采用教会学校教材的，客观上对西学的传播起到了一些作用。伴随着洋务运动的兴起和新式学堂的设立，一些著名的传教士被聘为教习。他们在一定程度上促进了洋务学堂的课程教材建设。于是，中外教习合作编译了一批供洋务学堂使用的教科书。就内容来说，这些教科书虽以宗教、科技为主，但这是中国教育引进资本主义文化的开端。

清政府在甲午战争中的惨败引起社会的剧烈动荡，维新运动渐次高涨。设学校、改科举和建立新式教育体制成为变法的重点内容之一。鉴于此，有一些机构或新书局编印了一些内容较新的教科书。1897年，上海南洋公学师范院编纂了《蒙学课本》和算学、格致等科目的教科书，为国人自编教科书之始。1898年，俞复等人在无锡开办三等学堂，自编国文教材《蒙学读本》。而后他们创办文明书局，印刷《蒙学读本》，还编辑出版了修身、算学、理科等教科书。其他还有澄衷蒙学堂编印的《字课图说》等。

清末自编教科书是我国教育近代化的重要标志之一。但总的来看，由于新式教育刚起步，长期滞后的教育观念亟待转型，加之编写者缺乏经验等原因，清末自编教科书难以避免地存在着不成熟、不完善之处。商务印书馆成立于1897年，开始只是承接商务票据案卷之类的印刷业务。随着教育的变革，他们希望根据社会的需要进一步拓展业务范围，决心从印刷向图书出版进军，并特别关注中小学教科书。商务印书馆对1900年前新教材的评价是“近来新编训蒙各书，非无可取，然施诸实用，尚多窒碍”①。商务印书馆通过对当时“训蒙各书”的比较研究，找到了差距，也就意味着为有计划、大规模编写出版崭新的中小学教科书找到了广阔的空间。

其中，影响最大的教科书有以下几种：

1.《文学初阶》和《最新教科书》。

1901年9月14日，光绪帝发布兴学上谕，令多设蒙学堂。蒙学课本前景看好。1902年7月，商务印书馆的蒙学堂教科书《文学初阶》正式出版。至1905年4月已印行第8版。《文学初阶》“自浅入深，循循善诱，始以一二字相联缀，导其先路；继以三四字成词句，掖其进步，依次递进，如升阶然”②。

《文学初阶》是中国近代最早的虽尚未分科编写、但完全区别于

①最新初等小学国文教科书：第一册.上海：商务印书馆，1905.

②周振鹤.晚清营业书目.上海：上海书店出版社，2005：224.

“三百千”传统教材的教科书。[①]它“同科举教育割断，而讲究国民素质教育”，全部用儿童身边常见的事物做识字课文，内容浅显易懂。[②]《文学初阶》序言指出：“编辑蒙学新书者已若干家，体段粗具。是编凭借诸家之蓝本，冀为初学之津逮。”它开创了商务印书馆编撰新式教科书之先河，其中不少课文为后来沿用，如孔融让梨、望梅止渴等。但其总的发行时间并不长。因它分三年使用，是在“壬寅学制”（规定蒙学堂四年）公布前出版的，不符合新学制要求。后来“癸卯学制”又改蒙学4年为初小5年。商务印书馆按新学制编写的其他教科书比较容易被学堂采用，因此《文学初阶》的统治地位逐渐被取代。

清末“壬寅学制”“癸卯学制”出台前后，教育的新陈代谢加剧，传统启蒙教材面临窘境，几种模仿外国体裁的教科书也受到不同程度冷遇，社会迫切需要教材除旧布新，以适应新式学校。蔡元培在《夏瑞芳传》[③]中说：“庚子以后，学校渐兴，教授者苦不得适宜之教科书，君乃为商务印书馆厚集资本，特立编译所，延张君元济主其事。”[④]张元济说：“夏君招余入馆任编译，余与约：吾辈当以扶助教育为己任。夏君诺之。”[⑤]张元济聘蒋维乔为常任编辑员，并由蒋介绍庄俞编地理，徐隽编算学。半年之间，《蒙学课本》（当时尚未叫《最新教科书》）初稿10册编竣；地理、算学也将成书；历史教科书也完成一半。是年

①许纪霖，田建业.杜亚泉文存.上海：上海教育出版社，2003：486.

②汪家熔.商务印书馆之最//商务印书馆.商务印书馆一百年1897—1997.北京：商务印书馆，1998：291.

③中国蔡元培研究会.蔡元培全集：第三卷.杭州：浙江教育出版社，1998：477-478.

④蒋维乔.编辑小学教科书之回忆（1897—1905）//商务印书馆.商务印书馆九十年1897—1987——我和商务印书馆.北京：商务印书馆，1987：57.

⑤张树年.我与商务印书馆//商务印书馆.商务印书馆九十五年1897—1992——我和商务印书馆.北京：商务印书馆，1992：21.

冬，聘高梦旦为国文部主任，杜亚泉为理化数学部主任。[①]1904年1月18日，张元济对蒋维乔说："蒙学读本东西各国考定者皆以笔画繁简定浅深，已编之稿须将第一编重编。"[②]

张元济走马上任后立即着手完善编译所机构，广泛延揽人才。他把中小学教科书的编写工作放到首位，而且还亲自动手。1904年1月13日，《奏定学堂章程》正式颁布并实施。"本馆编译所首先按照学期制度编辑《最新教科书》。"[③]"书价便宜，使教育普及，都可以归功于商务印书馆。"[④]按照政府学制要求编写中小学教科书，这在中国是个创举，没有什么先例可循。经过两年的努力，《最新教科书》全部编成。其中初小的《修身》、高小的《国文》都由张元济亲自编写。后商务印书馆的教科书屡经改编，都是在这个基础上进行的。[⑤]

蒋维乔曾回忆道："教科书之形式、内容渐臻完善者，当推商务印书馆之《最新教科书》。"[⑥]《最新教科书》的编辑出版标志着我国近代教科书"草创时期"的结束和"完成时期"的开始。

《最新国文教科书》由张元济、高梦旦、蒋维乔、庄俞共同编写，一反历来启蒙读本由一人写的做法。蔡元培对此叹为观止，认为《最新国文教科书》"改变了整个出版业编书草率的风气"。汪家熔评价说，

---

①章锡琛．漫谈商务印书馆//商务印书馆．商务印书馆九十年1897—1987——我和商务印书馆．北京：商务印书馆，1987：108.

②张树年．张元济年谱．北京：商务印书馆，1991：48.

③高翰卿．本馆创业史//商务印书馆．商务印书馆九十五年1897—1992——我和商务印书馆．北京：商务印书馆，1992：6.

④高翰卿．本馆创业史//商务印书馆．商务印书馆九十五年1897—1992——我和商务印书馆．北京：商务印书馆，1992：10.

⑤商务印书馆．商务印书馆九十五年1897—1992——我和商务印书馆．北京：商务印书馆，1992：24-25.

⑥蒋维乔．编辑小学教科书之回忆（1897—1905）//商务印书馆．商务印书馆九十年1897—1987——我和商务印书馆．北京：商务印书馆，1987：56.

这套课本编写认真，“开创了沿用至今的用楷体字排课文和每课都在一个展开面上，并附丰富的插图的做法”，影响十分深远。[①]

《最新初等小学国文教科书》广告说：“自发行以来，颇蒙海内教育家称许，销流至数万以上，再版数次。”[②]李伯嘉回忆说：“自从张元济氏、高梦旦氏组织编译所，编辑《最新教科书》以适应当时新教育的需要，商务的地位才由印刷家进为出版家。”[③]

《最新教科书》是商务印书馆编印的第一套教科书，也是近代教育史上第一套成功的教科书。它堪称按照教育科学理论编写的符合当时国情的成功范例，在历史上首次按照政府颁布的学制，按年级和学期分科编写。1906年，清廷学部第一次审定初等小学教科书暂用书目，共计102种。其中民营出版企业出版的教科书有85种，而商务印书馆一家的《最新初等小学教科书》等便占到54种的绝对优势。商务印书馆的这54种教科书占全部审定教科书的52.9%，占审定的民营出版机构教科书的63.5%。这套教科书直到1912年民国成立才全面改版。

到1911年，商务印书馆已经出齐了中小学各年级各科教科书375种，801册，“完成了连清政府都无法办到的文化工程”[④]。直至民国以后中华书局等兴起，才使商务印书馆在国内教科书市场独领风骚的局面有所改变。但商务印书馆占据教科书市场十分之六的状况，直至1949年基本未变。

2.从《中华教科书》《共和国教科书》到《复兴教科书》《开明国

---

①汪家熔.商务印书馆之最//商务印书馆.商务印书馆一百年1897—1997.北京：商务印书馆，1998：291.

②周振鹤.晚清营业书目.上海：上海书店出版社，2005：223.

③李伯嘉.“一·二八”后的商务印书馆//商务印书馆.商务印书馆九十五年1897—1992——我和商务印书馆.北京：商务印书馆，1992：328.

④王国伟.张元济——出版人的骄傲//商务印书馆.商务印书馆一百年1897—1997.北京：商务印书馆，1998：300.

语课本》。

1912年1月19日，南京临时政府教育部颁发《普通教育暂行办法》[①]，规定："凡各种教科书，务合乎共和民国宗旨。清学部颁行之教科书，一律禁用。"7月，教育部召开全国临时教育会议，改订学制；9月，颁布《审定教科用图书规程》。据此，当时符合要求者只有中华书局的《中华教科书》。尽管如此，商务印书馆并没有坐以待毙，而是在同年秋季开学前迅速编辑出版了《共和国教科书》。这套教科书有初小19种，中学23种，深受教育界欢迎，中华书局的《中华教科书》不得不退居其次。中华书局总经理陆费逵也承认商务印书馆《共和国教科书》为教科书之"巨擘"。[②]1913年8月，《教育杂志》发表黄炎培《学校教育采用实用主义之商榷》，引起强烈反响。1915年，"实用主义"在全国成为热门词，不少教材冠有"实用"字样。同年7月，教育部公布《国民学校令》。1916年起商务印书馆开始编辑出版《实用教科书》。1920年1月，教育部发布修正后的《国民学校令》及《施行细则》，明令从小学一二年级开始改国文为语体文（白话文）。同年3月13日，《教育部通告各种教科书期限》规定：未按语体文编写的教科书分批作废，1922年冬截止。1920年起商务印书馆开始编辑出版《新法教科书》。1922年11月，教育部依据"新学制草案"，并参考全国学制会议的决议案，正式制定《学校系统改革案》，以政府名义颁行。接着，新学制课程标准起草委员会在南京、上海开会，最终完成《新学制课程标准纲要》。1923年，商务印书馆开始编辑出版《新学制教科书》。虽然教育部于1920年1月通令，编写小学教科书一律用语体文，

①陈元晖，李桂林．中国近代教育史资料汇编：普通教育．上海：上海教育出版社，2007:473-474.

②陆费逵．与舒新城论中国教科书史书//吕达．陆费逵教育论著选．北京：人民教育出版社，2000:353.

但因我国幅员辽阔，偏远地区学校很不适应遽变，仍需文言文课本加以过渡。1924年起商务印书馆开始编辑出版《新撰教科书》。1927年初南京国民政府成立。翌年5月，第一次全国教育会议提出“三民主义”教育宗旨；对1922年“壬戌学制”微调，重新制定《中华民国学校系统》；强调以“三民主义”为教育基础，各家书局教科书均须重编。1928年起商务印书馆开始编辑出版《新时代教科书》。1930年4月15日，第二次全国教育会议讨论了实施义务教育和变更学制课程问题。1932年10月—11月，教育部正式公布中小学各科新课程标准；11月21日，教育部发布训令《各书局应遵照部颁课程标准编辑中小学教科图书》。1931年商务印书馆开始编辑出版《基本教科书》。1932年教育部公布新的中小学课程标准，商务印书馆编印的《基本教科书》仅仅完成7科、11种、136册，未满足全部课程要求。同年初，教科书型版等财产几乎全被日机炸毁。8月，商务印书馆复业后按照新课程标准重新编印全套教科书。为纪念国难后复兴，命名《复兴教科书》。《复兴教科书》连同配套教学法用书等共计300多册，于1933年秋季前全部出版。抗战全面爆发后，出版业无论在人力、物力还是财力上都再没有力量从事大规模的整套教科书的编纂出版活动。直至1941年，国民政府教育部又颁布修正课程标准，明令教科书采用国定制。从此民营出版业均改为代印国定本教科书。

关于商务印书馆的教材，何炳松曾说：“是就教材之供给论，清季兴学时则出版《最新教科书》，民国成立时则出版《共和国教科书》，国语运动兴起时则出版《新法教科书》，最近国民政府颁布课程标准时则又出版《基本教科书》，无不适应潮流，风行全国。其他教育用品之由本馆供给者约计全国总数百分之七十五之多。”[①]

另外，1932年，上海开明书店出版了一套初等小学用的《开明国

①何炳松.商务印书馆被毁纪略.东方杂志,1932,29(4).

语课本》，共8册，由叶圣陶撰写课文，丰子恺绘画插图。1934年，开明书店又完成了高等小学用的4册《开明国语课本》的编辑出版。这套教材依据教育部最新颁布的小学国语课程标准，以儿童生活为中心，图文并茂，特别注重儿童学习心理。叶圣陶后来回忆说，这套课本初小、高小共12册，400余篇课文，“形式和内容都很庞杂，大约有一半可以说是创作，另外一半是有所依据的再创作，总之没有一篇是现成的，是抄来的”。他又说：“给孩子们编写语文课本，当然要着眼于培养他们的阅读能力和写作能力，因而教材必须符合语文训练的规律和程序。但是这还不够。小学生既是儿童，他们的语文课本必得是儿童文学，才能引起他们的兴趣，使他们乐于阅读，从而发展他们多方面的智慧。当时我编写这一部国语课本，就是这样想的。”[①]这套教材出版后非常受欢迎，10多年里印行了40多版次。

二、《大学丛书》

清末以来，无论是教会大学，还是国人创办的国立、私立大学，大多使用外国人编写的外文原版书作为教材进行教学；虽然也有一些大学教授自编讲义授课，但大多是油印件，仅供所在学校使用，只有极个别教材是正式出版发行的。20世纪20年代前后，在收回教育主权运动和新教育中国化浪潮的影响下，中国大学主要使用外文教材的不正常状况开始改变，大学教科书中国化思潮得到长足发展。

1921年，《商务印书馆编译所改组办法大要》提出：中国出版事业已渐由中小学教科书时代变为高等专门学术时代；商务印书馆编译所

①叶圣陶.我和儿童文学//韦商.叶圣陶和儿童文学.上海:少年儿童出版社,1990:4.

应于中小学教科书以外注意于高等学术之提倡。[①]1923年，王云五主持商务印书馆编译所之后，与各大学及学术团体先后订定出版丛书合约多件。1924年3月，《教育杂志》发表曹铭先的《对于中国工程教育之我见》。该文呼吁使用中国语言编制大学用书。1926年3月，《教育杂志》发表华超的文章《大学教育用书问题评议》。作者对当时流行的17种大学教育用书（包括商务印书馆出版的教育名著7种，师范丛书1种，世界丛书2种；共学社教育丛书1种；南高师范丛书1种；中华书局教育丛书3种，新文化丛书1种；少年中国学会丛书1种）进行分析，总结道：17种大学教育用书，只有1种是国人自编，其余均为译本，且译本原作者都是美国籍。

蔡元培是大学教科书中国化的有力倡导者，他号召国人自己动手编写出版大学教科书，以满足我国高等学校发展的实际需要。他于1931年发表《国化教科书问题》一文，详细阐述了自己的观点。[②]1933年7月，任鸿隽在《独立评论》发表《一个关于理科教科书的调查》。调查显示：当时大学一年级理科教学使用的教科书百分之九十以上是外文原版教材。其中，算学、物理、化学等科几乎完全采用外国教科书，而生物也超过百分之八十。这样不仅"阻碍学生之学习科学"，而且"妨害其充实国语之机会"。

以蔡元培为代表的有识之士关于大学教科书要尽快中国化的呼吁，受到出版界广泛关注，为商务印书馆研究开发《大学丛书》奠定了重要的思想理论基础。商务印书馆是蔡元培大学教科书中国化主张的最积极响应者，其过去最主要的业务是编辑出版中小学教科书，产品结构相对单一，非常有必要开拓大学教材市场。同时，经过30多年的运

①胡适.胡适日记//商务印书馆.商务印书馆九十年1897—1987——我和商务印书馆.北京:商务印书馆,1987:583-584.

②高平叔.蔡元培年谱长编:第三卷.北京:人民教育出版社,1998:521-522.

营，商务印书馆积累了强大的品牌资源优势和作者队伍优势，为策划编辑出版大学教材奠定了深厚的基础。另外，在争取民族独立、教育主权、新教育中国化等浪潮及社会舆论等因素的影响下，加上当时中国大学教学实践、学术文化的发展都达到了一定的水平，因此，大规模地系列开发大学教科书的条件也基本成熟。

进军大学用书出版领域也是与王云五的普及读物和高端产品兼顾的出版思路相吻合的。王云五担任商务印书馆编译所所长之初，就曾提出国人自撰大学教本的问题。他说："我又想起商务印书馆过去所编印之教科书，仅止于中小学校；所有大学教本，向来惟外国文字之出版物是赖，学子了解终不如本国文字之便利。今后当谋更进一步，编印以本国文写作之大学教本，计亦惟有以各大学教授所编者择优采用为宜。为推行此计划之初步，惟有鼓励大学教授的写作尽量由商务印书馆代为印行，将来积有数量，再行严加审查，扩充为大学教本。"① "我加入商务印书馆不久，即与各著名大学及学术团体洽商，订定了许多丛书合同。这些丛书分别冠以某大学或某学术团体之名，其中有不少适合于大学生的课本或参考书，不过未经集体审定，未能普遍采用。"②

1931年9月，王云五在为《最近三十五年之中国教育》所撰写的导言中指出："国内各大学之不能不采用外国文图书者，自以本国文无适当图书可用；而其弊凡位高等教育者皆能言之。本馆见近年日本学术之能独立，由于广译欧美专门著作与鼓励本国专门著作；窃不自揣，愿为前驱，与国内各学术机关各学者合作，从事于高深著作之译撰，期次第供献于国人。"在这里，王云五明确表示了商务印书馆要系统编辑出版大学教科用参考图书的意愿，力图改变外国课本在我国高等教育中占统治地位的局面。

---

①王云五.岫庐八十自述.上海:上海人民出版社,2007:59.

②王云五.商务印书馆与新教育年谱.台北:台湾商务印书馆股份有限公司,1973:363.

商务印书馆在紧锣密鼓地准备馆庆35周年纪念活动时，王云五再次提出编辑出版大学用书，以提高中华民族学术水平，促进大学教材建设和改革的主张。他指出："海内学者夙以高级学校用外国文教授，效率低劣为憾。考其病源，实由本国文无相当之课本。今本馆注意及此，其有裨于学习效率，亦非浅显也。"[①]但是，这个编辑出版计划因日军进攻上海而暂时搁置。

1932年1月28日，日军突袭上海闸北。2月1日到3日，日军对商务印书馆的编译所、研究所和东方图书馆进行大肆劫掠，并放火焚烧，充分暴露了其想要摧毁中国文化教育的狼子野心。同年7月11日，商务印书馆成立新一届董事会，王云五再任总经理，提出"为国难而牺牲，为文化而奋斗"[②]的口号。商务印书馆总馆于8月1日正式复业。

复业后，商务印书馆在高等教育方面的第一个重大项目就是编辑出版《大学丛书》。王云五对此高度重视。他后来回忆说："在复业之初，我首先拟定一个编印《大学丛书》的计划。"[③]1932年10月正式启动。他聘请蔡元培领衔，邀集国内各大学及研究机构的名家与商务印书馆新老编译骨干共55人，组成《大学丛书》编辑委员会，拟定选题，推荐著译人员，征求书稿。他致函国内各著名大学和科研院所的校长、教授、专家、学者，热诚邀请他们担任《大学丛书》编辑委员会委员。在这封邀请函中，他再次论述了编辑出版《大学丛书》的重要意义和必要性。邀请函中说："倘全国专门学者能通力合作，将大学应有科目拟定整个计划，再按计划中所定科目分任著述，不使重复，于合作之中，仍寓分工之意，则三五年后，此项大学用书定能日积月累，蔚为

①王云五.本馆与近三十年中国文化之关系//商务印书馆.商务印书馆九十五年1897—1992——我和商务印书馆.北京:商务印书馆,1992:285.

②王寿南.王云五先生与商务印书馆//商务印书馆.商务印书馆九十五年1897—1992——我和商务印书馆.北京:商务印书馆,1992:501.

③王云五.七十年与五味//王云五.旧学新探.上海:学林出版社,1998:104.

巨观。”[①]这封邀请函还附寄了《印行〈大学丛书〉章程》和《〈大学丛书〉委员会章程》。

商务印书馆最初计划5年内出版《大学丛书》300种，除了将过去商务印书馆出版的图书中符合条件者纳入丛书外，还准备每年推出新书40种。实际上，该丛书自1933年起陆续出版，直到1937年抗日战争全面爆发后，大规模的出版活动才渐停，但零星的图书出版仍延续到新中国成立以后。该丛书共出版约350种，其中著作类约占65%，译著类约占35%。在何炳松主持丛书工作时期就已经出版了200多种。

何炳松任《大学丛书》编辑委员会委员，同时主持编辑委员会日常工作，协助王云五进行该丛书的规划和编辑出版。商务印书馆组织《大学丛书》编辑委员会编印《大学丛书》是对蔡元培提出的“课本中国化”的响应。《大学丛书》编辑委员会就是由蔡元培领衔组成的。该丛书以“促进我国的学术独立”为口号，提倡出版以国内学者撰述的教科书为主，虽然由于不少学科在国内尚未有相应专家，丛书中仍不乏外国学者著述，但商务印书馆的这种出版方向对促进我国学术独立还是起到了重要的鼓励作用。

《大学丛书》分文理、工商、农林、医药、教育、政法、经管等几大类，大学各院系科开设课程所需教材大体上都涵盖了，涉及的学科主要有教育学、心理学、哲学、社会学、政治学、经济学、管理学、统计学、法学、语言学、文学、史学、数学、物理学、电学、工程学、化学、天文学、地理学、地质学、农学、生物学、动物学、医药学、建筑学、园林学等。丛书编著者、翻译者由《大学丛书》编辑委员会遴选推荐，尽一时之选，均为各大学或科研院所的教授、专家、学者；书稿“杀青”后，商务印书馆请《大学丛书》编辑委员会中有关专家审定后再进入出版程序，因此，各类教科书的质量都比较高。

---

①王云五.商务印书馆与新教育年谱.台北:台湾商务印书馆股份有限公司,1973:365.

《大学丛书》的编撰筚路蓝缕，开启山林，这套丛书是中国大学教材出版划时代的标志性作品。它的编辑出版是中国人文化自觉、教育主体和主权意识高扬的反映，极大地促进了中国高等教育的近代化，并从很大程度上使传统高等教育快速地、创造性地转换为近代高等教育。中国大学教育和学术研究在20世纪30年代发展到一个新的高峰，《大学丛书》功不可没，它的编辑出版不仅促进了中国高等教育的发展，从总体上扭转了国内大学中文教材严重匮乏的局面，而且开创了中国人大规模地、有组织地、系统地、自力更生地编写、翻译和出版大学教科书的先河，实现了服务高等教育、繁荣学术创作、传承科学文化的目标，在中国近代编辑史和教育史上占有重要地位。有学者指出：《大学丛书》及其他各种丛书，“标志着我国出版家和我国学者为建立独立自主的中国文化教育体系的努力”①。

《大学丛书》的编辑出版在大学专业建设、学科建设和课程教材建设方面发挥了引领和示范的作用，建立了我国自己的大学教科书体系、体例，促进了我国大学教材的系统化、规范化和科学化，改变了长期以来零敲碎打、缺乏规划、无规模效应的被动局面；给大学教师和专家学者提供了总结教学科研经验，进而著书立说的大好机会；促进了中国近代高等院校科研成果的转化和教研相长，相得益彰，提高了教学水平；促进了国内原创学术著作和汉译外国学术著作水平的提高；改变了外国人编写的外文教材长期垄断中国大学教材市场，中国大学无中文原创系统教科书以及高度依赖、直接套用外文原版教科书的不正常局面。

在商务印书馆《大学丛书》的影响下，其他一些书局也曾介入大学用书出版，但不是虎头蛇尾，就是数量有限，影响不大，甚至湮没

①王天一.为商务印书馆寿//商务印书馆.商务印书馆九十年1897—1987——我和商务印书馆.北京:商务印书馆,1987:444.

无闻。

《大学丛书》反映了当时高等学校和科研院所相当高的学术水平。它的出版，进一步提高了商务印书馆的出版水平，使其逐渐在中国文化教育发展中占据重要地位。经过六七十年的考验，《大学丛书》中的许多著作被誉为相应学科的开山奠基之作，作者也大都是各学科的领军人物，有的著作还被称为作者的成名作和代表作。作为民国时期的学术经典，不仅对当时高等教育发展与改革产生了重要的积极作用，对后世大学教学科研也有深远的影响，有的教本至今还不断再版重印。即使用现在的评判标准来衡量几十年前的《大学丛书》，其取得的学术成就和达到的学术水平在某种程度和某些方面，也堪称传世之作。

自1933年起到1941年，商务印书馆总管理处迁往重庆，《大学丛书》深受国内各大学的欢迎。因此，到重庆后，王云五决定马上翻印该丛书。周谷城回忆说："较高一点的专门学问或大学用书，无论是自然科学或人文科学，应用科学或理论科学，几乎通通是商务印书馆译的、编的或著的。以丁文江为首，以顾颉刚居末的几十位专家任编委所编的《大学丛书》，形式、内容都是现代化的了。"①

作为民间出版业在大学教材研究开发方面的重要成果，《大学丛书》对官方大学教育管理也产生了一定影响。商务印书馆主张"促进学术独立"的创意也促进了政府对大学自编教科书出版的重视。继《大学丛书》出版后，国立编译馆开始编写部定大学用书，分摊到各大书局印行，商务印书馆也承担了部分大学用书的印制出版工作。1939年，为了加强对大学教材的控制，国民政府教育部借鉴商务印书馆《大学丛书》的做法，也专门成立了大学用书编辑委员会，组织编辑《部定大学用书》(主要由商务印书馆代印)。但因为国民政府在政治上

---

①周谷城.商务印书馆与中国的现代化//商务印书馆.商务印书馆九十年1897—1987——我和商务印书馆.北京:商务印书馆,1987:415.

和印装标准上都进行严格控制，《部定大学用书》与《大学丛书》相比，其作用和影响在某种程度上都打了折扣。

《大学丛书》的出版发行在教育界，特别是在大学师生和科研院所研究人员中引起了强烈反响。各大学和学术社团积极响应商务印书馆的号召，纷纷加入大学用书的研发队伍。除了少数由《大学丛书》委员会审定列入《大学丛书》出版外，绝大部分是以某某大学丛书名义，由商务印书馆另行出版。

三、教育图书和教学参考书

教育图书和教学参考书是中国近代教育类编辑出版物的重要组成部分。这部分图书包括汉译教育名著，教师及教育研究人员参考用的教育理论图书和教学参考书，中小学生课外阅读用的少儿教育读物，成人补习知识用的平民教育课本之类的成人教育书籍，英语学习者学习语言用的英语教育读物，有关普及国语用的国语教育图书等，都与中国近代教育改革和发展直接相关。

1.教育理论图书和教学参考书。

商务印书馆组织专家翻译撰述了大量教育理论图书。其中，商务印书馆有计划地翻译引进外国教育系列著作，为国人学习借鉴外国教育先进经验、广泛传播外国教育理论立下了汗马功劳。商务印书馆在新文化运动以前译介（直接翻译或根据外国著作编译、编著）出版的比较重要的教育学著作主要有：(1)《新教育学》，吉田熊次著，蒋维乔译，1909年版。(2)《应用教育学》，贺忠良口授，李士锐校订，《东方杂志》1905—1906年连载。(3)《教育学》，蒋维乔著，1909年版。(4)《教育学》，张毓骢编，杨保恒、蒋维乔校订，1914年版。(5)《大教育学》，张子和编，1914年版。商务印书馆在新文化运动以后译介（直接翻译或根据外国著作编译、编著）出版的比较重要的教育理论著作主要有：

（1）《单级教授讲义教育学》，王凤歧编，1915年初版。（2）《教育学要览》，余寄编，1917年初版。（3）《心理原理实用教育学》，舒新城编著，1920年初版。（4）《新著教育学》，杨嘉椿著，1922年初版。（5）《教育学讲义》，孙振编，1926年初版。（6）《三民主义教育学》，张九如编，1928年初版。（7）《教育原理》，程其保编著，1930年初版。（8）《教育学原理》，孙贵定编，1923年初版。（9）《教育概论》，孟宪承编，1933年初版。（10）《动的教育学》，缪序宾、吕云彪编，1921年初版。（11）《艺术教育学》，雷家骏编，1925年初版。（12）《文化教育学》，蒋径三著，1936年初版。

而对汉译教育理论名著的编辑出版，商务印书馆更是积极主动，不遗余力。以下读者至今仍然耳熟能详的、对我国教育思想理论和实践的近代化产生了重要影响的部分教育名著，均是由商务印书馆组织翻译出版的：（1）《教育论》，斯宾塞尔著，任鸿隽译，1923年初版。（2）《明日之学校》，杜威著，朱经农、潘梓年译，1923年初版，1927年第4版，1933年国难后第1版①。（3）《教育方法原论》，克伯屈著，孟宪承、俞庆棠译，1927年初版。（4）《民本主义与教育》，杜威著，邹恩润（即邹韬奋）译，1928年初版，1935年国难后第2版。1929年收入商务印书馆《万有文库》第一集时易名为《民主主义与教育》。此前，有常道直编译的《平民主义与教育》（1922年初版，1925年第4版，1931年第6版）。（5）《教育的重要原理及其根据》，南尼著，刘朝阳译，1929年初版。（6）《爱弥儿——论教育》，卢梭著，魏肇基译，1923年初版。（7）《康德教育论》，康德著，瞿菊农编译，1930年初版。（8）《工作学校要义》，克申什太奈著，刘钧译，1935年初版。（9）《普通教育学》，赫尔巴特著，尚仲衣译，1936年初版。（10）《教育漫话》，洛克著，傅

①一·二八事变后，商务印书馆被日寇焚毁，经迅速复业后，其书籍在版次前均标有“国难后”字样。

任敢译，1937年初版。（11）《贤伉俪》（今译名《林哈德与葛笃德》），裴斯泰洛齐著，傅任敢译，1937年初版。（12）《实验教育学》，赖依著，金澍荣、黄觉民译，1938年初版。（13）《大教授学》（今译《大教学论》），夸美纽斯著，傅任敢译，1939年初版。

商务印书馆出版的中国教育史专业领域的图书也影响深远，较重要的有：（1）《中国教育制度沿革史》，郭秉文著，英文版由美国哥伦比亚大学1915年出版，孟禄作序；中文版由商务印书馆于1916年首次出版，1922年出第3版，周槃译，黄炎培作序。（2）《中国教育史大纲》，王凤喈著，1928年初版，1930年再版，1932年国难后1版。（3）《中国教育史》，陈青之著，1936年4月初版，同年10月再版，1940年第3版。（4）《中国教育史》，陈东原著，1936年初版，1937年再版。（5）《中国教育思想史》，任时先著，1937年初版。（6）《最近三十五年之中国教育》，庄俞、贺圣鼐编，1931年初版。（7）《第二次中国教育年鉴》，教育部教育年鉴编纂委员会编，1948年初版。

商务印书馆组织编纂的《教育大辞书》，1930年正式出版，分两册；1933年缩编为一册出版。《教育大辞书》是中国历史上第一部综合性教育词典，许多专家学者参与了编纂，如蔡元培撰写了“大学教育”“美育”等词条，陶行知撰写了“生活历”“艺友制的教育”“教育改进”等词条。1933年中华书局也不甘落后，出版了余家菊等编纂的《中国教育辞典》。

商务印书馆教育理论图书的出版是其中小学教科书出版的合乎逻辑的拓展。这些图书有利于加强与教育理论专家学者及一线教师的沟通，对推销本版教科书有利，出版这些教育理论图书也展示了商务的教育研究实力和在教育理论界的地位。

商务印书馆还出版了大量教育理论系列丛书。如《现代教育名著》约20种、《汉译世界名著》教育心理类图书约30种、《教育丛书》36种、《师范丛书》约90种、《师范小丛书》约120种、《百科小丛书》教育心理类图书约40种、《中华儿童教育社丛书》约20种、《幼稚教育丛书》12种、《心理学丛书》约10种、《公民教育丛书》8种、《乡村教育丛书》8种、《中华职业教育社职业教育丛刊》14种、《中华教育改进社丛书》7种、《中华教育改进社丛刊》7种。这些教育理论丛书基本上可以代表商务印书馆在中国近代教育图书出版史上的无可替代的重要地位，也表明了商务印书馆在中国近代教育图书出版史上的杰出贡献。

表8-4　1925年全国教育书籍出版数量统计表[①]

出版机构名称	出版教育书籍数量	百分比（%）	附注
商务印书馆	68种	85.00	商务印书馆的68种中有34种系《教育丛著》，虽是1925年出版，但系《教育杂志》历年论文汇编。若将此34种除去，则商务印书馆只出34种。全国共出46种，商务印书馆占74%，中华书局占21.70%，晨报社、北新书局各占2.1%
中华书局	10种	12.50	
晨报社出版部	1种	1.25	
北新书局	1种	1.25	
总计4家	总计80种	100.00	

商务印书馆还出版了大量教学参考书。当时新式学校教育的师资相当匮乏，教授法的出版，大大加快了师资队伍的转型。“各书均编有详备之教授法，以期活用”[②]，这是商务印书馆的首创，也是该馆教科书的特色和优点，后来各书局编印教科书也仿效这种做法，甚至一直沿袭至今。与教师教学直接相关的教授书（教师用教学参考书）如果得不到教师青睐，必然会影响教科书的销售。正因为如此，各出版机构在教科书广告中也常常用“各科均编有完备的教授书”相号召。

2.少儿教育读物。

我国近现代最早的一套大型的专门性少儿教育读物是孙毓修编辑并主撰的《童话》丛书，1909年起由商务印书馆陆续出版。《童话》丛

①舒新城.民国十四年中国教育指南.上海:商务印书馆,1926:199.
②陈学恂.中国近代教育史教学参考资料:中册.北京:人民教育出版社,1986:422.

书第一集共计100多册，其第一册是《无猫国》。茅盾认为，《无猫国》的出版标志着“中国历史上第一次有儿童文学”①。

《童话》丛书内容摈弃鬼神迷信，取材主要来自两个方面：一是我国历史典籍、故事传奇、话本和通俗小说，如《荆轲刺秦王》《风波亭》《伯雅琴》《火牛阵》等；二是西方儿童文学作品，如根据安徒生童话和格林童话改编的《红帽儿》《海公主》《小铅兵》等。“《童话》丛书分两个档次，一种字数限定5000字左右，适应7—8岁的儿童阅读；另一种10 000字左右，供10—11岁的儿童浏览。孙毓修每编写一本以后，就请当时任商务国文部部长的高梦旦带回家去，让他的子女传阅和朗读，然后根据反馈的信息增删内容，定稿出版。《童话》丛书不胫而走，深得小读者的欢迎并不是偶然的。”②《童话》丛书主要由孙毓修自己执笔编写，少部分约请别人编写。孙还主编过《常识谈话》（少儿科普教育读物，介绍先进的科学技术）和《少年丛书》（历史教育读物）。

五四运动以后，商务印书馆加强了少儿教育读物出版的整体规划。1925年10月至1933年6月，商务印书馆出版了一套12册的《少年自然科学丛书》，系商务印书馆资深编辑郑贞文等根据英文和日文的科普图书精心编译而成的，是当时最受欢迎的大型少儿科普教育读物。另外，商务印书馆出版的少儿教育系列读物还有：《少年丛书》（中外名人小传），1908年12月至1937年10月出版，共29种；《少年史地丛书》，1923年10月至1937年1月出版，共79种；《少年百科全书》，1924年6月至1926年11月出版，共9种20册。

商务印书馆在1932年起编印《幼童文库》和《小学生文库》，“为

---

①宋应离，袁喜生，刘小敏.20世纪中国著名编辑出版家研究资料汇辑：第4辑.开封：河南大学出版社，2005：10.

②陈江.中国童话的开山祖师——孙毓修//商务印书馆.商务印书馆一百年1897—1997.北京：商务印书馆，1998：732-733.

全国儿童增进自动读书的机会，而为自动教育之倡导”[①]。

《幼童文库》是商务印书馆推出的最有影响的大型少儿教育系列读物之一。该文库由徐应昶主编，第一集200册于1934—1935年出版，用不易折损的厚纸彩色印刷，由沈百英等众多少儿教育专家共同编写，正好与《小学生文库》相衔接。该文库重点取材于儿童生活，主要供小学低年级学生阅读。为适应小学一二年级学生的程度，特别是考虑到他们识字不多、以形象思维为主的特点，该文库各册内容以图画为主，辅以必要的简易文字。这样做起到了深入浅出、引人入胜的作用，一方面足以供儿童欣赏，提高阅读兴趣，另一方面又可帮助儿童学习相关知识内容。《幼童文库》的内容覆盖了小学一二年级学生所应掌握的知识，第一集200册，包含社会、公民、自然、算术、卫生、体育、劳作、美术、诗歌、语文、谜语、故事等12大类。每册一律18页。

《小学生文库》由王云五、徐应昶主编，第一集500册45大类于1933年9月至1937年4月出版，由周建人等众多知名专家共同编写，正好供小学中高年级学生阅读，与供低年级学生阅读的《幼童文库》衔接。该文库编辑出版时正值中华民族危机日益严重的年代，因此贯穿着民族复兴和救亡图存的中心思想，在传播科学技术知识、启发民族意识、培养御侮思想、倡导生计教育等方面颇为着力。《小学生文库》发行定位在帮助中小学建立适用的图书馆、图书室上。该文库知识体系完整，科目齐备，针对性、实用性强，并以大、新、全、丰富多彩取胜，实现了规模集束效应，在短时间内相对集中推出，形成了强大的冲击力、影响力和震撼力。《小学生文库》还受到广大失学少年儿童的欢迎，适应了他们自学提高的需要。《小学生文库》也在近代少儿教育读物出版史上占有重要地位。范用回忆说：“看到一排特制的玻

①李伯嘉.“一·二八”后的商务印书馆//商务印书馆.商务印书馆九十五年1897—1992——我和商务印书馆.北京：商务印书馆，1992：329.

璃书柜，里面整整齐齐排列着几百本印刷精美的书，即商务印书馆出版的《小学生文库》，好高兴啊！……商务印书馆把资本主义先进的这一套学来了，造福于儿童，也显其大手笔，做得有声有色，在中国出版史上，值得大书特书，功不可没。”①

1935年，商务印书馆还组织编写了一套《小学生分年补充读本》。这套读本由徐应昶主编，周建人、沈百英等共同编写。全套读本共计600册，包括一二年级各80册，三四年级各100册，五六年级各120册。这套读本完全按照1932年10月教育部颁布的《小学课程标准》规定开设的课程门类对应编写，紧密配合课堂教学，是教科书的有力补充，辅助学生作业，巩固、强化、提高课堂学习效果；按年级分学科编纂，包括国语、算术、自然、卫生、体育劳作、美术、音乐等科目，低年级的读本以图画为主，可读性强。本套读本着眼于提高学生素质，而不是专门为了应试，功利性较少。《学生国学丛书》是商务印书馆编辑出版的一套旨在对少年儿童进行国学普及教育的经典文献选注类丛书（将古籍删节、分段、句读、加注），主要供初步接触国学的中小学生阅读，正式出版的有95种。

总之，商务印书馆在少儿教育读物方面贡献卓著，除了以上所列举出版的覆盖各个年龄层次的量多、质高、价廉的读物外，商务印书馆还专门为青少年和儿童编译、编写、出版了成套的《少年百科全书》《中学生自然研究丛书》《儿童理科丛书》《儿童史地丛书》《儿童艺术丛书》《儿童文学丛书》，等等。其《百科小丛书》和《东方文库》中也有不少可供少年儿童阅读的作品。

3.成人教育读物。

1923年11月，陶行知与朱经农合编的《平民千字课》由商务印书

---

①范用.少年读者知多少//商务印书馆.商务印书馆一百年1897—1997.北京：商务印书馆，1998：170-172.

馆正式出版，被作为“平教会”推行平民教育的基本教材。该书的读者对象是12岁以上不识字者，特别是不识字的成年人。全书共计96课，编者建议每天用一个小时，总共96天或16个星期全部教完。《平民千字课》课文分三部分：一是图画；二是课文正文，多为韵语、诗歌或故事等；三是生字。内容涉及中华传统美德，如忠心报国、尊师重教、反对迷信、扶危济困、诚实守信、与人为善、见义勇为、仗义疏财、讲究卫生、不畏艰难、发奋图强等。该书还配套有《教师指南》（主要阐述本书编辑原则和教学方法）、幻灯影片和教学挂图，不少课文内容还取材于商务印书馆中小学教科书。1924年7月，平民教育已推行到20个省份，“平教会”的平民教育出版物多达几十种。除了《平民千字课》外，商务印书馆还出版有《市民千字课》、《军人千字课》（王琳编）、《识字课本》（沈百英编）等不少图书，另如《辞源》《日用百科全书》《校改国音学生字汇》等也被推荐为平民学校教师参考书籍。

商务印书馆版《老少通千字课》（陶行知编）出版于1935年4月。该书是老人和小孩通用的识字课本，同时可作为民众夜校或平民夜校的课本。书中的生字标有注音符号。陶行知编本书时注意贯彻“小先生制”（同年商务印书馆出版了他的著作《怎样做小先生》），全书共4册，每册28课；每7课中有一温习课，运用以前6课的生字“造句写文”。其中不少课文是陶行知自己创作的，还包括一些谜语、诗歌、谚语，有的选自古典名著、儿歌、民歌、童谣等。

20世纪20年代起，商务印书馆还出版了《城市平民教育丛刊》《民众基本丛书》《社会教育小丛书》《通俗教育丛书》。

4.语文（语言文字）教育图书。

（1）英语教育图书。上海是对外开放通商的最重要口岸，青少年中出现了学习英语的热潮。商务印书馆根据市场需求，决定把供印度人使用的英文课本逐课翻译，加以白话文注释，于1898年用汉英双语对照排版印刷，定名为《华英初阶》，大获其利。由于供不应求，该书后来曾多次重印。接着商务印书馆又把高一级的教材也翻印出版，定名为《华英进阶》。这两部书经过几次译校修订，逐步完善，流行了十几年之久。这两个读本的成功让商务印书馆获得了“第一桶金”。

随后，商务印书馆乘胜出版了《华英英文初范》《华英地理问答》《华英亚洲启悟集》《华英国学文编》《华英文件指南》《华英翻译捷诀》《华英要语类编》和《英文汉诂》等一系列英汉双语教育读物。此外，商务印书馆还出版了多种双语字典。其《袖珍华英字典》宣传语中说：“诏兴学堂，习外国文字者益众，而英文为尤。本馆先辑《华英字典集成》《华英字典》两种，犹不足以供学界之用，乃酌删繁重辑为是编。全书约四万余字，制成小册，纳诸怀袖最便翻检……严侯官先生[①]赐序谓‘明了大义，期于捷速简当’，诚知本馆之意矣。”[②]

1909年7月，商务印书馆出版了邝富灼、徐铣编纂的《初学英文轨范》。1932年9月印行国难后1版，1935年7月印行国难后4版，1941年9月印行国难后订正本12版。1911年3月，商务印书馆编译出版了《英文格致读本》（共5册，美国人祁天赐编纂，邝富灼校订）。1918年2月，该书印行第5版。

1912年12月，商务印书馆编译所编纂的《英语易通》正式出版发行，到1921年已印至第9版。商务印书馆的《英语模范读本》由商务印书馆编译所资深外语教育专家周越然和邝富灼分别编纂和校订，1918年11月正式出版后多次修订再版，销行量以百万册计，“在此二十五年中，华人自编之外国语读物，决无胜过其耐久力或超过其畅销性者。民国十年至二十年为英模最盛时代，虽不能‘家喻户晓’，但确然‘风行一

①指严复——引者注。

②周振鹤.晚清营业书目.上海:上海书店出版社,2005:245-246.

时’”[①]。“‘英模’销路极广，同业中皆知之。有爽直抄袭者，亦有暗然仿效者。至于滥用‘模范’或改用‘标准’或其他类似之字为书名者，更指不胜屈。”[②]该书共计4册：第1册于1929年2月发行至修订本25版；第2册于1930年4月发行至修订本18版；第3册于1923年8月发行至修订本8版；第4册于1924年7月发行至修订本4版。

1921年9月，商务印书馆出版了周越然编纂的《国民英语入门》。1932年6月，商务印书馆印行了该书的国难后1版；1940年5月，印行了国难后22版。可见其影响之深远。1924年5月，商务印书馆出版了林天兰编纂的《英文会通》，1933年1月印行国难后1版。1926年7月，商务印书馆出版了谭安丽编纂的《英文基础读本》。1928年4月，出版了福司德编纂的《英语活用读本》。1935年8月，出版了邝富灼编纂的《循序英文读本》。

（2）国语教育图书。1919年商务印书馆出版了中国第一部《国音字典》（1921年得到民国政府教育部的正式肯定，并成为后来同类书的典范）。商务印书馆还推出了语言学家赵元任的大量有关国语教育的出版物，例如：①《国语留声机片课本》，1922年；②《中国国语留声机片课本》（编辑并灌制，供外国学生用）；③《国语新诗韵》（附平水韵），1923年；④《国际音标国语正音字典》（赵元任正音，赵虎廷、孙珊馨编校），1926年；⑤《新国语留声片课本》（注音符号本、国语罗马字本两种），1935年。

一言以蔽之，商务印书馆出版的教育类图书无论数量、种类还是重印率和再版率都是相当可观的。我国近代教育图书的市场非常广阔，需求一直比较旺盛，出版界对此紧抓不放，自是题中应有之义和情理

①周越然.我与商务印书馆//商务印书馆.商务印书馆九十五年1897—1992——我和商务印书馆.北京:商务印书馆,1992:173.

②周越然.我与商务印书馆.北京:商务印书馆,1992:179-180.

之中，毋庸赘述。教育类图书对中国近代教育的发展提供了重要的条件保障，发挥了促进推动作用，这个历史功绩是不容低估的。教育类图书是中国近代教育教学和教育研究在发展历史中的一个真实写照。编辑出版物可以反映一个时代文化教育的变迁和演化。教育类图书的演化就具体体现了中国近代教育的改革与发展历史。

第九章

中国近代期刊的编辑出版

ZHONGGUO
JINDAI
QIKAN
DE
BIANJI
CHUBAN

作为中国近代的新型出版物，报纸、期刊大量出现，这是近代编辑出版区别于古代编辑出版的重要特征。19世纪初叶，西方传教士把新式印刷术带到中国，首先用于报刊印刷，之后才扩展到图书印刷。相对于中国传统书籍，近代中文期刊是一种全新的出版传播载体，经历了从传教士办刊到国人独立办刊的主体转换，形成了官办、民办、商办等多种办刊模式并存的局面。由于鸦片战争以来空前深重的民族危机，近代中文期刊的产生和发展更多地受意识形态而非商业利益的驱动，起主导作用的主要是知识精英而不是社会大众，各种政治派别均以创办报刊作为教育和发动民众的途径，从而推动中文期刊走上专业化、通俗化和民间化的道路，在民族救亡、政治变革、构建新的知识结构、提高民众素质方面发挥了重要作用。

第一节　近代中文期刊出版的缘起

1588年，奥地利人米夏埃尔·冯·艾钦格出版了世界上第一种有固定刊名的定期刊物《博览会报道》。1665年，法国学者德尼·德·萨洛在巴黎创办的《学者报》，被认为是世界上第一种期刊，并作为一种文学、科学和艺术周刊，在欧洲各国被广泛仿效。19世纪初，当第一批基督教新教传教士来中国传教时，报纸和期刊在西方国家蓬勃发展起来。这类代表近代文明的新型传播载体，也随着传教士漂洋过海来到东方，并在中国传统文化滋养下遍地开花，形成了中文期刊的出版热潮。

一、报与刊：近代期刊观念的形成

“期刊”一词源于英语“periodical”的意译，最初意译为周期性刊物，后简称为“期刊”。直到18世纪末，“periodical”作为连续性出版物的定义在西方才最终形成。[①]马礼逊等西方传教士在19世纪前期创办第一批中文期刊之际，结合传教需要，对西方期刊概念进行了中国化的解读，把西方出版的近代报纸和期刊统称为新闻纸，并将这一观念传递给中国知识界。如郭实腊在《新闻纸略论》一文中说：“在西方各国有最奇之事，乃系新闻纸篇也……其新闻纸有每日出一次的，有二日出一次的，有七日出二次的，亦有七日或半月或一月出一次不等的，最多者乃每日出一次的，其次则每七日出一次的也。其每月一次出者，亦有非纪新闻之事，乃论博学之文。”[②]在这里，郭实腊一方面介绍了西方新闻纸按刊期和内容可分为不同类型，另一方面也指出了期刊不同于报纸，具有“博学之文”的特点。传教士对新闻纸的解读，体现在办刊实践中，就是创办了一批“兼具报纸与杂志性质”[③]的近代中文刊物。

19世纪中期以后，传教士创办的中文期刊继续朝着报与刊合流的方向发展。为了与中国传统报刊相区别，他们把这种中国化的类型称为“新报”：“溯西国新报之名，始为新闻纸，今则易其名为《万国公报》，又有《小孩月报》《循环日报》《中西闻见录》各等，皆广人学

①林穗芳.“杂志”和“期刊”的词源和概念.编辑学刊,1993(2):35-39,34.

②爱汉者.东西洋考每月统记传.北京:中华书局,1997:66.

③周振鹤.六合丛谈的编纂及其词汇//沈国威.六合丛谈:附解题·索引.上海:上海辞书出版社,2006:161.

问、增人识见，寓劝惩于规谏，其意甚美。然其出也有定期，或一日三次、一日二次，或半月每月一卷，或半年每年一卷，或每季每礼拜一卷，其数甚繁，大抵每日出者，则为时势政事杂报居多，每月、每礼拜出者，则为专报，如天文、格致等报居多。盖事有多寡，且有难易，故不得不分报也。”[①]由此可见，在来华传教士的中文词汇里，“新闻纸”和“新报”涵盖了英文“magazine”“serial”“newspaper”等多个词的词义。也就是说，传教士一方面深知西方国家报与刊之间的区别，另一方面在创办近代中文报刊时，采用了把报纸的新闻要素和期刊的知识元素结合在一起的新形式，无论是早期的《东西洋考每月统记传》《六合丛谈》，还是后期的《万国公报》，都既刊登新闻又介绍各方面知识，从而形成了一种中国化的办刊模式。

在西方传教士创办中文期刊的过程中，一批中国知识分子参与进来，接受了传教士的办刊理念。林则徐、魏源等第一批“睁眼看世界”的中国人，把翻译的西方报纸叫作《澳门新闻纸》，即是传教士办刊理念的一种折射。此后的沈毓桂、李善兰、王韬、郑观应等人，也把报与刊作为一种出版物看待，那就是“日报”。郑观应编的《盛世危言》专有“日报”篇；王韬发表于《循环日报》的《论日报渐行于中土》一文，也把《察世俗每月统记传》视为近代中文“日报”的鼻祖。甲午中日战争以后，以康有为、梁启超为代表的维新派把报、刊作为宣传维新变法的舆论工具，在不断丰富的办刊实践中，逐步认识到报与刊的分别。梁启超在《时务报》创刊号上发表《论报馆有益于国事》，分析了报、刊分类的不同标准：一是按内容分，“有一学即有一报”；二是按刊期分，“或季报，或月报，或半月报，或旬报，或七日报，或五日报，或三日报，或两日报，或每日报，或半日报”等；三是按读

①花之安．自西徂东．上海：上海书店出版社，2002：179-180.

者对象分，“有妇女报，有孩孺报”[①]等。严复把当时出版的中文报刊分为两大类型：一是《时务报》《经世报》《苏报》等，为明当世之务，“知四国之为”；二是《农学报》《算学报》等，讲专门之业。他还分析，报与刊的读者对象有明显的分别：“大抵阅日报者，则商贾百执事之人为多，而上焉者或嫌其陈述之琐屑；阅旬报者，则士大夫读书之人为多，而下焉者病其文字之艰深。”[②]也正是基于这样一种认识，维新派往往对创办日报不很热心，而是更倾向于选择旬报、月刊的刊物模式，如《强学报》《时务报》等，因为这种媒体形式更能够满足他们议政论政的诉求。梁、严二人在报刊分类方面付出诸多努力，逐渐摆脱了传教士报刊合一的办刊理念，开始从理论和实践上区分报与刊的不同媒介功能。

戊戌变法失败后，维新人士流亡海外，青年学子出国留学。“而日本以接境故，赴者尤众。壬寅、癸卯间，译述之业特盛，定期出版之杂志不下数十种。日本每一新书出，译者动数家。新思想之输入，如火如荼矣。”[③]受从日本转译过来的欧美新闻学著作影响，这些置身海外的中国知识分子在办刊实践中进一步消化吸收西方报刊思想，对报与刊的媒介功能有了更加清晰的界定。1901年，梁启超进一步阐述了自己的报刊分类观念，认为报刊可分为两类：“一曰日报（星期报附之），二曰丛报（旬报、月报附之）。”[④]在他看来，丛报即“日本所谓杂志者是也”，“其搜罗极博，其门类极繁……无一不载。而其选择又极严”。[⑤]这里，梁启超抓住了“杂志”与“日报”的主要区别在于内

①梁启超.论报馆有益于国事//宋应离，袁喜生，刘小敏.20世纪中国著名编辑出版家研究资料汇辑：第1辑.开封：河南大学出版社，2005：218.

②严复.《国闻报》缘起//王栻.严复集.北京：中华书局，1986：453-454.

③梁启超.清代学术概论.上海：上海古籍出版社，1998：67.

④梁启超.中国各报存佚表//张静庐.中国出版史料补编.北京：中华书局，1957：69.

⑤梁启超.本馆第一百册祝辞并论报馆之责任及本馆之经历.清议报，1901（100）.

容选择。而同一时期的范祎，则从多个角度揭示杂志的特色："杂志报章与每日新闻，其体制不同，其宗旨不同，其功用亦不同"，杂志是"社会之公共教科书"，"无论上流、中流、下流以暨种种之社会，其知识之一般大都取资于杂志报章者居多，新事新理新物之研究之表见之发明无不先睹于杂志报章。一纸飞行，万众承认，迨至学校之中，采入教科书，则其行用于世界固已久矣。若夫主持舆论，阐发政见，评议时局，常足为一国前途之导向方针也，砥柱也，皆杂志报章之天职也。"[①]这种观点，反映在这一时期海外留学生办刊实践中，就是其刊物名称一般不再使用某某"报"，而是使用"杂志""月刊""学报"等更加具有期刊特征的名称，如《浙江月刊》《湖北地方自治研究会杂志》《云南杂志》，等等。由此可见，在中国期刊史的早期，无论在观念层面还是在实践层面，报与刊都是作为一种出版物而存在的，报刊分类意识以及近代期刊观念是近代中国人在办刊实践中，通过对西方报刊观念的消化吸收而产生的。

二、书与刊：新式出版物的特色

相对于中国传统书籍，近代中文期刊是一种全新的出版传播载体，它的出现在出版传播史上具有划时代意义。西方传教士和中国知识分子在办刊实践中吸纳传统书籍的元素，并结合期刊媒体特点不断加以创造，逐渐形成了近代中文期刊的载体风格。

1.亦书亦刊的载体形式。

在中国书籍史上，伴随印刷技术的进步，书籍装帧形式历经多种变化，到明中后期形成了以线装为主的装帧形式。早期传教士主办的中文期刊采用的是雕版印刷技术，为迎合中国传统士人的阅读习惯，

①范祎.万国公报第二百册之祝辞.万国公报,1905(200).

依然以线装书册发行，对中国读者也以书籍相称。[①]它与传统书籍的区别，主要在于按照一定的刊期连续出版。如《察世俗每月统记传》1815年第1期封面上首注明出版日期“嘉庆乙亥年七月”，《遐迩贯珍》采取公元纪年并注明刊号。它们大多采取分类编纂的方法，在卷首刊有本期内容目录，并设有固定的栏目。这些，都是近代期刊的基本特征。此后中国人自办的《时务报》《知新报》《利济学堂报》《湘学报》等，也效仿传教士刊物，采用传统线装书册样式，设有固定的栏目，在卷首刊有本期目录，在封面注明期刊卷数，唯一的不同是使用皇帝年号纪年。如《时务报》第1册封面右侧标明的日期为“光绪二十二年七月初一日”。至20世纪初，随着机械印刷技术的推广，《新民丛报》《浙江潮》《新世界学报》等开始采用近代印刷技术印刷，装帧方式才由传统的线装本过渡到平装本，从而形成了完备的近代形态期刊。

2.由内而外的信息来源。

传教士主办的中文期刊刊载的内容，既有介绍西方知识的内容，也有取自传统报刊的信息。如《遐迩贯珍》“今日杂报”栏目刊登的信息，多出于《京报》；《万国公报》更是将转载《京报》内容列为首要内容。[②]此后国人自办的中文期刊，包括《时务报》等风行一时的重要刊物，也对这一做法照搬不误，在转载外来报刊消息的同时，还设有“上谕”栏目，登载传统报刊的内容。20世纪初，随着许多知识分子走出国门，他们创办的期刊终于放弃摘抄《京报》的做法，而是从外国报刊中取材，并注重多重信息知识的综合承载。如《新民丛报》“纯仿外国大丛报之例”，分设24个栏目，涵盖了社会各个层面，“务使读者得因此报而获世界种种之智识”[③]。

①米怜.新教在华传教前十年回顾.郑州：大象出版社.2008：72.

②本报现更名曰《万国公报》.教会新报：合订本第六册.台北：华文书局，1968：3295.

③梁启超.本报告白.新民丛报，1902(1).

3.专业化类型化的办刊方向。

早期传教士主办的中文刊物多以传教为宗旨，自19世纪60年代起，才从以宗教性刊物为主逐步向以世俗性刊物为主转变。与此同时，随着资本主义经济的发展、西学的输入和近代城市的崛起，满足不同读者需求的多种刊物类型涌现出来。以1872年申报馆创办《瀛寰琐记》为标志，我国第一批文学期刊陆续面世；以1876年傅兰雅创办《格致汇编》为标志，我国第一批科技期刊相继出版；以1884年嘉约翰在广州创办《西医新报》为标志，我国第一批医学期刊形成声势。与此同时，以1874年创办于福州的《小孩月报》[①]为开端，带动了《孩提画报》《训蒙画报》《成童画报》《启蒙画报》等一批儿童刊物的创办。而石印技术的传入和使用，不仅大大提高了出版速度，更为重要的是它能使书画“与元本不爽锱铢，且神采更觉焕发”[②]，增强了绘画印制的本真性，提高了新闻时事报道的时效性，开启了“以图文并茂方式报道时事、传播新知这一新兴事业”[③]，催生了创办近代画报的第一次高潮。中日甲午战争以后，国人自办中文期刊的编辑思想、读者定位更趋于多元。如《时务报》旨在有益于国事，“待以岁月，风气渐开，百废渐举，国体渐立，人才渐出，十年以后而报馆之规模亦可以渐备矣”[④]；而《无锡白话报》则走底层路线，“以话代文，俾商者农者工者，及童塾子弟，力足以购报者，略能通知中外古今，及西政西学之足以利天下，为广开民智之助”[⑤]。20世纪初，出现了针对特定人群的

①关于《小孩月报》的创刊时间、创刊地点、创办人，目前学界仍有分歧和疑问。

②美查.点石斋印售书籍图画碑帖楹联价目.申报，1879-07-27.

③陈平原.左图右史与西学东渐：晚清画报研究.北京：生活·读书·新知三联书店，2019：203.

④梁启超.论报馆有益于国事//宋应离，袁喜生，刘小敏.20世纪中国著名编辑出版家研究资料汇辑：第1辑.开封：河南大学出版社，2005：218.

⑤裘廷梁.无锡白话报序.时务报，1898(61).

各种专业期刊、同乡期刊等期刊新类型，如《浙江潮》和《工商学报》各自代表了两种不同社会群体。可以说，近代中文期刊在其初创时期，已经具有了专业化、类型化发展的基础。

三、外人与国人：办刊主体的转换和多元

如前所述，近代中文期刊的创办，始于来华的西方传教士。西方传教士不仅揭开了近代中文期刊发展的序幕，还为中国培养了第一批办刊队伍。这些参与早期中文期刊创办的中国知识分子，逐步取代传教士，成为近代主办中文期刊的主导力量。

1815年创刊的《察世俗每月统记传》，其版刻印刷事务曾有梁发等中国信徒参与。鸦片战争后，一些中国知识分子和信徒参与到传教士刊物的编辑事务中。如《遐迩贯珍》就有黄亚胜（又名黄胜）和王韬两人参与编辑。《六合丛谈》则有“三个层次”的中国人参与其中：“第一层是直接撰稿人和合作译者，如王韬、蒋敦复与韩应陛；第二层是墨海书馆所雇翻译西书的士人，与《六合丛谈》主笔及西洋撰稿人关系密切，如李善兰、管小异；第三层虽非墨海书馆雇员，但与《六合丛谈》主要撰稿人（包括华人与洋人）关系密切，如张文虎、顾观光。”①《格致汇编》虽由傅兰雅担任主编和主要撰稿人，但由我国化学家徐寿具体负责集稿和编辑工作。《万国公报》得到了沈毓桂、蔡尔康、任廷旭等人的支持，“他们与林乐知等共同主持编译雠校，并直接分题作文，使极大地有助于刊物成为沟通中西的桥梁”②。这批率先进

①周振鹤.六合丛谈的编纂及其词汇//沈国威.六合丛谈：附解题·索引.上海：上海辞书出版社，2006：166.

②朱维铮.导言//李天纲.万国公报文选.北京：生活·读书·新知三联书店，1998：15-16.

入西方传教士和外商报刊机构的中国人，在参与编务的过程中，积累了一定的办刊经验，开始了独立创办刊物的尝试。至中日甲午战争爆发前，共出现了《西国近事汇编》《循环日报》等9种中国人自办期刊，改变了外人独占中国近代期刊业的格局。

维新变法时期，以维新派为代表的中国知识分子取代西方来华传教士，成为办刊的主力军。如《时务报》由汪康年任总理，梁启超任主笔；《知新报》由何廷光、康广仁任总理，何树龄、韩文举、梁启超、徐勤、吴恒炜等任撰述；《广仁报》为两粤广仁善堂圣学会创办，康有为门人赵廷飏、曹硕等任主笔；《岭学报》由黎国廉任总理，朱淇任撰述；《蜀学报》为宋育仁自重庆调任尊经书院院长后所创办，由宋育仁任总理，杨道南任协理，吴之英任主笔，廖平任总纂；《实学报》由王仁俊任总理，章太炎任总撰述；《农学报》由罗振玉、朱祖荣等发起的上海农学会创办；《经世报》由宋恕、章太炎、陈虬任撰述。到20世纪初，知识界急剧分化，一批新兴知识群体参与到中文期刊创办中来。特别是海外中文报刊的迅速发展，和国内刊物声气相求，成为近代中文期刊出版重镇，引领新思潮，传播新知识，在海内外产生了广泛而深远的影响。从创办主体来看，形成了三个方面的办刊力量：一是留日学生群体，如《译书汇编》由日本留学生励志会会员戢翼翚、雷奋、杨荫杭等人创办，《江苏》由江苏留日同乡会出版，《豫报》由河南籍旅日留学生创办，《浙江潮》则由东京浙江同乡会出版；二是国内开明士绅或新式知识分子，如《亚泉杂志》由杜亚泉创办并任主编，《教育世界》由罗振玉发起，《小说时报》由狄葆贤创办；三是进步政治团体，如《民报》由同盟会会员胡汉民、章太炎、张继、陶成章等人任主编，《洞庭波》由湖南籍留日学生陈家鼎（同盟会评议部评议员）以及杨守仁、仇式匡、宁调元（以上三人皆为华兴会会员）等创办。

近代中文期刊兴起于民间，至19世纪末才引起官方重视。维新变法时期，光绪帝颁布一系列“上谕”，由“不准议论时政”到“开除禁忌”、明诏奖励办报，并对编译之书籍、报纸实行“一律免税”政策。清末新政期间，一些政府官员为了与民间报刊争夺舆论主导权，也加入到办刊活动中来，创办了一批官报。如《北洋官报》由时任直隶总督袁世凯出资创办，《湖北官报》由时任湖广总督张之洞创办，《河南官报》由河南巡抚陈夔龙主办，《山东官报》由山东巡抚杨士骧创办，《浙江官报》由浙江巡抚增韫创办。由此可见，近代中文期刊经历了从传教士办刊到国人独立办刊，再到海外华人办刊的主体转换，形成了官办、民办、商办等多种办刊模式并存的局面。

总体而言，晚清时期是我国中文期刊出版的初始阶段，其间经历了由外国人在海外创办中文期刊，渐次向我国沿海和内地推进，再到国人自办报刊的过程。

第二节　外国传教士创办的早期中文期刊

一、传教士在东南亚创办的早期刊物

1804年，基督教英国伦敦会选定马礼逊作为开辟中国新教区的第一位传教士。1807年，马礼逊来到中国广州。1813年，伦敦会派米怜到中国协助马礼逊，对南洋的中国侨民开展传教活动。基于“书籍可以被民众普遍理解——它们能走进每一个角落——通过合适的工作人员与恰如其分的谨慎，书籍能大量进入中国”的调研结论，他们共同决定创办一份中文期刊。这份中文期刊就是1815年8月5日在马六甲出版的《察世俗每月统记传》。学术界一般认为，这是中国近代第一份中文报刊。该刊采取传统雕版印刷，封面正中为报刊名称“察世俗每月统记传”，右侧题“子曰多闻择其善者而从之”，左下角署“博爱者

纂”。按月发行一期，每期5页[①]，约2000字。起初每期印刷500册，至1819年增至1000册。此外，每年出版合订本（全卷），至1821年停刊[②]，历时7年共出7卷。《察世俗每月统记传》以“阐发基督教义为根本要务”，内容以“关于宗教之事居大半”。在该刊发表的244篇文章中，直接宣传教义的有206篇，占总数的84.5%。但是它也关注科学知识的介绍，有关这方面的文章29篇，占11.9%；此外，有关办义务学校、办济困会等告白、章程共9篇，占3.9%。[③]当然，这些举办善事或是介绍天文、地理等方面的文章，在主办者看来，也是“宗教的婢女”和“美德的辅助者”[④]。

米怜去世后，1823年，他的助手麦都思在巴达维亚创办了《特选撮要每月纪传》，这是继《察世俗每月统记传》之后又一中文宗教期刊。该刊的创办也是为了向中国人宣传基督教义。考虑到单纯说教中国人难以接受，该刊积极尝试糅合基督教教义与儒家思想，刊登宣传儒家伦理道德的文章，还刊登了介绍科学、地理和历史等方面的文章。该刊于1826年停刊，共出4卷。

1828年，传教士纪德在马六甲创办《天下新闻》，这虽是一份宗教性刊物，但不同于《察世俗每月统记传》和《特选撮要每月纪传》，宗教内容退居次要位置，主要刊登的是新闻，包括中国新闻、欧洲新闻，同时也刊登西方科学知识、历史、伦理等。该刊不采用书本形式，而是用活字印在散张纸上，这“在当时为创见”[⑤]。

---

①关于页数，学术界存在众多说法，熊月之《西学东渐与晚清社会》认为每册7页，戈公振《英华读书记》认为每册5页。

②学术界一般认为，《察世俗每月统记传》停刊于1821年，但也有学者提出停刊于1822年。详见：赵晓兰．传教士中文报刊史．上海：复旦大学出版社，2011：41-43.

③黄瑚．中国新闻事业发展史（第二版）．上海：复旦大学出版社，2009：22.

④米怜．新教在华传教前十年回顾．郑州：大象出版社，2008：72.

⑤戈公振．中国报学史．北京：生活·读书·新知三联书店，2011：65.

二、鸦片战争前后传教士在华创办的期刊

1833年，德国传教士郭实腊在广州创办《东西洋考每月统记传》，这是外国传教士在中国境内创办的第一份中文期刊，以“使中国人获知我们的技艺、科学与准则”，“偏向于用展示事实的手法，使中国人相信，他们仍有许多东西要学”为办刊宗旨。[①]这就意味着它与《察世俗每月统记传》等宗教刊物阐发基督教义的编辑方针有了差异，把重心从宗教宣传转移到西方文化的传播，以期改变中国人的观念。在这一编辑理念的指导下，郭实腊把刊物内容重点放在介绍宗教、政治、经济、科学、文化知识和新闻等方面，又以科学、文化知识的宣传介绍为主。该刊刊载的文章，内容涉及蒸汽机、轮船、火车、气象、工艺、动植物、耕作方法、急救方法等自然科学和实用知识。在栏目设置上，较之以往也有突破，创刊号上有“序”“东西史记和合”“地理”“新闻”栏目。从第3期开始，增设“天文”栏目，还把“序”的栏目改设为“论”。1834年又增设“市价篇”，以后又陆续增设“诗”“史”“杂文”“贸易”等栏目。从编辑方法来看，《东西洋考每月统记传》的创始之功不容忽视，特别是“它采取分类编纂的方法，在卷首刊有本期内容目录，便于读者查阅，并设有固定的栏目，这些近代期刊的特征，在中文报刊史上是第一次出现。它刊载的文章，强调简短、通俗和可读性，以吸引读者的阅读兴趣。在稿末有时加上编者按话，这些都使它进一步具有了现代期刊的基本特征”[②]。

1853年8月，英华书院和马礼逊教育会在香港共同出版《遐迩贯珍》，这是鸦片战争后香港出版的第一份有影响力的中文期刊。该刊以线装书形式出版，16开本，每期12页至24页不等，至1856年5月停

①汪家熔.中国出版通史(7):清代卷(下).北京:中国书籍出版社,2008:134.
②叶再生.中国近代现代出版通史:第一卷.北京:华文出版社,2002:148.

刊，共出版32期。基于鸦片战争后中国人开眼看世界的社会思潮，《遐迩贯珍》的办刊宗旨是“欲使读是书者，虽不出户庭，而于天地之故，万物之情，皆得显然呈露于心目”[①]。为此，该刊在内容上不仅大量登载《火船机制述略》《泰西种痘奇法》等介绍自然科学知识的文章，还刊载《英国政治制度》《花旗国政治制度》等介绍西方政治制度、经济制度和社会制度的文章。此外，《遐迩贯珍》还刊载了大量新闻，自1854年起，新闻的篇幅和数量急剧增加，占到每期总页码的一半到三分之二，其内容涉及国内外各种事务，尤其是以国内新闻为主，包括香港及广州、上海、宁波等通商口岸在内的全国各地军事、文化、市政建设等方面的新闻，有的还配有评论；自1855年起，新闻内容开始分类报道，并以当前新闻为主。较之以往传教士所办中文期刊新闻与文学不分、与历史不分、与评论混淆的做法，《遐迩贯珍》突出体现了新闻的特点，“标志着中文报刊的新闻报道已进入了一个新阶段”[②]。

1857年1月，英国传教士伟烈亚力在上海创办《六合丛谈》。该刊为月刊，16开本，每期12页至19页不等。至1858年停刊，共15期，是近代上海第一份中文期刊。除伟烈亚力外，艾约瑟、韦廉臣、慕维廉等为主要撰稿人，中国人王韬、韩应陛、蒋敦复也曾撰稿。在述及创办宗旨时，伟烈亚力指出：“欲通中外之情，载远近之事，尽古今之变。见闻所逮，命笔志之，月各一编，罔拘成例，务使穹苍之大，若在指掌，瀛海之遥，如同衽席。”[③]可见，创办《六合丛谈》的目的是为了让中国人深入了解西方，故登载的西学文章大幅增加，宗教性文章只占到四分之一。[④]前者涉及的内容有西方宇宙观的发展史、西方著

①理雅各.遐迩贯珍告止序.遐迩贯珍,1856(5).

②方汉奇.中国新闻事业通史:第1卷.北京:中国人民大学出版社,1992:296.

③伟烈亚力.六合丛谈小引//宋原放.中国出版史料•近代部分:第一卷.武汉:湖北教育出版社,2004.

④沈国威.六合丛谈:附解题•索引.上海:上海辞书出版社,2006:24.

名天文学家的生平、成就及其学说以及国内外新闻，后者则主要是以连载文章的形式介绍基督教义。《六合丛谈》的出版，“不仅宣告了上海第一种中文报刊的问世，而且还悄悄地突破了不准民办报刊的禁忌，创造了‘佣书’这种便于中国文士进入新闻界的道路，作为一个‘洋襁褓’孕育了最早一批中国新闻工作者开始活动”①。

1868年，美国传教士林乐知在上海创办《中国教会新报》，慕维廉、艾约瑟协助他参与编撰。该刊为周刊，办刊宗旨是“俾中国十八省教会中人，同气连枝，共相亲爱，每礼拜发给新闻一次，使共见共知，虽隔万里之远，如在咫尺之间。亦可传到外国有中国人之处”②。至1872年，《中国教会新报》主要刊登中国基督事务，特别是阐扬教义，译述《圣经》故事，报道教会动态，以及宗教问题辩难，亦介绍中外史地知识、自然科学常识以及中国教育信息。1872年8月，改名为《教会新报》。栏目较之以往发生了很大的变化，“本馆新报办至二百零一卷，即是五载之首卷也，往年所载事件可登即登，不分门类，若远若近，笔墨纷投，甚为欣幸。今五载，新闻必更新式，拟分五类，不紊有条，一曰政事，二曰教事，三曰中外，四曰杂事，五曰格致。每期广为搜罗，别其类而登诸报。”③后来“政事近闻”与“中外近闻”合为一个栏目“中外政事近闻”。从这些栏目登载内容所分布的范围来看，教会事务的篇幅大大减少，宗教色彩开始减弱。1874年9月第301卷起，《教会新报》更名为《万国公报》，变宗教性刊物为以时事为主的综合性刊物。除林乐知、慕维廉、艾约瑟等传教士之外，参加编辑工作的还有沈毓桂、蔡尔康等中国知识分子，主要撰稿人有林乐知、

①陈镐汶.《遐迩贯珍》到《六合丛谈》//中国社会科学院新闻研究所《新闻研究资料》编辑部.新闻研究资料(总第60辑).北京:中国社会科学出版社,1993:2.

②林乐知.教会新报:合订本第一册.台北:华文书局,1968:8.

③林乐知.林华书馆告白//林乐知.教会新报:合订本第五册.台北:华文书局,1968:1988.

慕维廉、李佳白、花之安、李提摩太等。之所以更新刊名，主要是为了减少期刊名称所带有的宗教色彩，便于中国读者接受，即“新报编订之初，国事与教事，尚合而一之，而教事较国事为尤重。……新报篇幅有限，势难遍收，自不得不择人所愿睹而登之，以快众览，此又易新报为公报，并多载国事之所由来也”[①]。据此，《万国公报》的内容继续朝着去宗教化方向发展，成为“推广与泰西各国有关的地理、历史、文明、政治、宗教、科学、艺术、工业及一般进步知识的期刊”，对栏目内容也有了更为详尽的设置，“一系中国京报，每七本登于一卷，报中辕门抄报亦所必载；二系各国新奇事件；三系教会近闻及各处信息；四系西国制造机器军械电线天文地理格致算法各学，无一不备。他如各种告白各货至近行情价目及各处有新著书籍告成，亦必开列明晰，俾爱购者得以先睹为快”[②]。至此，《万国公报》基本上摆脱了宗教期刊的特征，演变为综合性期刊。从内容来看，除少量的宗教知识外，基本上是以介绍自然科学知识为主，登载了诸如《彗星略论》《化学易知》《地球浅说》等科技文章，同时刊登评论中国时局的政论文章，介绍西方的政治模式，鼓吹变法思想。自1883年停刊6年，至1889年2月复刊，《万国公报》改为月刊，册次重新计算，成为英美在华基督教组织广学会的机关报。增设社说、评议、政治和中外时事，译介西方政论和伦理学说等，还有光绪政要（包括摘录谕旨和奏折）、各国新闻和电报辑要。1907年，出至第750卷停刊，前后存在时间近40年。

1872年8月，美国传教士丁韪良、艾约瑟、包尔腾担任主编的《中西闻见录》在北京创办发行，后因艾约瑟、包尔腾离去，完全由丁

①沈毓桂.辞《万国公报》主笔启.万国公报,1894,61.

②本报现更名曰万国公报//林乐知.教会新报:合订本第六册.台北:华文书局,1968:3295.

韪良负责。撰稿人除西方传教士外，还有李善兰、刘业全等中国学者。该刊为月刊，每期发行千份，大多免费散发。1875年8月出第36期后停刊。这是近代北京第一份中文期刊，也是一份以传播西方科学知识为主要内容的综合性报刊。该刊的编辑方针为："所论者乃泰西诸国创制之奇器，防河之新法，以及古今事迹之变迁，中西政俗之同异。盖土域疆界各国大有变更，流风遗俗阅世亦多移易。览万国图说天下地皆了然于胸中，述海外奇闻宇内事俱恍然于耳前矣。凡新法奇器、珍禽异兽并万国舆地，俱绘有图式，以便查阅，按月分续，公诸同好。"①从期刊的内容来看，确以西方科学技术、文化、新闻介绍为主，登载了诸如《光热电新学考》《制钢器新法》《电报论略》等介绍近代科技知识的文章，同时也刊登难题解说、科学趣闻、寓言杂记、奇闻趣事等内容，以增加可读性和实用性。

第三节　综合性时政期刊

鸦片战争以后，随着西学东渐的不断深入，传教士在以文字传教的同时，把视线更多地转向西艺、西学、西政的输入，创办了《六合丛谈》《万国公报》《中西闻见录》等综合性刊物，带动产生了一批中国人自办的综合性时政期刊。

一、晚清时期国人创办的综合性期刊

维新变法时期，外国人在中国垄断创办刊物的局面被打破，中国人开始了自办刊物的历史。在这场运动中，维新派人士把创办报刊作为宣

①丁韪良.中西闻见录序.中西闻见录,1872(1).

传、发动维新变法的重要武器，其代表人物康有为、梁启超，把组织学会和办报刊作为开展政治活动的手段。正因如此，这一时期的刊物大都是综合性的，以时事政治为主。其中较有代表性的有以下几种：

1895年8月17日，康有为、梁启超组织成立的强学会在北京创办《万国公报》，将其作为机关刊物，由梁启超、麦孟华负责编辑工作。该刊为双日刊，每册有编号，无出版年月，雕版印刷，由报房随宫门钞一起赠送各京官。之所以称《万国公报》，主要是因为广学会《万国公报》在官员中颇有影响，因此借用其名以利推广。出至45期后，改名为《中外纪闻》，梁启超、汪大燮任主笔。发刊一个月零五天即遭封禁。该刊每期一般载梁启超短论一篇，分期连载的长篇论文大多选自上海广学会出版的书报。除论说外，还有邸报、外电、译报和各报选录，篇幅较改名之前增加了一倍，同时又用活字印刷，从内容到形式都有所改进。该刊冲破了“言禁”，开创了公开议政的新风气，也是中国近代政党报刊的萌芽，培养了办刊队伍，积累了办报经验，拉开了国人自办报刊高潮的序幕。

1896年8月9日，由黄遵宪、汪康年、梁启超创办的《时务报》在上海出版，梁启超任主笔，汪康年任总经理。旬刊，线装形式、连史纸石版印刷。戊戌变法失败后，于1898年8月8日停刊，共出69期。该刊以“启发民智、开风气、助变法”为宗旨，开设有“论说”“谕旨恭录”“京外近事”“域外报译”等栏目。梁启超阐述该刊的编辑方针是：“广译五洲近事，则阅者知全地大局，与其强盛弱亡之故，而不至夜郎自大，坐眢井以议天地矣；详录各省新政，则阅者知新法之实有利益，及任事人之艰难经画，与其宗旨所在，而阻挠者或希矣；博搜交涉要案，则阅者知国体不立，受人谩辱，律法不讲，为人愚弄，可以奋厉新学，思洗前耻；旁载政治、学艺要书，则阅者知一切实学源流门径，与其日新月异之迹，而不至抱八股八韵考据词章之学，枵然而自大矣”[①]。

由此可见，该刊主办者充分认识到期刊的传播功能，并力图使之成为沟通信息、宣传维新变法思想的有力工具。基于这样的认识，《时务报》在栏目设置方面，尤其注意突出重点，并呈现出以下特点：其一，以摘译外报为主，所载内容富有政治性、新闻性和知识性，旨在让读者了解国际形势、中外商务及科技发展的状况。其二，把政论文放在首篇，具有明确的导向性。梁启超等人撰写的政论文，每期都有1—2篇。其三，刊登具有“副刊”性质的文章，与论说、译报等内容相对独立；所附具有文艺性、知识性和理论性的文章，如《华盛顿传》《译印西方地图公会章程》《重译富国策》等，又与宣传维新的办刊宗旨相得益彰。此外，《时务报》还大量介绍西方科技知识和创造发明。如1897年5月2日第25册刊出译文《无线电报》，是“无线电报”一词在中国的最早出现。在编辑业务方面，还通过配发图表来活跃版面，并开辟了“中西文合璧表”栏目，把译文中出现的人名、地名等与原文对照列出，以便读者查阅。该刊创刊初期发行4000份，一年后增加至12 000份，最高时达17 000份。1897年，该刊将前30期缩印成合订本出版，成为中国新闻史上最早再版缩印本的刊物。[②]

这一时期维新派创办的综合性期刊还有以下几种：

1897年4月在湖南长沙出版的《湘学新报》，为文理综合旬刊，自第21册（期）起改名《湘学报》。该刊用长沙校经书院名义发行，木刻线装版，每册约30页，近2万字。内容分为史学、掌故学、舆地学、算学、商学、交涉学、格致等，是一份介绍“新学”，鼓吹变法的综合性刊物。该刊由江标、徐仁铸先后督办，唐才常等主编，是湖南维新

---

① 梁启超.论报馆有益于国事//宋应离，袁喜生，刘小敏.20世纪中国著名编辑出版家研究资料汇辑：第1辑.开封：河南大学出版社，2005：218.

② 廖梅，汪康年.从民权论到文化保守主义.上海：上海古籍出版社，2001：76.

派鼓吹变法、推行新政的言论机关。戊戌变法后停刊，共出45册。

1897年2月在澳门创办的《知新报》，是维新派在南方地区的重要刊物。初为5日刊，自第20册起改为旬刊。1900年2月14日起，又改为半月刊。每册约15页，杭连纸铅印，线装形式。目前所见最后一期是1901年1月20日出版的第133册。该刊总理为何廷光、康广仁，撰述有何树岭、韩文举、梁启超、徐勤、吴恒炜等。《知新报缘起》一文，对该刊编辑方针作了如下阐述："报者，天下之枢钤，万民之喉舌也。得之则通，通之则明，明之则勇，勇之则强，强则政举而国立，教修而民智。"①由于办刊地不在清朝政府的管辖范围内，因而该报言论大胆，除了鼓吹新政外，还发表过要求开放言禁、允许出版自由的文章。该刊体例"略依《格致汇编》之例，专译泰西农学、矿学、工艺、格致等报，而以政事之报辅之，约言艺者六，言政者四"，以补《时务报》"所译西报详于政而略于艺"②的缺憾；主要栏目有"论说""上谕恭录""京外纪事""农事""工事""商事""矿事""路透电音""东方商埠述要"等。

1898年5月15日在四川成都创办的《蜀学报》，是四川地区维新派的刊物。初为半月刊，同年6月第4期改为旬刊。总理宋育仁，主笔吴之英，总撰述廖平。该刊"意在昌明蜀学，开通邻省，故与各报体例略有不同。各报沿设海疆，闻见较易，于洋务为详，本局意主推行，力求实用，言各有当，不嫌并行"③。在栏目设置上，"首恭录谕折，次论撰，次近事，及分纂官士农工商五门成就"。由于大量刊登鼓吹维新变法的文章，1898年9月出版至第12期后被查禁。

戊戌变法失败后，梁启超流亡日本，于1898年12月23日在日本

①吴恒炜.《知新报》缘起.知新报,1897.1.

②梁启超.广时务报公启.时务报,1896(15).

③蜀学报章程.蜀学报,1898(1).

横滨创办《清议报》，是戊戌政变后保皇会在海外办的第一个机关刊物。该刊为旬刊，每册30至40页，3万多字。1901年12月21日停刊，共出100期。其后横滨新民社曾汇出《清议报全编》26卷，内容多有增删，编次也有变动。该刊主要栏目有“论说”“名家著述”“文苑”“外论汇译”“纪事”“群报撷华”等，以“主持清议，开发民智”为宗旨，大量介绍西方近代政治学说，鼓吹变法改革，歌颂戊戌变法的维新人士，揭露外国侵略者的罪行，鼓吹资产阶级思想。该刊特点十分突出：一是文章体裁形式多样，可读性较强，有政论、报道、电文、报章文摘、文艺诗词、赋等。二是栏目丰富，门类清楚，编辑水平比《时务报》有明显提高。每个栏目内包括许多小标题，众多栏目均围绕一个中心思想即改革变法，并在中文刊物中最早开设了时事短评专栏。三是页码编排便于读者查阅，每册有总页码，每篇文章又单编页码，一篇文章在上册未登完可转下一册，但不注明，只在下一册注明“接上册”或在前一册文章的末尾注明“此稿未完，承前册”等字样。四是在刊物的显著位置较详细地刊登广告，特别是图书广告，这是与之前刊物不同的特点。

1901年至1911年创办的中文期刊有486种①，虽然在内容分类上还不是十分明显，但以综合性期刊占的比重为大。资产阶级革命派在开展革命活动的过程中，对于报刊在政治宣传方面的作用认识逐渐深化，先后在东京、上海、香港、澳门等地创办了50多种期刊，尤其是留日学生创办的综合性时政期刊，在当时曾经产生过积极影响。

1900年12月在日本横滨出版的《开智录》，是留日中国学生创办的第一份具有革命倾向的综合性刊物，最初为半月刊，油印。由郑贯一主编，冯自由和冯斯栾参与编辑业务。同年12月22日出版“改良第1期”，改为铅印。1901年3月20日停刊，共出6期。在第一期《本会

①陈江.辛亥革命前我国中文期刊的空间分布及其解释.编辑学刊,1994(4):84-90.

录告白》中强调："以开民智为宗旨，倡自由之言论，伸独立之民权，启上中下之脑筋，采中东西之善法。"①《开智录》设立"论说""言论自由录""杂文""译书""伟人小说""词林""时事""笑谈"等8个栏目，一方面旗帜鲜明地宣传自由平等、天赋人权的资产阶级政治思想，介绍卢梭、孟德斯鸠等人的民权思想，并以此来分析、考察政治问题；另一方面大力宣传反对帝国主义的爱国思想，向全国人民痛陈八国联军侵华所造成的瓜分危机，号召全国人民与帝国主义作斗争。当然，该刊的思想内容比较复杂，有些地方出现相互矛盾的情况，这与该刊创办者的思想有关。②

以江浙籍留日学生为主编辑的《译书汇编》于1900年12月6日在东京创刊，月刊，主要编辑者有戢翼翚、杨廷栋、杨荫杭、雷奋等。该刊主要介绍译载国外哲学社会科学著作和有关日本明治维新人物事迹的著述，以及日本宪法讲义、名人讲义、名人传记等，为我国近代较早的法政专业刊物。自1902年12月起，改为以著述为主，编译为次。1903年第1期改名为《政法学报》，设有"社说""论说""学术""记录""写真"等栏目，宣传资产阶级自由民主思想。

《国民报》于1901年5月10日创刊于东京，月刊，同年8月10日出至第4期停刊。编辑兼发行人有秦力山、沈翔云、戢翼翚、王宠惠、冯自由、张继等。设有"社说""时评""丛谈""纪事""外论""译编"等栏目。该刊宣传排满思想，大倡民族主义，曾发表《中国灭亡论》，明确同保皇党划清政治界限，并谴责保皇党的作为。因此，"留日学界公然主张革命排满及反对康梁保皇邪说者，是报实为滥觞"③。

《湖北学生界》于1903年1月29日在东京创刊，是留日学生中第一

①本会录告白.开智录,1900(1).

②宋应离.中国期刊发展史.开封:河南大学出版社,2000:64-65.

③张静庐.中国近代出版史料:二编.上海:群联出版社,1954:283.

份以省命名的刊物，由湖北留日学生同乡会主办。该刊编辑兼发行人有王璟芳、尹援一、窦燕石，参加编辑工作的有刘成禺、李书城等。月刊，32开本，四号字排印，每期100余页，以“输入东西之学说，唤起国民之精神”为宗旨，设有“论说”“学说”“政治”“教育”“军事”“经济”“实业（农学、工学、商学）”“理科”“医学”“史学”“地理”“小说”“词薮”“杂俎”“时评”“外事”“国闻”和“留学纪录”等栏目。从第6期起，改名《汉声》。1903年9月停刊，共出8期。

在以上办刊实践的基础上，资产阶级革命政党中国同盟会的机关报《民报》于1905年11月26日在日本东京创刊，32开本，每期150余页，6万余字，初为月刊，因经常脱期，改为不定期。1908年10月出版第24号时，日本政府以其“激扬暗杀”为由封禁。1910年1月复刊，2月停刊。该刊物总共出26期。该刊编辑兼发行人有张继、章太炎、陶成章等，实际的主编人最早5期是胡汉民，第6至24期是章太炎，其中有几期为汪东、刘师培、黄侃、汤增璧等人。设有“图画”“社论”“时评”“译丛”“谈丛”“小说”“纪事”“说林”“来稿”等栏目。在发刊词中，孙中山第一次将同盟会的主张概括为民族主义、民权主义和民生主义。《民报》自创刊始，就旗帜鲜明地公布了自己的6大政治主张——倾覆现今之恶劣政府；建立共和政体；土地国有；维持世界真正之和平；主张中国日本两国之国民的联合；要求世界列国赞成中国之革新事业。该刊出版后，受到国内外同盟会和同情革命的知识分子的热烈欢迎，创刊号再版7次，第2、3期各再版5次，最高发行量达到17 000份，成为当时影响极大的刊物。①先后担任该刊主编的胡汉民、章太炎均为当时的著名人物，因此在编辑业务上，该刊代表了当时中文期刊的水平。

《民报》就君主立宪和民主共和问题与康梁保皇派主办的《新民丛

①方汉奇.中国新闻事业通史：第1卷.北京：中国人民大学出版社，1992：825.

报》之间展开的大论战，在当时产生了强烈反响。《新民丛报》是辛亥革命时期的一份重要刊物。《清议报》停刊不久，梁启超即于1902年2月8日创办《新民丛报》，至1907年11月终刊，前后历时近六年。该报为半月刊，常常脱期，32开本，比《时务报》《清议报》的字数多出一倍。该刊的编辑方针为：一是“取《大学》新民之义，以为欲维新吾国，当先维新吾民。中国所以不振，由于国民公德缺乏，智慧不开，故本报专对此病而药治之”。二是“以教育为主脑，以政论为附从”。三是“为吾国前途起见，一以国民公利公益为目的”，“不为灌夫骂坐之语，以败坏中国者，咎非专在一人也。不为危险激烈之言，以导中国进步当以渐也”[①]。1905年11月革命派的《民报》创刊以后，与《新民丛报》发生了我国近代期刊史上持续两年之久的大论战。由于革命学说深入人心，拥护立宪派的人纷纷转向，《新民丛报》的发行量一落千丈，经济发生困难，稿源奇缺，1907年11月出版至第96期停刊。尽管该刊后期因与《民报》论战而衰落，但在前期对中国思想界产生了巨大影响，是当时最受读者欢迎的期刊。较之《时务报》和《清议报》，梁启超在《新民丛报》上更加热情、更加系统地传播西方的学术思想，所以黄遵宪说：“《清议报》胜《时务报》远矣，今之《新民丛报》又胜《清议报》百倍矣。”[②]该刊从创刊号开始刊登梁启超的《新民说》，对西方的自由、自治、平等、权利、义务、国家等的思想观念作了广泛介绍，号召青年知识分子摆脱封建思想束缚，做具有近代思想的“新民”。此外，该刊还用大量篇幅介绍西方哲学社会科学和自然科学学说及其代表人物，如《法理学大家孟德斯鸠之学说》《天演学初祖达尔文之学说及其传略》《亚里斯多德之政治学说》《意大利建国三

①梁启超．本报告白．新民丛报，1902，(1)．

②黄遵宪．致饮冰主人书(光绪二十八年四月)//黄遵宪．黄遵宪集：下．吴振清，徐勇，王家祥，编校整理．天津：天津人民出版社，2003：490.

杰传》《民约论巨子卢梭之学说》，等等。在编辑业务方面，该刊围绕贯彻输入“西学”的编辑思想，设有“论说”“学说”“时局”“史传”“教育”“学术”“小说”“名家谈丛”“国闻短评”“海外汇报”“海外奇谈”“绍介名著”“新知识之杂货店”等24个栏目，以这种栏目多样、内容包罗万象而又服务于主要编辑思想的编排格局，为众多留日学生刊物提供了办刊样本。

从辛亥革命到五四运动时期，上海商务印书馆发行的《东方杂志》在思想文化领域产生了重大影响。该刊创办于1904年3月，初为月刊，1920年17卷之后改为半月刊，1947年7月后又改为月刊，至1948年12月停刊，共出44卷，是近代中国刊期最长的一份大型综合性刊物。创刊时为32开本，后改为16开本。在五四运动前后，孟森、杜亚泉、钱智修、胡愈之等先后担任主编。初创时期，该刊以“启导国民，联络东亚”为宗旨，“广征名家之撰述，博采东西之论著，萃世界政学文艺之精华，为国民研究讨论之资料”[①]，开设“社说”“谕旨”“内务”“军事”“外交”“教育”“财政”“实业”“交通”“商务”“宗教”“杂俎”“小说”“丛谈”“新书介绍”等栏目。曾刊载许多具有重要学术价值、史料价值，以及介绍国外名著与思潮的文章，如《辛亥革命史》《戊戌政变记》《马克思主义与唯物史观》《社会主义神髓》《宋元戏曲史》《清代学者整理旧学之总成绩》等。该刊的编辑人员、内容和形式、主题和栏目在45年间都有变化，在长期的编辑实践中也形成了自己的编辑特色和风格。一是刊物定位准确。创刊之初就努力打造一份以时事政治为主的综合性刊物。反映在栏目设置上，除了15个固定栏目外，还刊登中国和世界大事记，有一阶段还刊载“京官表”“外官表”“金银时价表”等，是一本名实相符的“杂志”。二是内容与时俱进。1911年辛亥革命前后进行了一次大的改良，删除“首列谕旨”栏

①辛亥年东方杂志之大改良.东方杂志，1910，7(12).

目，把“外交”“内务”等栏目改为按学科分类，通过发表署名文章增强学术性，把专论、评论排在重要栏目，并及时向读者介绍编辑意图。与栏目设置上的变化相呼应，刊物内容也随着时局发展不断进行重大调整。五四运动后，“顺应世界之潮流”，“注重于切实可行之具体问题”①，采取兼容并蓄的方针，开辟“世界新潮”“科学杂俎”“时论介绍”等专栏，评介东西方各种学说和国际形势。抗战爆发后，率先发表一系列论述持久战、运动战、游击战的文章，呼吁抗日爱国，“以文字作民族斗争社会斗争的利器”②。三是编辑和作者团队强大。该刊由著名学者和专家担任编辑，首任主编是教育家蒋维乔，之后担任主编的有徐珂、孟森等，章锡琛、俞颂华、张明养、张梓生、吴景崧、冯宾符等曾担任过编辑。梁启超、蔡元培、严复、鲁迅、陈独秀等都在该刊发表过文章。

二、民国初期至五四时期的时政期刊

中华民国成立后，各种时政类期刊涌现，但多为政党所创办，如戈公振所说“民国初造，国人望治，建议纷如，故各杂志之所讨论，皆注意于政治方面，其着眼在治标”③。至五四运动前后，影响较大的时政类刊物主要有以下几种：

章士钊主编的《甲寅》于1914年5月创办于日本东京，后改在上海出版。该刊出至第10期停刊。章士钊自任主编，李大钊、陈独秀、高一涵等人为其撰稿。由于章士钊与国民党温和派创建的欧事研究会关系密切，《甲寅》的创办亦得益于欧事研究会的援助，故其政治倾向

①坚瓠.本志之希望.东方杂志,1920,17(1).
②愈之.本刊的新生.东方杂志,1932,29(4).
③戈公振.中国报学史.北京:生活·读书·新知三联书店,2011,173.

代表了他们的观点，即以“调和”立场来探讨国事，提出改革方案，从而营造公共舆论空间：“本志以条陈时弊、朴实说理为主旨。欲下论断，先事考求，与曰主张，宁言商榷，既之架空之论，尤无偏党之怀，惟以己之心，证天下人之心，确见心同理同，即本以立说。故本志一面为社会写实，一面为社会陈情而已。”设有“论说”“时评”“丛谈”“评论之评论”“通信”“论坛”“文苑”“小说”等栏目，其中以“通信”栏目最具特色，“本志既为公共舆论机关，通讯一门，最所置重，务使全国之意见，皆得如其量以发表之”①。

继《甲寅》之后，另一较有影响的综合性时政刊物《星期评论》于1919年6月在上海创办，并得到了孙中山的支持。该刊由沈玄庐、戴季陶、孙棣三等任主编。至1920年6月停刊，前后共出了53期②。《星期评论》设有“评论”“世界大势”“主张”“思潮”“创作”“研究资料”“纪事”“诗”“小说”“随便谈”“短评”等栏目。主要撰稿人为戴季陶、沈玄庐。尽管作者并非都是国民党员，但基本上是公认的国民党言论阵地。该刊的编辑理念是“对于哲学、文艺、社会、政治的自由批判”③，其目的是探究世界的大势和改造世界的方法，即“现在世界的大势怎么样了？世界的思潮又怎么样了？我的国家，处于现在世界的大势该怎么样？处于现在世界的思潮又该怎么样？我就不能不用着我们的思想来创作《星期评论》”④。该刊早期以资产阶级民主主义为旗帜，憧憬欧美议会政治，羡慕推崇英国“阶级退让精神”。巴黎和会中国外交失败后，开始介绍宣传“新村主义”“互助主义”“无政府主义”，客观反映世界革命运动和中国劳动运动的情况，起了有利于马克

①本志宣言.甲寅,1914,1(1).

②在18、19期之间还插入一个1919年双十节纪念号,实际出版54期。

③本社同人.星期评论半年来的努力.星期评论,1919(26).

④玄庐.发刊词.星期评论,1919(1).

思主义宣传的作用。[1]

同一时期，还有一份影响较大的时政刊物《改造》。该刊创刊于1919年9月，原名为《解放与改造》，至1920年9月第3卷起正式更名为《改造》，1922年9月前后停刊。前两卷由张东荪、俞颂华主编，后两卷由梁启超、蒋百里主编。主要撰稿人包括梁启超、张东荪、张君劢、茅盾、舒新城、郭绍虞等。该刊主张："今天的世界虽不是以前的世界，然而以前世界的'残余'尚在那里支配现在的世界。今天的自我虽不是以前的自我，然而以前自我的'残余'尚在那里蒙蔽现在的自我。所以我们当首先从事于解放，就是使现在的自我完全从以前的自我解放出来"；"但解放不是单纯的脱除，乃是'替补'。替补就是改造，所以一方面是不断的解放，他方面是不断的改造。综合两方面看来，就是不断的革新。"[2]

五四运动是中国旧民主主义革命的结束和新民主主义革命的开端，这一时期出版的大量进步刊物，如北京大学的《国民》《新潮》，武汉学生联合会的《学生》，湖南学生联合会的《湘江评论》，浙江学生联合会的《浙江学生联合会周刊》等，在期刊史上都曾产生过重要影响。其中影响较大的两份刊物分别为《新青年》和《湘江评论》。

《新青年》原名《青年杂志》，1915年9月15日创刊于上海，每月1期，每6期为一卷。1916年第2卷第1期改名为《新青年》。1917年初，编辑部由上海迁到北京。1920年上半年，编辑部迁到上海。1921年又迁到广州。1923年6月改为季刊，至1926年7月，出完第9卷第54期停刊。《新青年》最初由上海群益书社发行，陈独秀主编；1920年由北京迁回上海后，由李汉俊、陈望道负责主编业务。1918年1月第4卷第

①中共中央马恩列斯著作编译局研究室.五四时期期刊介绍:第一集(上册).北京:生活·读书·新知三联书店.1978:181.

②宣言.解放与改造,1919,1(1).

1期起，《新青年》宣布“所有撰译，悉由编辑部同人公同担任，不另购稿”。作为新文化运动以及宣传社会主义的主要阵地，其编辑工作具有鲜明的特点：一是关注热点、引领思潮。从第2卷开始，《新青年》先后发起孔教问题和文学革命的讨论、白话文的讨论、戏剧问题的讨论、反对迷信提倡科学的讨论、马克思学说的研究与讨论等，通过议题设置一步步把自己的社会影响从政治思想领域扩大到文学领域、科学领域，发起了一场以科学和民主为主题的新文化运动。二是凝聚力量、形成声势。该刊吸引了大批著名学者参与编辑业务或者为刊物撰稿，有的甚至直接担任编辑。从第4卷第1期开始，由陈独秀一人编辑改为轮值主编制。轮值编辑有陈独秀、钱玄同、刘半农、胡适、李大钊、沈尹默等，另有编撰人鲁迅、周作人、高一涵、陶孟和、王星拱、陈大齐、张申府等，形成了一个以刊物为中心的反对旧文化、传播新文化的强大阵营。三是发挥媒介功能，推动多方互动。自创办伊始，《新青年》即开设“通信”栏目，“以为质析疑难发抒意见之用。凡青年诸君对于物情学理有所怀疑，或有所阐发，皆可直缄惠示”[①]；此后又设置“读者论坛”栏目，“不问其主张、体裁是否与本志相合，但其所论确有研究之价值者，即皆一体登载，以便读者诸君自由发表意见”[②]，形成了与作者、读者的互动机制。四是发起文学革命，改进报刊文体。该刊从1918年1月第4卷第1期起全部改成白话文，基本确立了白话文在报刊中的主导地位。五是办刊宗旨鲜明，打造舆论阵地。从创刊到1917年7月，《新青年》的主旨是开启民智，致力于思想启蒙。此后，从致力于“思想启蒙”逐步转为关心“国命存亡”的时政问题。1920年9月成为中国共产党上海发起组的机关刊物以后，发表了《谈政治》《关于社会主义的讨论》《社会主义批评》《讨论无政府主

①社告.青年杂志,1915,1(1).
②通告(二).新青年,1919,2(1).

义》《马克思主义学说》《无产阶级专政》等文章，对各种假社会主义、无政府主义展开大规模论战，传播马克思主义，系统阐述中国共产党早期领导人的建党思想，完成从启蒙到关心国命存亡，再到宣传马列理论的转变，为中国共产党的诞生提供了舆论准备。

《湘江评论》以湖南学生联合会的名义创办于1919年7月14日，“以宣传最新思潮为主旨”，“浩浩荡荡的新思潮业已奔腾澎湃于湘江两岸了！顺他的生，逆他的死。如何承受他？如何传播他？如何研究他？如何施行他？是我们全体湘人最切最要的大问题，即是《湘江》问世最切最要的大任务。”[①]该刊设有“东方大事述评”“西方大事述评”“世界杂评”“湘江杂评”“放言”等栏目，报道和评论国际与省内外大事，同时还辟有答读者问专栏，回复讨论读者提出的问题。《湘江评论》只出版发行了4期和1期临时增刊，因被反动军阀张敬尧查封，于1919年8月中旬被迫停刊。对于该刊的写稿、审稿、编辑到校样等各个环节，创办人和主编毛泽东倾注了大量心血。

由于毛泽东的努力，《湘江评论》融思想性、战斗性于一体，对俄国十月社会主义革命的伟大胜利及其意义进行热情讴歌，揭露帝国主义的侵略本性，倡导民主与科学，反对封建专制与封建落后思想。因此，《湘江评论》得到了社会的高度评价，被视为五四时期最出色的革命刊物之一。《每周评论》评论说：“《湘江评论》的长处是在议论的一方面。《湘江评论》第二、三、四期的《民众的大联合》一篇文章，眼光很远大，议论也很痛快，确是现今的重要文字……武人统治之下，能产出我们这样的一个好兄弟，真是我们意外的欢喜。”[②]

---

①毛泽东.创刊宣言.湘江评论,1919,1(1).

②新书评介.每周评论,1919(36).

三、20世纪三四十年代的时政期刊

南京国民政府成立后，一批进步人士开始着手研究当下国内外的社会和经济状况，切实可行地去探讨和解决社会问题，创办了一批时政类刊物。由于国民党的反动统治，这些时政性期刊批判的对象逐渐转向国民政府，其中具有代表性的是《生活》周刊和《世界知识》。

《生活》周刊1925年10月创刊于上海，由中华职业教育社主办，初由王志莘任主编，以宣传职业教育为宗旨。1926年10月第2卷第1期起由邹韬奋任主编，注重讨论社会政治问题，受到广大读者的欢迎和喜爱。1927年初，《生活》周刊发行量为2800份，年底剧增到2万份，1928年增加到4万份，1929年增加到8万份。1931年九一八事变以后，民族危机空前严重，邹韬奋利用《生活》周刊积极宣传抗日救国主张，使之成为著名的抗日救亡刊物，1932年销售量一度达到15.5万份，创造了当时中国杂志发行量的最高纪录。1933年12月16日出至第8卷第50期时，《生活》周刊被国民党政府查封。在1927年3月27日出版的《生活》周刊第2卷第21期上，邹韬奋发表了《本刊与民众》，阐述为了民众、贴近民众的编辑宗旨。[①]该刊的编辑特色体现在以下几个方面：一是栏目风格独特。《生活》周刊的内容丰富，曾经开设的栏目主要有“小言论”“专论”“事业与修养”“杂文”“人物述评”“书报介绍”“健康问题”“社会写真”“短篇零简”“形形色色”“国外通讯”“小说”“一周鸟瞰”“每周大事记”“读者信箱”等。这些栏目客观报道下层人民的贫困生活，关注青年修养，也关注生活方式和社会新闻的评述，还通过大量的国外通讯，帮助人们了解国外情况。其中的“小言论”“读者信箱”等品牌栏目，在当时具有广泛的读者群。对每期头版由其亲自执笔的“小言论”专栏，邹韬奋曾说：“虽仅仅数百

---

①邹韬奋.本刊与民众.生活,1927,2(21).

字，却是我每周最费心血的一篇。每次必尽我的心力就一般读者所认为最该说几句话的事情，发表我的意见，这一栏也最受读者的注意。后来有许多读者来信说，他们每遇着社会上发生一个轰动的事件或问题，就期待着看这一栏的文字。”[①]二是内容有价值、有趣味。《生活》周刊创办初期，回应广大读者最关心的求学、就业、社交、恋爱、婚姻等问题，刊登相关方面的文章较多。九一八事变以后，人们逐步把民族解放和个人出路联系到一起，《生活》周刊顺应时势，更多地刊载紧密结合形势的新闻评述，讨论现实政治问题，关注民族解放事业。三是文风平易近人。邹韬奋接办《生活》周刊不久，就提出要“力避‘佶屈聱牙’的贵族式文字，采用‘明显畅快’的平民式的文字”[②]。在他的大力倡导下，《生活》周刊的文章呈现出生动活泼的文风，受到读者的喜爱。四是倡导立于民众立场、与时俱进的言论。《生活》周刊的言论是随着社会形势、读者需要以及邹韬奋思想的变化而逐渐变化的。初期言论基本不涉及时事政治问题，评述的大多是生活方式和社会新闻。九一八事变后，开始更多地反映时事，抨击国民党政府的对日政策，号召广大民众共同抗日救亡。《生活》周刊与时代同步，与大众贴近，提供广大读者急需的精神食粮，产生了广泛社会反响，成为我国期刊史上的一个成功典范。

《世界知识》创刊于1934年9月16日，在上海出版，半月刊。创办之初由生活书店发行，公开出面的编辑人是毕云程，实际主编是胡愈之。1935年先后由张仲实、金仲华任主编。1938年1月迁至汉口，后迁至广州、香港出版。1941年12月停刊。1945年12月在上海复刊。1949年3月出至第19卷第10期，被国民党勒令停刊。1949年上海解放后复刊。“评述时事”“国际问题专论”“世界知识讲座”“读者信箱”

---

①韬奋.我与《生活》周刊.教育与职业,1985(4):46-48.

②邹韬奋.本刊与民众.生活,1927,2(21).

等栏目，除介绍重要国际知识外，着重分析国内国际局势，揭露法西斯势力的侵略图谋，介绍世界各国人民力量的觉醒，世界反侵略、反法西斯运动和我国抗日救亡运动的兴起，成为抗战前后对群众进行国际形势教育的一个重要阵地。从编辑角度看，《世界知识》有几个特点：一是把中国置于世界大背景下加以观察，纵览天下大事；二是以辩证唯物主义和历史唯物主义观点分析国内外形势；三是内容丰富，风格严谨；四是善于运用形象艺术作为宣传手段；五是重视作者，团结了一批国际问题专家，保证刊物质量。[①]

抗战胜利后，上海重新成为全国期刊业的中心。1945年9月8日柯灵、唐弢等在上海创办了以时事政治为主的综合性刊物《周报》，这是抗战胜利后上海出版的一份有影响的刊物，原拟命名“民主中国”，后改为《周报》，其宗旨是“加强团结，实行民主”“以善意的态度立言，以促进中国的开明与进步”[②]。随后陆续创刊的有《民主》（郑振铎主编）、《文艺复兴》（郑振铎、李健吾主编）、《昌言》（马叙伦主编）、《新文化》（周建人主编）、《经济周报》（吴承禧主编）等。这些刊物揭露国民党接收大员的种种劣迹及国民党独裁政权的本质，是这一时期国统区民主运动的鼓吹者，遭到国民党独裁政权的镇压和查封。从1947年下半年起，由于国民党政权经济的崩溃，上海的杂志界在经济上陷入困境，不少刊物被迫停刊，勉强维持的也都奄奄一息。1948年底，朱光潜主编的《文学杂志》和出版了40多年的《东方杂志》也宣告停办。

---

①宋应离．中国期刊发展史．开封：河南大学出版社，2000：179.

②编后记．周报，1945(2).

第四节　文学期刊

一、晚清时期的文学期刊

自1872年上海申报馆创办我国第一份文学期刊《瀛寰琐纪》起，至1911年间，我国共出版文学期刊近百种。[①]其中1872年至1901年仅出版6种，即《瀛寰琐纪》（1872）、《四溟琐纪》（1875）、《寰宇琐纪》（1876）、《侯鲭新录》（1876）、《艺林报》（1891）、《海上奇书》（1892）。从1902年梁启超在日本横滨创刊《新小说》起，我国正式开启了文学期刊出版的历程。《新小说》杂志发动了“小说界革命”，被认为是中国现代文学期刊史上第一种真正具有鲜明“期刊意识”的文学期刊，其栏目分类与栏目格局成为此后中国文学期刊栏目格局的样板。其“小说丛话”专栏的开辟与设置，更是我国文学期刊史上第一个文学理论和批评专栏，充分体现了近代文学期刊的“公共领域”性质。自《新小说》之后，我国开始出现持续性的文学期刊出版态势。《新小说》的这种示范作用，使得梁启超的小说理论追随者和意欲创办文学期刊、以办文学刊物为职业的人，有了可直接效仿的办刊样本。正如日本学者樽本照雄所说，《新小说》的创刊“象征着文艺杂志时代的开始”。[②]

在《新小说》的影响下，以“小说”命名的刊物纷纷涌现，晚清文学期刊迎来了出版高峰，1903年出版7种，1906年至1908年三年出版35种，占了晚清文学期刊的半壁，文学期刊在当时全国期刊总量中所占的比例亦大幅上升。但大起之后即出现了大落，1905仅创刊1种，1909年至1911年三年创刊10种，种数和所占比例迅速跌落。这种起伏

①方汉奇.中国新闻事业通史:第1卷.北京:中国人民大学出版社,1992:936.
②樽本照雄.新编增补清末民初小说目录.济南:齐鲁书社,2002:5.

波动的变化趋势，构成了我国文学期刊出版初始阶段的基本特征。

与近代中文期刊同源，我国最早的文学期刊也是由外国人创办的。1872年至1877年间，上海申报馆陆续创办了《瀛寰琐纪》《四溟琐纪》和《寰宇琐纪》。曾任《申报》主笔的沈饱山、高太痴和韩邦庆受到申报馆所办文学期刊的影响，先后创刊《侯鲭新录》《艺林报》和《海上奇书》，并由申报馆代售。由此可见，无论是外人创办还是国人自办的早期文学期刊，都与申报馆有着很深的渊源，报馆办刊和个人办刊也是早期文学期刊的主要办刊模式。

由英国商人美查所办的申报馆，在出版《申报》这一商业性日报的同时，还创办了我国最早的文学期刊《瀛寰琐纪》。该刊创办于1872年11月11日，1875年1月停刊，共出28期。每册24页，线装本。据1877年《申报馆书目》介绍称："是书皆近时诸同人惠投本馆嘱刊之作，本馆延请名人详加选择。"作为我国第一份近代文学期刊，《瀛寰琐纪》的内容主要是诗词小说和译文，也发表时论、益智见闻、各地消息、科学知识、读书札记、人物传记等。为了扩大销售，该刊沿用《申报》连载长篇小说以促使读者逐期购买的发行策略，从第3卷开始连载蠡勺居士翻译的英国小说《昕夕闲谈》，这是我国近代最早的文学翻译作品，也开创了小说在杂志上分期连载之先例。《瀛寰琐纪》载文的作者或者译者多使用笔名，据阿英考证，有当时上海名士李芋仙、王韬、何桂笙、邹翰飞、钱昕伯等人。1875年1月停刊后，2月改名《四溟琐纪》继续出版，次年2月再改名《寰宇琐纪》，出至1877年1月停刊。①

在申报馆创办文学期刊的启发下，曾任《申报》主笔的沈饱山于1876年冬创办了文学期刊《侯鲭新录》，由沈饱山自设的上海机器印书局印行，在《申报》刊出告白发售。该刊现存5卷，体例效仿申报馆印

①阿英.阿英全集:第六卷.合肥:安徽教育出版社,2003:238-239.

行的《瀛寰琐纪》《四溟琐纪》《寰宇琐纪》，但有些作品又是前后连续的，内容除文史之外兼及诗词、戏曲。刊有《林则徐传》《周天爵传》《潘世恩传》和戏曲《青衫泪》等。学界普遍认为，这是国人自办的第一种文学期刊，亦是民间创办文学期刊的发端。

1892年2月4日，另一曾任《申报》主笔的韩邦庆（字子云）以“花也怜侬”的笔名，出版了一份名为“海上奇书”的刊物。初为半月刊，自第10期起改为月刊。韩邦庆与申报馆的关系使他能够借助该馆发布广告和代售。实际上早在该刊创刊号出版之前，即在《申报》连续10次刊出广告，以后每期刊物出版之前，都照例在《申报》连续发布两三次广告，显示出了创办者良好的现代广告意识和文学期刊经营才能。[①]在我国现代文学期刊史上，这也是个人办刊的典范之一。《海上奇书》每期内容分三部分：首刊韩邦庆自撰的文言短篇笔记小说《太仙漫稿》数则；其次连载韩邦庆自撰的长篇吴语小说《海上花列传》两回；末为《卧游集》，选辑前人笔记小说。因此，《海上奇书》也被认为是中国近代第一个专门刊登小说的刊物。特别是该刊连载的韩邦庆自撰近代小说《海上花列传》，以开埠后的上海为背景，为我国最早的近代方言文学作品之一，代表了当时纯文学的艺术水平。[②]此外，《海上奇书》每期都刊载图片14幅，“绘图甚精，字亦工整明朗”，被认为是我国最早的图文并重的文学刊物。[③]作为韩邦庆独力创办、靠一篇主打作品撑起来的刊物，该刊内容显得十分单薄，加以“彼时小说风气未尽开，购阅者鲜，又以出版屡屡愆期，尤不为阅者所喜”[④]，

①王燕．晚清小说期刊史论．长春：吉林人民出版社，2002：133-139.
②陈伯海，袁进．上海近代文学史．上海：上海人民出版社，1993：240.
③方汉奇．中国新闻事业编年史：上册．福州：福建人民出版社，2000：88.
④颠公．懒窝随笔//韩邦庆．海上花列传．北京：人民文学出版社，1985：615.

刊行后销路不畅，到1893年1月2日出第15期后停刊。[①]

《海上奇书》停刊以后，到1902年《新小说》创刊前，尽管文学期刊出现了十年的沉寂期，但报刊文学日渐受到重视，为1902年至1908年文学期刊出版的第一次高潮做了较好铺垫。

1902年11月14日，《新小说》在日本横滨出版。这是继《清议报》《新民丛报》之后维新派在日本创办的又一份刊物，是中国第一份以“小说”命名的文学期刊，也是继《海上奇书》之后第一份具有近代色彩的小说杂志。该刊由新民丛报社活版部印刷，新小说社发行。第2卷起，新小说社迁至上海，改由广智书局发行。编辑兼发行者署赵毓林，主要译作者有梁启超、罗普、周桂笙、吴趼人等。初为月刊，从第4期起经常脱期，前后延续了5年多，大约于1906年八九月间停刊，共出24号。[②]该刊的办刊宗旨是“借小说家言，以发起国民政治思想，激励其爱国精神”[③]。作为我国第一份近代化的小说杂志，《新小说》在晚清小说杂志和文学刊物的发展史上具有里程碑意义，在办刊宗旨、运作方式以及内容形式诸方面都有鲜明的时代特征，对此后的文学刊物起到了示范作用。在内容上，它以刊载小说为主，兼及文艺理论、剧本、诗与歌谣、笔记等，先后登载了《新中国未来记》《二十年目睹之怪现状》等著译小说26种，《黄萧养回头》《警黄钟》等戏曲10种，《爱国歌》《支那新乐府》等歌谣25题，《论小说与群治之关系》等文艺论文4篇，饮冰、平子、侠人、曼殊等人的《小说丛话》14期，托尔

①关于停刊日期及出版期数，目前存疑。史和等《中国近代报刊名录》认为，该刊最后一期为1892年11月出版的第16期。本书采纳《上海新闻史》(82页)、《中国新闻事业编年史》(88页)的说法。

②日本学者樽本照雄《〈新小说〉内发行年月及印刷地》一文称，《新小说》第18号以后7期都没有标示出版年月，因此它的确切停刊时间实际上是一个谜。根据现有研究成果，《新小说》第二年第12号的出版时间为光绪三十二年(1906年)七月。参见：陈大康.《新小说》出版时间辨.华东师范大学学报，2009(2):81-85.

③梁启超.中国唯一之文学报《新小说》.新民丛报，1902(14).

斯泰等人物画像、罗马博物院馆藏风景画55幅，“杂记”“杂录”若干。每期洋装180页，印刷装帧具有现代杂志的气息。具体而言，《新小说》的开创性主要表现在：

一是形式规范、内容丰富，为此后的文学刊物提供了可资借鉴的范本。以《新小说》命名，本身就有反叛传统、标新立异之意。封面是一束“幽雅秀气的以深蓝和浅蓝两色套印的紫藤花”，“花串由右上探向左下的构图方式”代表了“某种探索性和走向春天的风度”，而左侧“新小说”三字贯注着的魏碑体的力度，说明它崇尚的不是阴柔之美，而是阳刚之美。[①]特别是与之前《海上奇书》等个人刊物不同，《新小说》属同人刊物，向海内外广泛征稿，作者队伍庞大，栏目繁多，信息量大。在24期《新小说》上发表作品和评论的有60多人，比较固定的作者也有十几人。《新小说》创刊时设计的是每期8至15个栏目[②]，实际上一般都在10个以上，其中仅小说就刊出了13类20余种。

二是在小说理论上开创新境界。梁启超在创刊号上发表了著名的《论小说与群治之关系》，详细论述了小说的影响力，把小说和改良社会、救亡图存联系在一起；而其重要栏目“小说丛话”则是以谈话体的新形式发表的小说理论，运用中西小说对比的视角，对梁启超的新小说理论加以发挥和补充，把对小说的推崇从劝善惩恶的教化层面，升华到一种人文关怀的境界，打破了我国长期以来轻视小说的旧观念，把小说提升到“文学最上乘”的地位。

三是在小说体裁上撰述和译作并重。《新小说》重视输入外国小说，明确提出“本报所登载各篇，著译各半”[③]。该刊第一次集中、持续地翻译域外小说，其数量之多几乎相当于它创刊前所有翻译小说总

①杨义.中国新文学图志.北京:人民文学出版社,1996:12.

②梁启超.中国唯一之文学报《新小说》.新民丛报,1902(14).

③梁启超.中国唯一之文学报《新小说》.新民丛报,1902(14).

量的一半，这是中国小说史上从未有过的新情况。“著译各半”也成为这一时期小说杂志的一大特色，甚至出现了《小说林》这样以刊载翻译小说为主的刊物。以《新小说》的创刊为标志和起点，20世纪初期的小说家们实践“小说界革命”的主张，大量引进域外小说，并创作出一批内容风格与传统小说迥异的“新小说”，开创了我国小说发展的新时代。

四是在小说题材上全面拓展。我国传统小说在题材上大抵不出“英雄、儿女、鬼神三大派”。梁启超在主办《清议报》期间，开启了撰译政治小说的先河。在《新小说》的前7号中，也基本以《洪水祸》《东欧女豪杰》《新中国未来记》等政治小说的作品为主。从第8号开始，《新小说》笔政改由吴趼人、周桂笙接任，吴趼人发表了历史小说《痛史》、社会小说《二十年目睹之怪现状》、言情小说《电术奇谈》，周桂笙则发表了翻译的侦探小说《毒蛇圈》。此后，《新小说》开辟专栏，登载的小说类型包括了历史、政治、哲理、科学、军事、冒险、侦探、言情、语怪以及札记体、传奇体、法律、外交和奇情等。其中侦探、科学、法律三类小说更为我国古代所从未有过。也因为此，有学者认为《新小说》是第一份明确体现小说类型观念的文学期刊，此后，几乎所有的文艺杂志都标出了小说类型，至1915年创刊的《小说大观》，所开列的小说类型竟多达45种。①

1903年5月27日创刊于上海的《绣像小说》，是最早响应“小说界革命”号召，在国内创办的第一份小说杂志。该刊为半月刊，由商务印书馆发行，晚清著名谴责小说作家李伯元主编。1906年4月李伯元逝世后停刊，共出72期，线装本，拷贝纸铅印，32开本，每期双面40页。所刊十分之九是小说，有创作的，也有翻译的，不分栏目，每期刊登作品10种左右。小说每回都配以绘画两幅，所以称为“绣像小

①刘永文.晚清报刊小说研究.上海:上海师范大学博士学位论文,2004:59.

说”，是继《海上奇书》后配有插图的又一重要文学刊物。关于《绣像小说》的编辑理念，创刊号《本馆编印绣像小说缘起》中说：“欧美化民，多由小说，扶桑崛起，推波助澜……本馆有鉴于此，于是纠合同志，首辑此编，远摭泰西之良规，近挹海东之余韵，或手著，或译本，随时甄录，月出两期，藉思开化夫下愚，遑计贻讥于大雅。”[①]由此可见，其办刊思想承继《新小说》，也是为了唤醒民众，改良政治，富强国家。《绣像小说》刊登有长篇创作小说18种，弹词、传奇、新戏7种，翻译作品18种，通俗歌谣——“时调唱歌”21篇，还有其他作品3种。其主要撰稿者，除李伯元、欧阳巨元、吴趼人、刘鹗、周桂笙等名家外，另有洗红庵主、忧患余生、旅生、遁庐、荒江钓叟、悔学子、姬文、壮者、吴蒙、嘿生、血泪余生、杞忧子等一大批作者，还有著名翻译家吴梼等。[②]比较有名的译作有显克微支的《灯台卒》、马克·吐温的《山家奇遇》。另外，柯南·道尔的《华生包探案》在该刊也大量连载。《绣像小说》还刊载了一些戏曲和唱本，其中有影响的有惜秋等人的《维新梦》，讴歌变俗人的《经国美谈新戏》和《醒世缘弹词》等。在编辑业务上，《绣像小说》主要的特色是它所载小说每回都刊载两幅绣像。这些绣像“和通俗小说书的附图一样，画法不甚精美，和《点石斋画报》《寰球图画日报》的画法差不多，没有初期石印绘画如《海上青楼图记》那样的细致，然而因为故事的背景是社会时事，是今日新时代的前幕，很可以按图索骥，回想初倡维新时期的形形色色的景象，这是些写实画，和才子佳人文官武侠式的小说绣像，满含着低级浪漫的意味者不同”[③]，因而为后世留下了难得的历史形象资料。《绣像小说》之所以成为当时小说期刊中的“最纯正的”，同时也是晚

①本馆编印绣像小说缘起.绣像小说，1903(1).

②丁守和.辛亥革命时期期刊介绍：第3集.北京：人民出版社，1983：115-118.

③毕树棠.绣像小说.文学，1935，5(1).

清小说期刊中寿命最长者[①]，还在于它比《新小说》更注重文艺性，刊载了一系列有影响的小说，集中反映了现实生活，激烈批判社会。其中，李伯元的《文明小史》和《活地狱》、蘧园的《负曝闲谈》、洪都百炼生的《老残游记》、吴趼人的《瞎骗奇闻》等小说，从批判的角度刻画了官场、商界、教会、学界各领域以及官僚、洋人、维新派人士、商人等各色人物，为人们提供了晚清社会的一个缩影。

《新小说》和《绣像小说》于1906年停刊之后，《月月小说》和《小说林》先后创刊，成为这一时期小说杂志新的代表。

《月月小说》1906年11月创刊于上海，月刊，由月月小说社发行。第1期至第4期，编辑兼发行者署庆祺。第5期至第8期，编辑者署吴趼人。第8期与第9期之间曾停刊4个月，进行内部改组。从第9期起，编辑者署许伏民。上海乐群书局出版，群学社发行，第9期起改为群学社图书发行所发行。1909年1月停刊，共出版2卷24期。《月月小说》的办刊宗旨，主要体现了这份刊物的“灵魂”人物吴趼人的思想主张。[②]他给《月月小说》确定了两个方面的主题。其一，道德。在《月月小说序》中，吴趼人强调要用小说宣扬道德：“吾人于此道德沦亡之时会，亦思所以挽此浇风耶？则当自小说始。……历史小说而外，如社会小说、家庭小说及科学、冒险等。或奇言之，或正言之，务使导之以入于道德范围之内。”[③]在连载于该刊的《上海游骖录》《发财秘诀》等小说中，吴趼人用谴责小说的笔触，讽刺和批判现实，主张用“道德”改良社会：“我所说的改良社会，是要首先提倡道德心，要使道德普及，人人有了道德心，则社会不改自良。”[④]其二，娱乐。在

①马光仁.上海新闻史(1850—1949).上海:复旦大学出版社,2014:290.

②杨义.月月小说与小说林.书城,1994(11):25-27.

③吴趼人.月月小说序.月月小说,1906(1).

④茧.上海游骖录:第八回.月月小说,1907(8).

《月月小说序》中，吴趼人说："当前之事物言论，无趣味以赞佐之也。无趣味以赞佐之，故每当前而不觉。读小说者，其专注在寻绎趣味，而新知识实即暗寓于趣味之中，故随趣味而输入之而不自觉也。"[①]吴趼人还依据"趣味"的标准，把小说的体裁作了分类："小说虽一家言，要其门类颇复杂，余亦不能枚举，要而言之，奇正两端而已。"并说："盖以为正规不如谲谏，庄语不如谐词之易入也。"[②]这种小说观体现在期刊的编排上，使得《月月小说》在娱乐性方面，比《新小说》和《绣像小说》显得突出。该刊围绕"借小说之趣味之感情，为德育之一助"[③]的宗旨，大量刊载侦探小说、写情小说和滑稽小说，在每一号后面还附有吴趼人主持的娱乐性很强的小栏目"解颐语""俏皮话"，专门讲述各种类型的小笑话。《月月小说》还是刊载短篇小说较多的刊物，体现出可贵的文体探索精神。该刊专设"短篇小说"栏。在这个栏目之下，吴趼人以第一人称"我"写的12篇短篇小说，是中国近代最早的一批短篇小说，其中最著名的是《庆祝立宪》《立宪万岁》《光绪万年》等"立宪三种"，对于我国短篇小说发展具有重要意义。

《小说林》1907年1月创刊，在上海出版，月刊，由小说林总编辑所编辑，小说林、宏文馆有限合资会社发行。1908年10月停刊，共出版12期。《小说林》是小说林社的同人刊物，主要成员有黄人（摩西）、徐念慈（东海觉我）、曾朴、丁芝孙等人，主要编辑为黄人和徐念慈。与前几种小说刊物相比，《小说林》具有以下几个方面的特色：一是办刊模式不同于其他小说刊物的主编负责制，而是名副其实的同人刊物。该刊是在小说林社的同人畅谈国内文坛的激情中创办起来的，办刊宗

①吴趼人.月月小说序.月月小说,1906(1).

②吴趼人.两晋演义序//陈平原.二十世纪中国小说理论资料:第1卷(1897年—1916年).北京:北京大学出版社,1989:172.

③吴趼人.月月小说序.月月小说,1906(1).

旨体现了集体意识。二是翻译作品占相当大的分量。在《小说林》创刊之前两年，小说林社已经由曾朴、徐念慈等人创立，并已出版了四五十种翻译小说。徐念慈是一位译笔严谨的翻译家，在他的推动下，小说林社在其存在的数年间出版了90多种翻译小说。而《小说林》杂志刊载的翻译小说中，以陈鸿璧译作为最多，以对法国作家作品的介绍和翻译为最具特色，如曾朴翻译的嚣俄（雨果）著的《马哥王后佚史》（未完）以及专门介绍大仲马的长文《大仲马传》等。三是以文学理论的探讨见长。《小说林》同人们引进西方的美学思想，并将其作为衡量一部小说的标准。黄人在《小说林发刊词》中说："小说者，文学之倾于美的方面之一种也。"[①]徐念慈在《小说林缘起》中也说："所谓小说者，殆合理想美学、感情美学而居其最上乘者乎。"[②]上述小说理论明显接受了西方美学思想的影响。关于小说与社会之关系，黄人在《小说小话》、徐念慈在《余之小说观》中专门作了探讨。四是作品内容反映出革命的思想倾向。《小说林》同人们与革命党人有比较密切的关系。徐念慈是当时爱国学社常熟支部的负责人，黄人与章太炎同校任教。他们的革命思想倾向在杂志所刊的作品中也表现了出来。《小说林》所载不多的创作小说中，以曾朴的《孽海花》最有影响。这部小说在《小说林》上虽只刊载了5回[③]，但是贯穿其中的主旨，却很能反映出杂志的思想倾向，不仅刊载了"我皇帝子孙民族共和政府"的演说辞，还对孙中山、陈千秋、史坚如等革命党人推崇备至。此外，《小说林》在秋瑾就义一周年之际，还集中刊发了《秋女士遗稿》，以及《秋女士历史》《秋女士逸事》（徐寄尘作）、《轩亭秋杂剧》（吴梅作）、

---

①摩西.小说林发刊词.小说林,1907(1).

②徐念慈.小说林缘起.小说林,1907(1).

③分别载《小说林》第1期(第21回、22回)、第2期(第23回、24回)、第4期(第25回)。

《碧血碑杂剧》（龙禅居士作）、《轩亭血传奇》（啸庐作）等纪念秋瑾的文章，在当时的政治环境之中，表现出相当的勇气和胆识。

二、民国初期的文学期刊

辛亥革命前的一些文学期刊，大都以反映社会问题为主要内容，也有些以游戏为宗旨的纯消遣性刊物。1912年中华民国成立后，军阀势力的形成使得人们的政治热情普遍减退，充斥着政治内容的文学期刊不再受欢迎，一些娱乐性的文学期刊纷纷创办。1914年以后，被新文学家称为“鸳鸯蝴蝶派”的相关刊物迅速增多，其发行量大的代表性刊物有《民权素》《小说丛报》《礼拜六》《五铜元》等，这些刊物有文言创作和西方翻译文学作品，个别刊物登载用吴语（苏州方言）写的文章，并刊登掌故、轶事等。新文学运动兴起后，这类通俗文学刊物仍陆续出版。《万象》《春秋》《紫罗兰》《永安月刊》等也是这类刊物的延续。

《礼拜六》1914年6月6日在上海创刊，周刊，王钝根、孙剑秋主编，上海中华图书馆印刷发行。1916年4月29日出至100期停刊。1921年3月19日复刊，改由周瘦鹃主编。1923年2月10日出版第200期终刊[①]。该刊以消遣、游戏为宗旨，创作翻译、小说杂文兼收并蓄，以写情特别是所谓哀情的短篇小说为主，注重趣味性、娱乐性、时效性，重视刊物的编排、装饰，多登图画，多用文言文。复刊后增设“谈丛”“闲话”等栏目，成为鸳鸯蝴蝶派的代表性刊物，“礼拜六派”也因此成了鸳鸯蝴蝶派的别称。所刊作品在内容上文学价值不高。在政治上，前期带有某些民主性的因素，表现出较鲜明的反帝爱国的政治倾向；后期则日趋落后反动。曾刊有托尔斯泰、大仲马、莫泊桑、

①刘增人.1872—1949文学期刊信息总汇(1).青岛:青岛出版社,2015:79.

雨果、狄更斯、马克·吐温等作家写的名著。

《小说月报》1910年7月创刊于上海，月刊，16开本。1932年停刊，共出22卷263期。商务印书馆印行。先后由王蕴章、恽树珏、茅盾、郑振铎、叶圣陶担任主编。该刊发行22年，是中国早期文学期刊中出版时间最长、影响最大的刊物。以1921年为界，前11年为鸳鸯蝴蝶派的刊物，撰稿人多是鸳鸯蝴蝶派文人，辟有"图画""小说""译丛""笔记""文苑""新智识""改良新剧""雨丝风片"等专栏，以刊登文言章回小说、旧体诗词为主，兼刊戏剧作品，以及用文言翻译的西洋小说和剧本；后11年为文学研究会的主要阵地，经过全面改革，主要发表"为人生"的文学创作和文学理论，积极介绍外国文学理论和文学思潮，成为倡导现实主义文学的重要阵地，辟有"译丛""创作""特载""杂载""诗歌及戏剧""随笔""通信""读后感"等专栏，作者包括鲁迅、茅盾、巴金、老舍、丁玲、冰心等作家和翻译家。鲁迅的《端午节》《社戏》《在酒楼上》，沈雁冰第一次用茅盾笔名发表的中篇小说《幻灭》《动摇》《追求》，巴金的第一部中篇小说《灭亡》，老舍的《老张的哲学》，丁玲的处女作《梦珂》等都发表在《小说月报》上。该刊还先后出过"俄国文学研究""法国文学研究""中国文学研究"等专辑，在建设新文学理论，推动新文学创作，整理中国古代文学和评介外国文学等方面，都取得了卓越成绩。①

提倡白话文，反对文言文是五四新文化运动的一个重要内容。这一时期出现了以白话为正宗的小说期刊，同时也创办了一些戏剧期刊。

《文学周报》1921年5月10日创刊于上海，1929年12月停刊，前后共出版380期。曾用《文学旬刊》《文学周刊》命名。先后由开明书店和远东图书公司印行。该刊是文学研究会的机关刊物，历任主编有

①文学艺术刊物//《上海地方志》编纂委员会.上海出版志.上海：上海社会科学院出版社，2001.

郑振铎、谢六逸、茅盾、叶圣陶等人。创刊号《文学旬刊宣言》声明，该刊“为中国文学的再生而奋斗，一面努力介绍世界文学到中国，一面努力创造中国的文学，以贡献于世界的文学界中”[①]。内容多是倡导为人生的文学主张，揭起写实主义的文学革命的旗帜，也刊登少量诗歌、散文、小说等作品。在对鸳鸯蝴蝶派、学衡派的斗争中起过较大作用，并曾与创造社就文学的性质和作用等问题展开讨论。在五卅运动及1926年三一八惨案时，曾刊载大量反帝爱国文章，产生过广泛影响。创作方面有短篇小说、诗歌、游记等，评论文有文艺论文、文艺丛谭、文学随笔、书评等，并配合《小说月报》开展了有关翻译问题的讨论，在翻译的目的、内容、态度等方面提出了一些建设性意见。此外，还曾出版“悼念王国维专号”“托尔斯泰百年纪念专号”“世界民间故事专号”“苏俄小说专号”“茅盾三部曲批评号”等专辑，成为20世纪20年代影响较大的现代文学期刊之一。

《戏剧》1921年5月31日创刊，16开本，由民众戏剧社编辑，中华书局发行。1921年10月出版第1卷第6期后休刊。1922年，陈大悲和蒲伯英将民众戏剧社的中心从上海迁到北京，改组成立新中华戏剧协社，并接办《戏剧》，于1922年1月31日续出第2卷第1期，同年4月30日出至第2卷第4期后停刊，共出10期。该刊主要撰稿人有茅盾、沈泽民、徐半梅、汪仲贤、欧阳予倩、郑振铎等，辟有“世界名剧”“外国剧作家和演员传略”“国外剧坛”“创作剧本”“随意谈”“各地通讯”等专栏，对传统旧戏和文明戏持批判态度，积极翻译介绍西洋话剧表演知识和演出剧本，呼吁戏剧要摆脱资本家的操纵，提倡“爱美的戏剧”[②]。作为我国第一份戏剧刊物，《戏剧》在中国话剧萌芽时期，对推动戏剧理论研究、现代戏剧创作和建设作出了一定贡献。

---

①宣言.文学旬刊.1921(1).

②陈大悲.爱美的戏剧.戏剧,1921,1(2).

三、20世纪二三十年代的文学期刊

20世纪二三十年代，进步文学期刊发展起来，仅鲁迅主编或参与编辑的文学期刊就达近十种，茅盾、郑振铎、叶圣陶等也是进步期刊的主要推动者。

《语丝》1924年11月17日创刊于北京，1927年11月迁往上海，1930年3月10日停刊，共出版5卷，260期[①]。该刊由语丝社主办，先后由北京大学新潮社、北新书局出版发行。担任主编的先后有孙伏园、鲁迅、柔石、李小峰；主要撰稿人有鲁迅、周作人、孙伏园、钱玄同、林语堂、顾颉刚、李小峰、俞平伯、冯沅君、刘半农等。辟有“随感录”“闲话”等栏目，针对时弊，登载大量杂感和短论。《发刊辞》指出：“这个周刊的主张是提倡自由思想，独立判断，和美的生活。”[②]如鲁迅所说，它“在不意中显了一种特色，是：任意而谈，无所顾忌，要催促新的产生，对于有害于新的旧物，则竭力加以排击”[③]。前期表现了较强的战斗性，在当时的思想战线和文学战线上产生过很大影响。所载作品注重社会批评和文化批评，兼采文学创作以及文学美术和一般思想的介绍与研究，形成了一种以文艺性短论和随笔散文为主体的辛辣而幽默的“语丝文体”，对以后的小品文也产生了一定影响。

《奔流》1928年6月20日创刊于上海，月刊，1929年12月20日停刊，共出版15期。鲁迅、郁达夫主编，北新书局发行。主要撰稿人有鲁迅、郁达夫、柔石、杨骚、梁遇春、林语堂、胡风、张天翼、白薇、魏金枝、赵景深等。辟有“论述”“诗歌”“戏曲”“小说”“随笔”“杂

---

①刘增人.1872—1949文学期刊信息总汇(1).青岛:青岛出版社,2015:254.

②周作人.发刊辞.语丝,1924(1).

③鲁迅.我和语丝的始终//宋原放.中国出版史料·现代部分:第一卷(上册).济南:山东教育出版社,2001:82.

录”等栏目。该刊为鲁迅亲自主编的第一个文艺期刊，其《凡例》开宗明义地介绍说：“本刊揭载关于文艺的著作、翻译，以及绍介，著译者各视自己的意趣及能力著译，以供同好者的阅览。”“本刊亦选登来稿，但因页数所限，暂时不收长篇。又因办事人少，无论登载与否，来稿均不寄还。”[①]该刊整个编辑过程“就只有两三个人，来译，来做，来看，来编，来校，搜材料，寻图画”[②]，鲁迅亲自拟定编辑凡例，亲自设计封面、题写刊头，亲自精心撰写编校后记。他写道：“一切事物，虽说以独创为贵，但中国既然是世界上的一国，则受点别国的影响，即自然难免，似乎倒也无须如此娇嫩，因而脸红。单就文艺而言，我们实在还知道得太少了，吸收得太少。然而一向迁延，现在单是介绍也来不及了。”[③]该刊第1卷以发表翻译作品为主，着重介绍苏俄、欧美和日本作家的优秀作品；第2卷起创作作品增多。每期均有精美插图，注重发现培养新作家。曾发表译文《苏俄文艺的政策》《关于文艺领域上的党的政策》等，致力于介绍无产阶级革命文学理论，并曾发表易卜生、莱蒙托夫的作品，出版托尔斯泰纪念专号以及《译文专号》。

《文学》1933年7月1日创刊于上海，月刊，1937年11月10日出至第9卷第4期停刊，共出版58期，生活书店出版发行。郑振铎、茅盾是该刊主要发起人，编辑委员会有鲁迅、茅盾、郁达夫、胡愈之、洪深、陈望道、徐调孚、傅东华、叶圣陶、郑振铎等人。办刊的宗旨“在于集中全国作家的力量，期以内容充实而代表最新倾向的读物，供给一

①鲁迅.《奔流》凡例五则//鲁迅.鲁迅全集：第7卷.北京：人民文学出版社，2005:479.

②鲁迅.编校后记.奔流,1928(1):763-764.

③鲁迅.《奔流》编校后记//鲁迅.鲁迅全集：第7卷.北京：人民文学出版社，2005:170.

般文学读者的需求”[1]。特约撰稿人有鲁迅、巴金、老舍、丁玲、冰心、朱自清、许地山、王鲁彦、郭绍虞、耿济之、田汉、郑伯奇、戴望舒、张天翼、黎烈文等人，郭沫若等许多著名作家也经常为之写稿，撰稿作家达百人。刊物内容丰富，栏目众多，主要有“小说”“散文随笔”“诗歌”“剧作”“文学论坛”“书评”“作家论”“文学画报”“翻译”“世界文坛展望”等。曾发表了许多有影响的作品，并曾参与当时文学界关于“大众语问题”的讨论和“两个口号”的论争，出版“弱小民族文学专号”“高尔基纪念特辑”“中国文学研究专号”和“鲁迅先生纪念特辑”等，是继《小说月报》后又一出版时间长、影响大的文学刊物。

四、全面抗战与解放战争时期的文学期刊

从1937年抗战全面爆发到1945年抗战胜利的这段时期，文学期刊的创办此起彼伏，灿若繁星。其中影响较大的有《七月》和《文艺阵地》。

《七月》1937年9月11日创刊于上海，周刊。9月25日出版第3期后停刊。同年10月16日在武汉复刊，改为半月刊，期数另起。1938年7月16日出版第3卷第6期后再度停刊。1939年7月在重庆复刊，月刊，期数续前，因经济困难经常脱期。1941年9月出版第7卷第1、2期合刊终刊，前后共出版35期。胡风主编，七月社编辑发行。主要撰稿人有艾青、萧军、萧红、聂绀弩等。七月社创刊《代致辞》中说：“在神圣的火线下面，文艺作家不应只是空洞的狂叫，也不应作淡漠的细描，他得用坚实的爱憎真切地反映出蠢动着的生活形象。在这反映里提高

①郑振铎.《文学》出版预告.生活,1933(5).

民众底情绪和认识，趋向民族解放的总的路线。”[①]该刊发表大量为抗战服务的各种形式的文艺作品，包括诗歌、报告文学、小说、散文、剧本、杂感、文艺专论、译著、绘画、木刻等。其中尤以诗歌最能代表其宗旨和风格，形成了中国现代文学史上的“七月诗派”。

《文艺阵地》1938年4月16日创刊于广州，茅盾编辑兼发行，生活书店总经销。同年7、8月间移香港编辑，在上海排印。1939年1月16日第2卷第7期后，由楼适夷代行编务。同年6月16日第3卷第5期起，刊物随楼适夷转移到上海编辑出版。1941年1月10日第6卷第1期起迁重庆继续出版，由茅盾继任主编，并组成包括以群、艾青、沙汀、宋之的、章泯、曹靖华、欧阳山等人的编委会。1944年3月终刊，共出63期。[②]以“拥护抗战到底，巩固抗战的统一战线”为宗旨[③]，以刊登各种形式的抗战作品为编辑方针。主要撰稿人有巴人、邹荻帆等。作品形式多样，内容丰富，有论文、短评、小说、诗歌、戏剧、通讯报告、人物速写等，特别是“文阵广播”“短评”“书报述评”等栏目，沟通文艺界的联系，推荐新人新作，极有特色。该刊“理论与创作并重”，[④]曾发表了许多在当时颇有影响的作品，如茅盾的小说《霜叶红似二月花》、张天翼的《华威先生》、姚雪垠的《差半车麦秸》、臧克家的诗歌《泥土的歌》等。

抗战胜利后，全国较有影响的大型文学刊物是《文艺复兴》，该刊1946年1月10日创刊于上海，月刊。郑振铎、李健吾主编，文艺复兴社发行，发行人为钱家圭、刘哲民。上海出版公司总经销。1947年11月1日出版第4卷第2期后停刊，共出版20期。该刊创作与翻译并重，

①愿和读者一同成长(代致辞).七月,1937(1).

②丁守和.抗日战争时期期刊介绍.北京:社会科学文献出版社,2009:827.

③茅盾.发刊辞.文艺阵地,1938,1(1).

④茅盾.在香港编《文艺阵地》——回忆录【二十二】.新文学史料,1984(1):7-26.

提倡为人民而写作。郑振铎在《发刊词》中说："我们不仅为了写作而写作，我们还觉得应该配合着整个新的中国的动向，为民主，绝大多数的民众而写作。……本刊愿意尽自己的一部分的力量，为新的中国而工作，为中国的文艺复兴而工作，为民主的实现而工作。"①该刊内容有论文、小说、剧本、诗歌、散文等。主要撰稿人郭沫若、茅盾、巴金、叶圣陶、郑振铎、李健吾、钱锺书、朱自清、周而复、靳以、沈从文、许广平、季羡林、罗洪等。曾连载钱锺书的长篇小说《围城》、巴金的《寒夜》、李广田的《引力》、艾芜的《乡怨》等，并刊有纪念鲁迅、闻一多等专辑。

此外，在抗日根据地创办的《文艺战线》《文艺突击》《大众文艺》《新诗歌》等文艺期刊，解放战争时期得到了发展。从1946年解放战争爆发到1949年全国解放这一段时间，解放区的文艺期刊有《平原文艺》《文艺报》《文艺杂志》等。其中，被称为"东北三刊"的是：《东北文艺》1946年12月1日由东北文协出版部创刊于哈尔滨，是中华全国文艺协会东北总分会会刊，至1948年1月1日出至第2卷第6期停刊，共出12期；《东北文学》1945年12月在长春出版创刊，韦长明主编，至1946年4月停刊，共出5期；《文学战线》1948年8月在哈尔滨创刊，周立波主编，同年12月底迁至沈阳出版，1949年7月出至第2卷第5期后停刊，共出11期。

---

①郑振铎.发刊词.文艺复兴，1946，1(1).

第五节　教育期刊

一、晚清新政时期的教育类期刊

20世纪初，国人逐渐意识到通过改造国民性来解决国家积贫积弱状况的重要性，将提倡教育与培养人才视为提高国民素质的重要途径，并积极创办现代意义上的教育和学术期刊。有学者统计，从1901年到1949年，中国人自办的教育期刊累计达千种以上，省级以上教育期刊也达400多种[①]，对推动中国近代教育改革和发展发挥了积极作用。

我国最早的研究教育学及教学法的刊物是《教育世界》，1901年5月创刊于上海，由教育世界社发行。初为旬刊，后改为半月刊。初出版时为线装本，自第69号起改为新式装订，大32开本。由罗振玉发起，王国维、高梦旦等编译。该刊编辑宗旨有三："一引诸家精理微言，以供研究；二载各国良法宏规，以资则效；三录名人嘉言懿行，以示激劝。"[②]设有"文篇""译篇""学校""卫生""文部"等栏目。初创时只有"文篇""译篇"两个栏目，"文篇"多半是罗振玉、王国维等写的论文，如《教育私议》《教育五要》等，也有一些翻译的论说或关于教育方面的公牍。其他各栏均为译文，而且都是译自日文书刊，介绍日本的各学科规则、各学校法令、教育学、学校管理法、教授法、各种教科书等。第69号由王国维主编后，扩展内容，开设"论说""学理""学制""教育史"等栏目，成为一份以教育研究为主的综合性教育期刊。[③]现存最后一期为1908年1月出版的第166号。

《教育世界》停刊后，商务印书馆于1909年2月另出《教育杂志》。

---

①商丽浩.中国近代教育期刊五十年//中国地方教育史志研究会.纪念《教育史研究》创刊二十周年论文集(1)——教育史学理论及史学史研究.2009:178.

②本报改章广告.教育世界,1904:68.

③杨建华.20世纪中国教育期刊史论.杭州:浙江工商大学出版社,2012:326.

月刊，每年为一卷，曾于1932年停刊，1934年复刊，后于1938年起在香港编印，迫于太平洋战争的影响于1941年再次停刊，1947年7月在上海复刊，1948年12月正式停刊。这本历时40年的杂志共出刊33卷382期，是近代中国历时最长而且影响最为深远的教育类刊物，一直践行“研究教育，改良学务”[①]的宗旨，在近40年的时间里不仅向读者推介了一大批有影响力的教材，而且将当时中国和外国有影响力的教育家及其教育思想和教学理念传达给读者，在推动教育改革的层面上发挥了巨大的作用。该刊是由当时掌管商务印书馆的张元济采纳陆费逵的意见创办的，以推介商务印书馆的教材为初衷，逐步成为一份以引导和推动文化教育为己任的教育类杂志。在陆费逵、周予同等人的努力下，该刊不断译介国外先进教学理念和教学模式，同时发表以陶行知、陈鹤琴为代表的一批中国本土教育家的文章，为中国近代教育改革打开了思路，厘清了方向。

此外，当时清政府为配合新政改革，鼓励各省学务公所，各府、州、厅、县的地方劝学所创办各类官方教育期刊，其中有：《学务杂志》（1906年）、《云南教育官报》（1907年）、《浙江教育官报》（1908年）、《直隶教育官报》（1909年）、《陕西教育官报》（1910年）等20余种。这些官方教育期刊以刊载当地的教育公文及文献为主。

二、民国初年至五四时期的教育期刊

1912年，民国肇始，百业待兴，亟须对教育宗旨及理念进行重新厘定。中华书局作为新兴的商业出版机构，于1912年3月在上海出版发行《中华教育界》，1937年8月因日本侵略军攻占上海停刊，1947年1月复刊，卷期另起，1950年停刊。共出版29卷322号。该刊旨在“研

①教育杂志简章.教育杂志，1909，1(1).

究教育，促进文化”，“凡有关于教育之学理、事实足以助人研究、发人深省者，或撰或译随时择要刊登”[1]。初期设置的栏目大致有“法令”“记事”“名著”“小说”“附录”等，后多次调整，到20世纪30年代，“分小言、论著、实施、研究、新书读评、杂文、世界教育、通讯讨究、教育消息参考、法规章则、附录诸栏”[2]。1915年，中华书局又出版《中华学生界》，旨在指导学生读书，介绍新知，培养品德，即“期裨益学生之身心，补助教科之不及，以为学生之良师益友”。其内容涉及：“（一）涵濡道德；（二）增进常识；（三）发挥国粹；（四）奖励尚武；（五）阐明新理；（六）纂述学说；（七）扩充见闻；（八）补助修养；（九）注重生活。其余文艺、问答、纪载、成绩、附录五门附刊编末，不分门类。”[3]作为中华书局的商业竞争对手，商务印书馆于1914年创办《学生杂志》，这是近代较早以中小学生为对象的辅导性教育期刊。旨在成为“全国学生界互相联络之机关”，“以辅助学业交换智识为趣旨”。1931年11月曾停刊，1938年12月在香港复刊，1941年11月停刊，1944年12月在重庆复刊，1946年迁回上海出版。设有“论说”“学艺”“修养”“学校状况”“文苑”“小说”“通讯”“问答”“记载”等栏目。

在出版界参与教育期刊创办的同时，教育社团创办的教育期刊亦是层出不穷。譬如：云南教育总会创办的《云南教育杂志》（1912年）、江苏教育会创办的《教育研究》（1913年）、浙江省教育会创办的《教育周报》（1913年）、中华职业教育社创办的《教育与职业》（1917年）、北京通俗教育研究会创办的《通俗教育丛刊》（1919年）、上海初等教

①民国三年中华教育界章程.中华教育界,1914,3(1).
②敬告投稿诸君.中华教育界,1933,20(7).
③《中华学生界》征订广告.中华教育界,1915,4(1).

育季刊社创办的《新教育》（1919年）等，其数量多达20余种。[①]其中，《教育与职业》创办于1917年10月，初为双月刊，自第17期起改为月刊，从1940年第192期起迁往重庆出版，1946年迁回上海出版。1949年12月停刊。黄炎培等人为主持人。该刊旨在“研究及沟通教育与职业之关系”[②]。设有“论著”“调查”“杂俎”“社务丛录”“文牍”“通讯”等栏目。早期内容主要分为三部分：一是积极引进、宣传欧美、日本等国家开展职业教育的经验和模式；二是刊载大量的职业学校教育、职业补习教育、职业指导、农村教育和女子职业教育的理论和实践性文章；三是介绍中华职业教育社各项工作。此外，还根据不同时期的形势发展，相继推出了“职业指导”“新学制职业教育”“农村教育”“补习教育”等专号，从理论基础和实践经验方面对国内职业教育发展中的若干专题进行探索。抗日战争爆发后，《教育与职业》逐渐转向“配合抗战、发展战力”，积极宣传中华职业教育社和其他社会知名人士的抗日主张，继续报道职教社的各种职业教育活动，对抗战时期继续坚持发展职业教育发挥了重要的宣传、推广作用。[③]

《新教育》创办于1919年2月，到1925年10月停刊，共出版11卷53期。初由新教育共进社负责，后改由上海中华教育改进社（该社由中华新教育共进社、实际教育调查社、新教育杂志社联合组成）负责。1925年起改由上海初等教育季刊社与新教育编辑部合编。蒋梦麟、陶行知主编。其宗旨在于“以教育为方法，养成健全之个人，使国人能思、能言、能行、能担重大之责任。创造进化的社会，会使国人能发达自由之精神，享受平等之机会。俾平民主义在亚东放奇光异彩，永

①杨建华.20世纪中国教育期刊史论.杭州：浙江工商大学出版社，2012：38-39.

②《教育与职业》广告.教育杂志，1926，18(12).

③中国职业教育社.初心不改，纪念《教育与职业》杂志创刊100周年.http://www.zytzb.gov.cn/tzb2010/tzxy/201711/a9be74fc212e4b068afd93b3b63b8ea3.shtml.

久照耀世界而无疆”。[①]1921年，《新教育》再次明确了其办刊主张，“（甲）宣导教育思潮。（乙）讨论教育问题。（丙）提倡教育事业。（丁）传布教育消息”[②]。

这一时期，北洋政府及其下辖各级地方教育行政机关亦创办了不少教育期刊。教育部在1913年2月创办《教育部编纂处月刊》，1914年6月又创办了《教育公报》，并将此作为教育部机关刊物；在地方上则有《贵州教育公报》《湖南教育公报》《浙江教育月刊》《吉林教育杂志》《福建省教育行政月刊》《江西教育行政月报》等。

三、20世纪三四十年代的教育期刊

南京国民政府成立后，教育期刊进入一个新的发展时期，分化日益明确，出现了通讯型、研究型、教育辅导型和综合性期刊，办刊主体呈现多样化，在原有的政府、民间教育机构和团体及个人外，高等院校更加主动参与期刊的创办，并逐渐成为重要的阵地。[③]

为加强对文化教育界的控制，强化一党专制，国民党政府创办了各种旨在迎合政策的教育期刊，大多以“教育公报”“教育通讯”或某某省、市、县“教育”命名，以刊登教育法令、训令、文牍为主要内容。其中，上海市教育局于1928年2月创办《上海教育》，出至6期改名为《教育研究》。至1930年改为《教育季刊》。该刊以“传布教育法令，商榷教育学术，报告教育概况，改进上海教育”为宗旨。之后，上海市教育局第三科编纂股于1933年3月创办《大上海教育》，1935年12月停刊，其宗旨是“阐扬三民主义教育原理，研究世界最新教育

①本月刊倡设之用意.新教育,1919,1(1).
②新教育杂志社组织纲要.新教育,1921,4(2).
③杨建华.20世纪中国教育期刊史论.杭州:浙江工商大学出版社,2012:45.

思潮与制度，探讨本市一切教育实际问题，及传播本市教育消息”。该刊设有“论著”“研究”“译述”“调查”“报告”“统计”“漫画”“文艺”等栏目，还推出了“中国现代教育思潮专号”“农村教育专号”“中小学教材研究专号”等。

与此同时，各种教育团体和高校创办了不少教育期刊，成为除南京国民政府及其下辖各地政府机关之外的另一支重要力量。其中，有部分通讯型期刊，如上海教育会于1933年2月创办的《上海教育界》、中华职业教育社于1933年创办的《中华职业教育社社务月报》（后更名为《中华职业教育社社务通讯》）、生活教育社于1936年12月创办的《生活教育研究会会刊》。同时也出现了一些教育研究型期刊，如《生活教育》于1934年2月创刊，由上海儿童书局出版，陶行知、方与严等为主编，1936年8月停刊，共出版60期，设有“言论”“特载”“科学新知”“教学”“作报告”“笔记”“通信”“生活素描”等栏目，后又增设“时事述评”“行知行谈”“大众讲座”；《幼稚教育》，创办于1927年，由陈鹤琴任主编，至1928年第1卷第3期更名为《儿童教育》，旨在研究幼稚教育、小学教育、家庭教育，介绍实验成果，提供具体教材，讨论切实教法。1934年第6卷起改由商务印书馆印刷发行，其编辑方针趋向保守，开辟了“短评”“小学教育”“慈幼教育”“教师漫谈”“儿童生活”“书报介绍”“社务消息”等栏目。

高校创办的教育期刊，如中山大学教育学研究所于1928年2月创办的《教育研究》，主要致力于中小学国文教学、教育行政和教育制度、教育心理、小学教育及与教育相关的一般问题等方面的研究，该刊持续到1948年9月，属高校创办的教育期刊中历时较长的一种；暨南大学教育学院于1930年9月创办的《教育季刊》，旨在推动教育事业的发展，造就人才，培养师资，其发表的文章侧重于教育理论研究、教育经验交流及新教育方法介绍等方面；大夏大学教育学会于1934年创办的《大夏大学教育学会刊》，以研究学问为目的，通过探求教育理论来谋求教育的改进，设有“论著”“讲坛”“研究”等栏目。此外，各地民众教育馆及民众教育会也创办了大量的民众教育刊物，据不完全统计，大致有30余种。[①]

1937年七七事变爆发后，教育期刊出版遭遇毁灭性破坏，1936—1938年中国主要教育期刊的停刊量达54种，如计入中途停刊而后复刊的期刊数量则达75种之多。[②]如《中华教育界》于1937年8月被迫停刊，至1947年才复刊。与此同时，在重庆等地的大后方创办了不少教育期刊，如四川省教育厅研究设计委员会于1938年11月创办的《新教育旬刊》，旨在“宣扬本省教育政策，公布重要教育政令，公开研讨战时教育及教育行政上各种实际问题，领导全省师生进德修业，树立复兴民族基础，联络全国教育业、文化界研究教育学术，阐扬文化事业”，设有“教育法令”“教育论坛”“视导纲要”“教学方案”“健康保育”“行政计划”“教育信息”“文化情报”等栏目。广西教育会于1939年8月在桂林创办的《教育与文化》，旨在“为增强教育的素质，提高文化的水准，激发革命民族意识，倡导学术研究的风气，研讨教育与文化的实际问题”，设有“教育论述”“时事评论”“工作问题讨论”“工作报告”“教育材料介绍”“农村教育问题研讨”“教育文化消息”“文艺作品”等栏目。全国战时教育协会于1940年5月创办《中国教育》，邱椿、朱启贤等人任主编，其宗旨是：第一，研究现代中国教育，建立新中国教育理论体系，解析战时教育上诸种实际问题；第二，沟通国内各地教育工作，介绍当前世界教育动态，揭发日本战时国内教育做法，及其在华实施奴化教育之实况；第三，比较论述各国革命期间之教育措施，批判地介绍近代教育思潮，科学地整理中华民族的文化遗

---

①杨建华.20世纪中国教育期刊史论.杭州：浙江工商大学出版社，2021：51-52.

②商丽浩.中国近代教育期刊五十年//中国地方教育史志研究会.纪念《教育史研究》创刊二十周年论文集(1)——教育史学理论及史学史研究.2009：178.

产；第四，有计划地协助教育界同志，对于一般学术之进修，谋大家的独立意志之自由表达，并共同商讨大家的专业的合理生活。

第六节　科技期刊

一、晚清时期的科技期刊

作为近代期刊的一个重要门类，我国的科技期刊也经历了长期的酝酿，才逐渐兴起。在科技期刊产生之初，科技知识是在综合性期刊中刊载的。至19世纪六七十年代，西方传教士创办了早期科技期刊。戊戌变法时期，由我国知识群体创办的科技期刊不断涌现，至20世纪初出现了近代科技期刊出版的第一个高峰期。

1876年2月在上海创刊的《格致汇编》是一份以介绍西方科学知识为宗旨的期刊，也是中国近代史上第一份科普期刊。该刊于1892年停刊，中间曾两度停刊、复刊，实际刊行7年，前4年为月刊，后3年为季刊，共出12卷，英国传教士傅兰雅既是创办人，又是主编和主要撰稿人，我国化学家徐寿具体负责集稿和编辑工作。《格致汇编》旨在"检泰西书籍并近事新闻，有与格致之学相关者，以暮夜之功，不辞劳悴，择要摘译，汇集成编，便人传观，从此门径渐窥，开聪益智，然后积日累功，积少成盈，月计之不足，年计之有余"①。从内容来看，该刊涉及面非常广，包括数学、物理学、化学、生物学、天文学、地理学、商业、医学、农业和工业等学科，各行业的理论方法、技术应用、机械工程类文章常常附以插图。在栏目设置上，《格致汇编》开设"互相问答""算学奇题""格致杂说"等别具特色的新栏目，其中"算

①徐寿.格致汇编序.格致汇编,1876(1).

学奇题”栏目内容涉及四则运算、乘方、公倍数、公约数、平面几何、三角函数等，在方式上采用一期出题、下一期解题的趣味数学题的形式；“互相问答”栏目采取问与答的形式，解答读者来信中提出的有关科技疑问，进而构建期刊与读者之间交流的平台。《格致汇编》在中国近代科学技术发展史上有着重要地位，促进了西学在中国的本土化。据《申报》报道，《格致汇编》“文中所言有益于人生之事，中西讲求格致之人所可取法者也”[①]。

在《格致汇编》诞生后不久，部分在华的海外宗教机构也创办了一些科技期刊。1876年，《万国公报》在上海增出《益智新录》，由艾约瑟、慕维廉负责编辑工作，该刊物除介绍科技知识外，还登载新闻。1879年3月，天主教在上海创办《益闻录》[②]，初为半月刊，不久即改为周刊。1898年8月，《益闻录》与《格致新报》合并，改名为《格致益闻汇报》，每周发行两次。主要栏目有“谕旨恭录”“科普”“论说”等。1887年，《益闻月报》在汉口出版，月刊，这是以介绍科技知识为主的综合性刊物。此外，中国近代史上最早的医学期刊《医学报》（1886年）、《中西医学传教士杂志》（1887年）、《博医会报》（1887年）等先后创办，多介绍浅显的医学知识。1897年1月20日在浙江温州创刊的《利济学堂报》，是利济学堂的医学专业报，由陈虬主编。为木刻本，按全年24节气日为出刊日，每月两册，每册约50页。该刊编辑出版业务方面的分工非常细致，有总理、协理、纂修、撰述、拟稿、总校、分校等，参与人员达50余人。从刊物内容来看，主要是利济医学堂教师上课的讲义和研究医学的成果，既有介绍医论的文录，也有介

---

①书《格致汇编》后.申报，1876(2).

②赵晓兰，吴潮.《传教士中文报刊史》(复旦大学出版社2011)认为《益闻录》创刊时间为1898年12月16日；宋原放主编《上海出版志》等认为是1879年3月，本书从此说。

绍创办医校情况的院录，还有新闻报道性质的报录等，内容相当丰富。其中《利济讲义》后编订成《利济丛书》，其余栏目汇编成《利济学堂报汇编》。这样，《利济学堂报》就以《利济丛书》和《利济学堂报汇编》两种形式传世。戊戌变法失败后，陈虬被清廷通缉，利济学堂被废，该报也即停办。①

维新变法期间，国人自办的科技期刊开始涌现。1897年5月，罗振玉创办的农学会出版《农学报》，这是中国第一份专业科技期刊，也是单独由中国人创办的第一份科技期刊。该刊于1907年1月停刊，共出315册。《农学报》"以明农为主，兼及蚕桑畜牧不及他事"，"详载各省农政，附本会办事情形，并译东西农书农报以资讲求"。②具体内容涉及中国农政、各省有关农业奏章和农情、外国农林科技知识。1897年8月，《新学报》在上海创刊，由新学会和算学会共同编辑，总撰述为叶耀元，主要介绍算学、医学等相关内容。

1897年7月，中国最早一份以介绍数学知识为主的刊物《算学报》（月刊）在温州创刊。创办人黄庆澄是一位维新志士，常与孙诒让、陈虬、陈黻宸、宋恕等议论变法，提倡新学。他在《算学报·公启》中说："惟时局艰迫，外患迭乘"，"特创兹报，冀为格致之权舆，以辟黄人之智慧"，所以"专择近日算学中最切要者，演为图说，俾学者由浅而深，循序而进。即穷乡僻壤，无师无书，亦可户置一编，按其图说，自寻门径"。③《算学报》的一个特点是，黄庆澄自行创办，概不收受官绅捐助。第1期论加减乘除、命分、约分、通分之理；第2期论比例，第3期论开方；第4至10期论代数；第11、12期论几何。该刊第2期起迁至上海出版发行，1898年出至12期停刊。

①方汉奇.中国新闻事业通史:第1卷.北京:中国人民大学出版社,1996:628-629.
②农学报略例.农学报,1897(1).
③算学报公启.算学报,1897(1).

1898年3月，朱开甲、王显理在上海创办《格致新报》，同年8月停刊，共出16期。创办宗旨与当时维新派提倡政治改革、崇尚西学一致。据朱开甲自述："甲午役罢，世变益亟，天下志士，咸思变计，学会报馆，林立通衢，盖已知旧习之不足振兴，而格致实该治国平天下之根祗也。然以中国地舆之广，齐民之众，区区数学堂，无论格致之道之得与否，即得矣，亦安能家喻户晓，速于置邮而传命哉。则报尚焉。"该报内容以科学学说、天文、数理化等为主，"一曰性理，探道之大原，辨理之真伪者也。一曰治术，论公法律例，条约税则者也。一曰象数，究恒星天文，测量制造者也。一曰形性，分为四项：声光气电水热重力诸事，隶于物性。金银、木炭、鸟兽、血肉诸事，隶于物理，质点凝动变化分合诸事，隶于化学。药性病状人体骨架诸事，隶于医学。至史传、地志、户口、风俗足以见世故之得失，政教之成败者，另归纪事一门，条分缕析"①。这些内容大都取自西方的科学著作，如长期连载的《格致初桄》本为法国出版的介绍科学内容的启蒙读物，在其问世后，"家传户置，争相采读，一岁中罄六十余万册，总共迄今畅销大数已至一百二十多万册"②。

清末新政开始后，出现了很多以"科学救国""实业救国"为宗旨的刊物，反映了当时的先进学人不甘落后，希望通过传播科学知识、发展实业来抵制帝国主义侵略的爱国热忱，其内容亦以介绍科学知识和外国的科学成果为主，真正有创造性、有较高学术水平的论著不多。这些科技期刊比较重视图片宣传，大多设有图画专栏，介绍了不少国外最新科技成就的实况。③

①朱开甲.格致新报缘起.格致新报,1898(1):2.
②王福康.清末的科学杂志.出版史料,1987(3):92.
③丁守和.辛亥革命时期期刊介绍:第4集.北京:人民出版社,1986:694-695.

1900年11月，杜亚泉创办《亚泉杂志》，这是近代史上第一份国人出资自办的介绍科学学问的综合性自然科学期刊。初为半月刊，后改为月刊，共出版10期。内容“揭载格致、算化、农商、工艺诸科学”[1]，从其刊载的全部文章来看，除了天文学之外，差不多涉及自然科学的数学、物理学、化学、生物学和地学等各大学科，共发表论文39篇，化学方面的论文最多，为23篇，即第1册的《化学原质新表》和《钙之制法及性质》；第1、3册连载的《质点论》；第2册的《食物标准及食物各质化分表》《配合各色玻璃材料方》和《显影药水方》；第3、4册连载的《昨年化学界》和《化学理论》；第4册的《显影新方》，第4—10册连载的《定性分析》；第6册的《化学周期表》；第8册的《论氩》；第9册的《论物质溶和》和《自来火工艺》等。其中《化学原质新表》率先介绍元素周期律，反映了当时钋、镭等放射性元素的国际最新发现，首创“徐寿后发现的化学元素”中译名，介绍化学实验方法，在我国自然科学研究史上有着重要的意义。[2]1901年10月，《亚泉杂志》更名为《普通学报》，由普通学书室编辑发行，杜亚泉仍为主编。刊物的内容也由以自然科学为主改为社会科学和自然科学并重。设有八个栏目：经学科（心理、伦理、政治、宗教、哲学等）；史学科（中外历史、地理）；文学科（文典、修辞、诗歌、小说）；算学科（数学、几何、代数、三角）；格物学科（地学、化学）；博物科（矿物、动物、生理、卫生）；外国语学科；学务杂志（学校教科章程、新图书评论、海外留学生通讯等）。

1903年，《科学世界》在上海创刊，由上海科学仪器馆编印。虞和钦、王本祥等为主要编辑者和撰稿者。1904年发行12期后停刊，1921年复刊，期数另算，1922年7月出完5期后停刊。该刊旨在“发明科学

①杜亚泉.《亚泉杂志》序.亚泉杂志,1900(1).

②谢振声.杜亚泉和《亚泉杂志》.科学,1988(2).

基础实业，使吾民之知识技能日益增进”，其《发刊词》《简章》对办刊宗旨亦有所阐发：第一是“发明科学基础实业”，“研求企实业之改良，而图种性之进步”；[①]第二是“用复褒集见闻，绍介当世”，“弥愿我教育大家、青年学士”，[②]用于社会教育。设有“图画”“论说”“原理”“实习”“拔萃”“传记”“科学”“教科”“学事汇报”“小说”等栏目。其内容包括科学思想、科学技术史、数学、物理学、化学、生物学、地学（含气象学）、中小学教材研究、科普作品等。《科学世界》在清末的科技期刊中独树一帜，代表了中国人办刊新理念或新思想，这集中表现在：一是“发明科学基础实业，使吾民之知识技能日益增进”的宗旨；二是“输高尚之理想于我国民”的旨趣；三是“人非挫折不名，事非困难不成，纪其经历，皆师资也”的办刊思想；四是“有推理，有归纳，皆以上穷天巧求原则也”；五是“提要钩无”，“不关科学者不录”的办刊原则。它的出现，意味着“我国第一次有了系统的科学技术期刊编选原则、明白清晰的办刊思想和求‘新’姓‘科’的纯粹科学期刊”；它“所开创的国人办刊新理念具有划时代的意义，是近世中文科技期刊演化史上的一个重要进步”[③]。

1906年12月，丁初我、薛蛰龙主编的《理学杂志》在上海创刊。其宗旨在于通过“科学之普及”，推动“我国之富强”。主要栏目有“图画”“论说”“学术”“理论”“实习”“教材”“教科”“历史”“新报”“工艺”“演坛”“小说”“丛录”等。1907年12月，宾步程任主编的《理工》在上海创刊，编辑部设在德国柏林，由商务印书馆印行。其宗旨在于“提倡实业”，“以救贫弱而跻富强”；将留学欧美学生的

①虞和钦，王本祥.《科学世界》简章.科学世界，1904(1).

②林森.《科学世界》发刊词.科学世界，1904(1).

③姚远，王睿，姚树峰，等.中国近代科技期刊源流(1792—1949)(上).济南：山东教育出版社，2008：158.

"学堂课程编为杂志"，"以图输入理工两科知识于内地间"[①]，其他学科的译著收入附录。1910年，中国地学会主办的《地学杂志》在天津创刊，最初由上海文明书局发行，于1912迁至北京出版。张相文主编。初创时每年出10期，1912年改为月刊，1924年起又相继改为季刊、半年刊。1937年停刊，共出181期。该刊"拟以见闻所得，汇录杂志，其体裁则略依史例，变易其规，经以中夏，纬以列邦，蒐罗故实，博采新闻。其目的则注重民生之消长、物产之盈虚、疆圉之沿革，国际为尚，教材次焉。其文章则恢奇博丽，不限一格。撷精味腴者取之，追幽凿险者取之，崇论宏议者取之，其他民俗、歌谣、蛮书、虞志，凡有关于地学足以发人深省亦汲汲焉取之"[②]。栏目设置包括"图迹""论丛""说郛""邮筒""本会记事""介绍图书"等，内容涉及经济地理、政治地理、人口地理和自然地理等方面。发表了张相文的《大梁访碑记》《长城考》《论导淮不宜全淮入江》，章鸿钊的《论杭属以石灰代肥之隐忧》《中华地质调查私议》等文章，以及其他一些地理学、地质学研究者的论文，为中国现代地理学研究起了开拓作用。

这一时期，还有一批农学期刊纷纷创刊，其中《北直农话报》于1905年创刊于保定，由直隶高等农业学堂编辑，其宗旨在于"振兴农业，开通民智"。设有"社说""农产制造""畜产""病虫害""土壤""农艺化学""森林""格致""气象""蚕桑""博物"等栏目。[③]1910年，《湖北农会报》于武昌创刊，由湖北全省农务总会编辑。其他还有《蚕学月报》（月刊，1904年创办）、《江西农报》（半月刊，后改为月刊，1907年创办）、《蚕学报》（1908年创办）、《直隶农务官报》（半月刊，1908年创办）、《农桑学杂志》（月刊，1906年创办）、《农工杂志》（月

---

①毅士.祝词(一).理学杂志,1906(1).

②地学杂志编辑部.《地学杂志》叙例.地学杂志 1910,1(1).

③北直农话报简章.北直农话报,1905(1).

刊，1909年创办）等。

二、民国初期的科技期刊

辛亥革命后至五四运动时期，在“科学救国”“实业救国”思潮影响下，一批有识之士力图通过积极学习、引进西方先进科学技术，以发展祖国工程、农林水利科学技术，创办了大量的科技期刊。除综合科学期刊外，还包括一批专业性学术期刊，涉及农业、水利、医学、工程等专业领域，大致有58种，包括《气象月刊》(1914年)、《中华医学杂志》(1915年)、《矿业杂志》(1917年)、《湖南省农会报》(1917年)、《农学月刊》(1918年)、《江苏水利协会杂志》(1918年)、《数理杂志》(1918年)、《中华农学会报》(1919年)、《药报》(1919年)、《测绘学报》(1919年)、《中华工业月报》(1919年)、《理化杂志》(1919年)等，其中比较重要的有以下几种：

1915年，中国科学社创办了《科学》杂志，在上海出版。这是我国创办较早、存世较长、影响较为深远，对我国现代科学事业发展产生重要作用的大型综合性科学刊物。以“传播科学、提倡农业”为办刊方针。[①]为此，《科学》杂志“专述科学，归以效实。玄谈虽佳不录，而科学原理之作必取，工械之小亦载”[②]，输入了大量国外的科学知识与科学原理。以其栏目设置为例，包括“论著”（含通论）、“实业谈”、“卫生谈”、“调查”、“科学消息”（含国际消息、国内消息、科学进步）、“科学咨询”（含来件、答问等）、“科学社纪事”、“学术通讯”、“图画”、“广告”、“编后记”、“索引”等。后又增加了“科学思潮”

①林丽成，等.中国科学社档案整理与研究：发展历程史料.上海：上海科学技术出版社，2015：205.

②编者.例言.科学，1915，(1).

“科学新闻”“书报介绍”“科学通讯”“科学拾零”“科学论坛”“文献集萃”等新栏目。这些栏目内容涉及物理学、化学、生物学等多门学科，譬如科学史，民国以前仅清代编过《畴人传》，谈不上科学史、科学思想史、科学社会史等专题研究。而《科学》创刊即译介外国的科学史文章，茅以升关于中国和外国圆周率计算的历史研究，以及李俨、钱宝琮、裘冲曼、章用、严敦杰等先后开展的中国科学史研究，很多重要成果都是在《科学》发表的。李俨曾回忆：“民元以来，各项科学研究工作，由科学社主持，并出版《科学》杂志，中国算学史研究，亦同时开始。”①《科学》还率先采用左起横排版式，率先引进西式标点符号，在中国出版史上具有划时代意义。

1915年2月5日，中华医学会成立，伍连德、颜福庆、刁信德、俞凤宾等21位中国医生为创始会员，颜福庆被推选为会长。作为中华医学会的会刊，《中华医学杂志》于同年11月在上海创刊，为中英文双语期刊，伍连德任总编辑。当时主要刊登学会的规章制度、病例报告、译文、普及性文章、会议活动消息等。1924年12月，刊物由季刊改为双月刊。20世纪30年代，《博医会报》与《中华医学杂志》英文版合并，《齐鲁医刊》与其中文版合并，并由双月刊改为月刊。1951年1月，该刊中文版为月刊，英文版改为双月刊，出版至今。《中华医学杂志》在众多领域都走在当时医学界的学术前沿，如：俞凤宾发表的《医学名词意见书》和《推行医学名词之必要》，在我国最早提倡推行规范化医学名词；高维的《社会医学》和陈伯赐的《心理与疾病》等文章较早提出社会医学和心理与疾病关系理论；朱恒璧的《解剖尸体之商榷》是最早在我国倡导尸体解剖的学术论文。由于刊载的原著性文章与日俱增，拥有创造性成果的论文不断问世，学术水平和学术质量不断提高，1927年，该刊被美国医学会《累积医学索引》收录，成

①李俨.30年来之中国算学史.科学，1947，29(4).

为我国最早被国外医学索引收录和被世界医学界关注的中文医学期刊。1941年起，又被美国国家医学图书馆《医学索引》（IM）收录。[1]

在农学刊物方面，直隶公立农业专门学校于1918年创办的《农学月刊》，旨在“发表学生成绩而联络农业者”，达到“交换知识，互资研究，以期实行”的目的。[2]该校校长郝元溥主张通过“编刊成绩”“普赠要冲”，使得从事农业者“有所法宗，见诸实事，得利重重，庶几富力，造极登峰”[3]。该刊设有“论说”“调查”“实习”“试验”“报告”“学校行政”“著述”“应答质问”“农事丛谈”“农家余兴”等栏目，出至1931年10月停刊，是当时全国农业高等学校唯一的农学期刊和整个北方地区唯一的农学期刊，在五四运动中“独树农业科学技术传播的大旗”[4]。

1915年，北京高等师范学校设立数理部，翌年成立北京高等师范学校数理学会。该学会于1918年创办《数理杂志》，旨在“阐发数学物理上之知识”，“凡有关于数学物理上之论文、研究、翻译、难题、实验、记录、游戏、趣谈，及教授法等材料均可登录”[5]。1925年12月出至第4卷第3期，因经费困难被迫停刊。在所刊载的文章中，数学内容占据最大份额，其内容大致分为四类：一为研究当时中等学校的数学内容，多为专题性的理论研究，如杨克纯《约数及倍数》、陈宏勋《方程式应用标准线之解法》、魏怀谦《作球切于定球定面及定点》、裘友石《加减乘除之基本原理》；二为关于数学教材教法方面的研究，如陈廷炳《余之中等学校数学教授谈》《初等数学今后宜扩充之直观教

①袁桂清，等.《中华医学杂志》编辑出版史.中国科技期刊研究，2003(5):580-586.

②农学月刊简章.农学月刊，1918(1).

③郝元溥.农学月刊发刊词.农学月刊，1918(1).

④姚远.农学月刊与“五四运动”前后科教兴国思想的传播.河北农业大学学报:农林教育版，2005，7(4):6-11，15.

⑤数理学会杂志部章程.数理杂志，1918(2).

材》等；三是现代数学知识的传播，发表的内容为翻译西方的名著及学习现代数学的心得体会；四是数学简史、数学家简介、问题征解与解答、数学游戏、杂俎等。该刊在当时影响较大，时任武昌高师数理部主任的黄际遇途经日本时，几位日本教授对他说："中国学校我们虽然没有亲自看过，若以数理出版物而论，要以北京高师《数理杂志》为第一。"[①]

1922年1月，中国地质学会在北京成立，章鸿钊、翁文灏、李四光、丁文江等26人为创始会员。这是中国近代成立最早的自然科学专业学会之一。作为中国地质学会的会刊，《中国地质学会会志》于同年创办，是我国最早的综合性定期地质刊物[②]，主要刊载会员平时的调查研究报告、每届年会与常会上宣读的论文，以及大会的记录和各地分会的消息和报告。用英文发表论文，少数为德文和法文，并附有中文题目，或在英文论文后附以中文摘要。每年出版1卷4期，至1951年出至31卷后，于1952年改为《地质学报》，卷号数仍接续，改用中文发表论文，至今仍在出版。1949年前地质学界许多重要学术论文和重大理论发现，都是在该刊发表的。如李四光关于中国第四纪冰期论据（1922年）和地质力学理论的提出（1926年）；翁文灏关于燕山运动的提出（1927年）等。由于这些高质量的学术论文和具有价值的学术动态，使得《中国地质学会会志》在世界地质学界渐露头角。1924年，英国著名地质学家格利高里在《自然》（*Nature*）上发表的《中国的科学复兴》一文中对地质调查所的工作给予了充分肯定，并认为《中国

①张友余."五四"时期的《数理杂志》——纪念北京师大建校九十周年.数学通报，1992(8):3-5.

②姚远，王睿，姚树峰，等.中国近代科技期刊源流(1792—1949)(上).济南：山东教育出版社，2008:373.

地质学会会志》对中国地质学发展贡献甚大。①

1926年2月，中国生理学会在协和医学院成立，会员起初以协和医学院的研究人员为主。1927年，该会创办《中国生理学杂志》，林可胜、吴宪等先后任主任编辑（主笔）。季刊，所刊论文以英文为主，并附中文摘要。刊物图文并茂，印刷和内容俱臻上乘，抗战期间出至第16卷时被迫休刊；战后续出，至1952年出至第18卷停刊，后改为《生理学报》（中文版）继续出版。该刊为1949年前国内刊载生理科学研究成果最重要的学术刊物，其中，林可胜关于胃液分泌和延脑交感神经中枢的研究、冯德培关于神经肌接头的研究、张锡均等关于神经递质乙酰胆碱和迷走—垂体加压反射的研究，在国内外学术界获得了极高声誉，在其问世半年之后就被英国生理学会所编《生理学文摘》所介绍，并刊登其论文摘要。这在当时国内期刊中是少见的。《自然》杂志还介绍过《中国生理学杂志》上发表的生物化学家吴宪的文章。该刊每期都有论文被英、美、德、法的生物学、医学和心理学的文摘杂志摘要登出。美国生理学家查尔斯·科德说："我们学生理的人不能不读《中国生理学杂志》。"②

这一时期的科技期刊从内容到形式都发生了重大的变化，一是改变了过去基本上以介绍西方近代科技知识和我国传统应用技术知识为主的方式，开始注重科学基础理论及科学思想的宣传，报道国内学者的科学研究成果，使之成为区别于晚清时期科技期刊的一个重要方面；二是从形式上率先采用白话文体和先进的铅印技术横排，在方便现代数理化等内容排印的同时，也降低了读者的接受难度；三是这些科技期刊编辑机构健全，出版时间固定，刊印情况良好，诸如《科

①姜玉平.中国近代最早获得世界声誉的科学期刊及其启迪.自然辩证法通讯，2006(1):74-79.

②曹育.民国时期的中国生理学会.中国科技史料，1988(4):21-31.

学》《中华医学杂志》等刊印了数十年，成为中国近现代科学技术的珍贵历史文献；四是这些科技期刊表现了时代所赋予的社会特征，配合新文化运动，对当时社会进步发展发挥了重要作用；五是使广大读者在更广大的科学技术领域和较高程度上学习了科学技术文化知识，接受过去从未经历过的科学思想教育，同时在国际上产生了一定影响，推动中国科学开始融入世界科学洪流；六是通过科技期刊的创办，联络团结了科学人才，扶植培养了一批崭露头角的青年，储存和传递了国内外科学技术信息，为中国科技的发展奠定了基础。①

三、20世纪三四十年代的科技期刊

1927年南京国民政府成立后，教育、科技和文化等领域开始走向制度化和正规化。中国科技文化界的学者着手组建了一批现代专门科学学会和团体，并创办了会刊杂志，使中国现代科技期刊增添了具有专门学科性质且有学术质量的代表性期刊。

《中国营造学社汇刊》作为汇集中国营造学社的主要研究成果和工作情况的刊物，创办于1930年，至1945年停刊，前后共出7卷23期。中国营造学社由社长朱启钤创建，是中国最早采用现代方法研究古建筑的学术团体。该刊发掘北宋李诫《营造法式》的价值，以使“绝学大昌，群材致用”②，代表了20世纪30年代我国古代建筑的研究水平。其撰稿人为朱启钤、梁思成、刘敦桢、单士元等当时在建筑学领域颇有成就的专家学者，栏目设有“论文”“本社纪事”“营造算例”“图样”“薄录”“校刊”“转载”“译丛”“维修”“通讯”“插画”“专著”“书评”“介绍”“征文”“社讯”等。《中国营造学社汇刊》内容丰富，

①吴永贵.中国期刊史:第2卷(1911—1949).北京:人民出版社,2017:359-361.
②朱启钤.中国营造学社缘起.中国营造学社汇刊,1930,1(1):37-40.

门类齐全，对我国古代建筑进行了系统的学术研究与宣传，使国内外学者对我国古代建筑有了一个比较系统的认识与了解。有些学术性专门论著，如对建筑的保护和进一步设计维修等，至今仍很有价值。该社还开展调查研究、积累资料、分析建筑制度和介绍名建筑等方面的工作，其中梁思成撰写的《蓟县独乐寺观音阁山门考》是中国人第一次用科学方法对中国古建筑进行研究的学术文章，超过了当时欧洲学者与日本学者对中国古建筑的研究深度，为后人研究我国古建筑提供了资料与线索。①

《科学世界》于1932年11月在南京创刊，旨在“供给中小学理科教师的参考材料和增进国人的科学常识，使明白科学的应用”②，主要向公众传播科学技术知识，倡导科学方法，激励科学思维，促进科学生活，竭力提高我国国民的科学素养，是一份综合性科普月刊，由中华自然科学社创办。《科学世界》设有“科学通论”“专题论述”“科学纪新”“理科教学”“调查报告”“军事科学”“科学文艺”“科学谚语”“科学名人传”“天文预告”“气象月报”“科学疑问解答”等栏目，曾出版化学、动物学、植物学、近代科学、数学、儿童科学、物理学、自然科学升学指导、医药、战时科学等专号。该社自1938年第7卷4期迁重庆出版，后于1941年1月迁至成都，1946年迁回南京，出版至1950年12月第19卷6期停刊。

《化学》于1934年1月创刊于南京，由中国化学会编辑出版发行。戴安邦为总编辑兼总经理。该刊旨在“协助中国化学会，进行其传播化学知识、推广化学应用与提倡化学研究之三种任务”。具体来说，一是“改进我国化学教学之方法”；二是“辅导中国化学工业之发达”；

①张驭寰.《中国营造学社汇刊》评介.中国科技史料，1987，8(5)：37-40.
②编者.发刊词.科学世界，1932(1).

三是“鼓励国内化学研究之合作”①。该刊设有“图片”“论著”“教育”“中国化学撮要”“化学新闻”“化学名词”“会务”“咨询”等栏目。该刊在全面抗日爆发后迁至成都，抗战胜利后迁回南京，1948年11卷后曾停刊，1950年在北京复刊，卷期续前。1952年改为《化学通报》月刊。

《禹贡》半月刊在1934年3月创刊于北京，顾颉刚、谭其骧任主编。该刊旨在通过研究古代地理典籍著作，厘清我国的疆域及其流变“由认识国家民族之内涵，进而谋改造之方术，以求与他国并驾驰骋于世界”②，“希望在真实的学识里寻出一条民族复兴的大道来”③。《禹贡》半月刊共出版7卷82期，发表文章708篇，其主要内容为中国沿革地理学方面的理论探讨和专题研究，大致分为七类：一是关于中国地理沿革的研究，这部分内容比重最大，涉及的时间跨度从先秦延续到明清，对于历代史地的研讨以考订校补为主，很多文章为后来我国由沿革地理学向历史地理学的转变，并进而建立真正意义上的中国历史地理学奠定了基础；二是关于边疆史地的研究，涉及的地域有东北、北方、西北等；三是关于民族及其演变的研究，譬如冯家升的《述肃慎系之民族》《匈奴民族及其文化》以及蒙文通的《中国古代民族移徙考》等；四是地理古籍、方志以及地理学家的评价，这部分文章分量也较大，其中有对《山海经》《尚书·禹贡》《穆天子传》《水经注》《管子》《读史方舆纪要》等地理古籍的评介，有瞿兑之的《国史与地方史》、朱士嘉的《怎样编纂新式的县志》等对中国地方志性质、内容与体例的研究；五是关于历史地图的研究，如刘纵一的《关于绘制中国历史地图之我见》、吴志顺的《编纂甲种地图底本的起因及应有图料

①编者.本刊之旨趣与内容.化学,1934(1).
②禹贡学会募集基金启.禹贡,1936,4(10).
③纪念辞.禹贡,1937,7(1、2、3).

之报告》、王以中的《山海经图与职贡图》等；六是关于中外文化交流方面的内容，如张美翊的系列作品《巫来由部落志》《苏门答剌岛志》《婆罗洲志》《檀香山群岛志》和《澳大利亚洲志》等，王重民的《马可波罗故居巡礼记》等；七是游记、笔记、地理书目辑录和地理论著索引、国内地理界消息、会员通讯录等。[①]

《中国植物学杂志》在1934年3月创刊于北平，由北平静生生物调查所之中国植物学会编辑出版发行，胡先骕任总编辑。该刊旨在“求植物学之发达”，“提倡专业外之研究，育成一般社会对于斯学之兴趣”，办成一种“半通俗式之刊物”[②]，其内容有“最近植物学各门之进步”“专门论文（半通俗式）”“世界植物学家小传”“国内国外植物学界新闻”“植物采集游记”“植物学试验与教授方法”“书报介绍”“国内外研究论文节要”“杂俎”“植物学问答”“中国植物学会会务报告”等。此外，中国植物学会还于1935年6月创办了英文刊物《中国植物学汇报》。由于1937年全面抗战爆发，《中国植物学杂志》出版至第4卷第1期，《中国植物学汇报》出版至第3卷第1期，被迫停刊，前者于1950年复刊，由汪振儒任总编辑。

抗战全面爆发后，部分科技期刊被迫停刊，而在西北、西南等后方地区，由于高等学校、科研院所从北京、上海等地迁移至此，一些新的科技期刊得以创办，据不完全统计，从1937年至1945年间，全国各地创办的科技期刊数量分别为86、36、92、72、107、70、72、51、55种[③]，主要集中于四川、云南、贵州、甘肃、陕西等地。其中在国统区创办且较有社会影响力的有：长沙军事委员会政治部业余无线电人

---

①徐象平.我国近代学术刊物——《禹贡半月刊》的内容及特点试析.西北大学学报(自然科学版),1995(2):177-182.

②胡先骕.发刊辞.中国植物学杂志,1934,1(1).

③全国图书联合目录编辑组.1833—1949全国中文期刊联合目录:增订本.北京:书目文献出版社,1981.

员战时服务团创办的《业余无线电》（1938年）、中华民国药学会上海分会的《中华药刊》（1939年）、中华医学会创办的《中华健康杂志》（1939年）、中国水利工程学会创办的《水利特刊》（1939年）、重庆青年科学社创办的《抗战科学》（1939年）和《青年科学月刊》（1939年）、四川农产促进会创办的《农业推广通讯》（1939年）、四川五通桥黄海化学工业研究社创办的《黄海》（1939年）、成都科学读物出版社创办的《抗战科学》（1939年）、南京中国地理研究所在重庆创办的《地理》（1941年）、兰州甘肃科学教育馆创办的《通俗科学》（1941年）、中国航空建设协会总会创办的《航空时代》（1942年）、广州两广调查所创办的《地质集训》（1943年）。[①]

这一时期高等院校创办的自然科学学报或其他科技期刊，主要有重庆中央大学的《中大电声》（1938年）、《国立中央大学土木水利工程学友会会刊》（1939年）和《航工季刊》（1940年），四川大学的《再生稻研究》（1938年）、《生物学报》（1939年）、《营养专报》（1941年）和《峨嵋植物图志》（1942年），东北大学的《地学》（1941年）和《化学通讯》（1945年），重庆交通大学的《交大土木》（1943年），浙江大学的《史地杂志》（1937年）、《化工通讯》（1939年）、《电工通讯》（1939年）、《土木通讯》（1939年）、《浙大园艺》（1939年）和《机工通讯》（1940年），云南大学的《云南大学学报》（1938年），北京大学的《农声月刊》（1939年）和《医学杂志》（1939年），重庆工程学院的《工程学报》（1943年），清华大学的《地学专刊》（1943年）和《地学集刊》（1943年），西北农学院的《西北水声》（1943年），华西协合大学的《华大药学社社讯》（1944年），康定西康技艺专科学校的《康专校刊》（1944年），同济大学的《电机工程》（1945年）等。

在这一时期，中国共产党领导的解放区也有部分科技期刊创办，

①宋应离.中国期刊发展史.开封:河南大学出版社,2000:214-215.

如延安抗日军政大学创办的《生产导报》（1939年3月，油印本），延安国民革命军第18集团军军医处国防卫生编委会创办的《国防卫生》（双月刊），延安通讯学校创办的《通讯战士》，陕甘宁晋绥联防军后勤部创办的《西北医刊》（后改名为《西北卫生》），晋察冀边区医药技术指导委员会创办的《卫生建设》（1942年）等。这其中，晋察冀边区科协于1943年创办的《自然科学界》旨在提倡应用技术研究，同时也为理论研究开辟园地，提高与普及并重，发表的主要论文有《大炭炉化铁》《小鼓风炉冶炼生铁略谈》《煤油的研究》《粟性状相关研究》《制碱法》《玻璃试制经过》《中国古代科学琐谈》《纸浆的碎解及胶填料》《绷带对于骨折的效用》《大麦黑穗病防治研究》《黑豆绿肥试验成效与价值》《枣树步曲防治研究》《血型》等；该刊还发表了一些外籍学者的重要学术论文，如林迈可的《避音器的制造》《日晷的原理与制造》，傅来的《疥、肺（结核）自觉症及预防治疗法和疟子症》，班威廉的《液体氦气的研究》及《超等导电率的理论》等。①

抗战和解放战争时期出版的科技期刊大多是科技普及性杂志，涉及的学科领域较抗战前夕大为拓宽，且创办的区域由中心城市向过去比较落后的西北地区扩展。从总体上看，不论是学术期刊，还是科普期刊，其出版周期大多比较长，刊物信息容量也较战前有所减少，印刷以及用纸等条件也大多不如战前。尽管如此，这些现代科学期刊在战争环境中能够坚持出版发行，对于科学技术成果在国内外广泛交流和科学技术知识的宣传、普及、应用依然起到了十分重要的作用。②

①田建平，张金凤.晋察冀抗日根据地书报传播史略(1938-1945).保定:河北大学出版社，2010:85.

②吴永贵.中国期刊史:第2卷(1911—1949).北京:人民出版社，2017:366.

第七节　其他类型的期刊

一、女性刊物

《女学报》是我国最早的女报，1898年7月创办于上海。该刊为旬刊，每期4页。第一页前半页的上半截属刊头部分，包括刊名、目录和主笔名单，下半截是“本馆告白”，后半页为图画；第2至4页刊登文章，分“论说”“新闻”“征文”“告白”4栏，各期体例相同。《女学报》开我国女性办报并主持笔政之先河，主笔有潘璇、张蕴华、康同薇、章畹香、李蕙仙、裘毓芳等。1898年10月停刊，共12期。《女学报》的宗旨是反对缠足、提倡女学、争取女权，宣传男女平等和婚姻自主，并提出了妇女参政的要求。这种敢于向传统的歧视妇女的封建礼教挑战的大胆作风，代表了妇女解放的先声。

作为这份停刊不久的《女学报》的接续，1902年5月，《苏报》主办人陈梦坡（范）之女陈撷芬在上海创办了又一份《女报》，封面署有“续出女报”。1903年改称《女学报》，从苏报馆独立出来，由此揭开了晚清女性以一人之力主持报刊的新篇章[①]。每月发行1期。初出版时用薄纸单面印，随《苏报》发行，后改用报纸两面印，改装封面，添印图画，内容分“论说”“演说”“女界近史”“译件”“尺素”“词翰”等栏。这份《女学报》突出报道广大妇女的悲惨状况，喊出妇女要求平等自由的呼声。它还把妇女解放与民族解放联系起来，号召妇女和男子一道，共同改变整个国家“受制于外人”的状况。于1903年7月停刊。

此后，大量的女性刊物问世，到1911年底我国大约出现了30份女性刊物，并且办刊地主要集中于上海。这些女性刊物主要分为两种类型。

---

①夏晓虹.晚清两份《女学报》的前世今生.现代中文学刊,2012(1):25-33.

一类以“提倡女学”“开通女智”“尊重女权”为主旨，着重于对妇女进行启蒙教育，号召妇女把自身解放与民族解放联系起来。这类期刊以《女子世界》较有代表性。作为“《中国女报》创刊以前的一个时期中宣传最持久、言论最勇猛、反映最激烈的一家革命妇女报纸”[①]，《女子世界》具有独特的刊物特色。它创刊于1904年1月，由丁初我创办，由常熟女子世界社编辑，编辑及主要撰稿人有金松岑、柳亚子、徐觉我、沈同午、蒋维乔、丁幕卢等。月刊，以改造中国妇女为宗旨，以西方资产阶级自由民权说为思想武器，鼓吹民族革命，大力提倡反缠足，宣传反压迫、复女权，主张兴女学。该刊设有“社说”“译林”“记事”“文苑”等栏目，从第五期开始加入科学、卫生、实业等内容，“为女子独立自营之绍介”。1906年7月停刊，共出版17期。1907年7月续办1期，由南浔陈勤编辑。1907年11月与《中国女报》合并，改名为《神州女报》。

另一类则是“鸳鸯蝴蝶派”女性期刊，主要提供“消闲”“游戏”的资料，其中以《上海滩》《销魂语》《眉语》《妇女时报》等为代表。《妇女时报》于1911年6月11日创刊，1917年5月停刊，共出21期。创办人狄葆贤，主编为包天笑与陈冷血[②]，主要栏目有“图画”“时论”“知识介绍”“中外妇女风俗”“文学”等。该刊的办刊宗旨是介绍知识、开通风气，其间具体内容曾发生3次大的变化：辛亥革命前，从“提倡女子学问，增进女界智识”[③]为宗旨；武昌起义至1913年，主要号召女界参军募捐，推翻清王朝；同时提倡男女教育平等，支持女子参政，从事实业；1914到1917年4月，在延续以往做法的同时，也受到复古思潮影响，发表了一些鼓吹恢复旧道德的文章。

---

①方汉奇.中国近代报刊史.太原:山西教育出版社,1981:562.
②包天笑.钏影楼回忆录.北京:中国大百科全书出版社,2009:320.
③发刊词.妇女时报,1911(1).

在五四运动直接影响下，女性刊物的创办出现了第一个高潮，《女星》《女界钟》《妇女评论》《妇女声》《新妇女》《劳动与妇女》《妇女杂志》等一批女性刊物诞生。提倡女学，尊重女权，讲求女学，反对缠足是它们的共同特征。创刊于1919年的《女界钟》宣传抵制日货、反对奸商、抨击军阀官僚，集中讨论妇女解放问题，反对男尊女卑，要求男女平权、教育平等、社交公开，反对蓄婢、缠足；认为妇女要谋解放，必须首先要做到婚姻自由和经济独立。

20世纪30年代中期，左翼文化团体创办了《天津妇女》《北平妇女》等追求进步的女性刊物。沈兹九主编的《妇女生活》是中国抗日救亡运动中影响最大的妇女刊物之一。[①]该刊1935年7月1日在上海创刊，月刊，32开本。第3卷起，改半月刊，16开本。生活书店总经销。辟有“短评”“论文”“我们的论坛”“通俗讲坛”“世界女性画像”“生存线”“地方与人物”“书报批评与介绍”“时事讲话”“时事漫画”“电影漫谈”“读者园地”“科学与医学”等栏目，曾出版“何香凝近作集”“救亡运动特辑”“‘三八’纪念特辑”“儿童问题特辑”“蔡特金逝世三周年特辑”等特辑。1937年八一三事变后与《世界知识》《国民》《中华公论》推出“战时联合旬刊”4期。自第5卷第6期起，迁至汉口出版，第6卷第9期迁至重庆出版，第9卷第2期后改由曹孟君主编，编委有史良、刘清扬、胡子婴等。1941年出版第9卷第6期后终刊。

1937年前后创办的妇女期刊，除了探讨妇女问题外，宣传抗日救亡开始成为妇女期刊的鲜明特征。《上海妇女》1938年4月20日创刊，半月刊，16开本。1940年1月25日出第4卷第3期后停刊，同年6月1日复刊，续出第4卷第4期后停刊，共出版40期。上海妇女社出版，中国图书杂志公司发行，编辑兼发行人蒋逸霄，具体负责人为姜平（即孙兰）。其编委会成员和撰稿人以许广平、杜君慧等上海妇女界难民救

①《上海妇女志》编写委员会.上海妇女志.上海:上海社会科学院出版社,2000:495.

济会会员为骨干。该刊面向大中学生、家庭妇女，分设“论坛”“家事顾问”“上海妇女动态”“半月世界动态”“半月漫谈”“文艺园地”“创作选载”“生活自述”“中国妇女抗战史料”“连环图画”“读书随笔”“国内外通讯”“信箱”等栏目。自第5期起，取消“家事顾问”栏目，增加知识女性喜欢阅读的诗歌、戏剧、小说、音乐、漫画等文艺作品，让读者在轻松有趣的阅读体验中获得思想滋养。该刊以女性视角讲述女性故事，反映女性愿望，鼓励女性把自身解放融入民族解放的洪流中去，“在联系妇女、团结妇女、推动妇女救亡运动等方面起了很大的作用”①。

抗战时期在上海出版的女性刊物，还有1940年3月创刊的《妇女界》，半月刊，32开本，上海五洲书报社出版。编辑兼发行人为蔡鲁依。该刊健康向上，生动活泼，颇受读者喜爱，设有“社论”“剧评”“内地通信”“文艺”“歌谣”等栏目。先后出过“节约问题”“婚姻自由”“母亲节”“妇女与职业”等特辑，在“孤岛”特殊环境中，坚持正义进步立场，号召妇女自强自立，宣传民主思想，介绍世界各国妇女生活状况。该刊发表了小说、散文、诗歌、报告文学、剧作，于1942年11月终刊，共出38期。

二、少儿期刊

1874年，我国最早的一份儿童刊物《小孩月报》在福州创刊。该刊为中文月刊，创办人为与教会有关的外籍女士普洛姆夫人。1875年3月，由美国长老院牧师范约翰接办和主编，迁往上海，由上海清心书馆发行，中国圣教书会出版。初聘钟子能任主笔，1907年改聘柴连复为主笔。该刊内容有诗歌、故事、名人传记、博物、科学等，文字浅

①陈漱渝.许广平传.北京:人民日报出版社,2011:86.

显，图文并茂，插图均以黄杨木雕刻成版，用上好洋纸精印。1914年1月易名《开风报》（此前还曾改名《月报》），但只发行5期，因第一次世界大战爆发，教会经费拮据，被迫停刊。前后共出版40余年。

中国人自办的最早的一份儿童刊物是维新派创办的《蒙学报》。该刊1897年11月24日创办于上海，周刊，线装，上海蒙学公会编辑，叶瀚主编，上海时务日报馆发行。作为以教科书形式编辑的启蒙教育读物，该刊在形式和内容上，出现新学、旧学相交，文言、白话混杂的现象。从内容来看，可分两类：一类为“母仪训育之法”，分养育、劝诵、仪范、演习四目，多取材于传统教育经典，旨在加强儿童道德规范教育；另一类是“师教通便之法”，分文学、算学、智学、史事、舆地、格致等类，多由西方儿童作品翻译而来，并配有插图，旨在向少年儿童传播新知。从形式来看，文字通俗，图文并茂，特别是1898年第26期起改为旬刊，每期分上、中、下三编，分别面向初小、高小、中学，“上编仍如其旧，以教初等小学；取从前之下编为中编，而重加排比，以教高等小学；另译东西各国中等学校规制及教授术，并编经史问答、经济刍议，依经济特科谕旨，所分六类，编列伦理、要旨、中外文字源流、体操、卫生、通论诸书，按期印入，以教中学”①，开创了我国儿童刊物分级阅读的先例②。戊戌变法失败后，维新派的报刊大部分遭禁，《蒙学报》也于1899年出版第72期后停刊。

北京最早的一份面向儿童的启蒙读物，是由维新志士彭翼仲创办的《启蒙画报》。该刊创刊于1902年6月23日，初为日刊，4开纸一张，双面印刷。19期后改为月刊，为纵16开本。后又改半月刊，为32开版式，1905年初停刊。该刊由彭翼仲作文字撰述，聘名画家刘炳堂绘画，旨在“从根本上解决，辟教育儿童之捷径”，栏目有“伦理”“舆地”“掌故”

---

①蒙学报告白.中外日报,1898-08-17(7).

②傅宁.中国近代儿童报刊的历史考察.新闻与传播研究,2006(1):2-9.

“算术”“动植物”“格致”“时闻”“各国新闻”“海国佚事”“寓言”“小说”“杂俎”等。内容注重基础知识和思想修养教育。在编辑业务上，该刊每页上图下文，铅印，图为木版印刷，文字采用白话，图文并茂、生动活泼，符合儿童的接受心理，既传播西方新知，又传承传统文化，还关注现实问题，切实担负起了启蒙之职。

资产阶级革命派创办的最早的一份以青少年为对象的刊物是《童子世界》，1903年4月6日创刊于上海，由上海南洋公学退学学生组织爱国学社编印。撰稿人有吴忆琴、钱瑞香、陈君衍、翁筱印、薛锦江等。前21号为日刊，油光纸石印。第22号起改为双日刊，同年5月27日第31号起，再改为旬刊。宗旨初为“开通民智，输导文明”。改良后则更明确指出：“以爱国之思想曲述将来之凄苦，呕吾心血而养成夫童子之自爱爱国之精神。”[①]主要栏目有“论说”“时局”“历史”“地理”“小说”“传记”“故事”“格致”“化学”“演说”“箴言”“新闻”“游戏”“歌词”“专件”“笑话”“学界风潮”“介绍新刊”等。改为旬刊后又增加“学说”（浅述中西各著名思想家学说）、“时局”（论述中外重要政事“以为国民当头棒喝”）以及“评论”“谈丛”“杂俎”“文苑”等。登载的文章很短，有些使用通俗的白话文，适合青少年阅读。1903年6月爱国学社被迫解散，《童子世界》于6月16日出至第33期后即停刊。[②]

我国近代出版时间最长的一份少儿刊物是1911年3月1日商务印书馆主办的《少年杂志》。月刊，在上海出版，初创时每期出十数页，后扩充至100页左右。该刊主编先后有孙毓修、朱元善等，旨在配合“小学校所教各种课程为标准”，起到“发扬小学生精神，统一少年界思

①钱瑞香.论童子为二十世纪中国之主人翁.童子世界,1903(5).
②史和,姚福申,叶翠娣.中国近代报刊名录.福州:福建人民出版社,1991:322.

想”[①]的作用，设有“修身”“文学”“历史”“地理”“算学”“运动”“植物”“矿业”“手工”“习字”“图画”“体操”“音乐”“歌谣”“游戏”“中外时事”等栏目。1932年1月28日，《少年杂志》因日本侵略者炸毁了上海宝山路上的东方图书馆和商务印书馆编译所而停刊，共发行21年。《少年杂志》创刊之后，商务印书馆还创办了《学生杂志》月刊和面向幼儿的画报《儿童教育画》。此外，中华书局在1915年先后创办了《中华童子界》《中华学生界》《中华儿童画报》等3份儿童月刊。

我国最早的一份以发表儿童文学作品为主的刊物是《儿童世界》，1922年1月7日创刊，周刊，32开本。商务印书馆发行。1932年1月16日出至第29卷第3期（总第511期）后停刊。同年10月16日复刊，改为半月刊，卷期从29卷新1期起计，1941年6月5日出版46卷9期（新第207期）后未见出版。这是商务印书馆唯一的周刊，也是我国最早的一份将出版日期定在周末的周刊。历任主编有郑振铎、徐应昶等，叶圣陶、茅盾、郑振铎、赵景深、胡愈之、王统照、周建人等为主要撰稿人。该刊以小学中、高年级学生为读者对象，以文学作品为主要内容，并介绍音乐、美术、科学等方面的知识，文字完全采用白话文，设有“童话”“儿童诗”“图画故事”“儿童剧本”“寓言”“漫画”“歌曲”等栏目。曾发表叶圣陶的《稻草人》，并多次举办征文，获得了较好的社会反响。

与《儿童世界》同时创办的，还有中华书局出版的黎锦晖任主编的《小朋友》周刊。两者虽然在刊物的读者定位上基本趋同，但在刊物内容和编辑风格上却各具特色。《小朋友》于1922年4月6日在上海创刊，以小学高年级学生为读者对象。小32开，一个季度为1卷。中华书局出版。初期设有“歌曲”“儿歌”“剧本”“科学游戏”“常识”“谜语”等栏目。每个栏目都配有图画。内容丰富多彩，形式活泼多

①第四卷少年杂志之大刷新.少年杂志,1913,3(12).

样，装帧印刷精美。经常撰稿的有陈醉云、吕伯攸、陆衣言等，王人路负责绘画。黎锦晖创作的儿童歌舞剧《葡萄仙子》《麻雀与小孩》《月明之夜》就是发表在这份刊物上，因而风行一时。该刊还发表儿童自己创作的作品，每期刊头由儿童读者书写，在目录中刊出儿童作者的姓名及所在学校和年级。1926年5月起由吴翰云主编。1937年10月出至第777—778合刊号停刊。1945年4月在重庆复刊，由陈伯吹主编，改为半月刊。1946年1月迁回上海，恢复为周刊。中华人民共和国成立后继续出版发行。

与上述刊物相比，开明书店出版的《中学生》读者定位更加明确。该刊1930年1月创刊于上海，至1937年8月休刊时共出版76期，1939年5月在桂林复刊，抗战胜利后迁回上海，1952年迁往北京，改以年计期数。开明书店与青年出版社合组中国青年出版社后，该刊由中国青年出版社出版至今。该刊最初由夏丏尊创办，1931年起由叶圣陶接办，金仲华、顾均正、贾祖璋、徐调孚、傅彬然、宋云彬等先后承担编辑，为综合性月刊，设有许多专栏，是以指导文化学习为主的中学生课外辅导读物。《中学生》结合中学生学校教育，内容广泛而有重点，文笔生动活泼，给“数以万计的中学生”提供精美的精神食粮；又指导青年学生“怎样学习，怎样做人，怎样了解时事，怎样认识我们民族的危机和将来努力的途径”[①]，因此深受欢迎。

抗战期间，大量儿童报刊被迫停刊，有的转移至内地复刊，有的永远停刊，儿童报刊中心从上海转移到重庆，最后随战事星散东南、西南各省，解放区、国统区、沦陷区的儿童报刊在出版内容和文化风格上，也呈现出错综复杂的局面，但办刊宗旨都是为宣传抗日救亡，因此刊名多富有战斗性。如《小战士》《少年先锋》《抗战儿童》等。

1945年8月抗战胜利后，出现了一个创办儿童刊物的高潮。据学

①觉民.我和《中学生》.中学生，1946.

者统计，仅1946年一年，新创办的儿童报刊就有29种，是中国近代儿童报刊史上创办数量最多的一年。[①]但因国民党政府发动全面内战，不少刊物很快停刊，坚持下来的仅有《中学生》等少量刊物。这个时期较有影响的刊物有1945年7月创刊于上海的《开明少年》，32开本，月刊，总编辑是叶圣陶；此外，解放区的少儿刊物有1946年陕甘宁边区的《新少年》、晋冀鲁豫边区的《儿童杂志》月刊，等等。主要由新安旅行团成员创办的《华中少年》和《少年画报》还被赞誉为解放区最精美的出版物。

三、出版及读书类期刊

伴随着出版业的发展，一批出版类期刊相继出现。《图书月报》，又名《上海书业商会图书月报》，是我国出版界早期的专业刊物之一。1906年7月创刊，上海书业商会出版，陆费逵主编，月刊。以报道出版界动态、介绍新图书为主。设有“社说”“出版界”“杂俎”“本会纪事”“谭丛”“教育界”“小说”“杂录”等栏目。仅出3期即停刊。

至20世纪二三十年代，出现了出版及读书类刊物出版的新潮。商务印书馆编辑、印刷、发行的《出版周刊》创刊于1924年1月。1932年1月28日由于日本侵略军炸毁商务印书馆在上海闸北的厂房被迫中断出版，1932年12月复刊，1937年七七事变后，商务印书馆迁至长沙，将《出版周刊》改名为《出版月刊》，另计期数出版，1941年8月停刊。《出版周刊》创办初始，只是商务印书馆新出版书的内容与版式的说明介绍。该刊自75号起进行革新，突出新开辟的“读书指导”专栏，有系统地介绍读物，增加“读书札记”“印刷常识”“读者通讯”等栏目。还根据形势与需要，不断增设新栏目，添加新内容，并根据

①傅宁.中国近代儿童报刊的历史考察.新闻与传播研究,2006(1):2-9.

社会和商务印书馆的出版需求，不时推出专号和特刊。如1934年6月的新82号为“升学指导专号”，1934年12月的新107号则为“万有文库第二集特刊”等。

1932年10月，浙江流通图书馆主办的《中国出版月刊》创刊于杭州，1936年9月发行至第6卷第6期时停刊。该刊设有“论坛”“书报评介”“出版界消息”“杂俎”等栏目，目录和内文的编排采用竖版双栏连排的形式（后几期也有用横排的），“论坛”主要刊登教育论著和图书馆学论著，“书报评介”主要刊登书报评论及新书月报、杂志月报，“文艺”主要刊登小说、戏剧、诗歌等文艺作品，“杂俎”以教育消息、图书馆和出版界消息为主。该刊也曾多次出版专辑，如第一卷的杂志问题专号，第二卷的儿童图书专号，第三卷的教育图书和读书问题专号等，都从不同的角度反映了教育与出版的主题。

此外，如上海光华书局1930年创办的《读书月刊》；上海神州国光社1931年4月出版的《读书杂志》；1934年创刊于上海，由李公朴、艾思奇等主编的《读书生活》；浙江省立图书馆1935年创办的《图书展望》月刊；1937年创刊于重庆、由胡绳主编的《读书月刊》等，均以讲书、读书、评书为主要内容，也兼及出版动态及出版知识介绍，在促进大众读书方面有一定作用。①

①宋应离.中国期刊发展史.开封:河南大学出版社,2000:194.

第十章

中国近代报纸的编辑出版

ZHONGGUO
JINDAI
BAOZHI
DE
BIANJI
CHUBAN

在中国，报纸的萌芽早在唐代就出现了，这就是邸报。而近代意义上的报纸与近代中文期刊同源，也是经由外国传教士的办报活动开其端绪的。19世纪初，外国传教士在向中国进行传教的过程中，把最早产生于欧洲的近代报刊的模式和新闻传播的理念带到中国，从而书写了中国近代报纸发展史的第一页。

第一节　外国人在华创办的早期中外文报纸

一、香港早期中外文报纸

1822年9月在澳门创办的葡萄牙文《蜜蜂华报》，被认为是中国境内出版的第一份外文报纸；1827年11月在广州创办的《广州纪录报》，被认为是中国境内出版的第一份英文报纸。[①]这些早期外文商业报纸，主要面向香港、澳门和广州的外商，同时也向海外发行。随着西方对华贸易的不断扩大和华商数量的增多，外国人开始创办中文商业报纸。

鸦片战争以后，香港逐步发展成为远东中转贸易的中枢，对商情信息的需求与日俱增，为商业报纸的产生提供了合适土壤。最早的一份中文商业报纸是《香港船头货价纸》，1857年11月3日在香港创刊。

①方汉奇.中国近代报刊史.太原：山西人民出版社，1981：13.

该报为英文报纸《孖刺报》（*The Daily Press*）附设的中文版，后改名《香港中外新报》，并于1873年以日报形态出版。据新加坡学者卓南生教授考订，该报为中国第一份以报纸形态出版、两面印刷的中文报，标志着早期宗教英文报纸垄断时代的结束与中文商业报纸的崛起。[①]其最大的特征是一改以往报刊线装书的装订形式，这种形式上的改变不仅使得报纸名副其实，还开始了报纸与书刊式杂志的分野，也出现了与书刊完全不同的排版方式，提供给读者一种全新的视觉冲击与阅读习惯。该报在《香港船头货价纸》时期每周出版三期，每期两个版，周二、四、六发行，以香港各商人铺户为发行对象，内容如其报名所示，以船务、物价、行情、通告与广告等商业信息为主，不同于过去宗教性报刊传播教义或西方文明的宗旨。《香港中外新报》时期则从每周三次刊，发展为日报，编辑业务有所改进，版面从原来的两版扩展为四大版。第一版为货价与行情等商业信息，除版头外均用横线分为五栏，这是为适应华文报纸直排书写的需要的编辑创新，也为后来的中文报纸横线分栏提供了范本；第二版以新闻为主，在编排上保留中文书写的特点，由上而下，由右到左，直线分栏编排，分为“本港新闻”“羊城新闻”“选录上海新报”“选录京报”；第三版除了续登二版未刊完的新闻，其余为船只往来信息和广告；第四版为全版广告。这一版面编排，为此后的中文报纸提供了用以效仿的模式。

1864年，英国人罗郎也在香港创办中文日报《近事编录》，内容除了商情、广告外，以刊载中外新闻为主，其中社会新闻占较大比例，并经常被同期出版的上海报纸转载。1871年3月，英文报《德臣报》（*The China Mail*）出版中文附页《中外新闻七日报》，每逢星期六刊行。其内容主要包括“本港新闻”“中外新闻”“选录京报及上海新报”等，虽然也刊载通告和广告，但数量不多，是以新闻为主的报纸。

---

①卓南生.中国近代报业发展史(1815—1874).北京:中国社会科学出版社,2002:119.

1872年4月易名为《香港华字日报》。每周出版三次，第二年发展为完整的日报，内容版式与《香港中外新报》大致相同，每日四开四版一张，用三分之一版面刊载新闻，其余版面都是商业信息与广告。[①]该报是19世纪香港最早发行的三大中文日报之一（另外两家分别是《香港中外新报》和《循环日报》），在早期华文报业发展史上，占有重要地位。1894年该报馆失火，旧存报纸尽遭焚毁。1923年，该报为筹备60周年纪念刊，曾悬赏征求旧报，结果只有一名澳门读者应征，献出同治癸酉年五月初十日（1873年6月4日）出版的该报。这份报纸的影本后来收录在《华字日报七十一周年纪念刊》中，被认为是存留下来最早的一份《香港华字日报》。[②]

总体来看，香港早期的中文商业报纸均由华人担任主笔，其中《香港中外新报》和《香港华字日报》由华人“承批”办理，自主营业，自负盈亏，拥有报纸经营权，但其产权仍归外商所有。稍后出版的上海《申报》曾对当时的情形有这样的记述：“近因通商开市，香港开设华字新闻三馆，于上海开设华字新闻一处，主笔虽系华人，而馆主实为西人也。”[③]为了吸引读者，这些报纸都标榜“系属唐人自设”，与“向来所行者皆倡自西人”不同，其“译撰、遴选、命意、措词，皆唐人为之主持，为之布置，而于西人无预也”[④]。相比较而言，《香港船头货价纸》虽然编辑人员为华人，但因其出资方为洋人，其办报方针在于传递香港殖民统治者的思想，是一份典型的殖民性质报纸；《香港华字日报》因其主笔陈蔼廷从一开始就强调以中国人的意志办报，在办报方向体现了较为鲜明的自主意识。陈蔼廷为广东新会人，

①陈玉申.晚清报业史.济南:山东画报出版社,2003:32-33.

②卓南生.中国近代报业发展史(1815—1874).北京:中国社会科学出版社,2002:153.

③论新闻日报馆事.申报,1874-03-12.

④卓南生.中国近代报业发展史(1815—1874).北京:中国社会科学出版社,2002:163.

肄业于香港圣保罗书院，1871年受聘为《德臣报》副主笔，负责文字翻译，同时主持该报每周一期的中文专页《中外新闻七日报》。1872年《香港华字日报》脱离《德臣报》独立出版，至1878年受命出任驻古巴总领事，陈蔼廷主持这份报纸共七年时间。在他主持下，《中外新闻七日报》和《香港华字日报》从一开始就以“替华人说话”为标榜，刊载的新闻和少量评论文章贯彻了争取华民社会利益和教育民众、劝人为善的主张，与《香港船头货价纸》全面倒向香港殖民统治当局，把商业利益摆在第一位的方针有所不同。①

二、上海早期中文报纸

上海中文商业报纸的诞生晚于香港，却呈现出后来居上的趋势。自1861年11月字林洋行创办上海首家中文商业报纸《上海新报》之后，到19世纪90年代，外商在上海创办的中文商业报纸形成《申报》《新闻报》《字林沪报》三家鼎足而立的局面。

《上海新报》初创时设两个版面，第一版为商业信息和新闻，第二版是商业性内容。1868年扩为四版后，新闻和言论在整个版面中占到了四分之一。该报先后聘请传教士华美德、傅兰雅、林乐知担任主编。作为一份典型的商业报纸，其“本馆谨启”说：“大凡商贾贸易，贵乎信息流通。本行印此新报，所有一切国政军情，市俗利弊，生意价值，船货往来，无所不载。”②在传教士主持下，该报也刊载过一些介绍西学的文章，先后选载合信的《博物新编》、裨治文的《联邦志略》、伟烈亚力的《重学》、惠顿的《万国公法》等书中的有关内容，还用“图

①卓南生．中国近代报业发展史(1815—1874)．北京：中国社会科学出版社，2002：172-173.

②本馆谨启．上海新报，1862-05-28.

说”形式介绍各种西洋新机器、新产品，并配有详细的解说文字，如介绍“剖土之轮器”，说明其好处：“深耕之后，田土大块而起，中国农家以锄剖之，使土融碎，而后种麦，每乃费工实甚乎。似此轮器或用人力，抑或用马力，既灵便而易用，亦快捷而省工，较之中国农夫用锄剖土，一日可作十日之工。凡田家人各置此器一具，省却无穷工力，况价值亦甚平平。”①

该报还曾开辟“公堂案件”“英华案件”等专栏，报道当地社会新闻。自创刊后始终独占上海中文新闻报纸的鳌头，直到1872年《申报》出版，因与后者低价竞争，不胜赔累，于1872年12月31日自动停刊。从此，上海报坛进入了《申报》时代。②

《申报》创办于1872年4月30日，印行77年，其影响巨大，以至于当时人们把所有的新闻报纸统称为申报纸。该报由英国商人美查与伍华德、普莱雅、麦基洛等人合资创办，最后归美查所有。1906年，申报馆出售给华人买办席子佩，并于1909年签订合同，《申报》主权开始由外人移归华人。1912年，席子佩将申报馆转给史量才，从此《申报》完全归于华人。1937年八一三事变以后，报社曾迁往汉口（1938年1月15日出报，至同年7月31日停刊），同时增加了香港版（1938年3月1日出报，1939年7月10日停刊）。③1938年10月报社迁回上海，以美商哥伦比亚公司的名义出版。1941年12月太平洋战争爆发后，日军接管《申报》。1945年抗战胜利后，被国民党接收，1949年5月27日上海解放后停刊。《申报》最早聘用华人赵逸如担任经理，蒋芷湘担任主笔，隔天出一号，每号一张，单面印刷。从第五号起改为日刊（星期天休刊），增加何桂笙、钱昕伯两人参与编务，并从1909年起开始用

①剖土之轮器.上海新报.1866-07-22.

②陈玉申.晚清报业史.济南:山东画报出版社,2003:38.

③影印说明//《申报》上海书店1982年影印本.上海:上海书店,1982.

新闻纸两面印刷。《申报》的版面以活泼见长，新闻形式多样，包括“社论”“国际新闻”“国内新闻”“社会新闻”以及“时事评论”等。随着报业的发展，又增加了副刊及“本馆增刊”“广告”“专电”“专访”等门类繁多的新闻形式，给读者提供广泛信息。在办报过程中，美查坚持以华人为对象的方针，报馆主管及编辑全由华人承担，并且刻意贴合中国读者口味，不刊登西方宗教文章，主要宣传孔孟思想；还针对与市民切身利益相关的一些问题发表社论，在有限的范围内对某些不合理的社会现象进行揭露，因而报纸的内容和形式颇受中国人欢迎，在报界的竞争中发展很快，销数由初创时的600份，至1889年增加了10倍，至1922年销数更达5万份。[①]到1926年，由于改进印刷术，该报发行激增至14万多份，与另一份《新闻报》一起成为当时全国发行量最大的两家报纸之一。

《申报》锐意革新，首创了许多重要的新闻形式，如我国报纸最早的增刊、最早的白话文报、最早的战事通讯员、最早的中文报纸“号外”、最早用电讯传递国内新闻、最早出版画报，等等。此外，《申报》的版面分为“新闻”“评论”“文艺（副刊）”和“广告”，由此奠定了我国中文报纸四大板块的基本结构。1912年《申报》由史量才接办，进入全新发展时期。史量才在编辑业务和编排方法上进行重大改进，实行“重新闻轻言论”的不偏不倚的编辑方针，以“公正报道，不偏不倚”自期，在报纸的所有权上坚持独立自主，对于重要的政治问题一般采用只报道少评论或不评论的做法，尽量避免用主观性较强的语言对事实加以评论，并形成了平均每天刊载100条信息的较大信息量，以此作为在报业竞争中制胜的一个重要策略。20世纪二三十年代，《申报》扩大版面，由日出3大张扩为5—7大张；增设多种专栏、专刊、附张、增刊；报纸内容趋向综合化、杂志化，加大广告、商业经济、

①方汉奇．中国新闻事业通史：第2卷．北京：中国人民大学出版社，1996：75.

文化娱乐方面的版面；同时削减时事评论的篇幅，对评论的写作持谨慎态度，把主要力量集中在专栏和增刊上。此后，史量才对已有的副刊、附刊进行改版，并在此基础上创办新的副刊、附刊。这一时期《申报》的业务改革中，社会影响最大的是副刊《自由谈》的改版，形式上众体皆备，侧重杂文，兼顾其他；版面上文字精短，喜用花边，漫画不少。在版面的编排上，每天一篇时评杂感，成为《自由谈》的灵魂，被置于刊名旁的显著位置，起到了提纲挈领的作用，成为读者关注的焦点。

1882年4月2日《沪报》创刊，出到73号更名为《字林沪报》。由字林洋行经办，创议者为英国报人巴尔福，他于1879年应聘去北京同文馆任教，1881返回上海担任《字林西报》主笔。他“见馆中存有全副中文铅字，置而不用，以为可惜”[①]，就建议字林洋行出版新报纸。该报做了一系列重要改革：在业务方面，仿效《申报》，聘华人戴谱笙、蔡尔康等为主笔；在印制方面，仿效《申报》，改用毛边纸单面印刷，降低了成本，增强了竞争力；在体例方面，言论受到重视，每期必备，品评时事、鼓吹洋务。该报创刊初期正值中法战争，版面评论经常抨击法国的侵略行径，激励中国军民斗志。文艺栏内容多彩，附于新闻栏之后，体例也同《申报》相仿。该报曾连载长篇小说《野叟曝言》和王韬的小品文集《老饕赘言》等，1895年销数曾达到1万份。后一度出售给华商，1900年再由日商的东亚同文会购得，改名《同文沪报》，其附张《消闲报》也改名《同文消闲报》。

晚清时期上海与《申报》齐名的另一著名报纸，是1893年2月17日创刊的《新闻报》。初为中外合资，由华商张叔和等人与西人合资创办。该报体例、式样、纸张与印刷，与当时上海各报相同，初以英商丹福士为总董，斐礼思为总理，聘《申报》前副主笔、《沪报》主笔蔡

①戈公振.中国报学史.北京：生活·读书·新知三联书店，2011：73.

尔康为主笔。每日出报，星期日也照常出版。半年后，蔡尔康辞职离去，袁祖志接任主笔。1899年，该报转让给美商福开森，聘汪汉溪为总理。汪去世后由其子汪伯奇继任，金煦生、李浩然等相继任总编辑。1906年，报社改组为股份有限公司，福开森任总董，朱葆三、何丹书、苏宝森等为华人董事。1916年因慑于风起云涌的抵制美货运动，改在香港注册，改称英国公司。1929年，福开森将股权转让于华商。1949年，上海解放后停刊。《新闻报》成为一家具有广泛影响的报纸，是在福开森接办以后。特别是辛亥革命后，《新闻报》逐渐改革报纸内容，以报道经济新闻为主，以工商界为主要读者对象。除设专职记者负责采访外，还在各行各业聘请通讯员，在会审公廨、捕房等处聘请特别报事员，在北京设常驻记者，国内各大城市均建立通讯网；在各国首都也聘请了访事人员，随时向报馆提供信息或直接供稿。《新闻报》还逐日介绍商情动态，为工商界所重视；也兼及时事、社会新闻和市民生活的报道；所办副刊《庄谐丛录》，创刊于清末，1914年改名《快活林》，由严独鹤主编，注重趣味性、知识性、通俗性，受到市民阶层的欢迎。该报十分注重经营管理，实行报纸企业化，并进口双层轮转印刷机，采用卷筒纸印报，提高报纸质量和印报速度，又自置无线电台，收录电讯稿，新闻发生两小时后即可见诸报端。为扩大发行，该报在全国各地设有分馆、分销处500余所，报纸发行量在20世纪30年代达每日15万份，成为全国第一家发行量突破10万份的报纸。[①]1929年福开森将部分股权转让给史量才，报纸产权逐步转为中国人所有。1937年八一三事变后，该报首先接受日方新闻检查，不再刊登中国人民抗日救国的任何报道，由此失去读者，发行量一落千丈。太平洋战争爆发后，日军进占租界接管《新闻报》，报馆财产也被日本军方所控制，沦为日本侵略中国的舆论工具。抗战胜利后，国民党政府对《新闻报》

①方汉奇．中国新闻事业通史：第2卷．北京：中国人民大学出版社，1996：452.

进行接管，使之成为“未挂国民党党报招牌的党报”。1949年5月上海解放，该报由中国人民解放军上海市军事管制委员会接管。

除了香港、上海两地之外，北京较早的外资中文报纸是1901年10月日本人创办的《顺天时报》(初创时名《燕京时报》)。该报由中岛真雄创办。1905年3月由日本驻华公使馆正式接办，成为日本外务省直接控制下的言论机关。社长改由上野岩太郎接任。之后，相继担任社长的还有亀井陆良、渡边哲信等。该报的言论一贯为日本侵略政策服务，极力支持中国的亲日派军阀，是日本帝国主义文化侵略的重要工具。该报日出对开两张，第一、三、五、六、八各版都是广告，第二版为宫门抄、上谕、论说，第四版是各地通讯、小说、文苑，第七版系路透电报、东京特电、时事要闻、京师要闻等。此外，特别注重各地通讯，调查中国各地的煤、石油等矿产资源以及政治经济情况，为日本侵略者提供情报。在中国人民的抵制下，1930年3月27日停刊。[①]

第二节 清末国人创办的报纸

一、国人自办近代化报纸的肇始

从19世纪70年代起，中国人开始了自办报纸的艰难历程，以香港、上海两地为中心，在中国最早的通商口岸广州和长江沿岸的重要城市汉口，也出现了国人自办的中文报纸。1873年8月，由艾小梅在汉口创办的《昭文新报》成为第一份国人自办的中文商业报纸。[②]1874年，王韬等人在香港创办《循环日报》，此后又有《维新日报》《粤报》

---

①顺天日报之临别致词.天津大公报,1930-03-28.

②戈公振.中国报学史.北京:生活·读书·新知三联书店,2011:113.

创刊。在上海，1874年6月，容闳创办《汇报》；1876年11月，《新报》创刊。在广州，《述报》《广报》相继创刊，19世纪90年代初还有一份《岭南日报》创刊。

在最早一批中国人自己创办的近代化报纸中，1874年2月4日创刊于香港的《循环日报》，以其独树一帜的言论而名重一时。这份由王韬主编的报纸，发表了大量言论，其题材内容之广泛，思想内涵之丰富，表现形式之多样，在当时的中文报刊中是首屈一指的。1873年，王韬与友人黄胜集资购买香港英华书院的印刷设备，合办中华印务总局，筹备出版一份“专为裨益我华人而设”的中文日报。《循环日报》创刊初期，中华印务总局在一则《本局布告》中指出：“本局倡设循环日报，所有资本及局内一切事务皆我华人操权，非别处新闻纸馆可比。”[①]在版面编排上，《循环日报》以《香港中外新报》和《香港华字日报》为蓝本，第一版横线分栏，内容为商业行情等经济新闻；第二、三版为直线分栏，以新闻为主要内容，依次为“京报选录”“羊城新闻”“中外新闻”，也经常转载上海《申报》等报纸的文章和报道；第四版为广告。与当时香港的两家外资报纸相比，《循环日报》最大的特色是评论文章。该报不设言论专栏，其大多数言论均发表在新闻版的“中外新闻”栏内。言论的数量一般每期1篇，也有登2篇甚至3篇的。论题涉及政治、经济、军事、外交、文化、教育、思想等社会生活的各个领域，比较集中的三个方面有：一是分析国际形势、探讨中外关系的中外时势类言论；二是鼓吹社会变革、评说洋务“新政”的社会改良类言论；三是面向现实生活，议论具体事件的实际问题类言论。这些言论，均坚持国家民族利益至上的爱国立场，对内主张变法自强，唤醒国人及当局力图革新；对外痛斥列强对华侵略政策，维护中华民族利益；对于西人西报侵害中国主权的言论进行义正词严的驳斥；在

①王韬.本局布告.循环日报,1874-02-12.

介绍西学新知的同时，也对西方传教士的伪善予以揭露，因而经常被其他报纸转载，受到变法维新人士的推崇，开我国政论报纸之先河，对于19世纪末政论报纸的发展产生了直接影响。[①]它在版面编排与内容方面的成熟，也标志着近代中文报业开启了新的里程碑。[②]

在上海，比《循环日报》稍晚创办的《汇报》和《新报》，均为官商合办性质。《汇报》于1874年6月16日创刊，由赴美学成归国的留学生容闳发起，广东香山籍官绅合股创办。据《申报》介绍，“上海上下各官皆有股份”。该报由邝其照主持，管才叔主笔。版面编排半为行情、船期、广告，半为新闻，包括京报全录，两江督辕事宜，苏省、浙省、鄂省辕门事宜以及本市和中外新闻。该报创办之初，平均隔日发表一篇论说，提出加强防御、西法治河、自造轮船、丝茶出洋自卖等主张，对侵害中国权益的言行进行抨击，结果遭到官方非议，不久改版，后更名为《益报》，1875年12月停刊。《新报》于1876年11月23日创刊，以监管洋务的上海道台冯焌光为后盾，名为商办，实质属于官商结合性质。该报主笔袁祖志，标榜为适应“入仕经商”的需要而协办洋务，以广听远闻、贸迁利便为目的。内容除转录《京报》和两江、苏浙鄂省辕门抄外，兼刊沪上和中外新闻。该报创办初期，每日有数则新闻附有英译文。1882年停刊。

近代中国人在广东地区自办的第一份大型中文日报，为1884年4月18日创刊于广州的《述报》，这也是我国最早出版的一份石印日报，还是中国人自办报刊中第一家使用图片进行新闻报道的报纸，在中国近代报刊发展史上具有重要地位。[③]该报日出一张，每月逢十停印一天，其格式为“平分四页，第一、二页，述中外紧要时事。第三页，

---

①方汉奇.中国新闻事业通史：第1卷.北京：中国人民大学出版社，1992：477.
②卓南生.中国近代报业发展史（1815–1874）.北京：中国社会科学出版社，2002：200.
③方汉奇.中国新闻事业通史：第1卷.北京：中国人民大学出版社，1992：481–482.

译录西国一切图式书籍。第四页，各行告白及货物行情，轮船出入日期。各页不相混乱，积至月杪或年终，分装类编，便成有用之书”。《述报缘起》中说：“本馆主人于诵习之余，颇好留心时事。中国现有之各报，靡不购阅。至于通商各国，其著名之报馆，凡可邮寄者，亦必多方罗致，以便译读。固欲以兼收并蓄，集思广益。”[①]该报每月汇编成一卷，时事、评论和部分译录的西文、西图汇编成《中西近事汇编》；另一部分篇幅较长，专门为读者启蒙而辑录的西方科技知识分编为《格致便览》卷。该报曾对中法战争进行了详细的追踪报道，还把刘永福的照片和越南地图印成单页随报附送和公开发售。1885年4月，《述报》停刊。

二、戊戌变法前后维新派创办的日报

天津的《国闻报》是维新派在华北地区创办的主要日报。该报创办于1897年10月26日，日出一大张，毛边纸单面印刷，共分8个版面，形式类似初期《申报》，前4个版面为新闻与评论，后4个版面全部是广告，并随报免费赠送附页《京报》4开2张。主要栏目有“上谕恭录”“路透电报”“本馆论说”“本馆照录（转载重要文件或其他报刊的新闻评论）”“国闻录要”“本埠新闻”“京师新闻”“奉天新闻”“东南各省新闻”“日本新闻”等。该报名义馆主是李志成，实际创办人和主持者是严复、王修植、夏曾佑和杭辛斋，北洋水师学堂部分师生也曾参与该报的编译工作。其宗旨为“通上下之情”“通中外之情”[②]，十分重视翻译外报和新闻采访工作，在国内外均设有访员，所刊社论大多出于严复手笔。“日报之外，继以旬报”，另编旬刊《国闻汇编》，

①述报缘起.述报，1884-04-18.

②严复.国闻报缘起.国闻报，1897-10-26.

把外报上重要纪闻翻译汇编，在我国近代思想界产生过广泛影响。戊戌变法失败后，社论不再出现，改为纯以新闻为主，登载了不少国内大事特别是中国北方地区的政治事件。由于该报刊录的维新运动史料比其他各报翔实，成为研究戊戌变法史的重要文献。1898年2月间，清廷借口《国闻报》登载胶案议结奏稿，对其进行威胁。为保全这块舆论阵地，从1898年3月27日第144号起，严复等将其假盘给日本人西村博。同年12月，夏曾佑被迫辞去报馆职务，稍后严复和王修植也暂停报馆工作。次年2月，《国闻报》完全落入日本人手里。

在湖南，维新派于1898年3月7日在长沙创办《湘报》。这是湖南第一份近代日报。起初为半官方性质，由谭嗣同、唐才常等私人集资筹办，巡抚衙门按月给予每月200两的津贴，后改为商办，熊希龄任总董，董事为蒋德钧、王铭忠、梁启超、李维格、谭嗣同、邹代钧、唐才常，戴德诚、梁启超、樊锥、谭嗣同和唐才常等担任撰述，后来还延聘易鼐、华永年等一批维新派人士任特约撰述。该报日出4开1张，逢星期日休刊，毛边纸单面印刷，版面编排未脱书本式，可裁成4页，对折装订成册。内容有“论说”“奏疏”“电旨”“公牍”“本省新政”“各省新政”“各国时事”“杂事”“商务”“新学新书选录”“答读者问”等，后来还把香港、上海、汉口行情物价“逐日编列为表，附之本省物价表之后”[①]，初具近代综合性日报的规模。该报自称与时务学堂及南学会“联为一气”，“专以开风气、拓见闻为主”[②]，从创刊起，就以救亡御侮、变法维新为主旨，进行颇有声势的政治宣传，因而遭到保守势力干涉。戊戌政变发生后，以《湘报》“所登论说过于庞杂，殊乖设报本意”为名，饬令停止，由王笏等“承顶”接办，但仅出4期，因

①本馆申定章程.湘报,1898,84.

②湘报馆章程.湘报,1898,27.

清廷谕令各省报馆一律停办，于10月15日停刊，前后共出177期。[①]

1898年5月5日，汪康年在上海创办《时务日报》。同年8月17日起，在《时务报》改名《昌言报》的同时，《时务日报》也改称《中外日报》继续出版，由汪康年、汪大钧、曾广铨合办，后归汪康年单独经营。《中外日报》初为4开2张共8版，印刷、版面编排等在《时务日报》基础上又有改进，刊头由直排改为横排。白报纸两面印刷，采取分栏编排的方法，这在当时较为先进。该报以报道中外新闻为主，也评论时政得失。所设栏目除“本日目录”外，依次为“电报”“论说”“本埠新闻”“外埠新闻”“各国新闻”“专件”“答问”，文字句读加点，便于阅读。开始时颇注意选材，每日有免费附送的附张《庄谐选录》，很受读者欢迎。1908年因经济拮据，接受上海道台蔡乃煌的津贴，报纸信誉一落千丈，汪康年只得将报馆资产售给蔡乃煌。1911年初实行改组，经理、编辑全部易人，报名也改为《中外报》，不久因销量大跌、无法维持而停刊。

戊戌政变之后，海外维新派出“党费十余万金”[②]，于1904年6月12日在上海创刊《时报》。由狄葆贤在康有为授意和资助下创办。梁启超于1904年春由海外秘密返沪，直接参与了该报的筹办，报名、发刊词与体例均出于梁氏之手。《时报》初创时的论说，大都由梁氏从日本横滨寄来。“罗孝高、狄楚青方奉南海先生命在上海筹办时报馆，任公实亦暗中主持，乃日夕集商，其命名曰《时报》及发刊词与体例，皆任公所撰定。旋即赴东。而《时报》初办时所登论说，亦多系任公从横滨寄稿来者。”[③]历任主编有罗孝高、陈景韩、雷继兴、包天笑、戈公振等。前期《时报》遵循文人论政的道路，在知识界影响很大，是

①叶再生.中国近现代出版通史:第一卷.北京:华文出版社,2002:584.

②丁文江,赵丰田.梁启超年谱长编.上海:上海人民出版社,1983:432.

③丁文江,赵丰田.梁启超年谱长编.上海:上海人民出版社,1983:337.

与《申报》《新闻报》齐名的上海三大报之一。《时报》之名取意于《礼记》“君子而时中”，自创刊始就以执中公允的姿态出现，既批判顽固派又批判革命派。狄葆贤认为：“吾办此报非为革新舆论，乃欲革新代表舆论之报界。”[①]因此，该报在编辑业务方面大胆革新，为我国报业的进步和发展作出贡献。一是将《新民丛报》所创的报章文体——“时评”移植于日报，开辟了“时评一”“时评二”“时评三”三个栏目，聘请陈景韩、包天笑和雷继兴分别主持评论国内大事、外埠新闻和本埠新闻。这种应时而发、短小精悍、活泼明快的文体颇受人欢迎；二是率先将一张报纸分为1—4版，两面印刷，摆脱书页式报纸的痕迹；三是率先采用1—6号铅字排版，新闻标题和评论中的主眼“借加圈点以为识别”，版面编排“务求醒目”；四是率先创办报纸周刊，即在每周固定的日子设立“教育”“实业”“妇女”“儿童”“英文”“图画”“文艺”7个专版，分别聘请专家负责编辑。这些编辑业务创新很快取得了成效，形成了上海《申报》《新闻报》《时报》三报鼎立的格局。一般而言，当时《申报》的读者为政界，《新闻报》的读者为工商界，《时报》的读者为学界。[②]《时报》“虽然销数还远不及申、新两报，却大有‘新生之犊不畏虎’的意气。他注意于文艺界、教育界，当时的知识阶级，便非看《时报》不可了”[③]。1908年以后，《时报》与康、梁渐行渐远。1921年狄葆贤去世后，黄承恩接办。1940年停刊。

在北京，一份小型时事性报纸《京话日报》在当时产生了广泛影响。该报1904年8月16日创刊于北京，是一份以市民读者为主要对象的报纸，也是北京第一家销量过万份的报纸，日出铅印一小张，创办人是彭翼仲。最初帮他办报的，是他的妹夫杭辛斋。负责编撰工作的

①戈公振.中国学报史.北京：生活·读书·新知三联书店，2011：134.
②郑逸梅.郑逸梅选集：第二卷.哈尔滨：黑龙江人民出版社，1991：130.
③包天笑.钏影楼回忆录.北京：中国大百科全书出版社，2009：422.

还有吴梓箴、文褃寙、春治先、刘炳堂等。该报开设有“演说”“要紧新闻”“本京新闻”“各省新闻”“各国新闻”“宫门抄”“告示”“电报”“小说”“时事新歌”“儿童解字”“来函”和“商情广告”等栏目。除文字外，间附插图。该报“为输进文明，改良风俗，以开通社会多数人之智识为宗旨。故通幅概用京话，以浅显之笔，述朴实之理，纪紧要之事，务令雅俗共赏，妇稚咸宜”①。在内容上，该报以报道有关反帝爱国主义思想、揭露社会阴暗和反映人民疾苦为主，深受读者欢迎，发行数一度超过1万份，成为当时北京影响最大的报纸。《大公报》发行人英敛之称“北京报界之享大名与社会程度适当其可者，要推《京话日报》为第一”②。到1910年，北京出版的白话报达10余种，在篇幅、格式或编排上全都模仿《京话日报》，“不敢稍有更张”③。1906年9月29日，该报被“妄议朝政，容留匪人”的莫须有罪名，遭到清政府的查封，共出753期。此后该报曾两度复刊，1913年9月在彭翼仲主持下恢复出版，又因得罪袁世凯被再度查封。1914年11月1日第二次复刊。中间曾一度由吴梓箴主持。目前所见最后一期为1923年出版的第4043号。

三、辛亥革命时期革命派创办的报纸

资产阶级革命派出版的第一份报纸是1900年1月25日创刊于香港的《中国日报》。该报是孙中山领导创办的，为兴中会的机关报。选择香港作为办报基地，是考虑到香港靠近华南武装起义地区，又为清廷势力所不及。《中国日报》从经费筹集、设备采购到人员选定，都由孙

①京话日报广告.大公报,1904-08-22.
②英敛之.北京视察识小录.大公报,1907-11-26.
③英敛之.北京视察识小录.大公报,1907-11-27.

中山亲自操办，报纸名称也为孙中山所确定，取“中国者，中国人之中国也”之意。由于港英当局禁止孙中山入境，具体筹备工作由孙中山委派的陈少白主持。1900年1月至1906年8月，陈少白任社长兼总编辑，协助工作的先后有王质甫、杨肖欧、陈春生、郑贯公、卢信、陈诗仲、黄世仲、洪孝充、陆伯周、黄鲁逸等，均为兴中会成员。开始每日4开一张半，共6页，后增至两张8页。采用“日本报式”分6个横栏编排，并兼出十日刊一种，定名《中国旬报》。《中国旬报》停刊后，该报专栏《鼓吹录》即移入《中国日报》，成为《中国日报》的文学副刊。该报经费来源开始时由孙中山拨款创办，后由李纪堂、李煜堂等同盟会侨商支持。1911年5月由檀香山的同盟会员卢信集资接办。报社地址初设于香港士丹利街24号。《中国日报》重要栏目有“论说”“评论”“国内新闻”“外国新闻”“广东新闻”“香港新闻”“要闻”“来稿”“来件”“电报”等。该报的“论说栏”每天必有一篇编者自己撰写的评论，曾每日刊登英文论说1篇。创刊初期，其政治主张不明确，既宣传民主革命，又宣传改良主义思想。半年以后，言论才逐渐趋于激烈，抨击清政府黑暗统治，报道革命党人的活动，介绍西方自由、平等和人权学说，同香港保皇派报纸《商报》进行斗争。[①]1907年，香港华民政务司署以《中国日报》经售《民报》特刊《天讨》内附清帝破头插画违例为由，将其没收。辛亥革命后，《中国日报》迁至广州出版，1913年8月停刊，是辛亥革命时期出版时间最长的革命报刊。

辛亥革命前宣传反清革命的报纸，还有《苏报》《国民日日报》《俄事警闻》《神州日报》《民呼日报》《民吁日报》《民立报》等。

《苏报》，1896年6月26日创刊于上海。初创时由胡璋的日本籍妻子生驹悦任馆主，邹弢任主笔。在日本驻沪领事馆注册。多刊社会新闻。1900年让给陈范，陈范聘汪文溥为主笔，一度热衷于保皇立宪的

①冯自由.革命逸史:初集.北京:新星出版社,2009:60.

宣传。1902年起，陈范逐渐倾向革命，《苏报》由抨击顽固守旧，宣传改良维新，进而宣传反清革命。1902年南洋公学学生退学风潮后，《苏报》增辟“学界风潮”一栏，鼓励学生反抗压迫。当时爱国学社缺少经费，陈范与中国教育会、爱国学社商定，《苏报》的社论由蔡元培、章太炎、章士钊等中国教育会和爱国学社成员轮流撰写，报馆每月支付学社百元报酬，《苏报》言论因而更趋激进，成为两个革命团体的讲坛。1903年5月27日，聘请爱国学社社员章士钊任主笔。从此《苏报》专以宣传革命为任务。一个多月内，先后发表了《哀哉无国之民》《客民篇》《驳革命驳议》《杀人主义》等多篇具有强烈民主革命色彩的评论；刊登《读革命军》《革命军序》等文，推荐邹容写的《革命军》。同年6月29日，《苏报》又以显著位置刊出章太炎的著名政论《康有为与觉罗君之关系》，对革命发出热情的礼赞。这些言论引起清政府的震恐，两江总督魏光焘派人到上海，会同租界当局对《苏报》进行迫害。陈范、章士钊等先期走避，章太炎、邹容等6人被捕。章太炎被判监禁3年，邹容被判监禁2年。《苏报》也于1903年7月7日被查封。史称“苏报案”。《苏报》的革命宣传和“苏报案”，在当时国内外产生了重大影响，促进了民主革命形势的发展。

《苏报》被封后一个月，1903年8月7日，上海革命党人又创办一份《国民日日报》。该报由留日学生、军国民教育会经理谢晓石集资，原出面接盘苏报馆的英籍华人卢和生任经理，《苏报》原来的主笔章士钊任主编，陈独秀、张继、苏曼殊、何梅士（靡施）、陈去病、金天翮、柳亚子、高旭、刘帅培等参与编撰。该报是第一个用黄帝纪元来纪年的革命派报纸，不奉清皇朝正朔，宣传反清革命，时称“《苏报》第二”[①]。载于创刊号的《发刊词》引用松本君平的理论，初步论述了新闻记者是“第四种族”“代表国民”等资产阶级新闻学观点，抨击封

①冯自由.革命逸史：初集.北京：新星出版社，2009：106.

建专制政体，但不如《苏报》那样直露，篇幅、取材较《苏报》新颖，消息报道的内容较《苏报》丰富，有“社说”“中国警闻”“学风”“实业”“世界要事”“地方新闻”以及“谭苑”等专栏，还出有附张《黑暗世界》，由连横（秦慕）编辑，以文艺笔墨揭露清廷劣迹和社会黑暗面，并连载小说《南渡录演义》，以唤起民族观念。该报积极声援《苏报》的斗争，对“苏报案”作了连续报道。后因内部意见分歧，终于在1903年12月停刊，据上海图书馆藏书楼藏有该报第一百十七号（1903年12月3日）推定，停刊当在12月3日以后。[①]

继《苏报》《国民日日报》之后，资产阶级革命派在上海出版了另一份报纸《俄事警闻》。该刊创办于1903年12月15日，由中国教育会会员、镜今书局经理陈镜泉出资，承担印刷及租房费用。上海对俄同志会的蔡元培、王季同、汪允宗等参加报务，王季同主编并翻译英文电讯，蔡元培、汪允宗撰述论说，兼译日文资料。该报说：“同人因俄占东省，关系重大，特设《警闻》以唤起国民，使共注意于抵制此事之策。”[②]“吾《警闻》之宗旨，在以外祸之惨逼者警告通国，使为之备。俄祸固为起点，然我苟不自竞，则其他诸国之交旋于我，无一而非俄也，故吾《警闻》之责任，必不能囿于俄事之一区。”[③]该报论说如《告学生》《告工人》《告军人》之类，日载两篇，一文言，一白话。还常译述俄国虚无党人的斗争史，间接鼓吹革命。1904年2月，日俄战争爆发，反帝斗争形势发生重大变化，斗争已不限于“俄事”，而群众对局势日益关切，《俄事警闻》遂决定增加篇幅，改出《警钟日报》。

《警钟日报》于1904年2月26日正式创刊，编号另起，篇幅比《俄

①史和，姚福申，叶翠娣．中国近代报刊名录．福州：福建人民出版社，1991：216-217.

②本社广告．俄事警闻，1903-12-15.

③俄事警闻之扩张词．俄事警闻，1904-02-20.

事警闻》增加，主笔仍为王季同。同年3月13日，对俄同志会改名争存会，蔡元培出任该报主笔，编辑和撰稿者有刘师培、陈去病、汪允宗、柳亚子、林獬、林宗素、陈镜泉等。该报在内容上也逐渐完备，初设“社说”“时评”“图说”“国内要闻”“专件”“外论”“征文”“选录”“投函”“杂录”“讲坛”“史谭”等栏目；7月份起添设“殖民消息”“世界纪闻”“外国纪闻”“地方新闻”“刺客案”“丛谈”“来稿”等栏目。蔡元培因事辞职后，改由汪允宗任主编，后改由林獬、刘师培承办，扩充了“国内警闻”“极东警闻”“学界纪闻”“极东战局”详记等栏目，逐渐加重了国内乃至本埠新闻的分量。该报曾刊登孙中山在檀香山组织“中华革命军”的消息，首次公布了孙中山的“驱除鞑虏、恢复中华、创立民国、平均地权”16字革命纲领。[①]该报曾概括自己有“十大特色”：“一、本报为民族主义之倡导者。二、本报为抵御外族之先锋队。故于外人势力之侵入特加注意。遇有奸民卖路卖矿事及民教交涉之事件，记载独详。又特对此等问题加以论说时评，痛切陈言，警告全国。三、本报为民党之机关。故于民党之动作，民党之意见，记载独详。四、本报为学生社会之机关。故于全国学界之事，几于无微不至。五、本报独持清议，不畏强御，凡有卖国奸臣，皆能探索其阴谋，随时揭载，痛加诛斥，立论不遗余力。六、本报特倡古学，具有保存国粹之实心。故报时局问题外，特发精论，思想独辟，每能发千古未有之秘。七、本报以提倡实业为主。八、本报特设时评，对时局加以正当之评判，惊心动魄，一字千金。九、本报特刊之调查表，客示各处之访事，凡学校、教堂、军制、商业，有比较，有统计，皆可一览而明。十、今日会党之惹起世人之注目，而广西会党所繋于吾国之存亡，吾人民族主义之涨缩者，尤重且大。本报对于广西一省调

①方汉奇.中国近代报刊史(上).太原:山西教育出版社,2012:232.

查最详，机关最备，时举其事，以报告于吾族。”①

以上十大特点可归纳为四个方面，即坚持爱国反帝、反对封建、倡导国粹主义、提倡发展实业。特别是强调“本报为民党之机关”，在近代报刊史上尚不多见。依其宗旨，林、刘两人主持下的《警钟日报》在提倡国粹民族主义和提倡暗杀以作为革命手段两方面有所加强，引起清廷和租界当局的恐惧。1905年春，该报揭载德国侵占山东种种罪行，德国驻沪领事勾结清政府于3月25日以“淆惑人心”等罪名，查封《警钟日报》。

1907年4月2日创刊的《神州日报》是资产阶级革命派继《警钟日报》之后在上海地区创办的又一家鼓吹革命的大型日报。创刊的头三天日出对开4大张，第四天起改为日出对开3大张。创办人于右任，发起人有杨笃生、汪彭年、邵力子、王无生、汪允宗等，多是中国公学的师生。于右任担任社长。定报名为《神州日报》，是“以祖宗缔造之艰难和历史遗产之丰实，唤起中华民族之祖国思想”②。1907年5月8日因火灾被迫停刊一天后又恢复出版，暂出一张，并声明“就现在销数送阅，不取分文”。5月12日改出两大张，23日起恢复为日出三大张。6月20日刊出于右任辞去经理职务的启事，由叶仲裕、汪彭年接任。杨笃生任主笔，后由汪允宗任主笔。1909年4月22日上海发生印度巡捕侮辱我国妇女事件，各报不敢详载，唯有《神州日报》大胆纪实，力揭其恶，虽遭租界工部局指控，但赢得了广大读者。该报内容上，新闻文字和广告各占一半篇幅，其栏目有“宫门抄”“专电”“紧要新闻”“社论”“通信”“专件”“各省新闻”“短评”“小说”“特别调查”“诗词小品”“杂俎”等。中华民国成立后，报务先后由汪允宗等主持。该报曾于1927年1月停刊，后于1936年10月10日复刊，号数续

①本报十大特色.警钟日报,1904-11-14.

②于右任.于右任辛亥文集.傅德华,编.上海:复旦大学出版社,1986:259.

前。1941年12月因太平洋战争爆发又停刊。1945年11月10日由徐怀沙在沪复刊，续出至第8352号终刊。①

《民呼日报》也是于右任发起创办的，1909年5月15日在上海创刊，日出对开2张，四版正文，另四版为广告。由柏筱鱼、沈缦云、张静江等出资，陈飞卿任主笔，范光启、周锡三、戴季陶、王无生等任编撰。内容分纪事之部、言论之部和丛录之部。纪事之部有“新闻”“宫门抄”“电报”；言论之部有“社说”“时事商榷”“天声人语”；丛录之部有“佚史”“杂记”“文苑”“谐文”等副刊性内容。还另辟“阅者投笺”即读者来信专栏。发刊前后在各报及该报显著地位刊登《本社启事》，申明“以实行大声疾呼为民请命”②为宗旨，揭露官场劣迹不遗余力，并以此说明非革命不可。清政府恨之入骨，诬指于右任侵吞陕甘救灾捐款，向报社所在的公共租界当局控告。《民呼日报》因控案拖累，于同年8月14日出完最后一期后停刊，共计92期。9月8日会审公廨判结，以“不安本分，凭空诋毁”的罪名，取消了《民呼日报》的发行权。③

《民吁日报》是于右任在《民呼日报》被禁之后创办起来的第二份“民”字头的报纸。该报于1909年10月3日创刊，范光启为社长，朱少屏为发行人，在法国驻沪领事馆登记注册。参加编辑工作的除《民呼日报》原班人马外，还增加了景耀月等人。该报“以提起国民精神、痛陈民生利病，保存国粹、讲求实学为宗旨”④，反清反帝的基本倾向与《民呼日报》相同。《民吁日报》出刊适值抵制日货运动以及日本伊藤博文遇刺事件，上海各报慑于当局压制及日本暴力，都噤若寒

①史和，姚福申，叶翠娣.中国近代报刊名录.福州：福建人民出版社，1991：276.
②本社启事.民呼时报，1905-05-15.
③冯自由.革命逸史：第3集.北京：新星出版社，2009：590.
④民吁日报出版广告.申报，1909-09-28.

蝉，独其不畏强暴发出抗议，连载社论《论中国之危机》，刊登《锦齐铁道与远东和平》《外交回顾之惋叹》等文章，对日本帝国主义的侵华政策展开尖锐的批判，引起日本军国主义者的痛恨。在日领事要挟下，清当局于11月19日强行查封该报。接着判决“将该报永远停止出版”，“机器不准作印刷报张之用”[①]。该报共出48期。

《民吁日报》被封后，于右任、景耀月、范鸿仙又积极筹备《民立报》的出版。《民立报》于1910年10月11日创刊，与《民呼日报》和《民吁日报》合称为“竖三民报”。该报仍由于右任主办，宋教仁主笔，撰稿人和经理人员包括范光启、景耀月、徐天复、吕志伊、马君武、章士钊、叶楚伧、邵力子、陈其美等。1911年7月成为同盟会机关报，报馆为同盟会中部总会的活动据点。《民立报》系综合性大型日报，每日出版12版，栏目繁多，有“社论”“译论”“小说”“宫门抄”“上谕”“专电”“译电”“新闻”“杂录”“文苑”“笔记”“外论”等。内容丰富多彩，包括国内外政治、军事、工农业、商业、金融、人情风俗诸要闻、新闻和社会学说以及自然科学新成就之介绍，等等。《民立报》初创时，吸取《民呼日报》《民吁日报》被封的教训，宣布办报宗旨时含蓄地说是“唤起国民责任心”“造成国民正当的言论”，实际上依然是宣传民主革命。宋教仁来沪后，该报革命色彩更趋浓厚。当时正值全国革命运动日益高涨，《民立报》成为革命党人在上海的一个宣传阵地。[②]它率先向全国报道武昌起义的消息，在辛亥革命阶段，印报机器日夜不停，日销两万份之多。[③]1913年“二次革命”失败后，报纸发行不得出租界，销数只有一千份左右。终因资金缺乏，无法维持而宣告

---

①冯自由.革命逸史:第3集.北京:新星出版社,2009:595.

②《上海新闻志》编纂委员会.上海新闻志.上海:上海社会科学院出版社,2000:135.

③戈公振.中国报学史.北京:生活·读书·新知三联书店,2011:148.

停刊。

在辛亥革命时期革命派报纸中，创办于武汉的《大江报》也曾产生过重要影响。该报是承接《汉口商务报》和《大江白话报》的革命报纸，日出对开4张。该报先为革命团体振武学社的机关报，振武学社被破坏后，成为文学社的机关报。詹大悲任经理，何海鸣、宛思演、查光佛、梅宝玑等任编辑。黄侃、温楚珩、居正、田桐、蒋翊武、凌大同等革命党人曾为报纸撰稿。《大江报》"以提倡人道主义，发扬种族思想，鼓吹推翻满清罪恶政府为宗旨"，创刊后不断揭露清廷媚外残民的罪行，并对湖北新军做了大量组织发动工作，在湖北新军各标营设分销处和特约通讯员，平日免费赠送各营队"义务报"一份，使不少中下级军官和士兵愿意"共图革命"，为武昌首义打牢了思想基础。7月17日，《大江报》发表何海鸣所撰《亡中国者和平也》。26日，又登载黄侃所撰《大乱者救中国之妙药也》（署名"奇谈"），引起湖北当局恐惧，于8月1日逮捕詹大悲，并以"淆乱政体、扰害治安"罪名查封《大江报》。《大江报》通电全国各报，舆论哗然，汉口各人民团体集会声援，向汉口当局提出抗议，成为震惊全国的"大江报案"。辛亥革命后，《大江报》于1912年由何海鸣主持复刊。后又因反对袁世凯称帝被查封。[①]

武昌首义后，革命党人为了"传达命令，鼓吹鸿业"，于1911年10月16日办起中华民国成立前的第一张政府公报《中华民国公报》，也是第一个代表新兴资产阶级革命政权向世界发言的官方言论机关。办报成员均为直接参加辛亥武昌首义的共进会会员。牟鸿勋、张越、蔡良村、张祝南等先后任编辑和撰述。该报"以军政府之宗旨为宗旨，以颠覆现今之恶劣政府，改建共和民国为主义"，"每日出一次或二次不定，每次张数亦不定，若遇有特别紧急要闻，更发号外之传单"；内

①武汉地方志编纂委员会.武汉市志·新闻志.武汉：武汉大学出版社，1991：29.

容“专以说明现今世界大事，陈述精密学理，暨凡关于军策、治安、民情、敌势，除本军政府秘密要政外，皆得刊载”[①]，“一则宣示军政府之宗旨，二则阐明应时之学理，三则传达各地之消息，愿我汉族父老昆弟，敬听勿怠”[②]。因此声明不取阅者分文，广告除私人的酌收刊费外，有关公益事件一律不收费用。从第十七期以后，除各局所办公处、各府州县公所以及各营、各队、各排按期分送外，对士绅居民，每份取铜元一枚。报社编制完整，在总经理之下分设编辑、校对、发行、会计、印刷等部，分派专人负责。《中华民国公报》废除清朝年号，采用黄帝纪年，版面编排也全面革新，不刊载商业广告，开设本馆“特别启示”“政府布告”“言论”“新闻”“文苑”“杂俎”“白话”“小说”等专栏，并以二分之一的版面刊登军政府和所属各部各革命团体的公告、文告、条例、章程等。黎元洪以中华民国军政府鄂军都督名义发表的文告以及湖北军政府颁布的《中华民国军政府条例》《中华民国军政府特告》等重要文件都首先在该报发表，产生了全国性影响。中华民国临时政府成立后，孙中山在南京就任临时大总统，武汉《中华民国公报》失去代表性，报社内部人员也开始分化，于1913年“二次革命”时停刊。

四、近代官报

近代官报肇始于1896年的《官书局报》和《官书局汇报》。在中外人士的呼吁下，清朝统治集团逐渐接受了官方创办报纸的建议。1896年，经总理衙门奏准，北京强学书局改为官书局，刊行《官书局报》与《官书局汇报》。内容包括谕折和“若干关于新事新艺之译文”。戊

①本报出版简章.中华民国公报,1911-10-16(1).
②张越.中华民国公报宣言书一.中华民国公报,1911-10-16.

戊政变发生后，《官书局报》与《官书局汇报》随之夭折。此后，又出现了一些类似性质的官报。如1898年3月河南官书局所出《汇报辑要》、1899年4月汉口商务局办的《湖北商务报》和1900年3月由江南商务沪局代江南商务总局办的《江南商务报》等。这些官办报纸一般设有“电报”“访稿”“论说”“调查报告”等栏目，与古代形态的报刊相比已有本质区别，属于近代报刊范畴。因其注重国内外的动态性消息和科学知识介绍，谕旨、章奏和官文牍甚少，形式上比较接近民营报刊。

清政府宣布实行新政后，于1901年1月谕令大臣就朝政应如何因革“条议上闻”。张百熙据此上疏，建议创立官报。袁世凯在天津设立北洋官报局，于1902年12月发行《北洋官报》作为鼓吹直隶新政的宣传工具，这是清末第一份作为地方政府机关报的行政官报。北洋官报局设总办一人，总理局务，其下设有编纂处、翻译处、绘画处等六处，分别负责撰述论注、“专译东西各国现售之新闻纸及诸杂志诸新书”、刊载外国舆图并“旁及名人胜迹”等事项。[①]关于开办官报的目的和意义，《北洋官报》的序文表述得十分清楚：“夫私家之报，……其间不无诡激失中之论，及或陷惑愚民，使之莫知所守。然则求其所以交通上下之志，使人人知新政新学为今日立国必不可缓之务，而勿以狃习旧故之见，疑阻上法，固不能无赖于官报也。今设直隶官报，以讲求政治学理，破锢习，浚智识，期于上下通志，渐致富强为宗旨。”[②]该报初为双日刊，后改为日刊。每期一册，每册8页到10余页不等，以铅字印刷。封面左上角为“北洋官报”大字报名，旁载该期目录及报局启事之类。刊载政府公文、新闻时政及学术理论三方面内容。“首载圣谕广训直解，次上谕，次本省学务，次本省兵事，次近今时务，次

①戈公振.中国报学史.北京:生活·读书·新知三联书店,2011:55.
②戈公振.中国报学史.北京:生活·读书·新知三联书店,2011:54.

农学，次工学，次商学，次兵学，次教案，次交涉，次外省新闻，次各国新闻”[①]。其中“畿辅近事”专门登载直隶省内新闻；学术理论方面刊载大量介绍西方规章制度及中西学术的文章。由于《北洋官报》首开风气之先，其体例成为各省官报效仿的对象。据不完全统计，1901—1911年，由各省督抚奏请创办的行政官报共有21种。[②]

1903年，商约大臣吕海寰、伍廷芳奏请推广官报，清政府议复允准。随后，各省奉旨创办了一批新式官报，如《江西官报》《安徽官报》《四川官报》《河南官报》《湖北官报》《南洋官报》《山东官报》《陕西官报》《甘肃官报》等先后出版，其中以《湖北官报》最具有代表性。张之洞于1901年底开始筹办《湖北官报》，但因他1903年入京主持学制的重新修订工作，《湖北官报》推迟至1905年才出版发行。该报主要登载内容包括：一、圣训；二、上谕；三、宫抄；四、辕抄；五、要电；六、要闻；七、政务；八、科学；九、实业；十、杂纂；十一、图表；十二、论述；十三、国粹篇；十四、新说郛；十五、纠谬篇；十六、校勘；十七、衔名；十八、商标。[③]与其他官报相比，《湖北官报》之国粹、纠谬等内容为张之洞所独创，体现了明显的“卫道”色彩，强化了舆论导向功能，在官报界独树一帜，而张之洞亲自订立的《湖北官报凡例十则》也为部分省份所师法。

在这一时期各省创办的官报中，《湖南官报》的特色较为鲜明。首先，该报的形式属于日报，1902年5月创刊于长沙，样式与《湘报》相似，每天出版四小页，半月合订线装书形式一册。铅印。纸张有两种，一种是官堆纸，一种是毛边纸。其次，该报由商人出资承办，由

①戈公振.中国报学史.北京:生活·读书·新知三联书店,2011:47.

②张小莉.清末“新政”时期的地方官报.福建论坛(人文社会科学版),2005(11):31-35.

③各省报界汇志.东方杂志,1905(3).

湖南洋务局监督办理，该局委派汪文溥、罗维翰、陈庆森负责审稿。主要栏目有“上谕电传”“本省近事”“各省近闻”“各国近闻”“交涉”“论说”等。1905年4月4日，该报因经费不继而停刊，后改为《长沙日报》。

1905年以后，清政府成立考察政治馆，作为预备立宪特设的临时性机构，并派五大臣出洋考察。1906年正式宣布“预备立宪”，商部和学部为此创办了《商务官报》《学部官报》，在地方性的官报之外，又出版了中央部门的官报。1907年，在考察政治馆主持下出版了“专载国家政治文牍”的《政治官报》。[①]日出1册。主要栏目有“谕旨批折”“宫门抄”“电报奏咨”“奏折”“咨札”“法制章程”“条约合同”“报告示谕”“外事”“广告”“杂录”。[②]作为清廷中央政府机关报，办报宗旨在于“使绅民明悉国政预备立宪之意，凡有政治文牍无不详慎登载”，特别强调：“凡私家论说及风闻不实之事，一概不录。”按照《政治官报章程》规定的体例，该报大部分发表官文书，另录关于翻译外报以及各学堂公所训辞演说之类材料。1911年8月停刊。该报创刊前，以“《阁钞汇编》与《政治官报》形式相似”为名，呈请政务处代奏，禁止京报房刊印的《阁钞汇编》《谕折汇存》等出版。至此，旧的官报终于被一个由中央政府官报、各部门的官报到各地方当局的近代官报系统所替代。[③]

清廷按照新官制成立内阁，1911年8月24日把《政治官报》改组为《内阁官报》出版，作为清廷公布谕旨、奏章及法律命令的正式机关报。该报每日一册，期数重新开始，形式如线装书，每月售价八角，

---

①关于《政治官报》创刊日期，一说“1907年10月26日（光绪三十三年九月二十日）”，一说“1907年11月5日(光绪三十三年九月三十日)”。待考。

②故宫博物院明清档案部.清末筹备立宪档案史料（下册）.北京：中华书局，1979：1061-1062.

③李斯颐.清末10年官报活动概貌.新闻研究资料，1991(3)：127-144.

不零售。内阁印铸局印刷发行，各地不准翻印。设有“宫门抄”“谕旨”“验放单”“事由单”“制签单”“电奏电咨”“法令”“通行文件”“折奏”“咨札”“示谕报告”等栏目。按照内阁规定，“凡中央政府之规章条教，一经拟定，即宣付官报刊登，酌量远近路程分别到达期限，以官报递到之次日或数日为实行之期，法令即生效力”。因此，该报的实际作用是代替从前的通行文书，与重要公文一样，同具法律效果。各省行政、司法各级衙门按规定均需订购官报，各地绅民需要的，可向当地布政司或度支司衙门经理官报处订阅。①

此外，清廷内部认识到白话报在普通民众中的影响。民政部在预备立宪阶段电令地方总督办理白话报“注重立宪意旨及地方自治等问题，发行各州府县，每日于宣讲所宣讲，以期开通民智”②。事实上，地方督抚对官办白话报的宣传效果早就加以注意。如天津北洋官报局于1905年冬开始增编白话报，随《北洋官报》分发各州县，不另收价，“以为宣讲之资”③。河南官报局以行政官报程度太高，不合下等社会阅览，特禀准河南巡抚开办《河南白话演说报》，每月出6册，发往各州县，派人宣讲。④

清政府创办与推广官报，其实质是尽量压制革命派、改良派的舆论宣传，主宰新闻舆论导向，最终达到“定民志，遏乱萌”的效果。但从客观上讲，这些官报的创办与发行，尤其是在各省督抚倡导与推动下设立的地方官报，登载内容包括西学知识、本国时事、科学实业等，这些新鲜事务对于启蒙民众、开通社会风气起到了一定作用。

---

①史和，姚福申，叶翠娣．中国近代报刊名录．福州：福建人民出版社，1991：93.
②札饬开办官立白话报．河南白话科学报，1908(25).
③各省报界汇志．东方杂志，1906(3).
④各省报界汇志．东方杂志，1906(9).

第三节　民国时期国民党党办报纸

1912年中华民国成立，正式实行议会制，在短时间内中国出现了多个政党社团。他们纷纷创办自己的报纸，全国报纸最多时达到270家。[①]这一时期最大的政党是以中国同盟会为基础成立的国民党，其党办报纸数量最多，分布最广。1927年南京国民政府建立后，全国报纸有628家，至1937年全面抗战爆发前，全国报纸达到1031家。[②]在这个报业热潮中，覆盖全国的国民党党报系统也逐步建立起来。

一、民国初期的政党报纸

1912年4月创办于上海的《太平洋报》是中华民国成立后同盟会方面创办的第一张大型日报。总编叶楚伧。该报以宣传资产阶级民主政治、反对袁世凯专制为旨，发表了许多南社社员的诗作。袁世凯上台以后，大肆查封报馆，迫害报人。至1913年底，全国继续出版的报纸仅139种，相较于1912年的500种，锐减了300多种，史称“癸丑报灾”[③]。

1916年袁世凯复辟失败后，北洋政府下令解除报禁，政党报纸复苏。国民党系统各派出版的报纸，以章士钊创办的《甲寅日刊》产生的影响较大。该报于1917年1月28日创刊，主要撰稿人为李大钊、高一涵、章士钊。该报时效性强，主张联邦共和，被誉为“有态度有秩序之新闻纸”[④]。后因章士钊政治上靠近军阀政府，李大钊离职，该报失去读者支持，同年6月停刊。

---

①赖光临.七十年中国报业史.台北:“中央日报社”,1981:127.

②赖光临.七十年中国报业史.台北:“中央日报社”,1981:94.

③方汉奇.中国近代报刊史(下).太原:山西人民出版社,1981:711.

④方汉奇.中国新闻事业通史:第2卷.北京:中国人民大学出版社,1996:81.

这一时期，进步党人组成的研究系于1916年8月15日创办的《晨钟报》也产生过较大影响。该报由梁启超、汤化龙主持，主要撰稿人有胡适、蒋梦麟、张申府、丁文江等，李大钊任总编辑。他在《晨钟报》创刊号上发表《“晨钟”之使命》《新生命诞孕之努力》两文。其中前文副标题为“青春中华之创造”，申明《晨钟报》的使命在于唤起民族的觉醒，并激励青年“急起直追，勇往奋进”，“索我理想之中华，青春之中华”[①]。因主持该报的研究系利用报纸支持段祺瑞的军阀势力，李大钊不久辞去总编辑。从1917年底开始，该报转而站在在野党的立场上以时评、外报论说等形式抨击段祺瑞政府，1918年9月因刊载段祺瑞向日本借款消息被查封。同年12月该报改名《晨报》继续出版。瞿秋白曾是该报驻莫斯科通讯员，鲁迅、徐志摩等曾为其副刊主编。作为北京地区乃至中国现代新闻史上占有重要地位的报纸之一，《晨报》曾对马克思主义的早期传播作出特殊贡献。五四运动以后，在《新青年》等进步报刊发展为革命刊物的同时，《晨报》逐渐失去了原有的进步作用。1928年6月，国民党军队进入北京后，该报一度停刊。同年8月在阎锡山扶持下再度出版，改名《新晨报》。阎锡山撤出北京后，恢复《晨报》报名。抗日战争胜利前夕，《晨报》停刊。[②]

二、国民党中央直属党报

1927年4月，南京国民政府成立，经过一系列军阀混战，国民党逐渐建立了对全国的控制，依靠其执政党的地位，逐步建立起以《中央日报》为主干的多层次的党报体系。

1927年3月22日，国民党中央宣传部在汉口创办《中央日报》，由

①李大钊.《晨钟》之使命.晨钟报,1916-08-15.

②方汉奇.中国新闻事业通史:第2卷.北京:中国人民大学出版社,1996:83.

时任部长的顾孟余兼社长，陈启修任总编辑。1927年4月，蒋介石发动了四一二反革命政变，在南京成立国民政府，即筹议设立机关报。当时正值上海《商报》停刊，于是接收其一切设备，于1928年2月在上海创刊《中央日报》，日出两大张。该报被认为是国民党第一个中央直属党报，由时任中央宣传部部长的丁惟汾任社长，东路军前敌总指挥部政治部主任潘宜之兼任总经理，彭学沛任总编辑，还邀请胡汉民、吴稚晖、戴季陶、李石曾、陈布雷、蔡元培等人为编辑部委员。[①]报头为孙中山手书集字而成，国民党元老吴稚晖在创刊号上发表“祝词”，冀望该报对于孙文主义“主张而实行之，为总理吐气”[②]。1928年秋，国民党中央颁布《设置党报条例》《指导党报条例》《补助党报条例》，规定在首都设置中央直属党报。据此，上海《中央日报》于11月1日停刊，1929年2月1日迁至南京出版。南京《中央日报》属国民党中央宣传部党报委员会领导，由宣部部长叶楚伧兼任社长，副部长邵元冲兼副社长。其下分设经理部和编辑部，首任总编辑严慎予（继任者有鲁荡平、赖琏、张客公等）。

在国民党设置与指导党报条例中规定，无论言论、新闻还是副刊，都必须“以本党主义及政策为最高原则”[③]。南京《中央日报》也因此体现出强烈的“党治”色彩。该报以“阐明党义，宣扬国策”为宗旨，以“拥护中央、消除反侧、巩固党基、维护国本”[④]为职责，极力宣扬国民党“攘外必先安内”的政策，致力于排斥异己，对日本帝国主义的侵略则主张“依国际公法解决”。1932年3月，《中央日报》改行社长制，同年5月，程沧波任社长。程沧波主张把《中央日报》从中央宣

①穆逸群.《中央日报》的廿二年.新闻研究资料，1982(5):119-147.
②方汉奇.中国新闻事业通史：第2卷.北京：中国人民大学出版社，1996:354.
③方汉奇.中国新闻事业通史：第2卷.北京：中国人民大学出版社，1996:353.
④赖光临.七十年中国报业史.台北：“中央日报社”，1981:124.

传部独立出来，由社长直接向中央党部负责，并以此为基调对《中央日报》进行改组。此后，《中央日报》每月从中央党部领取8000元经费，但在形式上作为独立法人单位，统一了管理权限，提高了报纸经营效率，为日后走上企业化道路打下了基础。在报纸编辑业务方面，程沧波秉持专业化办报理念，针对“官报的弊端”，主张加强新闻报道，提出要把《中央日报》做成“言论中的言论”，并身体力行，坚持每天亲自跑几条新闻，逐步建立起南京与各大埠之间的新闻网，改变了过去内容贫乏、不受读者欢迎的状况。[①]同年9月，《中央日报》增出《中央夜报》。11月5日又创办《中央时事周报》。1935年开始，用轮转印报机，日出三大张，每日销数由8000份增加到30 000份。1937年6月，《中央日报》开办牯岭庐山版，开该报地方版的先河。[②]全面抗战开始后，1937年12月南京沦陷，南京《中央日报》停刊，人员器材西撤。于1938年初发行《中央日报》长沙版，1938年9月1日出版重庆《中央日报》，兼营邵阳和昆明两个分社，主要向西南五省发行。程沧波任社长兼总主笔，刘光炎任总编辑，张明炜任总经理，编号衔接长沙《中央日报》，长沙《中央日报》遂改为分版。[③]

1939年5月，《中央日报》牵头发起成立重庆各报联合版，参加者有《新华日报》《时事新报》《扫荡报》等10家，以程沧波为总负责人，黄天鹏为经理委员会主任，各报轮流编辑出版。重庆各报联合版出版至8月12日结束，其间摩擦不断，却不失为全国新闻界团结抗日精神的一次具体表现。重庆《中央日报》办至抗战胜利，其间担任社长的

---

①蔡铭泽.中国国民党党报发展述略.新闻与传播研究,1992(1):185-209.

②罗自苏.《中央日报》的历史沿革与现状.新闻研究资料,1985(1):150-159.

③此后,各地中央日报分版相继设立,并与重庆总社脱离隶属关系,而直属国民党中央宣传部,至抗战胜利前夕,国民党中央直属党报达20家。参见:赖光临.七十年中国报业史.台北:“中央日报社”,1981:165.

先后有程沧波、何浩若、陈博生、陶百川、胡健中，[①]担任主笔的有潘公展、陶希圣、胡秋原等，他们大多在国民党宣传系统担任要职。“一篇社论题目由总主笔决定。社论的构成轮廓，总主笔也予以规定。有了题目，也有了轮廓构成后，主笔才着手去写。完成后交总主笔审阅。总主笔审阅后，再交给社长，由社长核定后，才发交排字房。”[②]在陈博生任社长期间，该报在国际化方面开展探索，抄收国外广播电讯，派遣驻美、英等国特派员，采写的国际新闻报道和国际时事评论，成为该报特色。

抗战胜利后，1945年9月，《中央日报》接收汪伪政府报馆的设备和人员，恢复南京《中央日报》，编号承继重庆版，1946年5月1日又出版《中央晚报》。马星野任社长，王新命任总编辑，陶希圣任总主笔。马星野曾在美国密苏里新闻学院深造，回国后创办中央政治学校新闻系，具有专业化新闻理念。主张“党报”摆脱“传单”与“官报”的陋习，朝着“真真实实地报道新闻”“公公正正地伸张正义”“诚诚恳恳地为读者服务”三方向发展。[③]他接任《中央日报》社长后，主持开展了两项革新：一是在报纸业务上确立“报纸杂志化”的方针，一方面根据新闻自由的原则广辟新闻来源，鼓励记者快速采访并广泛采用来稿，对社会丑恶现象有所针砭；另一方面采用专刊形式就专业问题做系统探讨，如专门研究新闻学的《报学双周刊》，介绍科学知识的《科学周刊》《地图周刊》《国际周刊》《青年周刊》等十几种副刊。二是在经营方式上走上企业化之路。[④]《中央日报》作为维护国民党统治的舆论工具，自创办之日起即由中央党部财政统收统支。马星野接任

①穆逸群.《中央日报》的廿二年.新闻研究资料，1982(5)：119-147.

②罗自苏.《中央日报》的历史沿革与现状.新闻研究资料，1985(1)：150-159.

③马星野.四点信念.中央日报复刊三周年纪念特刊，1948-09-10.

④穆逸群.《中央日报》的廿二年.新闻研究资料，1982(5)：119-147.

社长后，在他的倡议下，《中央日报》1947年5月改组为股份有限公司，第一届股东大会选举产生的董事会，由陈立夫为董事长，陈诚为常驻监察人，马星野为常务董事兼社长，逐步建立起以营利作为重要考量因素的企业化经营管理体制，报纸面貌焕然一新。从这一时期该报的社论内容看，既有对南京物价、房荒、贫富分化等民生问题的关注，也有对贪污腐化、效率低下等政治现象的揭露等。随着国民党军在解放战争中节节败退，蒋介石政权于1948年开始筹备《中央日报》台北版，并于1949年3月12日迁至台北发行。①

抗战以前，国民党中央宣传部直辖的党报在北平出版的主要有《华北日报》《北平导报》。1929年1月创刊的《华北日报》，由李石曾、段锡朋、沈尹默等组成委员会主持，注重编排印刷质量，重视国际新闻，七七事变后被日伪劫收，1945年10月复刊。1930年1月创办的《北平导报》，为国民党中央宣传部直属唯一的英文报纸②，1932年2月登载《高丽独立党宣言》并撰社论支持，引起日方交涉而被查封。同年6月复刊，改名为《北平时事日报》。1937年12月被日伪劫收。此外还有：（1）1929年6月在汉口创刊《武汉日报》，注重新闻报道、发行与广告，曾发行到南京、上海、北平、天津等地，最高发行量曾达到2万份，为华中地区最大的一家国民党党报。抗战全面爆发后，一部分设备和人员西迁至宜昌、恩施发行，一部分西迁入黔，出版《贵阳中央日报》。（2）《天津民国日报》，原为1928年6月创刊于北平的《河北民国日报》，1930年11月改名后移至天津出版，1933年停刊，部分器材迁至西安，于同年3月创办《西京日报》，1936年西安事变时一度被张学良、杨虎城接收。（3）《福建民报》，原系福建省党部机关报，

---

①罗自苏.《中央日报》的历史沿革与现状.新闻研究资料.1985(1):150-159.
②方汉奇.中国新闻事业通史:第2卷.北京:中国人民大学出版社,1996:359.

1934年3月直属中央宣传部管辖，1941年4月改为福建《中央日报》。[①]

抗战胜利后，在南京《中央日报》复刊的同时，国民党其他党报也纷纷从大后方或偏僻山区迁回原地出版，主要有：上海《中央日报》，1945年8月由安徽屯溪迁回上海出版；成都《中央日报》，1947年1月改为《中兴日报》并实行企业化经营；广西《中央日报》，1946年3月于桂林创刊；长沙《中央日报》，1945年8月由安江迁回长沙；沈阳、长春两地的《中央日报》，1946年7月创刊。其时，国民党中央党报达22家，加上国民党以接收名义控制的民营报纸，如由潘公展控制的《申报》、程沧波主持的《新闻报》、胡健中主持的杭州和上海的《东南日报》等，其党报系统空前庞大。据估计，1947年22家党报总销数达40余万份，占国统区报纸发行量的五分之一强。[②]随着人民解放战争的胜利推进，这个庞大的党报体系也随着国民党统治的崩溃迅速瓦解。

三、国民党地方党报系统的建立

1928年6月，国民党中央常会第144次会议通过的《设置党报条例》规定："为发扬本党主义，使民众了解政策及领导舆论起见，中央及各级宣传部得设置日报杂志，或酌量津贴本党党员所主办之日报杂志。"[③]据此，不仅出版了《华北日报》《天津民国日报》《武汉日报》《西京日报》等一批由国民党中宣部直接管辖的地方性报纸，国民党各省、市、县党部也纷纷创办自己的报纸。特别是1930年中原大战结束

①赖光临.七十年中国报业史.台北:"中央日报社",1981:125-126.

②蔡铭泽.中国国民党党报发展述略.新闻与传播研究,1992(1):185-209.

③设置党报条例//倪延年.中国新闻法制通史:第五卷(史料卷上).南京:南京师范大学出版社,2015:191.

后，南京国民政府的统治伸展到中部和西部地区，加之国民党中央通讯社和中央广播电台的业务拓展，为国民党地方党报的建立提供了政权支撑和消息来源。1932年前后，以《中央日报》为核心的中央直属党报系统（包括各地中央直属党报和军队党报）基本建立；1935年前后，国民党地方党报系统基本建立。据相关学者统计，至1936年6月，国民党党报总数在600家以上，占全国报刊总数1468家的41%。其中，国民党地方党报总数在590家以上，占国民党党报总数的98%。[①]地方党报是由各省、市、县党部负责的，多采用“民国日报”统一名称，再冠以某省、市或县名，如《杭州民国日报》《宁波民国日报》《温州民国日报》《嘉兴民国日报》《江西民国日报》《九江民国日报》《河南民国日报》《山东民国日报》《绥远民国日报》《宁夏民国日报》《甘肃民国日报》《青海民国日报》《云南民国日报》《厦门民国日报》《南宁民国口报》等。此外还有一些未以“民国日报”命名的，如《皖报》《汉口中山日报》《广州日报》《湖南国民日报》等，也属于省级党报。地方党报以江苏省最多，抗日战争全面爆发前该省划为6个党报区，分别由省党部派人直接指导。

依照国民党中央制定的《指导党报条例》规定，党报的种类包括以下三种：第一种是党报，即“由中央及国内外各级党部所主持者”；第二种是本党报，即“由本党党员所主办而受党部津贴者”；第三种是准党报，即“完全由本党党员所主持者”[②]。在这三类党报之中，“本党报”约有40家，“准党报”约28家，所占比例较小，但其影响不容低估，如陈德铭主持的南京《新民报》和毛健吾主持的《大刚报》最

①蔡铭泽.论中国国民党地方党报的建立和发展.广州师院学报(社会科学版)，1995(1):75-82.

②指导党报条例//倪延年.中国报刊法制发展史(史料卷).南京:南京师范大学出版社,2006:163.

终都从国民党报纸转型成为真正的民营报纸。从国民党党报的性质看，其功能主要是灌输主义、宣达政令，为蒋介石集团的独裁专制统治尽鼓吹与辩护之力。

七七事变爆发后，国民党中央直属党报被迫停刊或向大后方转移，《中央日报》各地分版纷纷创立，推动了西南、西北、中南地区国民党地方党报的发展。按照蒋介石提出的“宣扬国策，统一国论，提振人心，一致迈进，以达驱除敌寇，复兴民族之目的”①的要求，国民党政府采取一系列有力措施，使得国民党党报体系很快在抗战大后方恢复和发展起来。据国民党中央宣传部统计，到1944年，国民党中央直辖党报由战前的9家发展为18家，国民党地方党报由战前的590家减少到412家，合计总数超过600家，占全国报纸数量（不包括沦陷区和解放区的报纸）的53.9%。②随着抗战时期政治、军事重心的西移，形成了重庆、桂林、昆明三个新闻中心，带动国民党党报由城市向农村发展。在上述412家地方党报中，16家设在大中城市的省市党报，多曾深入到小城镇出版发行，而大部分县市党报或“简报”在小城镇出版发行。由于内地和偏远地区经济文化落后，为了争取读者，这些地方党报按照“平民化”方向对报纸编辑业务进行改进，一方面在文字上力求通俗易懂，“彻底的做到一个车夫、一个学徒、一个农工，都能朗诵的地步”③；另一方面对于当时国民党统治下的贪污腐化也有所揭露。

抗日战争胜利后，国民党中央宣传部立即派出特派员前往沦陷区接收日伪新闻事业机构，国民党各地党报也纷纷迁回原地出版。

国民党在建立党报网络的同时，还创办了军队系统统一的报纸

---

①蒋介石．今日新闻界之责任．新闻学，1940，1(3)．

②蔡铭泽．论中国国民党地方党报的建立和发展．广州师院学报(社会科学版)，1995(1)．

③马星野．国民精神总动员与新闻界．新闻学，1939，1(1)．

《扫荡报》。该报前身为1931年5月在南昌创办的《扫荡三日刊》，1932年6月23日改为《扫荡日报》，日出对开一大张，后相继改为4开一小张和4开两小张。该报鼓吹“攘外必先安内”，为蒋介石“新生活运动”涂粉，攻击中国共产党土地革命的主张。1935年从南昌迁往武汉，5月1日在汉口复刊。袁守谦、刘翔、丁文安先后任社长，陈友生任总编辑，调整了办报方针，言论上强调在国民党中央统一意志下行动，业务上增强军事新闻的分量，提高新闻时效性，发行量超过《中央日报》，一时成为全国性的大报。[①]1938年10月，该报迁至重庆出版，此后又创办了南昌版、桂林版、昆明版等。1945年抗战胜利后，改为《和平日报》。

第四节　民国时期的民营报纸

中华民国成立以后，尽管资本主义经济发展缓慢，但仍有所发展，这客观上给报业成长创造了一些有利条件。以《申报》《新闻报》等为代表的民营报纸发展迅速，在企业化和现代化方面进行了有益的探索。也有一些民营报纸因与政治有千丝万缕的联系，呈现出曲折前进的特点。

一、民国初期创办的独立报纸

民国初期，上海以《申报》《新闻报》等为代表的老牌商报逐渐为国人所掌控，并在独立化运营过程中逐步办出自己的特色，为后来的商业报纸提供了发展路径。“新文化运动开展之后，青年学生求知欲昂

①方汉奇.中国新闻事业通史:第2卷.北京.中国人民大学出版社,1996:384.

进，成为报纸的新读者群，并‘逼使’报纸在精神与内容上刷新。由是报纸对新文化运动，发挥促进与扩大的功效。”[①]至五四运动前后，京津地区的民办报纸有了一定发展，邵飘萍创办的《京报》和林白水的《社会日报》成为这一时期独立报纸的代表。

《京报》于1918年10月5日创刊于北京，由著名报人邵飘萍与潘公弼主办，定位于民众发表意见的媒介，在当时复杂的政治环境中，是一份代表独立、进步的报纸，很快得到广大读者喜爱，并在北方各省设立报纸代派处。该报为对开4版的日报，刊有“中华民国邮务局特准挂号认为新闻纸类”的字样，报头“京报”两个字为社长邵飘萍所写。在版面编排上，头版和第四版是广告；第二版为社评、特别记载、国内外要闻等；第三版分为国外要闻、各省新闻、本京新闻、本京琐闻、编辑余谈、冠盖往来、内外琐闻、显微镜、命令、行情等。该报创刊词写道：“时局纷乱极点，乃国民毫无实力之故耳……必从政治教育入手。树不拔之基，乃万年大计，治本之策”，“必使政府听命于正当民意之前，是即本报之所作为也！”该报以启迪民智、表达民意的公共平台自许。在创刊号的评论中，邵飘萍呼吁：“民国以来，军阀所为者俱为祸国病民，今则必须国民共起，志同道合，协力除之！”同一天的报纸第二版“特别记载”栏还刊载了揭露安福系政府的消息。此后，还发表了《为北京停刊各报请命》《查办吴佩孚》《冯（国璋）、徐（世昌）、段（祺瑞）之进退》《武人与政客》《敬告某某两派》《匪与督军》《人人对于国家之责任》等，在当时的社会舆论界树立起一面爱国反军阀的旗帜。1919年8月该报因屡次发表揭露、批评政府腐败文章，被当时的安福系政府查封，邵飘萍逃亡日本。1920年安福系政府倒台后，《京报》于9月17日复刊，日出对开两大张4版，继续主张言论自由，

①赖光临.七十年中国报业史.台北:“中央日报社”,1981:59.

声称以该报“供改良我国新闻之试验，为社会发表意见之机关”[①]，增加新闻容量，关注社会和国家命运，抨击列强侵略政策和军阀专制统治，是当时最早对华盛顿会议、北京政变、五卅惨案、三一八惨案等重大事件进行报道和发表评论的报纸之一，《京报》还刊载了《俄国革命史》《俄国大学生与革新运动》等数十篇介绍俄国革命和苏俄成就的文章，成为北方传播马克思主义和宣传十月革命的重要园地。第二次直奉战争爆发后，邵飘萍遭到奉系军阀的迫害，于1926年4月26日英勇就义，《京报》随之被封。

《社会日报》原名《新社会报》，1921年3月1日创刊于北京，由林白水和胡政之合作创办，对开4版，林白水任社长，胡政之为总编辑，提出“树改造报业之风声，做革新社会之前马”的口号。其言论“每发端于苍蝇臭虫之微，而归结及于政局，针针见血，物无遁形”[②]。1922年2月，该报因揭露吴佩孚挪用盐业公债，被勒令停刊，乃于5月1日改名为《社会日报》重新出版，并沿用原期号、原社址。1923年，曹锟靠贿选当上总统，该报率先揭露贿选的内幕，被封3个月。此后林白水立言明志：“艰难缔造，为社会留此公共言论机关，为平民作一发抒意见代表。触忌讳，冒艰险，所不敢辞。”[③]1924年2月，孙中山北上，该报发表《吾人对孙中山先生的敬意》《时局与孙中山》《欢迎孙中山》等文章。1926年4月，直奉联军进京，该报在时评中斥军阀为“洪水猛兽”。8月5日，发表时评《官僚之运气》，讽刺奉系军阀张宗昌及其智囊潘复：“狗有狗运，猪有猪运，督办亦有督办运……某君者，人皆号为某军阀之肾囊，因其终日系在某军阀之胯下，亦步亦趋，

①邵飘萍.京报三年来之回顾.京报,1922-10-10.

②陈与龄.林白水先生传略.东方杂志,1935,7(32).

③福建省新闻学会,等.林白水文选.福州:福建人民出版社,2016:235.

不离晷刻，有类于肾囊之累赘，终日悬于腰间也。”[①]当日子夜，军阀张宗昌等人将林白水逮捕，于次日将其杀害，《社会日报》随之停刊。

上述两报夭折之后，北京地区又一商业报纸崛起。这就是成舍我创办的《世界日报》。该报于1925年2月10日创刊，先后担任总编辑的有龚德柏、张恨水、张友鸾等。该报内容以军事、政治新闻为主，兼重教育新闻。初期同情和支持反封建和反军阀的斗争，北洋政府倒台后，拥护南京国民政府。1931年九一八事变后，主张抗日，反对国民党当局的抗日政策。该报注意新闻时效和标题制作，精心编辑副刊，讲究经营管理。最高发行量达1.5万份。1937年8月停刊。1945年11月20日复刊后依附于国民党政府。[②]1949年2月25日停刊。除《世界日报》外，还出有《世界晚报》和《世界画报》。

在天津，新记公司复办的《大公报》于1926年正式面世。《大公报》1902年6月17日创刊于天津，创办人为英敛之。在他主持《大公报》的10年间，政治上主张君主立宪，以敢议论朝政著称，成为华北地区引人注目的大型日报。1916年10月，王郅隆全面接收《大公报》，聘请有办报经历的胡政之为主笔兼经理。胡政之上任后主持报馆改革。将《大公报》由书册式改成通栏式，将垂直两栏改为四栏，此后又经过几次改革，改成六栏、八栏；在字号方面，改为各种字号大小间隔、搭配，使版面变得错落有致。该报在张勋复辟、五四运动等一系列重大事件报道中表现出色。1919年，胡政之在采访完巴黎和会后辞去经理职务。1923年，王郅隆在日本关东大地震中不幸丧生，《大公报》于1925年11月停刊。1926年9月，吴鼎昌、张季鸾、胡政之合组新记公司，复办《大公报》。他们三人拟定原则：由吴鼎昌筹措资金，不向任何方面募款；专心办报，三年内不得担任任何有俸给的公职；胡政之、

①福建省新闻学会，等.林白水文选.福州：福建人民出版社，2016：353.
②贺逸文，等.抗战胜利后的世界日报.新闻研究资料，1981(4)：88-95..

张季鸾以劳力入股，每届年终，由报馆送相当股额之股票；吴鼎昌任社长，胡政之任经理兼副总编辑，张季鸾任总编辑兼副经理；三人共组社评委员会，研究时事，商榷意见，决定主张，轮流执笔，最后张季鸾负责修正。[①]在9月1日复刊号发表的《本社同人之旨趣》中，提出了著名的“不党、不私、不卖、不盲”的社训。1928年“东北易帜”、1930年张学良通电全国拥蒋入关两大新闻，皆为《大公报》独家首发。1935年12月，吴鼎昌出任南京政府实业部部长，辞去社长一职。1936年4月1日，《大公报》创办上海版，津沪版同时发行，成为一份名副其实的全国大报。

1937年七七事变后，天津、上海相继陷落。《大公报》力主抗战，表示“一不投降，二不受辱”，天津版、上海版分别于8月、12月停刊。张季鸾率曹谷冰、王芸生等相继创办汉口版（1937年9月18日）和重庆版（1938年12月1日），胡政之率金诚夫、徐铸成等先后创办《大公报》香港版（1938年8月13日）和桂林版（1941年3月15日）。全面抗战期间，《大公报》虽辗转迁徙，但依旧获得发展，渝版、港版、桂版一度同时发行，在规模和舆论影响力上为其他报纸所不及。1941年，美国密苏里新闻学院授予《大公报》“最佳新闻服务奖”，并来函称：“在中国遭遇国内外严重局势之长时期中，《大公报》对于国内新闻与国际之报道，始终充实而精粹，其勇敢而锋利之社评，影响于国内舆论者至巨”，“《大公报》自创办以来之奋斗史，已在中国新闻史上放一异彩，迄无可以颉颃者”。[②]这是中国报纸第一次获得最佳报纸称号。《大公报》为此发表《本社同人的声明》，概括《大公报》的成功经验为“文人论政”和“商业经营”。1941年张季鸾去世后，内部机构进行了调整，成立董监事联合办事处，由胡政之任主任委员，

①胡政之.回首一十七年.大公报(上海版),1949-04-15.

②大公报奖状.大公报(重庆版),1941-05-15.

统一领导各馆；成立社评委员会，王芸生为主任委员，负责社评的选题、立论和撰写事宜。1943年2月2日，重庆版发表《看重庆，念中原!》社评，对比河南灾民惨状，斥责重庆富豪奢靡生活，被勒令停刊3天。抗战胜利后，《大公报》着手各版的复刊工作。1945年11月1日、12月1日，上海版和天津版相继复刊。1948年3月，香港版复刊。言论方面呼吁和平，反对内战，主张中国走“第三条道路”。这也反映了该报一贯的无党派报纸的立场。①

天主教人士在天津创办的《益世报》，也是华北地区的一份著名报纸。该报于1915年10月10日由天主教天津教区副主教雷鸣远和中国天主教徒刘守荣等创办并主持，刘守荣出任总经理。1921年周恩来赴西欧勤工俭学时，被《益世报》聘为特约记者，先后撰写长篇通讯57篇，总字数近25万字。1925年，奉系军阀势力进入天津，该报因反奉拥直的立场，被强行接管。1928年夏，奉系势力被逐出天津，该报得以继续发展。1932年初，《益世报》聘请罗隆基为主笔，抨击当局的抗日政策。1933年《塘沽协定》签订后，特辟“抗日舆论”专栏，大量发表爱国言论，遭到国民党威胁，迫使罗隆基离开。之后聘请清华大学教授钱端升担任主笔。蒋介石对此非常不满，下令对报纸停邮，迫使钱端升离开。该报抓住宋哲元倾向抗日的机会，邀请罗隆基回到报馆。1937年7月底日军侵入天津，报纸于9月停刊。1938年12月该报在昆明复刊，1940年迁至重庆，1945年抗战胜利后在天津复刊，至1949年1月15日停刊。

①方汉奇.1902—2002:大公报历史地位再评价//罗以澄.中国媒体发展研究报告(2002年卷).武汉:武汉出版社,2003:251.

二、20世纪30年代的商业报纸

1927年南京国民政府成立后，各商业报纸“纷纷改进本身的组织，将私人经营改为公司性质，资金十万乃至数百万，并自建永久性的新厦，采用轮转机印报，宏展规模”[①]，形成报业发展史上值得重视的现象。其间，一些原属政党性质的报纸，如《时报》等也转为独资经营的民营报纸，在新闻业务上进行了革新。

随着民营报纸的迅速发展和竞争能力的增强，上海、北平、天津等城市的民营大报，在经营体制上曾经出现过集团化的雏形，具体表现为中国最大两家报业资本的兼并和上海四家报社、通讯社的联营。1929年1月，《申报》业主史量才收购了美国人福开森手中《新闻报》65%的股份。与此同时，张竹平创立了申时电讯社，合资收购《时事新报》和英文《大陆报》，并于1932年10月集资创办《大晚报》，成立了一个联合办事机构，即被称为“四社”的报业组织。然而，虽然史量才掌握了《申报》和《新闻报》的主要股权，但困于内外压力，尚未开始联合经营即遭暗杀。张竹平碍于经济实力，也未能做到四家联营机构经济一体化。所以从严格意义上说，上海报界从未真正出现过报业集团，但当年报业集团化经营的趋势十分明显，尤其是以张竹平为纽带联合经营的“四社”，堪称中国近代报业集团的雏形。[②]

《时事新报》历史悠久，可以追溯到1907年《时事报》的创刊。1909年《时事报》与《舆论日报》合并为《舆论时事报》，1911年改组后更名为《时事新报》。1912年后该报为进步党研究系所控制，它的副刊《学灯》在五四运动中独树一帜，成为新思潮的鼓吹者。1928年底，

---

①赖光临.七十年中国报业史.台北:“中央日报社”,1981:97.

②姚福申.“四社”——旧中国报业集团化经营的一次尝试.新闻大学,1997(4):57-61.

《时事新报》因脱离研究系后经济困难，张竹平与《申报》的协理汪英宾及孙结人、王尧钦、许燥庭等合资5万元，购进《时事新报》。张竹平自任总经理，聘请陈布雷为主笔。经过努力经营，《时事新报》发行量超过《大公报》《时报》，居全国第三名。

张竹平希望办一张新型的晚报，通过董显光的推荐，邀请著名作家曾朴的长子曾虚白主持。1932年5月2日，《大晚报》正式出版，由4开一张改为对开一大张。篇幅也逐步扩大到2大张，有时还出2张半。《大晚报》的成功，从编辑角度看，章乃器在《〈大晚报〉的一周年》一文中将其归结为三个特点：无色彩的言论、有思想的编辑、有价值的资料。从内容导向来说，《大晚报》不带政治成见，文章只要言之成理便乐于发表，符合群众的愿望；从编辑业务来看，版面重点突出，一目了然；从报纸业务来看，重视地方通讯，内容丰富，数量之多，通讯地点之普遍，别处不容易见到。此外，《大晚报》还是采用白话文写评论的第一家大报，对文化水平不高的市民阶层有一定的吸引力。它要求对社会新闻注意描写，摒弃平铺直叙的记录，提高新闻的可读性，因而受到读者欢迎。[①]

这一时期报业集团化的另一个典型，是成舍我的“世界”报系。自1924年4月创办《世界晚报》、1925年2月创办《世界日报》、1925年10月创办《世界画报》之后，成舍我又于1928年3月在南京创办《民生报》，自任社长，张友鸾任总编辑，主要编辑力量从《世界日报》抽调而来。该报初为4开一张，后改出两张，最多时出过四张。作为南京第一份小型报纸，该报在编辑业务上采取“小报大办”“精选精编”的方针，重视言论，广用图片，内容生动，很快打开销路，并与《世界日报》南北呼应，提高了竞争力。[②]1934年5月，该报因揭露国民党

①袁义勤.“晚报的成功”——《大晚报》杂谈.新闻研究资料，1991(1)：136-142.

②方汉奇.中国新闻事业通史：第2卷.北京：中国人民大学出版社，1996：484.

政府官员贪污舞弊案而被查封。成舍我被迫到上海，发起成立《立报》。《立报》于1935年9月20日创刊，用招股的办法，自筹资金10万元，推举成舍我为社长，由张友鸾、萨空了、褚保衡担任总编辑，编辑有恽逸群、谢六逸、张恨水等。成舍我把办《民生报》的成功经验用于《立报》，将其定位为“小型报”，4开4版（后增至4开6版），内容包括“国内外时政要闻”“本市新闻”“文教”“体育新闻”和副刊。关于办报的宗旨，成舍我在该报发刊词《我们的宣言》中写道：“我们要想树立一个良好的国家，我们就必须先使每一个国民，都知道本身对于国家的关系。怎样叫大家都能知道，这就是我们创办立报唯一的目标，也就是我们今后最主要的使命。”①《立报》创刊后，对当时的重要事件都及时做出详尽报道，发挥了积极的舆论作用。1936年西安事变发生后次日，《立报》即刊载张杨通电的内容，并追踪报道直到张学良被囚禁，对于帮助读者了解事实真相、敦促国民党政府团结抗日，起到了积极作用。1936年“七君子”事件发生的当天，《立报》第一时间以“今晨七人被捕”为标题，向社会揭露了“七君子”事件，并对此做了持续8个月的报道，给国民党当局制造了极大舆论压力。1937年11月日军侵占上海后被迫停刊。次年4月1日在香港复刊，廖承志、潘汉年等以中国共产党的名义投资3000元，萨空了任发行人和总编辑，仍然坚持“大报小型化”的特色，着重宣传民主抗日。1941年12月太平洋战争爆发，香港沦陷后《立报》停刊。

三、抗日战争时期的爱国报纸

20世纪30年代以后，在国民党统治区南京的民营报纸中，以《新民报》为较有分量。该报1929年9月9日创刊于南京，初为4开一张，

---

①成舍我．我们的宣言．立报，1935-09-20.

后改为对开两张。社长陈铭德，总编辑吴竹似，后改聘张友鸾为总编辑。此后担任总编辑的还有谢崇周、崔心一、赵纯继等。1937年邓季惺担任副总经理，实行企业化经营管理，同年成立股份有限公司，陈铭德改称总经理，邓季惺任经理，先后出南京、重庆、成都、上海、北平等版，有八个日晚刊。该报以"作育新民"为宗旨，以青年为主要读者对象，初期因得到过地方军阀势力的资助，不自觉地站在维护国民党独裁统治的立场上①；九一八事变爆发后，宣传抗战的立场态度逐渐鲜明起来。1937年全面抗战开始后，该报坚持在南京出版至11月27日方撤往重庆。1938年1月在重庆复刊，张友鸾任主笔，参与报务的还有张恨水、张慧剑和赵超构等，使得该报成为兼容并蓄、生动活泼的民间报纸。抗战胜利后，该报总管理处设于南京，罗承烈任总主笔，赵超构任副总主笔。因主张和平民主，反对蒋介石发动内战，1948年7月被迫停刊。

在上海，1938年1月25日，严宝礼等爱国人士集资创办了《文汇报》。该报创刊时日出对开一大张，后改为日出两大张、日出三大张，增加经济新闻、教育与体育新闻、社会服务等版面。该报名义上是英国商人克明任董事长兼总主笔，实际主持者为总经理严宝礼，主持编辑工作的有胡惠生、徐铸成。作为上海"孤岛"时期创刊的抗日报纸，该报以新闻报道、评论、副刊、读者来信等多种形式，大力报道中国军民的抗战斗争，揭露和抨击汉奸卖国活动，拥护中国共产党有关抗日民族统一战线的政策，让人民看到抗战胜利的希望与前途。该报曾最先发表1938年2月毛泽东答美联社记者问的报道，在读者中引起了极大的反响。此外，该报开辟的《文会》《世纪风》《灯塔》等文艺副刊和《读者园地》《自学周刊》等专刊也颇有特色。其中，《世纪风》曾刊载过史沫特莱长篇报告文学《中国红军行进》、美联社记者勃脱

①方汉奇.中国新闻事业通史:第2卷.北京:中国人民大学出版社,1996:497.

兰的长篇通讯《与中国游击队在前线》等报道中国共产党领导的八路军、新四军和各地游击队生活战斗的报告文学、通讯和特写，成为上海“孤岛”时期抗日文学的堡垒。抗战胜利后，该报于1945年8月18日复刊，日出8开一张，后改出4开一张和对开一大张。复刊后以言论自由为原则，抨击国民党当局及当时的社会弊病，报道社会各界争取和平民主、反对内战独裁的斗争。1947年5月，被国民党政府查封。

在香港，全面抗战爆发前后有两份有影响的抗日爱国报纸，一是《生活日报》，一是《星岛日报》。《生活日报》1936年6月7日由邹韬奋创办，日出外埠二张8版，本埠一张4版。在《发刊词》中明确“本报的两大目的是努力促进民族解放，积极推广大众文化”，“以全国民众的利益为一切记述评判和建议的中心标准”[①]。该报坚持爱国主义立场，面向大众，最突出的是言论和读者来信。每天头条的社论由邹韬奋撰写，每篇500字左右，言简意赅；特载的文章均为读者关心的各种问题的专栏。“读者信箱”专栏供读者报告事实，发表对时事问题的意见。该报的创办，得到了中国共产党的关怀和支持，胡愈之、恽逸群等人都参加过该报的工作。由于该报在华南地区发行困难，邹韬奋接受中共南方党组织的建议，准备把报纸迁往上海以扩大其在全国的影响，于1936年7月31日自动停刊，但由于国民党政府不予登记，最终未能在上海出版。《星岛日报》创刊于1938年8月1日，由华侨企业家胡文虎出资，金仲华任总编辑，1940年又延聘羊枣为军事评论员，戴望舒为该报副刊《星座》主编。之后又出版了《星岛晚报》和《星岛周报》。该报在国际宣传方面突出反法西斯，在国内宣传方面坚持团结抗战。皖南事变后，金仲华和羊枣于1941年6月1日被迫辞职。[②]

在新加坡，胡愈之主持的《南洋商报》在抗战时期和战后初期发

①本社同人.《生活日报》创刊词.生活日报创刊号，1936-06-17.

②方汉奇.中国新闻事业通史：第2卷.北京：中国人民大学出版社，1996：948.

挥了海外爱国宣传阵地的作用。《南洋商报》创办于1923年，是爱国华侨陈嘉庚出资创办的一份商业性报纸。抗战时期全部股权转给他的女婿李光前及其弟李玉荣。1940年12月胡愈之接手该报编辑工作后，进行了彻底的改版：加强言论，文字深入浅出；改进新闻报道，侧重本地新闻报道和来自各地的特稿、专电；加强与读者的联系，通过报纸组织群众性的爱国活动，成为海外华侨了解时势的重要渠道和南洋最畅销的报纸。

第五节　报纸副刊、小报及其他

一、清末启蒙运动中的白话日报和妇女日报

近代第一份白话报《民报》由上海申报馆于1876年3月30日开始附出。作为通俗小报，它以社会底层民众为读者对象。创刊后，《申报》曾为之连登“新出新报纸招人代为分售”的启事：“启者本馆兹将增出一报，欲请人代为发卖。此报专为民间所设，故字句俱如寻常说话。每句及人名、地名尽行标明，庶几稍识字者便于解释。每逢礼拜二、四、六发一张，在本埠仅取价钱五文，外埠六文，今于初五日即礼拜四就可出售。第一日奉送不取价钱。如有在上海欲承办代卖者，请来本馆面议。”[①]上海英文版的《字林西报》对其评介如下：我们已经看到申报馆印行的一种新报的创刊号，它名叫《民报》，此报的特点是用通俗文字写的，而力求使读者易于了解其内涵。举例来说，每句之末都空出一格，人名及地名分别用直线和点线标于其旁。只消读过两年书的华人便能阅懂此报，而其定价仅铜钱五文，当能深入《申报》

①新出新报纸报人代为分售.申报,1876-03-30.

所不能达到的阶级，如店员、劳工之类。[①]《民报》出版时间最早，销量很少，没出多久即告停刊。

1887年，黄遵宪首先提出语言与文字合一的主张。1896年后，梁启超在《时务报》力图著文平易畅达，但跟白话文还有距离。戊戌变法前夕，维新派着手创办白话报刊，计有《演义白话报》《平湖白话报》《无锡白话报》《通俗报》《女学报》5种。其中以上海《演义白话报》创刊最早（1897年11月7日），而《无锡白话报》影响较大。经过维新变法、辛亥革命、五四运动，至1919年先后共出现200多种白话报刊，轰轰烈烈的“白话文运动”在全国渐成燎原之势。[②]

在白话报刊的创办高潮中，还出现了我国最早的妇女日报，这就是创办于1905年的《北京女报》。《北京女报》，1905年8月20日创刊于北京。[③]每天出3开铅印一横张。该报创办人是张筠芗，其子张毓书“总理一切外事”，当时女界知名人士葆淑舫曾任该报名誉主笔，另一社会活动家王子真曾任主笔。关于该报宗旨，天津《大公报》第1075号（1907年6月28日）“专件”栏所载《创设北京女报缘起》如下：“中国女学不昌，数千年矣。‘女子无才便是德’一语，实误尽苍生，幽囚我二万万妇女于黑暗世界。痛哉！地球文明各国，竞言女权，而女权发达之始基，由于女学。惟我中国，开办学堂甚非易事。盖大厦非一木所能支，陋习又非一朝所能革，苟或办理不善，必致物议丛生。然则，舍女学堂之外，而求所以进我妇女于文明之域者，其女报乎？考欧美各国，女报林立，其间以美国为尤盛。中国南省，曾有女报出版。惜其旋起旋灭，未能垂久，且只有月报而无日报，亦属缺然。近

①胡道静.胡道静文集:上海历史研究.上海:上海人民出版社,2011:523.

②陈明远.文化人的经济生活.西安:陕西人民出版社,2013:19.

③天津《大公报》第1125号(即1905年8月17日)之“中外近事·北京”栏,以“女报将出”为题报道:“《北京女报》定于二十日出版,想该报一出,必有可观也。”

来，北京风气渐开，报界增涨力甚猛。兹拟别开生面，创设女报，一切内容，悉仿日报体裁”；“俾女学日兴，风气日开，则抛砖引玉，‘请自隗始’。”[①]

可见，《北京女报》的宗旨在于“开女智”“开民风”。鉴于“中国文字过于艰深，女学又极幼稚”，该报“专用白话，以浅近文理，俾各人皆可购阅”，除“来函”“启事”“文苑”“文言”“瀛谈”等偶见之栏目及“奏折”“上谕”“宫门抄”等栏外，余皆用白话，且夹杂典型的北京方言、土话、俗语，具有相当浓重的地方色彩。该报先后辟有80多个栏目，设有“上谕”、“宫门抄”、“奏折及电报”、“新闻”、“演说”、“短评”、“女界新闻”、“时事要闻”（后改为“中外大事”）、“本京新闻”、“本省新闻”、“各省新闻”、“益智录”、“西学入门”、“家政学”、“儿童教育鉴”、“小说”、“戏曲”、“故事”、“寓言”、“笑谈”、“中国女界史”等。因该报主编张毓书是当时北京非常活跃的社会活动家，与彭翼仲、王子真、刘炳堂等共同致力于女性启蒙及社会慈善活动，抱持文化救国主张，鼓吹对传统文化中拘滞、阻碍女性发展的旧风俗、旧习惯予以批判，建立起女性人格的新范式，以与男性共同担负起救国重任。[②]《北京女报》在最能体现报纸宗旨的演说栏目中，多次辟专章演说有名的西方女子，如《美国翟女士为人为国成功的历史》《演说扶阑志斯》《美国女新闻家》等文章，以具有国家思想和国民意识、文明独立的西方女性形象，激励和塑造中国新女性。该报除在北京发行外，还行销外埠。已知《北京女报》出版至1909年1月15日（光绪三十四年十二月二十四日）[③]，是否续出及终刊日期待考。

辛亥革命期间，各省妇女曾组织军事团体参与革命，1912年至

---

①张筠芗.创设《北京女报》缘起.大公报,1905-06-28.

②赵继红.清末京华报界对北京下层社会的文化启蒙.文史月刊,2004(8):52-55.

③叶再生.中国近代现代出版通史:第一卷.北京:华文出版社,2002:731.

1913年两年时间内就创办了十几种妇女报刊。1913年2月16日，由女权运动先驱唐群英和丁云龙夫妇发起创办的《女权日报》，为湖南女子参政同盟会的机关报，刊载的主要内容是争取妇女参政权和“言论自由”[①]，后因经费支绌而很快停刊。二次革命失败后，袁世凯政府在围剿革命党人的同时，加强对报业的控制。据不完全统计，从1914年到1918年的五年间仅有14种妇女报刊创刊，且多为期刊，日报较少。

1919年五四运动爆发，伴随着新文化运动的激荡和革命形势的发展，我国妇女报刊进入了新的发展阶段。1924年1月1日，中共早期女党员刘清扬、邓颖超在天津创办《妇女日报》。这是20世纪20年代中国共产党领导下女性自办的第一张日报。刘清扬任总经理，邓颖超任编辑员，后接任总经理。同年5月5日起，由邓颖超于1923年4月25日创办的《女星》旬刊改周刊后，作为《妇女日报》副刊出版。该报以“汇聚、讨论全国妇女运动者的意见和消息，输入政治、经济、社会的状况及妇女问题常识，提出女子参加社会活动”为宗旨。[②]每日出4版，辟有“言论”“中外要闻”“各地琐事”“儿童园地”“插画”等栏目，阐述妇女运动的各种问题，报道全国各地妇女运动，介绍苏俄欧美妇女情况，揭露女性所受之种种压迫束缚，抨击各种不平等现象。向警予高度评价《妇女日报》的出版，称其为“中国妇女宣传运动的新纪元”。[③]由于其影响日益增大，于1924年9月30日出第260号后被军阀查封。

---

①《女权日报》祝词.湖南演说报,1913-03-02.

②中华全国妇女联合会妇女运动历史研究室.中国妇女运动历史资料(1921—1927).北京:人民出版社,1986:176.

③向警予.中国妇女宣传运动的新纪元.妇女时报,1924-1-2.

二、副刊的出现及民国四大副刊

从中国的报刊发展史来考察，副刊至少出现过四种不同形态，即期刊中的副刊又称“刊中刊”，报纸中的副刊又称“报中刊”，附属于报纸的一种期刊又称“报外刊”，期刊社另出的一种副牌刊物又称“刊外刊”。[①]在长期的报刊演变过程中，只有报纸中的副刊才被新闻学者作为特殊的报刊形态进行研究，专指报纸上刊登文艺性、知识性、学术性文章的固定版面，每天或定期出版，多数有专名。[②]从报业史的角度看，作为中国报纸的一个特色，副刊产生于报业竞争和政治宣传的需要。[③]近代早期外国人在华创办的报纸，只用于传播商业信息，没有文艺方面的内容。1872年美查在上海创办的《申报》为了吸引读者，扩大报纸销路，率先征集并登载文艺作品。1882年，上海的英国租界内由洋人办的《字林沪报》创刊，在仿效《申报》刊载文艺类稿件的同时，聘请蔡尔康任主笔，“在报中特辟一栏，名为‘花团锦簇楼诗辑’，编排作书版式，积之可以装订成册”[④]，从而形成固定的文艺作品栏目，具备了副刊的雏形。1897年11月，《字林沪报》增出附张《消闲报》，内容与当时的小报相同，但随正报附送读者，不另收报费。这被认为是我国出版的第一个报纸副刊。1900年，《字林沪报》售于日本东亚同文会后，改名为《同文沪报》，副刊亦随之改名为《同文消闲报》。后又改名为《消闲录》。1907年停刊。《消闲报》着眼于副刊最基本的功能，在大报的正张以外，为读者提供一种调节业余生活的读物，“要皆希奇丌笑，艳冶娱情，殿以诗词小品，盖名曰消闲，真可以遣

①姚福申，管志华.中国报纸副刊学.上海：上海人民出版社，2007：12-13.
②辞海编辑委员会.辞海.上海：上海辞书出版社，1999：228.
③陈玉申.副刊探源.新文学史料，2001(1)：203-206.
④胡道静.胡道静文集：上海历史研究.上海：上海人民出版社，2011：240.

愁、排闷、醒睡、除烦也”①，内容主要是游戏文章及生活小品等，也刊登少量广告。由于《消闲报》较好地迎合了读者的文化消费心理，发行量与日俱增，为其他报纸纷纷效仿，在内容和形式上对报纸副刊的发展产生了重要影响，形成了以文艺为主、兼及新闻、灵活多样、重视知识性和趣味性的副刊内容布局，也开启了副刊注重现实问题的新局面。

商业性报纸基于报业竞争的需要，为了扩大市场而办的副刊，在维新变法至辛亥革命时期为许多政治性报纸效仿，用于开展政治宣传和社会动员。1900年，兴中会在香港创办机关报《中国日报》。同时还创办了《中国旬报》，该报自第11期起，把其中的“杂俎”栏目改为《鼓吹录》。1901年3月《中国旬报》停刊后，《鼓吹录》成为《中国日报》的副刊，内容有粤讴、南音、曲文、说本、班本、史谈，谐文、谐谈、小说、杂文、词苑等多种形式，每期约3600字，其中“由杨肖欧、黄鲁逸数记者撰作戏曲歌谣，或讽刺时政得失，或称颂爱国英雄，庄谐杂出，感人至深”②。如此显著的传播效果，引得其他革命报纸踵而效之，在香港出版者，有《世界公益报》《广东报》《有所谓报》《东方报》《少年报》等；在广州出版者，有《时事画报》《群报》《国民报》《人权报》《南越报》《平民报》《天民报》《中原报》《齐民报》等，均注重戏剧歌谣一门，其旨趣及作风略与《鼓吹录》相仿，通过报纸副刊来宣传资产阶级革命思想，“抒救时之策，鸣警世之钟”“察人情之趋向，激社会之热肠”③。

五四运动时期，陈独秀、胡适等以《新青年》杂志为阵地，提倡用白话文代替文言文，并且在“文学革命”的口号下提倡新文学，同

---

①阿英.晚清文艺报刊述略.北京:中华书局,1958:67.

②冯自由.革命逸史:第2集.北京:新星出版社,2009:338.

③《有所谓报》发刊词.有所谓报,1905-06-09.

反对旧政治、旧思想，提倡新政治、新思想的斗争密切联系起来。在《新青年》的影响下，一些报纸副刊开始酝酿变革。作为五四运动时期新闻工作改革的一个重要方面，这一时期的报纸副刊“改变了以前报纸副刊的消闲的低级趣味性质，变成介绍新文艺、新思想、新知识，反对封建主义思想文化的重要阵地，有的还在传播马克思主义中作出了重要贡献”①。其中《晨报副刊》、《时事新报》的《学灯》副刊、《民国日报》的《觉悟》副刊、《京报副刊》等“四大副刊”，借助报纸信息容量大、发行量多、发表便捷、辐射广泛、反响及时等传播优势，介绍文学革命的主张和先驱作家的示范性作品，推动了文学革命的进程，为新文化运动的发展打下了广泛基础。

《晨报副刊》原为北京《晨报》第七版，刊载小说、诗歌、小品文和学术讲演等，因随《晨报》附送，故称《晨报副刊》。1920年7月由孙伏园主编，次年10月改出4版单张，定名为《晨报副镌》，以“文艺与人生是无论如何不能脱离的”②为办刊理念，得到李大钊、鲁迅等的大力支持，影响和带动一批知名的新文学作家为其撰稿，成为宣传新文化运动的重要阵地（该刊自1925年起改由徐志摩主编，于1928年6月终刊）。《民国日报》的《觉悟》（1919年6月至1931年12月）发表邵力子、陈望道等人的随感录，与《新青年》互相呼应，抨击旧思想，传播新思想。《时事新报》的《学灯》（创刊于1918年3月，中间时断时续，于1947年2月24日终刊）“为报纸有学术性副刊的创始”③，在宗白华、李石岑主编期间，编辑宗旨从初创时期的“促进教育，灌输文化”转为“从学术的根本研究，建中国的未来文化”，明确要“借着

①方汉奇.中国新闻事业通史:第2卷.北京:中国人民大学出版社,1996:108.

②孙伏园.谈谈日报的“附张”//王文彬.中国报纸的副刊.北京:中国文史出版社,1988:27.

③赖光临.中国新闻传播史.台北:三民书局,1978:145-147.

这学术的灯，做我们积极的、基础的、稳固的、建设的新文化运动”，成为第一份引入学术文化的报纸副刊，开创了副刊刊登具有思想性、学理性内容的先河。[①]

在五四运动中崛起的一批现代文学社团，为了扩大自己的社会影响，也纷纷通过借报办刊的方式，展示其创作成绩，实践其文学主张，由此形成了一批反映社会现实的新型文艺副刊。如文学研究会在《时事新报》和《晨报》上分别设有《文学旬刊》，创造社在《中华新报》上开设《创造日》，莽原社在《京报》上开设《莽原》，等等。20世纪30年代，许多副刊都重视发表文学青年的习作，把培育新进作家当作刊物的重要职责。1933年，沈从文接任《大公报》的《文艺副刊》主编后，培养了何其芳、卞之琳、萧乾、严文井等一批青年作家，一度成为“京派”作家的中坚力量。这一时期的冰心、郭沫若、梁实秋、沈从文等一批文学新人都是通过在报纸副刊发表作品走上文坛的，鲁迅、周作人、徐志摩、叶圣陶等一批著名作家的作品也是通过在报纸副刊刊载作品引起广泛关注的。据相关学者统计，鲁迅有近一半作品首先发表在各报副刊上，如《呐喊》《彷徨》《故事新编》中的一些篇章，或发表于《晨报副刊》，或发表于《莽原》。[②]

在新文学革命的冲击下，越来越多的报纸副刊摒弃消闲、游戏的格调，开始刊登新文学作品。民国初年，以《申报·自由谈》《新闻报·快活林》等为代表的商业性报纸副刊大量刊登各种言情、武侠、侦探等社会小说，其中以鸳鸯蝴蝶派小说占据主要地位，迎合了大众文化消费欲求，但也因刊登品位低俗的内容，造成了一定负面影响。20世纪30年代，《申报·自由谈》《新闻报·快活林》等纷纷革新，向着综合化副刊的方向发展，更加注重雅俗融合、贴近现实，并在编辑

①吴静.学灯与五四新文化运动.北京:中国书籍出版社,2012:44.

②冯并.中国文艺副刊史.北京:华文出版社,2001:251-252.

形态上作出新的探索。由王钝根于1911年8月创办的《申报·自由谈》（担任主编的先后有吴觉迷、陈蝶仙、周瘦鹃、黎烈文、张梓生等），最初的办刊宗旨是“为了‘兼顾严肃活泼’的办报方针，使报纸变得活泼有趣一些”[①]，早期主要开设“游戏文章”、“海外奇谈”、“慷慨悲歌”（诗词）、“心直口快”（讽刺性絮语）等栏目，以诗词、歌曲、遗闻轶事、游戏之作为主，在编辑方针上主张“丰富多彩”“记载必有趣味”。1920年周瘦鹃接任主编后，开设“闲话”“杂录”“所闻拾遗”“游记”“剧谈”“笑林”“小说”“余滴”“游戏”等众多栏目，内容无所不包，实质上仍以风花雪月、轶闻趣谈、闲话琐事之类的小品及才子佳人小说为主。1932年，黎烈文接任主编后，对《申报·自由谈》进行大刀阔斧的改革。第一，明确“立足于文艺的进步与近代化”的编辑宗旨，表示“决不敢以‘茶余酒后消遣之资’的‘报屁股’自限”[②]。第二，在较短时间内聚集起由鲁迅、茅盾、叶圣陶、赵家璧、老舍、曹聚仁、施蛰存、张天翼、廖沫沙、沈从文、郑振铎、艾芜、姚雪垠等组成的一支庞大作者队伍。如鲁迅1933年后出版的《伪自由书》《准风月谈》《花边文学》上的文艺杂文，大多首发于该刊。第三，在栏目上大胆改革，大力刊载与时代脉搏紧密相连、反映社会精神生活的杂文、随笔，成为当时读者最喜欢的报纸副刊，也塑造了报纸副刊全新的鲜明特色，对推动新文学进一步发展，尤其对杂文创作的繁荣发挥了重要的推进作用。[③]

继1911年《申报》创办《申报·自由谈》之后，《新闻报》于1914年8月将张丹斧任主笔的《庄谐丛录》改版为《快活林》，1932年

①陈昌凤.蜂飞蝶舞——旧中国著名报纸副刊.福州:福建人民出版社,1999:38.

②编辑室启示(一).申报·自由谈,1932-12-12.

③陈玉申.中国近现代报纸副刊的沿革.山东师范大学学报(人文社会科学学报),2002(3):69-71.

一·二八事变后又改名为《新闻报·新园林》，1937年8月停刊，抗战胜利后复刊，至1949年5月停刊，在长达30多年的时间里均由上海著名文人严独鹤担任主编。严独鹤在多年的编辑实践中总结出比较成熟的编辑理念，主张副刊应“以独立的地位，发挥其独立的精神和功能”，“负起文化人和报人的使命”，刊发的文字应具备隽雅而不深奥、浅显而不粗俗、轻松而不浮薄、锐利而不尖刻的特色，因为“副刊的读者是大众，包括着全国各阶层的人物，副刊的编者，如其想到适应读者需要，也就须适应大众的需要，这便是说一页副刊的内容，最好是做到大众都能接受，都能领略，都能欣赏，也都能得到一些裨益，而决非专配合某一种人的胃口，专供某一种人的阅读”①。秉持这一编辑思想，严独鹤主持的《新闻报·快活林》主要内容包括游戏文章、小说、谈话、海内外趣闻、影评、戏评、文娱活动、漫画等。刊载小说时，一般会标明类别，如“社会小说”“侠情小说”“言情小说”等。由于严独鹤是“礼拜六派”中的代表人物，《新闻报·快活林》刊载的李涵秋、不肖生、顾明道、张恨水等人写的小说，受到市民欢迎。1925年起，《新闻报·快活林》取消栏目设置，内容更加多元丰富，刊载影戏界、出版界和文学界等方面资讯，并增加介绍国外趣闻的内容，以及纯知识性、常识性的科普文章和译文。1931年九一八事变爆发，《新闻报·快活林》设立“救国之声”专栏和“抗日同志谈话会”，大量刊登读者来稿来信，反映各地抗战情况，开展抗日救国宣传。更名为《新闻报·新园林》后，提出要“戒除种种颓废无聊的文字，而多采取多刊载有意义有价值的文字”②，加强抗日宣传力度，刊载《现代青年》《燕归来》《夜深沉》等爱国小说。

全面抗战开始后，因文学杂志几乎全部停刊，新创办的杂志往往

①严独鹤.编辑副刊的体验与感想.报学杂志，1948，1(6)：3-4.

②严独鹤.新园林与新生命：园丁的几句话.新闻报，1932-04-01.

不能按期出版，或时出时停，或短命夭折，报纸副刊在文坛上的地位由此凸显出来。加之国民党实行战时新闻管制，在国统区创办的各报内容差异不大，使得许多报纸转而下力气经营副刊以吸引读者，提高市场占有率。抗战胜利后，一批进步作家以副刊为阵地，揭露国民党反动统治罪恶，反压迫争民主，有力地配合了当时的现实斗争。作为中国共产党在国统区的重要文化阵地，《新华日报·新华副刊》积极开展文学问题大讨论，批判错误文学主张，引导文学创作方向，并及时报道延安及其他根据地的文学发展情况，宣传党的文艺方针和政策，广泛团结大后方各党派的进步作家。与此同时，在抗日根据地和解放区的报纸副刊，以毛泽东在延安文艺座谈会上的讲话为指导思想，把文艺"为人民大众服务"作为编辑宗旨，突出文学创作要密切联系人民群众的初心，在推动群众性文艺运动蓬勃发展方面发挥了重要作用。丁玲主编的《解放日报·文艺》(1941年9月16日创刊，1942年3月30日终刊)明确提出："一、团结边区所有成名作家；二、尽量提拔培养青年作家；三、反映边区各抗日根据地生活及八路军、新四军的英勇战斗；四、提高边区文艺水平。"[①]在《解放日报·文艺》的带动下，解放区报纸副刊特别注重从工农兵群众中发现和培养文艺新人，壮大活跃文艺创作，并运用群众喜闻乐见的文艺形式，真实反映解放区军民的生活和斗争，弘扬革命战争主旋律。如《吕梁英雄传》《洋铁桶的故事》《新儿女英雄传》等，运用章回体这种民间接受度更高且适合在副刊上连载的通俗形式，叙述中国共产党领导下的根据地的抗战故事，使文学"开始作到真正和广大的人民群众结合，并始作到真正首先为工农兵服务，从内容到形式，都起了极大的变化"[②]。

---

①丁玲.编者的话.解放日报,1942-03-12.

②郭沫若.为建设新中国的人民文艺而奋斗——在中华全国文学艺术工作者代表大会上的总报告//党秀臣.中国现当代文学参考资料选.北京:高等教育出版社,1994:288.

三、各类小报

晚清、民国时期，在上海、北京、天津等大中城市出现了一批面向市民群体、贴近城市生活的小报。小报又称小型报，是相对于大报而言的，以刊载小说、小品、漫画、新旧体诗、街巷琐事、名人轶事、花伶艳闻、影舞动态、地方掌故、生活常识等趣味消遣性内容为主。自清末以降，小报便在中国开始发展，到20世纪20年代趋于繁荣。全国各地都有小报刊行，尤以报业发达的上海数量最多，种类最为丰富，“平津及港粤方面，亦有小报，惟不及上海之盛”[①]。据统计，从1897年李伯元创办《游戏报》起，到1952年《亦报》《大报》并入《新民晚报》为止，上海曾出版小报1266种[②]，形成一种独特的文化现象。

赖光临的《七十年中国报业史》总结了小报的六大特色：一是揭举内幕，直言无隐，于奸慝之辈，多所抨击，使读者快意；二是取材以趣味为准，足以把握大众的心理；三是新闻取材与大报不同，着重有趣的细则，描写尽致，使人神往；四是文字活泼，不拘一格，而且有婉而多讽的意味；五是新闻记述力戒冗长，使读者保持浓厚兴会；六是迎合俗趣，着其先鞭。[③]小报在开张上比大报小，或四开、或八开，或横四开、横八开，或方型；有日报、三日报、周报、花报、戏报、游乐场报、党派团体报、电影报、舞报、小说报等；在内容上以消闲娱乐为主，熔新闻、评论、文艺、知识、娱乐、地方掌故于一炉。[④]根据其内容特点，大致可分为十大类：综合性小报、党派小报、社团小报、行业小报、同乡会小报、家庭常识小报、医药小报、娱乐

---

①赵君豪.中国近代之报业.北京:中国传媒大学出版社,2018:160-161.

②祝均宙.图鉴百年文献:晚清民国年间小报源流特点探究.台北:华艺学术出版社,2013:4.

③赖光临.七十年中国报业史.台北:“中央日报社”,1981:128-129.

④孟兆臣.中国近代小报史.北京:社会科学文献出版社,2003:1.

性小报、黄色小报、花界小报。[①]

上海小报的发展大致可分为三个时期。

第一个时期是从1897年到20世纪20年代，以李伯元的《游戏报》和《世界繁华报》为代表，内容以花、伶两界为主。《游戏报》创办于1897年6月24日，“其始事之心，不过以西国报例有游戏一种”，而独于吾国“此例无闻，未免阙如犹憾。主人结习未忘，雅好游艺，爰以余力创为是报”[②]。《游戏报》最初主要内容有小说、传奇、诗词、弹词、随笔、轶闻等文艺作品，也有支持变法、反对帝国主义侵略、讽嘲社会不良现状的言论。李伯元阐述此报的“本意”为“假游戏之说，以隐寓劝惩”，后又重申“本馆之特创此举，原非专为游戏，实欲以小观大，借事寓言”。反映在报纸内容上，主要以文艺作品来揭露清政府的腐败，以诗歌、竹枝词反映十里洋场的风光以及种种怪现状。《游戏报》迎合上层人士、中产阶层的兴趣，又富于通俗性、趣味性、文艺性，读者面广，日销量曾达七八千份。李伯元后来又创办了《世界繁华报》，每日刊载小说，如李伯元的《官场现形记》、孙漱石的《海上繁华梦》等，颇受欢迎。此后出版的小报还有《关报》《奇闻报》《趣报》《寓言报》《关林报》《春江花月报》《花世界》《二十世纪大舞台》《闲情报》《娱言报》等，到辛亥革命前，共出了30多种小报。这些小报大多存续时间比较短，其内容追求“奇”“趣”“新”“怪”，因而被称为小报的“花报”时代。[③]

第二个时期是从20世纪20年代到1937年，这一时期的小报以三日刊为主，内容较前一时期发生了变化，以《晶报》《金刚钻》《福尔摩斯》《罗宾汉》“四大金刚”为代表，多刊载为大报不敢载之军政新

①祝均宙.上海小报三题.新闻大学,1998(4):71-75.

②本报添印附张缘起.游戏报,1899-06-08.

③赖光临.七十年中国报业史.台北:“中央日报社”,1981:128.

闻、社会秘辛。其中《金刚钻》以刊载小说见长，《福尔摩斯》以新闻侦探自任，《罗宾汉》专载戏剧界动态，而《晶报》名列“四大金刚”之首，是20世纪20年代后期小报业繁荣局面的开创者。[①]该报创刊于1919年3月3日，余大雄主编，本为《神州日报》附刊，1927年正式独立，直到1940年5月停刊。《晶报》为三日出版一期，其版式为横方型，分成四版，第一、第四版为广告版，第二、第三版为文字版。这种三日刊的模式，开创了三日刊小报之先河。与其他上海小报类似，《晶报》的读者主体多为中下层市民，也得到王揖唐、张学良等一些政府要员的关注。1933年，为庆贺《晶报》改三日刊为日刊，上海市市长吴铁城题词“小报之王”。《晶报》的新闻稿件多出自上海洋场文人之手，除长篇小说外，大多不支付稿酬。《晶报》创办时有两位著名的主笔，其中一位是张丹斧，他创作的小品文诙谐隽永、独具一格，体裁适合于小报刊载，时人赞誉“小报文体之开创，实由丹斧作俑”[②]；另一位主笔袁寒云为袁世凯次子，他写的长篇笔记《辛丙密苑》记述北洋掌故，在《晶报》连载，使之销数大增。除了以上两人外，该报比较固定的作者还有包天笑、李涵秋、毕倚虹等，后来加入的如张恨水等。叶楚伧、邵力子等也曾为之撰文。这些来自不同领域的作者群体，既保证了丰富的稿件来源，又使该报的内容呈现多元化面貌。《晶报》初期偏重文艺，后来重心逐渐向社会政治转移。1932年一·二八事变后，《晶报》日出半张，同年10月12日起改为日刊。1940年日本侵略势力侵入租界后停刊。

这一时期，上海还出现了一个创办黄色小报的高潮。黄色小报主办者多为沉湎于十里洋场的落拓文人，在编辑设计上多作横式，分为

①季宵瑶.近代上海小报的话语策略与自我定位——以1920年代上海《晶报》为个案.新闻大学,2006(1):45-53.

②陈定山.春申旧闻.北京:海豚出版社,2015:73.

若干折，俗称“横报”，因其格调低下，不断受到社会指责而渐趋销声匿迹。黄色小报退场前后，出现了一类团体小报，以“研究文艺，交换知识，联络感情”为宗旨。主要有两支，一是青年文学社团（其中不少是学生）办的小报，内容多为文学欣赏和探讨，有一定的文化层次。如晨光社的《晨光》，绿社的《绿痕》，豫社的《华风报》，青年学艺社的《集思》《兰麝》等；二是以鸳鸯蝴蝶派文人为基础组成的旧式社团所办的小报，言情色彩很浓。主要有粹社所办的《粹报》、红社的《红报》、虹社的《精报》等。[①]此外还有一类生活常识小报，以1927年11月出版的《常识》较有代表性。这份小报专刊介绍吃、穿、住、行等生活常识的文章，一经创刊便十分畅销。

20世纪30年代，上海小报从内容到形式进行了一系列的改革。在刊期上，绝大多数小报改三日刊为日刊；在内容上，增加时事新闻的分量；在编辑业务上，改变过去集采访、撰文、编辑于一人的模式，实行分版负责，使报纸编排走上正规化道路；在栏目设置上，将原来芜杂的栏目加以整合，使各版内容固定化，同时增设副刊；在稿件来源上，新文学作家介入小报。[②]这些改革使小报的面貌焕然一新，走上稳步发展的新阶段。以《立报》最为风行。如前所述，《立报》于1935年9月20日创刊，由著名报人成舍我联合友人创办，1945年10月之前由萨空了主编。这是一份兼容旧派文人和进步新闻工作者的小型报，其办刊目的，在于“欲复兴民族，必先使每一国民，皆能了解本身对于国家之责任。为欲达到此目的，则定价低廉，阅读便利，日销达百万之大众化报纸，尝有乘时崛起之必要”[③]。宗旨是“面向民众，既替民众说话，又要教育民众关心国家”，为此把关系民族危机、国家命运

①祝均宙.上海小报的历史沿革(中).新闻研究资料,1988(3):137-153.
②李楠.晚清民国时期上海小报研究.北京:人民文学出版社,2006:52-53.
③立报发刊要旨.立报,1935-09-20.

的新闻时事作为报纸的主要内容，不再像以前的小报那样刊载社会杂闻，被当时新闻界和广大读者誉为“大报中的小报，小报中的大报”，在小报发展史上占有独特的地位。[①]在形式上，《立报》一改小报的固有格式，第一版专载国内要闻、短评，报头两旁附以人物图画、时事漫画，第二至四版下半版分辟三个副刊，上半版分载国外新闻、本埠新闻和社会动态。萨空了用笔名“了了”发表的时论，颇为读者钟爱。《立报》的三个副刊雅俗并呈，独树一帜。一是《言林》新文艺副刊，由谢六逸编；二是《小茶馆》，侧重于知识性，由萨空了编；三是《花果山》通俗小说园地，张恨水、包天笑等都曾任过编辑。郭沫若、茅盾、老舍、巴金、夏衍、郁达夫、曹聚仁、朱自清、王统照等也曾为《立报》副刊撰稿。到1937年初，该报发行量高达20万份，远远超过了“四大金刚”发行的总和，不仅受到进步作家的欢迎，也吸引了一批旧派文人读者，被新闻界公认为是小型报的旗帜。它所首创的小型报模式也被后来《导报》《译报》等四开报纸视为楷模。

上海小报发展的第三个时期是从1937年八一三事变到1949年中华人民共和国成立，这一时期的小报都是日刊，内容更全面、更丰富。1937年10月5日，由上海最有影响的十家小报联合出版《战时日报》，4开4版。其创刊词说：“我们未曾忘记自己是一个大中华民国的百姓，我们知道自己是有五千年历史的黄帝子孙，所以我们要干，干到敌人的铁骑不再来践踏我们的国土为止。”《战时日报》大量刊登抗战新闻和分析抗战形势的文章，其主编冯梦云在该报连续发表了十几篇有关时局的论文，强调国共合作是抗日阵线中“最重要的一个基础”。该报首期还用醒目标题在头版发表了“八路军电告收复井坪镇”“江湾闸北昨竟日激战”的消息。以后又接连发表朱德的《论西班牙战争》《论日本决不可怕》、毛泽东的《抗战必胜论》、丁玲主编的《记二万五千里

①祝均宙.上海小报的历史沿革(中).新闻研究资料,1988(3):137-153.

长征》、史沫特莱的《京沪途中闻见记》、郁达夫的《倭寇的穷技》等专稿，何香凝、田汉等人的诗歌，凌鹤、蔡楚生等的报告文学、短剧，丁聪、江栋良、叶浅予、鲁少飞、张乐平、张光宇等的时事漫画。第四版特辟《后方副刊》，发表田汉等人的文章。《战时日报》的出版，是上海自有小报以来的空前盛举。同年12月11日，《战时日报》被工部局查禁，仅出版三个月便被迫停刊。①

20世纪40年代，上海较有影响的小报，一是《铁报》，二是《东方日报》。《铁报》创刊于1929年7月7日，由毛子佩创办，初期分四版，张恨水、王小逸、张恂子等为该报写了不少长篇小说。1932年冯梦云主编该报，力扶擅写政治新闻的何二云和谢豹，政界新闻一度成为《铁报》的重点。1937年八一三事变后停刊，抗战胜利后毛子佩从重庆回沪，又复刊了《铁报》，一直出版到1949年6月停刊。《东方日报》创刊于1932年5月27日，由徐善宏、顾尔康合办，聘请谢豹、唐大郎、龚之方为各版编辑。该报大幅刊登回力球赌场的广告，并请史悠宗兄弟主持回力球比赛预测胜负消息，引起博彩迷的注目。1936年8月，邓荫先接办后另邀蒋叔良、汪北平主持笔政，断断续续一直出到抗战胜利后停刊。

在上海小报完成了从游戏讽喻小报，到游戏场小报，再到综合性小报和其他各类品格鲜明的小报这一发展过程的同时，北京小报大致经历了从晚清政治宣传工具型的白话小报，到时事、文艺、娱乐综合型小报，再到大报化的小报模式，最后成为关注市民日常生活的、符合北京市民情趣的真正的市民小报这样一个过程。②

就现在能够看到的史料来看，北京小报以1901年创刊的《京话报》

---

①祝均宙.上海小报的历史沿革(下).新闻研究资料,1988(4):210-220.

②李楠.迥然相异的面目:京海格局中的北京(平)小报.中国现代文学研究丛刊,2005(6):110-128.

和《白话学报》为最早，至1949年2月《北平新报》停刊，其间的发展大致可以分为三个时期。第一个阶段是中华民国成立前。当时北京地区大报和小报的一个主要区别，是文言和白话的区别，大报使用文言撰稿，而小报采用白话，其读者定位为北京地区不识字，或者仅认识少数字，无法阅读和理解文言文，以及经济条件有限，无力购买大报的中下层市民群体。在这时创办的小报多以反帝、维新立宪为己任，因其政治影响巨大，在报刊史上占一席之地。如《京话报》《京话日报》《中华报》《正宗爱国报》《刍言报》等，都曾引起过一定反响。

民国成立以后，北京处在北洋军阀统治下，报刊界失去了较为宽松的言论空间。清末创办的小报几乎全部停刊，新创刊的也不敢触碰政局，大多刊登一些社会新闻、戏剧娱乐信息、掌故、民间传说、知识小品、小说、笔记等。到这一阶段，北京小报完成了由原来单纯的政治宣传工具向时事、娱乐、文艺综合性小报的转向。其中出版时间最长的是《群强报》，创刊于1912年5月29日，出版至1937年七七事变后停刊。初为端方之子纪昆侯（侯德辉）所办，后归陆泽，经理戴正一，编辑有杨曼青、勋荩臣等。《群强报》版式很特别，四开长条一大张8版，刊登“紧要新闻”“本京新闻”“演说”“时评”“戏评”“小说”等，针对的是京城识字不多的小市民，主要刊登米、面、杂粮市价之类的民生新闻，广告以京戏最为齐全，不仅有当天各戏院的戏目及未来两三天的预告，而且对每个剧目的演员都开列得十分详细。在当时的市民阶层中广为传看。根据成舍我的记载，1918年《群强报》的销量超过了北京地区销售量最多的四家大报《顺天时报》《益世报》《晨报》《北京日报》之总销数，最多时发行到五六万份。[①]在孙中山逝世的第二天，该报就最早详细地刊登了孙中山的病因和逝世之经过，可见这份报纸对于新闻时效性的重视，对孙中山于1924年12月底进京

①成舍我．中国的小型报//李瞻．中国新闻史．台北：台湾学生书局，1979：377.

治病及临终前的详情和之后治丧的组织安排都作了详述，有着很重要的文献和历史价值。[①]

1927年南京国民政府成立后，北京新创刊的小报逐渐增多，其中影响较大的是《实报》。《实报》创刊于1928年10月4日，社长为管翼贤。该报拥有当时最先进的轮转印刷机，职员逾百名，除发行小报之外，还出版《实报半月刊》杂志，设有独立的通讯社——时闻社，沿用大报关于国内、国际形势报道的做法和写法，所有新闻都来源于采访所得，时效性大大增强，销量曾一度创下北平报纸的最高纪录。在版面编排方面，该报第一版登载国内、国际新闻；第四版是本京社会新闻；其他两个版面改作文艺副刊，保留白话报的传统栏目并加以改造，变“演说”为“谈话”，改“地理答问”为“生活百科知识答问”。由于该报准确把握北平市民的文化品位和精神需求，大量刊登与北平历史相关的掌故、笔记、杂闻、传说等，既推出许多北派通俗作家作品，又发表丁玲、沈从文、老舍、刘白羽等新文学家的文章，成为当时北平文人必订的报纸。[②]七七事变后，该报被日寇收买，1944年停刊。

1937年全面抗战爆发后，北京小报仅存《实报》《真报》和《现代日报》三家；新创刊的小报，《武德报》《新民报晚刊》《进报》和《新北平》属于日伪小报，《戏剧报》《电影报》和《实事白话游艺报》为纯粹娱乐小报，不涉及时事和政治。抗战胜利之后，以往的小报全部停刊，新出版的有《北平小报》《市民日报》《大同民报》和《纪事报》等。这些小报都仿效《实报》“小报大办”的模式，在内容上兼有时事、娱乐、文艺三部分，整体风格比先前活泼、丰富、生活气息浓郁，电影明星的逸闻轶事和照片增多，充分发挥了报纸的文化休闲属性。

---

①姜小平.最早报道孙中山逝世过程的《群强报》.武汉文史资料，2015(4):39-41.

②李楠.迥然相异的面目：京海格局中的北京(平)小报.中国现代文学研究丛刊，2005(6):110-128.

主要参考书目

《群众周刊大事记》编写组.群众周刊大事记.北京:红旗出版社,1987.

《上海出版志》编纂委员会.上海出版志.上海:上海社会科学院出版社,2001.

《上海妇女志》编写委员会.上海妇女志.上海:上海社会科学院出版社,2000.

《申报》上海书店1982年影印本.上海:上海书店,1982.

《新华书店五十年》编辑组.新华书店五十年.北京:新华书店总店,1987.

《新闻界人物》编辑委员会.新闻界人物:六.北京:新华出版社,1985.

《中国共产党江西出版史》编写组.中国共产党江西出版史.南昌:江西人民出版社,1994.

《中原——中南新华书店史》编辑委员会.中原——中南新华书店史.武汉:湖北人民出版社,1991.

阿英.阿英全集:第六卷.合肥:安徽教育出版社,2003.

阿英.晚清文学丛钞·小说戏曲研究卷.北京:中华书局,1960.

阿英.晚清文艺报刊述略.北京:中华书局,1958.

埃德加·斯诺.西行漫记.董乐山,译.北京:解放军文艺出版社,2002.

爱汉者.东西洋考每月统记传.北京:中华书局,1997.

安康.感受巴金老人内心世界的丰富与博大——现代文坛巨匠与卓越的编辑、出版家.新闻出版交流,2002(4):43-45.

白吉尔.中国资产阶级的黄金时代(1911—1937).许世芬,译.上海:上海人民出版社,1994.

包筠雅.文化贸易:清代至民国时期四堡的书籍交易.刘永华,译.北京:北京大学出版社,2015.

包天笑.钏影楼回忆录.北京:中国大百科全书出版社,2009.

包伟民.中国九到十三世纪社会识字率提高的几个问题.杭州大学学报:哲学社会科学版,1992(4):79-87.

保定历史文化丛书编辑委员会.保定抗战文化.北京:方志出版社,2005.

北京出版社.编辑杂谈.北京:北京出版社,1981.

卞孝萱,唐文权.民国人物碑传集.北京:团结出版社,1995.

蔡和森.蔡和森文集:下册.北京:人民出版社,2013.

蔡铭泽.论中国国民党地方党报的建立和发展.广州师院学报(社会科学版),1995(1):75-82.

蔡铭泽.中国国民党党报发展述略.新闻与传播研究,1992(1):185-209.

蔡尚思,方行.谭嗣同全集:上册.北京:中华书局,1981.

蔡仕伟.再探陈之佛装帧设计.中国艺术,2018(11):20-27.

曹德本,方妍.中国传统义利文化研究.清华大学学报:哲学社会科学版,2005(1):14-19.

曹南屏."考试不足得人才":清末科举改制与出版市场的互动及其影响.近代史研究,2018(5):105-121.

曹予庭.党在早期建立的出版发行机构.出版史料,1982(1):64-71.

曹育.民国时期的中国生理学会.中国科技史料,1988(4):21-31.

曹之.中国古代图书史.武汉:武汉大学出版社,2015.

曹之.中国古籍版本学.武汉:武汉大学出版社,2002.

曹之.中国古籍编撰史.武汉:武汉大学出版社,1999.

常文芳.由《小说月报》看茅盾的作者意识.安徽大学学报:哲学社会科学版,2007(5):88-91.

车锡伦."林兰"与赵景深.新文学史料,2002(1):36-37.

陈伯海,袁进.上海近代文学史.上海:上海人民出版社,1993.

陈昌凤.蜂飞蝶舞——旧中国著名报纸副刊.福州:福建人民出版社,

1999.

陈昌文.上海近代出版业对都市人口的吸纳与整合.上海师范大学学报:哲学社会科学版,2003(4):118-124.

陈大康.《新小说》出版时间辨.华东师范大学学报,2009(2):81-85.

陈大康.中国近代小说编年.上海:华东师范大学出版社,2002.

陈德军.南京政府初期的“青年问题”:从国民识字率角度的一个分析.江苏社会科学,2012(1):114-118.

陈定山.春中旧闻.北京:海豚出版社,2015.

陈桂良.茅盾与《小说月报》.编辑学刊,2004(3):46-49.

陈江.辛亥革命前我国中文期刊的空间分布及其解释.编辑学刊,1994(4):84-90.

陈明远.文化人的经济生活.西安:陕西人民出版社,2013.

陈平原.二十世纪中国小说理论资料:第1卷(1897年—1916年).北京:北京大学出版社,1989.

陈平原.左图右史与西学东渐:晚清画报研究.北京:生活·读书·新知三联书店,2019.

陈漱渝.许广平传.北京:人民日报出版社,2011.

陈思和.秋里拾叶录.济南:山东友谊出版社,2005.

陈思和.试论现代出版与知识分子的人文精神.复旦学报(社会科学版),1993(3):44-49.

陈思和.中国当代文论选.上海:上海教育出版社,2010.

陈万雄.五四新文化的源流.北京:生活·读书·新知三联书店,1997.

陈学文.明清时期太湖流域的商品经济与市场网络.杭州:浙江人民出版社,2000.

陈学恂.中国教育大事记.上海:上海教育出版社,1981.

陈学恂.中国近代教育史教学参考资料:下册.北京:人民教育出版社,1986.

陈学恂.中国近代教育史教学参考资料:中册.北京:人民教育出版社,1986.

陈亚兰.李善兰华蘅芳詹天佑诗文选译.成都:巴蜀书社,1997.

陈阳凤,梅莉.中国编辑职业化考.出版发行研究,2000(5):29-30.

陈玉申.副刊探源.新文学史料,2001(1):203-206.

陈玉申.晚清报业史.济南:山东画报出版社,2003.

陈玉申.中国近现代报纸副刊的沿革.山东师范大学学报(人文社会科学学报),2002(3):69-71.

陈元晖,李桂林.中国近代教育史资料汇编:普通教育.上海:上海教育出版社,2007.

陈原.陈原出版文集.北京:中国书籍出版社,1995.

陈真.中国近代工业史资料:第4辑.北京:生活·读书·新知三联书店,1961.

崔志海.梁启超自述.郑州:河南人民出版社,2004.

戴仁.上海商务印书馆(1897—1949).李桐实,译.北京:商务印书馆,2000.

党秀臣.中国现当代文学参考资料选.北京:高等教育出版社,1994.

邓广铭,田钰.中国历史研究知识手册.郑州:河南人民出版社,1990.

邓拓.邓拓诗词选.北京:人民文学出版社,1979.

邓拓.邓拓文集:第1卷.北京:北京出版社,1986.

邓咏秋.中国出版业现代化研究(1800—1949).北京:北京图书馆出版社,2016.

丁淦林,陈巧云.中国共产党党报史略.新闻记者,2001(7):6-9.

丁守和.抗日战争时期期刊介绍.北京:社会科学文献出版社,2009.

丁守和.辛亥革命时期期刊介绍:第3集.北京:人民出版社,1983.

丁守和.辛亥革命时期期刊介绍:第4集.北京:人民出版社,1986.

丁文江,赵丰田.梁启超年谱长编.上海:上海人民出版社,1983.

丁西省.益智书会与中国近代教科书的出版.兰台世界,2013(6):31.

范军.略论民国时期的大学出版.河南大学学报:社会科学版,2014(2):136-144.

范军.中国出版文化史研究书录(1978—2009).开封:河南大学出版社,

2011.

范铁权.近代中国科学社团研究.北京:人民出版社,2011.

方汉奇,等.《大公报》百年史.北京:中国人民大学出版社,2004.

方汉奇.中国近代报刊史(上).太原:山西教育出版社,2012.

方汉奇.中国近代报刊史(下).太原:山西人民出版社,1981.

方汉奇.中国近代报刊史.太原:山西教育出版社,1981.

方汉奇.中国新闻传播史.北京:中国人民大学出版社,2001.

方汉奇.中国新闻事业编年史:上册.福州:福建人民出版社,2000.

方汉奇.中国新闻事业通史:第1卷.北京:中国人民大学出版社,1992.

方汉奇.中国新闻事业通史:第2卷.北京:中国人民大学出版社,1996.

方克.中共中央党刊史稿(上).北京:红旗出版社.1999.

费正清,刘广京.剑桥中国晚清史:上卷.北京:中国社会科学出版社,1985.

费正清.剑桥中华民国史:上.杨品泉,译.北京:中国社会科学出版社,1994.

冯并.中国文艺副刊史.北京:华文出版社,2001.

冯志杰,范继忠,章宏伟.中国编辑出版史研究:第2卷.北京:九州出版社,2011.

冯自由.革命逸史:初集.北京:新星出版社,2009.

冯自由.革命逸史:第2集.北京:新星出版社,2009.

冯自由.革命逸史:第3集.北京:新星出版社,2009.

福建省新闻学会,等.林白水文选.福州:福建人民出版社,2016.

傅宁.中国近代儿童报刊的历史考察.新闻与传播研究,2006(1):2-9.

高惠群,乌传衮.翻译家严复传论.上海:上海外语教育出版社,1992.

高平叔.蔡元培年谱长编:第三卷.北京:人民教育出版社,1998.

高瑞泉,山口久和.中国的现代性与城市知识分子.上海:上海古籍出版社,2004.

高时良,黄仁贤.中国近代教育史资料汇编·洋务运动时期教育.上海:上海教育出版社,2007.

高信成.中国图书发行史.上海:复旦大学出版社,2005.

高哲一.为普通读者群体创造“知识世界”——商务印书馆与中国学术精英的合作.史林,2014(3):92-108.

戈公振.中国报学史.北京:生活·读书·新知三联书店,2011.

耿云志,欧阳哲生.胡适书信集.北京:北京大学出版社,1996.

龚书铎.近代中国与近代文化.长沙:湖南人民出版社,1988.

故宫博物院明清档案部.清末筹备立宪档案史料(下册).北京:中华书局,1979.

顾卫民.基督教与近代中国社会.上海:上海人民出版社,2010.

顾长声.从马礼逊到司徒雷登.上海:上海人民出版社,1981.

郭浩帆.近代稿酬制度的形成及其意义.山东大学学报:哲学社会科学版,1999(3):83-89.

郭沫若.编辑余谈.创造季刊,1923,1(2).

郭嵩焘.郭嵩焘日记.长沙:湖南人民出版社,1980.

蛤笑.论中国儒学之误点.东方杂志,1907,4(6).

何华连.我国中文工具书编纂出版分期概观.浙江师范大学学报:社会科学版,1995(1):38-42.

何凯立.基督教在华出版事业(1912—1949).陈建明,王再兴,译.成都:四川大学出版社,2004.

何晓明.略论晚清“条约口岸知识分子”.郑州大学学报:哲学社会科学版,2008,41(1):105-110.

何晓夏,史静寰.教会学校与中国教育近代化.广州:广东教育出版社,1996.

河北省地方志编纂委员会.河北省志·第83卷·出版志.石家庄:河北人民出版社,1996.

贺逸文,等.抗战胜利后的世界日报.新闻研究资料,1981(4):88-95.

黑龙江省地方志编纂委员会.黑龙江省志·出版志.哈尔滨:黑龙江人民出版社,1996.

胡道静.胡道静文集:上海历史研究.上海:上海人民出版社,2011.

胡国祥.出版概念考辨.武汉大学学报(哲学社会科学版),2008(3):437-442.

胡善美.邓拓主编的中国第一部《毛泽东选集》.炎黄纵横.2006(3):8-9.

胡适.胡适的日记.北京:中华书局,1985.

胡适.胡适文存:4.上海:上海三联书店,2014.

胡太春.中国报业经营管理史.太原:山西教育出版社,1999.

胡应麟.少室山房笔丛.上海:上海书店出版社,2001.

胡友峰,卫婷婷.巴金与文化生活出版社.小说评论,2015(5):46-54.

胡愈之.胡愈之文集:第3卷.北京:生活·读书·新知三联书店,1996.

湖北省地方志编纂委员会.湖北省志·新闻出版:下.武汉:湖北人民出版社,1995.

花之安.自西徂东.上海:上海书店出版社,2002.

黄瑚.中国新闻事业发展史(第二版).上海:复旦大学出版社,2009.

黄瑚.中国新闻事业发展史.上海:复旦大学出版社,2001.

黄金贵.古代汉语文化百科词典.上海:上海辞书出版社,2016.

黄兴涛.中国文化通史:民国卷.北京:北京师范大学出版社,2009.

黄逸平,虞宝棠.北洋政府时期经济.上海:上海社会科学院出版社,1995.

黄遵宪.黄遵宪集:下.吴振清,徐勇,王家祥,编校整理.天津:天津人民出版社,2003.

纪申.记巴金及其他:感想·印象·回忆.银川:宁夏人民出版社,1994.

季宵瑶.近代上海小报的话语策略与自我定位——以1920年代上海《晶报》为个案.新闻大学,2006(1):45-53.

江文汉.广学会是怎样的一个机构.出版史料,1988(2):32-37.

姜德明.书衣百影.北京:生活·读书·新知三联书店,1999.

姜德明.书衣百影续编:中国现代书籍装帧选(1901—1949).北京:生活·读书·新知三联书店,2001.

姜德明.新文学版本.南京:江苏古籍出版社,2002.

姜小平.最早报道孙中山逝世过程的《群强报》.武汉文史资料,2015(4):39-41.

姜玉平.中国近代最早获得世界声誉的科学期刊及其启迪.自然辩证法通讯,2006(1):74-79.

姜中卫.中共中央机关报刊历史沿革考述.党的文献,2013(1):84-89.

金观涛,刘青峰.观念史研究:中国现代重要政治术语的形成.北京:法律出版社,2009.

金林祥.20世纪中国教育学科的发展与反思.上海:上海教育出版社,2000.

靳青万.编辑学基本原理.长春:东北师范大学出版社,2003.

康有为.康南海自编年谱(外二种).北京:中华书局,1992.

柯文.在传统与现代性之间——王韬与晚清革命.雷颐,罗检秋,译.南京:江苏人民出版社,1998.

李伯重.江南的早期工业化(1550—1850).北京:社会科学文献出版社,2000.

李伯重.明清江南的出版印刷业.中国经济史研究,2001(3):94-107,146.

李迪.十九世纪中国数学家李善兰.中国科技史杂志,1982(3):15-21.

李斗.扬州画舫录.南京:凤凰出版社,2013.

李济生.巴金与文化生活出版社.上海:上海文艺出版社,2003.

李济生.我所知道的文生社.出版史料,1984(3):33-39.

李家驹.商务印书馆与近代知识文化的传播.北京:商务印书馆,2005.

李金龙,卢妙清.鲁迅编辑实践之历史评价与再认识.汕头大学学报:人文社会科学版,2018,34(8):90-93.

李龙牧.中国新闻事业史稿.上海:上海人民出版社,1985.

李明杰.中国出版史(上册·古代卷).长沙:湖南大学出版社,2008.

李明山.中国近代版权史.开封:河南大学出版社,2003.

李明山.中国近代编辑家评传.开封:河南大学出版社,1993.

李明伟.清末民初的城市知识阶层.北京:社会科学文献出版社,2005.

李楠.迥然相异的面目:京海格局中的北京(平)小报.中国现代文学研究丛刊,2005(6):110-128.

李楠.晚清民国时期上海小报研究.北京:人民文学出版社,2006.

李欧梵.上海摩登——一种新都市文化在中国(1930—1945).毛尖,译.北京:北京大学出版社,2001.

李瑞良.福建省志·出版志.福州:福建人民出版社,2008.

李瑞良.中国出版编年史.福州:福建人民出版社,2005.

李斯颐.清末10年官报活动概貌.新闻研究资料,1991(3):127-144.

李天纲.万国公报文选.北京:生活·读书·新知三联书店,1998.

李小峰.鲁迅先生和北新书局.出版史料,1987(2).

李新祥.出版定义的类型分析与出版本质的界定.浙江传媒学院学报,2006(2):30-33.

李益顺,阳征雄.国内谁最早使用“科学”词汇考辨——兼与樊洪业先生、汪晖先生商榷.湖南工程学院学报(社会科学版),2016(4):42-45.

李约瑟.中国科学技术史·天学:第二分册.北京:科学出版社,1975.

李长莉.先觉者的悲剧.上海:学林出版社,1993.

里德.中国封建社会晚期印刷与出版概况.沙草,译.印刷杂志,2005(5):75-78.

梁启超.梁启超全集.北京:北京出版社,1999.

梁启超.梁启超政论选.北京:新华出版社,1994.

梁启超.清代学术概论.上海:上海古籍出版社,1998.

梁启超.饮冰室合集·文集之六.北京:中华书局,1989.

廖传江,黄永一.论郭沫若的编辑出版精神.乐山师范学院学报,2001(2):79-82.

廖梅,汪康年.从民权论到文化保守主义.上海:上海古籍出版社,2001.

列文森.儒教中国及其现代命运.郑大华,译.北京:中国社会科学出版社,2000.

林丽成,等.中国科学社档案整理与研究:发展历程史料.上海:上海科学技术出版社,2015.

林穗芳.“杂志”和“期刊”的词源和概念.编辑学刊,1993(2):35-39,34.

林溪声,张耐冬.邵飘萍与《京报》.北京:中华书局,2008.

林小波.邓拓“教”我们如何做编辑.前线,2010(5):69-71.

凌耀伦.中国近代化与中国资本主义——凌耀伦先生论文选集.成都:四川大学出版社,2011.

刘大军.中国古代图书发行体系.编辑学刊,1996(4):85-92.

刘国钧.中国书史简编.郑如斯,订补.北京:书目文献出版社,1982.

刘集林.中国留学通史:晚清卷.广州:广东教育出版社,2010.

刘纳.创造社与泰东图书局.南宁:广西教育出版社,1999.

刘天振.明代通俗类书研究.济南:齐鲁书社,2006.

刘小枫.道与言——华夏文化与基督文化相遇.上海:上海三联书店,1995.

刘兴旺.1938—1947年《新华日报》发展的历史考察.福建党史月刊,2017(1):60-63.

刘永文.晚清报刊小说研究.上海:上海师范大学博士学位论文,2004.

刘运峰.鲁迅书衣百影.北京:人民文学出版社,2008.

刘增人.1872—1949文学期刊信息总汇(1).青岛:青岛出版社,2015.

刘哲民.近现代出版新闻法规汇编.上海:学林出版社,1992.

刘志伟,孙歌.在历史中寻找中国——关于区域史研究认识论的对话.上海:东方出版中心,2016.

楼含松.中国历代家训集成:6.杭州:浙江古籍出版社,2017.

卢文斌.中共中央机关报历史沿革(1922.9.13—1949.8.1).中国报业,2011(6):9-14.

鲁迅.鲁迅全集:第3卷.北京:人民文学出版社,1982.

鲁迅.鲁迅全集:第6卷.北京:人民文学出版社,2005.

鲁迅.鲁迅全集:第7卷.北京:人民文学出版社,2005.

鲁迅.鲁迅全集:第12卷.北京:人民文学出版社,1981.

陆费逵.陆费逵文选.北京:中华书局,2011.

罗伯特·达恩顿.启蒙运动的生意.叶桐,顾杭,译.北京:生活·读书·新知三联书店,2005.

罗家伦.中华民国史料丛编·湖北学生界(汉声).台北:中国国民党中央委员会党史史料编纂委员会,1983.

罗澍伟.近代天津城市史.北京:中国社会科学出版社,1993.

罗素.中国问题.秦悦,译.上海:学林出版社,1996.

罗以澄.中国媒体发展研究报告(2002年卷).武汉:武汉出版社,2003.

罗自苏.《中央日报》的历史沿革与现状.新闻研究资料,1985(1):150-159.

吕达.陆费逵教育论著选.北京:人民教育出版社,2000.

吕思勉.吕思勉遗文集(上).上海:华东师范大学出版社,1997.

马光仁.上海新闻史(1850—1949).上海:复旦大学出版社,2014.

马国亮.良友忆旧:一家画报与一个时代.北京:生活·读书·新知三联书店,2002.

马克斯·韦伯.儒教与道教.王容芬,译.北京:商务印书馆,1995.

马西尼.现代汉语词汇的形成——十九世纪汉语外来词研究.黄河清,译.上海:汉语大词典出版社,1997.

毛赣萍.苏区出版业管窥.求实,2001(12):47-49.

毛泽东.毛泽东书信选集.北京:人民出版社,1983.

毛泽东.毛泽东选集:第2卷.北京:人民出版社,1991.

毛泽东.毛泽东选集:第4卷.北京:人民出版社,1991.

茅盾.在香港编《文艺阵地》——回忆录【二十二】.新文学史料,1984(1):7-26.

孟兆臣.中国近代小报史.北京:社会科学文献出版社,2003.

米怜.新教在华传教前十年回顾.郑州:大象出版社,2008.

缪咏禾.明代出版史稿.南京:江苏人民出版社,2000.

缪咏禾.中国出版通史(5):明代卷 .北京:中国书籍出版社,2008.

穆逸群.《中央日报》的廿二年.新闻研究资料,1982(5):119-147.

倪延年.中国报刊法制发展史(史料卷).南京:南京师范大学出版社,2006.

倪延年.中国新闻法制通史:第五卷(史料卷上).南京:南京师范大学出版社,2015.

潘建国.明清时期通俗小说的读者与传播方式.复旦学报(社会科学版),2001(1):118-124,130.

彭南生.近代工商同业公会制度的现代性刍论.江苏社会科学,2002(2):132-138.

皮明庥.近代武汉城市史.北京:中国社会科学出版社,1993.

齐峰,李雪枫.山西革命根据地出版史.太原:山西教育出版社,2010.

齐鲁书社.藏书家:第3辑.济南:齐鲁书社,2001.

钱炳寰.中华书局大事纪要(1912—1954).北京:中华书局,2002.

钱承军.建国前中国共产党报刊研究.北京:中国文联出版社,2009.

钱存训.东西文化交流论丛.北京:商务印书馆,2009.

钱存训.书于竹帛:中国古代的文字记录.上海:上海书店出版社,2006.

钱存训.中国古代书籍纸墨及印刷术.北京:北京图书馆出版社,2002.

钱曼倩,金林祥.中国近代学制比较研究.广州:广东教育出版社,1996.

钱小柏,雷群明.韬奋与出版.上海:学林出版社,1983.

秦瑞玠.大清著作权律释义.北京:商务印书馆,2015.

丘权政,杜春和.辛亥革命史料选辑:续编.长沙:湖南人民出版社,1983.

全国图书联合目录编辑组.1833—1949全国中文期刊联合目录:增订本.北京:书目文献出版社,1981.

全国政协文史资料委员会.文史资料存稿选编·23·文化.北京:中国文史出版社,2002.

全国政协文史资料委员会.中华文史资料文库:第十六卷.北京:中国文史出版社,1996.

饶鸿竞,等.创造社资料:下册.福州:福建人民出版社,1985.

任文京.论编辑的价值.中国编辑,2017(6):8-13.

桑兵.清末兴学热潮与社会变迁.历史研究,1989(6):13-27.

山东省地方史志编纂委员会.山东省志·出版志.济南:山东人民出版社,1993.

商务印书馆.商务印书馆百年大事记(1897—1997).北京:商务印书馆,1997.

商务印书馆.商务印书馆九十年1897—1987——我和商务印书馆.北京:商务印书馆,1987.

商务印书馆.商务印书馆九十五年1897—1992——我和商务印书馆.北京:商务印书馆,1992.

商务印书馆.商务印书馆一百年1897—1997.北京:商务印书馆,1998.

上海市档案馆.上海档案史料研究:第21辑.上海:上海三联书店,2016.

上海图书馆.中国近代现代丛书目录:总目.上海:上海图书馆,1979.

沈国威.六合丛谈:附解题·索引.上海:上海辞书出版社,2006.

沈鹤松,张翔生.大东书局印刷厂前前后后.出版史料,1990(4):17-18.

沈毓桂.辞《万国公报》主笔启.万国公报,1894,61.

生活书店史稿编辑委员会.生活书店史稿.北京:生活·读书·新知三联书店,1995.

师曾志.出版传播事业中把关人的地位和要求.编辑之友,1997(5):34-35.

施坚雅.中华帝国晚期的城市.叶光庭,等译.北京:中华书局,2000.

史和,姚福申,叶翠娣.中国近代报刊名录.福州:福建人民出版社,1991.

史建桥,乔永,徐从权.《辞源》研究论文集.北京:商务印书馆,2009.

四川省地方志编纂委员会.四川省志·出版志:上册.成都:四川人民出版社,2001.

宋应离,袁喜生,刘小敏.20世纪中国著名编辑出版家研究资料汇辑:第1辑.开封:河南大学出版社,2005.

宋应离,袁喜生,刘小敏.20世纪中国著名编辑出版家研究资料汇辑:第3辑.开封:河南大学出版社,2005.

宋应离,袁喜生,刘小敏.20世纪中国著名编辑出版家研究资料汇辑:第4辑.开封:河南大学出版社,2005.

宋应离.中国期刊发展史.开封:河南大学出版社,2000.

宋原放,李白坚.中国出版史.北京:中国书籍出版社,1991.

宋原放.中国出版史料·近代部分:第一卷.武汉:湖北教育出版社,2004.

宋原放.中国出版史料·近代部分:第二卷.武汉:湖北教育出版社,2004.

宋原放.中国出版史料·近代部分:第三卷.武汉:湖北教育出版社,2004.

宋原放.中国出版史料·近代部分:补卷(上册).武汉:湖北教育出版社,

2011.

宋原放.中国出版史料·近代部分:补卷(下册).武汉:湖北教育出版社,2011.

宋原放.中国出版史料·现代部分:第一卷(上册).济南:山东教育出版社,2001.

宋原放.中国出版史料·现代部分:第一卷(下册).济南:山东教育出版社,2001.

宋原放.中国出版史料·现代部分:第二卷.济南:山东教育出版社,2001.

苏精.铸以代刻:十九世纪中文印刷变局.北京:中华书局,2018.

苏智良.近代新文明的形态.上海:上海辞书出版社,2004.

孙晶.个人生命的开花结果——巴金与文化生活出版社.书城,2011(12):41-49.

孙文杰.明代畅销书述略.编辑之友,2016(9):93-98.

孙中山.孙中山全集:第6卷.北京:中华书局,1985.

汤志钧.康有为政论集:上册.北京:中华书局,1981.

唐力行.江南社会历史评论:第9期.北京:商务印书馆,2016.

韬奋.事业管理与职业修养.北京:生活·读书·新知三联书店,1982.

韬奋.我与《生活》周刊.教育与职业,1985(4):46-48.

藤井省三.鲁迅《故乡》阅读史——现代中国的文学空间.董炳月,译.南京:南京大学出版社,2013.

田建平,张金凤.晋察冀抗日根据地书报传播史略(1938-1945).保定:河北大学出版社,2010.

田胜立.从传播看编辑基本规律.中国编辑,2003(4):6-8.

仝冠军.出版概念研究中的三种倾向.出版广角,2008(11):45-47.

汪广仁.中国近代科学先驱徐寿父子研究.北京:清华大学出版社,1998.

汪家熔.大变动时代的建设者.成都:四川人民出版社,1985.

汪家熔.蒋维乔日记选.出版史料,1992(2):61-62.

汪家熔.近代出版人的文化追求.南宁:广西教育出版社,2003.

汪家熔.民族魂——教科书的变迁.北京:商务印书馆,2008.

汪家熔.商务印书馆史及其他.北京:中国书籍出版社,1998.

汪家熔.中国出版通史(7):清代卷(下).北京:中国书籍出版社,2008.

汪家熔.中国现代出版起源散议(一).出版发行研究,2000(4):72-74.

汪敬虞.十九世纪西方资本主义对中国的经济侵略.北京:人民出版社,1983.

汪耀华.1843年开始的上海出版故事.上海:上海人民出版社,2014.

汪耀华.中国近现代出版法规章则大全.上海:上海书店出版社,2018.

汪原放.回忆亚东图书馆.上海:学林出版社,1983.

汪原放.亚东图书馆简史.出版史料.1988(3、4).

王笛.清末近代学堂和学生数量.史学月刊,1986(2):107-110.

王峰.延安时期前期中共中央机关报《解放》周刊考述.延安大学学报:社会科学版,2013,35(6):42-47.

王福康.清末的科学杂志.出版史料,1987(3):92.

王建辉."五四"与新出版.文史哲,2000(2):114-119.

王立新.晚清在华传教士教育团体述评.近代史研究,1995(3):24-38.

王奇生.新文化运动是如何"运动"起来的.同舟共济,2009(5):14-16.

王秋林.出版经济学教程.上海:上海辞书出版社,2014.

王润泽.张季鸾与《大公报》.北京:中华书局,2008.

王栻.严复集.北京:中华书局,1986.

王韬.弢园尺牍.北京:中华书局,1959.

王韬.弢园老民自传.南京:江苏人民出版社,1999.

王韬.弢园文录外编.上海:上海书店出版社,2002.

王韬.瀛壖杂志.上海:上海古籍出版社,1989.

王卫平,赵晓阳.近代中国的社会保障与区域社会.北京:社会科学文献出版社,2013.

王文彬.中国报纸的副刊.北京:中国文史出版社,1988.

王先明.中国近代社会文化史论.北京:人民出版社,2000.

王晓渔.知识分子的内战——现代上海的文化场域(1929—1930).上海:上海人民出版社,2007.

王学哲,方鹏程.商务印书馆百年经营史.武汉:华中师范大学出版社,2010.

王燕.晚清小说期刊史论.长春:吉林人民出版社,2002.

王余光,吴永贵.中国出版通史(8):民国卷.北京:中国书籍出版社,2008.

王渝生.李善兰:中国近代科学的先驱者.自然辩证法通讯,1983(5):59-72,80.

王玉琦.清末民初文学传播中的稿酬制现象.江西财经大学学报,2007(5):83-86.

王云五,王学哲.岫庐八十自述:节录本.上海:上海人民出版社,2007.

王云五.悼念陆费伯鸿.出版史料,1992(3).

王云五.旧学新探.上海:学林出版社,1998.

王云五.商务印书馆与新教育年谱:上册.南昌:江西教育出版社,2008.

王云五.万有文库第一二集简编目录.上海:商务印书馆,1939.

王云五.万有文库第一集一千种目录.上海:商务印书馆,1929.

王云五.王云五文集·伍(上册).南昌:江西教育出版社,2008.

王云五.岫庐八十自述.上海:上海人民出版社,2007.

王知伊.开明书店纪事.出版史料,1985(4):3-24.

韦商.叶圣陶和儿童文学.上海:少年儿童出版社,1990.

隗瀛涛.近代重庆城市史.成都:四川大学出版社,1991.

魏绍昌.鸳鸯蝴蝶派研究资料:上卷·史料部分.上海:上海文艺出版社,1962.

魏源.海国图志.郑州:中州古籍出版社,1999.

吴洪成,郝丽霞.西方传教士与近代中国早期学校教科书.教育与考试,2018(2):82-89.

吴趼人.吴趼人全集:第7卷.哈尔滨:北方文艺出版社,1998.

吴靖.中国近现代稿酬制度流变考略——兼论稿酬制度对文学生产的影响.书屋,2013(7):75-81.

吴静.学灯与五四新文化运动.北京:中国书籍出版社,2012.

吴莎,屠国元.论中国近代翻译选材与意识形态的关系(1840—1919).外语与外语教学,2007(11):38-40.

吴永贵.巴金,多年不拿分文报酬的义务总编辑.光明日报,2006-11-04.

吴永贵.民国出版史.福州:福建人民出版社,2011.

吴永贵.中国出版史(下册·近现代卷).长沙:湖南大学出版社,2008.

吴永贵.中国期刊史:第2卷(1911—1949).北京:人民出版社,2017.

吴永贵.中华书局与中国近代教育(1912—1949).武汉:武汉大学博士学位论文,2002.

吴宇浩.广智书局研究.上海:复旦大学硕士学位论文,2010.

吴玉章.关于救国时报的回忆.社会科学战线,1978(4):1-5.

武汉地方志编纂委员会.武汉市志·新闻志.武汉:武汉大学出版社,1991.

夏晓虹.晚清两份《女学报》的前世今生.现代中文学刊,2012(1):25-33.

肖东发,于文.中外出版史.北京:中国人民大学出版社,2010.

肖东发.中国编辑出版史.沈阳:辽宁教育出版社,1996.

肖永寿.中国早期函授教育的产生和发展——商务印书馆函授教育的历史回顾.四川师范学院学报:哲学社会科学版,1996(3):91-94.

谢水顺,李珽.福建古代刻书.福州:福建人民出版社,1997.

谢振声.杜亚泉和《亚泉杂志》.科学,1988(2).

辛广伟.台湾出版史.石家庄:河北教育出版社,2000.

熊月之,张敏.上海通史·晚清文化:第6卷.上海:上海人民出版社,1999.

熊月之.略论晚清上海新型文化人的产生与汇聚.近代史研究,1997(4):257-272.

熊月之.西学东渐与晚清社会.上海:上海人民出版社,1994.

徐登明.编辑出版家叶圣陶.北京:中国书籍出版社,1994.

徐敦楷.民国时期科学管理思想在中国的传播与运用.中南财经政法大学学报,2010(2):83-89.

徐丽芳,吴永贵.中国百年畅销书.西安:陕西师范大学出版社,2001.

徐茂明.江南士绅与江南社会(1368—1911年).北京:商务印书馆,2006.

徐松荣.维新派与近代报刊.太原:山西古籍出版社,1998.

徐象平.我国近代学术刊物——《禹贡半月刊》的内容及特点试析.西北大

学学报(自然科学版),1995(2):177-182.

徐雪寒.新知书店的战斗历程.出版史料,1982(1):41-51.

许涤新.风狂霜峭录.北京:生活·读书·新知三联书店,1989.

许纪霖,等.近代中国知识分子的公共交往(1895—1949).上海:上海人民出版社,2008.

许纪霖,田建业.杜亚泉文存.上海:上海教育出版社,2003.

许檀.明清时期农村集市的发展及其意义.中国经济史研究,1996(2):10-12.

严独鹤.编辑副刊的体验与感想.报学杂志,1948,1(6):3-4.

严帆.中央革命根据地新闻出版史.南昌:江西高校出版社,1991.

杨根.徐寿和中国近代化学史.北京:科学技术文献出版社,1986.

杨光辉.中国近代报刊发展概况.北京:新华出版社,1986.

杨建华.20世纪中国教育期刊史论.杭州:浙江工商大学出版社,2012.

杨义.月月小说与小说林.书城,1994(11):25-27.

杨义.中国新文学图志.北京:人民文学出版社,1996.

姚福申,管志华.中国报纸副刊学.上海:上海人民出版社,2007.

姚福申."四社"——旧中国报业集团化经营的一次尝试.新闻大学,1997(4):57-61.

姚福申.中国编辑史.上海:复旦大学出版社,2004.

姚公鹤.上海闲话.上海:上海古籍出版社,1989.

姚远,王睿,姚树峰,等.中国近代科技期刊源流(1792—1949)(上).济南:山东教育出版社,2008.

姚远.农学月刊与"五四运动"前后科教兴国思想的传播.河北农业大学学报:农林教育版,2005,7(4):6-11,15.

叶德辉.书林清话.上海:上海古籍出版社,2008.

叶圣陶.叶圣陶出版文集.北京:中国书籍出版社,1996.

叶向荣.编辑概念诸说之辩证探析.编辑之友,1995(5):19-22.

叶再生.出版史研究:第二辑.北京:中国书籍出版社,1994.

叶再生.出版史研究:第三辑.北京:中国书籍出版社,1995.

叶再生.出版史研究:第六辑,北京:中国书籍出版社,1998.

叶再生.中国近代现代出版通史:第一卷.北京:华文出版社,2002.

叶再生.中国近代现代出版通史:第二卷.北京:华文出版社,2002.

英格尔斯.人的现代化——心理·思想·态度·行为.殷陆君,译.成都:四川人民出版社,1980.

于翠玲.印刷文化的传播轨迹.北京:中国传媒大学出版社,2015.

于右任.于右任辛亥文集.傅德华,编.上海:复旦大学出版社,1986.

俞筱尧,刘彦捷.陆费逵与中华书局.北京:中华书局,2002.

袁桂清,等.《中华医学杂志》编辑出版史.中国科技期刊研究,2003(5):580-586.

袁进.试论晚清小说读者的变化.明清小说研究,2001(1):18-28.

袁新洁.梁启超以"完美报章"理想为核心的报刊编辑观刍议.中国编辑,2009(3):89-92.

袁义勤."晚报的成功"——《大晚报》杂谈.新闻研究资料,1991(1):136-142.

袁逸.中国古代的书价.图书馆杂志,1991(4):53.

詹文君.略论近代出版家张元济在传承传统文化方面的贡献.历史教学问题,2007(1):72-73,20.

张定华,等.中国抗日战争时期大后方出版史.重庆:重庆出版社,1999.

张定华.中国抗日战争时期大后方出版史.重庆:重庆出版社,1999.

张国辉.洋务运动与中国近代企业.北京:中国社会科学出版社,1979.

张海林.王韬评传.南京:南京大学出版社,1993.

张剑.中国近代科学与科学体制化.成都:四川人民出版社,2008.

张竞放.聊城:第4版.南京:金陵书社,2001.

张静庐.在出版界二十年.南京:江苏教育出版社,2005.

张静庐.中国出版史料补编.北京:中华书局,1957.

张静庐.中国近代出版史料:初编.北京:中华书局,1957.

张静庐.中国近代出版史料:二编.上海:群联出版社,1954.

张静庐.中国近现代出版史料:补编.上海:上海书店出版社,2003.

张静庐.中国近现代出版史料:近代初编.上海:上海书店出版社,2003.

张静庐.中国近现代出版史料:近代二编.上海:上海书店出版社,2003.

张静庐.中国近现代出版史料:现代甲编.上海:上海书店出版社,2003.

张静庐.中国近现代出版史料:现代乙编.上海:上海书店出版社,2003.

张静庐.中国近现代出版史料:现代丁编.上海:上海书店出版社,2003.

张立勤.1927—1937年民营报业经营研究:以《申报》《新闻报》为考察中心.杭州:浙江工商大学出版社,2014.

张朋园.知识分子与近代中国的现代化.天津:百花洲文艺出版社,2002.

张树栋,等.中华印刷通史.北京:印刷工业出版社,1999.

张树年,张人凤.张元济书札:增订本(中册).北京:商务印书馆,1998.

张树年.张元济年谱.北京:商务印书馆,1991.

张顺昌.近代中国探路者的思想轨迹.贵阳:贵州人民出版社,2008.

张舜徽.说文解字约注:第四册.武汉:华中师范大学出版社,2009.

张宪文,穆纬铭.江苏民国时期出版史.南京:江苏人民出版社,1993.

张小莉.清末"新政"时期的地方官报.福建论坛(人文社会科学版),2005(11):31-35.

张晓菲.中国出版的起源.中国出版,1994(6):11-12.

张秀民.中国印刷史.上海:上海人民出版社,1989.

张友余."五四"时期的《数理杂志》——纪念北京师大建校九十周年.数学通报,1992(8):3-5.

张玉法.戊戌时期的学会运动.历史研究,1998(4):5-26.

张驭寰.《中国营造学社汇刊》评介.中国科技史料,1987,8(5):37-40.

张煜明.中国出版史.武汉:武汉出版社,1994.

张元济,张人凤.张元济古籍书目序跋汇编:下册.北京:商务印书馆,2003.

张元济.张元济全集:第3卷.北京:商务印书馆,2007.

张元济.张元济诗文.北京:商务印书馆,1986.

张元济.张元济诗文·东方图书馆概况.北京:商务印书馆,1986.

张泽贤.书之五叶:民国版本知见录.上海:上海远东出版社,2005.

张增一.江南制造局的译书活动.近代史研究,1996(3):212-223.

张之洞.劝学篇.上海:上海书店出版社,2002.

张志强.赵家璧编辑思想初探.编辑学刊,1992(2):85-90.

张仲礼.东南沿海城市与中国近代化.上海:上海人民出版社,1996.

张仲礼.中国绅士——关于其在19世纪中国社会中作用的研究.上海:上海社会科学院出版社,1991.

张仲礼.中国绅士研究.上海:上海人民出版社,2008.

章宏伟.上海开埠与中国出版新格局的确立.中国出版史研究,2016(2):69-84.

章开沅.中国近代史上的官绅商学.武汉:湖北人民出版社,2000.

章开沅.中国经济史.北京:高等教育出版社,2002.

章清.晚清西学"汇编"与本土回应.复旦学报(社会科学版),2009(6):48-57.

章清.学术与社会:近代中国"社会重心"的转移与读书人新的角色.上海:上海人民出版社,2012.

赵尔巽,等.清史稿(第四十六册).北京:中华书局,1977.

赵继红.清末京华报界对北京下层社会的文化启蒙.文史月刊,2004(8):52-55.

赵家璧.编辑忆旧.北京:生活·读书·新知三联书店,2008.

赵家璧.话说《中国新文学大系》.新文学史料.1984(1):162-195.

赵家璧.中国新文学大系.上海:良友图书印刷公司,1935.

赵建林.解读北大.桂林:广西师范大学出版社,2004.

赵健.范式革命:中国现代书籍设计的发端(1862—1937).北京:人民美术出版社,2011.

赵景深.我与文坛.上海:上海古籍出版社,1999.

赵君豪.中国近代之报业.北京:中国传媒大学出版社,2018.

赵晓恩.延安出版的光辉.北京:中国书籍出版社,2002.

赵晓兰.传教士中文报刊史.上海:复旦大学出版社,2011.

赵晓兰.论《中外新报》.浙江社会科学,2010(8):89-92.

郑保卫.马克思主义新闻观中国化的历史进程及其理论贡献.新闻与传播

研究,2018(2):5-19.

郑大华,彭平一.社会结构变迁与近代文化转型.成都:四川人民出版社,2008.

郑观应.盛世危言.北京:华夏出版社,2002.

郑聚元.中国编辑观念的进化.出版发行研究,2003(3):34-39.

郑士德.新华书店五十春秋.北京:新华书店总店,1987.

郑士德.中国图书发行史.北京:高等教育出版社,2000.

郑逸梅.书报话旧.上海:学林出版社,1983.

郑逸梅.郑逸梅选集:第二卷.哈尔滨:黑龙江人民出版社,1991.

郑振铎.郑振铎全集:第三卷.石家庄:花山文艺出版社,1998.

郑振铎.郑振铎文集:第四卷.北京:人民文学出版社,1985.

中共中央马思列斯著作编译局研究室.五四时期期刊介绍:第一集(上册).北京:生活·读书·新知三联书店.1978.

中国蔡元培研究会.蔡元培全集:第三卷.杭州:浙江教育出版社,1998.

中国出版工作者协会.我与开明.北京:中国青年出版社,1985.

中国出版科学研究所科研办公室.近现代中国出版优良传统研究.北京:中国书籍出版社,1994.

中国地方教育史志研究会.纪念《教育史研究》创刊二十周年论文集(1)——教育史学理论及史学史研究.2009.

中国第二历史档案馆.1921年前中国已开商埠.历史档案,1984(2):54-63.

中国第二历史档案馆.中华民国史档案资料汇编·第三辑·教育.南京:江苏古籍出版社,1991.

中国近代现代出版史编纂组.中国近代现代出版史学术讨论会文集.北京:中国书籍出版社,1990.

中国民主促进会,中国出版工作者协会.怀念出版家徐伯昕.太原:书海出版社,1988.

中国人民政治协商会议山西省委员会文史资料研究委员会.山西文史资料·第二十七辑.太原:山西省政协文史资料服务部,1983.

中国社会科学院近代史研究所中华民国史研究室.胡适来往书信选:上.北京:社会科学文献出版社,2013.

中国社会科学院新闻研究所.中国共产党新闻工作文件汇编:上卷(1921—1949).北京:新华出版社,1980.

中国社会科学院新闻研究所《新闻研究资料》编辑部.新闻研究资料(总第六辑).北京:新华出版社,1981.

中国社会科学院新闻研究所《新闻研究资料》编辑部.新闻研究资料(总第60辑).北京:中国社会科学出版社,1993.

中国史学会.洋务运动:第四册.上海:上海人民出版社,1961.

中华全国妇女联合会妇女运动历史研究室.中国妇女运动历史资料(1921—1927).北京:人民出版社,1986.

中华书局.陆费逵先生年谱.北京:中华书局,1977.

中华书局编辑部.回忆中华书局.北京:中华书局,1987.

中华文化通志编委会.中华文化通志·第九典·宗教与民俗:基督教犹太教志.上海:上海人民出版社,2010.

周策纵.五四运动史.陈永明,张静,译.北京:世界图书出版公司,2016.

周林,李明山.中国版权史研究文献.北京:中国方正出版社,1999.

周其厚.传教士与中国近代出版.东岳论丛,2004(1):141-146.

周其厚.中华书局与近代文化.北京:中华书局,2007.

周予同.忆教育杂志.东方杂志,1932,29(4):1-2.

周越然.我与商务印书馆.北京:商务印书馆,1992.

周振鹤.晚清营业书目.上海:上海书店出版社,2005.

朱光潜.朱光潜全集:第1卷.合肥:安徽教育出版社,1987.

朱联保.关于世界书局的回忆.出版史料,1987(2):55.

朱联保.近现代上海出版业印象记.上海:学林出版社,1993.

朱民.《大众日报》五十年.济南:山东人民出版社,1993.

朱念,朱建国,朱果扣.美华书馆开办纵横谈.印刷杂志,1999(2):37-39.

朱乔森.朱自清全集:第四卷.南京:江苏教育出版社,1993.

朱赛虹.武英殿刻书数量的文献调查及辨析.故宫博物院院刊,1997(3):

25-32.

朱寿朋.光绪朝东华录:4.北京:中华书局,1958.

朱英.近代中国商人义利观的发展演变.开放时代,2000(11):51-55.

祝均宙.上海小报的历史沿革(中).新闻研究资料,1988(3):137-153.

祝均宙.上海小报的历史沿革(下).新闻研究资料,1988(4):210-220.

祝均宙.上海小报三题.新闻大学,1998(4):71-75.

祝均宙.图鉴百年文献:晚清民国年间小报源流特点探究.台北:华艺学术出版社,2013.

卓南生.中国近代报业发展史(1815—1874).北京:中国社会科学出版社,2002.

邹韬奋.韬奋文集:第3卷.北京:生活·读书·新知三联书店,1955.

邹依仁.旧上海人口变迁的研究.上海:上海人民出版社,1980.

邹振环.开拓国民视野、构造政治理想——广智书局的创办及其刊行的梁译小说.东方翻译,2011(3):25-33.

邹振环.20世纪上海翻译出版与文化变迁.南宁:广西教育出版社,2000.

邹振环.上海大同译书局及其史学译著.东方翻译,2010(5):24-32.

樽木照雄.新编增补清末民初小说目录.济南:齐鲁书社,2002.

左旭初.百年上海民族工业品牌.上海:上海文化出版社,2013.

左玉河.学科、学会与学术:中国现代学术共同体之建构.安徽史学,2014(5):37-48.

后记

本书是中国编辑学会第四届理事会领导班子确立的一个选题，编写历经12年，数易其稿，到第六届理事会领导班子才完成。

本书选题于2017年列选“十三五”国家重点出版物出版规划项目，也是2020年度国家出版基金资助项目。

本书绪论、第一章、第二章由武汉大学教授吴平和山东工商学院副教授向敏撰写。第三章第一节、第二节、第五节由向敏和武汉大学教授吴永贵撰写，第三节、第四节由吴永贵撰写。第四章第一节至第四节由北京印刷学院副教授范继忠撰写，第五节由向敏撰写。第五章第一节、第二节由吴永贵撰写，第三节至第六节由刘兰肖、叶建撰写。第六章由吴永贵撰写。第七章及第八章第一节、第二节由南开大学教授刘运峰撰写，第八章第三节由人民教育出版社编审刘立德撰写。第九章、第十章由刘兰肖、叶建撰写。

本书主编、中国编辑学会会长郝振省为本书作序，并对全书进行了严格的政治把关和学术把关。

全书副主编、人民出版社原副总编辑乔还田对书稿进行了整合、统改，并重写了部分章节。

本书另一副主编、华中师范大学教授范军认真研读全部初稿，提出了中肯、到位的修改意见。

中国编辑学会常务副会长胡国臣，中国编辑学会副会长孙文科、刘超美，北京印刷学院新闻印刷出版学院院长、教授陈丹，对书稿进行了认真的研读把关，提出一些具体的修改建议。

中国编辑学会第四届理事会会长桂晓风、常务副会长邵益文、副会长吴道弘等业界知名专家一直关注本书的撰写进度，并贡献了他们的智慧。

冯志杰、于宏雷、马京平、卢珊珊、赵培云等同志在本书的编撰出版过程中也提供了无私帮助，在此一并致谢。

本书的出版，要特别感谢浙江教育出版社总编辑周俊，浙江教育出版社学术出版中心莫晓虹、王凤珠、吴颖华、江雷、姚璐。他们不仅制订了周密的出版计划，提出本书的编辑思路和设计理念，还对书稿进行了细致的编辑加工，确保了本书较高质量出版。他们对出版的严谨执着，在编辑工作中表现出的素养和修养，令人敬佩！

2020年12月

图书在版编目（CIP）数据

中国近代编辑出版史 / 郝振省主编. -- 杭州 : 浙江教育出版社, 2020.12
ISBN 978-7-5722-1188-1

Ⅰ. ①中… Ⅱ. ①郝… Ⅲ. ①编辑工作－文化史－中国－近代②出版工作－文化史－中国－近代 Ⅳ. ①G239.295

中国版本图书馆CIP数据核字(2020)第252418号

中国近代编辑出版史
ZHONGGUO JINDAI BIANJI CHUBAN SHI
郝振省 主 编　乔还田 范 军 副主编

出版发行 浙江教育出版社
(杭州市天目山路40号 电话:0571-85170300-80928)
图文制作 杭州林智广告有限公司
印　　刷 浙江海虹彩色印务有限公司
开　　本 710mm × 1000mm 1/16
印　　张 40
插　　页 4
字　　数 660 000
版　　次 2020年12月第1版
印　　次 2020年12月第1版印刷
标准书号 ISBN 978-7-5722-1188-1
定　　价 108.00元

责任编辑 吴颖华 江 雷
文字编辑 姚 璐
特约编辑 朱琳君
美术编辑 韩 波
责任校对 王 强
责任印务 陈 沁
装帧设计 顾 页

如发现印装质量问题,影响阅读,请与本社市场营销部联系调换,电话:0571-88909719。